Kohlhammer

Die Autorin

Dr. Kerstin Merz-Atalik ist Professorin für Pädagogik bei Behinderung und Benachteiligung/Inklusion an der Pädagogischen Hochschule Ludwigsburg. Sie ist Erziehungswissenschaftlerin und promovierte im Schnittfeldbereich von Migrations- und Integrationspädagogik. Ihre Forschungsschwerpunkte sind Lehrer*innenbildung, international vergleichende Bildungsforschung, diversitätsorientierte Pädagogik/Didaktik und Governance in inklusiven Bildungssystemen.

Kerstin Merz-Atalik

Die inklusive Lehrperson

Leitgedanken transformativer
Lehrerbildung

Verlag W. Kohlhammer

Dieses Werk einschließlich aller seiner Teile ist urheberrechtlich geschützt. Jede Verwendung außerhalb der engen Grenzen des Urheberrechts ist ohne Zustimmung des Verlags unzulässig und strafbar. Das gilt insbesondere für Vervielfältigungen, Übersetzungen, Mikroverfilmungen und für die Einspeicherung und Verarbeitung in elektronischen Systemen.

Die Wiedergabe von Warenbezeichnungen, Handelsnamen und sonstigen Kennzeichen in diesem Buch berechtigt nicht zu der Annahme, dass diese von jedermann frei benutzt werden dürfen. Vielmehr kann es sich auch dann um eingetragene Warenzeichen oder sonstige geschützte Kennzeichen handeln, wenn sie nicht eigens als solche gekennzeichnet sind.

Es konnten nicht alle Rechtsinhaber von Abbildungen ermittelt werden. Sollte dem Verlag gegenüber der Nachweis der Rechtsinhaberschaft geführt werden, wird das branchenübliche Honorar nachträglich gezahlt.

Dieses Werk enthält Hinweise/Links zu externen Websites Dritter, auf deren Inhalt der Verlag keinen Einfluss hat und die der Haftung der jeweiligen Seitenanbieter oder -betreiber unterliegen. Zum Zeitpunkt der Verlinkung wurden die externen Websites auf mögliche Rechtsverstöße überprüft und dabei keine Rechtsverletzung festgestellt. Ohne konkrete Hinweise auf eine solche Rechtsverletzung ist eine permanente inhaltliche Kontrolle der verlinkten Seiten nicht zumutbar. Sollten jedoch Rechtsverletzungen bekannt werden, werden die betroffenen externen Links soweit möglich unverzüglich entfernt.

1. Auflage 2025

Alle Rechte vorbehalten
© W. Kohlhammer GmbH, Stuttgart
Gesamtherstellung: W. Kohlhammer GmbH, Heßbrühlstr. 69, 70565 Stuttgart
produktsicherheit@kohlhammer.de

Print:
ISBN 978-3-17-028755-6

E-Book-Formate:
pdf: ISBN 978-3-17-028756-3
epub: ISBN 978-3-17-028757-0

Inhalt

Vorwort von Barbara Wenders und Reinhard Stähling **9**
Lehrer*innenbildung an und für (inklusive) Reformschulen 9

1 Einleitung **15**

2 Inklusive Bildung und Pädagogik der Vielfalt als Transformationsimpulse **22**
   2.1 Inklusionsverständnisse und die Verwendung des Inklusionsbegriffs 23
   2.2 Was ist als ›inklusive Bildung‹ zu verstehen? 29
   2.3 Inklusion als kulturpolitischer (Transformations-)Prozess ... 36
   2.4 Wissenschaftliche Erkenntnisse zur inklusiven Bildung 44

3 Kontexte der Lehrer*innenbildung für Inklusion international **46**
   3.1 (Inter-)nationale Verpflichtungen und Erklärungen 46
      3.1.1 Das Menschenrecht auf diskriminierungsfreie Bildung (CRC, UN, 1989) 47
      3.1.2 Das Menschenrecht auf inklusive Bildung (UNCRPD: UN, 2006) 50
      3.1.3 Inklusive Bildung als Ziel für nachhaltige Entwicklung bis 2030 (SDG: UN, 2015) 56
      3.1.4 Transformationsimpulse zur inklusiven (Lehrer*innen-)Bildung (UNESCO) 58
      3.1.5 Inklusive Lehrer*innenbildung in Programmen der OECD 62
      3.1.6 Das Projekt TE4i (European Agency for Special Needs and Inclusive Education) 64
   3.2 Die Entwicklung inklusiver Bildung in Deutschland im internationalen und nationalen Vergleich 70

4 Transformationsimpulse zur Lehrer*innenbildung für Inklusion (in Deutschland) **80**
   4.1 Pioniere und bundesweite Vorläufer (vor 2006) 83

	4.2	Transformationsimpulse durch Akteure der Makroebene ...	84
		4.2.1 Hoffnungen und Aktivitäten infolge der Ratifizierung der UNCRPD (2009)	84
		4.2.2 Aktivitäten auf Ebene der Kultusministerkonferenz (KMK)	87
		4.2.3 Gemeinsame Empfehlung der Hochschulrektorenkonferenz (HRK) und der Kultusministerkonferenz (KMK) (2015)	91
		4.2.4 Qualitätsoffensive Lehrerbildung (BMBF 2014–2024)	93
5	**Bedingungen der Transformation zur Lehrer*innenbildung für Inklusion**		**95**
	5.1	Hierarchische Struktur der Steuerung im Mehrebenensystem	96
		5.1.1 Handlungsoptionen im Akteursnetzwerk	101
		5.1.2 Handlungsmodi von (Steuerungs-)Akteuren	103
		5.1.3 Politische Kräfte in den Transformationsstrategien und -prozessen (Fallbeispiele)	116
	5.2	Status quo der Lehrer*innenbildung für Inklusion	119
		5.2.1 Strukturen und Konzepte der Lehrer*innenbildung für Inklusion im internationalen Raum	121
		5.2.2 Organisationsformen von Inklusion in Lehramtsstudiengängen in Deutschland	125
6	**Transformationsbarrieren zu einer Lehrer*innenbildung für Inklusion?!**		**130**
	6.1	Effekte der Beibehaltung schultypenspezifischer Lehramtsstudiengänge	130
		6.1.1 Studien- und Berufswahlmotive von Lehramtsstudierenden.................................	135
		6.1.2 Studiengangsbezogene Informationen und Auswahlverfahren	141
		6.1.3 Generalisten-Spezialisten-Verhältnis von Sonder- und Regelpädagogik	143
	6.2	Reziprozität von Haltungen, inklusiver Praxis und Professionalität	146
	6.3	Effekte der Beibehaltung (parallel existierender) Sonderschulen	154
	6.4	Starke (unbewusste) Abwehrmechanismen der Akteure	157
	6.5	Ableismus und defizit-/differenzorientierte Klassifikationen	165
	6.6	Die Rolle der Disziplin der Sonderpädagogik in der inklusiven Bildungsreform	172
		6.6.1 Die ›Legitimationskrise‹ der Sonderpädagogik?!	172
		6.6.2 Fach- und berufspolitische Interessen in der Sonderpädagogik	173

		6.6.3	Die Aneignung und »Sonderpädagogisierung« der Inklusion	176
	6.7		Der Erhalt grundständiger Lehrämter für Sonderpädagogik	178
	6.8		Fehlende Lobby für Inklusion in der Lehrer*innenbildung	184

7 Aspekte einer transformativen Professionalität in der inklusiven Bildung **187**
    7.1   Überzeugungen und Einstellungen von Lehrpersonen und anderen Akteuren 187
    7.2   Selbstwirksamkeitserwartungen 190
    7.3   Fähigkeit zum Forschungstransfer in die Praxis 192
    7.4   Kompetenzen für kooperatives und vernetztes Denken und Handeln 194

8 Transformationsanregungen: Hochschulpolitik und Studiengangslogistik **197**
    8.1   Einrichtung von Akteursnetzwerken für (inklusive) Lehrer*innenbildung 197
    8.2   Inklusive (Lehrer*innen-)Bildung im Whole-University-Approach 200
    8.3   Kollaboration und Transformation disziplinärer Arbeitsbereiche 209
    8.4   Professionalisierung von Hochschullehrenden für die inklusive Bildung 213

9 Transformationsanregungen: Curriculum und Hochschuldidaktik **217**
    9.1   Werteorientierung im transformativen Inklusionsverständnis 217
    9.2   Anerkennung von Diversität durch Fairness in Leistungsrückmeldungen 221
    9.3   Eine Identität als transformative und inklusive Lehrkraft ... 225
    9.4   Inklusion: Querschnittsthema und Impuls für disziplinäre Relationierung 229
    9.5   Professionelles Lernen in inklusiven Kontexten 232
        9.5.1   Inklusive Schulpraxis 232
        9.5.2   Inklusion in Hochschullehre und -forschung 235
        9.5.3   Inklusive Hochschuldidaktik 236
        9.5.4   Selbstvertreter*innen in der Lehre 238
    9.6   Professionalisierung für Inklusion als berufsbiografische Aufgabe 242

10 Ein Strukturmodell für eine inklusive Lehrer*innenbildung (ILB) **245**

Literatur **253**

Vorwort von Barbara Wenders und Reinhard Stähling[1]

Lehrer*innenbildung an und für (inklusive) Reformschulen

Jede Schule ist immer auch Ausbildungsschule für Studierende und Lehramtsanwärter*innen. Zugleich kann sie durch Hospitationen und Besuche auch als Fortbildungsstätte dienen. Die aktuelle Lehrer*innenbildung orientiert sich an bestehenden Schulen und deren Strukturen und begrenzten und tradierten Möglichkeiten und selbstverständlich erscheinenden Praktiken: vertikale Gliederungen in Primar- und Sekundarstufenschulen, horizontale Gliederungen in verschiedenen Schulformen ab dem Jahrgang 5, Sondersysteme für behinderte Schüler*innen, Aussonderungen von leistungsschwachen und verhaltensauffälligen Schüler*innen, begrenzte Umsetzungen von Lehrplänen, begrenzte Möglichkeiten wegen der Raum- und Klassengrößen und wegen des mangelnden Personals, wenig gebundene und verpflichtende Ganztagsschulen usw. Wiederholende PISA-Ergebnisse zeigen, dass die Schulleistungen der Schüler*innen in Deutschland stark von ihrer Herkunft bestimmt werden. In Deutschland gibt es – mehr als in vielen anderen Ländern – in diesem Feld seit langem Entwicklungsbedarf. Es werden Strukturänderungen in Richtung gebundener, verpflichtender Ganztagsschulen und längeren gemeinsamen Lernens bis zum zehnten Schuljahr unter einer Leitung diskutiert. Die Lehrer*innenbildung steht hier zumeist im Abseits und kann sich an solchen Reformvorhaben nicht beteiligen.

Bevor wir die Frage erörtern, welches konkrete Ziel die Lehrer*innenbildung verfolgen möge, haben wir zunächst Einigkeit darüber herzustellen, was Lehrer*innenbildung nicht tun soll: Sie sollte mit ihren Instrumentarien nicht bestehende Schulstrukturen bedienen und verfestigen. Im Gegenteil müsste sie dazu beitragen, die Reform des Schulwesens zu unterstützen. Konkret wäre anzustreben, was nach unserer Einschätzung bereits im Einvernehmen mit den gesicherten Forschungsergebnissen als Reformforderung vorliegt: eine inklusive Schule für alle Schüler*innen in einer Schulform, die von der Primarstufe bis zur Sekundarstufe unter einer verantwortlichen Leitung steht.

Alle Lehrer*innenbildungsvorhaben, die der Festschreibung des in Deutschland bestehenden, ab der Sekundarstufe gegliederten und selektierenden Schulsystems

---

1 Barbara Wenders (ehemalige Lehrerin) und Reinhard Stähling (ehemaliger Schulleiter) der Grundschule Berg Fidel und der PRIMUS-Schule (Münster).

dienen könnten, sollten kritisch überprüft werden; auch und gerade die fachdidaktischen Aspekte, die viel zu sehr schulstufengebunden verengt werden (vgl. auch Stähling & Wenders, 2018, S. 91 ff.):

- Wozu sollen Pädagog*innen ausgebildet werden, die nur in Sonderschulen arbeiten können und wollen?
- Wieso sollen Lehrer*innen ihr ›Fach‹ verengt nur auf Schulstufen bezogen kennenlernen und in der Praxis erproben können?
- Wer trägt die Verantwortung für den gesamten Lernprozess der Schüler*innen in den einzelnen Fachgebieten?
- Gibt es überhaupt ›Grundschul-Englisch‹ oder ist die Fremdsprachendidaktik längst weiter?
- Wieso kann die Wissenschaft der Mathematik überhaupt bei Lernanfänger*innen eine andere sein als bei Schulabgänger*innen?
- Weshalb werden fachspezifische Qualifikationen erworben, die nur in bestimmten Schulformen gebraucht werden, die eine fächerübergreifende Vernetzung des Lernens nicht strukturell vorsehen?

Im real existierenden gegliederten Schulsystem werden Lehrer*innen ausgebildet, die für die zukünftigen Generationen Leitbilder darstellen sollen. Wie kann es uns gelingen, dass die Lehrer*innenbildung die längst überfällige Reform der Schulen voranbringt?

Man wird dem entgegenhalten, dass doch die zukünftigen Lehrer*innen klarkommen wollen im bestehenden Schulsystem und auch dort eine Anstellung anstreben und nicht den Auftrag verspüren, sich für die Reform des Bestehenden einzusetzen. Personalrät*innen werden hier sogar von Überforderung reden und die Mitarbeiter*innen vor solchen Vorhaben schützen wollen, die die bewährten Routinen des Schulgeschäftes ›auf Kosten‹ der Beschäftigten aushebeln könnten.

Hier verläuft auch die Frontlinie zwischen denjenigen, die auch die Schule nicht aus der Pflicht nehmen wollen, wenn es darum geht, die Zukunft der Kinder zu sichern (siehe z. B. Greta Thunberg und ihr weltweiter ›Fridays für Future‹-Schulstreik für das Klima), und denjenigen, die der Meinung sind, dass die Schule nur dazu diene, den jungen Menschen auf seine Rolle in der derzeitig real existierenden Gesellschaft bestmöglich vorzubereiten.

Wenn wir uns angesichts dieser Debatten auf das Grundgesetz besinnen und der Meinung sind, dass die Schule dazu beitragen soll, dass die jungen Menschen erzogen werden müssen, zum Beispiel zur Verantwortung »für die Erhaltung der natürlichen Lebensgrundlagen« (§ 2 SchulG NRW), so kann die Lehrer*innenbildung nicht abseitsstehen (vgl. Eichholz, 2013).

In seiner kritischen Analyse der Lehrer*innenbildung kommt Feuser (2013) zu dem Schluss, dass in den lehramtsbildenden Hochschulen die wesentlichen Grundlagenfelder derzeit zu wenig behandelt werden: Geschichte der Pädagogik, Bildungstheorie und Allgemeine Didaktik (vgl. auch Feyerer, 2013).

> »Hätten wir eine subjektwissenschaftlich fundierte und bezogen auf die humanwissenschaftlichen Grundlagen qualitativ hochstehende Lehrer*innenbildung, bedürfte, was heute z. B. mit den Begriffen Diversität, Differenz, Vielfalt, Heterogenität verknüpft und

diskutiert wird, überhaupt keiner besonderen Erwähnung und inklusiver Unterricht wäre selbstverständlich, sofern man Kinder und Schüler*innen in einem Kindergarten und einer Schule so zusammenkommen lässt, wie sie sind und weil sie da wohnen und leben« (Feuser, 2013, S. 27).

Für eine Lehrer*innenbildung, die zu einer Reform des Bildungswesens beitragen will, sind nach dieser Analyse zwei Aufgabenfelder zu fordern:

1. Vermittlung von Kompetenzen zur Umsetzung von Reformen in Schulen: Die jungen Lehrer*innen müssen lernen, die vorhandenen Strukturen und Begrenztheiten der Schulen in Deutschland so zu reformieren und für sich zu nutzen, dass sie für die Entwicklung der nachkommenden Jugend nicht – wie bisher – eine Behinderung für das Lernen darstellen.
2. Vermittlung von Kompetenzen für Lernprozesse: Die jungen Lehrer*innen müssen eigene Erfahrungen damit machen, wie Schüler*innen erfolgreich lernen, und diese unter Anleitung auswerten. Sie müssen die lern- und entwicklungslogischen Grundlagen im Zusammenhang mit didaktischen Fragen kennenlernen, in Verhaltenstrainings einüben und in Praktika anwenden.

Hier wird sichtbar, dass eine wirklich fundierte tatsächlich stattfindende Lehrer*innenbildung entscheidend dazu beitragen könnte, das deutsche Schulsystem zu reformieren. Dazu brauchte sie als feste Kooperationspartner*innen auch Schulen, in denen die Lehrer*innen sich ein Bild von humaner Pädagogik machen können. In diesen Schulen können sich die zukünftigen Lehrer*innen mit den alltäglichen Grenzerfahrungen auseinandersetzen und das didaktische Handeln üben.

Pädagog*innen brauchen positive Erfahrungen mit reformorientierten Schulmodellen, die Kinder und Jugendliche nicht einteilen und sortieren, sondern die sie als Lernende ernst nehmen und ihnen die Möglichkeit bieten, vertieft, nachhaltig und erfolgreich zu lernen.

Berufsanfänger*innen geraten nicht selten in eine Krise, weil sie sich als zukünftige Pädagog*innen immer fragen, ob sie den Aufgaben der reformorientierten Praxis gewachsen sind. Es muss vermieden werden, dass sie aus Verunsicherung heraus auf die ihnen aus der eigenen Schulzeit bekannten Verhaltens- und Denkmuster der traditionellen Schule zurückgreifen und sich aufgrund mangelnder Erfahrungen überlasten. Die intensiven Aufarbeitungen der eigenen Schulzeit und der dort eintrainierten Muster sind nötig (vgl. Kaiser, 2003). Dies kann verhindern, dass lernende Berufsanfänger*innen durch konservative Praxisbetreuer*innen dahin geführt werden, ihren ›Unterricht‹ im herkömmlichen Stil so zu gestalten, dass er nicht für alle Schüler*innen erfolgreich sein kann.

Alle Erfahrungen der Studierenden und Lehramtsanwärter*innen in der Schulpraxis sollten in den Seminaren der Lehrer*innenbildung aufgearbeitet werden. Auch Lehrkräfte mit Berufserfahrung sind auf Unterstützung angewiesen. Dazu benötigen wir in den Schulen und Seminaren sowohl Supervisionen und Lehrer*innenverhaltenstrainings als auch Reflexionen zur Schulpraxis. Ohne historische Rückblicke, zum Beispiel auf die reformpädagogischen Kämpfe der 1920er Jahre, sind die eigenen reformorientierten Praxiserfahrungen nicht einzuordnen und für zukünftige Reformen zu nutzen. Auch der Blick über die nationalen

Grenzen hinweg ermöglicht die Einsicht darin, wie Strukturen entstehen und wie Reformen umgesetzt werden. Die Gesetzmäßigkeiten der Veränderungen zu ergründen kann dabei von großer Bedeutung für zukünftige Schulentwicklungen sein.

Besondere Universitäts- oder Übungsschulen wie die Laborschule Bielefeld muss es geben, die als zukunftsfähige Modelle dem pädagogischen Nachwuchs dienen können (vgl. Matthes, 2019; Reich Asselhoven & Kargl, 2015; Reich, 2017; Palowski Gold & Klewin, 2019). Nicht selten wird hier kritisch angemerkt, dass auch nach 40 Jahren Laborschule Bielefeld die notwendigen Strukturänderungen noch nicht ›in der Fläche angekommen‹ seien. Das liegt aber nicht daran, dass die Modellschule in Bielefeld fehlende Impulse aussendet an die vielen Lehrer*innen, die dort hospitiert haben, sondern möglicherweise daran, dass der Weg hin zu einer solchen reformorientierten Schule mehr bedarf als nur didaktischer Qualifikationen. Schulleitungen anderer Schulen, die eine Schulreform im eigenen Hause anstreben, brauchen neben dem guten Modell für das Lernen auch erfolgreiche Modelle für die Strategien der Veränderung einer Schule.

Am Beispiel der PRIMUS-Schule Berg Fidel/Geist (vgl. Stähling & Wenders, 2015; 2018) mit den Jahrgängen 1 bis 10 unter einer Leitung soll kurz aufgezeigt werden, inwiefern eine solche Langformschule für eine Lehrer*innenbildung, die auf die Zukunft vorbereiten soll, notwendig ist. Die Grundschule Berg Fidel wurde 1971 gegründet. Sie hat sich auf den Weg gemacht, innerhalb des bestehenden Systems in der Einzelschule genau die Strukturen zu schaffen, die für das gesamte Schulsystem zu fordern sind:

- Ganztagsschule in gebundener Form wie in der Grundschule Berg Fidel seit 1992 – im Gegensatz zur Offenen Ganztagsschule gibt es gebundene Ganztagsgrundschulen nur in kleiner Zahl. Sie ist für alle Schüler*innen verpflichtend und daher wird von den Eltern hier auch kein Schulgeld verlangt. Das Konzept des offenen Ganztags enthält dagegen keine Schulzeit am Nachmittag, sondern freiwillige Angebote, die in der Regel von Eltern bezahlt werden. Die Einheit von Vormittags- und Nachmittagsschule ist nur in der gebundenen Schule möglich und daher auch pädagogisch gestaltbar.
- Teams für jede Klasse mit sonderpädagogischem Personal – schulintern wird dies nur in wenigen Schulen durchgesetzt. Das abgestimmte, einheitliche Vorgehen der Pädagog*innen einer Klasse ist wichtig für den Erfolg. Dies ist nur in klasseneigenen Teams möglich. Studierende und Schulbegleiter*innen/Integrationshelfer*innen gehören genauso zum Team wie die hauptamtlichen Lehrer*innen und Sonderpädagog*innen. Sie koordinieren ihre Arbeit jede Woche in einer Teamsitzung.
- In jedem klasseneigenen Team arbeiten Studierende aller Fachrichtungen, Schulformen und pädagogischen und psychologischen Richtungen mit. Etwa 70 % der Mitarbeiter*innen eines Teams befinden sich in Ausbildung.
- Ausweitung der Grundschule Berg Fidel bis in die Sekundarstufe unter einer Leitung wie in der PRIMUS-Schule Berg Fidel/Geist – unter dem Begriff der Gemeinschaftsschule gibt es ähnliche Schulen zum Beispiel in Berlin. Sie sind aber noch überall im Bundesgebiet die Ausnahme.

- Altersmischung in jeder Klasse und das schulformübergreifend (Jahrgang 4–6), wie in der PRIMUS-Schule Berg Fidel, Geist – das ist selten. Es bietet eine enorme Chance, die Verantwortlichkeiten für die Lernentwicklung aller Schüler*innen über lange Zeiträume unter gemeinsamer Leitung zu übernehmen. Die pädagogische und didaktische Arbeit kann nur so koordiniert werden.
- Keine Ziffernnoten bis Jahrgang 8 einschließlich – ebenfalls sehr selten im öffentlichen Schulwesen. Die Pädagog*innen tragen gemeinsam über tradierte Schulstufen hinweg die Verantwortung für die entscheidenden Weichenstellungen und Beratungen in der Laufbahnberatung der Schüler*innen.

Diese für alle Schulen wünschenswerten Schulstrukturen sind in einer Schule durchgesetzt worden, die als einzige in ihrer Stadt diese Strukturen in der Einzelschule erkämpft hat. Es wurden also nicht die Strukturen im Schulsystem verändert – vielmehr blieben diese leider bestehen –, sondern nur diese einzelne Schule ging diesen Weg, die eigene Struktur neu zu gestalten. An allen diesen Schulentwicklungsprozessen haben immer auch Studierende und Besucher*innen teilhaben können. Jährlich hospitieren seit den 1980er Jahren in der Schule ca. 200 Pädagog*innen, Wissenschaftler*innen und Schulentwickler*innen aus dem In- und Ausland. Lehrer*innenbildung an erfolgreichen (inklusiven) Reformschulen ist notwendig und kann nicht ersetzt werden durch Literaturstudium allein. Sie ist ein Beitrag zur Reform des deutschen Bildungswesens.

Literatur

Eichholz, R. (2013). Streitsache Inklusion. Rechtliche Gesichtspunkte zur aktuellen Diskussion. In G. Feuser & T. Maschke (Hrsg.), *Lehrerbildung auf dem Prüfstand. Welche Qualifikationen braucht die inklusive Schule?* (S. 67–115). Gießen: Psychosozial-Verlag.

Feuser, G. (2013). Grundlegende Dimensionen einer LehrerInnen-Bildung für die Realisierung einer inklusionskompetenten Allgemeinen Pädagogik. In G. Feuser & T. Maschke (Hrsg.), *Lehrerbildung auf dem Prüfstand. Welche Qualifikationen braucht die inklusive Schule?* (S. 11–66). Gießen: Psychosozial-Verlag.

Feyerer, E. (2013). LehrerInnenbildung im Umbruch. In G. Feuser & T. Maschke (Hrsg.), *Lehrerbildung auf dem Prüfstand. Welche Qualifikationen braucht die inklusive Schule?* (S. 181–212). Gießen: Psychosozial-Verlag.

Kaiser, A. (2003). *Anders lehren lernen. Ein Übungskurs für emotional fundierte Lehrkompetenz.* Baltmannsweiler: Schneider.

Matthes, E. (2019). Universitätsschulen in deutschen Staaten – historische Fallbeispiele. *Die Deutsche Schule,111*(1), 8–21.

Palowski, M., Gold, J. & Klewin, G. (2019). Gemeinsame Praxisforschung statt Be-Forschung: Die Bielefelder Versuchsschulen und ihre Wissenschaftlichen Einrichtungen. *Die Deutsche Schule, 111*(1), 56–65.

Reich, K. (2017). *Inklusive Didaktik in der Praxis. Beispiele erfolgreicher Schulen.* Weinheim: Beltz.

Reich, K., Asselhoven, D. & Kargl, S. (Hrsg.). (2015). *Eine inklusive Schule für alle.* Weinheim: Beltz.

Stähling, R. & Wenders, B. (2015). *Teambuch Inklusion. Ein Praxisbuch für multiprofessionelle Teams.* Baltmannsweiler: Schneider.

Stähling, R. & Wenders, B. (2018). *Schule ohne Schulversagen. Praxisimpulse aus Grundschule und Sekundarstufe für eine gemeinsame Schule.* Baltmannsweiler: Schneider.

1 Einleitung

Welche Lehrer*innen werden in einer inklusiven Gesellschaft in einer Schule des 21. Jahrhunderts gebraucht? Die Europäische Agentur für Entwicklungen in der sonderpädagogischen Förderung (European Agency for Development in Special Needs Education, 2012) hat sich der Frage der Herausforderungen für die Lehrer*innenbildung[2] wenige Jahre nach der ›UN Convention of the Rights of Persons with Disabilities – UNCRPD‹ (UN, 2006[3]) gewidmet. An dem internationalen Projekt ›TE4i – Teacher Education for Inclusion‹ (2009–2012) waren Expert*innen aus Wissenschaft, Bildungspolitik und Praxis aus 28 europäischen Ländern beteiligt.[4] Sowohl die Europäische Agentur für Entwicklungen in der sonderpädagogischen Förderung als auch die im Projekt eingebundenen Expert*innen gehen von einem direkten Zusammenhang zwischen der Gestaltung inklusiver Bildungssysteme, der Professionalisierung der Lehrpersonen und den Chancen der Entwicklung inklusiver Gesellschaften aus. Das internationale Konsortium befasste sich über zwei Jahre mit den Konsequenzen für die grundständige Lehramtsausbildung unter der Frage: »Wie werden *alle* Lehrkräfte in ihrer Erstausbildung darauf vorbereitet, *inklusiv zu sein?*« (European Agency for Development in Special Needs Education, 2012, S. 5; Übers. u. Hervorh. d. Verf.).

Die Zielsetzung des Projektes TE4i war durch die Projektleitung bewusst im Sinne einer »›becoming‹ dimension of (inclusive) educational practitioners« (Koenig, 2020b, S. 105) formuliert. Mit dem Titel dieses Buches ›Die inklusive Lehrperson‹ wird diese Auslegung aufgegriffen, da es in der Professionalisierung für

---

2 In der vorliegenden Publikation wird der Begriff ›Lehrer*innenbildung‹ in seiner Schreibweise bewusst verwendet, um zu verdeutlichen, dass es sich entgegen der dominierenden öffentlichen Wahrnehmung nicht um eine Berufs*aus*bildung mit einem berufsqualifizierenden Abschluss im traditionellen Sinne handelt, sondern um einen lebenslangen vielschichtigen (Selbst-)Bildungs- und Professionalisierungsprozess (in Anlehnung an Feuser, 2013).
3 Der englischsprachige Originaltitel der Konvention wird verwendet, da der deutschsprachige Titel ›Behindertenrechtskonvention‹ (UN-BRK) implizieren könnte, dass es sich um spezifische *Behindertenrechte* (eingeschränkt auf diese Gruppe) handle. Die UNCRPD (angenommen am 13.12.2006 in New York; ab dem 30.3.2007 zur Unterzeichnung aufgelegt; bis heute von nahezu 200 Staaten ratifiziert) repräsentiert jedoch explizit die allgemeinen Menschenrechte, die auch für jene Gültigkeit beanspruchen, die von Behinderung betroffen sind. Die Verwendung des englischsprachigen Originaltitels erscheint vor dem Hintergrund einer diskursanalytischen Perspektive wichtig – da wir das, worüber wir sprechen, dadurch hervorbringen, dass wir in bestimmter Weise darüber sprechen (in Anlehnung an Foucault; Weisser, 2015).
4 Die Verfasserin dieses Buches war als Expertin an dem Projekt TE4i beteiligt.

Inklusion nicht ausschließlich um die Vermittlung additiver oder adaptierter, gegebenenfalls sogar alleinstehender inklusionsorientierter Handlungskompetenzen für die schulische Praxis gehen kann. Vielmehr bedarf es zur erfolgreichen Implementierung der inklusiven Bildung eines kulturpolitischen Transformationsprozesses im gesamten Bildungssystem und mithin im System der Lehrer*innenbildung. Der Untertitel des Buches verweist daher auf die damit im Zusammenhang stehenden komplexen Transformationserfordernisse und -prozesse in der gesamten Organisation der Lehrer*innenbildung, von allen Akteuren[5], inklusive der (angehenden) Lehrpersonen. Unter transformativer Lehrer*innenbildung wäre ein Professionalisierungsprozess zu verstehen, der die Potenziale für eine Weiterentwicklung und für den erforderlichen Richtungswechsel im Bildungssystem zur Inklusion aufgreift und die angehenden Lehrpersonen auf eine intensive Auseinandersetzung mit den Prämissen inklusiver Bildung und die aktive Partizipation in den anstehenden Transformationsprozessen vorbereitet.

Adressat*innen dieses Buches sind zunächst die verschiedenen Organisationen und Institutionen in der Lehrer*innenbildung und die darin tätigen Akteur*innen oder Lehrenden. Dazu zählen die Akteure aus Bildungspolitik, Bildungs- und Wissenschaftsministerien, Hochschulen oder Studienseminaren und Fortbildungsinstitutionen. Das Buch soll Impulse geben für die Arbeit auf der Metaebene (z. B. Arbeitsgruppen in Organisationen), aber auch für die eigenaktive Professionalisierung von Hochschullehrenden, Lehrpersonen und Lehramtsstudierenden für ihre Aufgaben im Zusammenhang mit der Entwicklung eines inklusiven Bildungssystems. Dazu werden zunächst die Professionalisierungsanforderungen systematisch herausgearbeitet unter der Frage: Was ist nötig dafür, eine inklusive Lehrperson zu werden bzw. solche zu fördern? So werden wesentliche Leitgedanken herausgearbeitet, in Anlehnung an die Empfehlungen und Dokumente globaler und nationaler Organisationen (z. B. UN, UNESCO, Hochschulrektorenkonferenz) sowie wissenschaftliche bzw. empirische Erkenntnisse. Die Leitgedanken werden im Text jeweils als Thesen (Thesen 1 bis 20) hervorgehoben; sie greifen die in den Kapiteln 2 bis 6 herausgearbeiteten Haltungen, Kompetenzen und Fähigkeiten von inklusiven Lehrpersonen auf. Keinesfalls sind sie jedoch im Sinne einer vollständigen Auflistung der Professionalisierungserfordernisse zu verstehen, vielmehr dienen sie den Leser*innen als Orientierung.

Das Ziel der vorliegenden Publikation ist es dabei, den vielfältigen Akteuren in der Lehrkräftebildung, wie zum Beispiel Lehrenden und Studierenden in den Lehrämtern und Bezugswissenschaften, den Verantwortlichen in Bildungspolitik, -verwaltung und Schulpraxis, einen umfassenden Einblick zu grundlegenden Prämissen der inklusiven (Lehrer*innen-)Bildung und den diesbezüglich anzustrebenden Transformations- und Steuerungsprozessen zu geben. Sie sollen durch die Lektüre dieses Bandes dazu angeregt werden, die bestehenden Kulturen, Strukturen und Handlungen in der Lehrer*innenbildung kritisch zu hinterfragen. Mit dem Buch wird zudem das Ziel verfolgt, die Akteure im (Lehrer*innen-)Bil-

---

5 Da der Begriff ›Akteur‹ keine genderneutrale Version erlaubt, er sich auch auf Institutionen oder Organisationen bezieht, wird er jeweils in der maskulinen Form verwendet, soweit er nicht auf individuelle Personen(gruppen) rekurriert.

dungssystem auf der Basis von erweitertem Hintergrundwissen und Erfahrungsbeispielen zu motivieren, sich mit ihrer eigenen Rolle in der Transformation des Bildungssystems und der Lehrer*innenbildung zur inklusiven Bildung zu befassen und diese zu reflektieren.

Um eine inklusive Lehrperson ›zu werden‹ oder gar ›zu sein‹, bedarf es deutlich mehr als einzelner Module zur inklusiven Bildung im Studium oder des Besuchs von Lehrkräftefort- und weiterbildungen. Neben der Verankerung von fachlichen Inhalten zur Inklusion in den Studienordnungen sollten die Amivalenzen und Ambiguitäten des Lehrer*innenhandelns im Kontext der inklusiven Bildung im Bildungssystem erkannt und in der Professionalisierung für alle Lehrpersonen berücksichtigt werden. Zu diesen Ambivalenzen zählen zum Beispiel Spannungsverhältnisse (z.B. zwischen standardisierten Bildungsnormen und der Anerkennung der Vielfalt von Lernenden) oder das Handeln in den sich zur inklusiven Bildungsreform konträr verhaltenden, selektions- und segregationskonnotierten Organisationsformen und Praxiskontexten oder Konzepten.

Die Aufgabe der Lehrer*innenbildung für Inklusion wäre es die Lehrpersonen zu zu einem kontinuierlichen, möglichst eigenaktiven Aufbau von Reflexionswissen und Kompetenzen zur inklusiven Bildung zu befähigen, die es wahrscheinlicher machen, dass sie

- sich in dem permanenten – weder absehbar noch linear verlaufenden – Transformationsprozess zu einem inklusiveren Bildungssystem im Sinne der Vision selbstreflexiv, vernetzt und zielgerichteter orientieren können,
- den mit der Anerkennung von menschlicher Diversität und vielfältigen Bildungswegen zusammenhängenden Herausforderungen in den Organisationen und Institutionen mit diversitätssensiblen und inklusionsorientierten Haltungen und Praktiken beggenen können,
- sich als gestaltende Akteur*innen in einem sich stetig verändernden Bildungssystem für ein Mehr an Gleichstellung und Bildungsgerechtigkeit und den gleichzeitigen Abbau von Barrieren für Teilhabe und Lernen (Booth & Ainscow, 2017) positionieren können, und
- Bereitschaften entwickeln, sich gemäß den sich verändernden Herausforderungen durch die Diversität der Lernenden und der Lebensbedingungen in unserer Gesellschaft im Rahmen der Berufsbiografie weiter zu professionalisieren.

Eine wesentliche Basis für die Professionalisierung für Inklusion sollte zunächst eine Klärung des Inklusionsbegriffs und -verständnisses sein, die einführend in *Kapitel 2* unter Berücksichtigung der zahlreichen Dokumente und Publikationen globaler Akteure für die Entwicklung eines inklusiven Bildungssystems erfolgt (▶ Kap. 2). Globale, internationale Organisationen haben bereits umfassend Empfehlungen für eine Lehrer*innenbildung erarbeitet und veröffentlicht, die im Hinblick auf die erwartete Professionalität im inklusiven Bildungssystem als erforderlich erachtet werden. Die umfassenden Empfehlungen und völkerrechtlichen Vorgaben werden in *Kapitel 3* vorgestellt (▶ Kap.3); ihnen sollte auch im deutschsprachigen Diskurs ein größerer Stellenwert eingeräumt werden. Auf nationaler Ebene wurden in den vergangenen Jahrzehnten ebenfalls vielfältige

Transformationsimpulse gegeben. Diese werden in *Kapitel 4* ausführlich thematisiert (▶ Kap. 4). Die bis zum aktuellen Zeitpunkt umfassend dokumentierten Transformationsimpulse für die Gestaltung inklusiver Bildungssysteme und mithin einer entsprechenden Lehrer*innenbildung lassen unschwer erkennen, dass in Deutschland auch nach mehreren Jahrzehnten noch deutliche Diskrepanzen zwischen Soll- und Ist-Zustand bestehen.

Dies macht es erforderlich, sich mit der Frage zu befassen, an wen sich die Transformationsimpulse richten und wer in die Transformationsprozesse eingebunden sein sollte: Wie wird die Lehrer*innenbildung in Deutschland gesteuert? Wer sind die in die Lehrer*innenbildung eingebundenen Organisationen und Institutionen (Akteursnetzwerke[6])? Wer trägt die Verantwortung dafür, die Lehrer*innenbildung inklusiv zu gestalten? Wer trifft die relevanten Entscheidungen bezüglich Strukturen, Inhalten und Formaten? *Kapitel 5* bietet daher einen Überblick über die Bedingungen für die Transformation, über die Steuerungsebenen und -aktivitäten sowie das Netzwerk an Akteuren, denen im Rahmen der Lehrer*innenbildung in Deutschland eine Verhandlungs- bzw. Entscheidungsmacht und Verfügungsrechte zukommen (▶ Kap. 5). Alle Akteure im Mehrebenensystem der Bildung bzw. der Lehrer*innenbildung, nicht nur die Lehrpersonen in der Praxis, »spielen eine Schlüsselrolle bei der Gestaltung wünschenswerter Transitionen und Transformationen durch transformatives Handeln und Governance« (Hölscher et al., 2018, S. 2). Zu diesen Akteuren zählen Individuen wie Lehrpersonen, Lehramtsstudierende, Bildungspolitiker*innen und Eltern, aber auch Organisationen wie Hochschulen, Studienseminare oder Gewerkschaften. Um sich als individueller Akteur oder kollektiv als Gruppe im Transformationsprozess von Lehramtsstudiengängen und Studienordnungen als gestaltender Change-Agent wahrzunehmen und einbringen zu können, ist es erforderlich, dass man die komplexen Steuerungsprozesse im System bzw. der Organisation der Lehrer*innenbildung erfasst und durchschaut. Dies gilt auch für Lehrende an Hochschulen (erste Phase der Lehrer*innenbildung), an Studienseminaren (zweite Phase) und in der Fort- und Weiterbildung (dritte Phase), für Lehramtsstudierende und Referendar*innen, aber auch für jene Lehrpersonen in der schulischen Praxis oder jene, die in die schulpraktischen Studien an Hochschulen eingebunden sind. Daher sollen in diesem Kapitel der Kontext, die gängigen Prozesse und Konditionen der Steuerung in der Lehrer*innenbildung behandelt werden.

In *Kapitel 6* werden mannigfaltige *Barrieren für die Transformation zu einer inklusiven Lehrer*innenbildung* im Bildungssystem in Deutschland thematisiert (▶ Kap. 6). Da Steuerung und Implementation nicht immer rationalen Verfahrenswegen folgen, sollten die individuellen und institutionellen Akteure ebenso in der Lage sein die vielfältigen Herausforderungen, Widersprüche und Barrieren für Innovationen und Transformationen auf allen Ebenen des Bildungssystems zu erkennen und im Hinblick auf ihre Tätigkeiten bzw. Arbeitsumfelder zu reflektieren. Nur diese Weitsicht ermöglicht es ihnen, sich diesen Spannungsfeldern zu stellen

---

6 Als Akteursnetzwerke wird das dynamische Beziehungsgeflecht zwischen unterschiedlichen Elementen bezeichnet, in welchem die Akteure immer in Abhängigkeit (Interdependenz) von den anderen Akteuren agieren.

und sie in ihrer Bedeutung für die Transformationsprozesse (und so auch für die nicht-rationale oder nicht-lineare Umsetzung von Reformen und Interventionen) in den Lehramtsreformen zu erkennen.

Kapitel 7 zu Aspekten einer *transformativen Professionalität* diskutiert die Bedeutung von Einstellungen und Haltungen zur Inklusion und weitere grundlegende Voraussetzungen seitens der angehenden Lehrpersonen, um die bereits ausführlich dargelegten Transformationsimpulse aufzugreifen und in die eigene Praxis zu transferieren (▶ Kap. 7). Einerseits geht es hierbei um allgemeine Ziele der Lehrer*innenbildung wie zum Beispiel die Förderung von Einstellungen und Selbstwirksamkeitserwartungen zur inklusiven Bildung durch die regulären Studienangebote. Andererseits sollte sich die Lehrer*innenbildung noch stärker der Frage widmen, wie man Lehrpersonen besser dafür professionalisiert, dass sie sich im Rahmen ihrer anstehenden Berufsbiografie eigenaktiv mit aktuellen Forschungserkenntnissen (z. B. zur inklusiven Bildung oder Digitalisierung) und kritisch-konstruktiv mit Reform- und Transformationsbestrebungen auseinandersetzen.

Die *Kapitel 8 und 9* geben auf der Basis wissenschaftlicher Erkenntnisse Einblicke in inspirierende Praktiken der Lehrer*innenbildung für Inklusion, zunächst auf der Ebene der Hochschulpolitik und Studiengangslogistik, anschließend auf der Ebene der Curricula und Hochschuldidaktik (▶ Kap. 8; ▶ Kap. 9). In diesen Kapiteln können Modelle und Erfahrungen jeweils nur beispielhaft berücksichtigt werden, da die Vielfalt an Konzepten bundesweit mittlerweile beachtlich ist. Im Bewusstsein, dass man diese ausgewählten Konzepte nicht als Rezeptologien verstehen darf, können sie doch Anregungen dazu geben, über die eigenen Kulturen, Strukturen und Praktiken (Booth & Ainscow, 2017) im Zusammenhang mit der Inklusion kritisch nachzudenken und diese weiterzuentwickeln.

In *Kapitel 10* wird abschließend ein Konzept der Neustrukturierung der Lehrer*innenbildung vorgestellt, mit dem es gelingen könnte, die Prämissen eines inklusiven Bildungssystems in der Lehrer*innenbildung angemessen grundzulegen und damit die inklusive Bildungsreform in der schulischen Praxis nachhaltig zu sichern (▶ Kap. 10).

Die Frage der Gestaltung einer Lehrer*innenbildung für Inklusion sollte – neben einer theoretischen, wissenschaftlichen und empirischen Fundierung – gleichzeitig grundlegend aus einer als erfolgreich und qualitativ hochwertig zu erachtenden inklusiven Schul- und Unterrichtspraxis heraus gedacht und entwickelt werden. Daher gilt auch eine Empfehlung in diesem Buch der Einbindung von Kolleg*innen aus dieser hochwertigen inklusiven Schul- und Unterrichtspraxis auf allen Ebenen der Steuerung, zum Beispiel auch bei Programmen der Förderung des Bundesministeriums für Bildung und Forschung (BMBF) oder in Lehrerbildungskommissionen in Bildungsministerien oder an Hochschulen, und in die Lehrer*innenbildung selbst. Den beiden Autor*innen des Vorwortes gilt daher ein Dank dafür, dass sie sich bereit erklärt haben, ein einleitendes Vorwort zu schreiben. *Barbara Wenders und Reinhard Stähling* (ehemalige Lehrerin und Schulleiter der inklusiven PRIMUS-Schule in Münster[7]) haben mit ihrem kontinuierlichen jahrzehntelangen Engagement für die inklusive Bildung, ihren Publikationen aus und für die inklusive Praxis sowie durch die in vielfältigen Formaten ermöglichten Praxiseinblicke in ihren inklusionsbewegten Schulalltag[8] mittlerweile bundesweite Bekanntheit und Anerkennung erlangt. Auch sie sehen aus der Praxis heraus in der inklusiven Lehrer*innenbildung einen wesentlichen Baustein der inklusiven Bildungsreform.

Aufgrund der Tatsache, dass im deutschsprachigen Raum die Thematik der Inklusion in der Lehrer*innenbildung weitgehend erst nach der Ratifizierung des Übereinkommens über die Rechte von Menschen mit Behinderungen (UNCRPD, UN, 2006) im Jahr 2009 angegangen wurde, werden für die Ausarbeitungen Publikationen und Studien aus dem angloamerikanischen Bereich verwendet. Zur besseren Lesbarkeit wurden die Textauszüge und Zitationen von der Verfasserin eigenständig ins Deutsche übersetzt.

Hiermit möchte ich meinen ausdrücklichen Dank aussprechen, allen Menschen die mich in den vergangenen Jahrzehnten auf meinem Weg der Auseinandersetzung mit Fragen der inklusiven (Lehrer*innen-)Bildung begleitet und angeregt haben, zum Beispiel den Kolleg*innen, Lehrer*innen, Studierenden und Eltern. Der Ausgangspunkt meines eigenen Entwicklungsprozesses im Zusammenhang mit der Professionalisierung für die inklusive Bildung fand sich darin, dass ich eher zufällig als frische Absolventin eines Studiums in Erziehungswissenschaften und Sonderpädagogik Ende der 1990er Jahre in Berlin als Integrationshelferin (im Rahmen der Eingliederungshilfe) zur Unterstützung von Schüler*innen mit Lernschwierigkeiten in integrativ arbeitenden Grundschulen tätig war. Aufgrund der eigenen mangelhaften Qualifizierung und Vorbereitung für diese Tätigkeit (integrativer Unterricht war nicht Bestandteil meines damaligen Studiums der Heilpädagogik in Marburg) sowie eines ungenügend ausgewiesenen Verständnisses der mit Inklusion einhergehenden Prämissen habe ich mich autodidaktisch den Herausforderungen der schulischen Praxis und der Kooperation mit den Regelschullehrer*innen stellen müssen. Erst Jahre später habe ich verstanden, dass ich – aufgrund fehlender inklusionsbezogener Reflexions- und Handlungskompetenzen – meine Tätigkeit nur allzu häufig konträr zu den Rechten, Lernbedürfnissen und Interessen der Schüler*innen ausgeübt habe – beispielsweise wenn ich mit den Schüler*innen mit einem festgestellten Förderbedarf in Nebenräume gegangen bin, um sie dort individuell zu fördern oder ihnen allzu oft Auszeiten gewährt habe. Die Erfahrung der ungenügenden Professionalisierung für die Tätigkeit in den inklusiven Bildungssituationen durch das Hochschulstudium scheint mir nach wie vor eine meiner Hauptmotive zu sein, mich als Akteurin in der Lehrer*innenbildung für eine inklusionsorientierte Veränderung zu engagieren.

---

7 Die PRIMUS-Schule Münster – Berg Fidel/Geist – ist eine Modellschule des Landes Nordrhein-Westfalen mit gemeinsamem Lernen von Klasse 1 bis Klasse 10. Alle arbeiten in jahrgangsgemischten Klassen.
8 Zum Beispiel durch Filme, Vorträge, Medienberichte oder Hospitationsangebote für Interessierte an der eigenen Schule (so auch für Lehramtsstudierende im Rahmen von Exkursionen).

Zu den Menschen, die mich auf meinen Wegen begleitet und inspiriert haben, zählen viele Kolleg*innen und Inklusionsforscher*innen an nationalen und internationalen Hochschulen, Studierende der PH Ludwigsburg, Schulleiter*innen, Lehrpersonen und andere Akteure im Bildungssystem und nicht zuletzt die vielen Eltern, welche sich unermüdlich für eine inklusivere Bildungslandschaft für ihre eigenen Kinder engagieren. Zu den besonders relevanten Personen für meine Biografie als Wissenschaftlerin zählt Prof. Dr. Jutta Schöler (Emeritus; Technische Universität Berlin). Sie hat sich im Rahmen ihrer wissenschaftlichen Tätigkeit als Forscherin viele Jahre mit der inklusiven Schulentwicklung in Südtirol und Italien befasst, Studierende im Rahmen von Exkursionen daran Anteil nehmen lassen und den Vorbildcharakter der Integration in Italien in zahlreichen Publikationen herausgearbeitet. Damit hat sie auch für mich – als ihre Promovendin – eine ›neue Welt‹ eröffnet. Daher möchte ich dieser Publikation ein Zitat von ihr vorwegstellen, in dem sie bereits im Jahr 2010 auf die Bedeutung der Professionalität von Lehrpersonen für die Umsetzung der inklusiven Bildung verweist:

> »Lehrerinnen und Lehrer in italienischen Schulen stellen sich seit ca. dreißig Jahren darauf ein, die Kinder so zu akzeptieren, wie sie sind. Deshalb kann viel Zeit und Kraft direkt für die Förderung aller Kinder genutzt werden. Da es keine Selektionsverfahren auf der Basis defizit-orientierter, lernortzuweisender Diagnostik gibt, kann die Zeit für Förderdiagnostik und Individualisierung von Lernwegen und Unterricht genutzt werden. Sonderpädagogisch qualifiziertes Personal arbeitet in den Regelschulen gemeinsam mit allen Lehrerinnen und Lehrern im gemeinsamen Unterricht. Alle Lehrerinnen und Lehrer sind im Rahmen der Lehreraus- und Fortbildung auf die Tätigkeit in einer heterogenen Lerngruppe im Rahmen von inklusiven Konzepten vorbereitet. Die sonderpädagogischen Kompetenzen werden als eine wichtige Qualifikation für das Lernen aller Kinder gesehen« (Schöler et al., 2010, S. 16).

Mich haben internationale Erfahrungen in meiner Arbeit als Wissenschaftlerin sehr bereichert. Die PH Ludwigsburg hat eine ausgewiesene Internationalisierungsstrategie und ich erhielt vielfältige Unterstützung: für den Aufbau internationaler Forschungskooperationen (z.B. mit der UNC Charlotte/USA und Queens University Kingston/Kanada), für Erasmus-Teaching-Exchange-Aufenthalte an Partneruniversitäten (u.a. in Helsinki und Madrid) und zum Einwerben oder zur Mitarbeit in vielfältigen EU-Projekten (z.B. https://www.tdivers.eu; https://www.govined.eu). Die Auslandsaufenthalte ermöglichten mir wertvolle Einblicke in Konzepte der inklusiven (Lehrer*innen-)Bildung an internationalen Hochschulen.

Einen weiteren Dank möchte ich Miriam Wahl und Sarah Tenzer (Wissenschaftliche Hilfskräfte an der PH Ludwigsburg) sowie Prof. Dr. Oliver Koenig (Bertha von Suttner Privatuniversität St. Pölten) aussprechen, die durch die redaktionelle Unterstützung bzw. ihr fachliches Feedback dafür gesorgt haben, dass dieses Werk endlich auch veröffentlicht werden kann.

Ein ganz besonderer Dank gilt meinem Ehemann, der mich in den letzten Jahrzehnten kontinuierlich in meinen Tätigkeiten als Wissenschaftlerin unterstützt und dadurch auch einen unermesslichen Beitrag zum Gelingen dieser Publikation geleistet hat.

2 Inklusive Bildung und Pädagogik der Vielfalt als Transformationsimpulse

»… welche Anforderungen ein inklusives Schulsystem an Lehrerinnen und Lehrer stellt und welche Kompetenzen (angehende) Lehrkräfte daher zukünftig benötigen, kann ohne präzise Definition des zugrunde gelegten Inklusionsverständnisses und der damit verbundenen Ziele nicht erfolgen« (CHE et al., 2015, S. 8).

»In welcher Welt wollen wir leben? Wie sieht Bildung in einer solchen Welt aus? (Slee, 2017, o. S.; Übers. d. Verf.).

»Was müssen wir wissen, um gut miteinander zu leben?« (Booth, 2021[9]; Übers. d. Verf.)

Während das erste Zitat die grundlegende Frage des vorliegenden Buches aufgreift und als Ausgangspunkt eine präzise Definition des Inklusionsverständnisses für die Interventionen und Transformationsbemühungen in der Lehrer*innenbildung als erforderlich konstatiert, betonen die beiden anderen eher übergreifende Fragen nach dem Zusammenleben der Menschheit in der Welt der Zukunft. Die Frage nach der ›richtigen‹ Bildung sowie der Gestaltung von inklusiven Bildungsangeboten sollten immer auch in ihren Potenzialen für das Zusammenleben in der Welt reflektiert werden. Die Wahl dieser Zitate soll darauf verweisen, dass es sich bei der Thematik des Buches nicht um eine solitäre Randbewegung in ausgewählten Organisationen und Feldern – wie dem Bildungssystem – handelt, sondern dass die Frage der Professionalisierung von Lehrpersonen für inklusive Bildung in ein transformatives Zukunftsprojekt (Fraser, 2003, zit. n. Koenig, 2022) der Weltgemeinschaft eingebettet ist.

Wie sich zeigt (und in späteren Kapiteln näher ausgeführt wird), gibt es große Interdependenzen zwischen Inklusionsbegriffen oder -verständnissen, politischen Inklusionsansprüchen und inklusiven Praktiken in Organisationen oder von Akteuren. Deshalb muss auch der Frage nach den notwendigen Professionalisierungserfordernissen von Lehrpersonen für Inklusion jene nach dem Inklusionsverständnis vorangestellt werden (CHE et al., 2015). Langner et al. (2019) sind der Überzeugung, dass in der aktuellen Debatte zu selten diskutiert wird, was Inklusion ist und woran bestimmt werden könne, wann Lehrer*innen in Schule und Unterricht inklusiv agieren. Die Lehrer*innenbildung sollte sich zudem an der übergreifenden Vision eines gesellschaftlichen Zusammenlebens orientieren (z. B. Slee,

---

9 Prof. Dr. Tony Booth: Im Rahmen eines Online-Vortrages auf einer Konferenz im November 2021, veranstaltet durch ALLFIE, The Alliance for Inclusive Education. ALLFIE wurde 1990 in England gegründet und ist die einzige Organisation, die von Menschen mit Behinderungen geführt wird, Kampagnen und Informationsaustausch zur inklusiven Bildung im Bereich allgemeine und berufliche Bildung unterstützt.

2017; Booth, 2021), das grundsätzlich alle in die Gegenwart und Zukunft der Menschheit einbindet. Trotz der bereits vor Jahrzehnten grundgelegten Bestimmungsmerkmale von Inklusion und inklusiver Bildung (z. B. durch die UN und ihrer Organe; ► Kap. 3) begegnen uns aktuell im öffentlichen wie auch im fachlichen Diskurs vielfältige und teilweise divergente Inklusionsverständnisse. Daher soll im Folgenden der Diskurs in wesentlichen Zügen nachgezeichnet und in das handlungsleitende Inklusionsverständnis für diese Publikation eingeführt werden.

2.1 Inklusionsverständnisse und die Verwendung des Inklusionsbegriffs

Nach wie vor begegnen uns in der Gesellschaft und in der Schulpraxis ausgesprochen divergente Vorstellungen von Inklusion. Grosche (2015) geht davon aus, dass es aktuell in Deutschland keine allgemein anerkannte Definition von Inklusion gibt, die trennscharf, logisch konsistent und widerspruchsfrei ist.

> »Die Sprache der inklusiven Bildung wurde abgestumpft, sie wurde absichtlich durch eine populäre, zu weitgreifende Verwendung unscharf gemacht« (Slee, 2010, S. 14; Übers. d. Verf.).

Angelehnt an das Zitat von Slee (2010) ließen sich beispielsweise die sprachlichen Fehlübersetzungen der offiziellen Dokumente in der deutschsprachigen Übersetzung der UNCRPD oder anderer UN-Dokumente diskutieren. So wurde zum Beispiel in der ersten amtlichen deutschsprachigen Fassung der UNCRPD (im Jahr 2009[10]) der Begriff ›Inklusion‹ aus dem englischsprachigen Original in der durch die Bildungspolitik der deutschsprachigen Länder beauftragten Übersetzung mit ›Integration‹ fehlübersetzt[11], ein Begriff der eine sehr viel weitreichendere Verwendung zulässt. Obwohl verschiedene Verbände, unter anderem auch im Bundestag in Berlin im Rahmen der Erstanhörungen, auf die Fehlübersetzung hingewiesen haben, wurde der Integrationsbegriff dennoch in der ersten offiziellen deutschen Übersetzung der UNCRPD verwendet.[12] Damit handelt es sich nicht um das erste politische Dokument zur inklusiven Bildung, in dem – gegebenenfalls sogar durch ›absichtliche‹ Handlungen (im Sinne des Zitates von Slee, 2010) – unter dem Begriff der ›Integration‹ die Zielsetzungen konterkarierende Rekonstruktio-

---

10 Eine zwischen den deutschsprachigen Ländern abgestimmte amtliche Fassung in deutscher Sprache.
11 Österreich hat im Jahr 2016 auf Empfehlung des UN-Fachausschusses zur UNCRPD die ursprüngliche Fehlübersetzung korrigiert (vgl. Begleitdokument zu BGBl. III Nr. 105/2016. Korrektur der deutschsprachigen Übersetzung des Übereinkommens über die Rechte von Menschen mit Behinderungen sowie des Fakultativprotokolls).
12 Gemäß den Behindertenverbänden, die an der Anhörung im Deutschen Bundestag teilgenommen haben. Diese haben in der Debatte auf die begriffliche Diskrepanz hingewiesen.

nen des Inklusionsbegriffs und -verständnisses durch bildungspolitische Akteure in den deutschsprachigen Ländern erfolgten. So wurde der Begriff Inklusion bereits in zahlreichen, vorausgegangenen globalen Erklärungen und Dokumenten (z. B. Salamanca-Erklärung, UNESCO 1994; Policy Guidelines zur Inklusion, UNESCO 2005) in den jeweiligen offiziellen deutschsprachigen Übersetzungen durchgängig mit dem Begriff der Integration gleichgesetzt (vgl. Lütje-Klose & Neumann, 2018). Der Begriff der Integration schien aus Sicht der politischen Akteure im Hinblick auf das selektive Bildungssystem vermutlich anschlussfähiger als jener der Inklusion.

Slee (2010) bezieht sich in dem Zitat andererseits auf verschiedene Formen der ›populären Verwendung des Begriffs‹, die weit über die ursprüngliche Bedeutung hinausgehen. Teilweise erfolgt dies auch im Rahmen eines absichtsvollen Handelns, zum Beispiel wenn durch die Verwendung des Begriffs Inklusion bei der Bezeichnung von Projekten oder Initiativen angezeigt werden soll, dass man bereits in den Transformationsprozess eingestiegen sei oder ihn gar abgeschlossen habe. So werden zunehmend Institutionen, Fächer und Positionen mit dem Prädikat ›inklusiv‹ betitelt. Jedoch beschreibt Cologon (2019) ein weithin mangelndes Verständnis der inklusiven Bildung, eine häufige Zweckentfremdung sowie eine Vereinnahmung des Begriffs und sieht darin erhebliche Barrieren für die Transformation des Bildungssystems. Die festgestellte Divergenz der Inklusionsbegriffe und -verständnisse ist dabei nicht auf den deutschsprachigen Raum eingeschränkt festzustellen, es handelt sich um ein international konstatiertes Phänomen (z. B. Loreman et al., 2014; diverse Beiträge in Schuelka et al., 2019; diverse Beiträge in Köpfer et al., 2021). Neben der Divergenz innerhalb der bildungspolitischen und bildungswissenschaftlichen Diskurse muss zudem berücksichtigt werden, dass der Inklusionsbegriff in verschiedenen Wissenschaftsdisziplinen unterschiedlich verwendet wird, zum Beispiel in der Politikwissenschaft, der Erziehungswissenschaft oder der Soziologie (vgl. Feuser, 2010; Lütje-Klose & Neumann, 2018). Schuelka et al. (2019) kommen zu der Erkenntnis, dass Wissenschaftler*innen ebenso differierende Zugänge zur Inklusion aufweisen wie jene Akteure, die in der Praxis inklusiver Bildung tätig sind, und dass es ein Defizit an einem globalen, im Sinne eines international geteilten, Inklusionsverständnis gibt. Der Diskurs über sogenannte ›inklusive Entwicklungen‹ reiche von weitreichenden Umverteilungsreformen für alle in der Gesellschaft bis hin zu Angeboten für die größere Teilhabe von Bevölkerungsgruppen, die in der Regel marginalisiert oder ausgeschlossen waren (z. B. Frauen, Menschen mit Behinderungen, die Landbevölkerung usw.) (ebd.). Selbst im Hinblick auf die Frage, wie exklusive und inklusive Bildung sich voneinander abgrenzen, bestehe keine Übereinstimmung (ebd.).

Nach Hinz versteht sich Inklusion im Hinblick auf die Rechte von Schüler*innen im Bildungssystem als

> »allgemeinpädagogischer Ansatz, der auf der Basis von Bürgerrechten argumentiert, sich gegen jede gesellschaftliche Marginalisierung wendet und somit allen Menschen das gleiche volle Recht auf individuelle Entwicklung und soziale Teilhabe ungeachtet ihrer persönlichen Unterstützungsbedürfnisse zugesichert sehen will. Für den Bildungsbereich bedeutet dies einen uneingeschränkten Zugang und die unbedingte Zugehörigkeit zu allgemeinen Kindergärten und Schulen des sozialen Umfeldes, die vor der Aufgabe stehen,

den individuellen Bedürfnissen aller zu entsprechen – damit wird, dem Verständnis der Inklusion entsprechend, jeder Mensch als selbstverständliches Mitglied der Gemeinschaft anerkannt« (Hinz, 2006, S. 98).

Dem entgegen wird in den deutschsprachigen Ländern (Deutschland, Luxemburg, Österreich, Schweiz) der Begriff der Inklusion im Bildungssektor[13] nach wie vor häufig stark eingeschränkt auf die Integration von Kindern mit einem Etikett ›sonderpädagogischer Förderbedarf‹[14] verwendet (Merz-Atalik, 2017). Die Begrifflichkeiten zur Beschreibung der Tatsache, dass auch Lernende mit einem offiziellen Förderbedarf an dem Lern- und Schulangebot teilhaben, wie *Inklusions*kinder, *Inklusions*klassen, *Inklusions*schule, zeigen anschaulich, dass mit dem Begriff Inklusion das Zusammenkommen von Schüler*innen mit und ohne Behinderungen bzw. Beeinträchtigungen im schulischen Feld bezeichnet wird (ebd.). Der vielfach als Prädikat wahrgenommene Begriff der Inklusion suggeriert so gleichsam, der gemeinsame Unterricht sei per se ein inklusiver (Feuser, 2013) oder eine Schule bzw. Klasse sei inklusiv, sobald Kinder mit einer spezifischen Klassifikation anwesend sind.

Mit dem dritten von Slee (2010) in seinem Zitat aufgegriffenen Aspekt der Verwendung des Inklusionsbegriffs beschreibt der Autor eine zu weitreichende und unscharfe Verwendung. Dies gilt sowohl für den fachwissenschaftlichen Diskurs als auch für die Praxis der inklusiven Bildung in Deutschland. Nach Hinz ist der Begriff der Inklusion in Deutschland zu einem ›Modebegriff‹ geworden, indem »inzwischen nahezu alles als Inklusion deklariert wird, was sich positiv und fortschrittlich darstellen möchte« (Hinz, 2013, o. S.) bzw. was die totalen exkludierenden Strukturen auch nur minimal verschiebt.[15] Dies wiederum führt dazu, dass nach Dannenbeck und Dorrance durch die inflationäre und wenig begriffsscharfe Verwendung des Inklusionsbegriffs eine Form von »Inklusionsrhetorik« (Dannenbeck & Dorrance, 2013, S. 9) festzustellen ist. Aufgrund der inflationären, unkonkreten und divergenten Verwendung des Begriffes besteht die Gefahr eines phrasenhaften Abgleitens der Debatte um Inklusion (Lanwer, 2017).

> »Auf diese Art und Weise werden die sich hinter dem sozialen Phänomen Inklusion verbergenden und verursachenden Konflikte – das heißt Interessens- und Bedürfnisgegensätze

---

13 Unter anderem als Folge der weitgehenden bildungspolitischen Negierung früherer Dokumente zur inklusiven Bildung der UN (▶ Kap. 3) wie der Salamanca-Erklärung 1994 sowie als Konsequenz der Fehlübersetzungen der UNCRPD im Deutschen.

14 Im Folgenden wird der Begriff entweder in Anführungszeichen gesetzt bzw. von ›sogenanntem sonderpädagogischen Förderbedarf‹ oder von dem ›Etikett des sonderpädagogischen Förderbedarfs‹ gesprochen, da es keine objektiven Maßstäbe gibt, nach denen das Etikett vergeben wird. Das zeigt sich zum Beispiel an den divergierenden Prävalenzquoten in den Bundesländern: Zwischen 9,4 % (Sachsen-Anhalt) und 4,0 % (Saarland) in den Jahren 2018 und 2019 (Klemm, 2021, S. 45).

15 Ein Beispiel zur Verschiebung der exkludierenden Strukturen: »Die Ergebnisse des Schulversuchs haben gezeigt, dass inklusive Bildungsangebote – insbesondere im zieldifferenten Unterricht – über *gruppenbezogene Angebote* eingerichtet werden müssen. In dieser Organisationsform gelingt es am besten, die Interessen und Bedürfnisse dieser Schülerinnen und Schüler zu berücksichtigen und die hierfür notwendigen sonderpädagogischen Ressourcen in entsprechendem Umfang zur Verfügung zu stellen« (Ministerium für Kultus, Jugend und Sport Baden-Württemberg, 2015; Hervorh. d. Verf.).

zwischen gesellschaftlichen Akteuren und/oder Gruppen, die sich zu Widersprüchen verdichten und sich als gesellschaftliches Schlüsselproblem manifestieren – unsichtbar gemacht, mit der Konsequenz ihrer Bagatellisierung und Trivialisierung« (ebd., S. 14).

Die unscharfe Verwendung des Inklusionsbegriffs in Wissenschaft, Praxis und Bildungspolitik könnte auch eine Folge dessen sein, dass die durch die UNCRPD geforderte Transformation zu einem inklusiven Bildungssystem (Art. 24) von vielen Akteuren als eine ›Zumutung‹ wahrgenommen wird. Diese Haltungen und Einstellungen verwundern kaum, betrachtet man die historische Entwicklung insbesondere im deutschsprachigen Raum. Hier hat die Aussonderung und Selektion von Schüler*innen (mit von den gesetzten Schulbildungsnormen abweichenden Lernbedürfnissen und -entwicklungen) in Sonder- oder Hauptschulen eine besonders lange und tief verwurzelte Tradition. Dies führt unter Umständen zu Formen der interessengeleiteten Rekonstruktionen des Inklusionsbegriffs. Das vielfach festgestellte vermeintliche ›Definitionsdefizit‹ ist gegebenenfalls nicht nur einer mangelhaften wissenschaftlichen Reflexion geschuldet, sondern »resultiert aus ihrer fast unausweichlichen Einbindung in öffentlich-moralische Diskurse« (Wocken, 2019, S. 3) auf unterschiedlichen Ebenen und in unterschiedlichen Räumen.

Aus einer anderen Perspektive könnte man jedoch auch konstatieren, dass die oft geforderte ›Versachlichung der Inklusionsdebatte‹ eigentlich nicht möglich sei, da eine unauflösliche Verkettung pädagogischer Begriffe mit Werten, Normen und Interessen besteht (Wocken, 2019).

Hazibar und Mecheril sehen in dem Begriff der Inklusion mittlerweile einen leeren, multipel instrumentalisierbaren Signifikanten (Hazibar & Mecheril, 2013; zit. n. Langner et al., 2019) und Katzenbach warnt gar vor einer »regelrechten Verwahrlosung des Begriffs« (Katzenbach, 2015, S. 19).

Im Begriffsdiskurs werden aktuell zudem ein ›weiter‹ und ein ›enger‹ Inklusionsbegriff verhandelt. Im engeren Verständnis liegt der Fokus auf Kindern und Jugendlichen mit einer Behinderung bzw. einem sogenannten sonderpädagogischen Förderbedarf (Baumgardt, 2018, S. 28). Eine Gefahr des engen Inklusionsverständnisses ist es, dass Differenzen zwischen den Schüler*innen im Sinne einer ›Zwei-Gruppen-Theorie‹ (vgl. Hinz, 1993; 2003; 2009; 2011) weiterhin zu stark betont werden bzw. sogar erst eine Differenzwahrnehmung seitens der Akteure aufgebaut wird statt sie abzubauen. Die Betonung von Differenzen und vermeintlichen Defiziten durch klassifikatorische Begriffe und Etikettierungen (wie sogenannter ›sonderpädagogischer Förderbedarf‹, aber auch sogenannte ›Inklusionskinder‹) birgt so die Gefahr durch eine zwar gut gemeinte inklusive Förderung die differenzbasierte Wahrnehmung von Kindern mit sonderpädagogischem Förderbedarf noch zu verstärken (Baumgardt, 2018, S. 29). Baumgardt geht davon aus, dass in der deutschen Debatte eigentlich hinter dem Begriff der Inklusion jener der ›De-Segregation‹ verborgen scheint, da ausschließlich Kinder mit sogenanntem sonderpädagogischen Förderbedarf adressiert werden. Im Sinne des Inklusionsverständnisses der UN – mit Ausnahme der UNCRPD (UN, 2006) – werden jedoch alle Kinder mit ihrem je individuellen Lern- und Unterstützungsbedarf entlang unterschiedlichen Dimensionen in den Fokus gerückt (Baumgardt, 2018).

Von einem solchen weiten Inklusionsbegriff ausgehend wird die Differenzierung anhand der »ungleichheitsgenerierenden Kategorien wie Geschlecht, sozioökonomische Herkunft, Ethnie, (Dis)Ability, Religion usw.« gefasst (ebd., S. 29), die auch unter dem Begriff der Heterogenität verhandelt werden. Diese Kategorien beachten zu wenig intersektionale Effekte (zwischen den einzelnen Heterogenitätsdimensionen) und personalisierte, biografisch bedingte Differenzen innerhalb der Dimensionen. Daher sollte man zunehmend eher Phänomene in der Gesellschaft beschreiben, die für die einzelnen Mitglieder Auswirkungen auf die Bildungsverläufe haben können und zu einer Diversität der Schüler*innen beitragen (im Sinne von migrationsbedingter Vielfalt als Herausforderung für die Bildungseinrichtungen statt der gruppenbezogenen Klassifikationen von Schüler*innen mit und ohne Migrationshintergrund). Nach Florian und Camedda (2020) müssten in der Lehrer*innenbildung im Sinne eines weiten Inklusionsbegriffs und der intersektionalen sowie individuellen Differenzen dann breitere Herausforderungen im Zusammenhang mit Migration, Armut, Mobilität und Sprache integriert werden. Da das Bewusstsein für intersektionale Effekte in der Bildungsbenachteiligung mittlerweile gewachsen ist (z. B. Bešić, 2020), geht es in einem umfassenden Inklusionsverständnis generell um alle und um alle Formen von individueller (oder kollektiver) Vielfalt.

Ein solch umfassendes Inklusionsverständnis lässt sich zum Beispiel bei Trescher und Hauk erkennen. Bei Inklusion handle es sich um die relationale Dekonstruktion von Teilhabebarrieren, welche letztlich auch zu einer Re-Konstitution von Raum führe (Trescher & Hauk, 2020). Wenn also mehrsprachige Schüler*innen an Unterrichtssituationen nicht vollständig partizipieren können, da die Unterrichtssprache Deutsch ist, dann ist es nicht nur nötig, die Zweitsprache zu fördern, sondern auch Lernräume und -angebote muttersprachlich bzw. mehrsprachig zu gestalten, Übersetzungen und Sprachunterstützung zu leisten oder das Sprachniveau anzupassen. In Relation zu den Gegebenheiten des Raums werden die Teilhabebarrieren von allen Schüler*innen erfasst. *Inklusion als Praxis* bestehe dann folglich darin Möglichkeiten zur Teilhabe zu schaffen, damit Raumaneignung ermöglicht wird (ebd.). Räume würden diskursiv geordnet und ausgestaltet, durch Aushandlungsprozesse. Raum wird nach Auffassung der Autor*innen als soziale Praxis konstituiert, in der Form von Praxen der Aneignung. (ebd.). Damit konstituiert Aneignung den Raum, und so müssten *raumbezogene* Teilhabeprozesse initiiert und gelebt werden. Dies bedeutet, dass es für unterschiedliche Räume (Klassenzimmer, Schule, Hochschule, Pausenhof etc., aber auch virtuelle Räume) differente Teilhabekonzepte braucht.

In dem Diskurs um den Inklusionsbegriff erschweren zudem die nebeneinander existierenden und konkurrierenden deskriptiven, normativen und programmatischen Funktionen, in denen der Begriff Inklusion verwendet wird, ein einheitliches Verständnis (Weinbach, 2020). In einem deskriptiven Sinne werden zum Beispiel Verhältnisse oder Strukturen als inklusiv bezeichnet (wenn sich etwa sogenannte Regelschulen für Schüler*innen mit einem sogenannten sonderpädagogischen Förderbedarf öffnen), im normativen Sinne werden die menschenrechtlichen Implikationen verhandelt (z. B. weitestgehende Partizipation an allen gesellschaftlichen Lebensbereichen) und programmatisch wird der Begriff etwa im Sinne einer Zielsetzung für das Handeln eingesetzt (z. B. inklusive Fachdidaktik).

Ein Begriff mit einer so weiten Extension erscheint so unter Umständen ungeeignet dafür, als gemeinsam getragene Vision die Transformationsprozesse im Akteursnetzwerk der (Lehrer*innen-)Bildung für Inklusion anzustoßen bzw. deren Zielsetzungen und Konsequenzen zu reflektieren. Die so in Ansätzen aufgezeigte Problematik des uneinheitlichen Inklusionsverständnisses macht deutlich: Es ist unausweichlich, dass in Entwicklungs- oder Transformationsprozessen auf einer übergreifenden wie auch auf jeder einzelnen Akteursebene im Mehrebenensystem (auf Basis der einschlägigen Informationen und Dokumente[16]) Aushandlungs- und Annäherungsprozesse in Bezug auf das Inklusionsverständnis ermöglicht werden. Ohne diese mangelt es in den Akteursnetzwerken an einer gemeinsamen Vision für das Handeln. Daraus ergibt sich: Für die Lehramtsausbildung sollten komprimierte und leicht zugängliche Informationsmaterialien sowie Reflexionsinstrumente entwickelt werden. Diese sollen eine persönliche und kollektive Auseinandersetzung anregen und den Diskurs der Akteure in der Lehrer*innenbildung auf Basis der globalen menschenrechtlichen Dokumente (UN, UNESCO) ermöglichen.

> These 1[17]: Eine inklusive Lehrperson verfügt über einen umfassenden Überblick über die Menschenrechte und die völkerrechtlichen Vereinbarungen der UN sowie deren Bedeutung für die Bildung aller und die Gestaltung von Bildungsinstitutionen und -angeboten. Sie nutzt diese Informationen aktiv, um ihr Bildungs- und Inklusionsverständnis und das eigene professionelle Handeln zu reflektieren und kontinuierlich weiterzuentwickeln.

Für die Lehramtsausbildung sollten daher komprimierte und leicht zugängliche Informationsmaterialien und Reflexionsinstrumente entwickelt werden, die eine persönliche und kollektive Auseinandersetzung sowie und den Diskurs der Akteure in der Lehrer*innenbildung auf der Basis der globalen menschenrechtlichen Dokumente (UN, UNESCO) anregen und ermöglichen.

---

16 Dies ist zu beachten, damit in den Prozessen nicht eigenwillige, interessengeleitete und nicht-inklusionskompatible Rekonstruktionen der Transformationsziele dominieren.
17 Es ist nicht vorgesehen mit den Thesen einen allumfassenden Einblick in die erforderlichen Kompetenzen von Lehrpersonen für die inklusive Bildung im Sinne eines Kompetenzprofils zu erarbeiten. Vielmehr sollen sie für die*den Leser*in einen schnellen Überblick ermöglichen, welche Haltungen, Einstellungen und professionellen Kompetenzen durch globale und nationale Akteure bzw. durch die Inklusionsforschung für die Professionalität von Lehrpersonen herausgestellt werden.

2.2 Was ist als ›inklusive Bildung‹ zu verstehen?

Im vorausgegangenen Kapitel wurde auf die inflationäre, unkonkrete und divergente Verwendung des Adjektivattributs ›inklusiv‹ in Bezug auf Organisations- und Handlungskonzepte (wie *inklusive* Bildung, *inklusive* Didaktik oder *inklusive* Schulen) hingewiesen. Diese Begriffsunschärfe und -divergenz in Bezug auf Inklusion und inklusive Bildung bestimmt weite Teile des öffentlichen und fachlichen Diskurses, auf der Ebene der Bildungspolitik, der Bildungsadministration, aber auch der schulischen Praxis. Das Desiderat einer Bestimmung des Inklusionsverständnisses (in Anlehnung an die menschenrechtlichen Implikationen) kann so unter anderem zu Missverständnissen, Fehldeutungen und nicht-inklusionskompatiblen Handlungen und Rekonstruktionen von Akteuren in der inklusiven Bildungsreform oder der Praxis führen bzw. diese verstärken.

Für die inflationäre Verwendung des Inklusionsbegriffs lassen sich viele Beispiele im System der Lehrer*innenbildung finden, zum Beispiel in der (un-)differenten Verwendung im Rahmen von Denominationen für Disziplinen, Fächer oder Professuren bzw. Stellen an Hochschulen und im Rahmen von Bezeichnungen von Studiengängen, Modultiteln in Studienangeboten oder -inhalten für Studienangebote. Soweit sich hinter den Denominationen weiterhin selektionsorientierte Konzepte verbergen, muss dies als reiner Etikettenschwindel betrachtet werden – wenn zum Beispiel eine Professur für ›Inklusive Pädagogik im Förderschwerpunkt Emotionale und Soziale Entwicklung‹ lediglich Lehrangebote innerhalb des Studiengangs Lehramt Sonderpädagogik ausbringt, Diagnostik und Didaktik für die Förderschule vertritt und ein Kompetenzaufbau in den anderen Lehrämtern nicht vorgesehen wird. Die zunehmende Attribuierung zum Beispiel von Schulfächern[18] mit dem Begriff der Inklusion sieht Feuser so beispielsweise als ein Paradoxon, das er als »Inklusionismus« (Feuser, 2017a, S. 11) bezeichnet. Ein mangelhaftes Verständnis der menschenrechtlich fundierten Vision und Bedeutung von Inklusion birgt die Gefahr, dass sich wenig oder gar nicht mit den menschenrechtlichen Implikationen kongruente Rekonstruktionen bilden (z. B. durch sogenannte Kooperationsklassen, in denen die Schüler*innen mit Behinderung partiell mit den sogenannten Regelschüler*innen gemeinsam unterrichtet werden). Diese nicht-inklusionskompatiblen Rekonstruktionen bilden sich dann im professionellen Fachwortschatz, im Wissen und in den Handlungskonzepten von Akteuren an Hochschulen ab, werden über die Organisation und das Studium an die nächste Generation der Lehrpersonen weitergegeben und nehmen so auch Einfluss auf die zukünftige Praxis. So werden effektive und nachhaltige Transformationsprozesse zur Inklusion negativ beeinflusst.

Bezugnehmend auf das Inklusionsverständnis der UNESCO beschreibt Ainscow (2020), dass trotz der 25-jährigen Debatte ein Konsens über das, was inklusive Bildung darstellt, schwer fassbar scheint. Es lassen sich jedoch drei wesentliche Bestimmungsmerkmale herausarbeiten (▶ Abb. 1). Im Rückblick auf frühe Do-

---

18 Zum Beispiel ›inklusive‹ Deutschdidaktik (Titel von Publikationen, Fächern etc.).

kumente der supranationalen Organisationen (wie UN, UNESCO) lässt sich ein klar konturiertes konzeptionelles Verständnis von inklusiven schulischen Bildungssystemen erkennen. Im Sinne der UN-Organisationen geht es dabei um ein *generelles Konzept für Pädagogik und Bildung für alle Lernenden* in der Gesellschaft. Dieses umfassende Inklusionsverständnis wurde bereits in der sogenannten ›Salamanca-Erklärung‹ (UNESCO, 1994) grundgelegt, die im Rahmen der ›Konferenz zu einer Pädagogik für besondere Bedürfnisse‹ durch Akteure aller Länder verabschiedet wurde.

»Wir glauben und erklären, […]

- dass jedes Kind einmalige Eigenschaften, Interessen, Fähigkeiten und Lernbedürfnisse hat,
- dass Schulsysteme gestaltet und Lernprogramme eingerichtet werden sollten, die dieser breiten Vielfalt an Eigenschaften und Bedürfnissen Rechnung tragen,
- dass jene mit besonderen Bedürfnissen Zugang zu regulären Schulen haben müssen, die sie in einer kindzentrierten Pädagogik aufnehmen sollten, die ihren Bedürfnissen gerecht werden kann,
- dass Regelschulen mit dieser inklusiven Orientierung das effektivste Mittel sind, um diskriminierende Haltungen zu bekämpfen, um Gemeinschaften zu schaffen, die alle willkommen heißen, um eine inklusive Gesellschaft aufzubauen und um Bildung für alle zu erreichen […]« (ebd., o. S.; Übers. d. Verf.).

Diese Erklärung hat international eine bedeutend größere Resonanz in der Bildungspolitik und -wissenschaft erfahren als in Deutschland. Sie gilt als das erste offizielle supranationale Dokument, »in welchem der Begriff Inklusion mit einem programmatischen Charakter für die Entwicklung von Bildungssystemen verknüpft worden ist« (Merz-Atalik, 2017, S. 49). Die in diesem Dokument zum Ausdruck kommende Ausgangsannahme inklusiver Bildung ist, dass jede*r Schüler*in einmalige Eigenschaften, Interessen, Fähigkeiten und Lernbedürfnisse hat, die durch Lernangebote aufgegriffen werden sollen, die auf einer kindzentrierten Pädagogik basieren. Damit heben die Verfasser*innen der Salamanca-Erklärung die Bedeutung der Individuum- und Subjektorientierung im Hinblick auf die Diversität der Bildungsprozesse hervor. Diese Positionen werden im internationalen Diskurs von Inklusionsforscher*innen ebenso als grundlegend für die inklusive Bildung betont. Kefallinou et al. (2020) kamen als Ergebnis eines internationalen Literatur-Reviews[19] zum Verständnis von inklusiver Bildung zu dem Resümee:

»Inklusive Bildung ist ein lernerzentrierter Ansatz für das Lehren und Lernen, der darauf abzielt, die Unterschiede zwischen den Lernenden zu überwinden, indem die Optionen, die allen zur Verfügung stehen, erweitert werden, anstatt Aktivitäten nur für einige Lernende zu differenzieren (Florian und Black-Hawkins 2011). Inklusive Bildung vermeidet Praktiken, die Vergleiche, Einstufungen oder Etikettierungen und den Glauben an feste Fähigkeiten beinhalten (Swann, Peacock, Hart und Drummond 2012). Im Gegenteil, die inklusive Bildung verfolgt einen ›personalisierten‹ Ansatz für das Lehren und Lernen, bei

---

19 Das Review umfasste vorrangig englischsprachige Forschungsarbeiten im Zeitraum von 2015 bis 2020 mit Fokus auf Europa und die USA zu drei Bereichen: 1) Auswirkungen der inklusiven Bildung auf die schulischen Leistungen, mit Schwerpunkt auf Lernende mit Behinderungen, 2) soziale Auswirkungen der inklusiven Bildung und 3) erfolgreiche Strategien für eine wirksame Umsetzung der Inklusion.

dem die Lehrpersonen ihre Ansätze und Ressourcen an die Bedürfnisse jedes einzelnen Lernenden anpassen (Rowe, Wilkin und Wilson 2012)« (ebd., S. 9; Übers. d. Verf.).

Inklusive Bildung versteht sich nach Ainscow (2020) als ein Prinzip der Unterstützung und Wertschätzung von Vielfalt unter den Lernenden. Gleichzeitig verfolgt sie das Ziel, soziale Exklusion – welche aus diskriminierendem Verhalten aufgrund von Rasse, sozialer Klasse, Ethnizität, Religion, Gender und Fähigkeitserwartungen resultiert – zu eliminieren. Inklusive Bildung »geht von der Überzeugung aus, dass Bildung ein grundlegendes Menschenrecht und die Grundlage für eine gerechtere Gesellschaft darstellt« (Ainscow, 2020, S. 124; Übers. d. Verf.).

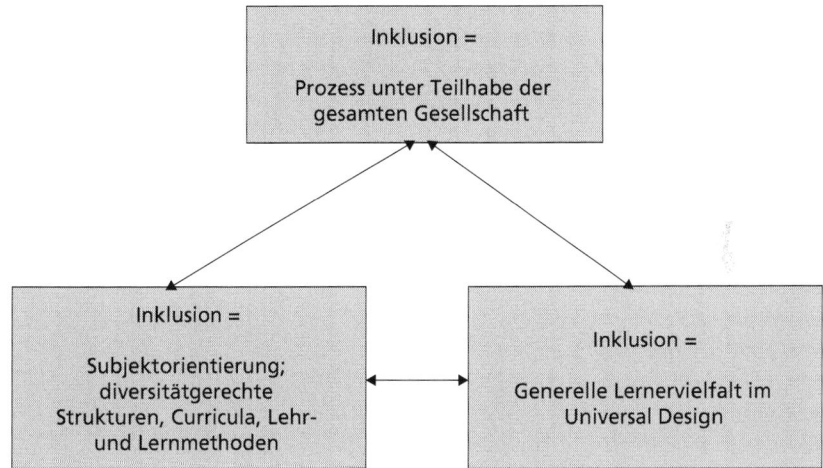

Abb. 1: Die drei wesentlichen Bestimmungsmerkmale des Inklusionsverständnisses der UN im Zusammenhang mit einem inklusiven Bildungssystem (nach Merz-Atalik, 2017, S. 51)

Bei inklusiver Bildung geht es somit nicht um ›gruppenspezifische‹ Konzepte[20] im Sinne der Integration bzw. ›De-Segregation‹ (Baumgardt, 2018) von bislang marginalisierten oder diskriminierten Gruppen in das für eine Majorität konzipierte Bildungssystem. Nicht die Differenz im Hinblick auf sich bildungsbezogen auswirkende Heterogenitätsdimensionen, sondern die generelle Diversität und Vielfalt von Lernenden sollte handlungsleitend für die Gestaltung von Bildungs- und Lernangeboten sowie die Lehrer*innenbildung sein. Im Sinne eines weiten Inklusionsverständnisses stellt das Konzept der inklusiven Bildung im Idealfall also den selbstverständlichen *Umgang mit der generellen Lernervielfalt in einem Universal Design* für das Lernen[21] mit dem Ziel der vollständigen Teilhabe dar (▶ Abb. 1). Inklusive Bildung basiert auf einer *lernerbezogenen Subjektorientierung im Rahmen von diversitätsgerechten Strukturen, Curricula und Lehr-/Lernmethoden* (ebd.). Da die in-

---
20 Wie ›Ausländerpädagogik‹, ›Behindertenpädagogik‹, ›Hochbegabtenpädagogik‹.
21 Universal Design for Learning ist ein Rahmenwerk für die Gestaltung von Lernumgebungen, die für jeden Lernenden zugänglich, inklusiv, gerecht und herausfordernd sind.

klusive Pädagogik das Ziel einer vollen und gleichberechtigten Teilhabe an der Gesellschaft für alle anstrebt, wird Inklusion als *dauerhafter Prozess unter der Teilhabe der gesamten Gesellschaft* verstanden. Im Sinne einer kulturellen Transformation erfordert dieser Prozess unbedingt die Partizipation der gesamten Gesellschaft und ihrer Organisationen. Er versteht sich explizit als eine Abkehr von den »Zwei-Gruppen-Theorien« (Hinz, 2002, S. 357).

> These 2: Eine inklusive Lehrperson versteht sich grundsätzlich als Lehrer*in für alle Schüler*innen. Sie weiß um Formen und Ausmaße der Diskriminierung in Bildungs(-systemen), die negativen Effekte gruppenbezogener Klassifikationen und defizitorientierter Etikettierungen. Sie reflektiert ihr Denken und Handeln im Hinblick auf die Anerkennung der Diversität der Lernenden und setzt sich engagiert für die Berücksichtigung der generellen Diversität und Vielfalt der Schüler*innen in einem Universal Design ein.

Daraus ergibt sich: Schultypen- oder Schülertypen-bezogene Professionsbilder und -rollen im Lehramt und ebensolche Strukturen im System der Professionalisierung sollten von gruppenbezogenen Differenzparadigmen Abstand nehmen und im Sinne einer diversitäts- und subjektorientierten Professionalisierung aller Lehrpersonen weiterentwickelt werden. Ainscow (2020; in Anlehnung an Bešić, 2020) betont im Weiteren die intersektionale Perspektive der Inklusion auf verschiedene Diversitätsdimensionen und problematisiert, wie die wechselseitige Verflechtung sozialer Kategorisierungen wie Rasse, Klasse und Geschlecht zu diskriminierenden Prozessen führt.

Bereits in früheren Publikationen haben Ainscow et al. (2006) eine Definition von Inklusion für strategische Zwecke erarbeitet, die eine starke Orientierung für die Transformation des Bildungssystems aufweisen sollte. Inklusion im Bildungswesen sollte:

> »*... als Prozess betrachtet werden.* Inklusion muss als eine nie endende Suche nach besseren Wegen gesehen werden, auf Diversität zu reagieren. Es geht darum zu lernen, wie man mit Unterschieden lebt und wie man aus ihnen lernt. Auf diese Weise werden Unterschiede positiver gesehen als Anregung für die Förderung des Lernens, zwischen beiden, Kindern wie auch Erwachsenen.
>
> *... sich mit der Identifizierung und Beseitigung von Barrieren befassen.* Das beinhaltet die Sammlung, das Zusammenstellen und die Auswertung von Informationen aus einer Vielzahl von Quellen innerhalb bestimmter Kontexte, mit dem Ziel für Verbesserungen in Politik und Praxis zu planen. Es geht auch um die Nutzung von Evidenzen verschiedener Art, um Kreativität und Problemlösung anzuregen.
>
> *... die Verbesserung der Präsenz, der Partizipation und der Entwicklung aller Schüler*innen fokussieren.* Bei Präsenz geht es hier darum, wo die Kinder unterrichtet werden, wie verlässlich und punktuell sie anwesend sind; Partizipation bezieht sich auf die Qualität ihrer Erfahrungen, während sie anwesend sind, und daher müssen die eigenen Sichtweisen der Lernenden einbezogen werden; bei Entwicklung geht es um die Ergebnisse des Lernens über das gesamte Curriculum, nicht nur um Test- oder Prüfungsergebnisse.
>
> *... ein besonderes Augenmerk auf jene Gruppen von Lernenden richten, die von Risiken der Marginalisierung, Ausgrenzung oder unzureichenden Entwicklungen betroffen sind.* Dies verweist auf die moralische Verantwortlichkeit sicherzustellen, dass diejenigen Gruppen, die statistisch gesehen am meisten gefährdet sind, sorgfältig beobachtet werden; dass gegebenenfalls Schritte unternommen werden, um ihre Präsenz, ihre Partizipation und ihre

Entwicklung innerhalb des Bildungssystem zu gewährleisten. Gleichzeitig ist es notwendig, Ausschau zu halten nach Lernenden, die möglicherweise übersehen werden« (Ainscow et al., 2006, zit. n. Ainscow, 2020, S. 127; Übers. u. Hervorh. d. Verf.).

Die Lehrer*innenbildung darf nicht auf innerschulische und unterrichtsbezogene Aspekte von Inklusion oder inklusiver Bildung eingeschränkt sein, vielmehr müssen auch gesellschaftliche, strukturelle und kulturelle Bestimmungsfaktoren von Bildungsprozessen und Teilhabe thematisiert und im Hinblick auf ihre Relevanz für die Bildungsbiografien bearbeitet werden. Insbesondere gilt es die individuelle Passung von Lernangeboten und Lernmöglichkeiten der Schüler*innen zu reflektieren und die aus einer ungenügenden Passung resultierenden Effekte zu diskutieren (z. B. Ungleichbehandlung[22], Benachteiligung und Diskriminierung). Es sollte kein an fiktiven Durchschnittsnormen von Lernenden orientiertes Rezeptwissen vermittelt werden, sondern es gilt, Wege aufzuzeigen, wie die vielfältigen Barrieren in Bildungsinstitutionen und -prozessen aufgedeckt und abgebaut werden können. Lehrpersonen sollten die Erkenntnis entwickeln, dass sie auch im Rahmen von nichtoptimalen Voraussetzungen und Ressourcen, auf der Basis ihres professionellen Handelns und des Engagements einen entscheidenden Beitrag zum Abbau von Bildungsbenachteiligungen erwirken können.

> These 3: Inklusive Lehrpersonen sind in der Lage sich kritisch-reflexiv mit systemischen, situationsbezogenen und individuellen Barrieren für das Lernen aller auseinanderzusetzen. Sie wissen um Faktoren und Ursachen für Bildungsbenachteiligungen, die Kumulation im Falle von intersektionalen Verschränkungen und erkennen die differenten Lernausgangslagen der Schüler*innen als konstitutiv für ihr eigenes pädagogisches Handeln. Ihre pädagogische und didaktische Arbeit ist danach ausgerichtet, die Risiken für Bildungsbenachteiligung zu reduzieren, Barrieren für Lernen und Teilhabe abzubauen und die größtmögliche Teilhabe an Bildung für jede*n (in Kooperation mit anderen Fachkräften und Akteuren im Netzwerk) zu ermöglichen.

Nach Ainscow (2020) geht es dabei auch darum, eine Reihe von interagierenden Faktoren bei der Bewertung der Inklusion von Schüler*innen mit zu berücksichtigen, die von außen auf die Schule einwirken, wie die Demografie der Schuleinzugsgebiete (z. B. sogenannte soziale Brennpunkte oder spezifische Wohngebiete wie solche mit einem hohen Anteil an Kindern mit Fluchthintergründen), die Geschichte und Kultur der Bevölkerung, deren Kinder die Schule besuchen (z. B. ländliche oder städtische Gebiete), oder die wirtschaftlichen und sozialen Gegebenheiten, mit denen diese Bevölkerungsgruppen konfrontiert sind. Diese fasst er unter dem Begriff der ›beyond-school-factors‹ (außerschulische Faktoren: z. B. Wohngebiet, sozioökonomische Stellung der Familien) zusammen. Neben den ›within-school-factors‹ (innerschulische Faktoren: z. B. Art des Umgangs mit Diversität in der Schule, administratives Handeln und Unterrichtspraxis) spielen die

---

22 Wenn beispielsweise die Leistungen von Schüler*innen mit Deutsch als Zweitsprache im Fachunterricht Deutsch auf der Basis der gleichen Maßstäbe bewertet werden wie jene der Kinder mit Deutsch als Erstsprache.

›between-school-factors‹ (zwischenschulische Faktoren: z. B. Status der Schulen, Zuweisungspraktiken und Verhältnisbestimmung im Schuleinzugsgebiet) eine Rolle bei der Bewertung eines inklusiven Bildungssystems. Diesen Faktoren kommt insbesondere im Hinblick auf die Transformation von Bildungssystemen eine entscheidende Bedeutung zu, denn die dadurch entstehenden Barrieren für das Lernen und die Teilhabe aller können gegebenenfalls durch systematische Schulentwicklungsplanungen abgebaut oder deutlich reduziert werden.[23]

> These 4: Inklusive Lehrpersonen können die Bedeutung von »beyond-, within- und between-school-factors« (Ainscow, 2020) für die inklusive Bildung aller Schüler*innen und für die inklusive Schulentwicklung erkennen und reflektieren. Sie machen sich bildungsbenachteiligende Faktoren, Barrieren und Kontexte bewusst und reflektieren sie im Hinblick auf die inklusive Schulentwicklung und die Gestaltung von Bildungsangeboten und Unterricht.

Ein inklusives Bildungssystem ist ein Ort, an dem die Diversität der Lernenden begrüßt wird und zum Ausgangspunkt für die Schulentwicklung, die Organisation und Gestaltung von Lernangeboten wird. Pretis et al. führen dazu aus:

> »Unabhängig davon, ob ein Kind mit Kleinwuchs, mit anderer Erstsprache als der Bildungssprache Deutsch, mit Down Syndrom, mit Zerebralparese, mit einem alleinerziehenden Elternteil, aus einem sozialen Brennpunkt, mit mathematischer Hochbegabung, mit spezifischem Interesse an Dinosauriern oder Autokennzeichen oder mit einem Beatmungsgerät die Schule besucht, bedeutet Inklusion, dass das System Schule für alle diese Kinder Lern- und Bildungsmöglichkeiten selbstverständlich und qualitätsvoll ermöglicht. D. h. Schule ist inklusiv gedacht, wenn es das Schulsystem ermöglicht, dass alle Kinder willkommen sind und dass sich in einem zweiten Schritt das Schulsystem damit auseinandersetzt, mit welchen Unterstützungsmitteln, Ressourcen, baulichen Maßnahmen oder Anpassungen des Lehrplans Unterricht für alle Kinder möglich ist« (Pretis et al., 2019, S. 16).

Damit wird die Herausforderung der Umsetzung inklusiver Bildung daran festgemacht, dass Schulen Lern- und Bildungsmöglichkeiten nicht auf spezifische Lerner*innen einschränken, sondern aktiv die Rahmenbedingungen für inklusive Bildungsprozesse gestalten. Die Forschung bezüglich der Professionalisierungsaspekte im Rahmen der inklusiven Schulentwicklung steht jedoch nach Moser (2022) noch am Anfang. Dass die diversitätsgerechte Gestaltung von Bildungssystemen gelingen kann, lässt sich in Regionen wie Südtirol (Italien) oder New Brunswick (Kanada) erleben. Diese haben voll-inklusive Gemeinschaftsschulsysteme für alle Schüler*innen (im Rahmen der Altersgruppen und Jahrgänge, in denen eine Schulpflicht vorgesehen ist; Merz-Atalik, 2022) und halten generell keine Sonderschulen[24] oder Sonderklassen mehr vor. Es besteht eine grundständige

---

23 Zum Beispiel durch Änderungen der bestehenden Schuleinzugsgebiete bei Brennpunktschulen mit der Zielsetzung eine größere Diversität der Schüler*innen zu erreichen.
24 In dieser Publikation wird der Begriff der Sonderschule bewusst verwendet, da sich hinter den späteren Reformbegriffen wie unter anderem ›Förderschule‹, ›Förderzentrum‹ oder ›Sonderpädagogisches Bildungs- und Beratungszentrum‹ (Baden-Württemberg) in der Regel weiterhin vorwiegend Formen der vollständig segregierten (gesonderten) Unter-

Qualifizierung aller Lehrpersonen für die inklusive Bildungsarbeit und die Schulen erhalten eine interdisziplinäre Personalausstattung, zu der zum Beispiel auch psychologisch oder medizinisch qualifizierte Fachkräfte bzw. Schüler*innen- oder Lehrer*innen-Support-Asstent*innen gehören. Die sogenannten ›resource teachers‹ in Kanada fungieren zudem als Beratungspersonen, die bei der Entwicklung von adaptiven Unterrichtsmaterialien oder der Interaktion mit außerschulischen Unterstützungssystemen wichtige Hilfestellungen und Anregungen geben.

> These 5: Inklusive Lehrpersonen kennen Mittel, Ressourcen und Maßnahmen (innerschulisch und außerschulisch) für die Unterstützung von Bildungsprozessen und wissen, wie sie diese für ihre Schüler*innen verfügbar machen. Sie reflektieren den Unterstützungsbedarf in ihrem Unterricht, den Einsatz von Unterstützungsressourcen und adaptieren die Lernangebote im Hinblick auf die individuellen Unterstützungsbedarfe der Schüler*innen.

Schulische Inklusion ist zunächst eine Eigenschaft des Systems Schule (Pretis et al., 2019) – im Hinblick auf die kulturellen und strukturellen Rahmenbedingungen und Ressourcen – und mithin eine Aufgabe für alle in diesem System tätigen oder involvierten Akteure (im Sinne der inklusiven Bildungspraktiken). Ausgehend von der Annahme, dass die

> »optimale Förderung aller Schülerinnen und Schüler als eine zentrale Funktion inklusiven Unterrichts [gilt, bewegt sich die inklusive Bildung] im Spannungsfeld der widersprüchlichen Funktionen von Schule, die mit den Stichworten ›Qualifikation‹ (Sicherung gesellschaftlicher Produktivität), ›Personalisation‹ (Entfaltung individueller Kompetenzen zum Nutzen aller), ›Sozialisation‹ (Entwicklung gesellschaftlicher Loyalität), ›Enkulturation‹ (Kulturentwicklung) und ›Selektion‹ (Zuweisung gesellschaftlicher Berufs- und Soziallaufbahnen) in der Literatur vielfach beschrieben worden sind« (Riecke-Baulecke & Rix, 2018, S. 102 f.).

> These 6: Inklusive Lehrpersonen kennen die zentralen Prämissen inklusiven Unterrichts (z. B. Individualisierung/Personalisierung, individuelle Förderung, soziale Integration) und inklusiver Bildung (z. B. Akzeptanz und Anerkennung von Vielfalt). Sie sind sich der Ambivalenzen, Antinomien und Spannungsfelder bewusst, die durch die widersprüchlichen Funktionen des Bildungssystems in der Gesellschaft entstehen können, und setzen sich reflexiv und handlungsfähig mit diesen auseinander.

Nach der Deutschen UNESCO-Kommission e. V. (2025) versteht man unter inklusiver Bildung, dass alle Menschen an qualitativ hochwertiger Bildung teilhaben und ihr Potenzial voll entfalten können. Die Organisation vertritt dezidiert einen weiten Inklusionsbegriff, der alle Menschen einschließt – weder Geschlecht, soziale oder ökonomische Voraussetzungen noch besondere Lernbedürfnisse dürfen dazu führen, dass ein Mensch seine Potenziale nicht entwickeln kann.

---

richtung von Schüler*innen mit sogenannten sonderpädagogischen Förderschwerpunkten verbergen.

2.3 Inklusion als kulturpolitischer (Transformations-)Prozess

Nach Rackles (2021) bedarf es bei der inklusionsorientierten Umgestaltung im deutschen Schulsystem zweier Dimensionen der Transformation: (1) der Reduktion von exklusiven Strukturen und (2) des gleichzeitigen Auf- und Ausbaus inklusiver Strukturen. Damit wird vorrangig auf das Erfordernis des strukturellen Umbaus des Bildungssystems rekurriert. Solche zunächst an strukturellen Dimensionen festgemachten Entscheidungen ließen sich auf der bildungspolitischen Ebene gegebenenfalls relativ zügig herleiten, jedoch stellt sich die Frage, wie diese von den weiteren Akteuren im System verstanden, aufgegriffen und in Aktivitäten umgesetzt werden. Hierarchische Steuerungsmodi – im Sinne von regelgeleiteten, linearen Umsetzungsprozessen von Top-down-Entscheidungen – in Bildungssystemen führten international zu eher unbefriedigenden Erfahrungen.

> »Viele engagierte Befürworter und Akteure in der Verwaltung glauben [dennoch], dass das Schreiben von Vorschriften, welche die Inklusion fordern, und das Angebot technischer Hilfe ausreichen, um Transformation zu erreichen« (O'Brien, 2022, S. 12; Übers. d. Verf.).

Slee und Weiner (2001) verwiesen allerdings früh darauf, dass es stattdessen vielmehr darum gehen müsse, die inklusive Bildung nicht nur als ein ›technisches Problem‹ zu betrachten, das vorrangig technische Lösungen und strukturell-organisatorische Anpassungen innerhalb bestehender Strukturen hervorruft. So wird die rein räumliche Eingliederung von einzelnen oder Klassen von Kindern mit Behinderungen oder besonderen Lernbedürfnissen in die Regelschulen ohne die gleichzeitige Veränderung des Bildungsverständnisses und der Lernangebote und -organisation den Prämissen einer inklusiven Bildung nicht gerecht. Inklusive Bildung solle vielmehr auch als ›kulturpolitischer Prozess‹ (▶ Kap. 2.3) verstanden werden mit umfassenden Veränderungen und Modifikationen im Rahmen des Zieles, dass die Schulen den Bedürfnissen aller Kinder (besser) gerecht werden können. Strukturen und Kulturen stehen in Bildungssystemen immer in einem unmittelbaren Wechselverhältnis und bestimmen sich gegenseitig. So entstehen Handlungskulturen in enger Abhängigkeit von Strukturen, zum Beispiel durch den Bedarf an Legitimation für Selektion, der die Klassifikationskriterien in der Sonderpädagogik bestimmt: Schüler*innen werden den Schulangebotsformen entsprechend klassifiziert. Und Kulturen wiederum bestimmen die Strukturen – die Vorstellung, für das Lernen seien homogene Lerngruppen förderlich, bestärkt die selektiven Strukturen.

Der Begriff der Transformation wird im politischen und wissenschaftlichen Diskurs auch in einem metaphorischen Sinne verwendet, um Ambitionen auszudrücken für einen Wechsel von der Analyse und dem Verständnis von Problemen hin zum Finden von Wegen und Lösungen für einen wünschenswerten Wandel (Hölscher et al., 2018).

Welche Fragestellungen und Ziele werden im internationalen Diskurs im Zusammenhang mit der inklusiven Bildung verhandelt? An erster Stelle taucht die Frage nach der Bildungsgerechtigkeit auf. Internationale Large-Scale-Studien (wie

z. B. PISA) stellen fortgesetzt Formen von Bildungsbenachteiligung im deutschen Bildungssystem fest, insbesondere für Schüler*innen aus sozial benachteiligten Milieus, die sich in diesem Ausmaß besonders in segregierten Bildungssystemen zeigt. Die Effekte der Strukturen der Bildungssysteme auf die Bildungsgerechtigkeit werden infolge der Large-Scale-Studien immer wieder diskutiert, jedoch führte dies zu wenig Veränderung. Dies scheint auch daran zu liegen, dass es kulturpolitisch in Deutschland weitgehend akzeptiert scheint, dass die Bildungschancen in engem Zusammenhang mit der sozialen Herkunft stehen und die Bildungsbenachteiligung sich von Generation zu Generation innerfamiliär reproduziert. Die Struktur

> »des deutschen Bildungssystems gründet in einer tradierten Vorstellung einer Ständegesellschaft, in der man entsprechend dem Schulabschluss auf die Laufbahn eines Arbeiters, Angestellten oder Akademikers vorbereitet wird« (Merz-Atalik, 2018a, S. 125).

So entspricht das deutsche Bildungssystem in seiner Struktur der Vorstellung von differenten Bildungsgängen für Berufsstände, mit einem damit zusammenhängenden, unterschiedlichen gesellschaftlichen und wirtschaftlichen Status. Damit widerspricht die Struktur einem demokratischen Grundverständnis, dass jeder grundsätzlich alles erreichen können soll. Nach der OECD handelt es sich bei inklusiven und gerechten Bildungssystemen daher um solche,

> »die sicherstellen, dass das Erreichen des Bildungspotenzials nicht das Ergebnis persönlicher und sozialer Umstände ist, einschließlich der Faktoren wie Geschlecht, ethnische Herkunft, Migrantenstatus, besondere Bildungsbedürfnisse und Begabung (OECD, 2017; OECD, 2012)« (Cerna et al., 2021, S. 10; Übers. d. Verf.).

These 7: Inklusive Bildungssysteme und alle darin handelnden Akteure, wie die Lehrpersonen, sollten der Differenz unter der Prämisse der Gleichheit verpflichtet sein. Annedore Prengel (1993; 2001) fasst dies unter dem Begriff der ›egalitären Differenz‹.

> »Egalitäre Differenz als Handlungsmotiv von Bildung beruht auf dem Ziel des freiheitlichen, gleichberechtigten Zusammenlebens verschiedener Menschen. In Erziehungs- und Bildungssituationen sind mit dieser Zielsetzung, wie in anderen gesellschaftlichen Handlungsfeldern, stets mehrperspektivische Prozesse verbunden, die sich nicht auf eindimensional zielgerichtetes Handeln zuspitzen lassen, sondern das Wechseln zwischen verschiedenen Perspektiven favorisieren. Pädagogisches Handeln bedeutet hier u. a. das Ausbalancieren verschiedener Aspekte: Offenheit für die Lebens- und Lernweisen der kindlichen, jugendlichen oder erwachsenen Adressaten, Offenheit für ihre Verschiedenheit, Bemühen um ihren gleichberechtigten Zugang zu Bildungseinrichtungen, Bemühen um ihre Qualifikation für gesellschaftliche (ökonomische, kulturelle) Teilhabe, Präsentation des Profils (der Inhalte, Ziele, Arbeitsweisen, Anforderungen) der Bildungseinrichtung, Klärung des Beziehungsangebots der Pädagoginnen und Pädagogen« (Prengel, 2001, S. 102).

Geht es um eine konsequente Ablösung der bisher im deutschen Bildungssystem vorherrschenden Leitideen von ›Leistung und Selektion‹ (Biermann & Powell, 2014) durch die Handlungsmotive hinter den Begriffen von Inklusion und Egalität, dann scheint dies einem komplexen, nicht nur die Strukturen umfassenden Musterwechsel (Koenig, 2022) im Bildungssystem gleichzukommen. Dann muss Inklusion als kulturpolitischer Transformationsprozess des Bildungs- und Erziehungssystems verstanden werden (Opertti et al., 2014; Biermann & Pfahl, 2015; Booth & Ainscow, 2017; Derscheid, 2019), der das gesamte Bildungssystem tangiert und die eingebundenen Organisationen und Akteure auf allen Ebenen als Teil dieses Prozesses involviert. Bei Inklusion handelt es sich nicht um einen einmal zu erreichenden Status oder Standard, sondern um eine nie endende Suche nach besseren Wegen, auf Diversität mit angemessenen inklusiven Konzepten zu reagieren, und damit um eine Reform der gesamten formalen und non-formalen Bildung (Ainscow et al., 2006; UNESCO, 2005). Nach Schuelka et al. (2019) benötigt die Implementation der inklusiven Bildung

- ein klares Konzept und eine klare Definition der inklusiven Bildung;
- konkrete Ziele zur inklusiven Bildung, Indikatoren, Maßnahmen und Ergebnisse;
- ein Verständnis der bestehenden strukturellen, pädagogischen und kulturellen Herausforderungen für eine erfolgreiche Implementation;
- eine gut ausgefeilte Implementationsstrategie, die einen klaren Plan, eine Evaluation und einen Schul-Review-Prozess umfasst;
- die Bereitstellung von Fort- und Weiterbildungen zur inklusiven Bildung, nachhaltige Unterstützung und Ressourcen für alle Lehrkräfte und Schulleiter und
- eine nationale Federführung durch inklusive Bildungspolitik, Informationssysteme des Bildungsmanagements, Bildungsplanreformen und die Koordinierung von sozialen Systemen, wie der inklusiven Bildung und inklusiven Beschäftigung.

Die Autor*innen heben an erster Stelle die Definition von Inklusion als bedeutsam für den Umsetzungsprozess hervor. Wie hängt das Inklusionsverständnis mit der Transformation zu einem inklusiven Bildungssystem zusammen? Welche Merkmale machen einen Wandel ›transformativ‹? Und was ist unter einer inklusiven Transformation zu verstehen?

Insbesondere aus der Unklarheit des Inklusionsbegriffes ergibt sich eine mangelhafte Operationalisierbarkeit (Grosche, 2015) für die Implementation und die Transformationsprozesse. Das mangelnde oder vielfältig instrumentalisierte Inklusionsverständnis, Formen der Zweckentfremdung und der Vereinnahmung des Begriffs (Cologon, 2019; ▶ Kap. 2.1) erhöhen die Komplexität und Ungewissheit von Transformationsprozessen in komplexen Systemen wie dem Bildungssystem. Die Implementierung von inklusiver Bildung bzw. inklusiven Bildungssystemen ist dahingegen

> »auf eine möglichst ideengetreue Rekontextualisierung engagierter Einzelpersonen auf allen Ebenen angewiesen, um Veränderungen hervorzurufen, die tiefer greifen als die jahrzehntelangen Integrationsbemühungen« (Derscheid, 2019, S. 361),

die zu keinem nachhaltigen Wandel im Bildungssystem geführt haben. Wenn es kein eindeutiges Inklusionsverständnis gibt und die Transformationsziele ungewiss sind (Hölscher et al., 2018), werden Bedingungen und Beiträge zur Herausforderung des Status quo[25] entwertet (Brand, 2016, zit. n. Hölscher et al., 2018).

Transformationsprozesse folgen Mustern und Mechanismen, zum Beispiel Pfadabhängigkeit, Emergenz und Schwellen (Feola, 2015; zit. n. Hölscher et al., 2018), die sich als weitere Barrieren für den konsistenten Transformationsprozess erweisen können (▶ Kap. 5.1.2). Zudem ergibt sich durch die Vielfalt der involvierten Akteure im Bildungssystem, deren individuelle, kollektive Interessen und Bedürfnislagen sowie denen der Netzwerk- und Referenzsysteme (z. B. berufliche Bildung, Sozialfürsorge, Berufsverbände, Gewerkschaften) eine zusätzliche Komplexität, die ein gleichzeitiges und gleichgerichtetes Transformationshandeln erschwert.

Unter der Federführung der nationalen Bildungspolitik (Schuelka et al., 2019) wären so in den Prozess der Entwicklung inklusiver Bildungssysteme alle Organisationen und Institutionen des Bildungssystems sowie deren Kooperationspartner*innen und die darin handelnde Akteure einzubinden.

> »Anders formuliert legen die analytischen Ergebnisse im Sinne der Diffusionstheorie (vgl. Rogers, 1995) nahe, dass der Transformationsprozess kaum weiterreichende Veränderungen hervorbringen wird, wenn langfristig nur wenige Personen oder einzelne Ebenen (z. B. nur Lehrkräfte bzw. nur auf der Schulebene) ihr Möglichstes zur Verwirklichung der Idee der Inklusion beitragen« (Derscheid, 2019, S. 361).

Die Diffusionstheorie (Rogers, 1995) beschäftigt sich mit den Prozessen, die in der Folge der Einführung und Implementation von Innovationen in sozialen Systemen ausgelöst werden. So wird die inklusive Bildung von vielen Akteuren subjektiv als neu und herausfordernd wahrgenommen. Die Annahme dieser Neuerung ist abhängig davon, ob man diese zum Beispiel als Verbesserung gegenüber dem jetzigen Status quo wahrnimmt, ob sie kompatibel ist zu den tradierten Handlungsabläufen und ob sie kommunizierbar ist. Diese Faktoren führen zu sehr unterschiedlichen Reaktionen der verschiedenen Akteure.

Koenig sieht in dem Transformationsprozess eine gemeinsame (transitorische) Reise,

> »gelangen wir doch nur im eigentlichen Prozess des Transformierens zu Wissen und Einsicht, sowohl über das Wesen und die Grenzen von Organisationen als auch die in ihre Praxen eingeschriebenen Muster (Ahmed, 2012, 173 f)« (Koenig, 2022, S. 20).

Seines Erachtens gilt es zu berücksichtigen, dass inklusive Prozesse stets komplex, immer unvollständig, kontingent und offen sind. In diesem Sinne brauche es im Prozess eine partizipative Erweiterung und eine Verschiebung von Grenzen auf allen Ebenen, die gegebenenfalls auch eine Zumutung für die einzelnen Akteure darstellen könnten (Koenig, 2022). Auf solche ›Zumutungen‹ verweist auch Cologon (2019), indem sie auf das eventuell entstehende Unbehagen von Akteuren rekurriert.

> »[D]ie Verwirklichung einer inklusiven Bildung für alle [ist] eine dringende ethische und pädagogische Notwendigkeit [...]. Wie bei den früheren sozialen Bewegungen ist dies

---

25 In diesem Sinne ist der Status quo im Bildungssystem zum Beispiel die Selektion und die Segregation.

> keine leichte Aufgabe, und viele von uns werden sich zwangsläufig unwohl fühlen, wenn wir uns mit unserem eigenen und dem in unserer Gesellschaft weit verbreiteten Ableismus auseinandersetzen. Dieses Unbehagen ist notwendig und wichtig, um einen Wandel herbeizuführen« (ebd., S. 53).

Nur durch die Reflexion der tief in unseren alltäglichen Handlungen verankerten kulturell bedingten ableistischen Denkweisen ist es möglich diese zu überwinden und nachhaltig inklusionsbezogene Einstellungen, Haltungen und Handlungen zu entwickeln und zu sichern. Im Transformationsprozess (des Bildungssystems) müssen sämtliche gesellschaftliche, institutionelle und individuelle Normen zur Disposition gestellt und (gegebenenfalls neu) inklusionsorientiert (weiter-)entwickelt werden. Nach Auffassung von Koenig geht es bei Inklusion um ein »transformatives gesellschaftliches Zukunftsprojekt« (Koenig, 2022, S. 22; in Anlehnung an Fraser, 2003), das alle Menschen und die gesamte Gesellschaft involvieren sollte. Die Transformation lässt sich nicht durch strukturelle oder technische Adaptionen allein bewältigen, sie muss vielmehr als multidimensionales Mehrebenenprojekt verstanden werden, das durch und in verschiedenen Säulen und Ebenen gesichert werden muss. So haben Biermann und Powell (2014) entlang den rechtlichen, normativen und kulturell-kognitiven Dimensionen inklusiver Bildung die Länder Deutschland, Island und Schweden verglichen. Ausgangsfrage war: Wie wird die Förderung von als förderbedürftig wahrgenommenen Schüler*innen in diesen drei nationalen Kontexten gestaltet? Sie analysierten jeweils die regulative Dimension (repräsentiert durch Schulrecht etc.), die normative Dimension (repräsentiert durch Organisationsformen und Lernorte) und die kulturell-kognitive Dimension (repräsentiert durch Bildungsideale und Behinderungsparadigmen). Ein Ergebnis der vergleichenden Studie:

> »Während Leistung und Begabungsorientierung im deutschen Kontext zentral ist (Pfahl 2011, 2012), ist es die Egalität in Island (Sigurdottir et al. 2014) und Schweden (Allemann-Ghionda 2013)« (Biermann & Powell, 2014, S. 690).

Die Autor*innen arbeiten heraus, dass die institutionelle Transformation (in Anlehnung an Scott, 2008) in allen drei Säulen erfolgen muss. Aktuell zeigt sich in vielen deutschen Bundesländern, dass die bildungspolitischen und verwaltungsorganisatorischen Maßnahmen wenig bis gar keine transformativen Kräfte entfalten, sondern eher nur im Rahmen von diskreten Adaptionen des bestehenden selektions- und segregationsbasierten Bildungssystems umgesetzt werden (in Anlehnung an Feuser, 2018: die Umsetzung der Inklusion durch Integration in die Segregation) (Rackles, 2021).

Auf der Makroebene (Bildungspolitik und -verwaltung) wird der Transformationsauftrag zur inklusiven Bildung oftmals additiv bzw. diskret, innerhalb bestehender Kulturen und Strukturen aufgegriffen (Governance-theoretische Grundlagen werden in ▶ Kap. 5 ausführlicher eingeführt und diskutiert). Es kommt in der Folge zu systemadaptivem statt transformativem Handeln auf der intermediären bzw. Mikroebene (vgl. z. B. die Studie zu Schulleitungshandeln von Badstieber, 2021). Dies scheint insbesondere durch die Tendenz zur Beibehaltung von tradierten Organisationsmustern begründet zu sein. Aus konsequent inklusionsorientierten Transformationsimpulsen durch die Makroebene würden sich Transformationserfordernisse für alle Steuerungs- und Handlungsebenen des Bildungssystems ergeben: für die regulative Ebene (z. B. durch die Verankerung von Gleichstellung und Inklusion in Schulgesetzen oder nicht-segregierte Bildungspläne und Strukturen), die organisatorische Ebene der Bildungsorgane und -institutionen (z. B. diversitätsgerechte Bildungsangebote in Gemeinschaft) sowie für die Ebene der konkreten Steuerungs- und Handlungspraktiken in der Schulverwaltung (z. B. in einer systembezogenen Ressourcensteuerung) und den Schulen (z. B. durch eine inklusive Didaktik und kooperatives Lernen).

Die UNESCO hat 2020 dargelegt, dass »weder Gesetze noch politische Maßnahmen« allein ausreichen, um ein inklusives Bildungssystem zu gewährleisten oder zu entwickeln. Vielmehr fordert dies

> »die Mobilisierung einer Vielzahl von Akteuren und die Angleichung der administrativen Systeme, [...] Eine unzureichende Zusammenarbeit, Kooperation und Koordination der Akteure kann die Umsetzung ehrgeiziger Gesetze und Strategien behindern« (UNESCO, 2020, S. 90).

Weder die bildungspolitische Steuerungsebene (Makro- und Exoebene) noch die Akteure in der schulischen Praxis (Meso- und Mikroebene) können den Transformationsprozess zu einem inklusiven Bildungssystem allein bewältigen. Im Rahmen der Transformations- bzw. Implementationsstrategien bedarf es daher der Entwicklung von nachhaltigen, inklusionsförderlichen Interaktions- und Kooperationsstrukturen sowie (nach Ebersold & Meijer, 2016) von Synergien zwischen den beteiligten Akteuren (▶ Kap. 5). Zudem erscheint ein Interdependenzmanagement[26] für die Steuerungs- und Implementationsprozesse sinnvoll. Dies lässt sich zum Beispiel durch die Einrichtung einer Steuerungsgruppe Inklusion auf der Makrobene (z. B. in Ministerien) fördern.

> **These 8:** Inklusive Lehrpersonen haben fundierte Kenntnisse über (inklusionsbezogene) Steuerungsprozesse in Bildungspolitik und -verwaltung und deren Effekte für ihr professionelles Handlungsfeld. Sie sind in der Lage sich einen Überblick über die Akteure, welche in die Gestaltung eines inklusiven Bildungssystems eingebunden sind (Akteursnetzwerk im Bildungssystem), zu erwerben. Sie erkennen die Auswirkungen des Steuerungshandelns in den drei Dimensionen (der rechtlichen, normativen und kulturell-kognitiven) für die Umsetzung der inklusiven Bildung, für ihre eigenen Haltungen, Einstellungen und ihre Praxis und reflektieren die Interdependenzen kritisch. Sie sind über Partizipationsmöglichkeiten am inklusiven Transformationsprozess aufgeklärt und nutzen Ressourcen, Unterstützungs- und Vernetzungsangebote aktiv für die Entwicklung ihrer eigenen Praxis.

Mit dem folgenden Kapitel sollen einige der zuvor ausgeführten Aspekte auf die Lehrer*innenbildung bezogen werden. Die im vorigen Kapitel eingeführten nor-

---

26 Eine bewusste Reflexion der Bedeutung von Veränderungen oder Interventionen für die einzelnen Akteure des Systems (z. B. Schulleitungen, Lehrer*innen, Sozialpädagog*innen) unter Berücksichtigung der Effekte wie auch der gegenseitigen Abhängigkeiten von verschiedenen Akteuren.

mativen Vorgaben für die Gestaltung einer Lehrer*innenbildung für Inklusion sowie die im Weiteren noch einzuführenden Empfehlungen und Anregungen internationaler Akteure (▶ Kap. 3) oder nationaler Organisationen (▶ Kap. 4), stellen vielfältige Prämissen und Kompetenzkataloge an Einstellungen, kognitivem Wissen und Fertigkeiten für die Lehrer*innenbildung vor (z.B. das ›Profil für die Lehrerbildung für Inklusion‹ der European Agency for Development in Special Needs Education von 2012). Diese können einerseits eins zu eins als Grundlage für Studienordnungen oder Fortbildungsprogramme verwendet werden. Andererseits birgt eine solche Vorgehensweise jedoch ein erhebliches Risiko, die weiteren Ebenen und Akteure der kulturpolitischen Transformation unzureichend zu erreichen und damit keine direkten Effekte auf das Handeln der Akteure zu erzielen (wenn z.B. in den einzelnen Lehrveranstaltungen weiterhin überwiegend an Selektion orientierte Inhalte und Kompetenzen vermittelt werden). In dem erforderlichen Transformationsprozess in der Lehrer*innenbildung geht es nicht nur um Studieninhalte, sondern um den Wechsel von einem nicht-institutionalisierten zu einem institutionalisierten Zustand (Derscheid, 2019) von Inklusion (▶ Kap. 7 und folgende). Aufgrund der Rollendiversität von Lehr*innen als Akteure in der inklusiven Bildungsreform bedarf es einer umfassenden Reflexion, wie man diese auf die divergierenden Rollen und Herausforderungen in den inklusionsorientierten Transformationsprozessen vorbereitet. Alle Organisationen und Institutionen im Lehramt sollten sich so nicht nur den curricularen Inhalten und Kompetenzen zuwenden, sondern sich auch diesem kulturpolitischen Prozess zur Inklusion stellen und zum Beispiel die Barrieren zu einem inklusiven Bildungssystem (wie in ▶ Kap. 6 ausführlicher diskutiert) reflektieren und im Sinne einer inklusiven Lehrer*innenbildung abbauen (▶ Kap. und folgende). Nur so lassen sich segregationsbezogene Traditionen und Routinen durchbrechen, die ansonsten als gegenläufige Ordnungs- und Handlungsmuster unterschwellig oder offensiv die Transformationsprozesse behindern. Badstieber (2021) konnte als Ergebnis einer Studie aufzeigen, dass bildungspolitische und verwaltungsorganisatorische Maßnahmen den Auftrag zur Ausgestaltung schulischer Inklusion vorrangig systemkonform im Sinne einer additiven Ergänzung des bisherigen Bildungsangebotes (z.B. durch vermehrte sonderpädagogische Unterstützungsleistungen an allgemeinbildenden Schulen) aufgreifen, statt ihn als transformatorischen Prozess zu verstehen. Diese Formen der systemkonformen Rekonstruktionen lassen sich nicht nur für die Bildungspolitik und -verwaltung feststellen, sondern sind auch in den Institutionen der Lehrer*innenbildung zu erkennen (siehe Tendenz zu ›diskreten Modellen‹; ▶ Kap. 5.2.1). Die inklusive Bildungsreform »erfordert […] eine Bewegung mit einer klaren Philosophie« (Merz-Atalik, 2021a, S. 33) und Vision, damit verhindert wird, dass nicht-inklusionskompatible kulturelle Denkweisen und Praktiken explizit oder implizit bzw. bewusst oder unbewusst konträr zu den Prämissen inklusiver Bildung wirken.

Lehrpersonen sollten daher durch die Lehrer*innenbildung so professionalisiert werden, dass sie einerseits die erforderlichen »inklusionsorientierten Transformationsbemühungen« (Badstieber, 2021, S. 12) innerhalb von Schulen und Klassen initiieren und aktiv gestalten sowie andererseits die systemimmanenten Barrieren für die Umsetzung kritisch reflektieren (▶ Kap. 6). Nur so kann verhindert werden,

2.3 Inklusion als kulturpolitischer (Transformations-)Prozess

dass die Frage des Gelingens von inklusiver Bildung weiterhin lediglich an den Schüler*innen selbst festgemacht wird und diese zu ›inkludierbaren‹ bzw. ›nichtinkludierbaren‹ Schüler*innen klassifiziert werden (im Sinne von segregationsbewahrenden Rekontextualisierungen oder wirklichkeitsgestaltenden Handlungen der Akteure) – vor allem in Situationen, in denen die Lehrpersonen sich überfordert fühlen, die entstehenden Probleme individualisieren (im Sinne von: der*die Schüler*in mit Lernproblemen ist das Problem) und in der Folge das Problem an andere Institutionen (Überweisung an eine Sonderschule) oder an andere Fachkräfte (Sozial- oder Sonderpädagog*innen) delegieren wollen, ohne zunächst die Optionen im eigenen Handlungsspektrum zu prüfen und zu nutzen. Die Voraussetzung dafür ist, dass alle Akteure und mithin die Lehrpersonen die eigene Responsivität[27] im Prozess wie auch ihre Handlungsoptionen und eigenaktiven Steuerungspotenziale für den Transformationsprozess erkennen können (Danz & Sauter, 2020). Gleichzeitig dürfen sie nicht (allein) für das Scheitern der inklusiven Bildungsbemühungen verantwortlich gemacht werden. Das Scheitern

> »›in der Praxis‹ [kann] zu wesentlichen Teilen als Beleg der Wirkmächtigkeit ableistischer, institutioneller Strukturen erachtet werden [...] – und [ist] nicht Ausdruck individuellen Versagens von Lehrkräften« (Buchner, 2022, S. 72).

Daher müssen Lehrpersonen die Bedeutung solcher Kulturen und darin gründender Mythen im segregationsorientierten Bildungssystem erkennen und hinterfragen (▶ Kap. 6). Angeregt durch eine Publikation von Hans Wocken (2015[28]) sowie durch die jahrzehntelangen persönlichen Erfahrungen in der universitären Lehre in Lehramtsstudiengängen in diversen Bundesländern erscheint es daher bedeutsam nicht nur zu beschreiben »Was Lehrer*innen im Hinblick auf Inklusive Bildung lernen müssen?«, sondern auch jenes, »was sie verlernen sollten« (Wocken, 2015) bzw. was sie im Hinblick auf die inklusive Bildung kritisch hinterfragen müssen (▶ Kap. 6.4).

Überträgt man diese vielfältigen Dimensionen einer inklusiven Bildungsreform, bedarf es im Hinblick auf die Lehrer*innenbildung für Inklusion auch Veränderungen in den Organisationsstrukturen an den Hochschulen, die vor allem durch eine Reduktion von exklusiven (respektable exklusionsorientierten) Strukturen gekennzeichnet sein sollten. Dies könnte zum Beispiel bedeuten segregierte Strukturen zwischen den diversen Lehramtsstudiengängen (exklusive Lehrämter für Schul- und Schüler*innentypen) zugunsten von inklusionsorientierten Strukturen (grundlegende Förderkompetenzen und Spezialisierungen wie Deutsch als Zweitsprache, gendersensible Pädagogik etc. in allen Lehrämtern) aufzuheben (▶ Kap. 6; ▶ Kap. 7).

> These 9: Inklusive Lehrpersonen sind qualifiziert, die erforderlichen »inklusionsorientierten Transformationsbemühungen« (Badstieber, 2021, S. 12) inner-

---

27 Im Sinne einer Antwortlichkeit und des Antwortverhaltens im Rahmen der Funktionen, Praktiken und Zuständigkeiten.
28 Der Titel des Unterkapitels: »Sonderpädagogen in der Inklusion. Was sie schon können, was sie noch lernen und was sie wieder verlernen müssen« (Wocken, 2015).

> halb des Bildungssystems, von Schulen und Lerngruppen zu initiieren und aktiv mitzugestalten, sich in der inklusiven Schulentwicklung zu engagieren sowie gleichsam die systemimmanenten Antinomien und Barrieren (► Kap. 6) im Bildungssystem für die Umsetzung zu erkennen und kritisch zu reflektieren.

2.4 Wissenschaftliche Erkenntnisse zur inklusiven Bildung

Da die umfassend vorliegenden Forschungserkenntnisse der Inklusionsforschung zu den Effekten und Merkmalen einer hochwertigen inklusiven Bildung in der Bildungswissenschaft nach wie vor nicht zum Allgemeingut zählen, bedarf es an dieser Stelle eines kurzen Exkurses. Bereits von Beginn an befand sich die inklusive Bildung international, und auch im deutschsprachigen Raum, unter einem enormen Legitimationsdruck. Bis heute wird die Einführung von Gemeinschaftsschulen im Rahmen von Modellversuchen wissenschaftlich begleitet (z.B. in Baden-Württemberg nach 2015) und es finden vereinzelt bundesweit noch ›Modellversuche‹ zur Inklusion statt. Es liegen jedoch bereits breite Forschungserkenntnisse zu verschiedenen Fragestellungen vor, auf die hier nicht näher eingegangen werden soll. Es gilt weithin als belegt, dass inklusive Bildung bei Schüler*innen mit Lernbeeinträchtigungen oder Behinderungen zu mindestens gleichen Bildungsergebnissen führen kann wie die Unterrichtung in Sonderschulen (vgl. Merz-Atalik, 2013), für Teilbereiche der Entwicklung (wie z.B. Sprache und Kommunikation) kamen die Studien sogar zu deutlich besseren Ergebnissen. Für die inklusive Bildung sprechen die positiven Befunde aus bundesweiten Studien, die im Vergleich zum Sonderschulsystem

> »insgesamt positivere Ergebnisse in Bezug auf die Schulleistungen, das Klassen- und Schulklima, die Lern- und Kooperationsfreude der Kinder, die Berufszufriedenheit von Lehrpersonen und die Schulzufriedenheit von Eltern [aufzeigen]« (Hackbarth & Martens, 2018, S. 192).

Trotz der günstigeren Lehrer-Schüler-Relation an Sonderschulen, der kleineren Klassen, spezifischer Bildungspläne und des sonderpädagogisch professionalisierten Personals weisen Studien nach, dass es keine durchgängigen Vorteile einer segregierten Beschulung gibt. Dies wurde auch im Bildungsbericht der Bundesregierung von 2016 erstmals dokumentiert, der auf den internationalen Forschungsstand zu dem Thema verwies: »[Z]umeist internationale Studien deuten mehrheitlich auf Leistungsrückstände für Schülerinnen und Schüler hin, die in Sondereinrichtungen gefördert werden« (Autorengruppe Bildungsberichterstattung, 2016, S. 180), im Vergleich zu inklusiven Bildungsangeboten. Zudem zitierten die Autor*innen des Bildungsberichts eine IQB-Ländervergleichsstudie, die für Deutschland nachgewiesen habe, dass bei gleichem sozioökonomischen Status, gleichen kognitiven Fähigkeiten und Bildungsaspirationen die Leistungsrückstände der Schüler*innen an den Förderschulen etwa ein halbes bis ein ganzes Schuljahr (in Mathematik, Lesen und Zuhören) unter denen lagen, die in Regelschulen inklusiv gefördert wurden (Kocaj et al., 2014). Internationale Sekundäranalysen von empirischen Studien oder Reviews von wissenschaftlichen Forschungspublikationen, zum Beispiel mit Fokus auf dem Leistungszuwachs, den erreichten Bildungsabschlüssen und der Integration auf den ersten Arbeitsmarkt im Vergleich zwischen inklusiver und segregierter Beschulung, weisen stabile positive Evidenzen für die inklusive Bildung auf (Hehir et al., 2016; Cologon, 2019). Schüler*innen mit Behinderungen, die in Regelschulen unterrichtet wurden, schnitten bei Leistungstests besser ab und lagen in ihrem Notendurchschnitt näher an den Regelschüler*innen als Schüler*innen in segregierten Einrichtungen (Cologon, 2019), es zeigten sich höhere Leistungen im Lesen, Schreiben und in Mathematik (ebd.). Insgesamt fiel die Lernzeit in den inklusiven Settings höher aus als in den segregierten Schulen (ebd.).

> These 10: Inklusive Lehrpersonen verfügen über einen vertieften Einblick in die Forschungserkenntnisse zur inklusiven und segregativen Bildung. Sie bilden sich jeweils aktuell entsprechend den Anforderungen in der eigenen Praxis weiter. Sie sind in der Lage die wissenschaftlichen und forschungsbezogenen Daten und Erkenntnisse zu erfassen, zu verstehen und Schlussfolgerungen für die eigene Praxis zu ziehen (▶ Kap. 7.3).

Damit die bereits vorliegenden wissenschaftlichen Erkenntnisse im Rahmen der Lehre und Forschung an Hochschulen berücksichtigt werden können, sollten umfassende, möglichst internationale Forschungsreviews zu den einzelnen Themenschwerpunkten in der inklusiven Bildung (z. B. Einstellungen und Haltungen, Didaktik, Leistungsbewertung, Klassenmanagement) erarbeitet und allen Akteuren öffentlich zugänglich gemacht werden.[29] Dies könnte einen erheblichen Beitrag zur Versachlichung der Diskurse um die inklusive Bildung innerhalb der Hochschulen und zur Positionierung bzw. Relationierung von Qualifikations- und Forschungsarbeiten im deutschsprachigen Raum in den Kontext der weltweiten Forschung leisten.

---

29 Ein Beispiel für einen solchen Forschungsüberblick findet sich in Hehir et al. (2016).

3 Kontexte der Lehrer*innenbildung für Inklusion international

»[E]fforts to promote inclusion and equity within education systems should be based on an analysis of particular contexts« (Ainscow, 2020, S. 123).

Damit verweist Ainscow auf die besondere Bedeutung der kontextuellen Rahmenbedingungen für die Unterstützung von Inklusion und Gleichstellung in Bildungssystemen, die im Weiteren für den Bereich der Lehrer*innenbildung beleuchtet werden sollen.

3.1 (Inter-)nationale Verpflichtungen und Erklärungen

Im Folgenden werden weitgehend chronologisch und umfassend die vorliegenden Empfehlungen, Anregungen und ausgewählte Konzepte zur Lehrer*innenbildung für Inklusion aus dem internationalen Raum vorgestellt. Es zeigt sich, dass es insbesondere im menschenrechtlichen Diskurs seit Jahrzehnten eindeutige Transformationsimpulse von globalen Organisationen zur Gestaltung inklusiver (Lehrer*innen-)Bildung gibt. Bei der Frage nach der Professionalisierung und Qualifizierung von Lehrpersonen für inklusive Bildungssysteme ist es daher wichtig, von dem menschenrechtlich verankerten Recht auf inklusive und diskriminierungsfreie Bildung sowie von den sich daraus ergebenden Prämissen für die Bildungsinstitutionen, die Schulen und die darin tätigen Protagonist*innen auszugehen. Daher werden zunächst die menschen- und völkerrechtlichen Verpflichtungen, welche die Bundesrepublik durch die Unterzeichnung von internationalen Konventionen eingegangen ist, mit Perspektive auf die inklusionsbezogene Lehrer*innenbildung analysiert. Zudem werden ausgewählte Transformationsimpulse von globalen und nationalen Akteuren des ›policy levels‹ für die Steuerung und Gestaltung eines inklusives Bildungssystem und mithin der Lehrer*innenbildung reflektiert. Dies scheint insbesondere erforderlich, da zahlreiche internationale und nationale Dokumente und richtungsweisende Impulse bislang nur sehr eingeschränkt, selektiv oder wenig systematisch im Rahmen der bildungspolitischen oder wissenschaftspolitischen (Reform-)Diskurse zur Lehrer*innenbildung in Deutschland aufgegriffen wurden.

3.1.1 Das Menschenrecht auf diskriminierungsfreie Bildung (CRC, UN, 1989)

Die UN-Kinderrechtskonvention (UNCRC) wurde 1989[30] verabschiedet (UN, 1989). Die Bundesrepublik Deutschland hat dieses Übereinkommen über die Rechte der Kinder am 6. März 1992 ratifiziert. Das Übereinkommen trat in Deutschland am 5. April 1992 in Kraft. Die Konvention umfasst 54 Artikel, die mit dem Ziel, die Rechte aller Kinder zu stärken, konkrete Absichtserklärungen formulieren. Wenn auch nicht explizit auf ›inklusive‹ Bildung eingegangen wird, so werden doch implizit durch den Anspruch auf Nicht-Diskriminierung im Hinblick auf die Bildung von Menschen allgemein sowie in den schulischen Bildungssystemen grundlegende Rechte formuliert, die auf die Notwendigkeit eines gleichgestellten Zugangs zu den allgemeinen Bildungseinrichtungen in der Gesellschaft verweisen. So heißt es in Artikel 1 »Achtung der Kinderrechte; Diskriminierungsverbot«:

> »Die Vertragsstaaten achten die in diesem Übereinkommen festgelegten Rechte und gewährleisten sie jedem ihrer Hoheitsgewalt unterstehenden Kind ohne jede Diskriminierung unabhängig von der Rasse, der Hautfarbe, dem Geschlecht, der Sprache, der Religion, der politischen oder sonstigen Anschauung, der nationalen, ethnischen oder sozialen Herkunft, des Vermögens, einer Behinderung, der Geburt oder des sonstigen Status des Kindes, seiner Eltern oder seines Vormunds« (UN, 1989, o. S.).

Dabei haben im Rahmen dieser Kinderrechte auch Kinder mit Behinderungen ein Recht auf besondere Unterstützung zuerkannt bekommen (Art. 23), welche

> »so zu gestalten [sei], dass sichergestellt ist, dass Erziehung, Ausbildung, Gesundheitsdienste, Rehabilitationsdienste, Vorbereitung auf das Berufsleben und Erholungsmöglichkeiten dem behinderten Kind tatsächlich in einer Weise zugänglich sind, die *der möglichst vollständigen sozialen Integration* und individuellen Entfaltung des Kindes einschließlich seiner kulturellen und geistigen Entwicklung förderlich ist« (UN, 1989, o. S.; Hervorh. d. Verf.).

Im Hinblick auf die Sicherung dieser Rechte hat die Bundesregierung in den vergangenen Jahren mehrfach gegenüber dem ›UN-Ausschuss für die Rechte des Kindes‹ im Rahmen der üblichen Berichtspflichten Staatenberichte zum Stand der Umsetzung der UNCRC eingereicht (in den Jahren 1995, 2004, 2010 und 2019). Im Jahr 2014 hat der UN-Fachausschuss zur CRC in seinen ›Abschließenden Bemerkungen‹ (UN-Fachausschuss zur CRC, 2014) zum Staatenbericht von 2010 auch Bezug genommen auf die schulische Bildung. Insbesondere sah der Ausschuss hier das Recht auf Nicht-Diskriminierung bei zwei Gruppen von Schüler*innen nicht ausreichend gewahrt.

---

30 Die Kinderrechtskonvention (im Original wie auch in einer amtlichen deutschsprachigen Übersetzung), die diversen seit 1989 eingereichten Staatenberichte der deutschen Bundesregierung sowie weiterführende Dokumente, wie zum Beispiel die im Weiteren zitierten ›List of Issues‹ (Liste von Nachfragen) oder die ›Concluding Observations‹ (Abschließende Bemerkungen) des UN-Ausschusses zu den Kinderrechten sind unter https://www.institut-fuer-menschenrechte.de zugänglich.

»Nicht-Diskriminierung

24. Der Ausschuss begrüßt die Antidiskriminierungsmaßnahmen, die der Vertragsstaat verabschiedet hat, insbesondere diejenigen zur Förderung einer Kultur des Verständnisses und der Toleranz. Dennoch ist der Ausschuss weiterhin besorgt darüber, dass Kinder mit Behinderungen und Kinder mit Migrationshintergrund im Vertragsstaat immer noch mit Diskriminierung konfrontiert werden, insbesondere im Hinblick auf Bildung und Gesundheitsversorgung.
25. Der Ausschuss empfiehlt, dass der Vertragsstaat die Maßnahmen zur Bekämpfung der Diskriminierung, insbesondere der Diskriminierung von Kindern mit Behinderungen und Kindern mit Migrationshintergrund, durch Programme und politische Ansätze zur Verringerung der Ungleichheiten beim Zugang zu Bildung, Gesundheit und Entwicklung verstärkt. Der Ausschuss empfiehlt ebenfalls, dass der Vertragsstaat seine Bemühungen um eine *Sensibilisierung für Diskriminierung und die Förderung eines inklusiven und toleranten Umfelds in Schulen und anderen Umgebungen für Kinder fortführt*« (UN-Fachausschuss zur CRC, 2014; Hervorh. d. Verf.).

Im Weiteren des Dokumentes wird nochmals explizit auf die mangelhafte Umsetzung und Gewährung inklusiver Bildung für Schüler*innen mit Behinderungen verwiesen.

»Kinder mit Behinderungen

50. Der Ausschuss begrüßt die Initiativen des Vertragsstaats, die Situation von Kindern mit Behinderungen zu untersuchen und zu verbessern. Der Ausschuss ist dennoch besorgt über den nicht inklusiven Charakter des Bildungssystems, insbesondere an Sekundarschulen. Vor diesem Hintergrund nimmt der Ausschuss ebenfalls mit Sorge zur Kenntnis, dass
    (a) es im Bildungsbereich nur eine unzureichende Zusammenarbeit zwischen der Bundes- und Landesebene und keine angepassten Lehrpläne oder eine systematische Ausbildung aller Lehrkräfte und Mitarbeiterinnen und Mitarbeiter an Schulen für einen inklusiven Bildungsansatz gibt,
    (b) der Bedarf an individueller Hilfe und an angemessenen Vorkehrungen im schulischen Umfeld nicht wahrgenommen wird und Regelungen zur Zeichensprache in den verschiedenen Bundesländern variieren,
    (c) in manchen Bundesländern Kinder im Grundschulalter gegen den Willen ihrer Eltern an Förderschulen verwiesen werden, die überwiegende Mehrheit der Schülerinnen und Schüler mit Behinderungen Förderschulen besucht und eine große Anzahl von Kindern mit Behinderungen die Schule ohne einen Abschluss verlässt.
51. Angesichts Artikel 23 des Übereinkommens und der Allgemeinen Bemerkung Nr. 9 (2006) zu den Rechten von Kindern mit Behinderungen fordert der Ausschuss den Vertragsstaat [Deutschland] nachdrücklich dazu auf, einen menschenrechtsbasierten Ansatz beim Thema Behinderung zu verfolgen und empfiehlt dem Vertragsstaat insbesondere
    (a) die bundesweite Einführung eines inklusiven Bildungssystems weiterzuverfolgen und sicherzustellen, dass die erforderlichen Mittel verfügbar sind, und zwar auch durch die Nutzung der Mittel der Förderschulen.
    (b) alle erforderlichen gesetzgeberischen und strukturellen Reformen durchzuführen, um sicherzustellen, dass Kindern mit Behinderungen das Recht auf eine inklusive Bildung gewährt wird, und Vorsorge zu treffen, dass es das Recht auf individuelle Unterstützung und angemessene Vorkehrungen im Bildungsbereich umfasst sowie
    (c) sicherzustellen, dass Kinder mit Behinderungen und ihre Familien an der Entscheidung beteiligt werden, ob das Kind eine Förderschule besuchen sollte oder nicht« (UN-Fachausschuss, 2014; Hervorh. d. Verf.).

Die Bundesregierung hat 2019 einen kombinierten Staatenbericht eingereicht (5. und 6. Staatenbericht). Der Kinderrechtsausschuss der UN hat daraufhin eine sogenannte ›List of Issues‹ an die Bundesregierung gesendet (4.3.2021) mit Nachfragen zu diesem Staatenbericht, die im Rahmen einer Anhörung im September 2022 zur Klärung kommen sollten. Darin wird unter Punkt 9 darum gebeten, Stellung zu nehmen zur Umsetzung inklusiver Bildung:

»9. Bitte erläutern Sie die getroffenen oder geplanten Maßnahmen: (a) zur Beseitigung regionaler Unterschiede beim Zugang von Kindern mit Behinderungen zu inklusiven Schulen und um sicherzustellen, *dass alle Schulen über spezialisierte Lehrer und Fachkräfte verfügen*; (b) zur Verbesserung des Zugangs von Kindern mit Behinderungen zu weiterführenden Schulen« (UN, 2021, S. 2; Übers. u. Hervorh. d. Verf.).

Der Ausschuss befasste sich dann in der Folge in seiner Sitzung am 5. und 6. September 2022 mit dem kombinierten fünften und sechsten Staatenbericht Deutschlands zur CRC und nahm am 23. September 2022 die endgültigen ›Abschließenden Bemerkungen‹ an. Darin werden generelle Defizite bemängelt und Empfehlungen ausgesprochen, zum Beispiel dass der Staat »mit größerem Nachdruck daran zu arbeiten [habe], Kinderrechte ausdrücklich im Grundgesetz festzuschreiben« (UN-Fachausschuss zur UNCRPD, 2022; Absatz 6., S. 3). Es werden konkrete Empfehlungen ausgesprochen im Hinblick auf die Schulung von Fachkräften und Lehrpersonen zu den Kinder- und Menschenrechten. So sei

»(b) sicherzustellen, *dass alle Fachkräfte, die für und mit Kindern arbeiten, insbesondere in den Bereichen Bildung, Sozialarbeit, Migration und Justiz, systematisch zu Kinderrechten, dem Übereinkommen und dessen Fakultativprotokollen geschult werden*;
(c) die Menschenrechtsbildung in die Lehrpläne relevanter Berufsgruppen aufzunehmen und die Forschung im Bereich der Menschenrechtsbildung für relevante Berufsgruppen finanziell zu unterstützen und durch entsprechende Anreize zu fördern« (UN-Fachausschuss zur UNCRPD, 2022, Absatz 12, S. 5f.; Hervorh. d. Verf.).

Der Ausschuss zeigte sich weiterhin besorgt im Hinblick auf »die unverhältnismäßigen Auswirkungen, welche De-Facto-Diskriminierung« (ebd., S. 6) auf Kinder in belasteten Lebenslagen[31] hat, einschließlich hinsichtlich des Zugangs zu Bildung und Gesundheit. So wird empfohlen

»36 (b) nationale Standards einzuführen zur Gewährleistung des Rechts aller Kinder mit Behinderungen auf eine inklusive Bildung und alle Bundesländer zu ermutigen, Strategien auszuarbeiten zur Sicherstellung des Zugangs von Kindern mit Behinderungen zu *qualitativ hochwertiger inklusiver Schulbildung in Regelschulen auf allen Ebenen*, einschließlich des Sekundarbereichs, mit angepassten Lehrplänen *und* individueller *Unterstützung durch spezialisiertes Personal* und angemessene Vorkehrungen für ihre schulischen Bedürfnisse;« (UN-Fachausschuss zur UNCRPD, 2022; Absatz 36, S. 14; Hervorh. d. Verf.).

Bei der Analyse der Aussagen in den Dokumenten wird deutlich, dass es sich bei dem Recht auf inklusive Bildung um ein allgemeines Kinderrecht handelt, das nicht nur für Schüler*innen mit dem Etikett sonderpädagogischer Förderbedarf

---

31 »[E]inschließlich asylsuchenden, geflüchteten und von Migration betroffenen Kindern, Sinti, Roma und anderen Kindern aus Minderheitengruppen, Kindern mit Behinderungen, LGBTI-Kindern und sozioökonomisch benachteiligten Kindern« (ebd.).

oder mit einem sogenannten Migrationshintergrund gilt. Vielmehr hat jedes Kind das Recht auf einen Zugang zu einem inklusiven Bildungssystem, in dem die volle soziale Integration in unsere Gesellschaft und ihre Organisationen repräsentiert und verwirklicht wird. Insbesondere wurde wiederholt durch den UN-Fachausschuss zur CRC auf die Notwendigkeit der Entwicklung von inklusiven Bildungseinrichtungen, auch im Sekundarstufenbereich, hingewiesen. Eine systematische Fachkräfte- und Lehrer*innenbildung zu den Kinderrechten allgemein sowie zur Bedeutung der Bildungsrechte in der UNCRPD (mit Verweis auf die Nr. 4) und der damit zusammenhängenden Qualifizierung zur Sicherung der Qualität der inklusiven Bildung in allen Bildungsinstitutionen wurde wiederholt auch im Zusammenhang mit der Kinderrechtskonvention explizit angemahnt (UN, 2014; UN-Fachausschuss zur UNCRPD, 2022).

3.1.2 Das Menschenrecht auf inklusive Bildung (UNCRPD: UN, 2006)

An dieser Stelle kann nicht vertiefter auf die UN-Konvention zu den Rechten von Menschen mit Behinderungen (UNCRPD) und ihre breiten kulturellen, sozialgesellschaftlichen und politischen Implikationen eingegangen werden. Es hat jedoch im deutschsprachigen Raum seit 2006 eine Vielzahl von weitergehenden Publikationen gegeben, die sich mit den daraus resultierenden Entwicklungen im Bildungssystem befasst haben (z. B. Rürup, 2012; Schöler et al., 2010; Blanck, 2014; Preuß, 2018; Prengel, 2019; Bengel, 2021). Auf den Internetseiten des Deutschen Institutes für Menschenrechte in Berlin (das mit dem Monitoring der Umsetzung der UNCRPD wie auch der UNCRC beauftragt ist) findet sich eine Vielzahl an Dokumenten, Berichten und Empfehlungen zur Umsetzung der Konventionen in allen gesellschaftlichen Bereichen. Mit der Ratifizierung der UNCRPD im Jahr 2009 hat sich die deutsche Bundesregierung zur Entwicklung eines inklusiven Bildungssystems verpflichtet. Die Menschenrechtskonvention formulierte für die Gruppe der Menschen mit Behinderungen ein ausnahmsloses Recht auf inklusive Bildung. Um dieses Recht ohne Diskriminierung und auf der Basis von Chancengleichheit zu verwirklichen, haben sich alle unterzeichnenden Staaten verpflichtet ein inklusives Bildungssystem auf allen Ebenen zu gewährleisten (Art. 24, Abs. 1) sowie die Lehrpersonen für diese Aufgabe zu qualifizieren (Art. 24, Abs. 4). Die in den Dokumenten klar umrissenen Herausforderungen und Aufgaben im Zusammenhang mit der Entwicklung von inklusiven Bildungssystemen, auch mit Blick auf die Fachkräftegewinnung und -qualifizierung, wurden bereits in zahlreichen Ländern konsequent zum Anlass für Reformen in der Lehrer*innenbildung genommen (z. B. in Island, Italien, Österreich oder Schottland).

Nach nunmehr 15 Jahren zeigt sich jedoch, dass sich das deutsche Bildungssystem mit der Umsetzung der UNCRPD im Vergleich zu anderen Ländern deutlich schwerer tut (Merz-Atalik, 2021a; European Agency for Development in Special Needs Education, 2020; 2024; Powell, 2018). So wird im Bundesdurchschnitt immer noch eine Mehrheit der mit einem sogenannten ›sonderpädagogischen Förderbedarf‹ etikettierten Schüler*innen in einer Sonderschule unterrichtet

(Klemm, 2021; Rackles, 2021). Dies ist auch Ausdruck dessen, dass man den klaren Menschenrechtsbezug der UNCRPD weitgehend negiert und stattdessen politische Maßnahmen umsetzt, die sich »in einer Strategie der Integrationsoptimierung behinderter Menschen nach Maßgabe des politisch jeweils Opportunen erschöpfen« (Dannenbeck & Dorrance, 2016, S. 20). Es wird so in den meisten Bundesländern verkannt, dass mit der Forderung nach Inklusion und Teilhabe

> »jegliche strukturellen Verhältnisse (etwa gesellschaftlicher Teilsysteme wie des Bildungssystems), praktische Prozesse (etwa verwaltungstechnischen oder wissenschaftlich-fachlichen Handelns) und wirksamen Haltungen (Vorurteile und Defizitorientierungen) auf dem Prüfstand [stehen], die einer gleichwürdigen uneingeschränkten Teilhabe von als behindert adressierten Menschen gesellschaftlich entgegenstehen« (ebd., S. 20).

These 11: Inklusive Lehrpersonen sind sich der menschenrechtsbezogenen Bedeutung von inklusiver Bildung sowie der Zielsetzungen der durch die Bundesregierung ratifizierten internationalen Konventionen bewusst (HRC, CRC, CRPD) und fühlen sich diesen verpflichtet.

Die Professionalisierung von Lehrpersonen ist in der UNCRPD konkret als eine der wichtigsten Voraussetzungen und Kontextfaktoren für ein Gelingen inklusiver Bildung und Schulentwicklung erkannt worden. In Artikel 24 der UNCRPD zur Bildung (Abs. 4) wurden wesentliche Aspekte der Qualifizierung von Fach- und Lehrkräften für ein inklusives Bildungssystem eingefordert, die sich auch in der deutschsprachigen Fassung finden:

> »Um zur Verwirklichung dieses Rechts [auf inklusive Bildung] beizutragen, treffen die Vertragsstaaten geeignete Maßnahmen zur *Einstellung von Lehrkräften, einschließlich solcher mit Behinderungen, die in Gebärdensprache oder Brailleschrift ausgebildet sind*, und *zur Schulung von Fachkräften sowie Mitarbeitern und Mitarbeiterinnen auf allen Ebenen des Bildungswesens*. Diese Schulung schließt die Schärfung des Bewusstseins für Behinderungen und die Verwendung geeigneter ergänzender und alternativer Formen, Mittel und Formate der Kommunikation sowie pädagogische Verfahren und Materialien zur Unterstützung von Menschen mit Behinderungen ein« (UN-BRK, 2008, S. 22[32]; Hervorh. d. Verf.).

Bereits in der Folge des ersten Staatenberichtes von Deutschland an die UN zur Umsetzung der Konvention (2011) hat der UN-Fachausschuss für die Rechte von Menschen mit Behinderungen[33] im April 2015 in den sogenannten ›Abschließenden Bemerkungen‹ (Concluding Observations) eine kritische Rückmeldung zum

---

32 Amtliche, gemeinsame Übersetzung von Deutschland, Österreich, Schweiz und Lichtenstein.
33 Der UN-Fachausschuss (UN Committee on the Rights of Persons with Disabilities) wurde als Kontrollorgan eingesetzt und hat die Aufgabe die Umsetzung und Einhaltung der UNCRPD in den Vertragsstaaten zu kontrollieren sowie Empfehlungen auszusprechen. Die Staaten haben sich mit der Ratifizierung verpflichtet dem Ausschuss in regelmäßigen Abständen Berichte vorzulegen. In der Reaktion auf die Staatenberichte erstellt der Fachausschuss eine Liste mit ›vertiefenden Fragen‹ (List of Issues), die von dem Vertragsstaat bis zum Anhörungsverfahren in einer Stellungnahme beantwortet sein sollten. Auf der Basis dieser Unterlagen und der Anhörung veröffentlicht der Fachausschuss die ›Abschließenden Bemerkungen‹ (Concluding Observations) zu dem jeweiligen Staatenbericht.

Status der Umsetzung des völkerrechtlichen Vertrages gegeben. Er drückte vor allem seine Zweifel daran aus, dass der Staat grundsätzlich die politische Ausrichtung der UNCRPD erfasst habe (Dannenbeck & Dorrance, 2016), da es in der Folge zu einer stark ungleichen Adaption und Orientierung gekommen sei, zum Beispiel in den Aktionsplänen der Bundesländer, und es weiterhin an einer konsistenten Umsetzung mangele (UN-Fachausschuss zur UNCRPD, 2015). Der Ausschuss sei – so wörtlich – »besorgt darüber, dass der Großteil der Schülerinnen und Schüler mit Behinderungen in dem Bildungssystem des Vertragsstaats segregierte Förderschulen besucht« (UN-Fachausschuss zur UNCRPD, 2015; Absatz 45, S. 11). Er empfahl dem Vertragsstaat daher

»(a) umgehend eine Strategie, einen Aktionsplan, einen Zeitplan und Ziele zu entwickeln, um in allen Bundesländern den Zugang zu einem qualitativ hochwertigen, inklusiven Bildungssystem herzustellen, einschließlich der notwendigen finanziellen und personellen Ressourcen auf allen Ebenen;
(b) im Interesse der Inklusion das segregierte Schulwesen zurückzubauen, und empfiehlt, dass Regelschulen mit sofortiger Wirkung Kinder mit Behinderungen aufnehmen, sofern dies deren Willensentscheidung ist;
(c) sicherzustellen, dass auf allen Bildungsebenen angemessene Vorkehrungen bereitgestellt werden und auf dem Rechtsweg durchsetzbar und einklagbar sind;
(d) *die Schulung aller Lehrkräfte auf dem Gebiet der inklusiven Bildung* sowie die erhöhte Zugänglichkeit des schulischen Umfelds, der Materialien und der Lehrpläne und die Bereitstellung von Gebärdensprache in allgemeinen Schulen, einschließlich für Postdoktoranden, *sicherzustellen*«. (ebd., S. 8; Hervorh. d. Verf.).

Der UN-Fachausschuss für die Rechte von Menschen mit Behinderungen hat im Herbst 2016 den ›General Comment Nr. 4‹ (Allgemeine Bemerkungen Nr. 4) zum Artikel 24 der UNCRPD und dem Recht auf inklusive Bildung vorgelegt (UN-Fachausschuss zur UNCRPD, 2016). Der 33-seitige ausführliche Kommentar dient der Auslegung und dem tieferen Verständnis der Implikationen des Artikels 24 zur Bildung. Die UN sieht in der Anerkennung von Inklusion einen Schlüssel zur erfolgreichen Umsetzung des Rechts auf Bildung sowie zur Entwicklung inklusiver, friedlicher und gerechter Gesellschaften (ebd.). Dabei versteht sie inklusive Bildung als ein fundamentales Menschenrecht aller Lernenden und nicht nur jener, die eine Behinderung oder besondere Bedürfnisse haben (ebd.). Der UN-Fachausschuss beklagt in den Allgemeinen Bemerkungen unter anderem: ein mangelhaftes Wissen über das Wesen und die Vorteile von inklusiver Bildung, einen Mangel an politischem Willen, technischem Wissen und Kapazitäten bei der Umsetzung des Rechts auf inklusive Bildung sowie die fortdauernd bestehenden Diskriminierungs- und Isolationstendenzen bei Menschen mit Behinderungen, auch in der Bildung (ebd.). Die UNCRPD legt

»eine Verschiebung des Blickwinkels nahe, vom exkludierten und diskriminierten Individuum hin zur Diagnose vorherrschender Exklusions- und Diskriminierungsverhältnisse, mit dem Ziel ihrer konkreten Beseitigung und zukünftigen Verhinderung« (Dannenbeck & Dorrance, 2016, S. 18).

Als grundlegendes Merkmal eines inklusiven Bildungssystems sieht der Fachausschuss daher neben der Qualifizierung von Lehrpersonen auch die Schaffung von Verhältnissen in Schulen, die Exklusions- und Diskriminierungsrisiken vermindern. So rät er zu einer verfügbaren begleitenden Unterstützung für Lehrpersonen, die unter anderem aus berufsbegleitenden Professionalisierungsangeboten besteht und auch für die Lehrer*innen eine inklusive Kultur in ihrem Tätigkeitsbereich vorsieht:

> »*Alle Lehrkräfte und sonstigen Mitarbeiter erhalten Bildungs- und Fortbildungsmaßnahmen, die ihnen die Kernwerte und -kompetenzen zur Einrichtung angemessener Lernumgebungen, die Lehrkräfte mit Behinderungen einschließt, vermitteln.* Eine inklusive Kultur bietet eine zugängliche und unterstützende Umgebung, die ein Arbeiten auf einer Grundlage von Zusammenarbeit, Interaktion und Problemlösung fördert« (ebd., S. 6; Übers. durch die Autor*innen; Hervorh. d. Verf.).

Im Weiteren werden in den General Comments die vielfältigen aus einem inklusiven Bildungssystem resultierenden Herausforderungen für die Kompetenzen von Lehrer*innen umfassend ausgeführt. Diese werden unter den Stichworten ›berufsvorbereitende und -begleitende Qualifizierung für Inklusion‹, ›schulpraktische experimentelle Lernerfahrungen‹, ›Werte, Haltungen und Kompetenzen zum Umgang mit Vielfalt‹, ›Wissen über assistive Technologien‹ sowie ›praxisnahe Anleitung für die inklusive, lernerzentrierte und personalisierte Gestaltung von Unterricht (didaktische und methodische Aspekte)‹ gefasst. Alle Lehrpersonen sollten (zur Steigerung der Selbstwirksamkeitserwartung) schulpraktische experimentelle Lernerfahrungen (Praktika und andere Angebote) zum inklusiven Unterricht in qualitativ hochwertigen Praxissituationen angeboten bekommen sowie eine praxisnahe Anleitung für die inklusive, lernerzentrierte und personalisierte Gestaltung von Unterricht (didaktische und methodische Aspekte) erhalten.

> These 12: Inklusive Lehrpersonen verfügen über ausgewiesene eigene Praxiserfahrungen zur Gestaltung von inklusivem Unterricht und Lernangeboten, die sie im Rahmen von schulpraktischen experimentellen Lernerfahrungen in ihrem Studium und der weiteren Lehrer*innenbildung erworben haben. Sie haben dabei praxisnahe inklusive und lernerzentrierte, personalisierende Lehr- und Unterrichtsformen kennengelernt und verfügen über eine hohe Selbstwirksamkeit, diese auch in der eigenen Praxis umzusetzen.

> These 13: Inklusive Lehrpersonen verfügen über einen breiten Überblick über (assistive) Technologien und die Bedeutung von alternativen Kommunikationsformen (wie Gebärdensprache) im inklusiven Unterricht sowie idealerweise erste diesbezügliche Praxiserfahrungen. Sie sind in der Lage, die Chancen und Möglichkeiten dieser Technologien und Unterstützungsmittel für den Abbau von Barrieren für das Lernen zu erkennen.

Es sollten Studienangebote für alle Lehrämter mit Basisinformationen zum Einsatz assistiver Technologien und alternativer Kommunikationsformen wie zum Beispiel Gebärdensprache eingeführt werden. Zudem sind diese Themen in der Lehrerfort- und -weiterbildung (bedarfsgerecht) anzubieten und Unterlagen zum Einsatz der Mittel für alle Lehrer*innen zur Verfügung zu stellen (im Sinne von digital verfügbaren Handreichungen). Auf die Bedeutung dessen verweist auch der UN-Fachausschuss.

> »(71) Ein schrittweiser Prozess der Fortbildung aller Lehrkräfte an Vor-, Grund-, Sekundar-, Hoch- und Berufsschulen muss eingeleitet werden, um ihnen die notwendigen Kernkompetenzen und Werte für die Arbeit in einem inklusiven Lernumfeld zu vermitteln. Es müssen hierfür Anpassungen berufsvorbereitender und berufsbegleitender Bildungsmaßnahmen sowie für kurz- und langfristige Kurse zur schnellstmöglichen Entwicklung entsprechender Kompetenzen erfolgen, um den Übergang in ein inklusives Bildungssystem zu ermöglichen. Allen Lehrkräften müssen *zielführende (Lern)Einheiten/Module* zur Verfügung gestellt werden, *um sie auf ihre Arbeit in einem inklusiven Umfeld vorzubereiten*; außerdem müssen sie *praktische experimentelle Lernerfahrungen* machen, mit Hilfe derer sie ihre Fertigkeiten entwickeln und ihr Vertrauen in ihre Fähigkeit, Probleme zu lösen, die sich aus unterschiedlichsten Inklusionsherausforderungen ergeben, aufbauen können.
>
> Das Kerncurriculum des Lehramtsstudiums muss ein grundlegendes Verständnis für menschliche Vielfalt, Wachstum und Entwicklung, den Menschenrechtsansatz im Bereich Behinderungen und inklusiver Pädagogik vermitteln, einschließlich der Ermittlung der funktionalen Fähigkeiten der Lernenden (Stärken, Kompetenzen und Lerntypen), um zu sicherzustellen, dass Lernende mit Behinderungen an einem inklusiven Lernumfeld teilhaben.
>
> Die Ausbildung von Lehrkräften sollte auch Wissen vermitteln im Bereich der Verwendung von angemessenen Formen, Mitteln und Formaten der so genannten unterstützten Kommunikation, wie zum Beispiel Braille, Großdruck, zugängliche Multimedia-Produkte, leichte Sprache, leicht verständliche Sprache, Gebärdensprache und Gehörlosenkultur, Bildungstechniken und -materialien zur Unterstützung von Menschen mit Behinderungen.
>
> Darüber hinaus brauchen Lehrkräfte eine praktische Anleitung und Unterstützung im Bereich des personalisierten Unterrichts, welches die Vermittlung der gleichen Inhalte durch variierende Unterrichtsmethoden unter Berücksichtigung verschiedener Lernstile und Fähigkeiten ermöglicht, sowie bei der Entwicklung und Nutzung individueller Lehrpläne, die besonderen Lernbedürfnissen gerecht werden, und bei der Einführung einer Pädagogik, bei der die Lernenden und ihre einzigartigen Fähigkeiten im Mittelpunkt stehen« (UN-Fachausschuss zur UN-CRPD, 2016, S. 30 f.; Hervorh. d. Verf.).

Im Rahmen des Staatenberichtsverfahrens hat der ›Fachausschuss der UN zur UNCRPD‹ Deutschland in den vergangenen Jahren bereits mehrfach darauf hingewiesen, dass die Umsetzung der Inklusion in der schulischen Praxis wie auch jene in der Lehrer*innenbildung bislang nicht den Erwartungen entspricht. So formulierte der Fachausschuss in seinen ›Abschließenden Bemerkungen‹:

> »Bildung (Art 24) 45. Der Ausschuss ist besorgt darüber, dass der Großteil der Schülerinnen und Schüler mit Behinderungen in dem Bildungssystem des Vertragsstaats [Deutschland] segregierte Förderschulen besucht.
> Der Ausschuss empfiehlt dem Vertragsstaat
>
> (a) umgehend eine Strategie, einen Aktionsplan, einen Zeitplan und Ziele zu entwickeln, um in allen Bundesländern den Zugang zu einem qualitativ hochwertigen, inklusiven Bildungssystem herzustellen, einschließlich der notwendigen finanziellen und personellen Ressourcen auf allen Ebenen;
> (b) im Interesse der Inklusion das segregierte Schulwesen zurückzubauen, und empfiehlt, dass Regelschulen mit sofortiger Wirkung Kinder mit Behinderungen aufnehmen, sofern dies deren Willensentscheidung ist;

(c) sicherzustellen, dass auf allen Bildungsebenen angemessene Vorkehrungen bereitgestellt werden und auf dem Rechtsweg durchsetzbar und einklagbar sind.
(d) *die Schulung aller Lehrkräfte auf dem Gebiet der inklusiven Bildung* sowie die erhöhte Zugänglichkeit des schulischen Umfelds, der Materialien und der Lehrpläne und die Bereitstellung von Gebärdensprache in allgemeinen Schulen, einschließlich für Postdoktoranden, sicherzustellen« (UN-Fachausschuss zur UNCRPD, 2015, o. S.; Hervorh. d. Verf.).

Als Reaktion auf die im Juli 2019 durch die Bundesregierung kombiniert eingereichten Staatenberichte Deutschlands (2. und 3.), betont der UN-Fachausschuss zur UNCRPD in seinen vorläufigen ›Abschließenden Bemerkungen‹[34] (UN-Fachausschuss zur UNCRPD, 2023) erneut die mangelnde Umsetzung der inklusiven Bildung auf allen Ebenen.

»Education (art. 24)

53. The Committee is concerned about the lack of full implementation of inclusive education throughout the education system, the prevalence of special schools and classes and the various barriers encountered by children with disabilities and their families to enrolling in and completing studies at mainstream schools, including:
    (a) The lack of a clear mechanism to promote inclusive education in the Länder and at the municipal level;
    (b) The *misconceptions about and negative perception of inclusive education* on the part of some executive entities, which may take parents' requests to enrol their children in mainstream schools as an indication of ›incapability to take care of their child‹;
    (c) The lack of accessibility and accommodation in public schools and the lack of accessible transportation, in particular in rural areas;
    (d) *Insufficient training for teachers and non-teaching staff on the right to inclusive education, the insufficient development of specific skills and teaching methodologies* and reported pressure on parents to enrol children with disabilities in special schools.
54. Recalling its general comment No. 4 (2016), the Committee recommends that the State party, in close consultation with and with the active involvement of students with disabilities, their families and representative organizations:
    (a) *Develop a comprehensive plan to accelerate the transition from special schooling to inclusive education at the Länder and municipal levels,* with specific time frames, human, technical and financial resource allocations and clear responsibilities for implementation and monitoring;
    (b) Implement *awareness-raising and educational campaigns to promote inclusive education* at the community level and *among the relevant authorities;*
    (c) Ensure that children with disabilities can attend mainstream schools, including by enhancing accessibility and accommodation for all kinds of disabilities and providing appropriate arrangements for transportation, in particular in rural areas;
    (d) *Guarantee ongoing training for teachers and non-teaching staff on inclusive education at all levels, including training in sign language and other accessible formats of communication,* and develop a monitoring system to eliminate all forms of direct and indirect discrimination against children with disabilities and their families« (UN-Fachausschuss zur UNCRPD, 2023, o. S.; Hervorh. d. Verf.).

Um Fehlverständnissen zur Inklusion (wie z. B. dass Kooperationsklassen mit partieller gemeinsamer Beschulung der Schüler*innengruppen mit und ohne sogenanntem aonderpädagogischen Förderbedarf inklusiven Konzepten entsprächen) und negativen Haltungen gegenüber inklusiver Bildung entgegenzuwirken, bedarf

---

34 Diese liegen aktuell nur im englischsprachigen Original vor.

es im System der Lehrer*innenbildung breiter Sensibilisierungs- und Aufklärungskampagnen für alle involvierten Akteure, nicht nur für die Studierenden. Die vorausgegangenen Ausführungen haben gezeigt, dass in den menschenrechtlichen Dokumenten und völkerrechtlichen Vereinbarungen von der Notwendigkeit umfassender Transformationsanforderungen und -aufgaben für die Lehrer*innenbildung ausgegangen wird und diese Anforderungen mit einem hohen Grad an Konkretisierung ausformuliert wurden.

3.1.3 Inklusive Bildung als Ziel für nachhaltige Entwicklung bis 2030 (SDG: UN, 2015)

Die Sustainable Development Goals (SDG: UN, 2015) der Vereinten Nationen stellen in der Form von 17 Zielen für nachhaltige Entwicklung politische Zielsetzungen für die Sicherung auf ökonomischer, sozialer sowie ökologischer Ebene dar. Sie traten am 1. Januar 2016 in Kraft und sollen im Rahmen einer Laufzeit von 15 Jahren (bis 2030) verfolgt werden. 2015 haben Staats- und Regierungschefs die »Agenda 2030 für nachhaltige Entwicklung« in New York verabschiedet. Alle Länder sollen ihr Handeln künftig an den 17 Zielen für nachhaltige Entwicklung ausrichten. Mit Ziel Nr. 4 wird für die Bildung angestrebt, »bis 2030 für alle Menschen inklusive, chancengerechte und hochwertige Bildung sicher[zu]stellen sowie Möglichkeiten zum lebenslangen Lernen [zu] fördern« (UN, 2015, o. S.). Das Ziel ist es, inklusive, gleichberechtigte und hochwertige Bildung und Möglichkeiten lebenslangen Lernens für alle zu schaffen oder zu fördern. Zu dem übergreifenden Ziel für die Bildung sind zehn Unterziele verabschiedet worden, die im Rahmen des Monitorings durch die Regierungen der Mitgliedsstaaten auf der Basis von Indikatoren gemessen werden sollen. Die Selbstverpflichtungen der Staaten umfassen konkretisierte, messbare Ziele wie:

- (4.5) Bis 2030 geschlechtsspezifische Disparitäten in der Bildung beseitigen und den gleichberechtigten Zugang der Schwachen in der Gesellschaft, namentlich von Menschen mit Behinderungen, Angehörigen indigener Völker und Kindern in prekären Situationen, zu allen Bildungs- und Ausbildungsebenen gewährleisten.
- (4.a) Bildungseinrichtungen bauen und ausbauen, die kinder-, behinderten- und geschlechtergerecht sind und eine sichere, gewaltfreie, inklusive und effektive Lernumgebung für alle bieten.

Der hochrangige Lenkungsausschuss der UN für das SDG 4 forderte kürzlich im Rahmen des ›Transforming Education Summit‹ (16.–19. 9. 2022 in New York) die Länder auf, die Rechenschaftspflicht zur Umsetzung der genannten Initiativen zu gewährleisten. Der Ausschuss erwarte, dass die Länder sich zu Monitoringprozessen verpflichten, indem sie konkrete Indikatoren und nationale Ziele für 2025 und 2030 vereinbaren. Der Lenkungsausschuss würde die Fortschritte bei der Erreichung dieser Ziele jährlich überwachen. Die Bundesregierung hat 2021 eine Nachhaltigkeitsstrategie verabschiedet, die auch den Aspekt der Chancengerechtigkeit und der Inklusion im Bildungsbereich umfasst. Programme und Initiativen der Bundesregierung (wie auch die in der Strategie genannten Indikatoren) umfassen aktuell keine Vorgaben für die Gestaltung der inklusiven Bildungssysteme in den Bundesländern, dies wird im Rahmen der Kulturhoheit in die Verantwortung derselben gegeben.

Die Deutsche UNESCO-Kommission hat Empfehlungen zur Umsetzung der in den SDGs geforderten inklusiven Bildung verabschiedet, die sich in vier am Lebensalter und an der Institutionensystematik orientierte Unterbereiche gliedern: ›übergreifende Empfehlungen‹, ›frühkindliche Bildung‹, ›schulische Bildung‹ und ›Übergang in die berufliche Bildung und die Arbeitswelt‹. Unter den übergreifenden Empfehlungen wird direkt auf die erforderliche Qualifizierung der Fachkräfte für die (inklusive) Bildung Bezug genommen:

> »*Multiprofessionalität und Zusammenarbeit der Professionen sollten in der Aus-, Fort- und Weiterbildung aller pädagogischen, psychologischen, therapeutischen und medizinischen Fachkräfte und an allen Lernorten verankert werden.*
> Die umfängliche Qualifizierung des Fachpersonals für inklusive Bildungsprozesse sollte in den Curricula aller Aus-, Fort- und Weiterbildungen verpflichtend stattfinden. Die ›Ausbildung der Ausbilder (AdA)‹ sowie *die Studiengänge für Lehrer/-innen, Sonder- und Sozialpädagogen/-innen sollten inklusionspädagogisch weiterentwickelt werden.*
> An allen Lernorten, auch der Berufsausbildung, sollten multiprofessionelle Teams aus Ausbildern/-innen, Lehrern/-innen, Sonder- und Sozialpädagogen/-innen gebildet werden. Die Fortbildung des pädagogischen Personals an allen Lernorten sollte bevorzugt in multiprofessionellen Teams erfolgen« (Deutsche UNESCO-Kommission e. V., 2019, S. 4 f.; Hervorh. d. Verf.).

Alle angehenden Lehrpersonen sowie die anderen pädagogischen Fachkräfte im Bildungssystem sollten durch Aus- und Fortbildung gemeinsam auf ihre Zusammenarbeit und die Herausforderungen der multiprofessionellen und interdisziplinären Kooperation in inklusiven Bildungseinrichtungen vorbereitet werden. Dass Angebote zur Kooperation und zum Team-/Co-Teaching verpflichtend in den Lehramtsstudiengängen verankert werden sollten, ist ein Aspekt, dem später noch eine größere Aufmerksamkeit geschenkt wird. Die Studiengänge sollten im Hinblick auf die gemeinsamen Aufgaben inklusionspädagogisch weiterentwickelt werden.

Zudem machen die Expert*innen der Deutschen UNESCO-Kommission auf die politischen Herausforderungen und Aufgaben aufmerksam, die sie unter anderem in einer bedarfsgerechten Erhöhung von Ausbildungs- und Studienkapazitäten der pädagogischen, psychologischen, therapeutischen und medizinischen Fachkräfte für das inklusive Bildungssystem sehen. Sie fordern darüber hinaus eine bedarfsgerechte Ressourcenausstattung der Schulen mit Personal sowie die ausreichende Qualifizierung von Assistenzkräften. Dazu empfehlen sie, bundesländerübergreifende Standards für das Personal an Schulen, für die Multiprofessionalität und die Teamarbeit (im Sinne von konkreten Kooperationszeiten) zu entwickeln. Es scheint auch darüber hinaus sinnvoll, dass neue Studiengänge sowie externe Qualifizierungsmaßnahmen an den Hochschulen zur (Aus-)Bildung von Assistenz- und Fachkräften für die inklusive Bildung entwickelt und angeboten werden.[35] So

---

35 Für die bundesweit eingesetzten Schulbegleiter*innen oder Integrationshelfer*innen fehlt

könnte man sich beispielsweise Berufsbilder denken, wie eine*n ›Lehr-Assistent*in‹ (unterstützend für die Lehrpersonen) oder ein*e ›Lern-Assistent*in‹ an Schulen (unterstützend für die Schüler*innen). Es wäre dabei wichtig, fest institutionalisierte Berufsgruppen und Aufgabenfeldern für die inklusive Bildung weiter oder neu zu entwickeln. Die Verschränkung der (Aus-)Bildungsinhalte solcher Assistenzkräfte und deren Studiengängen mit den Lehramtsstudiengängen könnte so auch die Entstehung eines Leitbilds einer gemeinsam zu verantwortenden inklusiven Handlungspraxis fördern.

3.1.4 Transformationsimpulse zur inklusiven (Lehrer*innen-)Bildung (UNESCO)

Die UNESCO ist die Organisation der Vereinten Nationen für Bildung, Wissenschaft, Kultur und Kommunikation. Sie hat 194 Mitgliedstaaten und weitere 12 assoziierte Mitglieder (2024) und ist ein Forum für die internationale Zusammenarbeit und für den Austausch von Informationen, Erfahrungen und Ideen. Seit 1945 führt sie Modellprojekte durch, berät Regierungen und Politik international durch Expertenkommissionen sowie Ministerkonferenzen und fördert den Wissensaustausch. Eine wichtige Funktion der UNESCO ist die Erarbeitung normativer Instrumente auf zwischenstaatlicher Ebene.

Bereits im Jahr 2008 hat die UNESCO im Rahmen der Internationalen Konferenz zur Bildung (ICE, International Conference on Education) und einer Publikation mit dem Titel »Inklusive Bildung: Der Weg in der Zukunft« sechs Empfehlungen zur Stärkung der inklusiven Bildung in der Lehrer*innenbildung verabschiedet.

> »(1) Verstärkung der Rolle der Lehrkräfte durch das Arbeiten an der Verbesserung ihres Status und ihrer Arbeitsbedingungen, sowie Mechanismen entwickeln zur Rekrutierung geeigneter Kandidaten und zur Bindung qualifizierter Lehrkräfte, die für unterschiedliche Lernanforderungen sensibilisiert sind;
> (2) Lehrer bilden, indem sie mit den geeigneten Fähigkeiten und Materialien ausgestattet werden, um unterschiedliche Schülerpopulationen zu unterrichten und den unterschiedlichen Lernbedürfnissen verschiedener Kategorien von Lernenden gerecht zu werden, durch Methoden wie professionelle Weiterbildung auf Schulebene, vorbereitende Schulungen zur Inklusion und einem Unterricht, der auf die Entwicklung und die Stärken des einzelnen Lernenden eingeht;
> (3) Unterstützung der strategischen Rolle der tertiären Bildung bei der vorberuflichen und in der professionellen Weiterbildung von Lehrer*innen in Bezug auf inklusive Bildungspraktiken, einhergehend mit der Bereitstellung angemessener Ressourcen;
> (4) Innovative Forschung zu Lehr- und Lernprozessen im Zusammenhang mit inklusiver Bildung fördern;

---

es bislang weithin an systematischen und berufsqualifizierenden Maßnahmen oder Studiengängen. Ein spezifisches Berufsbild wie im internationalen Raum für ›nicht-lehrendes Unterstützungspersonal im Unterricht‹ ist in Deutschland bislang nicht entwickelt. Insbesondere im Rahmen von Bachelorstudiengängen könnten spezifische Assistenzverhältnisse differenziert ausgewiesen und neue Berufsfelder (u. a. auch mit Anschlusspotenzial für einen Master in den Lehrämtern) erschlossen werden.

(5) Schuladministrator*innen mit den Fähigkeiten auszustatten, die es ihnen ermöglichen, effektiv auf die unterschiedlichen Bedürfnisse aller Lernenden einzugehen und die inklusive Bildung in ihren Schulen voranzubringen; und
(6) den Schutz von Lernenden, Lehrkräften und Schulen in Konfliktzeiten zu berücksichtigen« (UNESCO, 2008, o. S.; Übers. d. Verf.).

Angesichts der Bedeutung des Handelns von Akteuren auf allen Ebenen des Systems sowie auch der Schuladministration (Punkt 5) im Netzwerk scheint es gegebenenfalls auch geboten, Lehr- und Studienangebote zur inklusiven Bildung an den Hochschulen für die Fachöffentlichkeit und andere Akteure im Bildungssystem (Bildungspolitik, Bildungsadministration, Community, Träger von sozialen Einrichtungen etc.) grundsätzlich zu öffnen. Damit könnte man zudem die Entstehung eines gemeinsamen wissenschaftlich und forschungsbasierten regionalen Theorie-Praxis-Diskursfeldes fördern, das ansonsten an keiner anderen Stelle so institutionalisiert ist, zum Beispiel indem man an den Hochschulen Seminare anbietet zur regionalen inklusiven Schulentwicklungsplanung (in enger Kooperation mit den zuständigen Behörden).

Nach Florian (2021, S. 92) reflektierten diese Empfehlungen bereits das komplexe Feld der Anforderungen der Lehrer*innenbildung für die inklusive Bildung innerhalb eines breiteren soziopolitischen Kontexts. Im Jahr 2013 hat die UNESCO ein fünf Bände umfassendes Handbuch zur Förderung der Entwicklung einer inklusiven Lehrer*innenbildung herausgegeben, das zum advokatorischen Handeln aller Akteure aufrief.[36] Es umfasst vielfältige Anregungen für die Ebenen der Politik/Policy, des Curriculums, der Methodologie und der Materialien in der Lehrer*innenbildung (jeweils in eigenen Bänden). In der Publikation werden die folgenden Fragen formuliert, die sich die Lehrer*innenbildung im Sinne einer Policy-Analyse stellen müsse:

»• Gibt es eine eindeutige Definition von Inklusion?
• Wird die Konfusion zwischen Sonderpädagogik und Inklusiver Bildung erkannt?
• Wird inklusive Bildung als alleinstehendes Thema oder als Mittel zur Verbesserung der Bildung für alle gesehen?
• Sind Studienangebote zur Inklusion obligatorisch oder Pflicht?
• Richten sie sich an alle Studierenden?
• Wird Inklusion als Standardthema für alle Lehrpersonen verstanden?
• Handelt es sich um additive, isolierte Module oder (fächer-)übergreifende Module bzw. eine Leitidee für das gesamte Lehramtsstudium?
• Bleibt die Expertise für Inklusion an Einzelne gebunden oder wird eine Professionalisierung aller Lehrenden (auch jener in der Lehrerbildung) angestrebt?
• Wird Inklusion nur im Bezug zur Bildung an Schulen thematisiert oder auch als Kultur der Hochschule (Whole University Approach) adressiert?
• Ist Inklusion reine Theorie, oder wird sie in Verbindung mit inklusiver Praxis gelehrt und entwickelt?
• Ist das Lehrerbildungscurriculum übergreifend ansprechbar für Herausforderungen wie Geschlechter Gleichstellung, Behinderung, Sprache, Ethnizität, Religion und Armut? Wenn nicht, welche Evidenzen gibt es für Diskriminierungen?« (Auswahl der Fragen und Indikatoren aus UNESCO, 2013, durch Merz-Atalik, 2017, S. 59; Übers. d. Verf.).

---

36 Dieses liegt nicht in Deutscher Sprache vor.

3 Kontexte der Lehrer*innenbildung für Inklusion international

Die UNESCO setzt sich seit vielen Jahren dafür ein, Impulse für die Gestaltung inklusiver Bildungssysteme im Sinne von ›education for all‹ zu geben. Dabei betont sie immer wieder den Zusammenhang zwischen inklusiver Bildungsreform und Qualifikation von Fachkräften sowie die Notwendigkeit, Inhalte, Strukturen und Kulturen in der Lehrer*innenbildung zu reformieren.

> »Inklusive Bildung *erfordert ein Umdenken in der Art und Weise, wie wir Lehrer*innen bilden und unterstützen.* Lehrer*innen spielen eine wichtige Rolle dabei, die Bildung inklusiver zu machen, und zwar durch ihren Zugang zu den Lernenden, die Methoden und Materialien, welche sie verwenden, ihre Fähigkeit Vielfalt willkommen zu heißen und als Stärke zu sehen, und ihre Kompetenz sich anzupassen und auf Herausforderungen sowie unterschiedliche Lernbedürfnisse zu reagieren. Ein großer Teil der derzeitigen Lehrer*innenbildung konzentriert sich auf enge technische Fertigkeiten des Unterrichtens. *Daher ist es unerlässlich, dass die Lehrer*innenbildung die Lehrpersonen darauf vorbereitet, inklusiv zu sein* – nicht nur, indem sie ihnen die Theorie der inklusiven Bildung vermittelt, sondern indem sie sie mit den praktischen Fähigkeiten ausstattet, die sie benötigen, um Barrieren für den Zugang, die Teilhabe und das Lernen zu erkennen, um reflektierende, kritische Denker und Problemlöser zu sein und um aktiv gegen Diskriminierung vorzugehen« (UNESCO, 2013, S. 5, 48; Übers. u. Hervorh. d. Verf.).

Die UNESCO verweist also ebenfalls auf die mit dem Titel dieses Buches assoziierte ›becoming dimension‹. Laut der Deutschen UNESCO-Kommission e. V. (2014) kommt der Politik

> »bei der Einführung einer umfassenden inklusionsorientierten Ausbildung für Erzieher und Lehrkräfte eine wesentliche Rolle zu. Insbesondere müssen studiengangsübergreifende Konzepte für die Erstausbildung von Lehrkräften erarbeitet und verpflichtende Weiterbildungsmöglichkeiten in den einzelnen Bundesländern verankert werden. Grundkenntnisse in der Diagnostik, der individuellen Förderplanung und im lernfreundlichen Classroom-Management sowie Fähigkeiten zur effektiven Prävention und Intervention bei Verhaltensstörungen, Lern- und Sprachstörungen sollten allen Lehrkräften flächendeckend vermittelt werden« (Deutsche UNESCO-Kommission e.V., 2014, S. 29).

Die Kommission stellt dar, wie eine inklusionsförderliche Lernumgebung gestaltet sein sollte, mit lernerzentrierten Lehrmethoden, räumlichen Lernumgebungen entsprechend den Begabungen aller Kinder und Jugendlichen, geeigneten Lernmaterialien und einer individuellen und differenzierten Leistungsbewertung (Deutsche UNESCO-Kommission e. V., 2014). Für diese seien die Lehrpersonen zu qualifizieren.

> **These 14:** Eine inklusive Lehrperson kennt lernerzentrierte Lehrmethoden und die verschiedenen Formen der individuellen und differenzierten Leistungsbewertung (z. B. individuelle Lernentwicklungsberichte, Self-/Peer-Assessment, Portfolios). Sie weiß um die Bedeutung der individuellen Leistungsbewertung in der inklusiven Bildung und setzt diese im Rahmen der Möglichkeiten in der Praxis diversitätssensibel und inklusionsorientiert ein.

Die UNESCO sah 2014 noch einen erheblichen bildungspolitischen Handlungsbedarf in Bezug auf die Kompetenzentwicklung von Fachpersonal und Lehrpersonen in Bildungsinstitutionen, von dem angenommen werden kann, dass er in einigen Regionen bis heute besteht. Länder und Regierungen sollten sich fragen:

> »1. Befürwortet die Politik Reformen der Aus-, Weiter- und Fortbildung des pädagogischen Fachpersonals, um diese auf inklusives Lehren vorzubereiten?
> 2. Ist ein breites didaktisches und methodisches Repertoire Bestandteil aller Aus-, Weiter- und Fortbildungsprogramme?
> 3. Bestärkt die Politik die Sichtweise, dass inklusive Bildung eine grundlegende Arbeitsmethode für jede Lehrkraft darstellt?
> 4. Stellt sich die Politik die Frage, wer diese Aus-, Fort- und Weiterbildung durchführen kann und befasst sie sich mit etablierten Ausbildungsinstituten/Lehrerbildungsinstituten, die überholte Ansätze vermitteln?« (Deutsche UNESCO-Kommission e.V., 2014, S. 40).

Das Ziel einer Kompetenzinitiative sei es, folgende Defizite und Mangelsituationen zu beheben (tabllarische Darstellung im Original):

> »1. Mangel an Universitäten und Fachhochschulen, die Fachpersonal für inklusive Bildung qualifizieren
> 2. Mangel an Anreizen und beruflichen Weiterentwicklungsmöglichkeiten für Lehrkräfte
> 3. Unzureichende Lehrmittel für eine heterogene Schüler*innenschaft
> 4. Mangel an Materialien, die den Bedürfnissen bestimmter Lerngruppen entsprechen, z.B. Materialien in Brailleschrift, Gebärdensprache und Lesestoff in einfacher Sprache
> 5. Wahrnehmung von Vielfalt als Problem statt als Ressource durch die Lehrpersonen (negative Haltungen)« (ebd.).

Als Maßnahmen zum Abbau dieser Mängel gibt die Deutsche UNESCO-Kommission e.V. folgende Handlungsvorschläge:

> »• K1. Aus-, Fort- und Weiterbildung, Mentoring-Systeme und Teamstrukturen verbessern
> • K2. Lehrkräfte aus- und systematisch fortbilden zum Einsatz neuer und alternativer Lehrmethoden
> • K3. Methoden für ein Bildungsangebot stärken, das auf individuellen Bedürfnissen basiert
> • K4. Lehrkräfte ermutigen, ihre Arbeit in Teams zu organisieren und problemorientierte Unterrichtsmethoden einzusetzen sowie Vielfalt und verschiedene Lernstile der Lernenden zu respektieren
> • K5. Gruppenarbeiten mit heterogenen Gruppen ausweiten, um gegenseitiges Tutoring unter den Lernenden zu erleichtern« (ebd.).

In der Publikation wird insbesondere die Verantwortung der Bildungspolitik herausgestellt, die Prozesse zur Entwicklung eines inklusiven Bildungssystems und ebenso jene zur Qualifizierung der erforderlichen Fach- und Lehrkräfte zu begleiten und zu evaluieren. Es wird erwartet, dass die Länderregierungen politische Richtlinien entwickeln, veröffentlichen und ein System des Monitorings und der

Evaluation der Umsetzung installieren sowie eine regelmäßige Berichterstattung über den Stand der Umsetzung inklusiver Bildung an die Fach- und allgemeine Öffentlichkeit sicherstellen (Deutsche UNESCO-Kommission e. V., 2014, Maßnahme 5).[37] Die Umsetzung der Empfehlungen der UNESCO-Kommission wäre Ausdruck eines zielgerichteten Steuerungshandelns seitens der Regierung des Staates, das aktuell jedoch durch die Organisationen in der Lehrer*innenbildung in Deutschland nicht konsequent angegangen wird (▶ Kap. 6). Neben Empfehlungen (▶ Kap. 3) und Ausschreibungen von Forschungsmitteln zu Fragen der inklusiven Bildung und Diagnostik durch das Bundesministerium für Bildung und Forschung (BMBF) bzw. der Qualitätsoffensive Lehrerbildung wurden bislang wenig konkrete Erwartungen oder Standards formuliert, die eine Evaluation ermöglichen würden (▶ Kap. 4.2). Diese Programme können an einzelnen Hochschulen durch die Drittmittelförderung Forschungs- und Transformationsimpulse geben, ohne jedoch flächendeckende Wirkungen zu zeigen. Vielmehr verbleiben die Steuerungs- und Entwicklungsschritte im Zusammenhang mit der Entwicklung eines inklusiven Bildungssystems und der dazu gehörenden Lehrer*innenbildung im Rahmen des Föderalismus weitgehend in der Verantwortung der sechzehn Bundesländer.

3.1.5 Inklusive Lehrer*innenbildung in Programmen der OECD

Die Organisation für wirtschaftliche Zusammenarbeit und Entwicklung (OECD) ist eine internationale Organisation mit 38 Mitgliedstaaten. Die meisten OECD-Mitgliedernationen gehören zu den Ländern mit hohem Pro-Kopf-Einkommen und gelten als entwickelte Länder. Die Organisation und ihre Mitgliedstaaten verfolgen das Ziel einer besseren Politik, die Wohlstand, Gerechtigkeit, Chancen und Lebensqualität für alle sichern soll. Dazu werden im Bereich Bildung große internationale Large-Scale-Studien und Programme durchgeführt; zu den bekanntesten zählt die PISA-Studie – das ›Programme for International Student Assessment‹. Weitaus weniger im öffentlichen Bewusstsein sind jene Programme die sich der Lehrer*innenbildung in den OECD-Staaten widmen (unter anderem: ›Initial Teacher Preparation ITP‹, 2016–2018; ›Teachers Professional Learning TPL & Continuing Professional Learning CPL‹, 2019–2021). Leider waren unter den sieben Ländern im Programm ITP keine deutschsprachigen beteiligt. Zudem lag der Fokus stärker auf strukturellen Aspekten der Angebotsformen für die Lehrer*innenbildung.

Nach der OECD handelt es sich bei inklusiven und gerechten Bildungssystemen um solche,

---

[37] In Deutschland gibt es bislang weder auf nationaler noch auf Länderebene eine Form des systematischen Monitorings der Lehramtsstudiengänge im Hinblick auf die Inklusion. Das Centrum für Hochschulentwicklung (CHE) als gemeinnützige Organisation hat in den vergangenen Jahren im Rahmen des Monitors Lehrerbildung die Umsetzung der Inklusion begleitet und Befragungen von Hochschulen vorgenommen (CHE et al., 2015; 2022).

»die sicherstellen, dass das Erreichen des Bildungspotenzials nicht das Ergebnis persönlicher und sozialer Umstände ist, einschließlich der Faktoren wie Geschlecht, ethnische Herkunft, Migrantenstatus, besondere Bildungsbedürfnisse und Begabung (OECD, 2017; OECD, 2012)« (Cerna et al., 2021, S. 10; Übers. d. Verf.).

In dem Working Paper mit dem Titel »Promoting Inclusive Education for Diverse Societies: A Conceptual Framework« von 2021 zählen die Autor*innen einige Faktoren auf, die auf der Ebene der Policy in der Umsetzung eines inklusiven Bildungssystems berücksichtigt werden sollten, darunter auch einige, die konkret Bezug auf die Personalausstattung und Professionalisierung nehmen, zum Beispiel:

- die bewusste Anbahnung von Diversität innerhalb des Lehrkörpers (gemäß der Diversität der Lernenden), unter den Schulleitungen und der unterstützenden Fachkräfte
- die inklusionsbezogene Qualifikation der Lehrpersonen, Schulleitungen und der Fachkräfte
- die professionelle Weiterentwicklung von Lehrer*innen und deren Bewusstsein für persönliche Voreingenommenheit (persönliche Bias)
- das diversitätsbezogene Wissen und Kompetenzen in der Lehrerbildung (und ähnliche Aspekte für Unterstützungspersonal)

In Bezug auf den ersten Punkt – die größere Diversität im schulischen Personal – weisen die Autor*innen auf mehrere international beobachtbare Herausforderungen hin, wie etwa den Mangel an Lehrkräften mit Migrationshintergrund, aus marginalisierten sozialen oder ethnischen Gruppen sowie die geringe Beteiligung männlicher Absolventen im Berufsfeld. Sie sehen in einer vielfältigeren Lehrerschaft zahlreiche Chancen für eine diversitätssensible Schule: Lehrkräfte mit eigenen biografischen Erfahrungen könnten eine erhöhte Sensibilität für spezifische Gruppen und Situationen mitbringen und als Vorbilder für Lernende aus bisher benachteiligten Gruppen fungieren. Sie betonen die Bedeutung der Lehrer*innenbildung für den Erfolg der inklusiven Bildungsangebote:

> »*Alle Bemühungen, die Inklusion im Bildungswesen zu verbessern und allen Schüler*innen zum Erfolg zu verhelfen, hängen von gut ausgebildeten und gut unterstützten Lehrer*innen ab, die die Vielfalt der Schülerschaft bei ihren Unterrichtsansätzen berücksichtigen.* Dazu muss sichergestellt werden, dass neue Lehrkräfte in den grundständigen Lehrerbildungsprogrammen angemessen darauf vorbereitet werden, auf die diversen Bedürfnisse im Klassenzimmer einzugehen, den Unterricht zu individualisieren und die Schüler*innen fair zu behandeln; außerdem müssen kontinuierliche Professionalisierungsmaßnahmen angeboten werden, die die Lehrpersonen über Ansätze und Methoden auf dem Laufenden halten, um inklusive Praktiken im Klassenzimmer zu gewährleisten (Forghani-Arani, Cerna & Bannon, 2019, 107)« (Cerna et al., 2021, S. 36; Übers. u. Hervorh. d. Verf.).

Das Arbeitspapier betont außerdem, dass Lehrpersonen über ausgeprägte Kommunikations- und Zuhörfähigkeiten, Kreativität sowie Problemlösekompetenzen verfügen müssen, um erfolgreich in heterogenen Lerngruppen zu arbeiten. Dazu sollten sich alle Lehrer*innen Kenntnisse in Kulturanthropologie, Sozialpsychologie, in der kognitiver Lernentwicklung von Kindern, integriertem Lernen sowie Zweitspracherwerb aneignen.

»Lehrkräfte würden auch davon profitieren, wenn sie ermutigt würden, Haltungen wie Neugier, Aufgeschlossenheit, Bewusstsein für andere, Toleranz und hohe Erwartungen an die Schüler zu entwickeln« (OECD, 2019, S. 108).

Um den Umgang mit Heterogenität und Vielfalt zu fördern, sollten diese Kompetenzen bereits bei der Rekrutierung und Auswahl von Lehrpersonen und Fachkräften berücksichtigt werden. Zudem sollte das Kollegium und das multiprofessionelle Team an Schulen die Diversität der Schülerschaft widerspiegeln.

> These 15: Eine inklusive Lehrperson verfügt über Schlüsselkompetenzen wie Kommunikations- und Zuhörfähigkeiten, Kreativität und Problemlösekompetenzen und sie ist aktiv daran interessiert, diese weiterzuentwickeln. Sie weiß um die Bedeutung von Haltungen wie Neugier, Aufgeschlossenheit, Bewusstsein für andere, Toleranz und hohen Erwartungen an die Schüler für die inklusiven Bildungsprozesse.

3.1.6 Das Projekt TE4i (European Agency for Special Needs and Inclusive Education)

Ein wesentlicher Impuls zum Schreiben dieses Buches entstand durch die Partizipation als Expertin in einem Projekt der European Agency for Special Needs and Inclusive Education (Brüssel) mit dem Titel »Teacher Education for Inclusion TE4i« (2009–2012).

In dem Projekt TE4i, an dem 55 Expert*innen aus Wissenschaft, Bildungspolitik und Praxis aus 25 Mitgliedsländern der EU teilgenommen haben, wurden folgende Resümees für die »inklusionsorientierte Lehrer*innenbildung«[38] gezogen:

1. Alle Lehramtsstudierenden müssen in der Erstausbildung für einen effizienten Unterricht in inklusiven Klassen vorbereitet werden (European Agency for Development in Special Needs Education, 2012, S. 11) und dies gilt für alle Lehramtsstudiengänge gleichsam, da inklusive Bildung ein Ansatz für alle Lernenden ist und nicht nur ein Ansatz für besondere Gruppen mit besonderem Förderbedarf (ebd., S. 22);
2. die Lehrerbildung stellt einen zentralen Ansatzpunkt für die erforderlichen umfassenden systemischen Veränderungen in Bezug auf inklusive Bildung allgemein dar (ebd., S. 11);
3. die Bildung der Lehrkräfte für die Berücksichtigung der Diversität in den heutigen Klassenzimmern ist möglicherweise die erfolgreichste politische Strategie zur Entwicklung von inklusiven Gemeinschaften (ebd., S. 12);
4. zu erlangende Grundwerte und Kompetenzbereiche gelten auch für die Arbeit aller in der Lehrerbildung tätigen Dozierenden, da diese den Studierenden und Lehrkräften konkret vorgelebt werden sollten (ebd., S. 25).

Das so entstandene Kompetenzprofil für die erste Phase der Lehrer*innenbildung aller Lehramtsstudiengänge wurde in zahlreichen beteiligten europäischen Ländern zum Leitbild für die Entwicklung der Curricula der Lehramtsausbildung oder

---

38 So die offizielle deutschsprachige Übersetzung des Projekttitels, der jedoch im englischsprachigen Original (Teacher Education for Inclusion) einen sehr viel stärker programmatischen Charakter aufwies.

zur Grundlage für deren Evaluation (z. B. in Island). Auch Forschungsprojekte haben sich an dem Profil orientiert: zum Beispiel zur Erhebung der Einstellungen von Lehramtsstudierenden zur Inklusion (z. B. in Österreich: Prammer-Semmler, 2014) oder zur Querschnittsanalyse von Modulhandbüchern an deutschen Hochschulstandorten (z. B. in Deutschland: Goldfriedrich, 2023; Goldfriedrich et al., 2020).

Die European Agency for Development in Special Needs Education (als Nichtregierungsorganisation) wird durch die Europäische Union sowie durch die staatlichen Partner in den Mitgliedsländern (Bildungsministerien der europäischen Länder) finanziell unterstützt – so auch durch die deutsche Bundesregierung, die in ihrem Aktionsplan von 2016 darauf verweist, dass das Bundesministerium für Bildung und Forschung (BMBF) die European Agency dauerhaft finanziell unterstützt (BMAS, 2016). In dem besagten Aktionsplan heißt es in Artikel 24 zur Aus-, Fort- und Weiterbildung von Fachkräften:

> »Die Bundesregierung fördert die ›European Agency for Special Needs and Inclusive Education‹ (www.european-agency.org) zum Zweck des zwischenstaatlichen Austauschs von Wissen und Erfahrungen und mit dem Ziel kontinuierliche Qualitätsverbesserung sonderpädagogischer Förderung zu erreichen« (ebd., S. 57).

Weitgehend werden in dem Aktionsplan 2.0 zu Artikel 24 (»Bildung«) der UN-CRPD nur Forschungs- und Entwicklungsprojekte beschrieben, die jedoch keinen direkten Einfluss auf die konkrete Implementation in die (hoch-)schulische Praxis aufweisen. Obwohl die Regierung sich hier aktiv und monetär an dem Projekt beteiligt hat, wie auch an weiteren der European Agency, wurden die entstandenen Dokumente und Empfehlungen aus TE4i zwar ins Deutsche übersetzt, jedoch weder auf Bundes- noch auch Länderebene systematisch im Rahmen der Schul- bzw. Lehrerbildungsreformen aufgegriffen. Im Aktionsplan von 2016 heißt es so auch lediglich:

> »Die in diesem Rahmen stattfindende Bereitstellung evidenzbasierter Informationen und Empfehlungen soll *das Bewusstsein und die Sichtbarkeit der Thematik inklusiver Bildung und sonderpädagogischer Förderung erhöhen*« (BMAS, 2016, S. 65; Hervorh. d. Verf.).

Während viele der teilnehmenden europäischen Länder die Empfehlungen und Ergebnisse des Projektes (z. B. das Profil; so in Österreich oder Schottland) direkt und unmittelbar im Rahmen ihrer Lehrer*innenbildung berücksichtigten, ließ sich dies für Deutschland nicht in gleichem Maße feststellen. Die aus dem Projekt TE4i entstandenen Empfehlungen und Dokumente wurden bundesweit bildungspolitisch weitgehend ignoriert. Sie liegen seit 2011 in deutscher Sprache vor und wurden unter anderem im Rahmen einer Veranstaltung der Kultusministerkonferenz (KMK) den Ländervertreter*innen ausführlich vorgestellt (im Jahr 2012). In Deutschland wurde das Profil – unter anderem auch bedingt durch die Effekte des Föderalismus – nur sehr bedingt zur richtungsweisenden Grundlage der Entwicklungen an den Hochschulen. Es wurde nicht systematisch durch die Bildungspolitik zur Entwicklung von Prüfungs- und Studienordnungen herangezogen. Lediglich in Einzelfällen und nur aufgrund von persönlichen Zugängen[39]

---

39 Zum Beispiel durch die Verfasserin dieses Buches im Kontext der Arbeit einer Steue-

wurde es bei der Ausarbeitung von Modulen in den Lehramtscurricula als Vorlage oder Reflexionsmatrix berücksichtigt (z. B. 2015 in Baden-Württemberg).

Das entstandene Profil für die Lehrerbildung für Inklusion (European Agency for Development in Special Needs Education, 2012) wurde direkt im letzten Jahr des Projektes in alle Sprachen der Mitgliedsländer der EU übersetzt und durch Publikationen einsehbar gemacht. Die Publikation wurde den verschiedenen Akteuren der Bildungspolitik auf Bundes- und Länderebene zugänglich gemacht und im Rahmen einer Veranstaltung der KMK-Lehrerbildungskommission in Berlin im Jahr 2012 vorgestellt. Das Profil und die ausformulierten Kompetenzen hätten als Transformationsimpuls für die Lehramtsstudiengänge aufgenommen werden können. Es ist davon auszugehen, dass insbesondere die föderalen Strukturen in der Lehrer*innenbildung in Deutschland sowie die damit einhergehende Potenzierung der Komplexität von Abstimmungsprozessen der in die Lehrer*innenbildung involvierten Akteure (wie die Ministerien, die Seminare usw.) in den sechzehn Bundesländern sich als Barrieren für die Verwendung des Profils des Projektes TE4i ausgewirkt haben. So kam es infolge des Transformationsimpulses des Projekts der European Agency for Development in Special Needs Education ›Teacher Education for Inclusion‹ nicht zu konkreten, zielgerichteten Reformen der Lehrer*innenbildung. Die bis zum Jahr 2011 quantitativ und qualitativ noch wenig flächendeckend entwickelten inklusiven Bildungsangebote in der schulischen Praxis haben so sicher einer Erkenntnis der Transformationsnotwendigkeit der Lehrer*innenbildung entgegenstanden. Somit kam der Impuls für Deutschland zu dem damaligen Zeitpunkt vermutlich zu früh, er traf auf wenig Bewusstsein für die Notwendigkeit von Transformationen innerhalb der Hochschulen und auf hochschulpolitischen Ebenen. Dass solche wichtigen und forschungsbasierten Transformationsimpulse nicht auf Bundesebene aufgegriffen werden, könnte auch eine Folge davon sein, dass es auf nationaler Ebene keine Arbeitsgruppe oder Kommission, wie zum Beispiel in Schottland, für die Fragen der inklusiven Bildung im Schulsystem oder der Lehrer*innenbildung gibt. Vielmehr werden diverse Akteure jeweils durch die verantwortlichen Kräfte in der Bildungspolitik selektiv ausgewählt, um bei Teilprozessen, wie zum Beispiel der Weiterentwicklung der bundesweiten Standards für die Lehrer*innenbildung durch die Kultusministerkonferenz, in zeitlich befristeten Arbeitsgruppen mitzuwirken. Daher wäre die Einrichtung einer nationalen Kommission zur (inklusionsorientierten) Lehrer*innenbildung unter Beteiligung von Wissenschaftler*innen, Bildungspolitiker*innen und Personen aus der Schulpraxis und Gesellschaft zu empfehlen, die das Bewusstsein für die Notwendigkeit eines Transformationsprozesses stärken könnte sowie vorliegende (inter-)nationale Transformationsimpulse und Forschungserkenntnisse systematisch zur Kenntnis nehmen und handlungswirksame Schlussfolgerungen für die Hochschulen daraus ziehen könnte (▶ Kap. 8.1).

In Schottland beispielsweise wurde das Profil in der Folge als Grundlage für die Konkretisierungen von Lehrer*innenkompetenzen auf den verschiedenen Stufen

---

rungsgruppe zum Studienmodul ›Inklusion und Heterogenität‹ im Rahmen der Lehramtsreform in Baden-Württemberg (2015).

der Lehrer*innenprofessionalisierung herangezogen (siehe ›Framework for Inclusion‹, Schottland[40]). Die theoretischen Grundannahmen des Profils wurden auf den Ebenen des konkreten Lehrer*innenhandelns (Junglehrer*innen, Fachlehrer*innen, Schulleitungen) in ausformulierte Qualitätsstandards übersetzt, und diese gelten heute als Basis für die formalen Abschlüsse an allen lehrerbildenden Institutionen (u. a. an den sieben Hochschulen). In Schottland wurde das Profil der European Agency for Development in Special Needs Education also auf bildungs- und hochschulpolitischer Ebene als Transformationsimpuls aufgegriffen und die einzelnen Kompetenzen des Profils wurden in ein bereits bestehendes Konzept für die Lehrer*innenbildung integriert bzw. dieses wurde transformiert.

Bereits im Jahr 2007 hatte das ›Scottish Teacher Education Committee‹ (STEC) mit Unterstützung der schottischen Regierung eine Arbeitsgruppe eingerichtet, die bis heute unter der Bezeichnung ›Scottish Universities Inclusion Group‹ (SUIG) aktiv ist. In der SUIG sind alle sieben Universitäten vertreten, die zu dem Zeitpunkt bereits an der Erstausbildung von Lehrkräften beteiligt waren. Sie hatten sich zum Ziel gesetzt einen nationalen Rahmen für Standards zur Inklusion zu entwickeln. In der Folge des Projektes TE4i wurden die bereits vorliegenden Dokumente weiterentwickelt und es kam zu einem ersten nationalen Framework für Inklusion, der zwischen den lehrerbildenden Hochschulen abgestimmt worden ist. Die heute vorliegende dritte Ausgabe des ›National Framework for Inclusion‹ spiegelt den Auftrag und die laufende Arbeit der SUIG wider, in der heute alle elf an der Lehramtsausbildung beteiligten Hochschuleinrichtungen vertreten sind. Dies soll sicherstellen, dass die Lehrerausbildung und die berufsbegleitenden Weiterbildungsmöglichkeiten in Schottland die aktuelle Theorie und Praxis der inklusiven Bildung widerspiegeln und mit den Berufsstandards für Lehrer übereinstimmen (vgl. General Teaching Council for Scotland, 2022).

Der National Framework for Inclusion bietet Lehrpersonen eine Anleitung für Inklusion und ihre integrative Praxis. Er besteht aus einer Reihe von Reflexionsfragen, die mit den Berufsstandards für schottische Lehrer*innen verknüpft sind. Gemeinsam bieten die Berufsstandards und der NFI den Lehrpersonen eine Struktur, um über die nationale Vision von sozialer Gerechtigkeit und Inklusion nachzudenken. Die Standards für die Registrierung als Lehrperson in Schottland umfassen ausgewiesene Werte, Haltungen und Kompetenzen für jede Phase der Berufsbiografie (Einstieg in den Lehrer*innenberuf, volle Registrierung, Tätigkeit in der Schulführung oder als Schulleiter*in). Sie sollen eine gemeinsame Terminologie und Sprache für die Professionalität unter Lehrkräften fördern. In den Berufsstandards werden folgende Aspekte ausgeführt, die dann wiederum in dem Framework aufgegriffen und durch Reflexionsfragen für jede Phase der Professionalisierung ausdifferenziert werden:

» • Engagement für soziale Gerechtigkeit durch faire, transparente, integrative und nachhaltige Strategien und Praktiken in Bezug auf geschützte Merkmale (Alter, Behinderung, Geschlechtsumwandlung, Ehe und zivile Partnerschaft, Schwangerschaft

---

40 Der ›National Framework for Inclusion‹ (NFI) liegt aktuell in der dritten überarbeiteten Ausgabe (2022) vor. Er wird vom General Teaching Council for Scotland veröffentlicht.

und Mutterschaft, Rasse, Religion und Weltanschauung, Geschlecht, sexuelle Orientierung) und Intersektionalität.
- Engagement für die Motivation und Einbeziehung aller Lernenden, Verständnis für den Einfluss von Geschlecht, sozialem, kulturellem, rassischem, ethnischem, religiösem und wirtschaftlichem Hintergrund auf die Lernerfahrungen, Berücksichtigung spezifischer Lernbedürfnisse und Bemühungen um den Abbau von Lernhindernissen.
- Engagement für die Unterstützung von Lernenden, die ein Trauma erleben oder erlebt haben, sowie von Kindern und Jugendlichen mit Betreuungshintergrund und Verständnis für die Verantwortung als Elternteil.
- Verständnis und Bekämpfung von Diskriminierung in all ihren Formen, insbesondere derjenigen, die im Equality Act 2010 definiert sind.
- Förderung und Schaffung einer Kultur der Achtung der Rechte und des ethischen Umgangs mit der Autorität, die mit der eigenen beruflichen Rolle verbunden ist.
- Respektieren der individuellen Unterschiede und Unterstützung des Verständnisses der Lernenden für sich selbst, andere und ihren Beitrag zur Entwicklung und Nachhaltigkeit einer vielfältigen und integrativen Gesellschaft« (General Teaching Council for Scotland, 2022, S. 9; Übers. d. Verf.).

Den Standards folgen Übersichten zu den konkreten inklusionsorientierten Standards für ›das professionelle Wissen und das Verständnis‹ sowie für die ›professionellen Fähigkeiten und Fertigkeiten‹ einer Lehrperson (wiederum nach verschiedenen berufsbiografischen Abschnitten aufgeteilt), die jeweils erneut mit Reflexionsfragen unterlegt sind. So scheint das Instrument eine erfolgsversprechende Basis für die Reflexion des eigenen Professionalisierungsprozesses im Hinblick auf die inklusive Schule und als inklusive Lehrperson zu sein.

Lehramtsstudierende sollten sich entsprechend den standardisierten Vorgaben des General Teaching Council Scotland in ihrem Studium mit den folgenden Fragen auseinandersetzen und Kompetenzen erwerben, um diese angemessen zu beantworten (vgl. General Teaching Council Scotland, 2022, S. 9):

- Was bedeutet es, menschlich zu sein?
- Kenne und verstehe ich die Grundsätze der UN-Kinderrechtskonvention und deren Zusammenhänge?
- Wie gut kenne ich meine Lernenden?
- Werden einige Lernende mehr wertgeschätzt als andere und wenn ja, warum?
- Wer wird als benachteiligt bzw. marginalisiert angesehen? Wer trifft diese Beurteilungen?
- Mit welchen Maßnahmen stelle ich sicher, dass die Diversität der Lernenden in meinem Unterricht gewürdigt wird?
- Wie kann ich einen sinnhaften Umgang mit Differenzen entwickeln? Auf welche Weise fördert dies die Inklusion und das Zugehörigkeitsgefühl?
- Welche Haltung hat die Schule gegenüber der Rolle der dazugehörigen Erziehungsberechtigten? Was bedeutet das für mich und in welcher Weise trägt dies zur Gestaltung meiner Unterrichtspraxis bei?
- Was bedeutet es, in meiner zu entwickelnden Unterrichtspraxis eine Rechte respektierende Perspektive einzunehmen?
- Inwiefern sind meine zu entwickelnden Praktiken inklusiv für alle Lernenden, ohne einige zu stigmatisieren oder auszugrenzen?

Lehrer*innen, die in der schulischen Praxis tätig sind, sollten die folgenden Fragen abwägen und für ihr Handeln zugrunde legen:

- Woher weiß ich, dass meine Praxis sicherstellt, dass alle Lernenden sich sinnvoll engagieren und an effektiven und inklusiven Bildungserfahrungen teilnehmen können?
- Wie spiegeln meine Beziehungen zu den Lernenden das Engagement für den Equality Act 2010, The Promise[41], den ASN Act 2009[42] und die Prinzipien der UNCRC (UN, 1989) wider?
- Wie bewege ich mich über Etikettierungen und Kategorien hinaus und nutze die reichen Erfahrungen und Stärken der Lernenden, um inklusive Unterrichtspraktiken zu verbessern?
- Mit welchen Maßnahmen stelle ich sicher, dass alle Lernenden an der Gestaltung der Unterrichtspraktiken mitwirken? Wie stärkt dies das Gefühl der Inklusion und Zugehörigkeit aller? Inwieweit beeinflusst dies den Grad, in dem alle Lernenden in meinem Klassenzimmer sein und werden dürfen?
- Wie unterstütze ich Lernende mit Betreuungserfahrungen dabei, dass ihre Bedürfnisse erfüllt werden?
- Wie kann ich im Zusammenhang mit der kollegialen Zusammenarbeit einen sinnhaften Umgang mit Differenzen entwickeln?

Erfahrenere Lehrpersonen, die auf eine längere berufliche Professionalisierung zurückblicken können, sollten sich mit den folgenden Fragen befassen:

- Wie kann ich ein Modell für die Wertschätzung des Werts und der Würde jedes einzelnen Lernenden sein?
- Wie würdigen meine Praktiken die Spannungen zwischen konkurrierenden Rechten und wie handeln sie diese aus? Wie erkennen diese Praktiken die Spannungen zwischen intrinsischen und extrinsischen Werten in der Bildung an und wie gleichen sie sie aus?
- Auf welche unterschiedlichen kulturellen und sprachlichen Wissensbestände stütze ich mich, um meine professionellen Beurteilungen für Inklusion zu treffen?
- Auf welche Weise hat die Beschäftigung mit verschiedenen kulturellen Wissensbeständen und Verkörperungen von Lernenden dazu beigetragen, meine Praxis neu zu gestalten?
- Wo liegt meine Verantwortung, Diskriminierung anzusprechen, wenn sie auftritt?

---

41 Die Regierung von Schottland hat den Kindern und Jugendlichen im Hilfesystem im Jahr 2020 das Versprechen gegeben: Ihr werdet geliebt, sicher und respektiert aufwachsen. Dazu wurde der Independent Care Review erlassen und die Zielsetzungen müssen bis 2030 eingelöst werden.
42 Additional Support for Learning Act (2004; aktualisierte Version 2009). In diesem Dokument werden z.B. die Verantwortlichkeiten für die zusätzliche Unterstützung in Schulen geregelt.

- Welche Aktivitäten ergreife ich, um Diskriminierung zu bemerken, zu erkennen und zu bekämpfen, wenn sie auftritt?
- Welche Rolle übernehme ich, um sicherzustellen, dass meine Schule eine Kultur der Achtung der Rechte pflegt?
- Wie verstehe und verhandle ich die ethischen Spannungen, die in einer Kultur der Achtung der Rechte entstehen?
- Welche weiteren Schritte kann ich unternehmen, um mein professionelles Urteilsvermögen und meine Partnerschaften so weiterzuentwickeln, dass die Inklusion aller in meiner Klasse und Schule verbessert wird?

Der NFI enthält zudem eine Übersicht von weiterführender Literatur, Online-Modulen für die Professionalisierung, Weblinks zu den wichtigsten Gesetzgebungen und Regularien sowie vertiefenden Informationen oder Projekten zu Teilaspekten einer inklusiven Bildung bzw. zu besonderen Bedürfnissen von Schüler*innen. Auch Netzwerkpartner*innen und Institutionen, die Unterstützung anbieten, werden in dem Dokument genannt. Der Framework stellt so eine umfassende Handreichung für die Professionalisierung der Fachkräfte und Lehrpersonen im gesamten Bildungssystem dar, wie sie aktuell aus dem deutschsprachigen Raum nicht bekannt ist.

3.2 Die Entwicklung inklusiver Bildung in Deutschland im internationalen und nationalen Vergleich

Schule ist eine der Inklusionsinstanzen in der Gesellschaft (Foitzik, Holland-Cunz & Riecke, 2019). Im Vergleich der europäischen Länder tut sich Deutschland jedoch schwer mit dem gleichberechtigten Zugang aller Lernenden in ein gemeinsames Bildungssystem (Merz-Atalik, 2021a; European Agency for Development in Special Needs Education, 2016; 2020; Powell, 2018; Rackles, 2021). Dies zeigt unter anderem ein vergleichender Blick auf die Entwicklungen in einigen anderen europäischen Ländern seit der Ratifizierung der UNCRPD (2006), zum Beispiel in Italien und Portugal. Die Umsetzung des Rechtes auf inklusive Bildung für Menschen mit Behinderungen oder Beeinträchtigungen des Lernens wird in Deutschland unter anderem durch »ein strukturell selektives Schulsystem, die Umstellung des Bildungssystems von einer Input- zur Outcomesteuerung[43] und ein nicht vorhandenes Gesamtschulsystem« (Baumgardt, 2018, S. 28) behindert. Für

---

43 Im Rahmen einer Inputsteuerung geht es eher um Fragen, zum Beispiel: Welche Ausstattung benötigen Systeme, um eine bestimmte Qualität der Bildung zu ermöglichen? Dagegen stehen bei der Outcomesteuerung eher Entscheidungen dazu im Fokus, welche Rückschlüsse zur Gestaltung des Bildungssystems aus den erreichten Leistungsstandards (Outcome) von Schüler*innen getroffen werden können.

die Umsetzung eines inklusiven Bildungssystems bedarf es ausgehend von dem historisch gewachsenen, in einer Mehrheit der deutschen Schulen praktizierten Bildungskonzept (in der Regel stark homogenitäts-, selektions-, und konkurrenzorientiert) umfassender Transformationen im Sinne von inklusiven Kulturen, Strukturen und Praktiken (Merz-Atalik, 2022; Booth & Ainscow, 2017) auf allen Ebenen der Bildungspolitik, der Steuerung und der Praxis des Bildungssystems.

> »Die Umgestaltung zum inklusiven Bildungssystem gehört zu den größten Herausforderungen im Bildungswesen, da sie weitreichende Folgen für Institutionen, Verfahren und Bildungsakteure hat. Je selektiver ein nationales Bildungssystem ist, desto höher ist der Veränderungsdruck und desto größer sind die Brüche, die durch die Umstellung auf ein inklusives System ausgelöst werden. Und desto größer sind auch die Ängste vor und Widerstände gegen Veränderungen« (Rackles, 2021, S. 9).

Aus den aus vielfacher Hinsicht defizitären Ausgangsbedingungen resultiert folglich, dass die Hürden in Deutschland besonders groß sind (Rackles, 2021). Im internationalen Vergleich werden teilweise erheblich unterschiedliche Praktiken der Übersetzung des Rechts auf inklusive Bildung offensichtlich (z. B. in Italien oder Portugal). Die inklusiven Bildungsreformen führten international zu erheblichen Adaptionen und Veränderungen in den Bildungssystemen, wie (Merz-Atalik, 2022)

- in den Schulrechten (uneingeschränktes Recht auf inklusive Bildung; z. B. in Südtirol/Italien),
- bei der Gestaltung von Curricula (vielfältigen Niveaus entsprechend individualisierungsfähige allgemeine Bildungspläne) (z. B. in Schweden oder anderen skandinavischen Ländern),
- den Finanzierungsmodalitäten und Ressourcenallokationsmodellen (systembezogene Zuweisung) (z. B. in Island),
- in den Klassifikationen von besonderen Lern- und Bildungsbedürfnissen (individualisierte Klassifikationen in Anlehnung an die ICF oder nach dem prozentualen Bedarf an Adaptionen des Bildungsplans) (z. B. in Finnland) oder
- in der Rolle der Sonderpädagogik und der generellen Infragestellung des Erhalts von Sonderschulen im Rahmen der Reformbemühungen (z. B. in Südtirol/Italien).

Diese Aspekte gelten als wesentliche Faktoren für eine erfolgreiche inklusionsorientierte Transformation des Bildungssystems (Merz-Atalik, 2022). Die Bemühungen in Deutschland stehen dahingegen unverändert in der Tradition eines an Selektion orientierten Bildungssystems. Dadurch bewegt sich auch der öffentliche Diskurs um inklusive Bildung in dem Spannungsverhältnis von historisch tradierten Exklusionspraktiken (die Sondereinrichtungen werden weiterhin als erforderlich und unabdingbar angesehen), Selektionspraktiken (Selektion in die Förderschwerpunkte) und von möglichen systemerhaltenden Adaptionen für Inklusion (respektable De-Segration; wenn z. B. Lernende, die in der Regel eine Sonderschule besuchen, in Kooperationsklassen innerhalb der allgemeinbildenden Schulen in einzelnen Unterrichtseinheiten gemeinsam mit einem Regelklassenverbund unterrichtet werden; so in Baden-Württemberg).

»In der deutschen Debatte um Inklusion konzentriert man sich gerne auf – durchaus vorhandene – Erfolge in der Inklusion und verliert dabei den notwendigen Blick auf weiterhin bestehende Strukturen der Exklusion, die gerade in Deutschland in Form des Sonderschulwesens besonders stark ausgeprägt sind« (Rackles, 2021, S. 9).

Koenig (2022) kommt zu der Einschätzung, dass auch mehr als eine Dekade nach der Ratifizierung der UNCRPD in den deutschsprachigen Ländern weitreichende Reformen zumeist ausbleiben[44] und viele

»zentrale Reform- und Transformationsbereiche, wie etwa die inklusive Bildung oder die Deinstitutionalisierung, […] im Getriebe festgefahrener Positionen, ergebnisloser Arbeitskreise sowie Debatten um die ungelöste Problematik föderaler Strukturen stecken geblieben [sind] oder es hat sich ihrer schlichtweg bisher niemand aktiv angenommen« (Koenig, 2022, S. 20).

Dies lässt sich anhand der bildungsstatistischen Daten aufzeigen. In Deutschland wird weiterhin eine Minderheit der Schüler*innen mit sogenanntem sonderpädagogischen Förderbedarf in inklusiven Settings unterrichtet (mit einem ›Inklusionsanteil‹[45] von etwas mehr als 40%; Klemm, 2021), während es in der Mehrheit der europäischen Länder mindestens oder weitaus mehr als 80% der Schüler*innen mit einem Förderbedarf sind, die in inklusiven Bildungsangeboten teilhaben (European Agency for Development in Special Needs Education, 2020). Vor Inkrafttreten der UN-Behindertenrechtskonvention war die Exklusionsquote im Bundesdurchschnitt sogar niedriger (2001/2002: 4,6%) als fünf Jahre danach (Klemm, 2015). Spitzenreiter in der inklusiven Beschulung von Schüler*innen mit einem spezifischen Förderbedarf waren im Jahr 2018 (European Agency for Development in Special Needs Education, 2020) die Länder Island, Italien, Litauen, Malta, Norwegen und Schottland mit jeweils einem Inklusionsanteil von über 90% (Merz-Atalik, 2022, S. 29).

Klemm kommt für das Schuljahr 2018/2019 zu dem Ergebnis, dass der Inklusionsanteil in Deutschland bundesweit bei 43,1% liegt (Klemm, 2021, S. 43). Damit hat sich zwar der Anteil der Schüler*innen unter allen mit der Feststellung eines sonderpädagogischen Förderbedarfs, die eine inklusive Regelschule besuchen, seit der Unterzeichnung der UNCRPD im Jahr 2009 – ausgehend von dem Inklusionsanteil im Jahr 2008/2009 von 18,8% – mehr als verdoppelt, (ebd., S. 44). Allerdings gab es im selben Zeitraum einen enormen Anstieg der ›Etikettierungsquoten‹[46]: Während 2008/2009 bei nur 5,9% der Gesamtschülerschaft ein sogenannter sonderpädagogischer Förderbedarf festgestellt wurde, waren es im Schuljahr 2018/2019 bereits 7,4% (ebd.).

---

44 Mit der Ausnahme von Bundesländern wie Bremen oder Schleswig-Holstein.
45 Inklusionsanteil: der Anteil unter den Schüler*innen mit einem sogenannten sonderpädagogischen Förderbedarf, der inklusive Bildungsangebote besucht.
46 Klemm (2021) verwendet in seinen bildungsstatistischen Analysen wiederholt den Begriff der ›Förderquote‹. Dieser erscheint insofern unzutreffend, als er die Etikettierung ›sonderpädagogischer Förderbedarf‹ damit gleichsetzt, dass die entsprechenden Lernenden automatisch auch eine Förderung erhalten. Die Klassifikation von Schüler*innen mit ›sonderpädagogischem Förderbedarf‹ bedeutet jedoch nicht automatisch, dass diese eine entsprechende Förderung erhalten. Daher wird stattdessen der Begriff der ›Etikettierungsquote‹ verwendet.

In einigen Bundesländern wurden in den zehn Jahren große Fortschritte verzeichnet, so stieg der Inklusionsanteil in Bremen von 39,0 % auf 88,5 % oder in Berlin von 39,6 % auf 70,7 %. Mit diesem Inklusionsanteil erreichen die beiden Bundesländer eine den anderen Ländern im europäischen Vergleich ähnliche Situation. In anderen Bundesländern ist der Anteil der Schüler*innen, die an Sonderschulen unterrichtet werden (die sogenannte Exklusionsquote[47]), in dem Zeitraum von zehn Jahren nach der UNCRPD sogar angestiegen – so in Baden-Württemberg von 4,5 auf 4,8 %, in Bayern von 4,5 auf 4,7 % und in Rheinland-Pfalz von 3,8 auf 4,2 %. Die Erkenntnis der gegenläufigen Bewegung in diesen drei Bundesländern wird auch in einem der letzten Bildungsberichte der Bundesregierung bestätigt:

> »Während in den meisten Ländern tendenziell mehr förderbedürftige Schüler*innen an allgemeinen Schulen unterrichtet werden, zeichnet sich in Baden-Württemberg, Bayern und Rheinland-Pfalz eine gegenläufige Entwicklung ab. Dort wurden 2020 anteilig gar mehr Lernende separat an Förderschulen gefördert als noch im Jahr 2010« (Autorengruppe Bildungsberichterstattung, 2020, S. 129).

Die Entwicklung dieser drei Bundesländer scheint überraschend, da die Segregationsquoten in den anderen Bundesländern seit 2009 mehr oder weniger zurückgegangen sind. Klemm (2021) resümiert für diese drei genannten Bundesländer mit einem Zuwachs der Exklusionsquote (Segregationsquote), dass sie sich damit faktisch bereits von der UNCRPD distanziert haben. In einer aktuellen Publikation des Centrums für Hochschulentwicklung (CHE) wird bezugnehmend auf die durchschnittlichen Daten zur Inklusionsentwicklung für die Bundesrepublik (Klemm, 2021) konstatiert:

> »Wenn die Entwicklung in diesem Tempo weitergeht, hätte Deutschland allerdings erst etwa im Jahr 2047 das Ziel erreicht, jedes Kind mit Förderbedarf tatsächlich inklusiv zu beschulen« (CHE et al., 2022, S. 1).

Es ist davon auszugehen, dass die enorm divergenten Inklusionsanteile und Entwicklungsstände in den Bundesländern zu einem inklusiven Bildungssystem Einfluss darauf haben, wie jeweils der Bedarf an Qualifikation oder Professionalisierung der Lehrpersonen für die inklusive Schul- und Unterrichtspraxis (zumindest im Hinblick auf die Diversitätsdimension Behinderung bzw. ›sonderpädagogischer Förderbedarf‹) vonseiten der Akteure der Lehrer*innenbildung wahrgenommen wird. Der Diskurs um die Umsetzung der inklusiven Bildung in der Bildungspolitik wie auch in der Fachöffentlichkeit unterscheidet sich in den Bundesländern ebenfalls entsprechend der jeweiligen Entwicklungssituation wahrnehmbar.[48]

---

47 Berechnungsgrundlage für die ›Exklusionsquote‹ (Klemm, 2021): Sie gibt den Anteil der Schüler*innen mit festgestelltem sonderpädagogischen Förderbedarf, die separiert in Förderschulen unterrichtet werden, an allen Schüler*innen mit Vollzeitschulpflicht an (also der Jahrgangsstufen 1 bis 9 bzw. in einzelnen Bundesländern bis 10). Im Weiteren wird für diese Population auch der Begriff der ›Segregationsquote‹ verwendet, da die Schüler*innen sich zwar im Bildungssystem befinden, jedoch in segregierten Sonderschulen.
48 Dies zeigen zum Beispiel Erfahrungen der Verfasserin im Rahmen von Vorträgen oder Schulhospitationen bundesweit. Das Feedback von Studierenden und die Kommunikation mit Lehrpersonen in der schulischen Praxis oder mit Eltern zeigen erhebliche Dif-

Ebenso ist anzunehmen, dass sich die erheblichen Divergenzen in der Quote der Schulen, die bereits Schüler*innen mit einem sogenannten sonderpädagogischen Förderbedarf unterrichten (Autorengruppe Bildungsberichterstattung, 2018), auf die Haltungen zur Verankerung von Inklusion in der Lehrer*innenbildung auswirken. Während in Brandenburg, im Saarland und in Hamburg beispielsweise bereits über 90% der allgemeinen Schulen angaben, dass sie Schüler*innen mit einem sogenannten sonderpädagogischen Förderbedarf unterrichteten, waren es dagegen in Rheinland-Pfalz nur 29% und in Baden-Württemberg nur 32% der Schulen. Diese beiden Länder zählten damit zu den vier Bundesländern in denen weniger als 66% der Regelschulen bereits Erfahrungen mit der Unterrichtung von Schüler*innen mit Behinderungen hatten (ebd.). Das ›Menschenrecht auf inklusive Bildung‹ wird in Deutschland in den Bundesländern in einem sehr differenten Maße (re-)kontextualisiert und realisiert, dass zeigen nicht nur die bildungsstatistischen Daten zu Inklusions- und Exklusionsquoten.

Im Schuljahr 2016/2017[49] gab es Landkreise, in denen 90 bis 100% aller allgemeinbildenden Schulen (ohne Förderschulen) bereits Schüler*innen mit einem sogenannten sonderpädagogischen Förderbedarf unterrichten, wie zum Beispiel die Mehrheit der Kreise in Brandenburg (93%), im Saarland (93%) und in Niedersachsen (91%), aber auch im Stadtstaat Hamburg (91%) – während gleichzeitig in einigen anderen Kreisen nur 0 bis 20% der allgemeinbildenden Regelschulen bereits Erfahrungen mit der Unterrichtung von Schüler*innen mit einem solchen Etikett aufwiesen. Jene Kreise mit einer geringeren Beteiligungsquote von allgemeinbildenden Schulstandorten an der inklusiven Bildung lagen ausnahmslos in den Bundesländern Baden-Württemberg und Rheinland-Pfalz (ebd.). Hier dürfte der ›gefühlte Bedarf‹ von professionalisierten Lehrkräften für inklusive Bildung gegebenenfalls niedriger ausfallen als in jenen Kreisen mit einer hohen Beteiligung der Schulen an der inklusiven Bildungsreform. Der Lehrer*innenbedarf für Inklusion wird in den Bundesländern in der Regel ebenso wenig erfasst wie jener der formal inklusionsbezogen qualifizierten Lehrpersonen. Diese Kennzahlen werden bislang nicht seitens der KMK oder der Länderministerien erfasst (im Gegensatz zu den Bedarfszahlen für sonderpädagogische oder allgemeinpädagogische Lehrpersonen).

Die Segregation in Sonderschulen beginnt in einigen Regionen bereits bei der Einschulung. Ein sonderpädagogischer Förderbedarf kann bis heute in nahezu allen Ländern schon zu diesem zum Zeitpunkt festgestellt werden (Autorengruppe Bildungsberichterstattung, 2022). Damit wird früh festgelegt, dass die betreffenden Schüler*innen nicht ohne eine sonderpädagogisch qualifizierte Lehrperson unterrichtet werden können, egal an welchem Beschulungsort.

Die direkte Einschulungsquote an Sonderschulen differiert enorm zwischen den Bundesländern, wie die bildungsstatistischen Zahlen von 2018 (Bildungsbericht 2020) und 2020 (Bildungsbericht 2022) aufzeigen.

---

ferenzen im Wissen und den Haltungen zur inklusiven Bildung (z.B. im Vergleich zwischen Schleswig-Holstein und Baden-Württemberg) auf.
49 Leider wurde dieser Indikator in den darauffolgenden Bildungsberichten (2018 und 2020) nicht erneut erhoben und dargestellt.

> »In Hamburg und Schleswig-Holstein beginnt [im Schuljahr 2018/2019] die Hälfte, in Bremen zwei Drittel der Kinder mit sonderpädagogischer Förderung ihre Schullaufbahn an einer Grundschule. Hingegen werden in Bayern, Hessen und Rheinland-Pfalz mehr als drei Viertel der Kinder mit sonderpädagogischer Förderung in Förderschulen eingeschult« (Autor:innengruppe Bildungsberichterstattung, 2020, S. 115).

Die Diskrepanz in dem Einschulungsverhalten der Bundesländer – bzw. ob die Kinder direkt an einer Regelschule eingeschult werden oder an einer Sonderschule – hat sich auch zwei Jahre später nur graduell auf den deutschlandweiten Durchschnittswert des Inklusionsanteils ausgewirkt. Dies resultiert aus der Tatsache, dass einige Länder zwar Fortschritte in der Reduktion der Segregationsquoten im Rahmen der Einschulung gemacht haben, andere hingegen sogar eine Zunahme derselben zu verzeichnen hatten.

> »In den ostdeutschen Ländern und Hamburg zeigt sich [im Schuljahr 2020/21] hierbei ein ausgeglicheneres Verhältnis: Dort werden inzwischen deutlich mehr Kinder inklusiv an Grundschulen eingeschult. So ist in Bremen der Anteil von Kindern, die direkt an Förderschulen eingeschult werden, deutschlandweit mit 0,6 % am geringsten (Tab. C5–7web). Demgegenüber werden in Baden-Württemberg (4,3 %), Bayern (4,2 %) und Niedersachsen (3,6 %) im Ländervergleich weiterhin die meisten Kinder direkt an Förderschulen eingeschult (Abb. C5–2)« (ebd.).

Die Autor*innen des Bildungsberichtes führten als Ursache für die differierenden Entwicklungen unterschiedliche Praxen der Ressourcenzuweisung (z. B. sonderpädagogische Grundversorgung oder Abordnungsverhältnisse für Sonderschullehrer*innen von den Sonderschulen) sowie der Rechtsprechung an. Die Unterschiede bleiben über den Schulverlauf konstant. Weder die Anzahl der Sonderschulen noch die Anzahl der Sonderschüler*innen »sind seit der Ratifizierung der UN-Behindertenrechtskonvention substanziell zurückgegangen« (ebd., S. 123). Eine weitere Begründung liegt nach Auffassung der Autor*innen darin, dass die Diagnose- und Zuweisungsverfahren nicht an unabhängige Organisationen ausgelagert worden sind, sondern an den Förderschulen direkt durchgeführt werden. Sie verweisen auf Steinmetz et al. (2021), die das sonderpädagogische Diagnose- und Zuweisungsverfahren auch im Kontext der Strategien des ›Selbsterhalts‹ oder der ›Selbstbeschaffung‹ seitens der Sonderschulen kritisieren. So sind es in einigen Bundesländern zum Beispiel Sonderpädagog*innen die an einer Sonderschule angestellt sind, welche zur diagnostischen Abklärung an die Regelschulen entsandt oder in der Frühförderung tätig werden. Sie haben dadurch die Macht, im Rahmen der Diagnostik Schulwegentscheidungen vorzugeben oder zu begünstigen, die zur Schülerversorgung an der Stammschule beiträgt.

In einzelnen Bundesländern wie zum Beispiel in Baden-Württemberg gibt es zudem eine sehr hohe Zahl an vorschulischen Einrichtungen an den Sonderschulen. So wies Baden-Württemberg 2016/2017 bundesweit die höchste Quote von Kindern im Tagesstättenbereich (frühkindliche Bildung) mit ›einrichtungsbezogener Eingliederungshilfe‹ auf, die in sogenannten ›Förderschulkindergärten‹ segregiert betreut werden (Merz-Atalik, 2018b). Knapp die Hälfte der Kinder mit ›einrichtungsbezogener Eingliederungshilfe‹ wurde bereits vor der Einschulung in den Förderschulkindergärten betreut. Gründe für die frühe Selektion könnten unter anderem in Tendenzen des ›Selbsterhalts‹ oder der ›Selbstbeschaffung‹

(Steinmetz et al., 2021) der Sonderschulen liegen, die dadurch ermöglicht werden, dass die Sonderpädagog*innen im Rahmen ihrer diagnostischen Tätigkeit im Frühförderbereich Schulortentscheidungen vorwegnehmen oder begünstigen können. So verwundert es kaum, dass die Einschulungsquote an Sonderschulen im gleichen Jahr in Baden-Württemberg mit 4,2 % ebenfalls bundesweit am höchsten war und deutlich über dem Bundesdurchschnitt von 3 % lag (ebd.). Wie dies im Kontext der Forderung nach einem Recht auf inklusive Bildung und der Entwicklung eines inklusiven Bildungssystems (UNCRPD) zu bewerten ist, scheint nur allzu offensichtlich.

Die unterschiedlichen Einschulungsquoten und Inklusionsanteile sind unter anderem auch in der Verankerung der Inklusion in den Schulgesetzen begründet (Autor:innengruppe Bildungsberichterstattung, 2022; Rackles, 2021; Klemm, 2021). So haben einige Bundesländer einen Vorrang der inklusiven Bildung festgeschrieben (ca. der Hälfte der Bundesländer), in einigen gibt es einen expliziten Rechtsanspruch und in anderen ist die inklusive Bildung nur eine weitere Option neben den Sonderschulen (Klemm, 2021; Autor:innengruppe Bildungsberichterstattung, 2020). Viele Landesregierungen »bekennen sich vordergründig zur inklusiven Bildung, halten aber am Förderschulsystem für Schüler*innen mit Behinderungen fest« (DIMR, 2022, S. 5). Die Verpflichtungen aus der UNCRPD – welche der Staat Deutschland eingegangen ist – müssen in den anstehenden Jahren deutlich ernster genommen werden.

Dies gilt besonders für jene Bundesländer, in denen die Weichen sichtlich nicht ausreichend gestellt worden sind. Rackles (2021) diskutiert in seinem Policy Paper vergleichend einige qualitative Strukturindikatoren für ein inklusives Bildungssystem systematisch für alle Bundesländer:

1. politische Indikatoren: das Inklusionsverständnis und die konkreten Transformationsprozesse
2. rechtliche Indikatoren: die verbindlichen Rahmenbedingungen von gemeinsamem Unterricht und der Rechtsanspruch auf inklusive Bildung
3. schulorganisatorische Indikatoren: der Stellenwert von Sonderschulen und der Aufbau von Unterstützungssystemen

Er vermutet breite Abwehrstrategien der Länder gegenüber der geforderten inklusiven Bildungsreform (UNCRPD: UN, 2006), zum Beispiel indem die Sonderschulen ab 2008 in vielen Bundesländern zu ›Förderschulen‹[50] oder wie in Baden-Württemberg im Jahr 2015 zu ›Sonderpädagogischen Bildungs- und Beratungszentren‹ umbenannt wurden, ›umgekehrte‹ Öffnungen für nichtbeeinträchtigte Schüler*innen praktizieren oder indem auf der Ebene der Bildungsverwaltung die Mindestgrößenvorgaben für Sonderschulstandorte ausgesetzt wurden (Rackles, 2021, S. 78). Dahinter könnte sich der Versuch verbergen, gegenüber den globalen Organisationen die Behauptung aufrechtzuerhalten, dass es sich bei Sonderschulen auch um eine Form der Inklusion im Bildungssystem handle. Auch hinter einer

---

50 Sozusagen »sprachlich anschlussfähiger zu Debatten um Förderung und weniger angreifbar in Debatten um Sonderung und Exklusion« (ebd.).

eingeschränkten oder mangelhaft institutionalisierten Qualifizierung und Professionalisierung von Lehrpersonen und pädagogischen Fachkräften für die inklusive Bildung können sich gegebenenfalls durchaus politische Abwehrstrategien in den Bundesländern verbergen (▶ Kap. 6). Dass die Qualifikation des Personals in den Bildungssystemen eine bedeutende Grundlage für die Verwirklichung des Rechtes auf inklusive Bildung ist, hat die UN 2006 bereits im Rahmen der UNCRPD deutlich herausgestellt, wie bereits ausführlich dargelegt wurde (▶ Kap. 3.1.2).

In den vergangenen Jahrzehnten befand sich die inklusive Bildung in den deutschsprachigen Ländern unter einem starken Legitimationsdruck, das zeigen die ersten Studien aus den Jahren der Integrationsforschung auf. Die jährliche Tagung der Inklusionsforscher*innen aus den deutschsprachigen Ländern (IFO) hat sich im Jahr 2024 (in Graz) bereits zum 37. Mal wiederholt. Das zeigt, wie lange die Thematik bereits in der Forschung auch im deutschsprachigen Raum bearbeitet wird. Es liegen umfassende Studien im nationalen und internationalen Raum vor, die keine Nachteile durch die inklusive Beschulung für die Schüler*innen mit wie auch für jene ohne eine festgestellte Beeinträchtigung oder Behinderung dokumentieren. Es ist vielfach belegt, dass inklusive Bildung bei den Schüler*innen mit Lernbeeinträchtigungen und/oder Behinderungen zu mindestens gleichen Bildungsergebnissen führen kann wie die Unterrichtung in Sonderschulen. Trotz der günstigeren Lehrer-Schüler-Relation an Sonderschulen, der kleineren Klassen, spezifischer Bildungspläne und des sonderpädagogisch professionalisierten Personals weisen Studien nach, dass es keine eindeutigen Vorteile einer segregierten Beschulung in Sonderschule oder -klassen gibt. Dies wurde auch im Bildungsbericht der Bundesregierung von 2016 erstmals dargelegt, der auf den internationalen Forschungsstand zu dem Thema verwies: »[Z]umeist internationale Studien deuten mehrheitlich auf Leistungsrückstände für Schülerinnen und Schüler hin, die in Sondereinrichtungen gefördert werden« (Autorengruppe Bildungsberichterstattung, 2016, S. 180) im Vergleich zu inklusiven Bildungsangeboten. Zudem zitierten die Autor*innen des Bildungsberichts eine IQB-Ländervergleichsstudie, die für Deutschland nachgewiesen habe, dass bei gleichem sozioökonomischen Status, gleichen kognitiven Fähigkeiten und Bildungsaspirationen die Leistungsrückstände der Schüler*innen an den Förderschulen etwa ein halbes bis ein ganzes Schuljahr (in Mathematik, Lesen und Zuhören) unter denen lagen, die in Regelschulen inklusiv gefördert wurden (Kocaj et al., 2014). Internationale Sekundäranalysen von empirischen Studien oder Reviews von wissenschaftlichen Forschungspublikationen zum Beispiel mit Fokus auf dem Leistungszuwachs, den erreichten Bildungsabschlüssen und der Integration in den ersten Arbeitsmarkt im Vergleich der inklusiven mit segregierten Schulen weisen stabile Evidenzen für die inklusive Bildung auf (Hehir et al., 2016; Cologon, 2019). Eine umfassende Sekundäranalyse vorliegender Studien aus dem angloamerikanischen Bereich zu den Effekten von inklusiver Bildung im Vergleich zu segregierten Sonderschulen zeigte: Schüler*innen mit Behinderungen oder Lernbeeinträchtigungen, die in ›inklusiven Regelschulen‹ unterrichtet werden, schnitten bei Leistungstests besser ab und lagen in ihrem Notendurchschnitt näher an den Regelschüler*innen als Schüler*innen in segregierten Einrichtungen (Cologon, 2019), es zeigten sich höhere Leistungen im Lesen, Schreiben und in Mathematik (ebd.) und insgesamt fiel die Lernzeit in den inklusiven Settings höher aus als in den segregierten Schulen (ebd.). Auch im Hinblick auf die kommunikative und die unterrichtsbezogene Sprachentwicklung zeigen einige Studien positive Effekte auf (Dessemontet et al., 2011). Diese ausgewählten internationalen Erkenntnisse spiegeln sich auch in den Studien im deutschsprachigen Raum wider.

Im letzten Bericht zur Entwicklung der Menschenrechte des Deutschen Instituts für Menschenrechte (DIM) in Berlin an die Bundesregierung wird ausführlich auf die mangelhafte Umsetzung der inklusiven Bildung hingewiesen. Das DIM schließt sich weitgehend der kritischen Stellungnahmen des UN-Fachausschusses (2015; 2023) zur Entwicklung in Deutschland an.

> »Fast 14 Jahre nach Inkrafttreten der UN-BRK in Deutschland zeigen allerdings nur sehr wenige Bundesländer ausreichend politischen Willen zum menschenrechtlich erforderlichen Aufbau eines inklusiven Schulsystems mit gleichzeitigem deutlichem Rückbau der Förderschulstandorte. Eine Ausnahme bilden Bremen, Hamburg und Schleswig-Holstein, die mit großem Engagement das Recht auf inklusive Bildung umsetzen. Ganz anders Baden-Württemberg, Bayern, Rheinland-Pfalz und das Saarland, deren Exklusionsquoten auf eine Rückentwicklung hindeuten« (DIMR, 2022, S. 5).[51]

Im August 2023 wurden der Zweite und Dritte Staatenbericht (eingereicht in kombinierter Fassung) durch die deutsche Bundesregierung vor dem UN-Fachausschuss in Genf vorgestellt. Gleichsam wurde ein Parallelbericht (DIMR, 2023), erstellt von diversen Behindertenverbänden und anderen Akteuren wie dem Grundschulverband oder Gewerkschaften, welcher durch das Institut für Menschenrechte veröffentlicht wurde und und deutlich kritischere Perspektiven auf die Umsetzung der UNCRPD einnimmt. Der UN-Fachausschuss zur UNCRPD reklamiert, dass seine bereits 2015 (zum Ersten Staatenbericht) vorgebrachten kritischen Anmerkungen bislang ungenügend berücksichtigt wurden, und beschreibt die weiterhin bestehenden vielfältigen Barrieren für den Zugang von Menschen mit Behinderungen zu inklusiver Bildung (UN-Fachausschuss zur UNCRPD, 2023). In dem Parallelbericht der Behindertenverbände und weiterer Akteure wird auch erneut darauf aufmerksam gemacht, dass es in Deutschland grundlegend an der Aufklärung und Professionalisierung von Lehrer*innen und anderen Fachkräften mangele.

> »(d) Unzureichende Ausbildung von Lehrer*innen und nicht lehrendem Personal in Bezug auf das Recht auf inklusive Bildung, die unzureichende Entwicklung spezifischer Fähigkeiten und Lehrmethoden und der berichtete Druck auf Eltern, Kinder mit Behinderungen in Sonderschulen einzuschreiben« (ebd., S. 12).

In den ›Abschließenden Bemerkungen‹ (UN-Fachausschuss zur UNCRPD, 2023) wird ebenfalls zum wiederholten Mal von Deutschland eingefordert, dass der Staat

---

51 Das Deutsche Institut für Menschenrechte empfiehlt daher zur Erfüllung des völkerrechtlich eingegangenen Vertrages der UNCRPD eine Grundgesetzänderung: Art. 74 Abs. 1 Nr. 4 GG: Einführung einer ergänzenden Zuständigkeit des Bundes für bestimmte Elemente eines inklusiven Schulsystems außerhalb des pädagogischen Kernbereichs; Art. 91b GG: Einführung einer Gemeinschaftsaufgabe zur Schaffung eines inklusiven Schulwesens zur Angleichung und Erweiterung der Standards; sowie einen Staatsvertrag zwischen Bund und Ländern: »Pakt für Inklusion« (ebd.).

eine kontinuierliche Schulung von Lehrer*innen und nicht lehrendem Personal im Bereich der inklusiven Bildung auf allen Ebenen sicherstellen muss. Dies schließt die Schulung der Fach- und Lehrkräfte in Gebärdensprache und anderen zugänglichen Kommunikationsformen ein. Zudem müsse der Staat Deutschland die Entwicklung eines Monitoringsystems zur Beseitigung aller Formen der direkten und indirekten Diskriminierung von Kindern mit Behinderungen und ihren Familien gewährleisten.

Welchen Effekt hat die Lehrer*innenbildung für Inklusion auf die Entwicklung einer inklusiven Schul- und Unterrichtspraxis? Verbergen sich in der Professionalisierung für inklusive Bildung Potenziale, ausstehende Transformationsprozesse anzuregen, sie zu unterstützen oder im Falle der weiteren bildungspolitischen Negierung der inklusiven Bildungsreform zu intervenieren?

Im Folgenden sollen zunächst die Strukturen der Lehrer*innenbildung im Hinblick auf die Implementation von inklusionsorientiertem Professionswissen und -handeln kritisch analysiert werden, um daraus Schlussfolgerungen für Adaptionen und Modifikationen im Hinblick auf die inklusive Bildung zu ziehen.

4 Transformationsimpulse zur Lehrer*innenbildung für Inklusion (in Deutschland)

Einige Autor*innen stellten sich berechtigterweise in den letzten Jahren die Frage,

> »ob das, was sich derzeit im deutschen Bildungssystem als Inklusion implementiert überhaupt noch viel gemein hat mit jenem, was unter dem Begriff Inklusion zunächst initiiert wurde (Altrichter & Feyerer 2012; Rürup 2012; Dietrich & Heinrich 2014)« (Braksiek et al., 2022, S. 4).

Es werden teilweise erhebliche Transformationsdefizite beschrieben (Rackles, 2021; Klemm, 2021). Die Diskrepanzen zwischen internationalen Vorgaben globaler Akteure (▶ Kap. 2) zur Entwicklung inklusiver Bildungssysteme und der aktuellen Praxis schulischer Inklusion sind offensichtlich. Und auch für den Bereich der Professionalisierung von Lehrpersonen sind unschwer große Defizite und Diskrepanzen zu den durch die UN oder andere globale Akteure empfohlenen Konzepten und Kompetenzen (▶ Kap. 2.1) festzustellen.

Koenig (2022) attestiert den Systemen eine latente Visions- und Innovationsarmut im organisationalen Weiterdenken von Inklusion für und vor allem mit Menschen, die von Marginalisierung betroffen sind. Im Zusammenhang mit der Entwicklung eines neuen Masterstudiengangs ›Inklusion und Transformation in Organisationen‹ (Bertha von Suttner Privatuniversität St. Pölten) versucht er sich in einem Beitrag von 2022 an einer ersten Grundlegung eines »transformativen Inklusionsmanagements«.

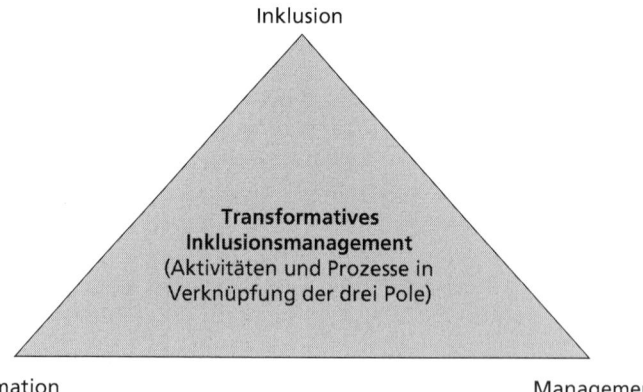

Abb. 2: Pole eines transformativen Inklusionsmanagements (eigene Darstellung, angelehnt an Koenig, 2022, S. 22)

Er versucht sich an einer Triangulation der Prämissen für die drei Pole. Bedeutsam in dem Zusammenhang mit der Transformation zur Professionalisierung für ein inklusives Bildungssystem erscheint insbesondere seine Ausgangshypothese, dass

> »Inklusion einen Musterwechsel voraussetzt – hier verstanden als einen intentionalen Prozess der Abkehr von einem Modus des Optimierens, der in gewisser Weise nur eine weitere Affirmation des Status Quo bedeuten würde. Stattdessen verlangt ein transformatives Inklusionsverständnis von Akteur*innen (in Organisationen) sowohl ein Bewusstsein über das Gewordensein gegenwärtiger Strukturen als auch die intentionale Gestaltung eines aktiven Prozesses des ›Future-Forming‹ (Gergen 2015) sowie der Reflexiven Zukunftsarbeit« (Koenig, 2022, S. 22).

In Anlehnung an (Sharpe et al., 2016) betont er, dass Menschen grundsätzlich zu solchen Musterwechseln fähig sind und warnt vor allzu strukturdeterministischen Annahmen, in denen historisch gewachsene Pfadabhängigkeiten überbetont werden und dadurch Zukunft nur als fortschreibbar gedacht werden kann. Gleichsam erscheint es jedoch aus einer Governance-theoretischen Perspektive bedeutsam, sich mit den Effekten solcher Pfadabhängigkeiten auf die Akteure im Organisationsentwicklungsprozess zu befassen (▶ Kap. 5.1).

Unter der Governance-Perspektive wird ein Forschungsansatz verstanden, der sich mit dem Zustandekommen, der Aufrechterhaltung und der Transformation sozialer Ordnungen und Leistungen im Bildungssystem befasst und dabei einen Fokus auf die Handlungskoordination im Akteursnetzwerk im komplexen Mehrebenensystemen legt (Altrichter & Maag Merki, 2010). Es sind immer die Akteur*innen, die entscheiden, ob potenziell Musterwechsel initiierende Regeln in die Organisationen hineingetragen werden (Koenig, 2022, S. 25). Allerdings handeln diese nur bedingt unabhängig von kontextuellen und systemischen Zwängen und Routinen.

Im der deutschen Sprache existiert kein Synonym für den Begriff der Governance (vgl. Altrichter, 2015), daher wird er als englischsprachiger Fachbegriff verwendet. Mit einer Governance-theoretischen Zugangsweise zu Prozessen der Regierung, Steuerung und Regulierung von komplexen Systemen (wie der Lehrer*innenbildung) wird das Ziel verfolgt ein Licht auf die Frage des ›Wie‹ von Steuerungs-, Transformations- oder Reformprozessen zu werfen, indem diese Prozesse und die dabei stattfindenden Interaktionen in den Konstellationen der involvierten Akteure analysiert werden.

Das Feld der Inklusion wurde im Rahmen von Governance-theoretischen Analysen bereits in zahlreichen Publikationen und Studien beleuchtet (vgl. u. a. Rürup, 2012; Hinz & Kruschel, 2012; 2017; Dlugosch & Langner, 2016; Dlugosch, 2018; Preuß, 2018; Budde et al., 2019; Gasterstädt, 2019; Kunze & Sauter, 2019; Powell & Merz-Atalik, 2020; Kruschel, 2020; Merz-Atalik & Beck, 2020; 2022a; 2022b; Merz-Atalik et al., 2023). Die vorliegenden Arbeiten fokussierten die Strukturen der Handlungspraxis in Akteurskonstellationen und Strukturentwicklungen, die an die Handlungen anschließen (Gasterstädt, 2019). Die vorliegenden Studien haben dabei Teilaspekte der Steuerung der inklusiven Bildung(sreformen) bearbeitet und beleuchtet, jedoch bleiben weitgehende Forschungsdesiderate bestehen. Dazu zählt bislang auch das Feld der Lehrer*innenprofessionalisierung für Inklusion.

Mittlerweile liegen zwar einige Publikationen zur Governance (Steuerung) der Lehrer*innenbildung an Hochschulen allgemein vor (z. B. Kuhlee et al., 2015; Altrichter, 2015; Brüsemeister, 2020), jedoch bearbeiten diese nur sehr peripher spezifische Reformvorhaben der vergangenen Jahrzehnte im Bildungssystem, wie zum Beispiel die veränderte Governance-Agenda in Berufsschulen und deren Effekte auf die Lehrer*innenbildung (Wagner & Kuhlee, 2015). Auch im Hinblick auf generelle Hochschulreformen wurde unter einer Governance-theoretischen Perspektive geforscht, so zum Beispiel zu Effekten der größeren Autonomie und zum Zuwachs der Prüfungsautonomie im Rahmen der Bologna-Reform auf die Governance- und Qualitätssicherungsprozesse (Hinsken, 2018). Die Erkenntnis, welchen Beitrag die Governance-theoretische Forschung zu einer Steigerung der Effizienz und Qualität der Reformvorhaben in der Lehrer*innenbildung leisten könnte, ist jedoch gewachsen. So schreibt Brüsemeister:

> »Die Lehrerinnen- und Lehrerbildung ist ein Gegenstand par excellence für die Governance-Perspektive, denn sie umschließt Aspekte aus Staat, Wirtschaft und Gesellschaft: (a) Durch die staatliche Verantwortung für die Lehrerinnen- und Lehrerbildung sind Aspekte des Staates inkludiert; (b) bezüglich des Lehrerarbeitsmarktes hat die Lehrerinnen- und Lehrerbildung einen auf den Aspekt der Wirtschaft bezogenen Charakter; (c) Gegenstände aus der Zivilgesellschaft sind durch die Lebenswelten der Nutzerinnen und Nutzer berührt; sie bestehen aus individualisierten Bedarfen sowie verschiedenen Modernisierungsaufforderungen (zur Inklusion, Digitalisierung, Demokratiebildung, usw.)« (Brüsemeister, 2020, S. 313).

So unterliegen der Umsetzung der Lehrer*innenbildung zahlreiche explizite wie auch implizite Steuerungsprozesse und -momente. Ein einschlägiges Beispiel für eine explizite staatliche Steuerung der Lehrer*innenbildung findet sich in den sogenannten Zulassungszahlen.[52] Aktuell wird in der Öffentlichkeit intensiv diskutiert, welchen Beitrag die Hochschulen zum Lehrer*innenmangel leisten könnten. Allerdings sind den Hochschulen hier große Hürden auferlegt. Durch staatliche Entscheidungen auf der Ebene der Bundesländer werden die Zahlen für die Zulassung in die Lehramtsstudiengänge pro Studienjahr jedes Jahr neu festgelegt und quantifiziert. Entsprechend der Zulassungszahl erhalten die Hochschulen eine Finanzierung der Studienplätze. Die Handlungsoptionen mit Blick auf eine Veränderung der Studierendenzahlen der Hochschulen ist daher erheblich eingeschränkt, da sie über die Zulassungszahlenverordnung hinausgehende Studienplätze nicht refinanziert bekommen. Dies unterscheidet das Lehramtsstudium von vielen anderen Studiengängen, in denen die Hochschulen vollständig oder ansatzweise autonom Zulassungszahlen festlegen können. In diesen Zulassungszahlenverordnungen zu den Lehramtsstudiengängen sehen einige Autor*innen seit Jahren eine »offensichtliche Fehlplanung der Bildungspolitik« (ebd., S. 314). Brüsemeister kritisiert diese rein politisch regulierten Zahlen, für die es keine zweite oder dritte Instanz gibt, die diese bestimmt oder kontrolliert. Zudem stellt sich die Frage, warum nicht auch im Lehrer*innenberuf eine Form der Bestenauslese gelten

---

52 Für die Studiengänge an staatlichen Hochschulen werden in jährlichen Zulassungszahlenverordnungen die Zahlen der höchstens zu vergebenden Studienplätze in zulassungsbeschränkten Studiengängen wie dem Lehramt durch die Landesregierungen festgelegt.

könnte, also dass nur jene eine Stelle in den Schulen erhalten, die sich im Wettbewerb als besonders qualifiziert herausgestellt haben. Angesichts der hohen Abbrecherquoten und der frühen Ausstiege aus dem Lehrer*innenberuf scheint es auf jeden Fall überlegenswert, die Studienplätze nicht nur bedarfskonform zu quantifizieren, sondern an über den aktuellen Bedarf hinausgehende Zulassungszahlen zu denken.

Im Weiteren sollen zunächst frühe Ansätze einer Professionalisierung von Lehrpersonen für die ›integrative‹ Bildungsarbeit in Schulen vorgestellt werden, die lange vor der UNCRPD (UN, 2006) auf Initiative von Pionieren in den Hochschulen zu ersten additiven (nicht thematisch als Querschnittskompetenz für alle Studienbereiche im Lehramt angelegten) Lehrangeboten geführt haben. Dem folgt eine Übersicht zu den Transformationsimpulsen, die durch die Bildungspolitik in Deutschland gegeben wurden. Anschließend sollen Herausforderungen von organisationalen Transformationsprozessen oder Musterwechseln nachvollziehbar gemacht werden, indem die üblichen Akteursebenen und Akteursnetzwerke in ihrer gesetzten Funktionalität vorgestellt werden. Daraufhin sollen als Barrieren fungierende Faktoren (lose Kopplung von teilautonomen Systemen, Pfadabhängigkeiten, Re-Kontextualisierungen) sowie einige Kontextfaktoren für die Steuerungs- und Handlungsprozesse im Akteursnetzwerk reflektiert und ihre möglichen Effekte für die Lehrer*innenbildungsreform diskutiert werden.

4.1   Pioniere und bundesweite Vorläufer (vor 2006)

Im Rahmen der schulischen Entwicklung von gemeinsamem Unterricht von Kindern mit und ohne Behinderungen haben sich in Deutschland zunächst in den ausgehenden 1980er Jahren insbesondere Eltern und einzelne Schulen sowie die an diesen Schulen beschäftigten Lehrpersonen für eine integrationsorientierte[53] Ausgestaltung engagiert, bevor die Bildungspolitik und -administration versuchte durch Schulgesetze und andere Interventionen im Anschluss an die UNCRPD Schulentwicklungsprozesse zur Inklusion zu initiieren. Diese frühen Prozesse der Entwicklung von Schulen, an denen auch Schüler*innen mit Entwicklungs- oder Lernbeeinträchtigungen bzw. Behinderungen unterrichtet wurden, entstanden angestoßen durch Impulse individueller oder kollektiver Akteure, sozusagen durch das Engagement von Pionieren, und müssen als Bottom-up-Prozesse eingeordnet werden.

Ähnlich wie in der Schulpraxis verhielt es sich auch mit den Hochschulen. Bereits vor der Ratifizierung der UNCRPD (2009) gab es zahlreiche Lehr- und Studienangebote zum integrativen Unterricht von Schüler*innen mit und ohne Behinderungen bzw. auch im Hinblick auf andere Diversitätsdimensionen (z. B.

---

53   Zum damaligen Zeitpunkt firmierte die Bildungsreform unter den Begriffen ›Integration‹ bzw. ›Gemeinsamer Unterricht von Kindern mit und ohne Behinderungen (GU)‹.

migrationsbedingte Vielfalt) an den lehrer*innenbildenden Hochschulen, die durch Pioniere bottom-up implementiert wurden, so zum Beispiel in Berlin an der Technischen Universität im Institut für Erziehungs- und Unterrichtswissenschaften[54], an dem bereits seit dem Jahr 1993 Seminare zu der Thematik angeboten wurden, die später auf Initiative einiger Hochschullehrer*innen den Weg in die Studienordnungen aller Lehramtsstudierenden fand.

> »Im Jahr 1999 wurde, insbesondere aufgrund des starken Engagements von Prof. Dr. Jutta Schöler und Prof. Dr. Ulf Preuss-Lausitz (TU-B) und zum Teil gegen den Widerstand von Humboldt-Universität und Freier Universität, eine Pflichtlehrveranstaltung mit zwei Semesterwochenstunden zum Gemeinsamen Unterricht in der Berliner Prüfungsordnung für das Erste Staatsexamen festgeschrieben. Diese Regelung gilt für alle Schularten und Schulstufen, auch für zukünftige Gymnasial- und Berufsschullehrkräfte« (Demmer-Dieckmann, 2007, S. 153 f.).

Die Verordnung über die Ersten Staatsprüfungen für die Lehrämter vom 1. Dezember 1999 (Berlin) schrieb später für alle Studierenden in den Lehrämtern die erfolgreiche Teilnahme an einer Lehrveranstaltung zum »Gemeinsamen Unterricht von behinderten und nichtbehinderten Schülern« im Umfang von 2 Semesterwochenstunden vor. Ebenso war ein Seminar zur Interkulturellen Pädagogik verpflichtend.[55] Damit reagierte die Lehrerbildung in Berlin auf die Entwicklung, dass bereits zum damaligen Zeitpunkt nicht mehr alle Schüler*innen mit dem Etikett sonderpädagogischer Förderbedarf an den Sonderschulen unterrichtet wurden (vgl. Demmer-Dieckmann, 2008).

4.2 Transformationsimpulse durch Akteure der Makroebene

4.2.1 Hoffnungen und Aktivitäten infolge der Ratifizierung der UNCRPD (2009)

Mit der UNCRPD hat der Diskurs um die diversitätsorientierte Organisation von Schulen und Bildungsangeboten, das Lernen in heterogenen Lerngruppen und die Qualifizierung von Lehrpersonen für die ›Pädagogik der Vielfalt‹ (Prengel, 1993) in Deutschland neuen Schwung bekommen. Viele Inklusionsaktivist*innen sahen darin zunächst einen Impuls im Sinne der Entwicklung eines inklusiven Bildungssystems. Demmer-Dieckmann sah in der Ratifizierung der UNCRPD eine Chance für die Lehrpersonen einer ausweglosen Situation zu entgehen, da sie bis dato gezwungen waren,

---

54 Damalige Bezeichnung des Instituts.
55 Im Jargon der Studierenden handelte es sich um den ›Ausländerschein‹ und den ›Behindertenschein‹. Dies verdeutlicht, dass es jeweils nur um eine gruppenspezifische Diversitätsperspektive ging und keinesfalls um Inklusion im heutigen Verständnis.

»ihr pädagogisches Handeln mit den Anforderungen eines Systems in Übereinstimmung zu bringen, das nicht auf Inklusion, sondern auf Aufteilung als Bildungsstrategie ausgerichtet ist« (Demmer-Dieckmann, 2007, S. 167).

Der Gleichstellungsanspruch von Lernenden mit Behinderungen und Beeinträchtigungen auf einen Zugang zum regulären Bildungssystem (vgl. UNCRPD: UN, 2006, Art. 24, Abs. 5[56]) muss damit einhergehen, dass sich

»Berufsbilder und Handlungsfelder aller Lehramtsprofessionen […] absehbar verändern, denn die bislang üblichen Ablehnungen von Kindern an allgemeinbildenden Schulen mit der Begründung einer Behinderung stellen einen Verstoß gegen die Konvention dar« (Seitz, 2011, S. 51, zit. n. Merz-Atalik, 2014, S. 272).

Die Impulse durch die UNCRPD waren somit verbunden mit der Hoffnung, dass das völkerrechtliche Abkommen zu einer »Entwicklung eines inklusiven Bildungssystems« (vgl. UNCRPD: UN, 2006, Art. 24) im Sinne eines nichtselektierenden, nichtsegregierenden Schulsystems beitragen würde und sich gleichsam auf die Lehrer*innenbildung auswirken könnte. Der in dem obigen Zitat von Demmer-Dieckmann (2007) ausgedrückte Optimismus galt der Tatsache, dass bereits zum damaligen Zeitpunkt in Deutschland viele Schulen und Lehrer*innen inklusive Bildungskonzepte in der Praxis aktiv umsetzten oder anstrebten, diese jedoch mit den selektionsbasierten und homogenitätsorientierten Organisationsstrukturen der schulischen Institutionen sowie den dadurch bestimmten Rahmenbedingungen und Ressourcen häufig nicht in Einklang zu bringen waren.

Nach Danz & Sauter (2020) handelt es sich jedoch bei dem Recht auf Inklusion auch heute noch um eine bislang unzureichend erfüllte Professionsaufgabe für die (Aus-)Bildung pädagogischer Fachkräfte. Dieses Defizit sehen die Autor*innen auch weitgehend für die Berücksichtigung der Allgemeinen Menschenrechte, der Kinderrechte wie auch für die Rechte von Menschen mit Behinderungen, die an vielen Institutionen der Lehrer*innenbildung zurzeit noch keinen oder nur ungenügenden Stellenwert in den Studienordnungen und -inhalten erhalten. Mit Verweis auf Staub-Bernasconi (2019) stellen Danz und Sauter drei Dimensionen für die Professionalisierung heraus, die sich aus einer Menschenrechtsorientierung ergeben: eine rechtliche (Verstehen der normativen Bedeutung), eine ethische (im Sinne der unveräußerlichen Menschenwürde) und eine professionspolitische Dimension (im Sinne der handlungstheoretischen Bedeutung) (Danz & Sauter, 2020). Es reiche dabei nicht aus, die Texte der Menschenrechtsverträge zu kennen, sondern die Fachkräfte und Pädagog*innen müssten lernen, die Prinzipien derselben im pädagogischen Handeln zu rekontextualisieren (ebd.). Der Begriff der Rekontextualisierung beschreibt nach Fend (2008) die aktiven Prozesse, mit denen die Akteure Steuerungsimpulse aufgreifen und auf der Basis ihrer Handlungen und Handlungsspielräume Aktivitäten und Interpretationen ableiten. Da es jedoch auch zu eigenmächtigen Kontextualisierungen kommen kann, die dem eigentlichen Steuerungsimpuls nicht mehr entsprechen, wird im Folgenden die Schreibweise ›Re-Kontextualisierung‹ verwendet.

---

56 »States Parties shall ensure that persons with disabilities are able to access general tertiary education, vocational training, adult education and lifelong learning without discrimination and on an equal basis with others« (UN, 2006, § 24, Abs. 5).

Auf der Basis einer eingehenden Analyse der vorliegenden Dokumente der UN werden zwei wesentliche Transformationsimpulse der UN und anderer globaler Orgnaisationen auf die Frage der Qualifizierung von Lehrer*innen und Vertreter*innen anderer Professionen für inklusive Bildung deutlich:

1. Ein ›*expliziter direkter Impuls*‹ durch die geforderte Entwicklung einer inklusionsorientierten Lehrer*innenbildung: Das Ziel ist es, die Umsetzung von inklusiven Bildungssystemen für alle zu stärken und zu ermöglichen. Eine entsprechende Lehrer*innenbildung wird so als wesentliche Voraussetzung für die Umsetzung eines inklusiven Bildungssystems gesehen.
2. Ein eher ›*impliziter und indirekter Impuls*‹ erfolgt durch den Anstoß der Entwicklung inklusiver Bildungssysteme und den gesetzten menschenrechtlich fundierten Anspruch jedes Individuums auf inklusive Bildung. Dadurch werden die Bildungsinstitutionen gefordert, sich in Richtung der inklusiven Bildung zu transformieren, inklusiv zu agieren, und der Bedarf an qualifizierten inklusiven Lehrpersonen steigt. Dies wiederum sollte zu einer Steigerung der Relevanz von inklusionsbezogenen Kompetenzen und Professionalisierung in der Erstausbildung und der Fortbildung von allen Lehrpersonen führen.

Der Zusammenhang von gelebter inklusiver Praxis und dem entsprechenden Kompetenzerwerb wird so auch vielfach betont. Diese zwei Perspektiven – die man auch im Sinne eines ›Henne-Ei-Problems‹ als unverbundene und gar konträre verstehen könnte – zeichnen sich auch in vielen öffentlichen Diskursen zur inklusiven Bildung ab, zum Beispiel in den Argumentationslinien von inklusionskritischen oder -unsicheren Lehrpersonen, aber auch von inklusionskritischen Vertreter*innen der Institution Schule oder Lehrerverbänden:

- *Argument 1:* Eine inklusive Schulentwicklung sei nicht möglich, da die Schulen und die Lehrer*innen weder professionell noch personell auf diese Schulreform vorbereitet seien.
- *Argument 2:* Aus der Schulpraxis heraus, insbesondere jener, die bereits Entwicklungsschritte zu einer inklusiven Pädagogik und Didaktik gemacht haben und sich für die neuen Herausforderungen aktiv professionalisiert haben (z. B. durch Fortbildungen), hört man hingegen oftmals Argumente wie folgende: (1) dass die inklusive Bildung aufgrund von den durch die Bildungspolitik gesetzten mangelnden Rahmenbedingungen und fehlenden Personalressourcen oder (2) oftmals auch durch einen Mangel an Autonomie und Flexibilität in der Organisationsentwicklung an den Schulen nicht umzusetzen sei.

Eine jeweils nur die eine der beiden Perspektiven bedienende Argumentation erweist sich gleichzeitig als Barriere für eine zielgerichtete Entwicklung zu einem inklusiven Bildungssystem. So muss vielerorts konstatiert werden, dass es in Bereichen der Professionalisierung wie auch der Ausstattung mit Ressourcen aktuell noch Entwicklungen bedarf. Geht man von einem Inklusionsverständnis aus, das Inklusion nicht als einmal erreichten Zustand, sondern als dauerhaften Prozess des Abbaus von Exklusion, Diskriminierung und Barrieren versteht, müssen in beiden

Bereichen – der Professionalisierung und der Ressourcenausstattung – kontinuierliche Anpassungsprozesse an die Anforderungen der jeweils sich entwickelnden inklusiven Praxis stattfinden. Zudem wird die Kritik an einer mangelhaften Professionalisierung häufig von Inklusionsskeptiker*innen als Abwehrreaktion vorgebracht, um die inklusive Bildungsreform generell infrage zu stellen. Zahlreiche Schulen bundesweit zeigen jedoch auf, dass sich auch auf der Basis von ungenügenden Ausgangsvoraussetzungen die eigene Institution engagiert zu einer ›inklusiveren‹ entwickeln lässt (so z. B. die PRIMUS-Schule in Münster; siehe Vorwort). In einer Karikatur zu der Thematik greift Michael Giangreco (projekt director und Professor am Centre on Disability and Community Inclusion der Universität Vermont) dieses Henne-Ei-Problem bzw. Dilemma anschaulich auf: In dem Cartoon ›A Tale of Two Schools‹[57] werden die Haltungen von zwei Schulen gegenübergestellt. Die eine lässt sich auf die neue Herausforderung der inklusiven Bildung ein und die Kolleg*innen gehen davon aus, dass sie beim Gehen der neuen Wege lernen, während die Lehrpersonen der anderen Schule vorgeben, zuächst stapelweise Bücher lesen zu müssen, bevor man sich dieser neuen Aufgabe widmen könne.

Auf die Reziprozität zwischen einer angemessenen Qualifizierung aller Akteure im Bildungssystem (auf allen Ebenen) und der erfolgreichen Entwicklung eines inklusiven Bildungssystems wird an anderer Stelle vertiefter eingegangen (▶ Kap. 6.2).

4.2.2 Aktivitäten auf Ebene der Kultusministerkonferenz (KMK)

Nach Thoms und Werning lässt sich an den Dokumenten der KMK[58] eine Entwicklung ablesen

> »von der sonderpädagogischen Förderung unabhängig von der Förderschule, der Beschreibung inklusiven Unterrichts hin zur Wahrnehmung einer Schule der Vielfalt als ganzheitliches Konzept« (Thoms und Werning, 2018, S. 28).

Im Jahr 1994 wurde in dem Beschluss der Kultusministerkonferenz KMK[59] mit dem Titel »Empfehlungen zur sonderpädagogischen Förderung in den Schulen in der Bundesrepublik Deutschland« erstmals die Festlegung auf den Förderort an Sonderschulen aufgeweicht, indem es darin hieß:

> »Kinder und Jugendliche mit Sonderpädagogischem Förderbedarf können allgemeine Schulen besuchen, wenn dort die notwendige sonderpädagogische und auch sächliche

---

57 Der Cartoon ist unter https://cdi.uvm.edu/islandora/object/uvmcdi-uvmcdi104998 einsehbar.
58 Das Grundgesetz vom 23. Mai 1949 übertrug dem Bund nur einen bestimmten Aufgabenkatalog und wies die staatlichen Befugnisse und Aufgaben im Übrigen den Ländern zu (Art. 30 GG). Das Bildungswesen wurde gleichzeitig in die Zuständigkeit der Länder gestellt. Jedes Bundesland hat ein Ministerium für Bildung. Die Kultusministerien der 16 Bundesländer verstehen in der KMK eine ständige Konferenz, die vor allem als Instrument der Selbstkoordinierung genutzt wird.
59 Die Beschlüsse der KMK haben keinen verbindlichen Charakter, sie dienen nur als Empfehlungen.

Unterstützung sowie die räumlichen Voraussetzungen gewährleistet sind; die Förderung aller Schülerinnen und Schüler muß sichergestellt sein« (KMK, 1994, S. 14).

Diesem Wortlaut sind zahlreiche Bundesländer bereits in den 1990er Jahren gefolgt, häufig in der gesetzlichen Verankerung eines eingeschränkten Wahlrechts der Eltern. Die Umsetzung eines ›gemeinsamen Unterrichts von Kindern mit und ohne Behinderungen‹ (in dem Dokument wurde weder der Begriff Integration noch jener der Inklusion verwendet) wurde also abhängig gemacht von der Bereitstellung von Rahmenbedingungen und Ressourcen. Die Sonderpädagogik wurde verstanden »als notwendige Ergänzung und Schwerpunktsetzung der allgemeinen Pädagogik« (ebd., S. 3). Die Empfehlungen sollten die Bemühungen um gemeinsame Erziehung und gemeinsamen Unterricht für Behinderte und Nichtbehinderte unterstützen. Explizit wurde die Förderung der Schüler*innen mit Behinderungen jedoch von der »Verfügbarkeit des erforderlichen sonderpädagogischen Personals« (ebd., S. 9) abhängig gemacht und »sonderpädagogisch qualifizierte Lehrkräfte« galten als eine notwendige Voraussetzung (ebd., S. 14). Eine Qualifizierung oder weitere Professionalisierung für alle Lehrpersonen – auch jene in den nicht-sonderpädagogischen Lehrämtern – für die gemeinsamen Unterrichtsaufgaben war in dem Dokument nicht vorgesehen.

Dass die mit der Gestaltung eines inklusiven Bildungssystems einhergehenden Herausforderungen neben der Schaffung und Sicherung von Strukturen und Rahmenbedingungen im Schulwesen vor allem in der Aus- und Fortbildung von Lehrer*innen für eine inklusive Pädagogik und Didaktik liegen, wurde von der Bildungspolitik in Deutschland weitgehend erst nach der Ratifizierung der UN-CRPD (2009) erkannt. Obwohl man aufgrund der Unterzeichnung der UNCRPD die langfristigen Auswirkungen für das Tätigkeitsfeld und die Professionalisierung von Lehrer*innen in einem inklusiven Bildungssystem seitens der Bildungspolitik hätte prognostizieren können, wurde dies im ersten Aktionsplan der Bundesregierung zur Umsetzung der UN-Behindertenrechtskonvention (2011) noch nicht als konkrete bildungspolitische Maßnahme oder Auftrag an die zuständigen Ministerien in den Bundesländern formuliert, sondern lediglich als Vision durch ein*en Teilnehmer*in aus der Zivilgesellschaft[60] ergänzt. Diese Person hatte als Vision formuliert:

> »Lehrerinnen und Lehrer werden im Rahmen ihrer Aus- und Weiterbildung auf diese Aufgaben vorbereitet. Die Zusammenarbeit und Kooperation mit anderen Professionen ist für sie eine Selbstverständlichkeit« (BMAS, 2010, S. 49; vgl. dazu Merz-Atalik, 2014, S. 272).

Erst später haben sich die Kultusminister der Bundesländer umfassender mit der Umsetzung der UNCRPD befasst und einen Beschluss gefasst, der unter dem Titel »Inklusive Bildung von Kindern und Jugendlichen mit Behinderung in Schulen« (KMK, 2011a) veröffentlicht wurde. Dies war das erste Dokument der KMK zur Inklusion, es basiert im Wesentlichen auf einem engen Inklusionsbegriff und damit

---

60 Die zitierten Visionen einer/s anonymisierten Teilnehmenden waren Ergebnisse des Kongresses ›Teilhabe braucht Visionen‹ (23.6.2010), einer Umfrage und des sonstigen Austauschs zwischen Bundesregierung und Zivilgesellschaft. Sie wurden redaktionell überarbeitet und als ›Post-it‹-Abbildung auf einer Seite in den Aktionsplan aufgenommen.

auf der Integration von Schüler*innen mit Behinderungen. Die Länder wurden aufgefordert, zu

> »gewährleisten, dass sich Lehrkräfte aller Schulformen in Aus-, Fort- und Weiterbildungen auf einen inklusiven Unterricht vorbereiten. Eine Beteiligung aller weiteren an der Gestaltung des inklusiven Unterrichts einzubeziehenden Professionen ist hierbei anzustreben. Neben den fachwissenschaftlichen, pädagogischen, didaktischen, psychologischen und diagnostischen Fachkenntnissen und dem kollegialen Austausch im Sinne des Kompetenztransfers dienen solche Angebote u. a. der Klärung der eigenen Rolle und der Aufgabenbereiche, dem Erwerb sozialer Kompetenzen zur fachlichen Kooperation und zur Gestaltung von Beziehungen zu den jungen Menschen, deren Eltern sowie zu den Kolleginnen und Kollegen, dem Erwerb von Kompetenzen bei der Unterstützung einer Selbstkonzeptentwicklung der Kinder und Jugendlichen unter Berücksichtigung der Prinzipien der abnehmenden Hilfen und der Selbsthilfe« (ebd., S. 20 f.).

Basierend auf einer Bund-Länder-Vereinbarung in der Gemeinsamen Wissenschaftskonferenz (GWK) im Jahr 2013 wollten der Bund und die Länder

> »gemeinsam eine strukturelle und inhaltliche Verbesserung des gesamten Prozesses der Lehrerbildung, insbesondere der Lehrerbildung für inklusive Pädagogik bis in die berufliche Einstiegsphase und Weiterbildung erreichen« (BMAS, 2016, S. 56).

Die Lehrer*innenbildung sollte weiterentwickelt werden im Hinblick auf Heterogenität und Inklusion. In der Folge wurden 33 Projekte an diversen Hochschulen gefördert (ebd.).

Seit dem Jahr 2013 wurden daraufhin auch die Standards für die Lehramtsausbildung in allen Studienbereichen und -phasen im Hinblick auf die inklusive Bildung überarbeitet (KMK, 2014a; 2014b; vgl. Lindmeier, 2015). Zunächst wurden die Standards für die sonderpädagogischen Lehrämter in Deutschland nach immerhin 20-jährigem unveränderten Bestehen (Adaptionen der Fassung von 1994) in Bezug auf die erforderlichen Kompetenzen für inklusive Settings überarbeitet (KMK, 2013). Dem folgten die Überarbeitungen der Standards in den Bildungswissenschaften für alle Lehrämter (KMK, 2014a), erstmalig unter Einbezug von Wissenschaftler*innen aus der Sonderpädagogik und damit mit einer höheren Absicherung der Berücksichtigung der besonderen Bedürfnisse von sogenannten ›Schüler*innen mit sonderpädagogischem Förderbedarf‹ (vgl. Lindmeier, 2015). Auch die Fachdidaktiken und Fachwissenschaften wurden im selben Jahr stärker an die Herausforderungen von inklusiven Bildungssituationen angepasst (KMK, 2014b). Für die Überarbeitung lagen jedoch keine konkreten Vorgaben oder Standards vor, sodass die inklusionsbezogenen Kompetenzen in den Unterrichtsfächern mit einer sehr unterschiedlichen Tiefe und mit divergierenden Inklusionsverständnissen eingearbeitet wurden. Inwiefern bei den Fachdidaktiken sonderpädagogische oder gar inklusionspädagogische Kompetenzen und wissenschaftliche Erkenntnisse in die Überarbeitung und in die Fachgruppen einbezogen wurden, ist nicht bekannt.[61] Die neu erarbeiteten Empfehlungen für die Lehrer*innenbildung wurden im Juni 2014 veröffentlicht.

---

61 Zum Beispiel indem für die inklusive Fachdidaktik des entsprechenden Unterrichts- oder Schulfaches durch Forschungsarbeiten oder wissenschaftliche Publikationen ausgewiesene Kolleg*innen für die inklusive Bildung oder Didaktik an den jeweiligen Arbeitsgruppen beteiligt waren.

»Angehende Lehrkräfte müssen gründlich auf die Herausforderung Inklusion vorbereitet sein. Sie müssen über Kompetenzen in den Bereichen Diagnose und inklusive Didaktik verfügen, um Lehr- und Lernprozesse individuell zu gestalten. Hinzu kommen perspektivisch Kompetenzen für eine durchgängige Sprachförderung in allen Fächern. Darüber hinaus müssen Lehrerinnen und Lehrer auch in die Lage versetzt werden, mit anderen Professionen und Einrichtungen zu kooperieren«,

so die Präsidentin der Kultusministerkonferenz und nordrhein-westfälische Schulministerin Sylvia Löhrmann (zit. n. KMK, 2014c).

Nach Lindmeier sollten die Empfehlungen der KMK einen »Referenzrahmen für die Lehrerbildungsgesetze, Ausbildungsordnungen und Modulhandbücher« (Lindmeier, 2015, S. 32) in den Bundesländern darstellen. Inwiefern diese in curriculare Vorgaben auf der Ebene der bundeslandspezifischen Lehramtsprüfungsordnungen (durch die Bildungs- und Kultusministerien), auf der Ebene der spezifischen hochschulinternen Studien- und Prüfungsordnungen (Universitäten und Pädagogische Hochschulen), aber auch auf der konkreten Modul- bzw. Lehrveranstaltungsebene tatsächlich Berücksichtigung erfahren, blieb jedoch von vielen Zufällen, bildungspolitischen Strategien, persönlichen Haltungen und professionellen Zugängen der beteiligten Akteure und Akteursnetzwerke abhängig (▶ Kap. 5.2.2).

Quantitative (z. B. im Sinne des Studienumfangs) wie auch qualitative Vorgaben (im Sinne von messbaren Standards) waren damit nicht verbunden. So bestanden einige Gefahren in der eher additiven, oberflächlichen Berücksichtigung dessen,

1. dass »ein ›Basismodul Inklusion‹ innerhalb eines Studiengangs ein Fremdkörper bleibt, für den sich keine der beteiligten Fachdisziplinen wirklich zuständig fühlt« (Lindmeier, 2015, S. 32);
2. dass sie von wenig für das Feld der inklusiven Bildung und Didaktik wissenschaftlich ausgewiesenen Dozent*innen angeboten werden konnte; oder
3. dass die Studierenden die Integrationsleistung zwischen den theoretischen Inhalten zur inklusiven Bildung (z. B. eine einzelne Lehrveranstaltung in Erziehungswissenschaften) mit ihren anderen Studienanteilen (Fachwissenschaften und Fachdidaktiken) bzw. in Bezug auf die Schulpraxisanteile im Studium allein leisten mussten.

Dieser Referenzrahmen galt zunächst ausschließlich für die erste Phase der Lehrer*innenbildung an Universitäten und Pädagogischen Hochschulen. Für Lehrpersonen in der damaligen Schulpraxis, die ihre Ausbildung in der Regel vor vielen Jahren abgeschlossen hatten, gab es keine expliziten Empfehlungen zur Professionalisierung durch Fort- und Weiterbildung. Es wäre dringend erforderlich gewesen, bereits zum damaligen Zeitpunkt auch Standards für die zweite und dritte Phase der Lehrer*innenbildung vorzulegen, damit eine durchgehende und zugleich praxisnahe Professionalisierung hätte gesichert werden können. Dies wurde in Schottland beispielhaft etwa auf der Basis des Profils für die inklusive Lehrerbildung (European Agency for Development in Special Needs Education, 2011; ▶ Kap. 3.1) umgesetzt. Dort haben alle lehrerbildenden Organisationen ein verbindliches phasenübergreifendes Rahmenkonzept (Framework) erarbeitet und seitdem stetig weiterentwickelt, das konkrete Standards zur inklusiven Bildung für die einzelnen Ausbildungsphasen und Tätigkeitsfelder (z. B. auch für Schulführungskräfte) vorgibt (vgl. General Teaching Council for Scotland, 2022).

Seit den letzten Überarbeitungen der Empfehlungen der KMK im Jahr 2014 haben diese nach Lütje-Klose & Neumann (2018) die Professionsanforderungen im Hinblick auf eine Umsetzung einer inklusiven Schul- und Unterrichtsgestaltung und -entwicklung konkretisiert.

4.2.3 Gemeinsame Empfehlung der Hochschulrektorenkonferenz (HRK) und der Kultusministerkonferenz (KMK) (2015)

Spätestens mit der gemeinsamen Empfehlung der Hochschulrektorenkonferenz und Kultusministerkonferenz (HRK & KMK, 2015) »Lehrerbildung für eine Schule der Vielfalt«[62] sind lehrkräftebildende Institutionen in allen drei Phasen der Lehrer*innenbildung in Deutschland angehalten, das Thema Inklusion in allen Lehramtsstudiengängen zu implementieren. Die gemeinsamen Empfehlungen der HRK und der KMK sehen vor, dass

> »Alle Lehrkräfte [...] so aus-, fort- und weitergebildet werden, dass sie anschlussfähige allgemeinpädagogische und sonderpädagogische Basiskompetenzen für den professionellen Umgang mit Vielfalt in der Schule, vor allem im Bereich der pädagogischen Diagnostik und der speziellen Förder- und Unterstützungsangebote entwickeln können« (ebd., S. 3).

Diesem Dokument wurde auch erstmals ein ›weites Inklusionsverständnis‹ im Sinne der Berücksichtigung aller Diversitätsdimensionen zugrunde gelegt.

> »Die Gestaltung von Schulen, in denen Vielfalt als Normalität und Stärke anerkannt und wertgeschätzt wird, ist eine Aufgabe der Lehrerinnen und Lehrer aller Schulen. Lehrkräfte benötigen professionelle Kompetenzen, um besondere Begabungen oder etwaige Benachteiligungen, Beeinträchtigungen und andere Barrieren von und für Schülerinnen und Schüler zu erkennen und entsprechende pädagogische Präventions- und Unterstützungsmaßnahmen zu ergreifen. Die Kooperation und Kommunikation der Lehrkräfte der verschiedenen Lehrämter, aber auch die darüberhinausgehende multiprofessionelle Kooperation erlangen dabei zunehmend Bedeutung. Daher sollen schon die lehramtsbezogenen Studiengänge für alle Schularten und Schulstufen in Kooperation die angehenden Lehrerinnen und Lehrer auf einen konstruktiven und professionellen Umgang mit Diversität vorbereiten« (ebd., 2015, S. 2).

In den Empfehlungen der HRK und KMK wurde zudem die Thematik erstmals als Querschnittsaufgabe für alle Studienbereiche ausgeführt (Bildungswissenschaften, Fachdidaktiken und Fachwissenschaften im lehramtsbezogenen Studium für alle Lehramtstypen) sowie als phasenübergreifendes Konzept. Die Akteure erkannten also die Bedeutung einer »Lehrer*innen-Bildung« (Feuser, 2013) im Sinne eines

---

62 Das fünfseitige Dokument wird in mehrfacher Hinsicht der Komplexität der Herausforderungen nicht gerecht. Zunächst ist es sehr wenig konkret formuliert, enthält keine Anregungen für strukturelle Veränderungen und verbleibt sprachlich in einer Form, die vielfältige Auslegungen und Interpretationen zulässt.

lebenslangen Lernens, dies umfasst alle Formen und Ermöglichungsräume von Professionalisierung im Lehrer*innenberuf (ebd.).

> »Der Vorbereitungsdienst als zweite Phase der Lehrerbildung soll entsprechende darauf aufbauende didaktisch-methodische Konzepte entwickeln, die von der Heterogenität der Lerngruppen als selbstverständlichem Regelfall ausgehen. In besonderer Weise kommt es zugleich auf die Fort- und Weiterbildung des bereits gegenwärtig im Bildungswesen arbeitenden Personals an. Die für den Lehrerberuf benötigten Kompetenzen schließen neben Kenntnissen, Fähigkeiten und Fertigkeiten auch Einstellungen und Haltungen gegenüber Vielfalt ein, die durch professionsbezogene, erfahrungsbasierte und theoriegestützte Reflexion entwickelt und durch Praxiserfahrung erlebbar werden müssen« (HRK & KMK, 2015, S. 3).

Damit wird zudem erstmals auch von bildungspolitischer Bundesebene die Bedeutung von inklusionsbezogenen Praxiserfahrungen herausgestellt (wenn auch in dem vorhergehenden Zitat explizit für die Phase des Referendariats). Alle Lehrpersonen sollen so

> »aus-, fort- und weitergebildet werden, dass sie anschlussfähige allgemeinpädagogische und sonderpädagogische Basiskompetenzen für den professionellen Umgang mit Vielfalt in der Schule, vor allem im Bereich der pädagogischen Diagnostik und der speziellen Förder- und Unterstützungsangebote entwickeln können. Diese Kompetenzen erfahren im Studium der Fachdidaktiken und Fachwissenschaften eine Konkretisierung und Vertiefung, und werden in Praxisabschnitten analytisch und handlungsorientiert erprobt und reflektiert« (ebd.).

Auch die HRK und die KMK haben folglich die Bedeutung von schulpraktischen Erfahrungen in der Inklusion erkannt und hervorgehoben.

Dennoch halten die Empfehlungen weiterhin an einer vertieften Lehramtsausbildung für spezialisiertere Sonderpädagog*innen fest, indem sie betonen: »Eine vertiefende, über die genannten Basiskompetenzen hinausgehende, sonderpädagogische Expertise von Lehrkräften ist weiterhin unverzichtbar« (ebd., S. 3). Allerdings werden diese nicht mehr direkt auf eine eigenständiges Lehramt Sonderpädagogik eingeschränkt.

Die beiden Organisationen HRK und KMK haben den Landesregierungen weitgehende Freiräume eingeräumt, indem sie keine Vorgaben zur strukturellen und quantitativen Verortung der Studieninhalte im Rahmen der Studienordnungen machten. So blieb es den Hochschulen selbst überlassen, ob sie sich für additive (Basisqualifizierungsmodule) oder für integrierte Konzepte (Integration in die bildungswissenschaftlichen, fachdidaktischen und fachwissenschaftlichen Module und Lehrveranstaltungen) entscheiden, je nachdem, was am jeweiligen Standort »geeigneter erscheine[ ]« (ebd., S. 4). Die einerseits im selbigen Dokument als so bedeutsam erkannte Implementation inklusionsbezogener Inhalte (siehe erstes Zitat aus dem Dokument; ebd., S. 3) wurde somit explizit im Umfang und in der strukturellen Verankerung (z. B. als Pflicht- oder Wahlmodule, im Bachelor oder im Master etc.) der Entscheidungs- und Organisationsbereitschaft der Hochschulstandorte überlassen. So verwundert es nicht, dass die Verankerung an den verschiedenen Hochschulen entsprechend different erfolgte. Nicht nur zwischen den Bundesländern, sondern sogar zwischen den einzelnen Hochschulstandorten innerhalb von Bundesländern bestehenerhebliche Differenzen (CHE et al., 2015; 2022).

Die Verfasser*innen der Empfehlungen haben gleichzeitig einige weitere Bedarfe zur Reform des Lehramtsstudiums erkannt. Es bedürfe

- der Etablierung anderer Formen der Lehre und des Lernens,
- einer neuen Form des Ermittelns und Beurteilens von Kompetenzen,
- ausreichend Zeit zur Gestaltung von Lehre und Prüfungen,
- einer Weiterbildung und Erfahrungsaustausch unter den Lehrenden und
- der Qualifikation und Förderung wissenschaftlichen Nachwuchses, um die Forschung zum Umgang mit Heterogenität und Inklusion zu stärken und eine ausreichende Anzahl an qualifizierten Hochschullehrer*innen für die inklusionsbezogenen Angebote in der Lehre zu erreichen.

Zu letztgenanntem Punkt solle unter anderem auch die ›Qualitätsoffensive Lehrerbildung‹ (▶ Kap. 4.2.4) einen entscheidenden Beitrag leisten.

4.2.4 Qualitätsoffensive Lehrerbildung (BMBF 2014–2024)

Die ›Qualitätsoffensive Lehrerbildung‹ wurde bereits 2014 gestartet. In ihrem Rahmen hat die Bundesregierung im Zeitraum von zehn Jahren 500 Millionen Euro bereitgestellt. Die Hochschulen konnten sich mit konkreten Projektanträgen bewerben, die nachhaltige und systematische Verbesserungen vor allem in den folgenden Handlungsfeldern erreichen sollten:

> »1. Profilierung und Optimierung der Strukturen der Lehrerbildung an den Hochschulen,
> 2. Qualitätsverbesserung des Praxisbezugs in der Lehrerbildung,
> 3. Verbesserung der professionsbezogenen Beratung und Begleitung der Studierenden in der Lehrerbildung,
> 4. Fortentwicklung der Lehrerbildung in Bezug auf die Anforderungen der Heterogenität und Inklusion,
> 5. Fortentwicklung der Fachlichkeit, Didaktik und Bildungswissenschaften und
> 6. Vergleichbarkeit sowie die gegenseitige Anerkennung von lehramtsbezogenen Studienleistungen und Lehramtsabschlüssen sowie der gleichberechtigte Zugang bzw. die gleichberechtigte Einstellung in Vorbereitungs- und Schuldienst zur Verbesserung der Mobilität von Lehramts-Studierenden und Lehrerinnen und Lehrern« (BMBF, 2014).

So zählte die Thematik Heterogenität und Inklusion zu insgesamt sechs Ausschreibungsschwerpunkten. Die durch die Qualitätsoffensive verstärkten und ausgeweiteten Innovationen in den Hochschulen bundesweit haben dazu geführt, dass heute eine Vielzahl von Modellen, Konzepten und Materialien für die Lehrer*innenbildung für Inklusion vorliegen. Die Qualitätsoffensive konnte insbesondere zur Qualifikation und Nachwuchsförderung in dem Feld einen erheblichen Beitrag leisten. So wurden bundesweit zwischen 2014 und heute immerhin ca. 150 Projekte an Hochschulen gefördert, von denen ca. 41 Projekte explizit das Thema Heterogenität und Inklusion adressierten (Angaben gemäß der Projektkarte auf der

Webpage des Programms: BMBF, o. J.). Der Qualitätsoffensive wurde in Bezug auf die Transformationseffekte im Handlungsfeld ›Heterogenität und Inklusion‹ in der Lehrer*innenbildung teilweise erhebliche Bedeutung zuerkannt. So kommen beispielsweise Grannemann et al. zu folgender Einschätzung:

> »[D]ie Themen Inklusion und Sprachsensibilität spielen in der ersten Phase der Lehrer*innenbildung, insbesondere nach dem Großforschungs- und Entwicklungsprojekt der BMBF-Qualitätsoffensive Lehrerbildung, in allen deutschen Lehrerbildungssystemen eine herausragende Rolle« (Grannemann et al., 2022, S. 7).

Von der Qualitätsoffensive gingen Impulse auf einer programmatischen Ebene aus, die »konzeptionelle Entwicklungen in der Lehre [umfassten], die u. a. in der Implementierung von Inklusion in der Lehrkräftebildung mündeten« (Blasse, et al., 2023, S. 63).

5 Bedingungen der Transformation zur Lehrer*innenbildung für Inklusion

Die Forderung nach inklusiver Bildung (UNCRPD: UN, 2006) und jene nach einer inklusionsorientierten Reform der Lehrer*innenbildung stellt das Bildungssystem in den deutschsprachigen Ländern und damit die Akteure und Protagonisten vor neue Herausforderungen. So müssen historisch gewachsene und tradierte Modi der Handlungskoordination – wie zum Beispiel jene Prozesse im Zusammenhang mit der Selektion nach der Grundschule in differente Schultypen oder der Segregation in spezifische Sonderschulen – infrage gestellt werden (Heinrich et al., 2013).[63] Die Bildungsreform findet dabei unter ausgesprochen diversen und teilweise nicht förderlichen Konditionen statt. Insbesondere die eher an Selektion ausgerichteten Schulstrukturen widersprechen den erforderlichen strukturellen Vorstellungen und Konzepten eines inklusiven Bildungssystems.

Eine inklusive Schule versteht sich als eine, in der Schüler*innen unabhängig von ihrem Leistungsniveau und ihren individuellen Lerndispositionen (wie z. B. Mehrsprachigkeit, individuelle Lerndispositionen oder Behinderungen) gemeinsam in Lerngruppen an einem Schulstandort miteinander lernen und leben. Dieses Konzept einer ›nicht-selektierenden‹ Bildungsinstitution hat direkte Auswirkungen auf die Lehrer*innenbildung, indem die Organisationen und Akteure in diesen die bisherigen an der Selektion orientierten Kulturen, Strukturen und Praktiken (angelehnt an Booth & Ainscow, 2017) reflektieren und hinterfragen müssen.

Steuerungsprozesse, -abläufe und Akteursnetzwerke, die hinter der Organisation und inhaltlichen Gestaltung von Lehramtsstudiengängen stecken, sind vielfach in der Öffentlichkeit, aber auch bei Akteuren in den lehrerbildenden Institutionen wie Studierenden und Lehrenden nur wenig oder eher oberflächlich bekannt. Akteur*innen auf allen Ebenen des Mehrebenensystems der Qualifizierung und Professionalisierung für Bildungssysteme verfügen teilweise über wenig Detailwissen darüber, welche Akteure in den Prozess der Gestaltung von Lehramtsausbildungen eingebunden ist, auf welcher Ebene in dem System Entscheidungen getroffen und Vorgaben gemacht werden, welche Verfügungsrechte bei welchen Akteuren liegen und im Rahmen welcher Steuerungsprozesse Strukturen und Inhalte in den Lehramtsstudiengängen festgelegt werden, also schlussendlich wie es zu einer Rahmenverordnung für Lehramtsstudiengänge im entsprechenden Bundesland bzw. zu den konkreten Lehramtsstudienordnung einer Hochschule

---

63 So erscheint es obsolet, dass ein*e Schüler*in mit einer kognitiven Beeinträchtigung (oder auch sogenannter ›geistiger Behinderung‹) im Rahmen eines ›inklusiven‹ Schulmodells eine Realschule besuchen darf und zieldifferent unterrichtet wird, während der Zugang für eine*n Schüler*in mit einer ›Hauptschulempfehlung‹ verwehrt bleibt.

kommt. Maguire sieht eine Gefahr darin, dass (Lehr-)Personen nicht die Techniken und Rationalitäten von Steuerung, Kontrolle und Governance erfassen (ebd., 2015), da sie so nicht als eigenaktive Stakeholder im Sinne von Entwicklungen, Reformen oder Innovationen tätig werden können. Daher sollen im vorliegenden Kapitel einige grundlegende Aspekte der Steuerung und der Transformation thematisiert, besondere Herausforderungen und Barrieren aufgezeigt und deren Relevanzen für die Lehrer*innenbildung für Inklusion diskutiert werden.

5.1 Hierarchische Struktur der Steuerung im Mehrebenensystem

Um zunächst einen Einblick in die generellen Prozessabläufe zur Erstellung und Reform von Lehramtsstudiengängen zu gewähren, soll die folgende Abbildung (▶ Tab. 1; Bohl & Beck, 2020) einen groben Überblick über die institutionalisierten *Steuerungsstrukturen und Ebenen* der Lehrer*innenbildung (in Deutschland) anhand der offiziell eingebundenen Organisationen und Akteure geben. Neben den dort aufgeführten Akteuren kommt in einigen Bundesländern zudem weiteren Akteuren, zum Beispiel den christlichen Kirchen, eine gesetzlich festgeschriebene offizielle Rolle zu, da ihnen etwa ein verbrieftes Zustimmungsrecht zu Lehramtsprüfungsordnungen zuerkannt wurde (z.B. in Baden-Württemberg).

Wie die Tabelle zeigt, gibt es ein offiziell agierendes, stark hierarchisch aufgebautes Netzwerk von Akteuren.

> »Auf der Ebene KMK verabreden die Schulminister:innen und -senator:innen Qualifizierungsanforderungen für die Lehrkräftebildung, z.B. durch ländergemeinsame inhaltliche Anforderungen an die Fachwissenschaften und Fachdidaktiken bzw. die Bildungswissenschaften, die auf der Ebene der Bundesländer noch einmal länderspezifisch ausdifferenziert und interpretiert werden (vgl. KMK 2019a, 2019b)« (Bellenberg et al., 2023, S. 103).

Im Mehrebenensystem der Steuerung der Lehrer*innenbildung sind auf den verschiedenen Ebenen politisch gesetzte Akteure eingebunden, die in hierarchisch aufgebauten Entscheidungs- und Verfahrenswegen handeln, denen wiederum bestimmte Strukturen von Verantwortlichkeiten und Verfügungsrechten unterliegen.

Nicht alle Prozesse auf diesen Ebenen sind für die Gesellschaft oder für die Akteure in Hochschule und Schule jederzeit transparent. So haben zum Beispiel die Berufsverbände (intermediäre Ebene) oder die Zivilgesellschaft in der Regel lediglich die Möglichkeit zu bestimmten Zeitpunkten im fortgeschrittenen Prozess über öffentliche Anhörungen zu Rahmenverordnungen (z.B. digital organisiert oder im Landtag) Stellung zu beziehen. An vielen Stellen werden konkrete Vertreter*innen aus den jeweiligen Gruppen in Gremien gewählt (z.B. in Studienkommissionen oder Senate an Hochschulen) oder als Mitwirkende in extern zusammengesetzte Gremien berufen (so z.B. in Expertenkommissionen oder Steuerungsgruppen). In der Darstellung der Akteursebenen (▶ Tab. 1) sind lediglich jene Akteure expliziert, denen in der Regel eine offizielle Funktion zukommt. Zu unterscheiden von den Akteuren (figurierte und benannte Aktanten) sind die Aktanten (nicht figurierte Agierende im Sinne eines latenten Handlungspotenzials). Zu den Aktanten in der Lehrer*innenbildung könnte man zum Beispiel nicht-pädagogische Berufsverbände, die Industrie und ihre Vertretungen, Träger von privaten Schulen, aber gegebenenfalls auch die Kommunen zählen, die sich oftmals in den öffentlichen Diskurs (z.B. in den Medien) im Rahmen von Lehramtsreformen einbringen.

Tab. 1: Mehrebenensystem der Lehrer*innenbildung (angelehnt an Bohl & Beck, 2020, S. 283)

Ebene		Beispiel	Akteure (exemplarisch)
Makroebene			
1	Bund	• Standards für die Lehrerbildung: Bildungswissenschaften (2004) • ländergemeinsame inhaltliche Anforderungen für die Fachwissenschaften und Fachdidaktiken in der Lehrerbildung (2018)	Bundesministerium für Bildung und Forschung, Kultusministerkonferenz
2	Bundesland	• Rahmenvorgabenverordnung Lehramtsstudiengänge Baden-Württemberg (Rahmen VO-KM, 2015) • grundlegendes Format der Lehramtsstudiengänge (z.B. Staatsexamen oder BA/MA)	Kultusministerien der Länder
Mesoebene			
3	Hochschule	• standortspezifische Beschlüsse (z.B. zu B. Ed.-/M. Ed.-Struktur oder allgemeinen Teilen der Prüfungsordnungen für Lehramtsstudiengänge) • Merkmale und Struktur der Lehrerbildung /z. B: Schools of Education, Leitungsstrukturen)	Rektorat, zentrale Verwaltung, Fakultäten, School of Education oder Zentren für Lehrerbildung
4	Fakultäten und zentrale Schools of Education oder Zentren für Lehrerbildung	• Studien- und/oder Prüfungsordnung (z.B. konkretisiert in einem besonderen Teil)	Studiendekanate, zentrale Verwaltung, Personal der Schools of Education oder Zentren für Lehrerbildung
	Fächer und Disziplinen	• Modulhandbuch	Fachvertretungen

Tab. 1: Mehrebenensystem der Lehrer*innenbildung (angelehnt an Bohl & Beck, 2020, S. 283) – Fortsetzung

Ebene	Beispiel	Akteure (exemplarisch)
Mikroebene		
5 wissenschaftliches Personal	• Planung und Gestaltung einzelner Lehrveranstaltungen	Dozierende der Fachwissenschaften, Fachdidaktiken und Bildungswissenschaften
6 Interaktion	• konkrete, geplante oder ungeplante Interaktion zwischen Beteiligten einer Lehrveranstaltung	Dozierende und Studierende
7 Regionsbezug		

Nicht alle Prozesse auf diesen Ebenen sind für die Gesellschaft oder für die Akteure in Hochschule und Schule jederzeit transparent. So haben zum Beispiel die Berufsverbände (intermediäre Ebene) oder die Zivilgesellschaft in der Regel lediglich die Möglichkeit zu bestimmten Zeitpunkten im fortgeschrittenen Prozess über öffentliche Anhörungen zu Rahmenverordnungen (z. B. digital organisiert oder im Landtag) Stellung zu beziehen. An vielen Stellen werden konkrete Vertreter*innen aus den jeweiligen Gruppen in Gremien gewählt (z. B. in Studienkommissionen oder Senate an Hochschulen) oder als Mitwirkende in extern zusammengesetzte Gremien berufen (so z. B. in Expertenkommissionen oder Steuerungsgruppen). In der Darstellung der Akteursebenen (▶ Tab. 1) sind lediglich jene Akteure explizit, denen in der Regel eine offizielle Funktion zukommt. Zu unterscheiden von den Akteuren (figurierte und benannte Aktanten) sind die Aktanten (nicht figurierte Agierende im Sinne eines latenten Handlungspotenzials). Zu den Aktanten in der Lehrer*innenbildung könnte man zum Beispiel nicht-pädagogische Berufsverbände, die Industrie und ihre Vertretungen, Träger von privaten Schulen, aber gegebenenfalls auch die Kommunen zählen, die sich oftmals in den öffentlichen Diskurs (z. B. in den Medien) im Rahmen von Lehramtsreformen einbringen.

Viele Akteure im Bildungssystem oder im Systemumfeld sind sich ihrer eigenen Rolle als individuelle Akteur*innen und damit ihrer Verantwortung in der Steuerung des Systems der Lehrer*innenbildung[64] (aber auch im generellen Bildungssystem) nur wenig bewusst. Das hat sich in den vergangenen Jahrzehnten immer wieder bestätigt, zum Beispiel durch Rückmeldungen von Studierenden im Rahmen von universitären Lehrangeboten zur ›Educational Governance‹ (an der PH Ludwigsburg), im Kontext von Fortbildungen und Vorträgen für Lehrpersonen oder in der Kommunikation mit diversen Akteuren in Projekten zur Thematik ›Governance und Inklusion‹ (siehe **Fehler! Linkreferenz ungültig.**. Der Mangel an Hintergrundwissen zur Steuerung bzw. Steuerbarkeit von Systemen wie jenem

---

[64] Lehramtsstudierende haben häufig keine Einblicke in die Prozesse zur Entwicklung oder Änderung von Studienordnungen und Studienanteilen innerhalb ihrer eigenen Hochschule, es sei denn, sie sind aktives Mitglied in Gremien wie Fachschaften, Fakultätsräten, Studienkommissionen oder dem Senat.

der Lehrer*innenbildung und der Curricula für das Lehramt birgt die Gefahr, dass sich eine fatalistische Haltung gegenüber der eigenen Professionalisierung oder ein eher konformistisches Studierverhalten daraus ergeben. So war es bisweilen verwunderlich, dass einer Vielzahl von Studierenden und Lehrpersonen grundlegende Differenzen zwischen Lehramtsstudienordnungen in Inhalten und Strukturen (z. B. zwischen unterschiedlichen Studienorten in einem Bundesland, zwischen verschiedenen Bundesländern oder im internationalen Raum) nicht geläufig oder bewusst waren. Die Wahl des Studienortes erfolgte zum Beispiel in vielen Fällen rein auf der Basis der Nähe zum Heimatort und nicht auf einer bewussten Auswahlentscheidung für eine spezifische Schwerpunktsetzung in den Studienangeboten.

In einer Publikation der UNESCO mit dem Titel »Promoting Inclusive Teacher Education« (UNESCO, 2013) wurden als mögliche Akteure, die im Rahmen einer ›advocacy[65] for inclusive teacher education‹ anzusprechen seien, die folgenden genannt:

» • Mitarbeitende der Bildungsministerien oder anderer zuständiger Behörden, die auf nationaler Ebene politische und finanzielle Entscheidungen über die Lehrer*innenbildung oder über Studienordnungen und Curricula für die Lehrer*innenbildung treffen;
- Bildungspersonal auf regionaler, bezirklicher und lokaler Ebene, das Entscheidungen über die Lehrer*innenbildung in der jeweiligen Region trifft;
- Mitglieder von Hochschulfakultäten, Dekan*innen, Mitglieder von Studienausschüssen, die Studienordnungen für die Lehrer*innenbildung entwickeln;
- Leiter*innen von Institutionen der Lehrer*innenbildung;
- Lehrende in Institutionen der Lehrer*innenbildung;
- staatliche oder nichtstaatliche Einrichtungen, die Lehrer*innenbildung anbieten oder sie durch die Bereitstellung von Mitteln, Materialien, technischer Beratung usw. unterstützen;
- Schulleitungen und Lehrpersonen, die
  (a) eine potenzielle Rolle bei der Unterstützung der Entwicklung von praktischem, schulbasiertem Lernen als Teil der Lehrer*innenbildung (und der anschließenden beruflichen Weiterbildung) spielen können und
  (b) dazu beitragen könnten, Verbesserungen in der Lehrer*innenbildung zu fordern, um sicherzustellen, dass neue Lehrpersonen besser auf die Arbeit in ihren Schulen vorbereitet werden;
- Schulleitungsgremien und deren Mitglieder, die
  (a) Praktika in der Lehrer*innenbildung unterstützen könnten und
  (b) Verbesserungen in der Lehrer*innenbildung fordern könnten, um sicherzustellen, dass neue Lehrer*innen besser auf die Arbeit in diesen Schulen vorbereitet werden; und
- Lehramtsstudierende, die mehr über die Qualität und die Art der Ausbildung wissen müssen, die sie besser auf die Arbeit vorbereiten würde (damit sie die Forderungen nach einer Reform der Lehrerbildung unterstützen können), und die keine Angst davor haben müssen, die ›erste Welle‹ von Studierenden zu sein, die auf eine andere Weise ausgebildet werden« (ebd.; Übers. d. Verf.).

Im Gegensatz zu den offiziellen politisch oder systembezogen gesetzten Akteuren der Lehrer*innenbildung (▶ Tab. 1) werden hier deutlich mehr von Lehrer*in-

---

65 Im Sinne eines advokatorischen Agierens bzw. Eintretens für inklusive Lehrer*innenbildung.

nenbildungsreformen und Interventionen auch implizit oder indirekt betroffene Akteure und Akteursebenen einbezogen. Dazu zählen die Unterstützungssysteme und Netzwerke der schulischen Bildungseinrichtungen. Dennoch erkennt auch diese Auflistung unter anderem die Bedeutung von Eltern und Elternvertretungen bzw. von Selbstvertretungen (Migrantenverbände, Inklusionsverbände etc.) sowie der regionalen Akteure in der Community nur ungenügend.

Die Akteursnetzwerke in der Lehramtsausbildung befinden sich in einem ständigen Wandel (z. B. wer mit welchen Kompetenzen und Verfügungsrechten in dem Netzwerk agiert). Die Entscheidungs-, Verfügungs- und Handlungskonfigurationen erfahren eine dauernde Erneuerung und Selbstvergewisserung im Akteursnetzwerk, indem sie zum Beispiel im Rahmen von Strukturreformen neu zugewiesen und verhandelt oder durch politische Wechsel modifiziert werden, zum Beispiel wenn in einem Bundesland die Verantwortlichkeit für die Lehrerfort- und -weiterbildung nach vielen Jahren von den regionalen Schulaufsichten (Schulämter) in eine neue, zentral geschaffene Institution verlagert wird (Zentrum für Schulqualität und Lehrerbildung) wie in Baden-Württemberg (Merz-Atalik, 2022), oder im Rahmen von Veränderungen der politischen Zuständigkeiten in den zuständigen Ministerien (z. B. infolge von Wahlen). Dementsprechend haben strukturelle und curriculare Kontexte in der Lehrer*innenbildung häufig nur eine zeitlich befristete Gültigkeit. Eine zukunftsfähige Lehrer*innenbildung sollte immer in Relation zu aktuellen und prognostizierten Herausforderungen im Bildungssystem gedacht werden; die heute ausgebildeten Lehrpersonen kommen erst in mehreren Jahren als Schulpraktiker*innen im Bildungssystem an und üben ihre Tätigkeit in der Regel mehrere Jahrzehnte aus.

In einem Akteursnetzwerk gilt es zudem die gleichrangigen Akteure (symmetrische Beziehungen) von jenen zu unterscheiden, die nicht-gleichrangige Funktionen einnehmen. So werden unter Umständen bestimmte Vorentscheidungen auf einer höheren Ebene vordiskutiert und entschieden. Dazu, ob es sich bei der offiziellen Akteurskonstellation in der Lehrer*innenbildung um eine mehr oder weniger funktionale oder um eine nicht-funktionale Akteurskonstellation handelt, liegen bislang keine Evaluations- oder Forschungserkenntnisse vor. Es scheint jedoch offensichtlich, dass man insbesondere im Hinblick auf die inklusive Bildung die Expertise von langjährig erfolgreich inklusiv arbeitenden Schulen, den dort tätigen Schulleitungen und Lehrpersonen sowie von anderen Fachkräften und von den Eltern stärker einbeziehen sollte. Dies gilt vor allem in Regionen, in denen die Steuerungsakteure selbst noch keine oder wenig inklusionsbezogene Erfahrungen und Kompetenzen haben.

Nach der Überzeugung der UNESCO (2013) ist es wichtig, dass sich die Akteure im Rahmen der Advocacy für die inklusive Lehrer*innenbildung die folgenden Fragen stellen und die eigenen Handlungen reflektieren:

- »Welche Rolle spielen Sie [als Person oder Organisation] bei der Förderung inklusiver Bildung und was bedeutet das in Bezug darauf, wo, wie, mit wem und wofür Sie sich einsetzen können?
- Welche spezifischen Bildungsthemen/Botschaften sind für Sie [als Person oder Organisation] und/oder die Gruppen, mit denen Sie arbeiten oder die

Sie vertreten, am wichtigsten? Warum sind diese für Sie und Ihr Umfeld wichtig?
- An wen können Sie sich wenden, um Unterstützung zu erhalten – welche Einzelpersonen, Gruppen und Netzwerke können Sie nutzen, um Ihre Ziele zu unterstützen?
- Welche Instrumente, Ressourcen und Möglichkeiten gibt es, um Ihre Ziele zu unterstützen?« (ebd.; Übers. d. Verf.).

> These 16: Eine inklusive Lehrperson verfügt über ein Verständnis ihrer (professionellen) Rolle im Zusammenhang mit der inklusiven Bildungsreform. Sie hat einen Überblick über die Steuerungsmechanismen und Interaktionsstrukturen in den Netzwerk- und Governancestrukturen inklusiver Bildungssysteme und kennt Instrumente, Ressourcen und Möglichkeiten, die Ziele der inklusiven Bildungsreform in den Transformationsprozessen im Bildungssystem aktiv zu unterstützen.

5.1.1 Handlungsoptionen im Akteursnetzwerk

Die Struktur eines sozialen Systems entsteht aus dem Zusammenspiel einer Vielzahl von Akteuren (Altrichter et al., 2020), das auch als Akteursnetzwerk bezeichnet wird.

> »Akteure handeln nicht ausgehend von ihrer jeweiligen Position im Netz, sondern Akteure sind Netze, sie sind ›Akteur-Netzwerke‹, da sie immer im Verbund mit anderen Akteuren agieren (ENS, S. 124, 375). Selbst wenn wir geneigt sind, einem Akteur die Rolle des ›ersten Bewegers‹ zuzuschreiben, können wir den Gehalt und Verlauf einer Handlung nur dann verstehen, wenn wir die verschiedenen Kräfte identifizieren, die zu ihrem Gelingen beitragen (PAN, S. 221)« (ebd., S. 126).

Die Handlungsfähigkeit der einzelnen Akteure (Individuen oder Systeme) in sozialen Systemen beruht auf vielfältigen Strukturelementen (z. B. den zuvor eingeführten Steuerungsebenen und Akteursnetzwerken), auf einer Regelungsstruktur, die Rechte und Verfügungsbefugnisse systemspezifisch organisiert (Kussau & Brüsemeister, 2007; Altrichter, 2015).

Zentrale Grundbegriffe der Akteur-Netzwerk-Theorie sind die der Handlungsfähigkeit, der Handlungspraxis bzw. der Handlungsträgerschaft (Gertenbach & Laux, 2019). Dabei erhalten die nicht-menschlichen Entitäten – wie soziale Rollen, Machtverhältnisse und gesellschaftliche Strukturen – und ihre die Interaktion stabilisierenden Effekte eine besondere Rolle (ebd.). Latour problematisiert,

> »dass die Vorstellung, es gäbe eine Welt, in der atomisierte Individuen einer emergenten Ordnung gegenüberstehen, eine politische Epistemologie nach sich zieht, bei der der einzelne Mensch den von ihm unabhängigen Systemdynamiken nicht nur machtlos, sondern letztlich auch fatalistisch gegenüberstehen muss« (ebd., S. 138).

So bringen sich die individuellen Akteure im Rahmen der Akteursnetzwerke aktiv über vielfältige Kommunikations- und Einflusswege in den Diskurs und die Entwicklung von Systemen und Strukturen ein.

»Durch ihre aufeinander bezogenen Transaktionen, die sich auf bestehende Regeln und Ressourcen stützen und gleichzeitig zu deren Weiterentwicklung beitragen, entsteht eine (relativ dauerhafte und doch in Bewegung befindliche) Gestalt, die den speziellen sozialen Bereich charakterisiert und gleichzeitig (fördernde und einschränkende) Bedingungen für die Arbeit darin und für seine Weiterentwicklung formuliert (Altrichter, Brüsemeister & Wissinger, 2007)« (ebd., S. 877).

Vor diesem Hintergrund erscheint es wichtig, dass die Polarisierung von Individuum und Gesellschaft bzw. handelndem Subjekt und Strukturen aufgehoben wird. Denn der individuelle Akteur (Mikrosystem) ist immer auch Teil der Prozesse, er ist beteiligt an Prozessen zur Schaffung, Gestaltung und Bestimmung von Strukturen (Institutionen, Organisationen etc.) und hat explizit auch Handlungsspielräume nicht nur auf der Mikroebene – zum Beispiel durch das Engagement im Rahmen der Gremien der eigenen Institutionen (Hochschulen, Studienseminare oder Schulen) oder durch (Hochschul-)Lehrerverbände oder Gewerkschaften. Diesen Akteuren auf der intermediären Ebene werden unterschiedlich große Einflussmöglichkeiten zugeschrieben. So sieht Altrichter sie eher als wenig einflussreiche Akteure:

»Institutionen der Lehrerprofession – wie Lehrerverbände und Lehrergewerkschaften – sind derzeit ebenfalls unter Beschuss und vergleichsweise schwache Akteure […] und neue Ideen und positive Themen für die Weiterentwicklung des Bildungssystems scheinen sie im Kontext der PISA-basierten Kritik am Lehrerberuf jedoch nicht zu haben« (Altrichter, 2015, S. 26).

Neben den offiziellen staatlichen Akteuren, die Gesetzgebungen, Regularien und die Administration verantworten, gibt es im Akteursnetzwerk auch partiell oder dauerhaft fungierende Beratungs- und Koordinierungsgremien, die Einfluss auf das System nehmen. Zu den tatsächlich geltend gemachten Einflussmöglichkeiten und Verfügungsrechten solcher Gremien mangelt es an konsolidierter Forschung (Altrichter et al., 2020). Die Zusammensetzung dieser Gremien wird oftmals aktiv durch die Bildungspolitik gesteuert. Leider zeigt sich jedoch im Einzelfall, dass bildungspolitische Entscheidungen auch vollkommen oder weitgehend unabhängig von erarbeiteten Expertisen oder abschließenden Empfehlungen solcher Beratungsgremien und Expert*innen getroffen werden können. In Baden-Württemberg wurde im Jahr 2012 eine ›Expertenkommission zur Weiterentwicklung der Lehrerbildung‹ eingesetzt, der unter anderem sechs nationale und drei bundeslandinterne Wissenschaftler*innen, teilweise mit einer Expertise zur Lehrer*innenbildung für Inklusion, angehörten (Merz-Atalik & Beck, 2022a). Zudem gehörte der Arbeitsgruppe ein international renommierter Schulentwicklungsforscher an. Die Kommission kam als Ergebnis ihrer mehrmonatigen Arbeit zu dem Schluss, dass der grundständige Studiengang ›Lehramt Sonderpädagogik‹ zugunsten eines Studienschwerpunktes ›Sonderpädagogik‹ in den Lehrämtern für die Grundschule und die Sekundarstufen (mit Ausnahme des gymnasialen Lehramtes) sowie die Berufsschulen aufgegeben werden solle (Ministerium für Wissenschaft, Forschung und Kunst Baden-Württemberg, 2013, S. 10). Diesen Empfehlungen wurde vonseiten der Bildungspolitik nicht gefolgt. Insbesondere berufsständische Interessenvertretungen – der Verband der Sonderpädagogik (vds) und der Philologenverband – sprachen sich gegen diese Empfehlung aus und der Landtag entschied abschließend, dass den Expertenempfehlungen nicht gefolgt wird (Merz-Atalik & Beck, 2022a). In Berlin, wo fast zeitgleich ein solches Gremium eingesetzt worden ist, hat man der gleichgerichteten Empfehlung Folge geleistet. Altrichter beschreibt

> »Bildungsreformen als komplexe Konstellationen individueller und kooperativer Akteure mit je eigenen Interessen und Einflusspotenzialen (in Anlehnung an Schimank 2009, 3) und als längerfristiges Unternehmen mit schwer vorhersagbaren Ergebnissen« (Altrichter, 2011, S. 121).

Am Beispiel der inklusiven schulischen Bildung formulieren Kussau und Brüsemeister (2007) die handlungsleitende Fragestellung für das Handeln in Akteurs-Netzwerken aus Governance-theoretischer Sicht:

> »Wie können ›Spezialisten‹ [...] wie LehrerInnen, die Schulleitung, die Schulverwaltung, (neue) Schulinspektion, externe BeraterInnen, SchülerInnen, Eltern und die Bildungspolitik innerhalb ihrer jeweils spezifischen Sichtweise auf die Schule ein ›kollektives Gut‹ wie die schulische Bildung auch nur einigermaßen zielgerichtet herstellen?« (ebd., 2007; zit. n. Hinz & Kruschel, 2012, o. S.).

Um diese Frage zu beantworten, werden im Rahmen der (Educational-)Governance-Forschung die Akteurskonstellationen und -netzwerke sowie die Regeln, Ressourcen, Rollen und Verfügungsrechte innerhalb der spezifischen Akteurskonstellationen untersucht, die ein System bestimmen und/oder die für eine spezifische Modifikation oder Reform neu geschaffen oder angepasst werden sollten. Der Fokus liegt dabei zum Beispiel auf den Wirkungen des Handelns der einzelnen Akteure sowie des Prozesses auf die Gestaltung, Implementation oder Reform eines Systems. Altrichter unterscheidet für die Analyse verschiedene Interaktions- und Koordinationsebenen, jene zwischen den einzelnen Ebenen des Multi-Ebenen-Systems (horizontale Ebene) und jene in der Koordination der Aktivitäten auf einer Ebene (vertikale Ebene) (Altrichter, 2015).

5.1.2 Handlungsmodi von (Steuerungs-)Akteuren

Trotz der bereits thematisierten breiten normativen oder gar standardisierungsfähigen Steuerungsimpulse von der Makroebene (globaler und nationaler Akteure) für die Verankerung der Thematik Inklusion an den Institutionen der Lehrer*innenprofessionalisierung (▶ Kap. 3; ▶ Kap. 4) muss aktuell davon ausgegangen werden, dass diese in verschiedenen Geschwindigkeiten und in unterschiedlichem Ausmaß im Transformationsprozess berücksichtigt werden.

Die Geschichte der Steuerung von Schule wird vielfach als »eine Geschichte des Scheiterns« (Kruschel & Merz-Atalik, 2023, S. 1) beschrieben, weisen Bildungssysteme international doch eine enorme Stabilität gegenüber Veränderungen auf. Inwiefern dies auch für die Wandlungs- und Entwicklungsfähigkeit des Systems bzw. der Systeme der Lehrer*innenbildung gilt, kann angesichts des diesbezüglichen Forschungsdesiderates nur angenommen werden. Zahlreiche Faktoren für die Veränderungsresistenz von Bildungssystemen dürften, unter anderem aufgrund der weitgehenden strukturellen und organisationsbezogenen Kongruenz der Strukturen, Steuerungsebenen und -akteure, mit hoher Sicherheit auch in der Lehrer*innenbildung erwartet werden. So ist die Lehrer*innenbildung in den historisch stabilen, stark administrativ geordneten institutionellen Strukturen des deutschen Bildungssystems (Wagner & Kuhlee, 2015) verortet. Folgende Merkmale werden gemeinhin als Ursachen einer institutionellen Beharrlichkeit von Bildungssystemen konstatiert.

Erstens lassen sich durch die sogenannte »lose Kopplung (teil-)autonomer Systeme« (Schreyögg, 1999, zit. n. ebd.) komplexe Systeme nur bedingt linear und zielgerichtet steuern. Auf allen Ebenen des Bildungssystems bestehen Institutionen, Organisationen und Akteure, die als teilautonome Systeme handeln. Weder top-down noch bottom-up lassen sich solche komplexen Transformationen in wiederum komplexen Systemen allein bewältigen.

> »Veränderung kann nicht einseitig von oben angeordnet werden. Sie muss auf allen Ebenen verstanden, angenommen und mitgestaltet werden können. Dies kann nicht als eindimensionaler Prozess angesehen werden« (Strasser & Koenig, 2022, S. 98).

Angelehnt an das ökosystemische Modell von Bronfenbrenner (1981) werden die verschiedenen Steuerungs- und Handlungsebenen als ineinander verschachtelte und hierarchisch aufeinander aufbauende Kreise dargestellt. In Bezug auf das Bildungssystem wird die Bildungspolitik der Makroebene zugeordnet, die im Wesentlichen durch Bundes- und Landesregierungen, Ministerien und andere Akteure auf der obersten Steuerungsebene repräsentiert ist. Die Schulaufsicht, die Schulverwaltung oder auch Finanzierungs- bzw. Unterstützungssysteme des Bildungssystems repräsentieren die Exoebene (z. B. Träger von Schulen, Wohlfahrtsverbände, Gewerkschaften). Die einzelne Schule oder der Unterricht wird auf der Mikroebene verortet (Altrichter, 2015), ebenso die individuellen Akteure und die Interaktion im direkten Tätigkeitsumfeld. Das Steuerungshandeln durch die politischen Entscheidungsträger*innen auf der Makroebene führt nicht unmittelbar zu entsprechenden Aktivitäten der Akteure auf den unteren Ebenen. Cuban (1990; 1993; 2002) untersuchte zum Beispiel Bildungsreformen in den USA in einem Zeitraum von über 100 Jahren und kam zu dem Ergebnis, dass Top-down-Prozesse zu keinen substanziellen Veränderungen im Klassenzimmer führten (vgl. Kruschel & Merz-Atalik, 2023). Dies liegt daran, dass das Bildungssystem aus vielen lose gekoppelten Akteuren besteht:

> »Die einzelnen Elemente des Schulsystems – wie die Bildungspolitik, die Bildungsverwaltung, die Träger von Schulen, die Verbände und Gewerkschaften, sowie die Akteure in den Schulen – verfügen über eine große Eigenständigkeit, während zwischen ihnen eine geringe Wirkungsdichte besteht« (ebd., S. 2).

An einigen Beispielen soll die Problematik solcher Eigenständigkeiten bzw. Teilautonomien von Teilsystemen für systemübergreifende Interventionen oder Reformen ausgeführt werden. Die Bundesrepublik hat die UNCRPD ratifiziert (2009). Da jedoch die Hoheit über die Legislative im Bildungssystem in den Bundesländern liegt (Föderalismus), haben die Bundesländer im Rahmen ihrer Teilautonomie darauf reagiert und sehr differente Aktions- und Entwicklungspläne aufgelegt sowie erheblich variierende schulgesetzliche Regelungen getroffen (Autorengruppe Bildungsberichterstattung, 2018). Diese bewegen sich zwischen dem uneingeschränkten Recht auf inklusive Bildung, dem Vorrang der Inklusion und einer Form, die man als Optionsvariante bezeichnen könnte. Das individuelle

Recht auf inklusive Bildung wurde in einigen Bundesländern zum Beispiel durch ein Elternwahlrecht im Schulgesetz oder durch die Einrichtung von regionalen Schwerpunktschulen sehr unterschiedlich rekonstruiert (dies entspricht nicht den Vorstellungen von inklusiver Bildung der UN; vgl. UN-Fachausschuss zur UN-CRPD, 2016). Letztendlich haben dann einzelne Schulverwaltungsregionen wiederum eine Teilautonomie darin, wie sie die staatlichen Vorgaben von Landesregierungen der Bundesländer (z. B. die Schulgesetze oder Ausführungsvorschriften) aufgreifen und umsetzen. Die einzelnen Schulen wiederrum können zudem relativ interessengeleitet und teilautonom Reformimpulse annehmen und umsetzen oder dies gegebenenfalls verweigern. Die folgende Abbildung (▶ Abb. 3) zeigt, wie auf den unterschiedlichen Ebenen voneinander unabhängige oder gar losgelöste Handlungslogiken vorherrschen können, die für einen linearen Steuerungsprozess hinderlich sind.

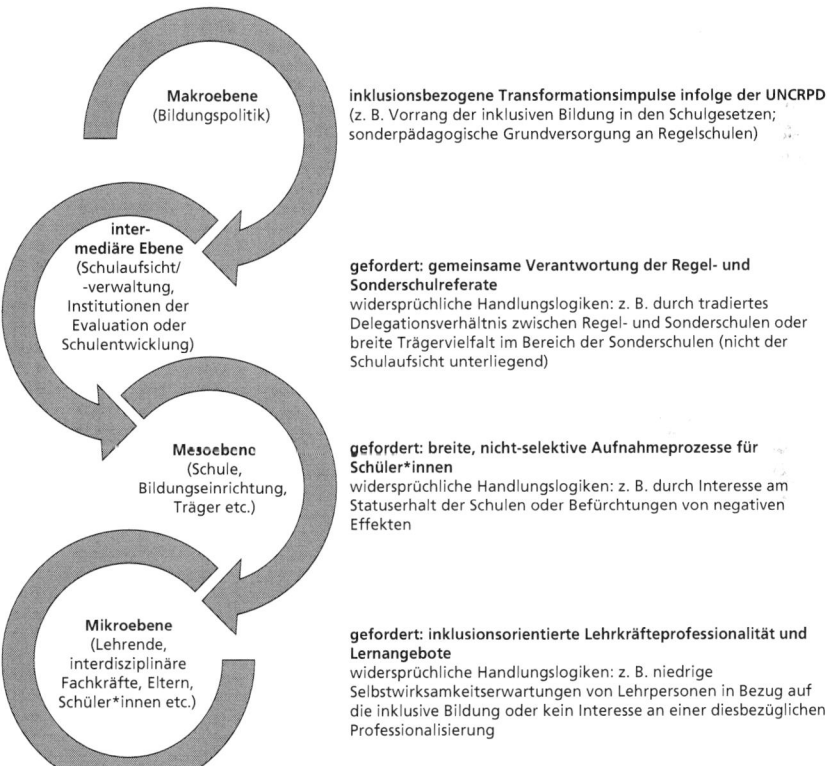

Abb. 3: Effekte von divergenten oder diskrepanten Handlungslogiken bei der Steuerung der inklusiven Bildung im Mehrbenensystem (Struktur in Anlehnung an Magnus 2016; nach Luig, 2023)

So ist die Entwicklung von inklusiver Bildung an Regelschulen in vielen Bundesländern explizit abhängig von den von Sonderschulen abgeordneten bzw. freigegebenen personellen Ressourcen (Teildeputate für inklusive Bildung oder sonderpädagogischer Dienst; z. B. in Baden-Württemberg). Auf der Mesoebene treffen hier die Handlungslogiken von Einzelschulen aufeinander (horizontal divergierende Handlungslogiken), jene der Regel- und der Sonderschulen. Beide sind in unterschiedlichem Maße von dem allgemeinen Fachkräfte- und Lehrer*innenmangel betroffen. So kommt es zu konträren Handlungslogiken. Die Sonderschulen beispielsweise versuchen die Stunden für die Kolleg*innen im ›Außendienst‹ gegebenenfalls zu reduzieren, um ihre eigenen Versorgungsnöte zu adressieren. Die mangelnde Unterstützung an den Regelschulen kann dann wiederum zu einer erhöhten Überweisungspraxis an die Sonderschulen führen. Die reine ›Abordnung von sonderpädagogischen Lehrpersonen‹ an die Regelschulen zum Ausbau von inklusiver Bildung (anstelle des Aufbaus solcher Ressourcen direkt im Regelsystem) könnte eine Strategie sein, um den Finanzierungsaufwand im Sinne der Doppelfinanzierung bei Beibehaltung beider Systeme deckeln zu können. Die schuleigenen Personalressourcen an andere Schulen zu geben, könnte jedoch der Handlungslogik von Sonderschulen widersprechen. Diese könnten versucht sein die Kontingente des Lehrpersonals an der Schule zu behalten, einerseits aus Fürsorge für die eigenen Schüler*innen, andererseits auch unter der Prämisse des Selbsterhalts und der Qualitätssicherung im eigenen System (insbesondere wenn besonders für die inklusive Bildung professionalisierte, gegebenenfalls jüngere Kolleg*innen für die Arbeit in den inklusiven Schulen geeignet scheinen). Hier begegnen sich diametral gegenüberstehende Handlungslogiken (vertikal divergierende Handlungslogiken).

Als ein weiteres Beispiel für Effekte von Teilautonomien im Akteursnetzwerk auf die Transformationsbemühungen der Bildungspolitik soll hier die Digitalisierungsoffensive des Bundes (DigitalPakt Schule) dienen. Mit dem DigitalPakt Schule unterstützt der Bund seit 2019 die Länder und Gemeinden bei Investitionen in die digitale Bildungsinfrastruktur. Ziele des Digitalpaktes sind der ›flächendeckende Aufbau einer zeitgemäßen digitalen Bildungsinfrastruktur‹ unter dem Primat der Pädagogik. Während der Bund durch die Mittelbereitstellung und das Programm den Steuerungsimpuls zur Digitalisierung im Bildungswesen gab, wurde das Verfahren gemäß den föderalen Strukturen innerhalb der Länder selbst organisiert. Erste Ergebnisse der Evaluation des Programms werden 2024 erwartet. Aber bereits zum Zeitpunkt des Verfassens dieses Buches zeigt sich, dass die Mittel in den Ländern sehr unterschiedlich abgerufen und abgeflossen sind. In den Schulen zeigt sich heute ein sehr heterogenes Bild in Bezug auf die Ausstattung mit digitalen Medien, auf die Professionalität der Lehrer*innen im Umgang mit diesen und auf die Verwendung digitaler Lehr- und Lernmittel. So wirken hier zum Beispiel auch Einstellungen und Haltungen von Schulkollegien, da diese sich mit Digitalisierungsplänen um die Mittel bewerben mussten (divergierende Entwicklungen auf horizontaler Ebene). Zudem wurde die Programmumsetzung in den verschiedenen Bundesländern auf der Makroebene mit unterschiedlichen Strategien und Implementationsanreizen gesteuert, weswegen sich folglich sehr divergierendes Abrufverhalten aus der Praxis ergeben hat.

Nun könnte man aufgrund der geschilderten Erkenntnisse und Erfahrungen eine pessimistische Schlussfolgerung bezüglich der Wirkmächtigkeit der Bildungspolitik oder ihrer Steuerungsimpulse ziehen. Die statistischen Zahlen zu Inklusions- und Exklusionsquoten in den Bundesländern zeigen erhebliche Unterschiede im Hinblick auf die Effektivität des Steuerungshandelns zur Entwicklung inklusiver Bildungssysteme (Klemm, 2021; Rackles, 2021) (▶ Kap. 3.2). Die Bildungspolitik ist also folglich

> »nicht wirkungslos. Sie kann Aushandlungsprozesse zu einem virulenten Thema initiieren, gesellschaftliche Legitimität für Innovationen erzeugen bzw. unterstützen und auch Handlungsoptionen der verschiedenen Akteure, wie Lehrpersonen, erweitern bzw. beschränken« (Kruschel & Merz-Atalik, 2023, S. 3).

(Teil-)autonome Elemente bestimmen ebenso die Zusammenarbeit im Akteursnetzwerk in der Lehrer*innenbildung. So haben die verschiedenen Institutionen (Hochschulen, Seminare etc.) unterschiedlichen Einfluss und Verfügungsrechte. Auch auf den einzelnen Ebenen firmieren unterschiedliche Handlungslogiken, die sich gegebenenfalls widersprechen. Nimmt man die diversen Organisationen oder Akteure auf der Makroebene in der Bildungs- oder Hochschulpolitik (z. B. Kultus-/Wissenschaftsministerien), auf der Mikroebene in der Hochschullehre oder Forschung (z. B. Disziplinäre Fachgruppen oder Studienkommissionen) und der intermediären Ebene in Verbänden oder Gewerkschaften (Lehrerverbände- oder -vertretungen) in ihrer Teilautonomie ernst, dann müssen lineare und rational erscheinende Top-down-Steuerungsansätze scheitern.

Nicht zuletzt bestehen auch auf der Ebene der Hochschulen solche teilautonomen Systeme, zum Beispiel durch fachliche Einheiten wie Fakultäten, Institute oder auch im Sinne vom Mikrosystem durch die einzelnen Dozierenden. Diese autonomen Systeme sind nur sehr unverbindlich miteinander verbunden, sie nehmen nur bedingt aufeinander Bezug und die Akteure handeln häufig weitgehend unabhängig voneinander. Sollen also beispielsweise neue Studieninhalte in Studienordnungen aufgenommen werden, stellt sich zunächst an den Hochschulen die Frage, welche Einheiten für die Studieninhalte zuständig sind (im Zusammenhang mit der inklusiven Bildung z. B. die allgemeinen Erziehungswissenschaften, die Schulpädagogik, die Sonderpädagogik). Zudem kann man die neue Herausforderung angehen, indem man dazu neue Einheiten schafft (z. B. eine Abteilung für inklusive Pädagogik). Mit der Diskussion um ein Mehr oder Weniger an Kreditpunkten oder Semesterwochenstunden in Modulen sind nicht zuletzt auch Fragen der Personalausstattung und der Auslastung in den Einheiten verbunden. Die zusätzliche Thematik kann so zu einem Ausbau von Personalkapazitäten führen, es kann aber auch sein, dass diesem personalneutral begegnet werden soll oder muss.

Ein weiterer Faktor, welche auf die Steuerungs- und Entwicklungsprozesse Einfluss hat, sind *Tendenzen zur Rekontextualisierung der Reformvorgaben von den verschiedenen Akteuren*. Alle Akteure im Netzwerk haben (Eigen-)Interessen, Handlungszwänge und -routinen, die sie gegebenenfalls aufrechterhalten oder nur bedingt adaptieren können und/oder wollen. Das Konzept der Rekontextualisierung (nach Fend, 2008) umfasst so,

> »wie die von der Bildungspolitik kommunizierten Inhalte durch die Adressatinnen und Adressaten von Steuerungsmaßnahmen interpretiert werden und ob bzw. wie sich dabei in

Prozessen produktiver Aneignung die Handlungspraxis und die habituellen Orientierungen verändern« (Asbrand, 2014, zit. n. Kruschel & Merz-Atalik, 2023, S. 3).

Damit wird beschrieben, wie die individuellen Akteur*innen innerhalb des Mehrebenensystems ihre Freiräume nutzen und die Steuerungsvorgaben in ihrem eigenen Sinne reinterpretieren oder gegebenenfalls sogar neu konzeptionieren.[66] Daher erscheint die Schreibweise als »Re-Kontextualisierung« (mit Bindestrich) angemessen.

Es muss im Rahmen von Transformationsprozessen immer mit spezifischen und zum Teil interessengeleiteten Re-Kontextualisierungen der Akteure und Akteursnetzwerke (Fend, 2008; Maag Merki et al., 2008; 2014; Langer & Brüsemeister, 2019) gerechnet werden. Insbesondere im Kontext der inklusiven Schulreform und der Lehrer*innenbildung für Inklusion lassen sich eigensinnige, interessengeleitete und gegebenenfalls zur inklusiven Reform kontraindizierte Re-Kontextualisierungen auf allen Ebenen des Systems denken und beobachten (Kruschel & Merz-Atalik, 2023).

Diese Re-Kontextualisierungen hängen eng mit sogenannten Pfadabhängigkeiten von Systemen zusammen, die wiederum wesentlichen Einfluss auf Steuerungs- und Handlungsaktivitäten sowie auf Transformationsprozesse haben. In der Organisationssoziologie werden Pfadabhängigkeiten (vgl. Campbell, 2004; Blanck et al., 2013; Biermann et al., 2020; Powell & Merz-Atalik, 2020) als ein Erklärungsansatz für die Trägheit von Organisationen genutzt. Diese Trägheit zeigt sich darin, dass historisch gewachsene, ritualisierte Pfade, Strukturen und Entwicklungsentscheidungen oft beibehalten werden, beispielsweise um Privilegien und Routinen zu sichern. Organisationsinterne Steuerungsimpulse sowie von außen oder oben kommende Reformanregungen werden in der Regel systemkonform oder systemerhaltend rekonstruiert.

Frühere Investitionen in die Entwicklung von Institutionen oder Organisationen erweisen sich häufig als nicht mehr gleichermaßen nutzbar, wenn sich Entwicklungsrichtungen ändern oder neue Diskurse aufkommen. Dennoch werden einst als erfolgreich betrachtete Wege oft trotz Reformimpulsen unbeirrt fortgeführt, da Organisationen ›pfadgetreu‹ handeln und die gewählten Pfade fortsetzen, selbst wenn andere Ansätze angebrachter wären. Diese Beharrlichkeit auf bestehenden Wegen behindert häufig tiefgreifende Veränderungen und erschwert die Anpassung an neue Anforderungen. Im Folgenden werden einige Herausforderungen im Lichte von Pfadabhängigkeiten mit Blick auf die unterschiedlichen Ebenen beschrieben.

---

66 So wurde in den ersten Jahren nach der Ratifizierung der UNCRPD von Politiker*innen und anderen Akteur*innen durchaus die Auffassung vertreten, dass wir (trotz der Selektion in Sonderschulen) bereits ein inklusives Bildungssystem hätten, weil alle Kinder und Jugendlichen der Schulpflicht unterliegen. Diese Auffassung wurde so zum Beispiel im Rahmen des ersten Staatenberichts der Deutschen Bundesregierung (vom 19.9.2011) an den UN-Fachausschuss als erster Punkt zur Stellungnahme zur Umsetzung der inklusiven Bildung aufgeführt (Art. 24 Education; Abs. 188, S. 41). Dieser empfahl daraufhin in eindeutigen Worten »im Interesse der Inklusion das segregierte Schulwesen zurückzubauen« (UN, 2022, Art. 24, Abs. 46b).

Mögliche Pfadabhängigkeiten auf der Mesoebene (Institution): Universitäten, die bislang eine eingeschränkte Tradition in der gymnasialen Lehrer*innenbildung haben[67], tun sich aufgrund ihrer Entwicklungsgeschichte gegebenenfalls schwerer sich den Aufgaben im Zusammenhang mit der inklusiven Bildung von Schüler*innen mit Entwicklungs- oder Lernbeeinträchtigungen zu widmen. Diese Schüler*innenpopulation zählte bislang nicht zu ihrem Aufmerksamkeitsbereich. So dürften Themen wie Bildungsbenachteiligung und Integration von Menschen mit Behinderungen bislang eher unterrepräsentiert vertreten sein. Die inklusive Bildung wurde bis dato gegebenenfalls weder in der Forschung noch in der Lehre bearbeitet. An solchen rein auf das gymnasiale Lehramt bezogenen Universitäten bedarf es folglich deutlich größerer Investitionen, damit die Thematik der Inklusion implementiert werden kann. So muss das bestehende Personal für die Thematik professionalisiert werden, es müssen eventuell neue Stellen und Professuren geschaffen werden und Anregungen dafür entstehen, dass sich das bestehende Personal auf Eigeninitiative weiterqualifiziert. Die früheren Forschungsarbeiten der Wissenschaftler*innen in den Fächern sind gegebenenfalls weniger anschlussfähig, da sie den Aspekt des Umgangs mit heterogenen Lerngruppen oder Inklusion nicht berücksichtigt hatten. So scheinen die Hürden an diesen Hochschulen deutlich größer zu sein als an anderen.

Als Beispiel für *mögliche Pfadabhängigkeiten auf der intermediären Ebene* können die Prozesse aufseiten der Träger von privaten Sonderschulen herangezogen werden. Kirchliche Organisationen und Wohlfahrtsverbände haben in Deutschland die Mangelsituation im staatlichen Schulwesen (z. B. durch nicht ausreichende inklusionsorientierte Unterstützungssysteme in den Regelschulen, zu geringes Platzangebot an staatlichen Sonderschulen) aufgegriffen und sich mit der Einrichtung von Sonderschulen im privaten Sektor sozusagen einen Markt geschaffen.[68] Rackles (2021) problematisiert deren Rolle im Hinblick auf die Transformationsprozesse, da hier eine staatliche Steuerung nur mittelbar greift und man auf die Kooperation der Träger angewiesen sei:

> »Der Anteil der Schüler*innen auf privaten Sonderschulen macht knapp ein Viertel aller Förderschüler*innen in der Exklusion aus (23%) [...] Während die öffentliche Hand zwischen 2010 und 2019 die Zahl der Sonderschulen kontinuierlich abgebaut hat (von 2.666 auf 2.147), hat der Privatschulbereich die Zahl der Sonderschulen von 2010 bis 2015 ausgebaut (von 654 auf 672) und seitdem stabil gehalten. [...] Die privaten Träger haben in den letzten 10 Jahren die Sonderschul-Kapazitäten erst der Schulen und dann bezüglich der Schüler*innen nicht im Sinne der UN-BRK abgebaut, sondern ausgebaut« (ebd., S. 71).

---

67 In Baden-Württemberg studieren beispielsweise Lehramtsstudierende für das gymnasiale Lehramt an den Volluniversitäten, während die anderen Lehrämter an den Pädagogischen Hochschulen angeboten werden.

68 Bei den privaten Sonderschulen wird eine massive Konzentration festgestellt, da sich die Hälfte aller privaten Sonderschulen bundesweit (2019) in den beiden Ländern Baden-Württemberg (23,4%) und Bayern (23,6%) befindet. Nimmt man NRW (11,1%) hinzu, so repräsentieren die drei Länder zwei Drittel aller privaten Sonderschulen (Rackles, 2021).

Damit kommt den Akteuren der privaten Sonderschulen[69], aber auch jenen der anderen Privatschulen eine erhebliche Rolle im Transformationsprozess zu. Sollen nun die institutionell gebundenen Personalressourcen und Sachmittel an den privaten Sonderschulen für die inklusive Bildung an Regelschulen umgesteuert werden, ergeben sich nicht nur aus finanzierungstechnischer Sicht einige Probleme. Eine Neuorganisation der Mittelverteilung und Personalzuweisung erfordert von allen Beteiligten enorme Transformationsbereitschaft. Transformationsbemühungen der Bildungspolitik oder anderer Akteure zu einem inklusiven Bildungssystem können so deutlich negative Konsequenzen für die privaten Träger haben, solange sich diese nicht im Sinne der UNBRK (UN, 2006) als Unterstützungsorganisation für den Aufbau eines inklusiven Bildungssystems verstehen und sich nicht aktiv zu einem Wandel bereiterklären und an der Reform beteiligen. Erfolgt dies nicht, tragen die freien und privaten Träger von Sonderschulen auch explizit zu einem fortbestehenden Bedarf an Sonderpädagog*innen für die segregierte Schulpraxis bei und stützen damit die Aufrechterhaltung des traditionellen Berufsbildes. Es bleibt, dies sei an dieser Stelle anzumerken, zudem unverständlich, warum in dem Feld der Schüler*innen mit Behinderungen und Lernbeeinträchtigungen das staatliche Bildungssystem seine Verantwortung überhaupt an freie Träger abgegeben hat. Dies scheint doch weitgehend ein Novum im internationalen Raum zu sein.

*Mögliche Pfadabhängigkeiten auf der Mikroebene (Mitarbeiter*innen an Hochschulen):* Forscher*innen der allgemeinen Schulpädagogik, deren Forschungs- bzw. Publikationsleistungen und deren Hochschullehre bislang auf Beiträgen zur Didaktik in weitgehend leistungshomogenen Lerngruppen in einem selektiven Bildungssystem basieren (z. B. entsprechend dem Jahrgangsklassenprinzip, der differenten Schultypen oder Leistungsgruppen im Sekundarstufenbereich sowie der Selektion von Schüler*innen mit Lernbeeinträchtigungen in das eigens dafür vorgesehene Sonderschulsystem), können ihre bisherigen Arbeiten und ihr Wissen nicht unmittelbar im Kontext der Transformation zu einem inklusiven, diversitätsorientierten Bildungssystem verwerten. Investitionen in eine wissenschaftliche Laufbahn mit der Fokussierung auf schultypen- oder schülertypenspezifischer Forschung (z. B. mit Bezug auf die Hauptschulpädagogik oder zum Unterricht an Sonderschulen mit einer Schülerschaft in einem spezifischen Förderschwerpunkt) erscheinen im Hinblick auf die Thematik der inklusiven Bildung zumindest nicht unmittelbar anschlussfähig oder verwertbar. Solange die eigene Professionalisierung und Weiterentwicklung von Dozierenden und Forscher*innen als weitgehend freiwillig erachtet wird, von den individuellen Motivlagen abhängig ist[70] und nicht explizit durch die Hochschulpolitik als Grundlagenkompetenz für Lehrende in Lehramtsstudiengängen definiert wird oder das menschenrechtliche Anliegen

---

69 Der Einfluss ist nicht unerheblich, da zum Beispiel in Baden-Württemberg ca. 30 % der Sonderschulen (SBBZ – Sonderpädagogische Bildungs- und Beratungszentren) in privater Trägerschaft sind, mit steigender Tendenz.
70 So lassen sich immer wieder Argumente vernehmen wie: ›Bei uns im Bundesland findet aktuell an den Gymnasien noch keine Inklusion statt, daher scheint mir die Bedeutung für die Lehre im gymnasialen Lehramt nicht sehr hoch.‹

hinter der Reform gar öffentlich ohne Angst vor Sanktionen zur generellen Disposition gestellt werden kann[71], dürften der »Möglichkeitssinn« (Musil, 1978 [1930–1943], zit. n. Strasser & Koenig, 2022, S. 97) und die Motivation der Akteure sich zu professionalisieren oder neu zu orientieren auch zukünftig eher gering ausfallen.

Ein weiteres ausgewähltes Beispiel für *Pfadabhängigkeiten auf der Mikroebene* (Lehrende in der Sonderpädagogik): Lehrende in den historisch strukturell verankerten sieben sonderpädagogischen Förderschwerpunkten[72] in der Sonderpädagogik, die oftmals auf der Basis ihrer berufsbiografischen Erfahrungen als Sonderschullehrer*in an den jeweiligen förderschwerpunktspezifischen Sonderschulen den Weg in die Wissenschaft gefunden haben, weisen oftmals eine starke Identifikation mit der ehemaligen Beschäftigungsstelle (Sonderschule als Institution) oder der Profession (Lehramt Sonderpädagogik im Sinne eine/r ›Sonderschul*lehrer*in*‹) auf. Eine Tätigkeit angehender Sonderpädagog*innen an inklusiven Schulen als systemunterstützende Inklusionsfachkraft (mit geringerer Gewichtung der Klassenlehrerfunktion) und einer Verantwortlichkeit für mehrere Förderschwerpunkte könnte so gegebenenfalls als weniger attraktives Berufsfeld wahrgenommen werden. Vielfältige, eher klassisch sonderpädagogisch orientierte Handlungskonzepte (individuum-, interventions- oder therapeutisch fokussiert), die jahrzehntelang wissenschaftlich grundgelegt und ausgearbeitet wurden, erscheinen nur bedingt für ein inklusives Bildungssystem adaptierbar. So lassen sich Pfadabhängigkeiten durch die institutionelle bzw. professionelle Identifikation von Akteuren denken. Die im Rahmen des Inklusionsdiskurses zunehmend geforderte Aufhebung (Hinz & Köpfer, 2016) bzw. Verknüpfung der Förderschwerpunkte[73] (frühere sonderpädagogische Fachrichtungen) hätte zudem erhebliche Auswirkungen auf die organisatorische Verankerung und den Status des eigenen Faches im Sinne eines Förderschwerpunktes innerhalb der Hochschule (z. B. institutionalisiert als Institut oder Abteilung mit Verfügungsrechten in der Hochschulverwaltung und eigenen Budgets). Die Personalsituation wird von der curricularen Verankerung eines Faches innerhalb der Studienordnungen (z. B. durch ECTS-Punkte für Lehre und Prüfungen) bestimmt. Die Studienordnungen und Modulbeschreibungen werden durch Arbeitsgruppen aus den Fächern entwickelt. Durch die Festschreibung von bestimmten Inhalten und Strukturen werden curriculare Normwerte festgelegt (Fach x bringt einen Umfang von y ECTS-Punkten ein), die wiederum die Personalkapazität eines Faches bestimmen. Im Sinne des

---

71 Inklusive Bildung sei ein »Problem« und nicht umsetzbar; so ein Gymnasiallehrer, der sich als Autor von kritischen Büchern zur inklusiven Bildung bekannt gemacht hat. Der Name des Autors wird nicht genannt, da seine Publikationen nicht als wissenschaftlich gelten können.
72 Nur in den deutschsprachigen Ländern werden Lehramtsstudierende in der Sonderpädagogik spezialisiert für sieben unterschiedliche Förderschwerpunkte ausgebildet (vgl. Lehramtstyp 6; KMK, 2018). In anderen Ländern international überwiegen die cross-kategorialen Anteile im Studium der Sonderpädagogik.
73 An der Humboldt-Universität Berlin kann aktuell das Lehramt Primarstufe oder Sekundarstufe mit einem ›Vertiefungsfach Sonderpädagogik‹ studiert werden. Dieses Fach fokussiert die drei Förderschwerpunkte ›Sprache‹, ›Soziale und emotionale Entwicklung‹ und ›Lernen‹.

Erhalts der Personalstruktur innerhalb eines Faches müssen so Studiengangsreformen als mögliches Risiko für den Status in der Hochschule betrachtet werden. So lassen sich hier ebenfalls vielfältige Pfadabhängigkeiten als optionale Barrieren für die inklusive Transformation erkennen.

Nach Maguire (2015) ist die Lehrer*innenbildung in Deutschland vergleichsweise streng geregelt. Die Autorin bezeichnet die Regelungen hierzulande als stabilisiert und dadurch stärker pfadabhängig (im Vergleich zu den USA oder England). Ihres Erachtens besteht

> »eines der grundlegenden Dilemmata bei der Reform der Lehrer*innenbildung [...] darin, dass häufig eine Reihe von Versuchen zur Veränderung und Verbesserung in Konflikt mit anderen, gegensätzlichen Reformen gerät« (ebd., S. 33; Übers. d. Verf.).

Teilweise werden Reformen von Maguire als gegensätzlich wahrgenommen, obwohl sich diese im Sinne eines Universal Designs verknüpfen lassen könnten (z. B. Studieninhalte mit Bezug auf die differenzierte, individualisierte Gestaltung von Unterricht und Förderung bei Hochbegabung bzw. bei kognitiven Lernbeeinträchtigungen). Hier wirken oftmals scheinbar divergierende Interessen verschiedener Schüler*innenpopulationen und der diversifiziert bzw. spezialisiert ausgebildeten Pädagog*innen, die zu sogenannten *Kompartmentalisationen* (Ebersold & Meijer, 2016) führen, das heißt, die Themen werden in getrennten Sektoren bearbeitet. Diese Kompartmentalisation erschwert wiederum das kollaborative Denken und Handeln der Akteure, zum Beispiel bei den Reformthemen der Digitalisierung und der Inklusion, die einige Jahre zeitgleich das Bildungssystem tangierten, jedoch erst später im Sinne von Verknüpfungen (digitale Inklusion) gedacht wurden. Trotz der zunehmenden Initiativen die Herausforderungen und Chancen der beiden Ansätze zu verknüpfen (vgl. z. B. Merz-Atalik & Schluchter, 2021) werden die Ansätze jedoch von vielen Akteuren im Bildungssystem als nebeneinander bestehende Handlungs- und Innovationsaufforderungen verstanden. So kann sich bei den Akteuren in den Schulen leicht ein Eindruck der beständigen Überforderung durch die Vielzahl an Reformbestrebungen breitmachen. Hier besteht der dringende Bedarf seitens der Bildungspolitik wie auch der Bildungswissenschaft die verschiedenen Reformansätze praxiswirksam miteinander zu verschränken.

Zu den weiteren Barrieren aus einer Governance-theoretischen Perspektive lassen sich, wie bereits im vorhergehenden Abschnitt dargelegt, Formen von »Kompartmentalisationen«[74] (Ebersold & Meijer, 2016) erkennen. Die Mitarbeiter*innen in den Organisationen wie den Ministerien oder Schulämtern haben in vielen Bundesländern eine schultypenspezifische Zuständigkeit und dadurch nur bedingt Einfluss auf die jeweils anderen Schultypen. So gibt es zum Beispiel Referent*innen in den Schulämtern mit einer Zuständigkeit für die Sonderschulen, die gleichsam keine offizielle bzw. nur eine nicht weitgehende Verantwortlichkeit für die inklusiven Grund- und Gemeinschaftsschulen haben (Merz-Atalik & Beck, 2022a), sondern nur für einzelne Schüler*innen mit einem sogenannten sonderpädagogischen Förderbedarf. Diese selektionsorientierte Struktur des Bildungssystems zieht

---

74 In diesem Zusammenhang wird mit dem Begriff die Division von Systemen in geteilte, voneinander unabhängig agierende Sektionen beschrieben.

sich in der Regel von der Schulpraxis (Mikroebene) über die verschiedenen Schulaufsichtsebenen, die Schulverwaltung (Mesoebene oder intramediäre Ebene) bis zum entsprechenden Bildungs- bzw. Wissenschaftsministerium (Makroebene) durch. Unter dem Begriff der Kompartmentalisation lassen sich zudem die getrennten Zuständigkeiten in den Ministerien für ›Soziales‹ und für ›Bildung‹ fassen, wenn es um die Ausstattung der Schulen mit inklusionsbezogenem Personal geht. So ist zum Beispiel in Baden-Württemberg das Sozialministerium bei der Zuweisung von Schulbegleitungen für individuelle Schüler*innen involviert und das Kultusministerium bei jener für die von Lehrer*innendeputaten. Die Kollaboration zwischen diesen Resorts erscheint im Rahmen der Entwicklung eines inklusiven Bildungssystems und der entsprechenden Ressourcenausstattung folglich als eine unerlässliche Bedingung. Aufgrund der Kompartmentalisationen halten sich häufig die gesonderten institutionsbezogenen Handlungslogiken, die eine umfassend gemeinsam verantwortete Transformation des Bildungssystems behindern können.

Zur Steuerung einer so komplexen Bildungsreform bedarf es einer klaren Vision (European Commission, 2018), die im Akteursnetzwerk geteilt wird. Damit die Transformationsprozesse im komplexen Bildungssystem zielgerichtet und nachhaltig wirken, ist es notwendig, die Vision sowie die erforderlichen Schritte für alle Akteure auf allen Ebenen des Bildungssystems und Netzwerks klar zu definieren. Dies ist deswegen von Bedeutung, da die Akteure in verschiedene Aktivitäten und organisatorische Strukturen eingebunden sind (Altrichter, 2015; Merz-Atalik & Beck, 2022a; 2022b; Merz-Atalik & Beck, 2020; Merz-Atalik & Hudelmaier-Mätzke, 2016). Die European Commission (2018) unterscheidet bei effektiver Governance zwischen der horizontalen Interaktion und Integration von Akteuren, wie etwa zwischen den zuständigen Ministerien für Soziales und Bildung, und der vertikalen Ebene, die die Zusammenarbeit zwischen den verschiedenen Stufen des Bildungssystems und deren Akteuren, beispielsweise beim Übergang von schulischer zu beruflicher Bildung, umfasst. Beide Ebenen sollten im Steuerungsprozess berücksichtigt, die verschiedenen Akteure vernetzt und ihre Zusammenarbeit gesichert werden, damit möglichst alle auf Grundlage einer gemeinsamen Vision agieren können. Ein

> »transformatives Inklusionsverständnis [verlangt] von Akteur*innen (in Organisationen) sowohl ein Bewusstsein über das Gewordensein gegenwärtiger Strukturen als auch die intentionale Gestaltung eines aktiven Prozesses des ›Future-Forming‹ (Gergen 2015) sowie der Reflexiven Zukunftsarbeit [...] um dessen Neuwerden zu ermöglichen« (Koenig, 2022, S. 22).

Die genannten Beispiele zeigen deutlich, dass der Versuch, die Reform der inklusiven Lehrer*innenbildung innerhalb der historisch gewachsenen selektiven ›Kulturen, Strukturen und Praktiken‹ (Booth & Ainscow, 2017) umzusetzen, ohne das Bestehende kritisch zu hinterfragen, den aktuellen Stand und die damit verbundene Sicherheit destabilisieren könnte und nur bedingt Erfolg verspricht. Eine Vorgehensweise, die sich ausschließlich auf die schrittweise Anpassung des Bestehenden stützt, birgt vielmehr die Gefahr einer rein inkrementellen Entwicklung (Blanck et al., 2013). Es sollte berücksichtigt werden, dass die inklusive (Lehrer*-

innen-)Bildungsreform für alle Entscheidungsträger*innen und Akteure gemeinhin

> »immer auch ein Eintreten in die Risikozone der Instabilität [bedeutet]. Das bedeutet für Menschen in Führungspositionen die Notwendigkeit, sich mit Fragen der Neuverteilung von Macht sowie des Aushaltens konzeptioneller Unsicherheit, welche weder vollkommen steuerbar noch in ihrer zeitlichen Ausdehnung restlos einschätzbar ist, auseinanderzusetzen« (Koenig, 2022, S. 25).

Damit die möglichen Faktoren und Konsequenzen einer Destabilisierung und Unsicherheiten frühzeitig erfasst und lösungsorientierte Konzepte für die Akteure im Prozess angeboten werden können, ist es für das Steuerungshandeln dringend erforderlich, die konkreten Ausgangsbedingungen und deren Auswirkungen auf die Akteure vollständig zu ermitteln und zu dokumentieren. Mögliche negativ bewertete Konsequenzen für institutionelle und individuelle Akteure müssen sorgfältig abgewogen und transparent verhandelt werden, um sicherzustellen, dass alle Akteure an den Prozessen anschlussfähig bleiben oder sogar vollständig partizipieren können. Nur so scheint es aus Governance-theoretischer Sicht möglich, dass auch komplexe Veränderungen im System im Sinne von weitreichenden Musterwechseln erreicht werden können.[75] Die Voraussetzungen für Veränderungen (European Commission, 2018) sind auf allen Ebenen des Mehrebenensystems gründlich zu ermitteln und zu reflektieren, bevor im Transformationsmanagement richtungsweisende Entscheidungen getroffen werden.

> »In pädagogischen Organisationen ergibt sich der Veränderungsbedarf nicht allein aus geänderten politischen Vorgaben oder neuen wissenschaftlichen Erkenntnissen. Er betrifft nicht nur die praktische Handlungsebene, sondern vor allem die schwieriger zu erreichende Ebene der individuellen Grundannahmen und Überzeugungen« (Strasser & Koenig, 2022, S. 98).

Im Hinblick auf die Lehrer*innenbildung gilt es zu beachten, dass die Lehrenden und Forscher*innen an den Hochschulen, die Dozierenden in den lehrerausbildenden Institutionen wie auch die angehenden Lehrer*innen jene Akteur*innen, sind

> »die entscheiden, ob neue, potenziell Musterwechsel initiierende Regeln in die Organisationen hineingetragen werden können. Sie gestalten damit einen mehr oder weniger engen Flaschenhals für Innovation« (Koenig, 2022, S. 25).

Die historisch und biografisch gewachsenen (kulturellen) Überzeugungen, die Identifikation mit etablierten Strukturen und Abläufen sowie die daraus resultierenden Interessen und Motivationen von Organisationen und Personen(-gruppen) können entweder anschlussfähig, entwicklungsfähig oder im Widerspruch zur inklusiven Bildungsreform stehen. Für einen zielgerichteten Transformationsprozess

---

75 So beklagte einmal ein Schulleiter einer Sonderschule mit dem Förderschwerpunkt ›Lernen‹ seine Situation angesichts des persönlichen Engagements für die Inklusion wie folgt: »Wenn ich weiteren Schüler*innen den Übergang zu einer inklusiven Regelschule ermögliche, dann fällt meine Schule unter eine Mindestschülergröße. Damit riskiere ich meine eigene Stelle als Schulleiter« (Beispiel aus Baden-Württemberg), während in Bremen die Schulleitungen von ehemaligen Sonderschulen heute teilweise als zweite Schulleitung an inklusiven Schulen eingesetzt werden.

ist es daher notwendig, diese ausführlich zu erfassen und zu verstehen (Kruschel & Merz-Atalik, 2023) und die notwendigen Anpassungen und Bedingungen für alle Beteiligten zu berücksichtigen.

Die handlungsleitenden Fragestellungen der diversen Steuerungsakteure in der Lehrer*innenbildung sollten also sein:

- Wie gelingt es die Zielsetzungen der Transformation als Leitidee für die Entwicklung an die verschiedenen Akteure zu vermitteln (Vision)?
- Welche Impulse, Voraussetzungen und Handlungsspielräume ermöglichen es den Akteuren der Lehrer*innenbildung systemtransformierend zu agieren?
- Wie sollten die Prozesse und Aktivitäten im Akteursnetzwerk gesteuert und angelegt sein, damit eine größtmögliche Transparenz und Partizipation ermöglicht wird?
- Wie können die Prozesse und Aktivitäten auf dem Weg zu einer konsequenten Professionalisierung von Lehrpersonen für ein inklusives Bildungssystem angestoßen, begleitet und zielgerichtet evaluiert werden?

Die Abbildung des Akteursnetzwerkes (▶ Kap. 5.1) hat gezeigt, dass die Vielfalt der Aktanten und Akteure auch in der Lehrer*innenbildung scheinbar unüberschaubar ist. Es erweitert sich zudem durch die im Rahmen der inklusiven Bildungsreform eingebundenen nicht-staatlichen bzw. nicht-schulischen Stakeholder. Die Komplexität der Steuerungs- und Abstimmungsprozesse sowie der Entscheidungs- und Handlungswege innerhalb einer Akteurskonstellation steigt mit der Anzahl der beteiligten Organisationen und Akteure signifikant. Daher bedarf es in der inklusiven Entwicklung von Lehramtsstudiengängen sowie Fort- und Weiterbildungsangeboten

- der Gestaltung eines Transformationsprozesses unter größtmöglicher Partizipation aller Akteure, der von einem ›transformativen Inklusionsverständnis‹ (Koenig, 2022) getragen ist[76];
- der Entwicklung von inklusionskongruenten Regularien (z. B. Gesetzgebungen, Rahmenverordnungen, Studien- und Prüfungsordnungen, Modulbeschreibungen);
- der Entwicklung und Kommunikation einer klaren Vision (Was wird unter Inklusiver Bildung verstanden? Wie soll diese durch die Professionalisierung der zukünftigen Lehrpersonen erreicht und gesichert werden?) unter Einbindung der schulischen Praxis;
- dem Abbau von inklusionshinderlichen Kompartimentierungen (z. B. zwischen verschiedenen Disziplinen und Organisationen wie der allgemeinen Schulpädagogik und der schulbezogenen Sonderpädagogik oder zwischen den Phasen der Lehrer*innebildung);
- dem Aufbau von institutionalisierten Formen der Koordinierung und Kollaboration auf den vertikalen und horizontalen Ebenen des Akteursnetzwerks

---

76 Inklusion als ›kollektives Gut‹.

(Ebersold & Meijer, 2016; European Commission, 2018), zwischen allen Akteuren der Lehrer*innenbildung (z. B. durch den Aufbau von Steuerungsgruppen);
- und einem Qualitätssicherungsprozess, der ausgehend von einer Ist-Analyse, konkrete Meilensteine zeitlich festlegt, und Ergebnis- wie auch Prozessqualitäten kontinuierlich reflektiert, evaluiert und für die (Fach-)Öffentlichkeit dokumentiert und Erkenntnisse zugänglich macht.

> These 17: Eine inklusive Lehrperson ist in der Lage die Steuerungsinstrumente und Regularien für das inklusive Bildungssystem in ihrer Bedeutung für den Transformationsprozess kritisch zu reflektieren (z. B. Kompartmentalisationen, mangelnde Interaktion, Koordination oder Kollaboration). Sie reflektiert ihre eigene Rolle im Akteursnetzwerk und in der inklusiven Transformation im Bildungssystem.

> These 18: Einer inklusiven Lehrperson ist die Bedeutung von gemeinsamen Visionen für das Akteurshandeln im Netzwerk bewusst. Sie ist in der Lage sich aktiv ins Akteursnetzwerk einzubringen und weiß um die Bedeutung von partizipativen Interaktions- und Kommunikationsstrukturen auf vertikaler und horizontaler Ebene.

> These 19: Eine inklusive Lehrperson erkennt die Bedeutung von Qualitätssicherungsprozessen im Mehrebenensystem (z. B. Feedbackschleifen, Monitoring, Indikatoren für die Evaluation) für die Nachhaltigkeit der Bildungsreform und setzt sich aktiv mit Qualitätsentwicklungsinstrumenten für die eigene Praxis auseinander (wie zum Beispiel dem Index für Inklusion; Booth & Ainscow, 2017).

5.1.3 Politische Kräfte in den Transformationsstrategien und -prozessen (Fallbeispiele)

Die Umsetzung eines inklusiven Bildungssystems und die Implementierung einer dafür angemessenen Lehrer*innenbildung setzen Entscheidungen an anderer Stelle als in der Schulpraxis voraus (Feuser, 2013). Die UNESCO (2013) sieht als verantwortliche Akteure insbesondere auch die Policy-Ebenen und zeigt deren Einflussmöglichkeiten für die Gestaltung einer inklusiven Lehrer*innenbildung umfassend auf. Allerdings können auch (politische) Kräfte wirken, die sich gegen die inklusionsorientierte Reform der Lehrer*innenbildung stellen, insbesondere da die Erstausbildung von Lehrpersonen, wie zuvor dargestellt, ein ausgesprochen komplexes System mit sehr differenten Akteuren und Interessen ist.

> »Die Erstausbildung von Lehrern ist ein komplexes und umstrittenes Gebiet. Als Teilbereich der Hochschulbildung ist sie sowohl theoretisch als auch praktisch – sozusagen ›original‹ und ›angewandt‹ –, stellt aber weder Theoretiker noch Praktiker voll zufrieden.

Sie ist anfällig für politische Forderungen, für scharfe Kritik aus allen Sektoren und für die Schwäche ihrer institutionellen Unsicherheit« (Phillips, 2015, S. V; Übers. d. Verf.).

Die Autor*innen lenken in ihrem Vorwort zu einer ersten internationalen Publikation zu Fragen der Governance in der Lehrerbildung im Jahr 2015 (ebd.) die Aufmerksamkeit auf eine umfassende ›Anfälligkeit‹ des Lehrer*innenbildungssystems für politische Forderungen (Makrobene) und gesellschaftliche Kritik. Dabei nehmen sie keinen Bezug auf spezifische Fragen der Lehrer*innenbildung, stellen aber fest, dass Ungewissheiten in Theorie und Praxis als Ursachen für die institutionelle Unsicherheit gelten können. Vor allem in Bezug auf die relativ neuen Reformanforderungen in der Lehrer*innenbildung, wie zum Beispiel das Thema Inklusion, sind diese Unsicherheiten vermutlich besonders groß. Das liegt daran, dass die Anpassungen der Lehramtsstudiengänge und -inhalte bisher weitgehend noch nicht durch entsprechende Forschung oder Evidenz evaluiert oder legitimiert zu werden scheinen. Solche Interventionsstudien müssten als Langzeitstudien angelegt sein und die verschiedenen Konzepte im Hinblick auf ihre Praxiswirksamkeit hinterfragen. Dies scheint angesichts des damit verbundenen zeitlichen wie auch finanziellen Aufwands, aber auch angesichts der Komplexität der Fragestellungen durchaus ambitioniert.

Es gilt festzustellen, dass Entscheidungen und Vorgaben auf der Steuerungsebene in der Lehrer*innenbildung stark politisch determiniert und nur bedingt forschungs- bzw. evidenzbasiert sind, wodurch sie teilweise fast beliebig erfolgen. Dies wird deutlich am Vergleich zwischen globalen und nationalen Steuerungsimpulsen und den daraufhin erfolgten oder ausgebliebenen Transformationsentscheidungen in zwei Bundesländern Deutschlands, nämlich Berlin und Baden-Württemberg. Beide Länder setzten zeitgleich *Expert*innenkommissionen* ein, die eine beratende und empfehlende Funktion zur Weiterentwicklung der Lehrerinnenbildung übernehmen sollten. Nach einem mehrmonatigen Beratungs- und Anhörungsprozess trafen die politischen Akteure jedoch – trotz weitgehend übereinstimmender Empfehlungen der Expert*innen – vollkommen gegensätzliche Entscheidungen.

In Baden-Württemberg wurde im Jahr 2012 durch die Landesregierung[77] eine ›Expertenkommission zur Weiterentwicklung der Lehrerbildung in Baden-Württemberg‹ (2012–2013) eingesetzt. Der Auftrag an die Kommission lautete

> »Empfehlungen zur Weiterentwicklung der Lehrerbildung in Baden-Württemberg zu geben. Insbesondere sollten unabhängig von der Schulart alle Lehrerinnen und Lehrer zu individueller Förderung, Inklusion und aktiver Teilhabe an der Schulentwicklung ausgebildet werden« (Ministerium für Wissenschaft, Forschung und Kunst Baden-Württemberg, 2013, S. 10; vgl. auch Merz-Atalik & Beck, 2022a, S. 159 f.).

Der Kommission gehörten sechs nationale Wissenschaftler*innen und drei aus dem eigenen Bundesland sowie ein Schulentwickler (aus der Schweiz) an. Die Mitglieder der Kommission gingen unter anderem davon aus, dass man aufgrund der Umsetzung der UNCRPD (2006) in den Folgejahren von »eine[r] Zunahme der

---

77 Zu diesem Zeitpunkt regierte in Baden-Württemberg eine Koalition zwischen den Grünen und der SPD (2011–2016).

schulischen Förderung von Kindern und Jugendlichen mit sonderpädagogischem Förderbedarf in allen allgemeinbildenden Schulen« (Ministerium für Wissenschaft, Forschung und Kunst Baden-Württemberg, 2013, S. 53) ausgehen müsse. Die Expert*innenkommission empfahl im Rahmen des Abschlussberichtes unter anderem

> »eine Aufhebung der grundständigen Studiengänge für Sonderpädagogik im Lehramt zugunsten eines Studienschwerpunktes ›Sonderpädagogik‹ in den Studiengängen Lehramt an Grundschulen, Lehramt an Sekundarschulen und im beruflichen Lehramt« (ebd., S. 54).

Statt den Vorgaben der Kommission von 2013 zu folgen, wird bis heute weiterhin in den tradierten sieben sonderpädagogischen Förderschwerpunkten in einem eigenständigen Lehramt Sonderpädagogik ausgebildet. Insbesondere berufsständische Vertretungen der Sonderpädagogik wie auch des Gymnasiums im Bundesland »äußerten sich öffentlich kritisch gegen die Umsetzung der Empfehlungen« (Merz-Atalik & Beck, 2022a, S. 160). Bis heute orientieren sich die Vorgaben für die Verankerung der Thematik Inklusion in der Rahmenverordnung für die Regelschullehrämter in Baden-Württemberg an den Mindestvorgaben der KMK von lediglich sechs ECTS-Punkten (also in der Regal zwei Seminare), wenn auch die Studienstandorte teilweise ein breiteres Studienangebot vorsehen.

Im selben Jahr entschied die Politik in Berlin auf der Basis der Empfehlungen der dortigen Lehrerbildungskommission die gleichlautenden Empfehlungen der Expert*innen für den Studiengang Lehramt Sonderpädagogik umzusetzen (Senatsverwaltung 2012[78]) und in der Folge keinen eigenständigen Lehramtsstudiengang für Sonderpädagogik mehr anzubieten. Dieser wird seitdem durch einen Studienschwerpunkt ›Sonderpädagogik/Rehabilitationswissenschaften‹ in den Studiengängen ›Lehramt an Grundschulen‹, ›Lehramt an Integrierten Sekundarschulen und Gymnasien‹ sowie ›Lehramt an beruflichen Schulen‹ angeboten. Die Entscheidungsspielräume auf der politischen Ebene wurden hier wesentlich stärker im Hinblick auf den Bedarf an Lehrkräften für ein nicht-segregierendes und inklusives Bildungssystem genutzt. Der Studienschwerpunkt richtet sich vor allem auf jene Förderschwerpunkte, die im Bereich der Sonderpädagogik am häufigsten diagnostiziert werden, nämlich ›Lernen‹, ›Sozial und emotionale Entwicklung‹ und ›Sprache‹. Daher ist davon auszugehen, dass in der Mehrheit der Klassen an den Schulen mit Schüler*innen der entsprechenden Förderschwerpunkte zu rechnen ist. So dürfte es Berlin gelungen sein in wenigen Jahren deutlich mehr Lehrpersonen zu qualifizieren.

Ein weiteres Beispiel ist die Verankerung des Themas inklusive Bildung in den Rahmenverordnungen der Bundesländer. In der Regel werden dafür auf Landesebene Expert*innenkommissionen oder Steuerungsgruppen für die verschiedenen Studienmodule in den Lehramtsstudiengängen gebildet. Die Umsetzung der Empfehlungen hängt jedoch vielerorts von der Zustimmung der Kultusministerien, teilweise auch der Wissenschaftsministerien, sowie von den eingesetzten Lehrerbildungsgremien auf Makroebene oder den jeweiligen Landtagen ab. Dass diese

---

78 Zu diesem Zeitpunkt regierte in Berlin eine Koalition aus SPD und CDU (2011–2014).

Zustimmungserfordernis eine (politisch motivierte) lenkende Wirkung haben kann, zeigt erneut ein Beispiel aus Baden-Württemberg. Hier wurde das von einer eigens eingesetzten Steuerungsgruppe entworfene Modul ›Heterogenität und Inklusion‹ von den politisch Verantwortlichen – entgegen den Intentionen der *Steuerungsgruppe* – lediglich als Anhang in die Rahmenverordnung (2015) aufgenommen und nicht als obligatorischer Studieninhalt festgelegt (Merz-Atalik & Beck, 2022a).

Die beiden ausgewählten Beispiele dürften bundesweit keine Ausnahmen darstellen. Sie verdeutlichen, dass es einen dringenden Bedarf gibt, die Steuerungsprozesse und -strukturen selbst kritisch zu hinterfragen und vergleichend zu erforschen. Dies betrifft insbesondere Aspekte wie transparente und demokratische Entscheidungswege, Partizipationsmöglichkeiten für die Fachöffentlichkeit, den Stellenwert von Expert*innen und deren Empfehlungen für politisches Handeln sowie die Effektivität des daran anschließenden Steuerungshandelns in Bezug auf konkrete Ziele und Meilensteine. Zudem sollte die Nachhaltigkeit solcher Gremien reflektiert werden, da deren Arbeitsprozesse oft punktuell und zeitlich befristet sind. Im Hinblick auf das bildungspolitische Steuerungshandeln in Transformationsprozessen des Bildungssystems und seiner Teilsysteme besteht nach wie vor ein erheblicher Forschungsbedarf.

5.2 Status quo der Lehrer*innenbildung für Inklusion

Unmittelbar vier Jahre nach der Verabschiedung der UNCRPD (2006) fiel das Statement der Herausgeberin eines Sammelbandes zur Lehrer"innenbildung für Inklusion im internationalen Raum noch sehr ernüchternd aus:

> »Während es überall auf der Welt eine enorme Diversität in den Bedürfnissen von Schüler*innen gibt und in der Art und Weise, wie sich diese auf ihre Lehrer*innen einlassen, und generell eine Zustimmung vorherrscht, dass das Eingehen auf diese Bedürfnisse intensiver, herausfordernder und schwieriger geworden ist und erhebliche Anforderungen an Lehrpersonen darstellt, hat sich im Sinne von radikalen Veränderungen in der Lehramtsausbildung und der professionellen Entwicklung relativ wenig getan, was dies ermöglichen würde« (Forlin, 2010a, S. 4; Übers. d. Verf.).

Die Situationsbeschreibung zum Entwicklungsstand vier Jahre nach der UN-Behindertenrechtskonvention (2006) trifft heute – fast 15 Jahre später – immer noch auf einen Großteil der Hochschulen bundesweit zu. Lehrer*innenbildung ist in Deutschland keine nationale Aufgabe wie in vielen anderen Ländern in Europa, sondern eine, die von den sechzehn Bundesländern im Namen der föderalen Strukturen und der damit verbundenen Kulturhoheiten über die Bildung eigenständig wahrgenommen wird. Für alle Bildungsangelegenheiten gilt seit dem Zweiten Weltkrieg das Prinzip des Föderalismus,

»um eine starke zentralistische Gewalt zu verhindern. Folglich hat jedes Bundesland weitreichende Rechte und trägt die Verantwortung für die Lehrerbildung im Allgemeinen und für strukturelle Aspekte im Besonderen. Dementsprechend haben die einzelnen Bundesländer ihre eigenen Gesetze und Verordnungen für die Lehrerbildung« (Hilligus, 2015, S. 114).

Der Föderalismus führt zu einer erheblichen Vielfalt an formalen Strukturen und curricularen Grundlagen, insbesondere im Hinblick auf inklusionsbezogene Studieninhalte und -strukturen. Eine umfassende Darstellung der verschiedenen Organisationsformen der Lehramtsstudiengänge in den Bundesländern – und erst recht eine detaillierte Analyse der Umsetzung von Professionalisierungskonzepten für inklusive Bildung – scheint angesichts der unüberschaubaren und oft sogar landesintern unterschiedlich gestalteten Vielfalt nahezu unmöglich. Dennoch lassen sich aus einer vergleichenden Perspektive einige wesentliche Bestimmungsmerkmale und Kriterien für die inklusionsorientierte Transformation identifizieren und beschreiben.

In der UN-Behindertenrechtskonvention (UN, 2006), den General Comments, späteren völkerrechtlichen Abkommen sowie in den daraufhin erarbeiteten Ausführungsdokumenten der Vereinten Nationen zur Umsetzung finden sich richtungsweisende und vielfach forschungsbasierte Schlussfolgerungen für die Lehrer*innenbildung (▶ Kap. 3.1). Mit der Unterzeichnung der UN-Behindertenrechtskonvention (2009) drang auch in Deutschland – mit einiger Verzögerung gegenüber dem internationalen Diskurs – langsam die Einsicht, dass inklusionsbezogene Reformen im Bildungssystem und insbesondere in der Lehrer*innenbildung notwendig sind, ins bildungspolitische, öffentliche und wissenschaftliche Bewusstsein. Dennoch, fast zwei Jahrzehnte nach dieser Selbstverpflichtung der politischen Akteure, werden an den meisten Hochschulstandorten in Deutschland mit Lehramtsstudiengängen weiterhin nur »diskrete« (Pugach & Blanton, 2009, zit. n. Merz-Atalik, 2017, S. 56) und keine umfassenderen Modelle zur Qualifizierung von Fachkräften für inklusive Bildungsaufgaben umgesetzt (CHE et al., 2022). Inklusive Bildung ist nur an wenigen Studienorten zu einer vertieften, verlässlichen und in allen Studienbereichen anerkannten Querschnittskompetenz für das gesamte Lehramtsstudium geworden.

Im Jahr 2015 – also sechs Jahre nach der Ratifizierung der UNCRPD durch die Bundesrepublik – hat sich das ›CHE – Centrum für Hochschulentwicklung Deutschland‹ erstmals systematisch den folgenden Fragen gewidmet:

1. Wie werden Studierende in den Lehrämtern auf die Aufgaben im Zusammenhang mit inklusiver Bildung vorbereitet?
2. Welche Herausforderungen ergeben sich für die Hochschulen?
3. Wie kann Inklusion in der Lehrer*innenbildung umgesetzt werden?

Die Studie kam zu dem Ergebnis, dass »verpflichtende Lehrveranstaltungen oder Module zum Thema Inklusion […] an weniger als der Hälfte der Hochschulen umgesetzt« werden (CHE et al., 2015, S. 6).[79] Zudem gab es nur an sehr wenigen Hochschulstandorten, nämlich an sieben, verpflichtende schulpraktische Studien in inklusiven Settings und die Professionalisierung der Dozent*innen für das Thema Inklusion lag weitgehend in deren eigener Verantwortung. Nur an wenigen Hochschulen gab es für die Nachqualifizierung der Dozent*innen explizit Unterstützung (ebd.). Die Studie belegt zudem, dass die befragten Hochschulen zwar einen weiten Begriff von Inklusion mit allen Heterogenitätsdimensionen befürworten, jedoch die Thematik nicht unbedingt als Querschnittsthema im Hinblick auf unterschiedliche Diversitätsdimensionen oder Fachgebiete in der Lehrer*innenbildung verankern. Die Frage nach dem ›Wie‹ der Umsetzung zeigte, dass es sowohl in der Qualität als auch im Studienumfang und in den strukturellen Konsequenzen sehr differente Umsetzungsformen an den Hochschulstandorten gab. Dies hat sich bis heute nicht geändert, wie die Folgestudie zeigt, die durch den ›Monitor Lehrerbildung Online‹ veröffentlicht wurde (CHE et al., 2022). Waren es 2014 noch sechs Bundesländer, in denen Veranstaltungen zur Inklusion für alle Lehramtsstudiengänge verpflichtend waren, waren es zwischenzeitlich zehn (der 16 Bundesländer). Jedoch sind Studiengänge mit integrierter Sonderpädagogik in Deutschland im internationalen Vergleich mit anderen Ländern immer noch selten (ebd.). Ein Problem mit den bislang favorisierten und bundesweit entwickelten separierten Inklusionsmodulen oder -seminaren besteht darin, dass diese nicht nur

> »extra Zeit in Anspruch nehmen, sondern es hält den Mythos aufrecht, dass Inklusion different ist von der regulären Bildung und dass es nur von Spezialisten gelehrt werden kann« (Forlin, 2010a, S. 4).

Im folgenden Kapitel werden einige (inter-)nationale Strukturen, Modelle und Konzepte für die Gestaltung einer inklusiven Lehrer*innenbildung vorgestellt. Dies soll – in einem vergleichenden Sinne – der Einordnung der Situation und der diversen Modelle in den deutschen Bundesländern dienen.

Neben der Umsetzung in der ersten Phase der Lehrer*innenbildung (dem Studium an den Hochschulen) ist es zudem dringend erforderlich, schnell ausreichend und qualitativ hochwertige Angebote der Professionalisierung und Weiterbildung für die bereits in der Praxis tätigen Lehrkräfte zu gestalten (Feyerer & Langner, 2014a; Merz-Atalik, 2014). Die drei Phasen der Lehrer*innenbildung in Deutschland (Studium, Studienseminar/Referendariat, Fort- und Weiterbildung) sollten im Rahmen einer konzeptionellen Implementation von inklusiver Lehrer*innenbildung dringend vernetzt und die Kompetenzen übergreifend für die Professionalisierung verknüpft und als generelle Standards ausgewiesen werden.

5.2.1 Strukturen und Konzepte der Lehrer*innenbildung für Inklusion im internationalen Raum

Im internationalen Raum gilt die inklusive Bildung in der Lehrer*innenbildung bereits seit Jahrzehnten als ein ausgewiesenes Forschungsthema, wie die zahlrei-

---

[79] An der Befragung hatten sich 65 von den 71 befragten Hochschulen mit Lehramtsstudiengängen aus allen 16 Bundesländern beteiligt.

chen in dieser Publikation berücksichtigten englischsprachigen Publikationen zeigen (z. B. Forlin, 2010a; 2010b; Florian & Pantic, 2017; Florian & Camedda, 2020; Florian, 2021). Dies wird auch in einer aktuellen Publikation zur Verankerung der Inklusion in der Lehrer*innenbildung bestätigt (Blasse et al., 2023).

> »Inklusive Lehrkräftebildung ist ein etablierter Forschungsgegenstand im internationalen Diskurs der Erziehungswissenschaft (vgl. u. a. Forlin 2010). Internationale Studien (u. a. Pinnock/Nicholls 2012; Global Education Monitoring Report Team/International Task Force on Teachers for Education 2030, 2020; Lehtomäki et al. 2020), zeigen einen Wandel in der Ausrichtung: Trotz unterschiedlicher Standards wird in der inklusiven Lehrkräftebildung zunehmend von den Problemen der Lernenden zu Lernhindernissen und strukturellen Barrieren übergegangen und damit die individualisierende und essentialisierende Vorstellung einiger Schülerinnen und Schüler als unzulänglich und (lern-)unfähig überwunden (UNESCO 2020)« (ebd., S. 63).

Vorab soll zunächst kurz in die Strukturen und Konzepte der internationalen Bildungssysteme eingeführt werden, da diese in einem engen Zusammenhang mit jenen in der Lehrer*innenbildung stehen. In zahlreichen Ländern wurden die segregierten Bildungsgänge und Schultypen ab der Sekundarstufe I bereits während der 1970er Jahre eingestellt (so z. B. in England und Wales 1976) und es wurden Gemeinschaftsschulsysteme entwickelt. Heute werden Schüler*innen nur in drei von 38 europäischen Ländern bereits früh nach Klassenstufe 4 (in Deutschland und Österreich in bis zu vier differente Schultypen[80], in Ungarn in zwei) in schulleistungsniveaubezogen unterschiedliche Schultypen selektiert (Merz-Atalik, 2021a). In vier weiteren europäischen Ländern erfolgt diese Selektion am Übergang zwischen Primar- und Sekundarstufe in verschiedene niveausegregierte Schultypen erst nach Klassenstufe 5 (Tschechische Republik, Litauen, Slowakei, Lichtenstein) und in dreien erst nach Klassenstufe 6[81] (Luxemburg, Niederlande, Schweiz). Unter jenen fünf Ländern mit einem vergleichsweise frühen Übergang in eine selektive Sekundarstufe befinden sich alle deutschsprachigen (ebd.). Im Gegensatz dazu lernen die Schüler*innen in den meisten anderen europäischen Ländern, abgesehen von den sehr niedrigen Quoten, die Sonderklassen oder -schulen besuchen (siehe Daten weiter unten), bis zum 9. oder 10. Schuljahr größtenteils gemeinsam in heterogenen Lerngruppen an Gemeinschaftsschulen. Ebenso verhält es sich mit den Bildungscurricula. Die überwiegende Mehrheit der europäischen Länder hat gemeinsame Bildungspläne für alle Kinder, die individuell an die Leistungsentwicklung und den Entwicklungsstand der einzelnen Schüler*innen angepasst werden (Europäische Kommission, 2023[82]) oder in einigen Fällen intern nach Niveaus in den verschiedenen Lernbereichen strukturiert sind. Deutschland zählt zu den ausgesprochenen Ausnahmen im internationalen wie auch im europäischen Vergleich, da die Bundesländer sogar bis zu fünf niveaubezogen gestufte Schul-

---

80 Hauptschule, Realschule, Gemeinschaftsschule und Gymnasium (ohne Sonderschulen, die ebenfalls in neun differente Schultypen aufgegliedert sind); teilweise auch nur Gemeinschaftsschule und Gymnasien.
81 In den deutschen Bundesländern halten nur Berlin und Brandenburg eine sechsjährige Primarstufe vor.
82 Diese Publikation erscheint seit 2012/13 im jährlichen Rhythmus und bietet jeweils eine aktualisierte Übersicht zu den europäischen Ländern.

bildungspläne haben (Hauptschule, Realschule, Gymnasium, Förderschule Lernen, Förderschule geistige Entwicklung) und dementsprechend gestufte Bildungsabschlüsse vergeben (Merz-Atalik, 2021a). Diese wiederum haben unterschiedliche Effekte auf die Anschlusssysteme der schulischen oder beruflichen Bildung bzw. der Hochschulen.

Die grundlegend dominierenden Gemeinschaftsschulstrukturen hatten in den internationalen und europäischen Ländern Auswirkungen auf die Angebotsstrukturen in der Lehrer*innenbildung. In den allermeisten europäischen Ländern gibt es keine schultypenspezifischen Lehramtsstudiengänge für den Sekundarbereich I und in den meisten keinen eigenständigen Lehramtsstudiengang in der Sonderpädagogik. Vielmehr wird Sonderpädagogik überwiegend entweder als integrierter Bestandteil der Primar- und Sekundarstufenlehrämter studiert oder als Aufbaumasterstudiengang angeboten. Zuletzt wurde im Nachbarland Österreich die Lehramtsausbildung neu geordnet, nach Schulstufen und nicht Schultypen, sowie das grundständige Lehramt Sonderpädagogik eingestellt (2015).[83] Dort studiert man jetzt einen Schwerpunkt innerhalb des Primarstufen- oder Sekundarstufenlehramtes. Für die inklusiven Schulen ergibt sich daraus ein Vorteil, weil die Absolvent*innen für die Unterrichtung von allen Schüler*innen in inklusiven Schulen qualifiziert sind.

Es gibt eine nahezu unüberschaubare Vielzahl an Strukturen und Organisationsformen, in denen die inklusive Bildung in den Lehramtsstudiengängen international und national verankert ist. Stayton und McCollum (2002) sowie in der Folge Pugach und Blanton (2009) haben versucht, diese Modelle in systematisierenden Abbildungen darzustellen (vgl. European Agency for Development in Special Needs Education, 2010; in Merz-Atalik, 2014). Im ›infusion model‹ werden im Rahmen des Lehramtsstudiums lediglich ein bis zwei Kurse zur inklusiven Bildung angeboten. Das ›collaborative training model‹ hingegen umfasst mehrere inklusionsbezogene Studienangebote, darunter auch Praxiserfahrungen in Schulen, die teilweise in Zusammenarbeit für Studierende der Sonderpädagogik und anderer Lehramtsstudiengänge angeboten werden. Beim ›unification model‹ basiert das Curriculum aller Lehramtsstudiengänge auf einem einheitlichen Ansatz, der alle angehenden Lehrer*innen darauf vorbereitet, Kinder – auch solche mit besonderen Bedürfnissen und/oder Behinderungen – zu unterrichten und in ihrem Lernen zu begleiten. Damit basiert dieses Modell auf einer Logik der zunehmenden Verschränkung zwischen den Disziplinen der Sonder- und Regelpädagogik. Grundsätzlich ist diese Vielfalt an strukturellen Konzepten nicht negativ zu beurteilen, jedoch fehlt es bisher weitgehend an vergleichender Forschung zu den Effekten derselben, zum Beispiel auf die Selbstwirksamkeitserwartungen, den Kompetenzerwerb, die Professionskonzepte oder die Professionalität der Absolvent*innen.

Bis heute findet die Lehramtsausbildung an den bundesweiten Hochschulen überwiegend nach dem infusion model statt (Merz-Atalik, 2017; Heimlich et al., 2019). Pugach und Blanton (2009) haben eine ähnliche Systematik zugrunde ge-

---

83 Siehe dazu die Informationen des Bundesministeriums für Bildung, Wissenschaft und Forschung Österreich (BMBWF, o. J.).

5 Bedingungen der Transformation zur Lehrer*innenbildung für Inklusion

legt. Sie bezeichnen die drei Konzepte jedoch mit den Begriffen ›blended‹, ›integrated‹ und ›merged or unified‹. Die Modelle wurden einander für eine Publikation in Form von Diagrammen gegenübergestellt und ins Deutsche übersetzt sowie begrifflich ausgeführt (Merz-Atalik, 2017; ▶ Abb. 4). Sie ähneln sich insofern, als sie den quantitativen Umfang, die curriculare Verortung und die Intensität der Interdependenzen zwischen den Fächern und Arbeitsgruppen in den Modulen von Inklusion in den Studiengängen im Hinblick auf ihre Effekte für die Lehrer*innenbildung klassifizieren. Dies erfolgt entlang einer Skala von der geringsten bis zur stärksten Form der Zusammenarbeit sowie von der am wenigsten bis zur am stärksten koordinierten Form (Pugach & Blanton, 2009, S. 578). Die Systematik von Pugach und Blanton orientiert sich zudem an der Frage, wie synergetisch ein gemeinsames Curriculum gestaltet ist. Sie betonen, dass die Bezeichnung eines Studiengangs allein keine verlässliche Auskunft über dessen tatsächliche Struktur und Inhalte gibt. Ein sogenanntes ›dual degree program‹, ein dualer Abschluss im Regel- und Sonderschullehramt, kann intern eine rein additive Struktur von Studienangeboten aus den allgemeinen und sonderpädagogischen Studiengängen aufweisen. In dieser Systematik wird die programmatische Integration und Zusammenarbeit stärker gewichtet, von der geringsten bis zur stärksten Form der Zusammenarbeit und Koordinierung (Pugach & Blanton, zit. n. Merz-Atalik, 2017).

Es geht dabei nicht nur um eine Koordination auf der institutionellen Ebene zwischen getrennten Disziplinen und Fächern oder voneinander unabhängigen Studieninhalten und -angeboten, sondern um eine Abstimmung und Integration der Inhalte und Kompetenzen mit dem Ziel eines gemeinsam verantworteten interdependenten Curriculums in allen Studienbereichen. Dieses lässt sich weder durch Infusions- noch durch kooperative Modelle gewährleisten (Merz-Atalik, 2017).

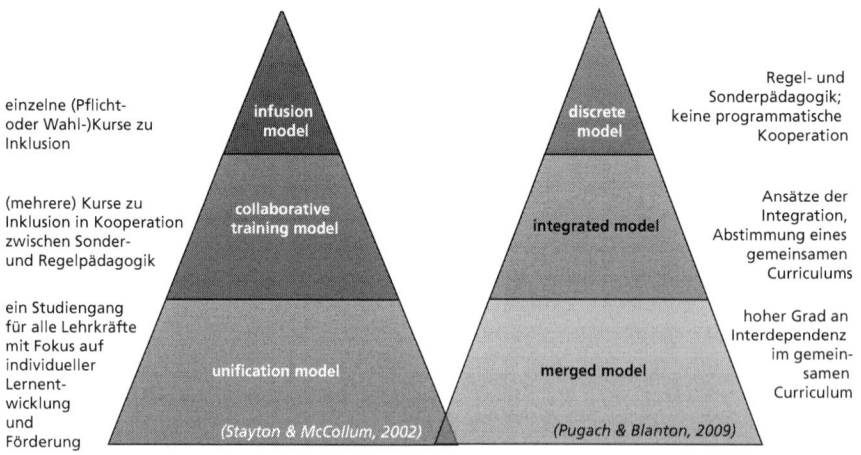

Abb. 4: Gegenüberstellung der Modelle von Stayton & McCollum (2002) und Pugach & Blanton (2009) (nach Merz-Atalik, 2017, S. 56)

Stayton und McCollum wie auch Pugach und Blanton sahen jeweils in den Modellen von *unification* und *merging* (Fusion und Verschmelzung) den höchsten Grad der Verankerung von Inklusion in der Lehrer*innenbildung. Während Stayton und McCollum eher die Perspektive auf die Organisation der Studiengänge hatten, lag der Fokus bei Pugach und Blanton auf den Studienordnungen, -inhalten, -fächern und -disziplinen sowie ihrer Vertreter*innen an den Hochschulen. Eine Kombination der beiden Ansätze im Sinne eines Modells, das ›merged‹ und ›unified‹ ist, entspräche einem gemeinsamen Studiengang für alle Lehrämter mit einem hohen Grad an Interdependenzen auf der Ebene der Studienmodule (z. B. durch Profilbildungen für Entwicklungsbereiche; ▶ Kap. 5.2.2 bzw. in der Umsetzung in ▶ Kap. 10).

Während in zahlreichen Ländern international bereits seit mehr als drei Jahrzehnten Lehrpersonen im Sinne eines ›merged model‹ ausgebildet werden (z. B. Italien, Spanien, Island), haben andere Länder stärker ›integrated models‹ (z. B. einige Staaten in den USA) oder auch weiterhin ›discrete models‹ (einige Bundesländer in Deutschland). Dabei kann leicht festgestellt werden, dass diese Modelle in einem direkten Verhältnis zum Konzept inklusiver Bildung (enges oder weites Inklusionsverständnis) und zu deren organisatorischer Gestaltung (als Organisationsmodell für alle Schüler*innen oder ausschließlich für Schüler*innen mit einem besonderen Förderbedarf) in den Regionen stehen. Im Sinne eines umfassend inklusiven Bildungssystems geht es also

> »um weit mehr als eine[ ] Koordination auf der institutionellen Ebene zwischen getrennten Disziplinen und Fächern sowie gleichsam voneinander unabhängigen Studieninhalten und -angeboten. Das Ziel ist vielmehr eine Abstimmung und Integration mit dem Ziel *eines gemeinsam verantworteten, interdependenten Curriculums*. Dies kann weder durch Infusions- noch durch kooperative Ausbildungsmodelle gewährleistet werden« (Merz-Atalik, 2017, S. 55).

5.2.2 Organisationsformen von Inklusion in Lehramtsstudiengängen in Deutschland

In Deutschland wurden im Jahr 2018 bundesweit 4.745 lehramtsbezogene Studiengänge angeboten, in denen 49 verschiedene Abschlussprüfen mit Lehramtsbezug angeboten wurden (Rackles, 2020). Diese Zahl macht deutlich, welche Herausforderung allein hinter einer rein quantitativen Erfassung von spezifischen Studieninhalten oder Profilen in den Studiengängen steckt. Daher verwundert es kaum, dass es wenig umfassende Übersichten zu einzelnen Studienschwerpunkten in den Lehrämtern gibt. Hier macht sich die Kooperation des Centrums für Hochschulentwicklung mit der Bertelsmann Stiftung, der Robert Bosch Stiftung und dem Stifterverband seit geraumer Zeit mit seinem Projekt ›Monitor Lehrerbildung‹ (seit 2011) mit Unterstützung durch verschiedene Stiftungen verdient, indem sie Publikationen und Stellungnahmen zu verschiedenen Aspekten der Lehrerqualifizierung bearbeitet. Für eine Broschüre mit dem Titel »Inklusionsorientierte Lehrerbildung – vom Schlagwort zur Realität?!« (2015) wurden so erstmals bundesweite Daten zu den Organisationsformen von Inklusion in den Lehramtsstudiengängen erhoben. Dem infusion model, das auch als ›discrete model‹ bezeichnet wird, entsprachen im Jahr 2014 (CHE et al., 2015) die weitaus meisten Konzepte in den Lehramtsstudiengängen in Deutschland (16 Bundesländer, 65 von 71 Hochschulstandorten). Bis zum Jahr 2022 hat sich daran nur wenig geändert, wie eine aktuellere Publikation von Monitor Lehrerbildung zeigt: Inklusionsspezifische Studienangebote sind weitaus stärker in den Lehramtsstudiengängen für Grundschule und Sonderpädagogik verankert. Nicht in allen Bundesländern ist Inklusion ein verpflichtender Studienbestandteil und in vielen (Unterrichts-)Fächern ist der Bezug zur inklusiven Bildung wenig erkennbar (CHE et al., 2022). Rein additive oder kooperative Modelle bilden damit unmittelbar auch die Inklusionskonzepte von Bildungspolitiker*innen oder Wissenschaftler*innen (als Akteur*innen in der Gestaltung von Studienordnungen und -inhalten) ab, die interessiert daran sind, die Inklusion in die bestehenden Strukturen zu integrieren (anstatt fundamentale Reformen anzustoßen). So wurde in der Sonderpädagogik zum Beispiel empfohlen, unter Beibehaltung der bestehenden schultypen- und populationsspezifischen Lehrämter die Thematik einzufügen. So ging Klauß davon aus, dass

»bei allen Lehrpersonen Grundkenntnisse in Bezug auf das vorhanden sind, worauf sich andere spezialisiert haben. Deshalb müss[t]en in den allgemeinen Lehramtsstudiengängen Qualifikationsanteile enthalten sein, die bisher der Sonderpädagogik zugeordnet werden, und SonderpädagogInnen auch wissen, wie man alle Kinder unterrichtet, und nicht nur solche mit spezifischen Beeinträchtigungen« (Klauß, 2013, S. 224).

Dies wiederum sei aus Sicht des Autors die Voraussetzung für die erforderliche interdisziplinäre Kooperation.

Mit dem Infusionsmodell werden einerseits die Empfehlungen der KMK aus dem Jahr 2011 zur »Inklusive[n] Bildung von Kindern und Jugendlichen mit Behinderungen in Schulen« umgesetzt: »Die Länder gewährleisten, dass sich Lehrkräfte aller Schulformen in Aus-, Fort- und Weiterbildungen auf einen inklusiven Unterricht vorbereiten« (KMK, 2011a, S. 20). Diese Empfehlungen sahen vor, im Umfang von mindestens sechs ECTS-Punkten inklusionsbezogene Studienanteile in den Lehramtsprüfungsordnungen auszuweisen. Dabei geht das Dokument von einer unüberwindbaren Trennung von Sonder- und Regelpädagogik aus. Dementsprechend verwundert es kaum, dass die zur Verfügung stehenden ECTS-Punkte in den Hochschulen »nicht selten in offenen, nichtverpflichtenden Angeboten realisiert« werden (Blasse et al., 2023, S. 64).

»Strukturelle Entscheidungen darüber, die Trennung zwischen sonderpädagogischen und regelpädagogischen Lehrämtern sowohl in den Ausbildungsstrukturen als auch dem Curriculum aufzuheben, sind bislang noch in der Minderheit. Es geht vor allem nicht nur darum, die beiden Fächer in einem additiven Sinne zu verbinden – dies kann unter dem Begriff inklusionsorientierte Lehrerbildung gefasst werden – sondern die für eine inklusive Bildung erforderliche Ausbildung und Professionalisierung auf allen Ebenen der Lehrerbildung im Sinne einer weitestmöglichen Kohärenz und Integration der Studieninhalte zu einem Merged Model (Pugach & Blanton, 2009), einer wirklichen inklusiven Lehrerbildung zu verbinden« (Merz-Atalik, 2017, S. 56).

Das würde erfordern, dass das Thema inklusive Bildung in allen Studienbereichen als Querschnittsthema verankert ist und die jeweiligen Inhalte tangiert. Insbesondere mit den Infusionsmodellen besteht hingegen eine Gefahr der Verinselung innerhalb der Studiengänge.

> »Diese Studiengänge können zwar Kurse enthalten, die verschiedene Aspekte der Vielfalt oder Differenz behandeln, doch werden sie häufig als eigenständige Kurse oder Optionen innerhalb von Studiengängen und nicht als integrierte Elemente der Lehrerausbildung angeboten« (Florian, 2021, S. 92; Übers. d. Verf.).

Wenn Aspekte der Mehrsprachigkeit beispielsweise nur in freiwilligen Seminaren behandelt werden, ohne dass eine Verknüpfung mit den Fachdidaktiken hergestellt wird, bleibt die Integration dieser Inhalte den Studierenden selbst überlassen. Wesentliche intersektionale Zusammenhänge, wie etwa zwischen Mehrsprachigkeit und Zweitspracherwerb sowie Lernbeeinträchtigungen oder unzureichend differenzierten Unterrichtsangeboten und fehlenden Fördermöglichkeiten in der Schule, könnten dadurch unbeachtet bleiben. Die UNESCO kritisierte zudem im Jahr 2013, dass es sich bei den additiven Angeboten in der Regel um solche handelt, die ungebrochen sonderpädagogische oder rein auf die Diversitätsdimension Behinderung ausgerichtete Inhalte fokussieren (UNESCO, 2013; vgl. Merz-Atalik, 2017). Die reine Fokussierung auf die Diversitätsdimension Behinderung in Studienangeboten birgt das Risiko von »essentialisierenden Perspektiven auf Behinderung«[84] (Blasse et al., 2023, S. 64), wie eine international vergleichende Studie deutscher Inklusionsforscher*innen aufzeigen konnte. Additive Lehrangebote zur Inklusion bergen zudem die Gefahr, dass sie zu »kursbezogene[n] Nebenschauplätzen des eigentlichen Studiums« (Feuser, 2013, S. 59) werden, die weder auf die Haltung noch auf die Professionalisierung der angehenden Lehrer*innen einen inklusionsförderlichen Einfluss haben.

> »[D]ie Orientierung an den bestehenden Strukturen im Bildungssystem [führt] zu wenig inklusionsförderlichen Effekten auf das professionelle Selbstkonzept von Lehrkräften, auf die Professionskonzepte sowie auf die Wissenschaftsdisziplinen in der LehrerInnenbildung und ihre Ausrichtungen. Hochschulstrukturen und Ausbildungsstrukturen müssen im Hinblick auf Inklusive Bildung hinterfragt und modifiziert werden« (Merz-Atalik, 2017, S. 55).

Der Begriff der »Infusion« wird zunehmend im Zusammenhang mit der Integration von inklusionsbezogenen Inhalten in bestehende Kursangebote verwendet (Florian & Camedda, 2020). Dabei werden beispielsweise im Rahmen regulärer Fachdidaktik-Seminare einzelne Sitzungen auf inklusive Bildung ausgerichtet. Solche Modelle, die von Pugach und Blanton als ›diskret‹ bezeichnet werden, können auch als Ausdruck institutioneller Beharrungstendenzen im Hochschulsystem verstanden werden. Hochschulpolitische Motive oder sogenannte »funktional-legitimatorische Reproduktionsmechanismen« (Blanck et al., 2013), die der Sicherung von Einfluss und Macht innerhalb der Hochschulen dienen, können einer umfassenden Reform der Lehrer*innenbildung im Sinne einer konsequent inklusiven Ausrichtung entgegenstehen. Die Stabilität der tradierten Strukturen lässt sich durch verschiedene Faktoren begründen:

---

84 Mit dem Begriff der Essenzialisierung wird in diesem Zusammenhang die Überbetonung des Merkmals der Behinderung beschrieben, die zu einer Reduzierung der jeweiligen Person auf dieses eine Merkmal führt (›der Behinderte‹).

- Erhalt oder Konsolidierung eines erreichten Status: Dies erfolgt oft durch den Ausbau der eigenen Disziplin oder des Fachbereichs, um den Status innerhalb oder zwischen Hochschulen zu sichern. Dies kann beispielsweise durch die Erweiterung des Personals in bestimmten Fächern oder Abteilungen geschehen, durch die Steigerung der Lehrkapazitäten oder durch die Ausweitung der Verantwortlichkeiten für ECTS-Punkte in Modulen und Studienordnungen.
- Erhalt oder Konsolidierung fachbezogener Prüfungsformate und des Prüfungsumfangs: Um den Status eines Fachbereichs aus Sicht der Studierenden zu sichern, werden Prüfungen aufgewertet, zum Beispiel durch eine höhere ECTS-Bewertung, die Anhebung des Anforderungsniveaus oder die Erhöhung des Zeitaufwands für die Prüfungsvorbereitung.
- Erhalt fachbezogener interner Organisationsstrukturen: Dies dient dem Fortführen etablierter, eingespielter Arbeitsbeziehungen. Ein Beispiel dafür ist die Beibehaltung bestimmter Förderschwerpunkte in der Sonderpädagogik, die durch interne Untergliederungen in Pädagogik, Psychologie und Diagnostik eine spezifische Personalstruktur rechtfertigen.

So gehen strukturelle Veränderungen immer auch mit gewissen Risiken einher, die oftmals im Vorhinein nicht ausreichend abzusehen sind. Die daraus resultierende Unsicherheit verstärkt Tendenzen der Beibehaltung von gewohnten Strukturen. So wirken reformorientierte bildungspolitische Impulse oftmals nur bedingt oder mit enormer Zeitverzögerung, da sich tradierte »Pfadabhängigkeiten« und »funktional-legitimatorische Reproduktionsmechanismen« (Blanck et al., 2013; zit. n. Merz-Atalik & Hudelmaier-Mätzke, 2016, S. 130 f.) als Be-Hinderungen erweisen. Nach Blasse et al. ist

> »zu beobachten, dass mit dem Reformbestreben ›Inklusive Bildung‹ ein Auf- und Ausbau sonderpädagogischer Studiengänge stattfindet und sich damit ein Trend fortsetzt, der bereits in den letzten Jahren bemerkbar ist (vgl. Radhoff/Ruhberg 2020, S. 60). Dieser orientiert sich an traditionell binären Studienstrukturen von sonder- und allgemeinpädagogischem Lehramt (Budde/Hackbarth/Tervooren 2023; Symeonidou 2017)« (Blasse et al., 2023, S. 64).

Der aktuelle Stand der Entwicklung und Verankerung von inklusiver Bildung in den Lehramtsstudiengängen in Deutschland ist aufgrund der Heterogenität nur schwer zu erfassen. Nach dem CHE gab es im Jahr 2020 in zehn von 16 Bundesländern verpflichtende Lehrveranstaltungen zum Thema Inklusion im Lehramtsstudium (Infusionsmodell) (CHE et al., 2022). Die Thematik sei in 13 von 16 Lehramtsstudienordnungen der Bundesländer schriftlich festgehalten. Zwölf Länder gaben im Rahmen der Erhebung an, dass der Umgang mit Inklusion und Heterogenität in den beiden Säulen Bildungswissenschaften und Fachdidaktiken als Querschnittsthema verpflichtend zu behandeln ist. In sechs Hochschulen sei es möglich die Sonderpädagogik als integrierten Bestandteil eines Lehramtsstudienganges zu studieren, allerdings vorwiegend mit Schwerpunkt im Grundschullehramt. Einige Hochschulen bieten mittlerweile kombinierte Lehramtsstudienkonzepte an (einige exemplarische Beispiele):

- *Universität Bielefeld:* Mit dem Konzept werden die Studiengänge stärker anschlussfähig zueinander gemacht und es wird eine Doppelqualifikation (bei gleichzeitiger Beibehaltung der disziplinären Grenzen zwischen Sonder- und Regelpädagogik) ermöglicht. So bietet der Bachelorstudiengang ›Bildungswissenschaften – Integrierte Sonderpädagogik – Lehramt an Grundschulen‹ (sechs Semester) ein integriertes Modell; darauf baut ein Masterstudium ›Lehramt Grundschule mit integrierter Sonderpädagogik‹ auf. Ebenso gibt es einen Master ›Lehramt an Haupt-, Real-, Sekundar-, und Gesamtschulen‹ (HRSGe) mit integrierter Sonderpädagogik (vier Semester). Dieser (erste) Master endet mit der Qualifikation für das Lehramt an Grundschulen bzw. HRSGe. Um zusätzlich die Qualifikation für das Lehramt für sonderpädagogische Förderung zu erwerben, ist der weitere (zweite) Master ›Erziehungswissenschaft Integrierte Sonderpädagogik mit dem Berufsziel Lehramt für sonderpädagogische Förderung‹ erforderlich. Der zweite Master hat eine Regelstudienzeit von vier Semestern, dauert jedoch für Bielefelder Bachelor- und Masterabsolvent*innen nur zwei Semester, da diese ja bereits im Umfang von 60 Leistungspunkten integrierte sonderpädagogische Anteile absolviert haben, die angerechnet werden.
- *Universität Siegen:* Hier werden duale Studiengänge mit Option zum Aufbaustudium zur Doppelqualifizierung angeboten:
  1. Bachelor und Master ›Lehramt an Grundschulen mit integrierter Förderpädagogik‹ (mit Qualifikation für das Lehramt Grundschule); zudem wird ein ›Zweiter Masterstudiengang Lehramt für sonderpädagogische Förderung mit den Förderschwerpunkten Lernen sowie Emotionale und soziale Entwicklung‹ (zwei Semester) angeboten, mit dem man zusätzlich die Lehrbefähigung für die Förderschule erwerben kann.
  2. Bachelor und Master ›Lehramt an Haupt-, Real-, Sekundar- und Gesamtschulen mit integrierter Förderpädagogik‹ (zehn Semester) mit Lehrbefähigung für die entsprechenden Schulen; zudem wird ein ›Zweiter Masterstudiengang Lehramt für sonderpädagogische Förderung mit den Förderschwerpunkten Lernen sowie Emotionale und soziale Entwicklung‹ (zwei Semester) angeboten, mit dem man zusätzlich die Lehrbefähigung für die Förderschule erwerben kann.

Es lässt sich also zum jetzigen Zeitpunkt konstatieren, »dass Inklusion in den vergangenen Jahren Eingang in die lehrkräftebildenden Curricula in Deutschland gefunden hat, jedoch Ambivalenzen dahingehend vorherrschen, wie die (sub-)disziplinäre Verankerung von Inklusion erfolgt« (Blasse et al., 2023, S. 65) bzw. inwiefern dies auch Auswirkungen auf die Struktur der Studiengänge hat.

6 Transformationsbarrieren zu einer Lehrer*innenbildung für Inklusion?!

Die zentrale Zielsetzung einer inklusiven Bildungsreform besteht darin, Bildungssysteme und Pädagogik so zu gestalten, dass sie für die vielen Formen des Menschseins offen sind, diese Vielfalt wertschätzen und Bildungsangebote an dieser Vielfalt und Diversität ausrichten (Cologon, 2019). Dies steht im Einklang mit einem weiten Verständnis von Inklusion, wie es etwa in der UN-Konvention verankert ist. Lehrpersonen spielen in diesem Transformationsprozess eine entscheidende Rolle.

Die dringend notwendige, aber weitgehend noch ausstehende grundlegende Reform der Lehrer*innenbildung hin zu einem inklusiven Bildungssystem stellt einen langfristigen, umfassenden Wandel dar, der alle Ebenen und Akteure des Bildungssystems einbezieht. Es geht dabei um nicht weniger als den Abbau von Barrieren, die Teilhabe und Bildung für alle Menschen einschränken.

Im Folgenden sollen zentrale Barrieren und Probleme, die diesen Transformationsprozess behindern, beleuchtet werden. Dabei wird reflektiert und diskutiert, welche Auswirkungen diese Barrieren auf die inklusionsorientierte Reform der Lehrer*innenbildung haben.

6.1 Effekte der Beibehaltung schultypenspezifischer Lehramtsstudiengänge

Die Lehramtsstudiengänge an den Hochschulen orientierten sich jahrzehntelang ungebrochen an den grundlegenden selektions- und stufenbasierten Struktur- und Organisationsprinzipien des Bildungssystems und damit an den Schultypen und Bildungsgängen in den jeweiligen Bundesländern. Nach Feuser sind die bisherigen Reformbemühungen in der Lehrer*innenbildung segregationsorientiert ausgerichtet gewesen an

>»einer weiteren Ausdifferenzierung, Spezialisierung und Effizienzsteigerung der beruflichen Tätigkeit von Lehrpersonen nach Maßgabe der Funktionsweise in hierarchisch organisierten und vertikal gegliederten Bildungsinstitutionen« (Feuser, 2013, S. 13).

In diesem Kontext

>»haben Normalitätskonstruktionen eine Allgemeingültigkeit entwickelt, die mehrheitlich nicht hinterfragt werden. So können in Schule Differenzkonstruktionen produziert wer-

den, die für eine ganz besonders exklusive ›Beschulung‹ für ganz spezielle Schüler*innengruppen durch ausdrückliche Expert*innen legitimiert sind. Dadurch werden Menschen zu ›Adressat*innen‹, die nur durch eine bestimmte Profession zu ›handhaben‹ sind« (Mannewitz, 2019, S. 114).

In diesem Sinne rekonstruier(t)en die segregierten Lehramtsstudiengänge die historisch tradierten Berufsrollen und Professionen im Bildungssystem, die dem Prinzip der Spezialisierung von spezifischen ›Lehrer*innentypen‹ für spezifische ›Schultypen‹ und ›Schüler*innen-Typen‹ folgen (Lehramt für die Hauptschule, Lehramt für die Realschulen, Lehramt für die Gymnasien, Lehramt für die Sonderschulen etc.). Diese Organisationsformen gibt es so nur in den deutschsprachigen Ländern, da (▶ Kap. 5.2) die Mehrheit der Länder international im Sekundarstufenbereich I keine oder nur zwei segregierte Schultypen vorhält. So führte

»die Orientierung an den bestehenden Strukturen im Bildungssystem zu wenig inklusionsförderlichen Effekten auf das professionelle Selbstkonzept von Lehrkräften, auf die Professionskonzepte sowie auf die Wissenschaftsdisziplinen in der Lehrerausbildung und ihre Ausrichtungen. Hochschulstrukturen und Ausbildungsstrukturen müssen im Hinblick auf Inklusive Bildung hinterfragt und modifiziert werden« (Merz-Atalik, 2017, S. 55).

Bis heute determinieren in einigen Bundesländern die Strukturen eines segregierenden Schulsystems die Strukturen der Studiengänge für die Lehrämter. Sie folgen damit einem an standardisierten Niveaustufen der Schulbildung und Schultypen ausgerichteten Spezialisierungsprinzip (Merz-Atalik, 2017; Kaiser et al., 2020). Diese Leitideen haben im Hinblick auf die Entwicklung und Professionalisierung für ein inklusives Bildungssystem nachhaltige negative Effekte.

»Wenn beispielsweise in der Lehrerausbildung die Unterschiede zwischen den Sektoren und den verschiedenen Arten von Lernenden (z. B. frühkindliche Bildung, Primar- und Sekundarstufe, Sonderpädagogik) hervorgehoben werden, wird die Überzeugung aufrechterhalten, dass unterschiedliche Formen der Lehrerausbildung erforderlich sind, um Lehrer auf die Arbeit mit verschiedenen Gruppen vorzubereiten« (Florian & Camedda, 2020, S. 5).

Zudem werden zum Beispiel in Baden-Württemberg die Studiengänge für die Sekundarstufenlehrer*innen für Werk-Realschulen und Realschulen sowie jene für das sonderpädagogische Lehramt an den Pädagogischen Hochschulen und jene für das Gymnasium an den Volluniversitäten[85] angeboten. Das in den deutschsprachigen Ländern bestehende Organisationsprinzip der Sekundarstufe prägt die Vorstellung von differenten ›Typen von Schüler*innen‹ und führt zu der Annahme, dass es auch speziell für die spezifische Schüler*innengruppen qualifizierte Lehrer*innen bräuchte (Winn & Blanton, 2005, zit. n. Florian, 2021, S. 92 f.). Damit perpetuiert man zugleich das Problem, dass sich Lehrer*innen nicht ausreichend vorbereitet fühlen für eine jeweilig andere Schüler*innengruppe (Young, 2008, zit. n. ebd., S. 93). Gemäß einer internationalen Studie erleben Lehrende an lehrerbildenden Hochschulen in Deutschland die Diskrepanz zwischen der Vorbereitung von Lehramtsstudierenden in separierten Studiengängen als gegensätzlich zur ge-

---

85 Die Trennung der Lehramtsstudiengänge nach unterschiedlichen Hochschularten gibt es nur in diesem Bundesland.

meinsamen Lehrtätigkeit in einer inklusiven Schule (Blasse et al., 2023). Zahlreiche bundesweite schulbezogene Bildungsreformen – wie Bildungsregionen, Gemeinschaftsschulen, Ganztagsschulen, demokratische Schulen oder inklusive Schulentwicklung – haben auf die Strukturen der Lehramtsausbildung bislang in der Mehrheit der Bundesländer und Hochschulen wenig Einfluss gehabt, sie blieben im Hinblick auf die Professionsbilder oder die Organisationsformen der Lehrämter nur ungenügend berücksichtigt (Merz-Atalik, 2017). Die Herausforderungen an die Professionalität von Lehrpersonen durch die seit den 1960er Jahren sich ausweitenden Gesamt- und Gemeinschaftsschulen, zum Beispiel im Hinblick auf Übergänge zwischen Primar- und Sekundarstufe oder den Umgang mit einer heterogeneren Schülerschaft, führten zumindest in einigen Bundesländern zur kritischen Reflexion der ehemaligen schultypenspezifischen Strukturen nach Primar- und Sekundarstufe (so z. B. in Berlin und Brandenburg, auch durch die sechsjährige Grundschulzeit). Strukturelle Änderungen im Hinblick auf die inklusive Bildung im Sinne ›einer Schule für alle‹ hingegen wurden nur an wenigen Orten vorgenommen, so beispielsweise indem man in einigen Bundesländern nunmehr ein Lehramt für die Sekundarstufe studieren kann, das den Bildungsgang des Gymnasiums integriert (Beispiel Berlin) – im Sinne eines ansatzweise als ›merged model‹ (Pugach & Blanton, 2009) zu bezeichnenden Konzeptes, da die Studierenden immerhin die integrierte Sonderpädagogik in dem jeweiligen Studiengang studieren können.

Einzelne Hochschulstandorte (z. B. Berlin, Bremen und Bielefeld) haben ein ›Kombi-Lehramt‹ (Lütje-Klose et al., 2014; Kaiser et al., 2020) eingeführt, das ein Regelschullehramt mit einem sonderpädagogischen verknüpft und damit versucht die Absolvent*innen gezielter auf eine Tätigkeit in einem inklusiven Bildungssystem vorzubereiten (Lütje-Klose et al., 2014; Seitz, 2011). Dabei rekurrieren sie auf die Möglichkeiten der interdisziplinären Kooperation und von multiprofessionellen Teams in Schulen und Klassen. Trotz der vielfältigen Potenziale eines ›allgemeinen (inklusiven) Lehramtes‹ für die inklusive Bildungsreform – wie beispielsweise eine flexiblere Einsetzbarkeit von Lehrkräften in den Schulen, die Förderung der gemeinsamen Professionalisierung für Kooperation und Team-Teaching sowie die Einübung von Perspektivwechseln durch individuelle Spezialisierungen – halten selbst führende Vertreter*innen der Inklusionsforschung an einer gesonderten Professionalisierung für Schülerinnen mit einem sogenannten ›sonderpädagogischen Förderbedarf‹ fest (z. B. Langner et al., 2019). Sie empfehlen, die gemeinsame Professionalisierung für inklusive Bildung im Sinne eines kooperativen Ansatzes zwischen den Lehramtsstudiengängen zu gestalten, wie es das collaborative training model nach Stayton und McCollum (2002) vorsieht. Selbst vehemente Vertreter eines vollumfänglich inklusiven Bildungssystems, wie zum Beispiel der Wissenschaftler Andreas Hinz, hielten lange an der Vorstellung von spezifischen Qualifikationen im multiprofessionellen Team fest:

> »Schließlich erscheint ein weiteres Moment als wichtig: Inklusion braucht nicht den ›Inklusionspädagogen‹, hilfreich sind vielmehr verschiedene pädagogische Professionen (Schul-, Sonder-, Sozialpädagogik) mit ihren spezifischen – allerdings im Hinblick auf das gemeinsame Lernen in heterogenen Gruppen deutlich veränderten – Blickwinkeln, die erst die vorhandenen Spannungsfelder aus verschiedenen Perspektiven ausbalancieren können.

6.1 Effekte der Beibehaltung schultypenspezifischer Lehramtsstudiengänge

›Inklusionspädagogen‹ würden vermutlich schnell zu neuen (oder alten?) Selektionskriterien kommen, da die hoch komplexe Situation einer gewollt heterogenen Gruppe sie als einzelne schlicht überfordert. Von daher gibt es eine klare Begründung dafür, dass eine veränderte, integrationsunterstützende Sonderpädagogik auch in einem inklusiven Umfeld gebraucht wird – als gemeinsam beratende und als gemeinsam unterrichtende Berufsrolle, je nach zugewiesenem Zeitrahmen« (Hinz, 2002, S. 359).

Die Argumente für den Erhalt spezifischer Professionen basieren hauptsächlich auf der Sorge, dass individuelle Förderbedürfnisse sonst möglicherweise nicht ausreichend berücksichtigt werden und dies eine Deprofessionalisierung zur Folge haben könnte. Die verschiedenen Lehramtsabsolvent*innen sollten demgemäß im Sinne eines multiprofessionellen Kollegiums an den inklusiven Schulen arbeiten.

Durch die Anforderungen an eine multiprofessionelle oder interprofessionelle Kooperation und Teamarbeit ergäbe sich dann jedoch ein weiteres relevantes Professionalisierungsfeld für alle Lehrpersonen, das bislang nicht oder nur wenig in den Lehramtsstudienordnungen berücksichtigt wird (Kooperation, Team- oder Co-Teaching). Insbesondere so lange an den unterschiedlichen Lehramtstypen festgehalten wird, sollten die bislang weitgehend getrennten Parallelstrukturen (z. B. die Studiengänge in der Sonderpädagogik und in den Regelschullehrämtern) verstärkt im Hinblick auf die gemeinsamen Anforderungen in einem inklusiven Schul- und Unterrichtssetting reflektiert und hinterfragt werden. Mindestens jene Inhalte und Themen, die die kooperative Tätigkeit betreffen, sollten als gemeinsame Studienangebote konzipiert werden.[86]

Die an dem segregierten Bildungssystem orientierten tradierten Lehramtsstrukturen implizieren indirekt, dass die erworbenen Kompetenzen in einem Studiengang sich eingeschränkt auf eine spezifische Schüler*innenpopulation (z. B. sogenannte ›Hauptschüler*innen‹[87], oder sogenannte ›Förderschüler*innen mit einem spezifischen Förderschwerpunkt‹ beziehen und auf die entsprechende populationsspezifisch spezialisierende Institution (z. B. Hauptschulen oder Förderschulen mit einem spezifischen Förderschwerpunkt) reduziert seien. Auch einige weitere Schwerpunktsetzungen in den Lehramtsstudiengängen unterliegen wiederum dieser schülertypenbezogenen Systemlogik, so zum Beispiel das sogenannte ›Europa-Lehramt‹ in Baden-Württemberg, das nur für die Lehrämter Primarstufe und Sekundarstufe, aber nicht für das Lehramt Sonderpädagogik als Schwerpunkt angeboten wird. Es handelt sich um einen Studiengang für die Primar- oder Sekundarstufe, der sich auf bilinguales Lernen in Englisch und Französisch (für den bilingualen Sachunterricht in ausgewählten Fächern) und auf kulturelle Vielfalt konzentriert. Bisher wurde dieses Studienprofil nicht für das Lehramt Sonderpädagogik angeboten, vermutlich weil man davon ausgeht, dass die angehenden Sonderpädagog*innen in Baden-Württemberg hauptsächlich an Sonderschulen arbeiten, die selten oder weniger Fremdsprachen unterrichten. Angesichts der Sprachenvielfalt unter Schülerinnen, die sonderpädagogische Unterstützung erhalten – oft bedingt durch Mehrsprachigkeit oder die Überrepräsentation von

---

86 Soweit dies an den Standorten bislang nicht bereits geschieht.
87 In der Folge des Besuches einer bestimmten Kategorie von Schule entsteht eine gruppenbezogene Klassifikation der Schüler*innenpopulation mit den entsprechenden Folgen für die Stigmatisierung.

Schülerinnen mit Migrations- oder Fluchthintergrund – sowie der Zielsetzung eines inklusiven Bildungssystems sollte diese Entscheidung dringend überdacht werden.

Auch innerhalb der verschiedenen Lehramtsstudiengänge gibt es weitere schülertypenbezogene Spezialisierungen. Lehramtsstudierende der Sonderpädagogik entscheiden sich so bereits vor der Zulassung an fast allen Hochschulen bundesweit mit ihrer Bewerbung für zwei obligatorische sonderpädagogische Förderschwerpunkte (Merz-Atalik, 2014; 2017). Die meistgewählten Förderschwerpunkte bundesweit sind ›Geistige Entwicklung‹ und ›Körperliche und motorische Entwicklung‹ (ebd.). Einerseits unterliegt der Berufswahlmotivation häufig auch eine institutionsbezogene Perspektive und die Studierenden streben eine berufliche Zukunft an einem besonderen Schultyp an. So finden sich zum Beispiel an Sonderschulen im Förderschwerpunkt ›Geistige Entwicklung‹ im Vergleich zu Regel- und anderen Sonderschulen sachlich wie auch personell ›bessere‹ Rahmenbedingungen für die Lehrer*innentätigkeit (z. B. kleinere Klassen, besonders ausgestattete Schulgebäude, zusätzliche pädagogische Unterrichtshilfen). Andererseits spricht für viele auch der höhere Anteil an (sozial-/sonder-)pädagogischen Aspekten und therapeutischen Bezügen in der Berufstätigkeit als Lehrer*in an Sonderschulen – bei gleichzeitiger Reduktion von ›Schulleistungsdruck‹ – für die Wahl des Tätigkeitsfeldes. Diese schultypenspezifischen, durch die bestehenden Strukturen der Lehramtsausbildung aufrechterhaltenen Berufswahlmotive widersprechen den Anforderungen *an inklusive Lehrpersonen.* In einer inklusiven Schule bedarf es Lehrpersonen, die einerseits breite und fundierte Kompetenzen im Hinblick auf die Gestaltung von inklusiven Bildungsprozessen in den heterogenen Lerngruppen haben, bereit sind alle Schüler*innen zu unterrichten sowie sich für die spezifischen Bedürfnisse von Lernenden in den Klassen aktiv weiter zu qualifizieren (▶ Kap. 7).

Auch erscheinen die bildungspolitisch vorgegebenen Zulassungszahlen für das Lehramt Sonderpädagogik für die verschiedenen Förderschwerpunkte nicht immer den Bedarfslagen in den Schulen zu entsprechen. So müsste man eigentlich entsprechend den Bedarfszahlen (gemäß der Anzahl von Schüler*innen in den jeweiligen Förderschwerpunkten) eine deutlich größere Zahl von Studierenden in den Förderschwerpunkten ›Lernen‹ oder ›Soziale und emotionale Entwicklung‹ zulassen (Merz-Atalik, 2017) sowie unter Berücksichtigung von Prävention an Regelschulen eine weitaus größere Zahl von sonderpädagogisch (bzw. inklusionspädagogisch) qualifizierten Personen einstellen.

Nur an wenigen Standorten in Deutschland wurden die schultypenspezifischen Strukturen bereits aufgelöst oder weitergehende Adaptionen der durch die KMK vorgegebenen Lehramtstypen (1999) vorgenommen. So haben zum Beispiel Bremen und Hamburg ein Lehramt Primarstufe, das auch zum Unterrichten in den Klassenstufen der Sekundarstufe I berechtigt: in Bremen inklusive der Klassenstufen 5 und 6, in Hamburg mit einem stufenübergreifenden Lehramtstyp ›Grund- und Stadtteilschulen, Gymnasien Sek. I‹ (vgl. CHE et al., 2022).[88] In einigen Bun-

---

88 Der tabellarischen Übersicht auf der Homepage von Monitor Lehrerbildung kann leider

desländern gibt es weitgehend parallel nebeneinander existierende schultypenspezifische Lehramtsstudiengänge für den Bereich Sekundarstufe, wie zum Beispiel in Baden-Württemberg, Hessen und Nordrhein-Westfalen, in anderen lediglich einen einzigen Studiengang, etwa in Berlin für ›integrierte Sekundarschulen und Gymnasien‹ (mit Lehrbefähigung für die Klassen 7 bis 13 bzw. 5 bis 13 bei grundständigen Gymnasien). Auch im Hinblick auf das Lehramt Sonderpädagogik unterscheiden sich die Bundesländer stark: Während es zum Beispiel in Berlin und Brandenburg keinen grundständigen Lehramtsstudiengang für Sonderpädagogik mehr gibt und dieser in die stufenbezogenen Lehramtsstudiengänge integriert wurde, halten die Mehrheit der Bundesländer an einem eigenständigen Studiengang Sonderpädagogik oder Förderpädagogik fest (ebd.), teilweise sogar entgegen den offiziellen Empfehlungen von Expert*innenräten (so in Baden-Württemberg; Merz-Atalik & Beck, 2022a).

Lehrer*innenbildung sollte die neuen Lehrkräfte auf mögliche Herausforderungen in der Zukunft vorbereiten (Forlin, 2010a). Um für ein inklusives Bildungssystem des 21. Jahrhunderts auszubilden, darf sich die Lehrer*innenbildung weder in den Strukturen noch in den Inhalten an dem Bestehenden orientieren (Merz-Atalik, 2017). Sie muss die angehenden Lehrpersonen für Handlungsfelder und Handlungsfähigkeit in einer zukunftsfähigen, den sich verändernden gesellschaftlichen Anforderungen angemessenen und heute weithin unabsehbaren Bildungslandschaft vorbereiten. Die Lehrer*innenbildung sollte offen sein für zukünftige Strukturentwicklungen, wie zum Beispiel die Einführung von längerem gemeinsamen Lernen in Grundschulen oder den Gemeinschaftsschulen, statt die in der Gegenwart der Bildungssysteme bestehenden Strukturen ungebrochen in der Lehrer*innenbildung abzubilden (Merz-Atalik, 2014).

Lehrpersonen sollten durch das Studium auf eine lebenslange Professionalisierung eingestimmt werden, damit sie sich den stetig ändernden Anforderungen im Lehrer*innenberuf und -alltag stellen können und wollen. Deutschland hat sich mit der Ratifizierung der UNCRPD im Jahr 2009 verpflichtet, ein inklusives Bildungssystem zu entwickeln. Im Zusammenhang mit der völkerrechtlichen Verpflichtung müssen die aktuellen Professionsbilder im Lehramt – inklusive der Professionen, der Formen der Qualifizierung und Professionalisierung, der Professionalisierungsinhalte und -methoden – kritisch hinterfragt und dem Ziel eines inklusiven Bildungssystems gemäß weiterentwickelt werden. In ▶ Kap. 7 und ▶ Kap. 8 werden dahingehend konkrete Impulse gegeben.

6.1.1 Studien- und Berufswahlmotive von Lehramtsstudierenden

»Die Inklusion wird einen transformativen Wandel nur bewirken unter Menschen, welche die Überzeugung teilen, dass es beides ist, sowohl möglich als auch moralisch richtig, mehr

---

nicht entnommen werden, wann die Daten erhoben wurden. Daher werden nur Beispiele aufgegriffen, die durch andere Informationen belegt werden konnten.

und bessere Erfahrungen außerhalb der Welt der speziellen Orte für spezielle Menschen zu suchen« (O'Brien, 2022, S. 12, Übers. d. Verf.).

Lehrpersonen, die sich bewusst für eine berufliche Zukunft in einem der verschiedenen Sonderschultypen und damit für eine vermeintlich homogene Lernendengruppe mit einem einheitlichen Förderschwerpunkt entschieden haben, halten damit die Systemlogik aufrecht. Mit segregationsorientierten Haltungen und Überzeugungen stellen sie gleichsam eine Barriere für die Transformationsprozesse hin zu einem inklusiven Bildungssystem dar. Dieses Kapitel widmet sich daher den Berufswahlmotiven von Lehramtsstudierenden, da davon ausgegangen wird, dass eine konsequente Umsetzung der inklusiven Bildungsreform signifikante Auswirkungen auf Professionskonzepte, Berufsprofile, Tätigkeiten und Einsatzorte von Lehrkräften haben muss.

Im Zusammenhang mit der inklusiven Bildungsreform sollten die Berufswahlmotive von Studierenden in den diversen Lehrämtern beachtet werden, da durch eine konsequente inklusive Bildungsreform deutliche Effekte auf die Professionsbilder, die Tätigkeiten und den Tätigkeitsort erhofft werden.

Noch vor der Aufnahme ihres Studiums werden angehende Lehramtsstudierende mit der Bewerbung in eines der Lehrämter implizit gefragt (Merz-Atalik, 2014, S. 268):

1. An welcher Schulform möchten Sie tätig sein?
2. Welche Schüler*innenpopulation möchten Sie unterrichten?
3. Welchen Umfang an fachdidaktischen, fachwissenschaftlichen bzw. an bildungswissenschaftlichen Kompetenzen möchten Sie im Laufe des Studiums erwerben?
4. Welche Ausstattungsmerkmale wünschen Sie sich an der Schule, an der Sie arbeiten?
5. Welchen Status und welche Besoldung streben Sie an?

Dies steht im harten Kontrast zu einer inklusionsorientierten Berufswahlmotivation und Berufsrollenidentität, die mit dem Selbstverständnis als individuelle*r Lernbegleiter*in für alle Kinder und Jugendlichen – unabhängig von ihren Lernpositionen und -bedürfnissen – und einer generellen Offenheit für die Tätigkeit in heterogenen Lerngruppen und in inklusiven allgemeinbildenden Schulen einhergeht.

Eine sehr frühe Studie zu den Überzeugungen von sonderpädagogisch qualifizierten Lehrpersonen zur inklusiven Bildung von Moser legt nahe,

> »dass es professionsspezifische Überzeugungen bei LehrerInnen gibt. Denn alle gefundenen Gruppenunterschiede sind auf den Faktor Lehramt zurückzuführen. Hingegen spielen, zumindest innerhalb der Gruppe der Förderschullehrkräfte, Faktoren wie Geschlecht oder Erfahrungen mit der Arbeit an Regelschulen oder mit integrativem Unterricht keine Rolle. [...] insbesondere Überzeugungen, ob inklusive oder separierte Unterrichtung sinnvoll ist, sind vollkommen unabhängig vom Faktor der eigenen beruflichen Erfahrung (Integration bzw. Förderschule)« (Moser, 2014, S. 100).

Die Autorin stellt sich mit weiteren Studien der Frage, inwiefern diese Einstellungen bereits bei Studieneintritt vorhanden waren oder ob sie durch die Hochschulen erzeugt werden. Sicher ist, dass das schulartenspezifische Lehramt zunächst eine bestimmte berufliche Identität fördert. Diese Identität sollte jedoch angesichts bildungspolitischer Entwicklungen zur Inklusion und der Verortung von Sonderpädagog*innen in diversen inklusiven Settings nicht unverändert bleiben. Die reine Dokumentation der derzeit häufig unbefriedigenden Tätigkeitsverhältnisse von Sonderpädagog*innen, die nur eingeschränkt dem Ideal einer inklusiven Schule entsprechen, stellt eine gute Grundlage als Situationsanalyse dar, um »ein konkretes [situativ bestehendes] Profil der Berufstätigkeit von Förderschullehrkräften in inklusiven Settings zu beschreiben« (ebd., S. 102). Es reicht jedoch nicht dafür aus, die professionellen Anforderungen – resultierend aus einer inklusiven Schule der Zukunft – an die Kompetenzen von Lehrkräften abzubilden.

> »Die frühzeitige Entscheidung für ein schulformbezogenes Lehramt vor dem Beginn des Studiums entspricht auch nicht einem Verständnis von Studium im Sinne eines zunehmenden Kompetenzzuwachses, einem gleichzeitigen kritischen Dialog mit den eigenen Kompetenzen und der erst aus der konkreten Erfahrung in der pädagogischen Praxis resultierenden Fokussierung auf angehende berufliche Handlungsfelder« (Merz-Atalik, 2014, S. 268).

In früheren Studien zeigte sich, dass unter den Erstsemestern im Lehramt der Sonderpädagogik und der Primarstufe die soziale Orientierung signifikant stärker als Berufswahlmotiv auftrat als unter jenen der Sekundarstufe I, insbesondere in der Sekundarstufe II (Cramer, 2012, S. 346).

> »Die fachliche Orientierung ist unter Gymnasiallehrkräften stärker ausgeprägt, während ein hochgradiges pädagogisches Interesse für die Wahl des Primar- oder Sonderpädagogik-Lehramtes spricht (Gröschner und Schmitt 2008; Cramer 2012, S. 324–337; Retelsdorf und Möller 2012)« (Cramer, 2016, S. 41).

Scharfenberg et al. (2022) erhoben Studien- und Berufswahlmotive von Studierenden des Grundschullehramts aus Deutschland, der Schweiz, Schweden, Rumänien und China. Ausgehend von einem Vergleich zwischen intrinsischen, extrinsischen und pragmatischen Motiven zeigten sich länderspezifische Unterschiede (▶ Abb. 5), die teilweise auf die unterschiedlichen Kontextbedingungen der Beschäftigungsverhältnisse von Lehrpersonen zurückzuführen sind. Die Länder unterschieden sich beispielsweise deutlich im Status und in den Beschäftigungsbedingungen von Grundschullehrpersonen, wie etwa der Verbeamtung in Rumänien und Deutschland, im Gehalt – in Deutschland lag es zum Zeitpunkt der Studie bei 121 % des nationalen Durchschnittseinkommens, während es in Rumänien nur etwa 41 % ausmachte – sowie in der Lehramtsausbildung, sei es in der Dauer der Ausbildung, der Art der Studiengänge oder in den Abschlüssen. Intrinsische Motive sind direkt mit Eigenschaften der Tätigkeit verknüpft, wie bei dem Wunsch, mit Kindern zu arbeiten. Extrinsische Motive hingegen sind zweckorientiert und zeigen ein instrumentelles Verhältnis zur Tätigkeit wie etwa beim Streben nach Verbeamtung aufgrund eines hohen Sicherheitsbedürfnisses. Pragmatische Motive, etwa die Berufswahl aufgrund von elterlichem Druck, stehen in keinem direkten Bezug zu den Eigenschaften des späteren Berufs.

Im Hinblick auf die intrinsischen Motive zeigte sich der ›Wunsch direkt mit Kindern zu arbeiten‹ in allen untersuchten Gruppen als starkes Motiv. Dies bestä-

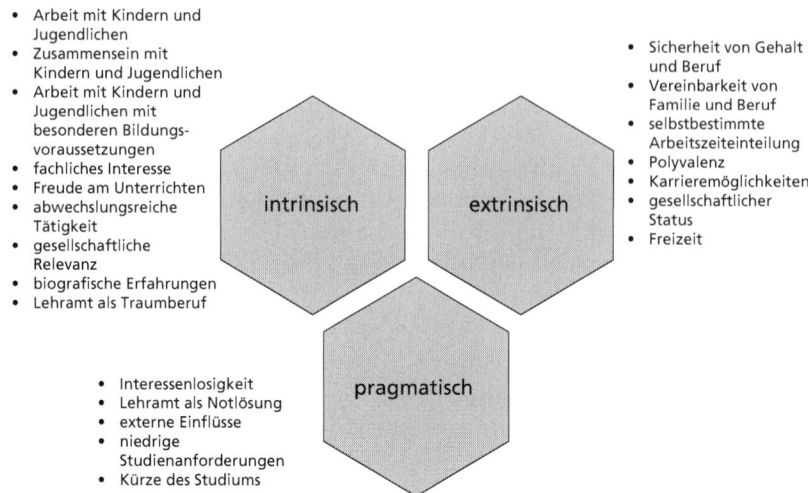

Abb. 5: Studien- und Berufswahlmotive von Lehramtsstudierenden (Scharfenberg, 2020; nach Scharfenberg et al., 2022, S. 255)

tigt zahlreiche frühere Studien, die eine Tendenz zur stärkeren Gewichtung von pädagogischen, adressat*innenbezogenen Motiven im Grund- und Sonderschullehramt fanden (vgl. Übersicht in Kiel et al., 2015; Cramer, 2016). Hinsichtlich der extrinsischen Motive weisen vor allem die deutschen Studierenden des Lehramtes Grundschule und der weiterführenden Schule vergleichsweise hohe Werte auf, insbesondere bei der ›Vereinbarkeit von Beruf und Familie‹ (d-Werte zwischen 0,36 und 0,87) (Scharfenberg et al., 2022). Dieser Befund zeigt sich stabil über Studien in den vorangegangenen Jahrzehnten (Kiel et al., 2015). Bei dem Motiv der ›gesellschaftlichen Relevanz‹ des Berufes erreichten die schwedischen Befragten die höchsten Werte aller Beteiligten, während dieses Argument bei den Schweizern und den chinesischen Studierenden eine geringere Rolle spielte (Scharfenberg et al., 2022). So ist anzunehmen, dass sich die jeweils kulturell geprägten Bildungsverständnisse, die reale Ausgestaltung der Systeme und nicht zuletzt der Status der Bildungseinrichtungen und des Lehrerberufes im jeweiligen Land in den Motivlagen zur Berufswahl von Lehrpersonen abbilden.

Kiel et al. (2015) stellten fest: Bei vielen Projekten und metaanalytischen Darstellungen von Befundlagen zur Berufswahlmotivation liege der Fokus auf den Regelschullehrämtern und die sonderpädagogischen Studiengänge blieben weitgehend unberücksichtigt bzw. nur summarisch mit anderen Lehrämtern erfasst. Die Autor*innen beklagten zudem, dass man nicht ausreichend zwischen den Studierenden in den sonderpädagogischen Förderschwerpunkten differenziere. Ihres Erachtens sei es im Zuge der Inklusion interessant,

> »ob die Entscheidung für ein sonderpädagogisches Lehramtsstudium und eine bestimmte Fachrichtung mit spezifischen Motivkonstellationen bzw. -ausprägungen einhergeht, die mit beruflichen Anforderungen und Bedürfnissen der Adressaten assoziiert sind« (ebd., S. 301).

6.1 Effekte der Beibehaltung schultypenspezifischer Lehramtsstudiengänge

Dieses Forschungsdesiderat im Hinblick auf differenzierte Studien zur Berufswahlmotivation bei Sonderpädagog*innen wird auch von Schwarzer und Gingelmaier (2021) bestätigt. Sie verweisen auf die Studie von Kiel et al. (2015), in der sich insbesondere bei den Studierenden in den Förderschwerpunkten ›Geistige Entwicklung‹ und ›Emotionale und soziale Entwicklung‹ eine stark ausgeprägte intrinsische Motivationsstruktur zeigte. In ihrer eigenen Studie[89] kamen sie zu dem Ergebnis, dass die Studierenden im Förderschwerpunkt eine geringere Ausprägung der Motive im Bereich Besoldung, Ferien, Familienfreundlichkeit und langfristige Sicherheit des Arbeitsplatzes (Kategorien ›Nützlichkeit‹ und ›soziale Einflüsse‹) aufwiesen als die Vergleichsgruppen. Die extrinsische Motivation war bei den Studierenden im Lehramt Sekundarstufe ausgeprägter vorhanden, wie auch das Interesse an dem genuin fachwissenschaftlichen Inhalt des Unterrichtsfaches. Während nicht

> »die zum intrinsischen Motivationskomplex zählenden Überzeugungen in die eigenen pädagogischen Fähigkeiten als Motive die Studienwahl der untersuchten Probanden beeinflussten, steigerte deren Interesse an der pädagogischen Arbeit mit Kindern und Jugendlichen als motivationales Merkmal die Wahrscheinlichkeit zur Wahl eines sonderpädagogischen Lehramtsstudiums im sonderpädagogischen Schwerpunkt Emotionale und soziale Entwicklung pro Skalenpunkt um 19 %« (Schwarzer & Gingelmaier, 2021, S. 74).

Dahingegen spielten sich die fachwissenschaftlichen Inhalte des Studiums (im Sinne der Unterrichtsfächer), die aus Sicht der Professionalisierungsforschung eine bedeutende Kompetenz im Lehrerberuf darstellen, eine deutlich untergeordnete Rolle.[90] Insgesamt zeigte sich ein großes Interesse der Studierenden in dem Förderschwerpunkt an einer interaktiven Tätigkeit mit Kindern und Jugendlichen, die aus Sicht der Verfasser durchaus auch kritisch im Hinblick auf eine professionelle und entwicklungsförderliche Haltung gegenüber den Schüler*innen betrachtet werden muss. So ergab sich in einer Studie von 1998 eine »spezifische hilfebezogene Motivation« (Ulich, 1998, zit. n. Kiel et al., 2015; S. 304) bei den Sonderpädagog*innen, die sie von Studierenden anderer Lehrämter unterschied.

Eine ältere Untersuchung (Hömberg & Müller, 2009) legte den Blick auf die Frage, welche Berufswahlmotive Studierende und Lehramtsanwärter*innen der Sonderpädagogik haben, mit Bezug auf ihre eigenen Bedürfnisse als Unterrichtende in diesem Habitat zu unterrichten. Die Autor*innen haben ebenfalls auf Limitationen der Studie[91] hingewiesen, sie erhebt keinen Anspruch auf Repräsen-

---

89 Querschnittserhebung in zwei Semestern; n = 169; Lehramtsstudierende an der Pädagogischen Hochschule Ludwigsburg; Vergleich zwischen Lehramt Sonderpädagogik, mit oder ohne Förderschwerpunkt ›Emotionale und soziale Entwicklung‹, mit Sekundarstufenlehramtsstudierenden.
90 Die Autoren verweisen jedoch auf vielfältige Limitationen ihrer Studie: unter anderem die selektive Auswahl von Studierenden in den Lehramtsstudiengängen durch die formalen Zulassungsvoraussetzungen, das Maß an Subjektivität der Messverfahren und die sehr kleine Stichprobengröße.
91 Die Studien in Halle und Berlin basierten auf unterschiedlichen Befragungsinstrumenten, unter anderem auf einer für Sonderpädagog*innen erweiterten Version des Terhart-Fragebogens zur Berufswahlmotivation für Regelschullehrkräfte (1994) und einer übersetzten Version der finnischen »Moberg-Scale about attitudes towards integration« (Moberg & Savolainen 2003), um die Einstellungen zum gemeinsamen Unterricht zu erfassen.

tativität, vielmehr dienten die Erhebungen vorrangig als Reflexionsgrundlage für die Lehre von Studierenden und Lehramtsanwärter*innen in Seminaren und Lehrveranstaltungen. Nach Müller und Hömberg ist es nicht auszuschließen, dass

> »die Theorie vom ›Schonraum‹, als Bedürfnis von Schüler/-innen an Sonderschulen, sich als fatale Projektion erweist, bei der die Persönlichkeitsentwicklung und die Lernerfolge von Schüler/-innen an Sonderschulen, durch die Bedürfnisse ihrer Lehrer/-innen behindert werden« (ebd., S. 141).

Damit verweisen sie auf die Problematik, dass gegebenenfalls auch die Sonderpädagog*innen für sich selbst diesen vermeintlichen Schonraum (im Sinne der Abwesenheit von Leistungsdruck und engen Standards zu den Leistungsoutputs, von kleinen Lerngruppen und größeren Freiräumen für soziale Prozesse) wählen. So ergab sich bei der kleinen Untersuchung von Seminargruppen an den beiden Hochschulstandorten in Halle und Berlin zu mehreren Zeitpunkten infolge (2003–2006; 2007–2008),

> »dass ein bestimmendes Motiv zur Berufswahlentscheidung künftiger Sonderpädagog/-innen die Organisationsformen und die Ressourcen der Institution Sonderschule sein könnten« (ebd., S. 144).[92]

Damit bestätigten sich frühere Erkenntnisse (Baitinger & Doerfel-Basen, 2007, zit. n. Hömberg & Müller, 2009). Die Arbeitsbedingungen und die Atmosphäre an Sonderschulen scheinen für Studierende sonderpädagogischer Studiengänge besonders attraktiv zu sein. Die kleineren Lerngruppen wurden von den Befragten in einem signifikanten Maße eher als ein ›atmosphärisches‹ Merkmal geschätzt, weniger als ein Element, das den Schüler*innen förderlich ist.[93] Die Autor*innen problematisieren diese Ergebnisse vor dem Hintergrund, dass zu befürchten sei, »dass das Arbeitsfeld Sonderschule aus persönlichen Motiven der Lehrpersonen und nicht im Interesse der Schüler/-innen mit Beeinträchtigungen erhalten bleibt« (ebd., S. 147). Für viele Studierende scheint die Wahl des Berufes auch mit den Erfahrungen der eigenen Eltern als Lehrpersonen einherzugehen, so beschreibt man eine Form der Berufsvererbung (Boeger, 2016). Dies lässt sich auch bei Studierenden des Lehramtes Sonderpädagogik feststellen.

Mit diesem Kapitel kann und soll keine vollständige Darlegung der Forschungsergebnisse zu diesem Feld erfolgen. Die kurzen Einblicke in die Ergebnisse wissenschaftlicher Studien sollen verdeutlichen, dass sowohl die segregationsori-

---

92 Zum Beispiel bedingt durch Erfahrungen aus Praktika, Zivildienst und Freiwilligem Sozialen Jahr.
93 Diese Ergebnisse decken sich mit den Ergebnissen von Brainstorming im Rahmen von Seminaren zur ›Professionalisierung für Inklusion‹ im Modul ›Handlungsfeld Sonderpädagogischer Dienst, Kooperation, Inklusive Bildungsangebote‹ (Studien- und Prüfungsordnung für das Lehramt Sonderpädagogik in Baden-Württemberg von 2015), welche seit mehr als zehn Jahren an der PH Ludwigsburg ausgebracht werden. Zur Überraschung der Studierenden im Grund- bzw. Bachelorstudium ›Lehramt Sonderpädagogik‹ finden sich unter den drei genannten Hauptmotiven für die Berufswahl keine, die auf die ›Vermittlung von Fachwissen‹, auf ›Interesse an der Lernbegleitung von Schüler*innen mit Lernschwierigkeiten‹ oder dem Unterrichtsfach hinweisen. Vielmehr stellten sich die individuelle (Einzel-)Arbeit mit behinderten Kindern und Jugendlichen und ein generalisierter Wunsch zu helfen als Hauptmotive heraus.

entierten Strukturen der Lehramtsstudiengänge – mit unterschiedlichen Schwerpunkten in Pädagogik, Fachdidaktik und Fachwissenschaft – als auch die schultypenspezifischen Merkmale wie kleine Klassen und vermeintlich homogene Lerngruppen sowie die unterschiedlichen Gehaltsstufen der Lehrämter deutliche Auswirkungen auf die Berufswahlmotivation haben. Diese Motivationen stehen möglicherweise im Widerspruch zu den Anforderungen eines inklusiven Bildungssystems. Es ist schwer nachzuvollziehen, warum in einem inklusiven Bildungssystem Grundschullehrkräfte und Sonderpädagog*innen, die gemeinsam im inklusiven Setting arbeiten, das Lernen aller Kinder im Klassenverband gemeinsam verantworten und ähnliche Arbeitszeiten haben, in unterschiedliche Gehaltsstufen eingestuft werden.

6.1.2 Studiengangsbezogene Informationen und Auswahlverfahren

Neben der Frage nach der Berufswahlmotivation sollten auch die Auswahlverfahren für die angehenden Lehramtsstudierenden im Hinblick auf die inklusionsorientierte Transformation des Bildungssystems kritisch hinterfragt werden. Zunächst bedarf es der Ergänzung bzw. Erweiterung von Aspekten wie Haltungen und Motiven zum Umgang mit Heterogenität und Diversität sowie Inklusiver Bildung in den Verfahren (z. B. bei dem Verfahren ›Career Counselling for Teachers‹ (CCT), wie es in Baden-Württemberg eingesetzt wird). Nach dem baden-württembergischen Landeshochschulgesetz (§ 60 Abs. 2 Nr. 6 LHG) ist für die Immatrikulation in Lehramtsstudiengängen grundsätzlich die Teilnahme an diesem Lehrerorientierungstest nachzuweisen. Dabei handelt es sich um den Online-Selbsttest ›Career Counselling for Teachers‹ (Tour 1: »Soll ich ein Lehrerstudium beginnen?«). Am Ende des Tests der geführten Tour können die Aspirant*innen auf einen Lehramtsstudienplatz sich die Teilnahmebescheinigung als Nachweis über den absolvierten Test erstellen und müssen diese mit ihrer Bewerbung um den Studienplatz einreichen. Der Online-Selbsttest ›Career Counselling for Teachers‹ soll die Personen bei der Entscheidung für ein Lehramtsstudium unterstützen. Im Vordergrund stehen persönliche Neigungen und Einstellungen zum Lehrerberuf. Dieser und ähnliche Orientierungstests für angehende Lehrkräfte sollten dringend im Hinblick auf die Berufswahlmotive von und die Anforderungen an eine inklusive Lehrperson hinterfragt und überarbeitet werden.

Zudem scheint es erforderlich gängige Informationsmaterialien zum Berufsbild und Studium (so z. B. im Hochschulkompass der HRK, in Informationsmaterialien zu den Studiengängen der Hochschulrektorenkonferenz und in Studien- und Berufsfeldinformationen der jeweiligen Ministerien in den Bundesländern) angemessen anzupassen. In einigen Bundesländern ist in diesen die inklusive Bildung lediglich als eine mögliche Option für die spätere Berufstätigkeit ausgeführt (insbesondere im Lehramt Sonderpädagogik) und nicht als generelle Entwicklungsperspektive für alle Lehrämter.

In Finnland gelingt es seit vielen Jahrzehnten einen enorm hohen Status des Lehrer*innenberufs in der Gesellschaft aufrechtzuerhalten, was sich auch in den

Zahlen der Bewerber*innen für Lehramtsstudiengänge an den Hochschulen niederschlägt. Dies überrascht, da die Besoldung im Vergleich zu Deutschland deutlich geringer ist. Aufgrund der teilweise bis zu zehnfachen Bewerber*innenzahlen müssen in den Zugangsverfahren strenge Auswahlkriterien angelegt werden, sodass für die Zulassung weit bessere Abschlussnoten erforderlich sind als bei der für den Sekundarstufenbereich. Dabei werden in Finnland bereits zum Zeitpunkt der Bewerbung für das Lehramtsstudium fundierte fachbezogene Kompetenzen von den angehenden Lehrer*innen erwartet. Die ursprünglich auf der Abiturnote basierende Zulassung wurde so bereits vor vielen Jahren um eine mehrstufige Aufnahmeprüfung erweitert. Ziel war es, Studierende auszuwählen, die ein großes Potenzial haben, sich zu guten Lehrer*innen zu entwickeln (Haataja et al., 2023). Dieses Verfahren nennt sich VAKAVA und setzt sich aus einem auf akademischen Texten aus den Bildungswissenschaften (z. B. zur Differenzierung und Individualisierung, zu Bildungsbenachteiligungen etc.) basierenden Test zusammen. In Finnland werden bei der Auswahl von Studierenden die kognitiven und nicht-kognitiven Fähigkeiten der Bewerber in zwei aufeinanderfolgenden Phasen bewertet. Bei der VAKAVA-Prüfung handelt es sich um einen Multiple-Choice-Test zur Bewertung der kognitiven Verarbeitungsfähigkeiten der Bewerber*innen und damit deren grundlegender Studierfähigkeit.

> »Kognitive Fähigkeiten höherer Ordnung, wie z. B. abstraktes Denken, Verständnis komplexer Ideen und schnelles Lernen, sind aufgrund der Komplexität des Berufs von großer Bedeutung für den Lehrerberuf. Das Erlernen allgemeiner kognitiver Fähigkeiten steht nicht im Mittelpunkt des finnischen Hochschulstudiums, was die Notwendigkeit unterstreicht, dass die Studierenden bei Aufnahme des Studiums bereits über diese Fähigkeiten verfügen (Metsäpelto et al., 2021). Obwohl der Erfolg in kognitiven Zulassungstests nicht immer die Effektivität von Lehrern im Berufsleben vorhersagt (Bardach & Klassen, 2020), ist er für den Erfolg im Lehramtsstudium von großer Bedeutung. Zulassungstests, die ein akademisches Studium simulieren, haben sich als valide Prädiktoren für künftige akademische Leistungen erwiesen, und der Erfolg in diesen Tests ist ein Hinweis auf die allgemeine Fähigkeit einer Person, in Prüfungen zu bestehen (Niessen et al., 2018)« (ebd., S. 122).

Geprüft wird zudem die fachliche Kompetenz, denn die Tests haben einen Bezug zu erziehungswissenschaftlichen Fragestellungen, und nur jene Kandidat*innen mit der höchsten Punktzahl im ersten Bewerbungsabschnitt werden zur zweiten Phase des Bewerbungsverfahrens zugelassen (Mihajlovic, 2021). Im zweiten Schritt wird universitätsintern ein Eignungstest durchgeführt. Hierzu werden »die Fähigkeit des Zuhörens und die Fähigkeit mit Diversität und Widersprüchen umzugehen« (Hakala, 2009, S. 200) geprüft, um die Schlüsselkompetenzen der Bewerber*innen für den sozialen Beruf zu erfassen. Dem folgen zudem an einigen Hochschulen (z. B. in Helsinki) noch Einzel- oder Gruppeninterviews. Diese stärker an den aktuellen professionellen Anforderungen des Bildungssystems orientierte Vorgehensweise in den Auswahl- und Zulassungsverfahren zum Lehramtsstudium könnte auch in Deutschland einen positiven Einfluss auf die Berufswahlmotive (stärkere vorausgehende Auseinandersetzung mit den Anforderungen und der Profession) von Lehrpersonen haben und einen Beitrag dazu leisten, dass die eher an pragmatischen und interessengeleiteten Motiven orientierten Bewerber*innen frühzeitig die Diskrepanz zu ihren Vorstellungen von der zukünftigen Berufstätigkeit erkennen. Zudem könnte sie gegebenenfalls eine positive Wirkung auf den Status des Lehrerberufs in der Gesellschaft entfalten, indem eben nicht jede*r, die/der ein gutes Abitur hat, auch Lehrer*in werden kann.

6.1.3 Generalisten-Spezialisten-Verhältnis von Sonder- und Regelpädagogik

> »Inklusive Lehrer*innenbildung ist keine Sonderpädagogik für Lehrer*innen in Regelschulen. Sie verlangt ein kritisches Denken über Identität und Differenz, über Privilegien und Benachteiligungen, über Inklusion und Exklusion, die weder von den ›regulären‹ noch von den sonderpädagogischen‹ Lehrer*innenbildungsprogrammen erreicht wird« (Slee, 2010, S. 18; Übers. d. Verf.).

Die Anforderungen an die Professionalität und die Kompetenzen von Lehrpersonen in einem inklusiven Bildungssystem lassen sich, so das Zitat von Slee bereits kurz nach der UNCRPD (2006), nicht durch eine Integration von sonderpädagogischen Inhalten in die Regelschullehramtsstudiengänge bewältigen. Die Studiumsinhalte und -themen gehen weit darüber hinaus und sollten einem weiten Inklusionsbegriff verpflichtet sein.

Ein Ergebnis der Ausbildung von Sonderpädagog*innen als Expert*innen für den Unterricht von Kindern mit sogenanntem sonderpädagogischem Förderbedarf ist, dass viele Regelschullehrer*innen glauben, ihnen fehlten die Kompetenzen dafür. Sie gehen davon aus, dass andere, speziell ausgebildete Expert*innen besser in der Lage sind, sich um Schüler*innen in Einzelsettings oder in kleineren, überschaubaren Gruppen zu kümmern (Rouse, 2010). Die Ausbildung von Regelschullehrkräften legt weiterhin einen starken Schwerpunkt auf die fachliche Vorbereitung zum Unterrichten (Feyerer & Langner, 2014a). Die spezialisierte Professionalisierung für den Umgang mit Lernbeeinträchtigungen oder unterschiedlichen Lernbedürfnissen bleibt dagegen überwiegend der Ausbildung von Sonderpädagog*innen vorbehalten.

> »Dies hatte zur Folge, dass die Sonderschullehrer/innen ein von den Regelpädagoginnen und -pädagogen (Volksschul-, Hauptschul-, Gymnasiallehrer/innen) klar abgegrenztes, besonderes Professionsverständnis entwickelten: Ihre wichtigste Aufgabe war es, dem Regelschulsystem Probleme abzunehmen und sich der besonderen Schülerin/dem besonderen Schüler heilpädagogisch zuzuwenden« (ebd., S. 175; Übers. d. Verf.).

So ist historisch eine Struktur der Lehramtsstudiengänge auch in den deutschen Ländern entstanden, die bis heute weithin an vielen Studienstandorten besteht. In der Folge sind das Professionsverständnis der Regelschullehrer*innen und Sonderpädagog*innen wie auch die auf dieser Professionsgliederung basierende Kooperationspraxis in inklusiven Schulen geprägt von einer Delegationslogik im Sinne des Generalisten-Spezialisten-Verhältnisses (Merz-Atalik, 2017). Diese separierenden Lehramtsstudiengänge können als Barriere für die inklusive Bildung gesehen werden, da sie die Vorstellung fördern, dass es differente Kurse und Qualifikationen bräuchte, um Lehrer*innen auf den Unterricht mit unterschiedlichen Schüler*innen vorzubereiten (Winn & Blanton, 2005, zit. n. Florian, 2021; Merz-Atalik, 2014). Schwager macht darauf aufmerksam,

>»dass die [...] im Unterricht zum Tragen kommende Unterscheidung [der Schüler*innen in zwei Gruppen] möglicherweise auch das Resultat einer auf der Lehrerebene liegenden Zwei-Gruppen-Theorie ist, die auf der Unterscheidung von Sonderschul- und Regelschullehrkräften beruht« (Schwager, 2004).

Florian und Camedda (2019) gehen davon aus, dass die unterschiedlichen disziplinären und theoretischen Ansätze, die mit den verschiedenen Arten von Lehramtstypen-Studiengängen verbunden sind, bei der Vorbereitung von Lehrer*innen auf die inklusive Bildung eher trennend als unterstützend wirken (angelehnt an Cochran-Smith & Dudley-Marling, 2012). So steigt die Gefahr von disziplinspezifischen divergenten Kulturen, Sprachen und Handlungslogiken, die sich in der gemeinsam verantworteten inklusiven schulischen Praxis erst wieder annähern müssen. Eine Studie aus Baden-Württemberg, in deren Rahmen Sonderpädagog*innen und Regelschullehrpersonen an Gemeinschaftsschulen befragt wurden, kam zu der Erkenntnis, dass

>»beide Berufsgruppen eine institutionelle Logik gewohnt waren, die konträr zum inklusiven Anliegen liegt. Neben einer individuellen Anpassungsleistung auf der Ebene der Einstellungen werden somit auch interindividuelle institutionelle Anpassungen erforderlich« (Derscheid, 2019, S. 340).

Insbesondere durch zeitlich befristete Kooperationsverhältnisse von Lehrpersonen in der Praxis, zum Beispiel im Umfang der durch die Bildungsverwaltung bewilligten Deputatsstunden für die Sonderpädagog*innen oder durch die zeitliche Befristung der Doppelbesetzung auf einzelne Schul(-halb-)jahre bei jeweils erneut erforderlichen Bewilligungen oder Abordnungen, liegen zusätzliche Ursachen für eine mangelnde Entwicklung von tatsächlichen inklusiven Verantwortungsgemeinschaften in multiprofessionellen Teams vor. Studien zu den Erfahrungen mit der Kooperation von Sonderpädagog*innen und Regelpädagog*innen in integrativen bzw. inklusiven Settings

>»haben [...] insbesondere eine unklare Aufgabenverteilung aufgrund z. T. unzureichender organisatorischer Strukturen herausgearbeitet (vgl. Werning/Urban/Sassenhausen 2001; Hinz/Wocken 1999; Schwager 2011)« (Moser, 2014, S. 94).

Das Verhältnis von beiden Berufsgruppen innerhalb des Gemeinsamen Unterrichts ist häufig von einem Generalisten-Spezialisten-Verhältnis geprägt, das in vielfacher Hinsicht negative Auswirkungen auf den inklusiven Unterricht haben kann.

Feyerer und Langner (2014a) konstatieren, dass den Regelpädagog*innen beigebracht wurde, die Verantwortung für Lernprobleme beim Kind zu suchen und die Lösung dieser Probleme in der Besonderung zu sehen (ebd.). Die Bereiche haben sich so nicht nur parallel als weitgehend voneinander isolierte Praxisfelder (ebd.) entwickelt, auch in der Theorieentwicklung ist diese Isolation vorherrschend. Die Autor*innen sehen eine mögliche Antwort auf diese beschriebenen Problematiken in sogenannten »spezialisierten Generalist*innen« (ebd., 2014, S. 186). Ihres Erachtens

>»kann es nicht darum gehen, die traditionellen, auf dem medizinischen Modell basierenden sonder(-schul-)pädagogischen Handlungsweisen unverändert in die Allgemeinpädagogik zu transferieren, wie dies Speck (2010) oder Stöppler (2011) fordern« (ebd., S. 186).

Feyerer und Langner kritisieren vielmehr die Status- und Eigenschaftsorientierung, die Defizit- oder Defektorientierung, die Förder- und Fürsorgeorientierung in der traditionellen Sonderpädagogik und sie fordern angelehnt an Wocken (2015) stattdessen für die Lehrer*innenbildung eine stärkere Prozess- und Situationsorientierung, eine Barrieren- und Ressourcenorientierung sowie eine Assistenz- und Adaptionsorientierung zu verfolgen.

Durch die fortwährende Aufrechterhaltung des Verhältnisses von Generalist*innen und Spezialist*innen, das an etikettierte und klassifizierte Schüler*innengruppen gebunden ist, trägt die Sonderpädagogik aktiv zur problematischen Orientierung an Homogenität in der Organisationsstruktur des deutschen Bildungssystems bei. Diese zeigt sich beispielsweise in Jahrgangsklassen, den Schultypen der Sekundarstufe und den schultypbezogenen, nicht individualisierbaren Bildungsabschlüssen. Vielfach ist nicht bekannt: Diese selektive Struktur ab der Sekundarstufe I gibt es so nur noch in fünf von über 30 europäischen Ländern (Europäische Kommission, 2023; Merz-Atalik, 2020; 2021a). Diese Struktur wurzelt in der historisch bedingten gesellschaftlichen Stratifizierung in Arbeiter*innen, Angestellte und Akademiker*innen und reproduziert diese Systematik auf implizite Weise (Merz-Atalik, 2021a). Auch schultypenspezifisch niveaugestufte statt personalisierungsfähiger allgemeiner Bildungsplänen für alle Schüler*innen und die damit einhergehende Reduktion von Bildungsinhalten für Schüler*innengruppen ist nur noch in wenigen Ländern international gängige Praxis (Europäische Kommission, 2023; Merz-Atalik, 2020; 2021). Roger Slee, Professor an der Universität South Australia, hat bereits früh erkannt, welche Rolle die Sonderpädagogik in der Entwicklung eines inklusiven Bildungssystems spielt: Jegliche Fortschritte auf dem Weg zur Inklusion werden seines Erachtens durch die Konzentration auf die Unterscheidung zwischen »besonderen und regulären Bedürfnissen« (Slee, 1996, S. 29) oder »regulärer und spezieller Bildung« (Slee, 2008, S. 100) behindert. Er stellt der Dualität von regulärer und spezieller (Sonder-) Schule das Konzept einer ›irregulären‹ (im Sinne einer inklusiven) Schule gegenüber und bricht so mit der Vorstellung, dass es bei der inklusiven Schule um eine Integration der beiden zuerst genannten Schultypen gehe. Im Rahmen eines Vortrages (Slee, 2017) beschreibt er zwei dominierende Bedrohungen für die Demokratie in der Bildung: 1. die Sonderpädagogik, die es erlaubt Kinder von ihren Geschwistern und den Peers der Wohnumgebung zu trennen und dadurch zugleich die Ursache dafür darstellt, dass die Welt nichts über Behinderung lernt, 2. die Schuladministration, welche die Vorgehensweisen handhabt, die zur Segregation führen.

Dies erscheint vor dem Hintergrund der Forderungen nach einer größeren Demokratisierung und Chancengleichheit in der Bildung sowie der menschenrechtlich verankerten Bildungsrechte aller für ein modernes Bildungssystem nicht mehr zeitgemäß. Gerade unter demokratieorientierten Argumentationslinien hat die absolute Mehrheit der Länder international heute einen generell gültigen Bildungsplan für alle Schüler*innen (Europäische Kommission, 2023; Merz-Atalik, 2021a), teilweise sogar bis einschließlich Sekundarstufe II. Dieser wird lediglich individuell und lernerbezogen personalisiert oder es werden die Leistungen der einzelnen Schüler*innen in bestimmten Fächern in Niveaustufen abgebildet, jedoch nicht nach schüler*innengruppen- oder schultypenspezifischen Bildungsplänen (Europäische Kommission, 2023; Merz-Atalik, 2020; 2021a).

6.2 Reziprozität[94] von Haltungen, inklusiver Praxis und Professionalität

Lehrpersonen sind wesentliche Akteur*innen für die Transformation des Bildungswesens zu einer inklusiven Schullandschaft. Sie sind es, die »durch ihre Hingabe und aktives Engagement vor Ort einen täglichen Beitrag zur Ermöglichung des Erlebens und Erfahrens der Leitidee von Inklusion leisten« (Lyra, 2012, S. 60). Aus der Erkenntnis der Relevanz des Handelns von Lehrpersonen für eine gelingende inklusive Bildung

> »wird [es] immer deutlicher, dass die Reform der Lehrer*innenbildung eine wichtige Rolle bei der Unterstützung der Entwicklung einer inklusiven Bildung spielen muss, um das Dilemma des Zugangs und der Chancengleichheit in der Bildung zu lösen (Barton 2003; UNESCO 2018; Forlin 2010; Florian und Pantic, 2017)« (Florian & Camedda, 2020, S. 6; Übers. d. Verf.).

In vielerlei Hinsicht gestaltet sich das Verhältnis von inklusiver Praxis zur inklusiven Lehrer*innenbildung als ein wechselseitiges.

Zunächst lässt sich eine *Reziprozität zwischen der Professionalität der Lehrpersonen und der Qualität der Praxis inklusiver Bildung* annehmen. So ist es unbestritten, dass für die inklusive Bildung entsprechend qualifiziertes Personal an den Schulen benötigt wird und den Fachkräften und Lehrpersonen dahingehend eine immense Verantwortung zukommt (Feuser, 2013). Aufgrund der Erkenntnis der Bedeutung von Professionalität für den diversitätsbewussten Unterricht wurde die Lehrer*innenbildung international in vielen Ländern bereits lange vor der UNCRPD (UN, 2006) im Hinblick auf die Anforderungen des Lernens und Lehrens in heterogenen Lerngruppen weiterentwickelt. Internationale Forscher*innen zur Lehrkräftebildung und Inklusion stellten insbesondere die Bedeutung der Erstausbildung für die grundlegenden Haltungen und Selbstwirksamkeitsüberzeugungen angehender Lehrer*innen für gelingende Praxis und Transformationsprozesse heraus.

> »Die Erstausbildung von Lehrer*innen ist der entscheidende Faktor bei der Entwicklung wirksamer Lehrer*innen, solcher, die Vertrauen haben in ihre eigene Fähigkeit alle Schüler*innen zu unterrichten, bereitwillig Akteur*innen in der inklusiven Bewegung sind und bereit sind, in die Bildungsreform in Richtung Inklusion eingebunden zu werden« (Forlin, 2008, zit. n. Forlin, 2010a, S. 5; Übers. d. Verf.).

Eine weitere Ebene der *Reziprozität, jene zwischen den Haltungen und Einstellungen sowie der Selbstwirksamkeitserwartung* von Lehrpersonen wird vielfach im Rahmen von Studien nachgewiesen. Es gibt zahlreiche Evidenzen, die aufzeigen, dass eigene

---

94 Gegenseitigkeit und Wechselbezüglichkeit.

6.2 Reziprozität von Haltungen, inklusiver Praxis und Professionalität

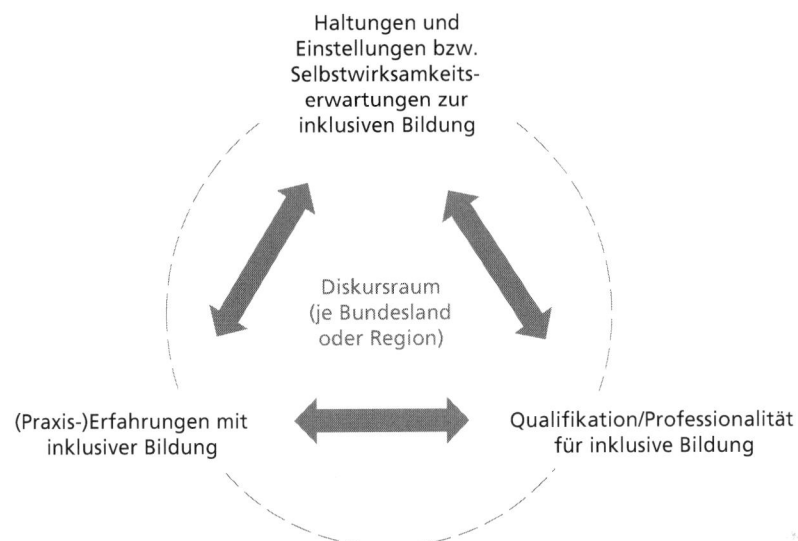

Abb. 6: Reziprozität zwischen (Praxis-)Erfahrungen mit inklusiver Bildung, Professionalisierung für und Einstellungen sowie Selbstwirksamkeitserwartungen zur inklusiven Bildung bei Lehrpersonen (eigene Darstellung)

positive Erfahrungen (aus der Schulzeit oder als Lehrperson) mit inklusiver Bildung einen positiven Einfluss auf die Zugangsweisen, die Denk- und Handlungsmuster von Lehrpersonen haben. Erfahrungen in einer gelebten inklusiven Praxis wurden durch zahlreiche Studien als Einflussfaktor für positive Einstellungen zur Inklusion seitens der Lehrpersonen nachgewiesen (▶ Kap. 7.1; ▶ Kap. 7.2). Inklusionskompetente Lehrer*innen – also jene, die eine positive Selbstwirksamkeitserwartung in Hinblick auf die Umsetzung eines inklusiven Unterrichts haben, die auf dem Erwerb der professionellen Kompetenzen und Erfahrungen basiert – sind gleichsam auch jene, die die geringsten negativen Einstellungen aufweisen.

Die Anerkennung der Notwendigkeit einer umfassenden Professionalisierung für Inklusion auf bildungspolitischer Ebene nahm zu, parallel zum steigenden Bedarf, der aus einer sich entwickelnden inklusiven Schulpraxis entstand. Es verwundert kaum, dass in jenen Bundesländern, in denen man bereits einen größeren Anteil der Schüler*innen mit einem sogenannten sonderpädagogischen Förderbedarf an inklusiven allgemeinbildenden Schulen beschult bzw. inklusive Grund- und Gemeinschaftsschulsysteme verfolgt, auch die Konzepte in der Lehrer*innenbildung deutlich breiter ausgewiesen und strukturell verankert sind (z. B. in Berlin oder Schleswig-Holstein). Es besteht also eine *Reziprozität zwischen dem Bedarf in der schulischen Praxis und der Professionalisierung von Lehrpersonen* für Inklusion und damit auch eine Abhängigkeit des Qualifizierungsausmaßes (in Qualität und Qualität) von der Entwicklung von inklusiven Bildungsangeboten in den jeweiligen Regionen oder Bundesländern. Das wechselseitige Abhängigkeitsverhältnis zwischen Qualifizierung/Professionalisierung und Praxis führt aufseiten von Inklusionsskeptiker*innen jedoch auch regelmäßig zu einer umgekehrten

Argumentation. Von Vertreter*innen der Bildungspolitik, aber auch von individuellen oder kollektiven Akteuren auf allen anderen Ebenen des Systems wird das wechselseitige Abhängigkeitsverhältnis im Rahmen der eigenen Argumentationen einseitig ausgelegt: Man müsse in der Konsequenz zunächst die Lehrpersonen für die Herausforderungen der inklusiven Bildung angemessen ausbilden, bevor man die Reform im Bildungssystem angehen könne. In Bundesländern, in denen die Bildungspolitik konsequente und nachhaltige Schritte zur Entwicklung eines inklusiven Bildungssystems unternommen hat, wie beispielsweise in Bremen oder Schleswig-Holstein, gibt es inzwischen überwiegend Professionalierungskonzepte für Lehrer*innen, die mit den Anforderungen der inklusiven Praxis übereinstimmen (siehe das Beispiel Berlin in ▶ Kap. 3.1). In anderen Bundesländern scheint die Professionalisierung der Praxis voraus zu sein und inklusionsbezogen qualifizierte Absolvent*innen der Lehramtsstudiengänge treffen gar beim Eintritt in das Schulsystem auf weitgehend unveränderte segregierende Strukturen und Konzepte (z. B. Studierende des Lehramtes Sonderpädagogik in Baden-Württemberg).

Eine weitere gegenseitige Abhängigkeit zeigt sich *zwischen den im jeweiligen Bundesland schulorganisatorisch umgesetzten Konzepten der inklusiven Bildung und den Konzepten und Inhalten der Verankerung inklusiver Bildung in der Lehrer*innenbildung.* Die konkreten Anforderungen im Hinblick auf die Professionalisierung variieren bundesweit in Anbetracht der Vielfalt der Organisations- und Ressourcenallokationsmodelle (siehe Übersicht in ▶ Abb. 7). Zwischen diesen Modellen differieren die Tätigkeitsanforderungen an die sonderpädagogisch qualifizierten Lehrpersonen zum Teil erheblich. In Abbildung 7 werden die grundlegenden Modelle und Mechanismen der Ressourcenallokation in inklusiven Bildungssystemen für Schüler*innen mit Förderbedarf entsprechend ihrer Intensität der Intervention und der Unterstützung dargestellt (European Agency for Development in Special Needs Education, 2016; European Parliament, 2017). Die European Agency for Development in Special Needs Education und die Autor*innen kommen auf der Basis einer Studie zu den Finanzierungsmechanismen von inklusiver Bildung im Vergleich der europäischen Länder zu der Erkenntnis, dass es grundlegender, systembezogener Finanzierungsmechanismen (general funding) bedarf, damit Schulen inklusive Bildung als Option erkennen und in der Folge nachhaltig zu Organisationen mit einer hohen Bildungsqualität für alle Lernenden zu werden (ebd.). Hingegen führen die Input-Finanzierungsmodelle (im Sinne einer individuumbezogenen Ressourcenausstattung für kompensatorisches Handeln, da die ›zusätzlichen Herausforderungen‹ bei einzelnen Schüler*innen im weitgehend unveränderten Regelschulsystem mit besonderen Bedürfnissen durch Personal kompensiert werden) zu einer steigenden Zahl der Etikettierungen von Schüler*innen (ebd.). Input-Finanzierungsmodelle verstärken zudem eine negative Problemwahrnehmung in Bezug auf Schüler*innen mit abweichenden Lernbedürfnissen und können mit erheblichen Stigmatisierungen einhergehen. Dies steht im Gegensatz zu dem Ziel einer inklusiven Bildungsreform (UNCRPD: UN 2006), dass alle Schulen im Hinblick auf den Umgang mit der generellen Vielfalt von Schüler*innen versierter werden.

In der folgenden Tabelle (▶ Tab. 2) sollen die Ressourcensteuerungs- und Personalzuweisungsmodelle für Schüler*innen mit einem Förderbedarf in den

6.2 Reziprozität von Haltungen, inklusiver Praxis und Professionalität

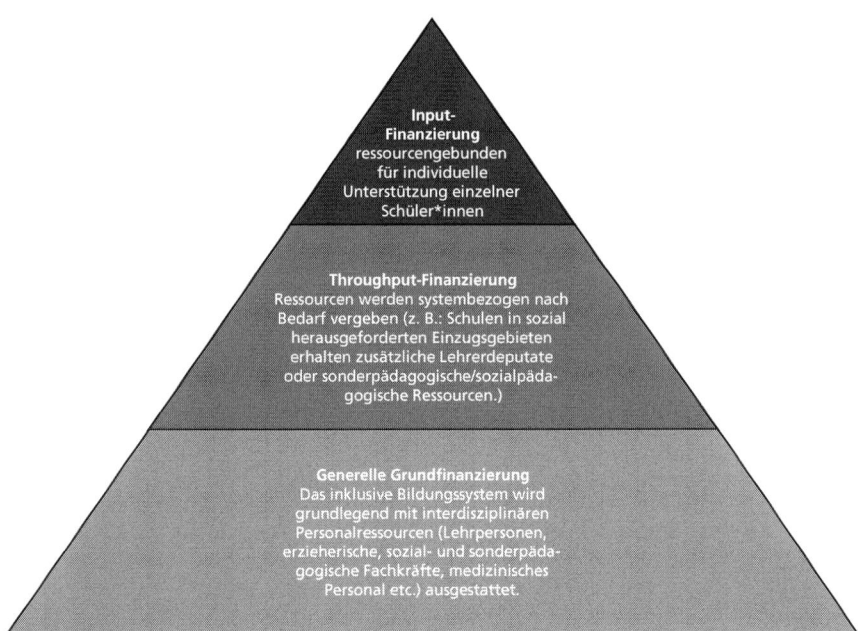

Abb. 7: Modelle der Zuweisung von Personalressourcen an die Schulen (eigene Darstellung, angelehnt an European Agency, 2016, S. 24; vgl. European Parliament 2017)

deutschsprachigen Ländern bzw. Bundesländern Deutschlands sowie deren Relevanzen in Bezug auf die professionelle Tätigkeit von sonderpädagogisch qualifizierten Lehrpersonen in der inklusiven Praxis reflektiert werden. Aus den unterschiedlichen Tätigkeitsschwerpunkten resultiert wiederum ein Qualifizierungsbedarf, der darauf hinweist, welche Kompetenzen im Lehramt Sonderpädagogik vermittelt werden müssten. Die Zuordnung erfolgt dabei idealtypisch und erhebt keinen Anspruch auf Vollständigkeit, sie soll vielmehr Abhängigkeiten der Qualifizierungserfordernisse von Sonderpädagog*innen im Verhältnis zu Organisationsmodellen von inklusiver Bildung und Ressourcenallokationsmodellen aufzeigen.

Die dargestellten Modelle, insbesondere die Modelle der Input- und Throughputfinanzierung, verdeutlichen, dass inklusive Bildung in der schulischen Praxis häufig lediglich als Zusatz zu einem nicht-inklusiven Regelangebot betrachtet wird. Dies verhindert eine umfassende Transformation hin zu einem wirklich inklusiven Bildungssystem. Eine zusätzliche Spalte zu den erforderlichen Qualifikationsanforderungen für Regelschullehrkräfte (Klassen- und Fachlehrkräfte) könnte die Darstellung ergänzen, wobei die grundsätzlichen Unterschiede bei Tätigkeitsfeldern und Kompetenzen gemäß den Modellen eher gering ausfallen. Im Hinblick auf den Umgang mit Heterogenität im Klassenzimmer sollten diese generell deutlich vertiefter qualifiziert werden. Lediglich der Kompetenzbereich ›Kooperation, Team-Teaching bzw. Co-Teaching‹ erhält insbesondere in den Throughput- und Regelfinanzierungsmodellen aufgrund der größeren gemeinsam verantworteten Unterrichtszeit im Klassenzimmer auch für die Regelschulpersonen eine deutlich höhere Bedeutung und sollte deshalb in der Erstausbildung generell angeboten werden.

Tab. 2: Interdependenzen zwischen Qualifikationserfordernissen bei Sonderpädagog*innen und Organisationsmodellen der Personalressourcen für inklusive Bildung

Finanzierung	Modell zur Allokation sonderpädagogischer Ressourcen	Fokus der Tätigkeit in der inklusiven Schule	Anforderungen an die Kompetenzen bzw. Professionalität sonderpädagogisch qualifizierter Lehrpersonen**
Input-Finanzierung	*Pull-in-Konzepte* der Zuweisung von sonderpädagogischen Personalressourcen auf der Basis eines sonderpädagogischen Gutachtens im Rahmen eines Feststellungsverfahrens, zum Beispiel Konzept des ›Sonderpädagogischen Dienstes‹ (BW)	individuelle Schüler*innen mit Förderbedarf	(sonderpädagogische) Feststellungs- und Förderdiagnostik, Beratungskompetenzen (kollegiale Beratung, Case-Management, Beratung von Eltern), Netzwerkarbeit mit anderen Unterstützungssystemen (schulintern, schulextern) etc.
Input-Finanzierung	*Rucksackmodell:* Im Sinne eines ›ausgabenneutralen Ansatzes‹ (Klemm, 2021) erhalten Schüler*innen mit sonderpädagogischen Förderbedarf an der inklusiven Schule/in der inklusiven Klasse Personalressourcen im selben Umfang wie an der entsprechenden Sonderschule. Sie bringen die Stunden sozusagen ›im Rucksack‹ mit.[95]	individuelle Schüler*innen mit Förderbedarf; angesichts geringer Stundenzahl (siehe Fußnote) nur punktuelle Unterstützung im Unterricht möglich; Fokussierung auf Förderbedarf der Schüler*innen und ggf. Passung zum Lernangebot	• Entwicklung und Implementation von Förderkonzepten in der allgemeinen Schule • ggf. inklusiver Unterricht und inklusive (Fach-)Didaktik • ggf. individuelle Leistungsbewertung • ggf. inklusive Schulentwicklung
Throughput-Finanzierung	*sonderpädagogische Grundversorgung:* In einigen Bundesländern werden in den Regelschulen »Kontingente[.] personalisiert, die sich an festgelegten Prävalenzquoten der Förderschwerpunkte sowie Sozialstatistiken orientieren (z.B. Kinderar-	Fokus vorrangig auf Schüler*innen mit Förderbedarf; in der Regel feste Einbindung in Unterrichtsprozesse und Schulentwicklungsprozesse; an einigen Schulen jahrgangsstufenbezogene Zuweisung	• Prävention • Entwicklung und Implementation von Förderkonzepten in der allgemeinen Schule • inklusiver Unterricht und inklusive (Fach-)Didaktik • individuelle Leistungsbewertung

---

95 Im Bundesdurchschnitt und im Durchschnitt aller Förderschwerpunkte waren das im Schuljahr 2018/2019 pro Schüler*in 4,21 Wochenstunden (vgl. Klemm, 2021, S. 28).

Tab. 2: Interdependenzen zwischen Qualifikationserfordernissen bei Sonderpädagog*innen und Organisationsmodellen der Personalressourcen für inklusive Bildung – Fortsetzung

Finanzierung	Modell zur Allokation sonderpädagogischer Ressourcen	Fokus der Tätigkeit in der inklusiven Schule	Anforderungen an die Kompetenzen bzw. Professionalität sonderpädagogisch qualifizierter Lehrpersonen**
	mutsquote im Schuleinzugsgebiet, die mit der Prävalenz von sonderpädagogischen Förderbedarf im Zusammenhang steht)« (Helbig & Steinmetz, 2021, S. 255).		• inklusive Schulentwicklung
Regelfinanzierung	*Zwei-Pädagog*innen-System:* Jede inklusive Klasse erhält zwei Lehrpersonen, darunter eine mit einem sonderpädagogischen Qualifikationsprofil. Nach diesem Modell wurden die sogenannten Integrationsklassen in Hamburg als Modellversuch (ab 1983) ausgestattet. Klemm bezeichnet diese Vorgehensweise als »Maximalvariante« (Klemm, 2022, S. 19). In dieser Form wird sie nur an einer Minderheit von Schulen umgesetzt.	Fokus auf Klassenverband; daher ausgeweitete Tätigkeiten im Hinblick auf alle Schüler*innen; in Einzelfällen mit Klassenführung.	• Prävention • Entwicklung und Implementation von Förderkonzepten in der allgemeinen Schule • inklusiver Unterricht und inklusive (Fach-)Didaktik • individuelle Leistungsbewertung • inklusive Schulentwicklung • ggf. Klassenführungskompetenzen in heterogenen Lerngruppen

* nach European Parliament (2017); ** ausgewählte Tätigkeitsschwerpunkte angelehnt an Gasterstädt (2019)

Die Analyse der Ressourcenallokationsmodelle zeigt, dass alle Bundesländer feste Personalschlüssel für die Ausstattung der Sonderschulen vorsehen. Für inklusive Bildungsangebote und Regelschulen fehlen jedoch in den meisten Bundesländern bislang konkrete und verlässliche Personalschlüssel für die Zuweisung von Personalstellen.

> »Während die Zuweisung von Lehrerstellen an die Förderschulen weiterhin auf der Grundlage der tradierten Schüler je Stelle-Relationen erfolgt (zuletzt für den Förderschwerpunkt Lernen 6,7 und für die übrigen Förderschwerunkte 5,1 […]), gibt es keine transparenten Werte, auf deren Grundlage die einzelnen Bundesländer den allgemeinen Schulen Lehrkräftestellen für die inklusiv unterrichtenden Schülerinnen und Schüler zuweisen« (Klemm, 2022, S. 18).

Insbesondere kritisiert Klemm in seiner Studie die eher konservative Bedarfseinschätzung der KMK zur Einstellung von Lehrkräften im Jahr 2030, da diese weitgehend auf der Grundlage einer bis dahin konstant bleibenden Bedarfsannahme ausgehe. Sie berücksichtige

> »keine Verkleinerungen der Klassenfrequenzen, keine Verringerungen bei der wöchentlichen Unterrichtsverpflichtung der Lehrkräfte und auch keine Zusatzbedarfe in Folge von Maßnahmen wie z. B. des Ausbaus von Ganztagsangeboten, des Fortschreitens auf dem Weg zur inklusiven Schule oder der verstärkten Förderung von Kindern und Jugendlichen in ›Brennpunktschulen‹. Allein für diese drei zuletzt genannten schulpolitischen Maßnahmen muss mit einem Zusatzbedarf von etwa 69.000 Stellen gerechnet werden« (ebd., S. 28).

Gasterstädt (2019) bestätigt die Annahme der Intransparenz von Entscheidungen zur Ressourcenallokation an inklusiven Schulen. Auf der Basis einer Governancetheoretischen vergleichenden Studie zur Umsetzung der Inklusion in zwei ausgewählten deutschen Bundesländern (die Bundesländer sind in der Publikation anonymisiert) kommt sie zu der Erkenntnis, dass die *Erwartungen an sonderpädagogisches Handeln* seitens der Akteure in Schulverwaltung und Schule nicht zuletzt auch *vom allgemeinen bundeslandspezifischen Diskurs um Inklusion* abhängig sind. Im Vergleich der Bundesländer arbeitete die Forscherin heraus, dass in Situation A (Fallstudie)

> »das Handlungsfeld der SonderpädagogInnen [...] in der Prävention, Beratung, Unterstützung von Entwicklungen der allgemeinen Schule, im gemeinsamen Unterricht und der Etablierung von Netzwerkstrukturen sowie, bei dauerhaftem Einsatz an einer allgemeinen Schule und in Präventionsklassen, auch im Unterrichten in Zusammenarbeit mit Lehrkräften der allgemeinen Schulen gesehen« (ebd., S. 303)

wurde. Dagegen wurde in dem anderen Bundesland, Situation B (Fallstudie),

> »sonderpädagogisches Handeln vor allem auf den individuellen Förderbedarf und die entsprechende Förderung bezogen. SonderpädagogInnen sind in diesem Sinne additiv an der allgemeinen Schule tätig. Ihr Handlungsfeld wird ausdifferenziert in Diagnostik, Förderung im Setting des gemeinsamen Unterrichts sowie Beratung, Entwicklung und Implementation von Förderkonzepten in der allgemeinen Schule. Die Bedeutung der Fachlichkeit in verschiedenen Förderschwerpunkten wird betont« (ebd., S. 304).

In Bundesland A gab es zum Erhebungszeitpunkt nur noch wenige segregative Beschulungsangebote für die Förderschwerpunkte ›Lernen‹ und ›Emotionale und soziale Entwicklung‹, daher wurden den Sonderpädagog*innen auch Handlungsfelder wie Prävention und Schulentwicklungsarbeit zugeschrieben. Dagegen herrschte in Bundesland B eine strukturell angelegte Parallelisierung von Förderschule und inklusiver Beschulung in der allgemeinen Schule vor und damit verbunden wurden die Aufgaben der Sonderpädagog*innen vorrangig in der sonderpädagogischen Feststellungsdiagnostik (zur Sicherung und Legitimierung von Ressourcen) und in der individuellen Förderung gesehen. Die diskursiven Praktiken (auf bildungspolitischer Ebene, in der Bildungsverwaltung und -praxis und anzunehmenderweise dadurch auch in der Lehrer*innenbildung) halten so unterschiedliche Professionskonzepte und Rollen für Sonderpädagog*innen in den Bundesländern vor. Gasterstädt (2019) verweist diesbezüglich auf ein erhebliches Forschungsdesiderat. Ihres Erachtens mangelt es an Studien dazu, wie segregierende Beschulungsstrukturen sich auf die Subjektivierungspraktiken und Differenzsetzungen in der allgemeinen Schule auswirken.

Brüsemeister (2020) kritisiert generell ein bestehendes eher zufälliges Verhältnis zwischen Lehrer*innenbildung und Schulreformen. Maguire geht so weit, dass sie der Steuerung in der Lehrer*innenbildung unterstellt, sie sei »eine unübersichtliche [i. Or.: messy], Post-hoc-Rationalisierung von praktischen Anforderungen, Notwendigkeiten und ideologischen Imperativen« (Maguire, 2015, S. 35; Übers. d. Verf.). Sie führt einige Beispiele aus, bei denen aus einer rational intendierten Steuerung eine Form von ›Brandbekämpfung‹ (fire fighting) wird, wenn zum Beispiel wie in einigen Staaten in den USA aufgrund von massivem Lehrer*innenmangel sogenanntes ›emergency licensing‹ stattfindet (mit Verweis auf Mississippi). Unter dieser Bezeichnung werden einjährige Vorbereitungskurse angeboten, die zu einer vollen Zertifizierung als Lehrperson führen. Maguire führt weitere Beispiele an: In New York werde versucht durch Fellowship-Programme (Stipendienprogramme) die Anzahl der Lehramtsstudierenden zu erhöhen. Einige der bundesweiten Modelle der Quereinsteigeranwerbung und -schulung weisen aktuell durchaus Aspekte der ›Brandbekämpfung‹ in diesem Sinne auf. Die zuvor ausgeführten Beispiele zeigen, wie stark die Steuerung in der Lehrer*innenbildung kontextdeterminiert (ebd.) ausfällt und von vielfältigen situativen Faktoren, unter anderem der Analyse des aktuell bestehenden, konkreten Bedarfs an Lehrpersonen und der durch die jeweiligen von bildungspolitischen Akteuren gesetzten Ziele für die Lehrer*innenbildung (Digitalisierung, Ganztagsschulen, etc.) abhängig ist. Dies macht auch deutlich, welche Ebenen im Mehrebenensystem der Bildung, welche Handlungsbereiche und welche Akteure darin in erfolgreiche Transformationsprozesse zu einer inklusiven Lehrer*innenbildung eingebunden sein müss(t)en.

Die im Rahmen von Studienangeboten an Lehramtsstudierende vermittelten inklusionsbezogenen Inhalte und Kompetenzen können aktuell in vielen Hochschulstandorten in den Bundesländern noch nicht unmittelbar in entsprechende inklusive Strukturen im Bildungssystem transferiert werden (z. B. im Rahmen von Praktika, dem Referendariat oder in der Berufseinstiegsphase). Vielmehr bestehen in einigen Bundesländern mehr oder weniger ungebrochen segregationsorientierte Strukturen und Organisationsformen der Bildungssysteme (Klemm, 2021; Rackles, 2021). Dies begründet die Notwendigkeit, im Rahmen der Lehrer*innenbildung nicht nur Wissen und Kompetenzen für die inklusive Bildung zu vermitteln, sondern auch eine Auseinandersetzung mit inklusionshinderlichen gesellschaftlichen, bildungspolitischen und (schul-)pädagogischen Prinzipien und Kontextbedingungen stattfinden zu lassen. Es bedarf eines breiten Diskurses über mögliche Barrieren bei der Implementierung von inklusiven Bildungssystemen und -prozessen. Es scheint unerlässlich, (angehenden) Lehrkräften einen kritisch-reflexiven Zugang zu den grundlegenden Implikationen und Prämissen von Inklusion zu vermitteln, wie etwa Menschenrechte, Gerechtigkeit, Teilhabe und Barrieren. Zudem sollten sie die Bedeutung von Impulsen, Prozessen und Hindernissen für Transformationen verstehen sowie die möglicherweise suboptimalen Rahmenbedingungen für ihre künftige Tätigkeit im Bildungssystem kennen, etwa selektionsorientierte Organisationsstrukturen von Bildungsangeboten und Abschlüssen oder die unzureichende rechtliche Verankerung der inklusiven Bildung. Dazu zählt auch das Bewusstsein über vielfältige problematische Rekonstruktionen des Menschenrechts auf Inklusion. Die professionelle Handlungsfähigkeit der Lehramtsanwärter*innen in und für inklusive Bildungsprozesse ist zudem abhängig davon, dass diese ihre eigenen Einstellungen und Haltungen (z. B. repräsentiert in den Berufswahlmotiven) reflektieren, um sich den anstehenden Transformationsprozessen im Interesse der Lernenden aktiv und gestaltend stellen zu können. Dazu erscheinen Praxiseinblicke in gelingende inklusive Schulen bereits während des Studiums förmlich unerlässlich, zum Beispiel in Form von Exkursionen, Unterrichtshospitationen oder der verbindlichen Berücksichtigung in den schulpraktischen Studien.

6.3 Effekte der Beibehaltung (parallel existierender) Sonderschulen

Aufgrund der im internationalen Vergleich ausgesprochen langen historischen Tradition wird die Sonderschule in den deutschsprachigen Ländern Europas in der Gesellschaft (mit Ausnahme von Südtirol, das sich am italienischen System orientieren muss) wie auch von einigen Vertreter*innen der Fachdisziplin der Sonderpädagogik (vgl. Derscheid, 2019) immer noch weitgehend als selbstverständlicher und unerlässlicher Teil des generell nach schulischen Leistungsniveaus segregierten Bildungssystems wahrgenommen. Aus einer analytischen Betrachtungsweise des Neoinstitutionalismus hat die Sonderschule dabei einige gesellschaftliche Mythen in ihre formale Struktur inkorporiert, zum Beispiel die Orientierung an Selektion in homogene Lerngruppen. Damit ergänzt sie das allgemeine Schulsystem auf komplementäre Weise (Helbig & Steinmetz, 2021). Mit der neoinstitutionalistischen Perspektive wird »die – für die Inklusionsidee durchaus hinderliche – Wirkmächtigkeit historisch überlieferter Ideen« (Derscheid, 2019, S. 19) und Strukturen aufgezeigt.

Die internationale Inklusionsforscherin Lani Florian (2021) stellt fest, dass

> »weltweit das Bewusstsein dafür [wächst], dass die traditionellen systemischen Antworten, nämlich die Bereitstellung von sonderpädagogischem Förderunterricht als Strategie zur Gewährleistung von Bildung für alle, ein Hindernis für die Teilhabe darstellen kann, da sie einige Schüler*innen von den Möglichkeiten ausschließen, die anderen zur Verfügung stehen« (ebd., S. 92; Übers. d. Verf.).

Diese Sichtweise scheint dagegen in den deutschsprachigen Ländern bislang nur in eher ausgewählten Diskurssphären vorzuherrschen (z. B. unter Inklusionsforscher*innen, bei Elternaktivist*innen für inklusive Bildung, bei Selbstvertretungsorganisationen). Auch in diesen Diskursräumen gibt es weiterhin Stimmen, die trotz einer Ausweitung der Inklusion einen teilweisen Erhalt der Sonderschulen für notwendig erachten. Die weitgehend ungebrochene Akzeptanz der Parallelwelten in Sonderschulen mit einer vermeintlich ausgewiesenen Expertise für Schüler*innengruppen steht in einem häufig unaufgelösten Wechselverhältnis zu dem bereits ausgeführten Generalisten-Spezialisten-Verhältnis. Dies verwundert angesichts dessen, dass die

> »Differenzpädagogiken, wie die Sonderpädagogik, […] schon lange in der Kritik [stehen], dass sie Behinderung und sonderpädagogischen Unterstützungsbedarf auf eine Art und Weise kategorisieren, die dem medizinischen Modell folgt und somit dazu neigt, diese zu naturalisieren« (Lindmeier, 2022, S. 37).

Die Existenz der Sonderschule legitimiert sich durch drei grundlegende Mythen:

1. Die Allgemeine Pädagogik könne den besonderen Kindern nicht gerecht werden.
2. Diese besonderen Kinder bedürften einer ganz besonderen Förderung und Pädagogik, die nicht Teil der Allgemeinen Pädagogik sei.
3. Damit diese besondere Förderung gelinge, müsse die Sonderschule als eigene Institution erhalten bleiben (vgl. Helbig & Steinmetz, 2021; in Anlehnung an Hänsel, 2003).

Diese tief verwurzelten sozialen Konstrukte basieren unter anderem auf gesellschaftlichen Normalitätsvorstellungen zum Beispiel im Hinblick auf die bessere Förderung in homogenen Lerngruppen und die historisch tradierten Aussonderungsstrategien zur Entlastung des allgemeinen Bildungssystems und die damit einhergehende Auslagerung und Delegation von Herausforderungen. Insbesondere bei Menschen, denen es an eigenen persönlichen Erfahrungen mit Menschen mit Beeinträchtigungen, mit Inklusion und inklusiver Bildung fehlt, kommt es zu Aussagen, die weder erfahrungs- noch evidenzbasiert sind wie, »dass es besser wäre, wenn Menschen mit ›Behinderung‹ unter ›ihresgleichen‹ blieben« (Mannewitz & Steffens, 2014, S. 39). Leider muss festgestellt werden, dass die Institution der Sonderschule im deutschsprachigen Raum bislang nicht ausreichend nach den Effizienz- und Qualitätskriterien des allgemeinen Schulsystems bewertet wurde (ebd.). Vielmehr stellt diese Institution eine Art Blackbox dar.[96] Weder ist sie systematisch noch angemessen repräsentativ an nationalen oder internationalen Vergleichsstudien beteiligt und die bislang vorliegenden Studien zu ihrer Effektivität im Hinblick auf die Leistungszuwächse bei Schüler*innen mit Lernbeeinträchtigungen sind nicht überzeugend.

Powell kritisiert,

> »dass die Entscheidung, eine Schülerin oder einen Schüler auf einer Sonderschule zu beschulen, Benachteiligungen nicht aufzuheben oder auszugleichen vermag, sondern eine zusätzliche Benachteiligung darstellt, indem diese Kinder und Jugendlichen durch den Besuch einer Sonderschule als behindert klassifiziert werden« (Powell, 2009, zit. n. Derscheid, 2019, S. 167).

> »Sonderpädagogische Fördersysteme werden zunehmend kritisch als Teil des Problems der Produktion von ›Unfähigkeit‹ verstanden (Pfahl 2011; Tomlinson 2017; Blanck 2018). Um die Barrieren der Umsetzung inklusiver Bildung überwinden zu können, muss zunächst

---

96 Im Sinne eines Objektes, dessen innerer Aufbau und innere Funktionsweise unbekannt sind oder als nicht von Bedeutung erachtet werden.

die Institutionalisierung segregierender und separierender Bildungssysteme verstanden und die Entwicklung hin zur Konvergenz zum Kontinuum der Förderorte untersucht werden (vgl. Powell 2011, 2016): Die vielfältigen negativen Folgen der Stigmatisierung für Individuen und Gesellschaften sowie die eingeschränkten sozialen und fachlichen Lerngelegenheiten in segregierten Settings bedürfen der kritischen Reflexion« (Powell & Merz-Atalik, 2020, S. 74).

Die Transformation von der Segregation in Sonderschulen zur Inklusion in allgemeinbildenden Schulen erfolgt in vielen Ländern eher graduell und in besonderem Maße ›pfadabhängig‹ (Blanck et al., 2013; Edelstein, 2016; Powell, 2016; Powell & Merz-Atalik, 2020).

> »Die separierenden und segregierenden sonderpädagogischen Organisationsformen, die etabliert, verallgemeinert und verteidigt werden, blockieren gleichzeitig den Ausbau der inklusiven Bildung« (Powell, 2015, S. 680).

Die Transformation hin zu einem inklusiven Bildungssystem erfolgt in einigen deutschen Bundesländern eher inkrementell als umfassend transformativ, wie die fortgesetzte Legitimation der Sonderschulorganisation zeigt (Powell & Merz-Atalik, 2020). Diese Legitimation stützt sich auf drei Säulen: die kognitive Säule (Behinderungsparadigmen), die normative Säule (spezifische sonderpädagogische Profession und Organisationsformen) sowie die regulative Säule (bildungspolitische Setzungen und Gesetzgebungen) (Powell, 2009; 2015). Die weitgreifende Institutionalisierung von ›Sonderinstitutionen‹ und ›Sonderprofessionen‹ provoziert und reproduziert nicht zuletzt auch Mechanismen der Verantwortungsdelegation und der Externalisierung (Oldenburg, 2021) von Studierenden im Rahmen der verschiedenen Lehrämter. Solange es die ›spezifisch fördernden Sonderschulen‹ gibt, gehen die Akteure auch davon aus, dass diese der bessere Förderort für die entsprechende Schülerschaft sind. Die strukturelle Persistenz wirkt sich auf die subjektiven Theorien von Lehramtsstudierenden und Lehrer*innen in der Praxis aus. Oldenburg bestätigte im Rahmen der durchgeführten Studierendenbefragung, dass Herausforderungen im Zusammenhang mit differenzsensiblen Praktiken bei den Studierenden potenziell in Momenten von Delegation und Externalisierung sowie in Handlungsdilemmata mündeten (ebd.).

Dieses Delegations- und Externalisierungsverhalten basiert auf den bestehenden Ordnungen im Bildungssystem, die nach Mecheril und Rangger (2022a) als explanative Konstrukte semantischen, machtbezogenen und normativen Dimensionen des sozialen Geschehens vorausgehen.

> »Ordnungen sind dabei den Praktiken der Subjekte nicht äußerlich, sondern stellen einerseits Produkte sozialer Praxis dar, gehen aber zugleich dieser voraus. Soziale Praxis ist sinnhaft und nachvollziehbar, weil sie im Sinne einer Wiederholung auf vorangegangene Praktiken bezogen ist. Ordnungen werden über Wiederholungen in den Praktiken von Subjekten, Institutionen und Organisationen sowohl hergestellt, aufrechterhalten als auch verändert (Mecheril & Rangger, 2022b, S. 7).

Nach Haeberlin steht der Inklusion im Bildungssystem auch im Wege,

> »dass es aus Teilsystemen besteht, von welchen die einen gesellschaftlich geachtet und die anderen verachtet sind, deren Klientel von der Achtung oder Verachtung betroffen ist und deren Lehr- und Erziehungspersonal entsprechend unterschiedliche Gehälter hat« (Haeberlin, 2009, S. 127).

Der Fakt der differenten Besoldungsgruppen für Regelschulpersonen und Sonderpädagog*innen steht repräsentativ für die unterschiedliche Wertschätzung ihrer Tätigkeiten und damit die Anerkennung durch die staatlichen Organe. Während die Besoldung teilweise von den Ausbildungszeiten abhängig gemacht wird, ist sie doch auch Ausdruck dessen, dass man annimmt, die Arbeit mit Schüler*innen mit einem sonderpädagogischen Förderbedarf müsse aufgrund der ›höheren Anforderungen an die Professionalität‹ höher entlohnt werden. Diese Differenzmarkierung wird zudem verstärkt durch die höheren schüler*innenbezogenen Budgets für Sachmittel an den Sonderschulen.

Ein weiteres Beispiel für inkrementelle, systemadaptive und nicht transformative Entwicklungen hin zu einem inklusiven Bildungssystem zeigt sich, wenn Schulen ihrem Auftrag nachkommen und Lernende mit dem Etikett ›sonderpädagogischer Förderbedarf‹ sozusagen selektiv (z. B. nur bei zielgleicher Bildung oder nur bei bestimmten Förderschwerpunkte) bzw. punktuell aufnehmen. Dabei wird im Schulalltag häufig eine Zwei-Gruppen-Theorie (Hinz, 2002) umgesetzt, bei der etwa zwischen ›Regel-‹ und ›Inklusionskindern‹ getrennte oder differenzierte Bildungsangebote bestehen und die regel- und sonderpädagogisch qualifizierten Lehrkräfte im Klassenzimmer eine strikt gruppen- oder auf einzelne Individuen bezogene Verantwortung wahrnehmen. Ohne eine tiefgreifende transformationsorientierte Reflexion der bestehenden sonderpädagogischen Institutionen, Konzepte und Klassifikationen sowie der damit verbundenen historisch und gesellschaftlich verankerten segregationsorientierten Kulturen und Paradigmen scheinen selektive Handlungskonzepte als gegebenenfalls unbeabsichtigte Effekte der Bildungsreform oder sogar zur Reform widersprüchlich und ihr entgegenwirkende Praktiken unvermeidbar (Kruschel & Merz-Atalik, 2023; Merz-Atalik & Beck, 2020; 2022a; 2022b). Auch Interpretations- und Handlungsmuster der beteiligten Akteure in Organisationen und Institutionen können im Widerspruch zu den Zielen der inklusiven Bildungsreform stehen und dabei erhebliche Spannungen erzeugen, die sich als nachhaltige Barrieren erweisen (Merz-Atalik & Beck, 2022a; 2022b). Daher scheinen die Entwicklung eines inklusiven Bildungssystems wie auch die Professionalisierung inklusiver Lehrkräfte nur durch grundlegende transformative Entwicklungsprozesse oder vollständige Integration von inklusionsförderlichen Anteilen der Sonderpädagogik in Disziplin, Profession und Praxis der Bildungswissenschaften möglich.

6.4 Starke (unbewusste) Abwehrmechanismen der Akteure

Dass die inklusionsorientierten regulativen Vorgaben (▶ Kap. 3.1) allein noch keine inklusive Bildungsreform – auch nicht in der Lehrer*innenbildung – ausmachen, zeigen die Erfahrungen aus den Bundesländern. Die individuellen Akteur*innen und die systemischen bzw. kollektiven Akteure setzen sich in einem unterschiedlichen Maße mit diesen auseinander, rekonstruieren die Vorgaben eigenmächtig und teilweise interessengeleitet auf allen Ebenen des Systems (z. B. Makroebene, Bildungspolitik; Mesoebene, Bildungsverwaltung; Mikroebene, schulische Praxis). Um ein transformatives Verständnis von Inklusion (Koenig, 2022) zu erreichen, ist es nötig die kulturelle Dimension zu erfassen. Gerspach (2022) hat die grundlegende Bedeutung des tiefenhermeneutischen Verstehens für die Inklusion beschrieben. Er sieht eine wesentliche Barriere für die Transformation in starken *unbewussten Abwehrmechanismen*, die einer toleranten und emanzipativen Praxis entgegenstehen. Um angehende Lehrpersonen auf die Herausforderung der inklusionsorientierten Transformation des Bildungssystems und ihres eigenen professionellen Handelns in inklusiven Bildungssituationen vorzubereiten, bedarf es daher im Rahmen der Lehr- und Studienangebote

1. der Schaffung von Reflexionsimpulsen und -möglichkeiten zu den persönlichen, häufig unbewussten Handlungsmotiven, -schablonen und -orientierungen, die im Widerspruch zu einer inklusiven Haltung und Praxis stehen könnten (psychodynamische Wirkfaktoren des inklusiven Handelns);
2. der Förderung einer generellen inklusionsorientierten professionellen Reflexionskompetenz, zum Beispiel im Hinblick auf Widersprüche, die sich durch das eigene inklusionspädagogische Handeln in nicht-inklusiven Strukturen im Bildungssystem ergeben könnten (institutionelle Wirkfaktoren des inklusiven Handelns).

Gerspach warnt gar vor dem Risiko, dass »durch den Verzicht auf eine tiefenhermeneutische Beleuchtung von psychodynamischen und institutionellen Wirkfaktoren [...] ein Erblindungsprozess in Gang gehalten« würde (ebd., S. 24). Eine mangelhafte Durchdringung von dem, was Inklusion und inklusive Bildung ausmachen sollte, könnte so dazu führen, dass Konzepte umgesetzt werden, die nicht im vollen Umfang den Intentionen entsprechen und dass sich diese sogar unter dem Etikett ›inklusiv‹ tradieren.[97] Diverse (unbewusste) Abwehrmechanismen oder Erblindungsprozesse können beispielsweise in durch die Sozialisation vermittelten gesellschaftlichen (Menschen-)Bildern oder Konzepten von Bildung und Schule gründen, die im Rahmen der Lehrer*innenbildung als Mythen entlarvt werden müssen (▶ Kap. 6.5). Solche Wahrnehmungs- und Handlungsschablonen, die auf persönlichen bildungsbiografischen Erfahrungen[98] als Schüler*in, als Studierende,

---

97 So zum Beispiel die sogenannten ›Außenklassen‹ oder ›kooperativen Organisationsformen‹ in Baden-Württemberg, in denen Kleingruppen/Klassen von Sonderschulen (SBBZ, Sonderpädagogische Bildungs- und Beratungszentren) in Kooperation mit Klassen an Regelschulen unterrichtet werden. Die Sonderpädagog*innen sind in diesem Modell weiterhin der Dienstaufsicht der Sonderschule unterstellt und gehören der ›Stammschule‹ an. Diese Organisationsformen werden schulgesetzlich unter dem Begriff der ›gruppenbezogenen, inklusiven Bildungsangebote‹ gefasst.
98 Diese persönlichen Bildungserfahrungen werden überwiegend als positiv konnotiert wahrgenommen, da die seitens der Lehramtsanwärter*innen im gegenwärtigen (se-

als Eltern etc. in dem bestehenden Bildungssystem fußen, lassen sich bei allen Akteuren in der Lehrer*innenbildung wie den Hochschulleitungen, Hochschullehrenden, Lehrer*innen und Lehramtsstudierenden erkennen.

> »Wenn wir wirkungsvoll handeln wollen, müssen wir nicht nur das Hier-und-jetzt im Blick haben, sondern auch wissen, welche biografischen Erfahrungen und gesellschaftlichen Mythen unsere Aufmerksamkeitsstruktur prägen, denn die innere Verfasstheit einer Person, ihre Art der Wahrnehmung bestimmt die Ergebnisse ihres Handelns (Burow & Schmieling-Burow 2008, 1)« (Lyra, 2012, S. 70).

Die Entwicklungen zu einem inklusiven Bildungssystem und die damit zusammenhängenden Anforderungen an die Lehrer*innentätigkeit sind häufig mit einem »tiefgreifenden Wandel eigener Überzeugungen und Praktiken« (Altrichter & Feyerer, 2017, S. 38) verbunden. Dies erfordert persönliche und sehr individuelle Anpassungsleistungen im Transformationsprozess. Solche Anpassungsprozesse können sein (ebd.):

- sich mit eigenen Werten und Vorurteilen sowie mit jenen, die in inklusiven Konzepten impliziert sind, auseinanderzusetzen
- die eigenen Praktiken und Routinen auf ihre Kompatibilität mit diesen Werten zu untersuchen und gegebenenfalls Alternativen zu entwickeln
- alternative Kompetenzen und Handlungsweisen zu verstehen und eine routinierte Sicherheit im Praktizieren zu erwerben

Das Thema Inklusion polarisiert häufig und löst enorme Emotionen seitens der beteiligten Akteure aus. Die Bandbreite der Emotionen und Haltungen erstreckt sich weitläufig von »euphorische[r] Zustimmung bis [zu] aggressive[r] Ablehnung« (Werning & Avci-Werning, 2016, S. 14). Das liegt auch daran, dass die meisten Menschen über keine oder nur sehr geringe biografische Erfahrungen verfügen, weil sie einerseits über keine eigenen inklusiven Schulerfahrungen verfügen und andererseits noch keine oder wenig professionelle Praxiserfahrungen in inklusiven Schulen machen konnten. Die Vorstellungen von Inklusion und dem, was eine inklusive Schule ausmacht, wurden mehrheitlich indirekt angeeignet durch Erzählungen Dritter, durch Medienbeiträge oder (populär-)wissenschaftliche Veröffentlichungen (ebd.). Lütje-Klose und Neumann (2018) heben ebenso die Bedeutung von epistemologischen Überzeugungen und berufsbezogenen Wertehaltungen für die inklusionsbezogene Lehrer*innenbildung in den unterschiedlichen Disziplinen hervor. Daher sollten bereits in der ersten Phase der Lehrer*innenbildung Möglichkeiten zur Selbstreflexion und Selbstevaluation der eigenen Einstellungen, Haltungen und des Vorwissens eingeräumt und grundlegende Kompetenzen vermittelt werden (Bernhard et al., 2020), damit wirkmächtige und inklusionshinderliche Denk- und Handlungsmuster einer Reflexion zugänglich werden. Die Notwendigkeit zur Selbstreflexion und -evaluation in Bezug auf aktuelle Wahrnehmungs- und Handlungsmuster sowie epistemologische Überzeu-

---

lektiven) Schulsystem zu einem akademischen Abschluss geführt haben und es den genannten Personen damit möglich war ein Hochschulstudium aufzunehmen.

gungen ist besonders wichtig dafür, die Orientierung der Studierenden im Bereich Inklusion und der Vielfalt der Schülerinnen zu stärken (Oldenburg, 2021). Angesichts der zunehmenden Heterogenität der Schülerschaft und der explizit vielfältigen Zusammensetzung in Schulen wie Stadtteil-, Gemeinschafts- oder inklusiven Schulen ist dies entscheidend. Entsprechend dem Verständnis der Lehrer*innenbildung als berufsbiografische Entwicklungsaufgabe (Terhart, 2011) braucht es neben der Vermittlung inklusionsbezogener Praxiskompetenzen in den Studienmodulen auch die institutionelle Verankerung von Lehr-Lern-Formaten. Diese Formate sollen eine reflexive Auseinandersetzung »mit dem Eigenen und dem Fremden« (Helsper, 2018, S. 37) fördern, um eine inklusionsorientierte Transformation des Bildungssystems zu unterstützen.

Ausgehend von der entwicklungspessimistischen Perspektive, dass Lehramtsstudierende

> »ihre mitgebrachten Bilder und Vorstellungen von Schule und ihre eigenen Erwartungen an die Pädagogik [haben] und […] daher gegen die universitäre Praxis, Schule zu problematisieren und neu zu denken, weitgehend immun« (Schrittesser & Hofer, 2012, zit. n. Oldenburg, 2021, S. 13)

seien, erscheint die Option durch das Studium allein Einfluss auf inklusionshinderliche Überzeugungen, Haltungen oder Einstellungen zu haben, eher unrealistisch. Die Studierenden sind zwar einerseits als zukünftige Lehrpersonen im System Schule

> »in eine bereits formatierte Praxis eingebunden. Diese Praxis ist ihnen selbst vorgängig, es bestehen demnach bestimmte Systemzwänge, die Anpassungs- und Reproduktionsleistungen erfordern« (ebd., S. 309).

Die Studierenden sind sich jedoch andererseits möglicher Spannungsverhältnisse zwischen dem Wunsch nach innovativem Handeln und der tradierten Praxis oftmals bewusst. Oldenburg kommt so zu der Erkenntnis, dass viele Studierende sich auf die ›Leistungsunterschiede‹ zwischen den Lernenden berufen und davon ausgehen, dass diese einerseits die Potenziale und andererseits die individuellen Anstrengungen der Schüler*innen abbilden (im Jahrgangsklassenvergleich). In diesem Verständnis legitimierten sie aus Sicht der Lehramtsstudierenden gleichsam die Zuweisung zu Schulformen und den entsprechenden Bildungsabschlüssen.[99]

> »Eine andere Legitimationsbasis für die Ungleichbehandlung von Schülern im Bildungssystem scheint in moderner Gesellschaft [sic] auch nicht denkbar. Man kann nicht auf den gesellschaftlichen Status der Eltern oder askriptive Merkmale wie Geschlechtszugehörigkeit rekurrieren, sondern muss Ungleichbehandlung in persönlichem Verdienst, sprich: ›Leistung‹, begründen (Becker & Hajdar 2017; Solga 2005)« (Breidenstein, 2020, S. 297).

Mythos 1: Gerechtigkeit durch meritokratische Grundprinzipien
Breidenstein (2020) spricht im Hinblick auf die ›Selektionsfunktion‹ des Bil-

---

[99] Die Idee des nach schulischen Leistungsniveaus segregierten deutschen Bildungssystems hingegen gründet nicht nur in meritokratischen Leitideen, sondern auch in einer tradierten Vorstellung einer Ständegesellschaft, in der man entsprechend dem Schulabschluss auf die Laufbahn als Arbeiter*in, Angestellte*r oder Akademiker*in vorbereitet wird (vgl. Merz-Atalik, 2018a).

dungssystems gar von einem kanonischen Theorem, für das allgemein nicht die Schule selbst, sondern die Gesellschaft verantwortlich gemacht werde. Dies verkenne jedoch die Tatsache, dass eine solche Selektion im Zeitraum des Lebensalters von Schüler*innen ausschließlich im Bildungssystem stattfinde und nicht in anderen gesellschaftlichen Bereichen. Die Verteilung beruflicher Positionen in unserer Gesellschaft hängt jedoch, so zeigen es Statistiken, nicht nur von der individuellen schulischen Leistung ab (Buchner, 2022). Betrachtet man die über das Bildungs- und Wirtschaftssystem hinaus bestehenden Prinzipien der Verteilung von Gütern in unserer Gesellschaft, gibt es zahlreiche weitere, nebeneinander existierende Zuteilungsmechanismen, die parallel bzw. sogar konkurrierend zu dem meritokratischen Leistungsprinzip Gültigkeit erfahren und sich auf die Bildungschancen auswirken. Nach von Saldern sind insbesondere die

> »Spannungen zwischen dem Leistungsprinzip (Chancen persönlicher Entfaltung; vertikale Differenzierung) und dem Sozialprinzip (gleiche Chancen zur Teilnahme an der Gesellschaft; horizontale Differenzierung) [...] besonders hoch« (von Saldern, 2011, S. 26).

Seiner Ansicht nach ist das Leistungsprinzip auch im Bildungssystem nicht der alleinige Mechanismus zur Zuteilung von Ressourcen. Stattdessen spielen weitere Prinzipien bei der Verteilung gesellschaftlicher Ressourcen eine Rolle. Die Schule vermittelt dabei ein Bild von der Bedeutung der Leistung, das in der Gesellschaft in dieser ausschließlichen Form gar nicht existiert. Das »Vererbungsprinzip« (ebd.) beeinflusst die gesellschaftliche Ungleichheit direkt[100] und wirkt sich auf die Bildungsaspirationen und -chancen aus. Ein Beispiel hierfür ist, dass materielle Ressourcen in unserer Gesellschaft oft die Grundlage für spezifische, individuelle oder angepasste Lernangebote und -unterstützungen bilden. Dies zeigt sich etwa, wenn Eltern schulgeldpflichtige Privat- oder Reformschulen wählen oder Nachhilfe und zusätzliche lernfördernde Aktivitäten für ihre Kinder wählen. Ein weiteres relevantes Prinzip, das von Saldern (2011) einführt, ist das »Wahlprinzip«. Dieses beeinflusst ebenfalls direkt und indirekt die Bildungsbiografien und -chancen der Schüler*innen, etwa durch die Entscheidung der Eltern für eine weiterführende Schule im Sekundarbereich, für eine Privatschule oder für ein inklusives oder segregiertes Bildungsangebot (Letzteres ist in einigen Bundesländern gesetzlich verankert). In manchen Bundesländern, wie etwa in Baden-Württemberg, erfordert die Wahl eines inklusiven Bildungsangebots oft erhebliches Engagement und Durchsetzungsvermögen der Eltern (siehe dokumentierte Fallbeispiele in Müller, 2016; Ehrhardt, 2015; Merz-Atalik, 2018b), das in der Regel nur besonders durchsetzungsstarke und konfliktfähige Personen aufbringen können. Eltern aus sozial benachteiligten oder bildungsfernen Milieus sind hier deutlich im Nachteil.

Nicht nur die Wahl einer bestimmten Schulform beeinflusst die Ungleichheit der Bildungschancen. Durch die in der Grundschulpädagogik weitverbreitete Perspektive, Ungleichheit als ein externes Problem zu betrachten, wird jene Ungleichheit übersehen, die innerhalb des Primarbereichs selbst entsteht: die un-

---

100 Wenn zum Beispiel jemand durch familiäre Vererbung in den Besitz eines Unternehmens kommt und dadurch ein Einkommen generiert, das vom Bildungsabschluss unabhängig ist.

gleichen Lernchancen, die verschiedene Grundschulen bieten (Breidenstein, 2020). Diese Ungleichheit zeigt sich zum Beispiel in den unterschiedlichen sozialen Einzugsgebieten der Schulen und Schüler*innen, in variierender Personalausstattung (sowohl in Quantität als auch Professionalität, Interdisziplinarität, Qualifikationen und Kompetenzen der Lehrer*innen), in Klassengrößen, didaktischen Ausrichtungen und weiteren Faktoren, die schulische Qualität prägen. Hier ist nach Auffassung von Breidenstein ein erhebliches Forschungsdefizit zu erkennen, was die Frage nach dem Beitrag der Grundschule zur (Re-)Produktion sozialer Ungleichheit betrifft. Die Frage der Produktion von Ungleichheit durch die Schulen sollte auch im Hinblick auf die Sonderschulen in der Forschung stärker aufgegriffen werden, zum Beispiel in Bezug auf die Effekte der Differenzierung nach den Förderschwerpunkten und der unterschiedlichen Engagements und Ausstattungen von privaten Trägern und staatlichen Schulen sowie nicht zuletzt in Bezug auf die Einzugsgebiete bzw. die ausgewählte Schüler*innenschaft.

Die tief in unserem Bildungssystem verankerte epistemologische Überzeugung – teils als Mythos – von der Gerechtigkeit durch meritokratische Prinzipien führt zu einer Organisationsstruktur und -kultur, die auf die Nivellierung von Vielfalt und Unterschieden in Lerngruppen ausgerichtet ist. Dies steht im deutlichen Gegensatz zu den Grundsätzen inklusiver Bildung.

> »Das meritokratische Versprechen und die damit verwobene Idee von Leistungsgerechtigkeit, wonach jede*r, wenn sie sich nur genügend anstrengt, in die statushöchste Schulform aufsteigen und die darin erwerbbaren, begehrten Bildungsabschlüsse erhalten kann, erweist sich empirisch allerdings als nicht eingelöst. Schließlich zeigt sich, dass das hier umrissene Schulsystem soziale Ungleichheiten in Bezug auf soziale Schicht, ›Migrationshintergrund‹ und auch dis/ability (re-)produziert – und zwar über Prozesse der Zuschreibung von Nicht-/Fähigkeit und den damit verbundenen Selektions- und Zuteilungsmechanismen (vgl. Akbaba & Buchner 2019)« (Buchner, 2022, S. 68 f.).

Ausgehend von dem Fakt, dass trotz aller Anstrengungen und Anstrengungsbereitschaft eben nicht jeder Mensch zu denselben schulischen Bildungsleistungen in der Lage ist (z. B. aufgrund differenter Lerndispositionen oder -gelegenheiten oder eines zu wenig entsprechend den persönlichen Bildungsinteressen und Kompetenzen differenzierten Bildungsplans), kann ein inklusives Bildungssystem nicht auf meritokratischen Prinzipien basieren. Badstieber kommt folgerichtig zu der Erkenntnis:

> »Die im deutschen Schulsystem institutionalisierten Formen der meritokratischen Zuschreibung und Attestierung von Leistungs(un-)fähigkeit sowie die darauf aufgebauten Kulturen, Strukturen und Praktiken der Homogenisierung, Segregation und Auslese von Schüler*innen sind offensichtlich mit den Forderungen zur Ausgestaltung schulischer Inklusion unvereinbar« (Badstieber, 2021, o. S.).

Im Hinblick auf die Vorbereitung von Lehramtsstudierenden auf die Transformation zur inklusiven Bildung sind die genannten im Meritokratiekonzept gründenden Grundannahmen und Haltungen kritisch zu hinterfragen. Sie haben Auswirkungen auf die Einstellungen zur Frage der Verwirklichung von inklusiver Bildung. Angesichts der lange zurückreichenden Tradition der schulischen Segregation in Deutschland sind die schulbiografischen Erfahrungen der heutigen Erwachsenen mehrheitlich diesem Theorem des Leistungsprinzips und der damit legitimierbaren Strukturlogik und Differenzordnung (Buchner, 2022) der Selektion verhaftet. Das Lernen in heterogenen Lerngruppen und mithin die Forderung nach größtmöglicher oder gar umfassender Inklusion erscheint so als fundamentaler Widerspruch. Viele möchten an dem Grundgedanken festhalten, dass jene, die im Bildungssystem durch eigene Anstrengungen und Investitionen bildungserfolgreich sind, sich darauf aufbauend auch einen besonderen Wohlstand mit einem hohen Grad an Sicherheit ›erarbeitet‹ und gleichsam sozusagen ›verdient‹ haben (Merz-Atalik, 2018a). Schließlich legitimiert dies auch die eigene Privilegierung durch die erworbenen Bildungsabschlüsse und den Zugang zu einem akademischen Grad sowie den gesellschaftlichen Status als Lehrperson.

Deshalb bedarf es in der wissenschaftlichen Diskussion (Gasterstädt, 2019) wie auch im Rahmen einer ›den ganzen Menschen bildenden‹ akademischen Lehrer*innenbildung

> »einer Auseinandersetzung mit insbesondere gerechtigkeitstheoretischen Überlegungen, die das Potential haben, jene Strukturen in Bildungssystemen zu hinterfragen, die zur Entwicklung der strukturellen Exklusion von SchülerInnen mit Beeinträchtigungen als geeigneter Modus der Handlungskoordination geführt haben« (ebd., S. 316).

Leistung und Inklusion werden allzu oft als Widersprüche wahrgenommen. Dies lässt sich auf der Basis der internationalen Entwicklungen nicht halten, schließlich zählen jene Länder mit einem ausgewiesenen inklusiven Bildungssystem bzw. einem ›Gemeinschaftsschulsystem für alle‹ auch zu jenen, die bei internationalen Schulleistungsvergleichen unter den Besten sind (z. B. Kanada und Finnland; Merz-Atalik, 2022). Wendt und Hußmann (2020) haben auf der Basis der international vergleichenden Schulleistungsstudien (TIMMS, 2003; 2007; 2015; IGLU, 2001; 2006; 2016) analysiert, ob es dem deutschen Bildungssystem im Vergleich zu anderen Grundschulsystemen Europas in den vergangenen Jahren gelungen ist, den Ansprüchen nach erhöhter Leistungsfähigkeit bei gleichzeitiger Reduktion von Defiziten in Aspekten der Bildungsgerechtigkeit (gemäß dem ›Rahmenprogramm Wachstumsstrategie Europa 2020‹; ET 2020; sowie dem ›Strategischen Referenzrahmen für allgemeine und berufliche Bildung bis 2025‹, ET 2030[101]) näherzukommen. Während sich die Werte für Bildungsgerechtigkeit[102] in einigen europäischen Ländern konstant gehalten haben (z. B. in Frankreich), zeichnet sich für Deutschland, Belgien und die Niederlande eine steigende Bildungsungerechtigkeit ab. In Deutschland haben sich zudem eher negative Entwicklungen in der Leistungsfähigkeit der Schüler*innen an Grundschulen abgezeichnet. Fünf Ländern schien es gelungen zu sein, gleichzeitig die Leistungsfähigkeit und die Bildungs-

---

101 Die EU-Bildungsminister*innen haben 2009 den strategischen Rahmen für die europäische Zusammenarbeit auf dem Gebiet der allgemeinen und beruflichen Bildung beschlossen (ET 2020). Ziele waren unter anderem die Förderung der Effektivität und der Gerechtigkeit, zum Beispiel durch die gezielte Förderung von Bildungsbenachteiligten und Migrant*innen und die Sicherstellung von Lernmöglichkeiten für alle. Der neue ›Strategische Rahmen‹ (ET 2030) enthält nun auch explizit Zielsetzungen wie eine höhere Qualität, mehr Chancengleichheit, bessere Inklusion und mehr Erfolg für alle in der allgemeinen und beruflichen Bildung.
102 Dabei wurden Indikatoren für die Verteilungs-, Teilhabe- und Anerkennungsgerechtigkeit zugrunde gelegt.

gerechtigkeit zu erhöhen (Spanien, Tschechien, England, Dänemark und Slowenien). Die Autorinnen resümieren, dass das Thema Bildungsgerechtigkeit derzeit in Deutschland noch nicht wirksam angegangen wird (Wendt & Hußmann, 2020).

Mythos 2: Die Homogenitätsillusion (Begriff nach Oldenburg, 2021)
Weder die Entwicklungen um die Einführung der Gesamtschulen in den 1960er Jahren noch die Einführung von Gemeinschaftsschulen in einigen Bundesländern oder die rege geführte Debatte um die Verlängerung der Grundschulzeit auf international übliche sechs bis acht Jahre konnten der grundlegenden Organisationsstruktur in vielen deutschen Bundesländern etwas anhaben. Vielmehr werden auch innerhalb der Gemeinschaftsschulen vielerorts die Schüler*innen von den Lehrpersonen als potenzielle Haupt-, Real- oder Gymnasialschüler*innen – zum Beispiel durch gesetzte unterschiedliche Bildungsgänge oder -niveaus – wahrgenommen. Es scheint in der Bildungspolitik kein Widerspruch zu sein, einerseits zu sagen, dass jede Lerngruppe heterogen ist, und andererseits dennoch dem Strukturprinzip der Homogenität in den Lernangeboten zu folgen, zum Beispiel durch niveaudifferenzierte Leistungsgruppen innerhalb des Klassenverbandes. Nach Feuser (2013) sind sämtliche Parameter der üblichen Organisationsstrukturen und Verhandlungsprozesse – wie die Jahrgangsklassen, die Zuordnung von Lehrinhalten zu Schulstufen und -formen, die Ziffernbenotungen, das Sitzenbleiben und Schulverweise – dem Prinzip der Normierung und Standardisierung von Lernen und Leistung geschuldet. Die »Faktizität von Vielfalt und Differenz im Sinne der Heterogenität von Lerngruppen ist ein nicht verhandelbares Moment in Bildungsprozessen aller Art« (Feuser, 2013, S. 16), dies gilt auch für bereits selektierte Lerngruppen. In inklusionspädagogischer Sicht wird die Selektion als Funktion des Bildungssystems kritisch hinterfragt, bis zur kompletten Ablehnung, da sie geradezu als dysfunktional für erfolgreiches kognitives und soziales Lernen eingestuft wird (Geiling & Prengel, 2017; Prengel 2022).

Auf der Basis von Gruppendiskussionen mit Studierenden der Sonderpädagogik, des gymnasialen Lehramts und des Lehramts für berufsbildende Schulen in den Jahren 2016 und 2017 stellt Oldenburg (2021) fest, dass die Studierenden häufig versuchen die bestehende Homogenitätsillusion von Schule mit dem Inklusionsgedanken in Verbindung zu bringen und darin eine der größten Herausforderungen für ihre angehende schulische Tätigkeit sehen. Zudem arbeitet die Forscherin einen erheblichen Zusammenhang zwischen den rekonstruierten thematischen Ankern der Zugänge der Studierenden und den Erfahrungen aus deren eigener Schulzeit heraus. Dies scheint eine durch Forschung bereits mehrfach bestätigte Interdependenz, der jedoch im Hinblick auf die inklusive Bildung ein besonderer Stellenwert zukommt, da

> »ein Großteil der Studierenden, die sich aktuell in ihrem Studium mit dem Berufsziel Lehrer*in befinden, selbst über keine inklusiven Schulerfahrungen verfügen. Dennoch müssen sie sich dazu als Professionelle positionieren, wodurch Verunsicherungen in Bezug auf die Ausgestaltung der beruflichen Position entstehen können (vgl. Veber et al. 2016, 191)« (ebd., S. 296).

Wenn Inklusion nun der Titel für eine diesen homogenitätsorientierten Strukturen und Organisationsprinzipien im Bildungssystem entgegengesetzte Transformationsbewegung ist und diese eher schleppend bildungspolitisch unterstützt wird, dann steht ›doing inclusion‹ für ein voraussetzungsvolles Tun in Widersprüchen (Buchner, 2022). Auf das Handeln in diesen Widersprüchen müssen angehende Lehrpersonen vorbereitet werden.

> These 20: Als Lehrperson inklusiv zu sein, erfordert die direkte und aktive Abwehr von allgemein vorherrschenden Mythen von ›normal‹ oder ›typisch‹ im Denken, Sein und Tun und die Anerkennung dessen, dass Bildung offen sein muss und ansprechbar für die gesamte Reichweite von Differenzen zwischen Menschen (Cologon, 2019). Eine inklusive Lehrperson hat sich kritisch mit den vorherrschenden Mythen und selektiven Organisationsmustern im Bildungssystem auseinandergesetzt und reflektiert deren Bedeutung für die aktive Umsetzung eines inklusiven Bildungssystems (doing inclusion).

6.5 Ableismus und defizit-/differenzorientierte Klassifikationen

Buchner (2022) beschreibt den Ableismus als einen spezifischen Mechanismus der Erzeugung von Ungleichheit und Differenz, zum Beispiel im Kontext von Schule, der als eine wesentliche Barriere für die Transformation in Richtung Inklusion zu verstehen ist. Angelehnt an die Disability Studies wird unter Ableismus die Grenzziehung zwischen Subjekten, die als ›abled‹ gelten, und jenen, die als ›disabled‹ wahrgenommen werden (Buchner, 2022) verstanden. Mit der Reproduktion von Ableismus in der Schule

> »wird ein institutioneller Ausschnitt einer umfassenden gesellschaftlichen Ordnung fokussiert, die als selbstverständlich gilt – so selbstverständlich, dass sie Subjekten mitunter auch als natürlich erscheint. Diese Differenzordnung ist durch die Auf- und Abwertung von Individuen in Relation zu Fähigkeitserwartungen sowie die damit verbundenen De-/Privilegierungsprozesse und Konstruktionen von Nicht-/Zugehörigkeit gekennzeichnet« (Buchner, 2022, S. 65 f.).

Angelehnt an Buchner repräsentieren Schultypen (wie Hauptschule, Realschule, Förderschule, Gymnasium) im Sekundarstufensystem der deutschsprachigen Länder gesellschaftlich und kulturell tradierte Differenzordnungen, die nicht zuletzt differente »Partizipationsmöglichkeiten in unterschiedlich prestigeträchtigen postschulischen Bereichen« (ebd.) legitimieren. Sie stellen so ein »ableistisches Rangsystem« (ebd.) dar. Diese selektiven Schulsysteme weichen stark von internationalen Bildungssystemen ab, die überwiegend Gemeinschaftsschulsysteme haben, in denen auch die Sekundarstufe nach einem gemeinsamen Kernlehrplan unterrichtet wird. Die Systematik der Bildungsabschlüsse entsprechend der Anschlussinstitutionen im Bildungssystem mit differenten Bildungsabschlüssen wurde bereits eingängig kritisch diskutiert.

Bei den Schüler*innen der Sonderschulen ist (nicht nur) aufgrund der fehlenden Bildungsabschlüsse nur wenigen Absolvent*innen ein Anschluss an Teilhabeoptionen in dieser Systematik (berufliche Bildung, Fachschulen, Fachoberschulen oder Hochschulen) möglich. So entstehen bzw. verstärken sich soziale Differenzräume in der Gesellschaft durch unterschiedliche Bildungsräume und -abschlüsse, die sich wiederum auch auf die Teilhabeoptionen negativ auswirken.

> »Bei der Inklusion gibt es kein ›Anderes‹. Im Kern erfordert Inklusion die Erkenntnis und die Umsetzung dieser Erkenntnis, dass es kein ›die‹ und ›wir‹ gibt. Es gibt nur ›uns‹, und damit ein ›uns‹, zu dem wir alle in unseren Diversitäten gehören. Dieses Verständnis unseres gemeinsamen Menschseins ist für die Verwirklichung einer inklusiven Bildung von grundlegender Bedeutung« (Cologon, 2019, S. 3; Übers. d. Verf.).

Ziel der inklusiven Bildung ist nicht eine »Gleichmacherei«[103], sondern es geht im Gegenteil um die Akzeptanz der Verschiedenheit, also die Tatsache, dass *alle* Menschen verschieden sind. Insbesondere im Bildungssystem wirken vielfältige Prozesse des ›Othering‹, indem beispielsweise mit Etikettierungen wie ›Schüler*in mit Migrationshintergrund‹ und ›Schüler*in mit Behinderung‹ oder ›sonderpädagogischem Förderbedarf‹ in einem festgelegten Entwicklungsbereich folgenschwere Kategorien gebildet werden, die in der Folge neben der Zuweisung von spezifischen Ressourcen oder zu spezifischen Förderorten eben auch implizit das Angebot von abweichenden Entwicklungs- und Bildungsmöglichkeiten (z. B. einen reduzierten Bildungsplan) rechtfertigen und legitimieren. Intersektionale Effekte werden dahingegen deutlich unterbewertet und wenig berücksichtigt (z. B. zwischen Migrationshintergrund und Lernbeeinträchtigung, die zu einer enormen Überrepräsentation an Sonderschulen führt).

Zum Verständnis werden daher im Weiteren einige wirkmächtige Effekte solcher Kategorienbildungen und gruppenbezogenen Klassifikationen von vermeintlich homogenen Schüler*innengruppen in ihrer Bedeutung für die Individuen, für die Bildungsteilhabe in den Systemen und für die disziplinäre Zuständigkeit problematisiert. Die Herausforderungen für die Lehrpersonen beim Handeln in ableistischen Systemen sind nicht zu unterschätzen, wie Buchner ausführt:

> »Allerdings wirken in der Institution nicht nur auf Kinder und Jugendliche derlei Fähigkeitsimperative ein, sondern auch auf Lehrkräfte. Von ihnen wird erwartet, dass sie Unterricht den fähigkeitsorientierten Vorgaben entsprechend führen, Prozesse der Bewertung so ›objektiv‹ wie möglich vollziehen, der meritokratischen Logik entsprechend ›gerecht‹ agieren, mehrere Stunden am Tag permanente Aufmerksamkeit gegenüber einer relativ hohen Anzahl von Schüler*innen generieren, produktive Beziehungen zu ihren Schüler*innen aufbauen und unterhalten sowie eine konstruktive Elternarbeit betreiben können – um nur einige der vielen Fähigkeitsanforderungen an Lehrer*innen zu nennen. So sind auch Lehrer*innensubjekte in die schulische, ableistische Differenzordnung ver-

---

103 Vielfach kritisierter Begriff, der von einem FAZ-Redakteur in einem Titel zur Inklusion in Deutschland verwendet wurde (Geyer, 2014). Vgl. auch die kritische Replik auf einen Artikel von Gotthilf Hiller (Merz-Atalik, 2010), in dem dieser Vorwurf gegenüber den Inklusionsvertreter*innen vorgebracht wurde.

strickt – allerdings in einer Rolle, die mit deutlich anderen Freiheitsgraden versehen ist« (Buchner, 2022, S. 70).

Prozesse der Abwertung und Stigmatisierung auf der Basis von Ableismus erfolgen auch infolge des nach wie vor entsprechend dem medizinischen Paradigma verwendeten Behinderungsbegriffs. Der Begriff der Behinderung ist erst spät in der (Sonder-)Pädagogik eingezogen, jedoch mit sehr unterschiedlichen Konnotationen und Auslegungen. Während er in den 1920er Jahren zunächst nur zur Beschreibung einer spezifischen Klientel verwendet wurde, zum Beispiel in der Zusammensetzung ›Körperbehinderter‹ (statt Krüppel), und später in Bezug auf andere Behinderungsformen[104], wurde er schließlich auch als Oberbegriff eingeführt (Sander, 2002), etwa für jene Schüler*innen, die den Leistungsanforderungen und -angeboten des Bildungssystems nicht entsprechen konnten. Innerhalb der Sonderpädagogik gab es vielfältige Bemühungen, den eigentlich aus dem Sozialrecht stammenden Begriff wissenschaftlich grundzulegen. So stellten einige den Begriff sogar ins Zentrum ihrer Theorien oder Bezeichnungen für die Disziplin als Behindertenpädagogik (Bach, 1975; Bleidick, 1985; 1999; Jantzen, 1987). Von Beginn an gab es jedoch auch starke Kritik an der Verwendung des Behinderungsbegriffs im Zusammenhang mit Pädagogik und Bildung. Auch im Hinblick auf seinen definitorischen Charakter gab es einen regen Diskurs in der Heil- und Sonderpädagogik. So stellte Bach dar, dass mit dem Begriff Behinderung keine Eigenschaft, sondern eine ›Relation‹ zwischen individuellen und außerindividuellen Bedingungen verstanden werden müsse (Bach,1975). Lindmeier (1993) erweiterte das Begriffsverständnis um den Aspekt der ›Relativität‹, da die Schädigung auf der Basis von bestehenden gesellschaftlichen, kulturellen und anderen Gegebenheiten sich unterschiedlich als Behinderung auswirken könne. Zusammengefasst ist

> »die Behinderung eines Menschen nicht identisch mit seiner – medizinisch oft genau fassbaren – Schädigung, und sie ist auch nicht linear abhängig von der Schädigung: vielmehr wird sie von anderen, außerindividuellen Bedingungen wesentlich mitbestimmt« (Sander, 2002, S. 104).

Darin resultiert die Problematik und Kritik, dass der Begriff als weitgehend »medizinischer Behinderungsbegriff« verstanden wurde und wird. Trotz seiner weiten Unbestimmtheit hat sich der Behinderungsbegriff in der wissenschaftlichen wie auch in der Alltagssprache bis heute festgesetzt.

Während bereits in der Mitte der 1970er Jahre in England die Verwendung des Begriffs Behinderung im Zusammenhang mit Bildungsansprüchen infolge des Warnock-Reports (1978) in der fachwissenschaftlichen und bildungspolitischen Diskussion[105] kritisiert und in der Folge abgelehnt wurde (ebd.), hat sich dieser Begriff in der Sonderpädagogik im deutschsprachigen Raum bis heute weitgehend parallel zu anderen Begrifflichkeiten gehalten.

---

104 Zum Beispiel im Reichsschulpflichtgesetz von 1938: § 6, Schulpflicht geistig und körperlich behinderter Kinder.
105 Er wurde zum Beispiel als »unscharfe Megakategorie« bezeichnet (Dyson 2007, zit. n. Lindmeier & Lüttje-Klose, 2015).

»Die deutsche Kultusministerkonferenz (KMK 1994) führte zwar den an den Warnock-Report angelehnten Begriff des sonderpädagogischen Förderbedarfs ein, blieb mit dem Konzept der Förderschwerpunkte aber letztlich einem klassifikatorischen System verhaftet (Lindmeier & Lindmeier 2012)« (Lindmeier & Lütje-Klose, 2015, S. 8).

Zudem wurde in Deutschland der Begriff der ›special educational needs (SEN)‹ mit ›sonderpädagogischer Förderbedarf‹ übersetzt statt mit dem eher disziplinunabhängigen Begriff der ›speziellen pädagogischen Bedürfnisse‹. Der Begriff des sonderpädagogischen Förderbedarfs stellt so zum einen eine spezifische Klassifikation einer Schüler*innenpopulation gemäß gesetzten Normen und entsprechenden standardisierten Messwerten dar (ebd.). Zum anderen erhielt der deutschsprachige Begriff durch das Rekurrieren auf die Disziplin der ›Sonderpädagogik‹ eine professionsbezogene Festlegung, da für die Diagnose eine entsprechende Expertise vorausgesetzt wird. Damit greift die Übertragung in die deutsche Sprache – ganz im Sinne einer pfadabhängigen Entwicklung (▶ Kap. 5.1.2) zur Sicherung von berufsständischen Interessen – die bereits vor der terminologischen Reform im medizinischen Sinne als Behinderte klassifizierte Schüler*innenpopulation auf, ungeachtet des international deutlich weniger disziplinbezogenen Begriffs der ›special educational needs‹ (SEN). Dies engt mit der gesetzten disziplinären Anbindung innerhalb der verschiedenen bildungswissenschaftlichen Subdisziplinen die Verantwortlichkeit im Rahmen der Professionen ein. Der Begriff der Behinderung, wie auch sein im Sinne einer Kontinuität geschaffenes Surrogat des sonderpädagogischen Förderbedarfs, war und ist berufsständisch tief und fest verwurzelt in der Sonderpädagogik und »konstruiert die [für den] Erhalt ihres Reviers gewünschte Realität« (Haeberlin, 2009, S. 127), ganz im Sinne der »Zwei-Gruppen-Theorie« (Hinz, 2002).

»In der Folge der Zwei-Gruppen-Theorie richtet sich die inklusionistische Kritik dagegen, dass Menschen mit Behinderungen offiziell etikettiert werden. Zwar ist damit positiv gewendet verbunden, dass sie mit Vergünstigungen versehen werden, z. B. zusätzlichen Ressourcen, einer Reduzierung oder Befreiung von Anforderungen. Negativ betrachtet ist damit jedoch gleichzeitig massive Stigmatisierung verbunden. Vom Ausmaß der Etikettierung hängt die Ressourcenausstattung so lange ab, wie Ressourcen einzelnen Personen zugewiesen werden – eine Zuordnung, die sich letztlich an das veraltete medizinische Modell von Behinderung anlehnt« (ebd., S. 355).

In diesem Sinne wird das auch als ›Etikettierungs-Ressourcen-Dilemma‹ bezeichnete Problem beschrieben. Diese ungenügende Abkehr von der Zwei-Gruppen-Theorie durch eine weitgehende Beibehaltung der defizitorientierten, individuumsbezogenen Klassifikationskategorien im Rahmen der KMK-Empfehlungen (KMK, 1994) führte so zu einer »Inflationierung« (Wocken, 1996, o. S.) der Förderbedarfe im Zuge der Integrationsentwicklungen.[106]

»[S]o konnte es kommen, dass sich als Folge der Verknüpfung von einer vermeintlich neuen und ethisch anspruchsvollen Kategorie der ›Integration‹ mit der alten Abgren-

---

106 Vor der UNCRPD (UN, 2006) firmierte der gemeinsame Unterricht von Schüler*innen mit und ohne Behinderungen oder sogenannten sonderpädagogischen Förderbedarf in den Bundesländern noch unter den Bezeichnungen ›Gemeinsamer Unterricht‹ (z. B. in Berlin) oder ›Integration‹ (z. B. in Hessen).

zungskategorie ›Behinderung‹ die Toleranz für Verschiedenheit eher verkleinert als vergrößert hat« (Haeberlin, 2009, S. 127).

Dies zeigt sich an den nach der Begriffseinführung deutlich angestiegenen Zahlen der als sonderpädagogisch bedürftig klassifizierten Schüler*innen. So ist der Anteil der etikettierten Schüler*innen zwischen 1999 und 2009 bundesweit von 5,1 % auf 6,2 % gestiegen (Dietze, 2011) – ein Prozess, der sich bis heute ungebrochen fortsetzt, wie die steigenden Zahlen der Etikettierung von Schüler*innen in den Bundesländern auch nach 2009 (Ratifizierung der UNCRPD) zeigen. So stieg dieser Anteil zwischen 2008/2009 und 2018/2019 von 5,9 auf 7,4 % weiter an (Klemm, 2021). Die Toleranz für Verschiedenheit ist also seit der Einführung der neuen Kategorie eindeutig gewachsen (vgl. Haeberlin, 2009).

Wocken hat den beschriebenen Effekt, dass ein ›Mehr an Integration‹ gleichzeitig ein ›Mehr an sonderpädagogischer Förderung‹ produziere, in mehreren Bundesländern kritisch analysiert und dokumentiert. Die Zunahme an Diagnosen eines sogenannten sonderpädagogischen Förderbedarfs bezeichnet er als »Etikettierungsschwemme« (Wocken, 2016, S. 52). Bereits früh machte er das sogenannte »Bedarfs-Angebots-Junktim« (Wocken, 1996, o. S.) dafür verantwortlich.

> »Die Schulen, die Kinder mit Behinderungen bzw. mit sonderpädagogischem Förderbedarf aufnehmen und dafür Förderressourcen erhalten, haben in kürzester Zeit den Mechanismus der Bedarfs-Angebots-Junktims begriffen. Der Lernproceß der Schulen vollzieht sich in der Tat nach lerntheoretischen Gesetzmäßigkeiten. Weil dem diagnostizierten Förderbedarf regelhaft die Zuweisung von Lehrerstunden auf dem Fuße folgt, entsteht eine stabile Reiz-Reaktions-Verbindung. Die Schulen werden ganz im Sinne von Skinner konditioniert. Man betätige die Diagnosetaste ›Behinderung‹ bzw. ›Förderbedarf‹ und man erhält zur Belohnung Förderstunden. Die Bekräftigung des Verhaltens ›Etikettieren von Kindern‹ mit der angenehmen Konsequenz ›Ressourcen‹ produziert und stabilisiert das bekannte und beklagte Verhaltensmuster der Schulen: die unersättliche Gier nach immer mehr Lehrerstunden. Was einmal als ein Instrument zur Ressourcensicherung gedacht war, wird umfunktioniert in ein Instrument zur Ressourcenbeschaffung« (ebd.).

Die Feststellung eines Förderbedarfs bei Kindern und Jugendlichen in den allgemeinen Schulen brachte eine zusätzliche Ressource und so wurde ein »›falscher‹ Steuerungsanreiz geschaffen« (Hinz, 2002, S. 30). Dies dürfte auch ein Effekt davon gewesen sein, dass die Regelschulen wie auch die Regelschullehrpersonen teilweise nur ungenügend auf die neue Aufgabe vorbereitet und dafür professionalisiert waren. Die mangelnde Professionalisierung und die fehlenden Ausstattungs- und Organisationsmerkmale eines inklusiven Bildungssystems führten in vielen Schulen dazu, dass die Integration von Schüler*innen mit Förderbedarf zunächst einmal an die vermeintlich zuständige Profession delegiert und von der Verfügbarkeit der professionellen Ressourcen abhängig gemacht wurde. Die Bereitstellung derselben wiederum war nur möglich, wenn die Schüler*innen zuvor das entsprechende Etikett erhalten hatten – ein Phänomen, das sich bis heute in vielen Bundesländern ungebrochen so zeigt (Zunahme der Etikettierung; Klemm, 2021).

Einen entscheidenden Einfluss auf die Begriffsverwendung und die wissenschaftliche Debatte hatte die Weltgesundheitsorganisation (WHO), die in verschiedenen Erklärungen (International Classification of Functioning and Disability, ICIDH, 1980; ICF, 2001) der vergangenen Jahrzehnte das Verständnis von Behinderung erweiterte. Während die Fassung der Internationalen Klassifikation von 1980 später als zu medizinisch und defizitorientiert abgelehnt wurde, fanden in verschiedenen Revisionsschritten bis 2011 weitere Komponenten in der Beschreibung der Auswirkungen von Schädigungen bzw. eines spezifischen Gesundheitszustandes Berücksichtigung. Die ICF von 2011 leistete einen ersten entscheidenden Beitrag zu einem Behinderungsbegriff, der Behinderung als mangelnde Teilhabe definiert und nicht die Beeinträchtigung oder Schädigung, sondern die Barrieren in den Fokus rückt (Lindmeier, 2011). Sie beschreibt nicht nur – im Sinne eines medizinischen Paradigmas – die Schädigungen oder Behinderungen, sondern vielfältige Faktoren, die mit der Gesundheit und den Wirkungen auf Behinderungserfahrungen oder Teilhabe zusammenhängen. Das Modell basiert auf der Interaktion zwischen einer Person und ihrer Umwelt in spezifischen Situationen (Pretis et al., 2019). Es berücksichtigt sowohl ›Körperfunktionen und -strukturen‹ wie eingeschränkte Mobilität oder Lernfähigkeiten als auch ›Umweltfaktoren‹ wie Unterstützung und Beziehungen, verfügbare Dienste und Systeme sowie Einstellungen des Umfelds. Ebenso werden ›Aktivitäten und Teilhabe‹ in verschiedenen Lebenssituationen einbezogen, etwa das Lesen in einer schriftgeprägten Umwelt, die in der Referenzgruppe für Teilhabe wichtig ist. Schließlich spielen auch ›personenbezogene Faktoren‹ wie ethnische Herkunft, Religion, Bewältigungsstrategien und Gewohnheiten eine Rolle. Nicht die gesamte Person bzw. das gesamte Kind wird klassifiziert, sondern es werden alle Faktoren »im Zusammenhang mit seiner konkreten Umwelt sowohl äußerst differenziert als auch ganzheitlich« betrachtet (ebd., S. 49).

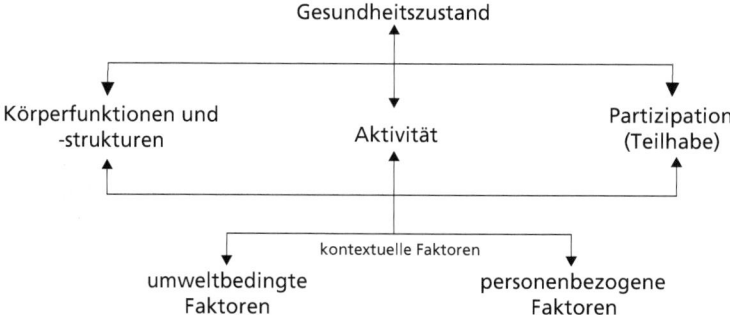

Abb. 8: Modell der internationalen Klassifikation der Funktionsfähigkeit, Behinderung und Gesundheit (ICF) (WHO, 2001)

Die ICF von 2011 hat einen ressourcenorientierten, biopsychosozialen Ansatz und somit auch das Potenzial, »inklusives Handeln von Fachpersonen in der Schule zu unterstützen« (Pretis et al., 2019, S. 7), insbesondere da sie einen Fokus auf Partizipation legt und alle Einflussfaktoren, die für die Teilhabe und die Behinderungserfahrung der Person bedeutsam sein können, berücksichtigt. Der Ausgangspunkt jeglicher pädagogischen Handlungen sind die Fähigkeiten eines Kindes und nicht seine Defizite (ebd.).

Die Einführung des Begriffs »Sonderpädagogischer Förderbedarf« (KMK, 1994) und die Ratifizierung der UNCRPD (2009) sind zwei wesentliche bildungspolitische Interventionen mit einer vermeintlich auf Integration bzw. Inklusion ausgerichteten Zielsetzung. Beide Maßnahmen haben jedoch gleichzeitig zu einer Zunahme der Etikettierung und einer Expansion der Sonderpädagogik geführt, während die Toleranz für Normalität gesunken ist (Klemm, 2021; Rackles, 2021). Mit einer Lehrer*innenbildung für Inklusion sollte das Ziel verfolgt werden, dass

> »Pädagogen Entwicklungsprobleme und -abweichungen von Kindern als normal akzeptieren können; wenn die Normalitätstoleranz, also die Bandbreite dessen, was man als normal durchgehen läßt, wächst« (Wocken, 1996, o. S.).

Lani Florian (2019) lehnt jegliche Form der Legitimierung von individuumsbezogenen Zuweisungen von speziellen Hilfen, wie zum Beispiel sogenannte ›Individuelle Entwicklungspläne‹ (IEP) ab, da deren Umsetzung in der Praxis ebenso wie die sonderpädagogischen Klassifikationen durch die Fokussierung auf die Probleme von Schüler*innen mit dem Risiko ihrer Marginalisierung innerhalb des inklusiven Bildungssystems einhergehen. Nach Mecheril und Rangger (2022b) wird so Gruppen wie jener mit einem sogenannten Migrationshintergrund[107] ein Subjektstatus zugewiesen,

> »der mit differenziellen und hierarchisch angeordneten Positionen der Privilegierung und Diskriminierung, der Aufwertung und Degradierung, der Vermenschlichung und Entmenschlichung etc. einhergeh[t]« (ebd., S. 8).

Daher erscheint es den Autoren bedeutsam im Rahmen der Professionalisierung für die Herausforderungen in einer Migrationsgesellschaft die »Wirkungen der eigenen (auch affektiv und von Interessen gebahnten) Deutungs- und Bezeichnungspraxis reflexiv verfügbar zu machen und damit einer Kritik zuzuführen« (ebd., S. 3).

Entgegen der Forderung nach konsequenter Dekategorisierung bzw. Non-Kategorisierung argumentiert Prengel (2022), dass ein akategoriales Dethematisieren – also das Vermeiden einer Kategorisierung von Schüler*innen nach vermeintlich bildungsbiografisch relevanten Differenzkategorien – unabsichtlich das Risiko birgt, dass Diskriminierungserfahrungen übersehen werden, während sie auch anerkennt, dass kategorisierendes Thematisieren unbeabsichtigt Diskriminierungen hervorrufen kann. In beidem sieht sie Gefahren für Demokratisierung- und Inklusionsprozesse (zum Diskurs um Dekategorisierung siehe ▶ Kap. 5.1.2).

Festzuhalten bleibt: Lernenden in inklusiven Bildungssystemen die Anerkennung von individuellen Leistungen vorzuenthalten (indem die Lernangebote nicht differenziert, individualisiert bzw. personalisiert werden) oder sie gar durch verbale und numerische Rückmeldungen bzw. Noten (ohne eine individuumsorientierte, individualisierte Leistungsrückmeldung) zu entwerten, wird als eine Form von »Leistungsdiskriminierung« und von Ableismus erkannt (Prengel, 2022).

---

107 Die Autoren sprechen von natio-ethno-kulturellen Differenzordnungen in Diskursen und Praktiken.

6.6 Die Rolle der Disziplin der Sonderpädagogik in der inklusiven Bildungsreform

6.6.1 Die ›Legitimationskrise‹ der Sonderpädagogik?!

Mit den ersten Integrationsmodellprojekten im schulischen Feld und den im Rahmen dieser entstandenen wissenschaftlichen Erkenntnisse zu den Möglichkeiten der gemeinsamen Erziehung und Bildung von Kindern mit und ohne Behinderungen in einer Schule gerieten die Sonderpädagogik als Disziplin sowie die sonderschulischen Institutionen unter einen stärkeren Legitimationsdruck.[108] Bürli (2016), ein Heilpädagoge und Wissenschaftler aus der Schweiz, beschrieb die Effekte der integrativen Bildung (Schüler*innen mit und ohne Behinderungen) in den 1970er Jahren für die Sonderpädagogik als ›epochale Identitätskrise‹. Auch in Deutschland war man sich dieser Krise durchaus bewusst. Wissenschaftler*innen aus der Sonderpädagogik (z.B. Bleidick et al., 1995) beschrieben gar eine eher beobachtende und abwartende Haltung der eigenen Disziplin.

> »Die Bedrängnis bestehender und kostenaufwendiger Institutionen der pädagogischen Hilfe für Behinderte durch provokante Formeln wie ›Fördern ohne Sonderschule‹ (so etwa Preuss-Lausitz 1981) war nicht allein Symptom einer tiefgreifenden Legitimationskrise der Behindertenpädagogik als vielmehr dazu angetan, eher abzuwarten, wie sich die zahlreichen Modellversuche in den Ländern zur ›Integration‹ entwickeln würden (vgl. Borchert/Schuck 1992)« (ebd., S. 248).

Die bundesweit entstehenden Modellversuche an allgemeinen Schulen zur Integration von Schüler*innen mit Behinderungen (z.B. 1970 an einer privaten Montessori-Schule in München; 1975 an der ersten staatlichen Schule, der Fläming-Grundschule in Berlin; 1982 an der Uckermark-Grundschule in Berlin), haben so nachhaltig zur Hinterfragung der Sonderbeschulung und einhergehend zu einer Krise der Sonderpädagogik als Spezialdisziplin und zu einer Erosion ihres Selbstverständnisses beigetragen (Weveslsiep, 2000). Die angesichts der integrativen Beschulung angestoßene kritische Reflexion des Selbstverständnisses wuchs insbesondere innerhalb der eigenen Disziplin, indem kritische Behindertenpädagog*innen seit den frühen 1970er Jahren die Sonderbeschulung infrage stellten (z.B. Eberwein, 1970) und später in ihrer eigenen Disziplin eine Legitimationskrise diagnostizierten (z.B. Jantzen oder Eberwein; nach Weveslsiep, 2000). Hans Eberweins Kritik (als Hochschullehrer in der Lernbehindertenpädagogik an der FU Berlin) ging so weit, dass er die Entwicklung der Sonderschulen als historische Fehlentscheidung bezeichnete (zit. n. Rohr & Weiser, 2002) und seinen Lehrstuhl an der Freien Universität Berlin in die Grundschulpädagogik integrierte. In einem Interview aus dem Jahr 2018 geht er auf seine frühen Überlegungen ein.

---

108 Bereits die Einführung der Hilfsschulen wurde von vielfältigen kritischen Perspektiven begleitet (Rohr & Weiser, 2002; Hänsel, 2005). Hänsel (ebd.) kritisiert zudem, dass die Geschichte zur Sonderschule ausschließlich von der Sonderpädagogik geschrieben wurde, und sie in der Geschichtsschreibung des Schulsystems allgemein ausgespart blieb.

> »Meine Motive [im Jahr 1970] für eine integrative Beschulung waren damals zum einen durch meine Erfahrungen als Sonderschullehrer in einer undifferenzierten Sonderschule mit 25 Kindern in der Klasse (d.h. 15 Kindern mit unterschiedlichen Beeinträchtigungen sowie 10 Kindern aus einem Obdachlosengebiet) begründet, zum andern dadurch, dass 1968 in Berlin die erste integrierte Gesamtschule in Deutschland eröffnet wurde. Mir war klargeworden, *dass die Sonderschule kein pädagogisch vertretbares Modell darstellte.* Die neu gegründete Schulform, die den Anspruch hatte, eine Gesamtschule zu sein, die alle Kinder integriert und soziale Benachteiligungen sowie Selektion überwinden möchte, erschien mir eine realistische Alternative zu sein. Sie hatte jedoch den Konstruktionsfehler, ein dreigliedriges, statt das real existierende viergliedrige Schulsystem verändern zu wollen« (Eberwein im Interview, in Müller, 2018, S. 35; Hervorh. d. Verf.).

Historisch war die Einführung der Sonderschulen immer von kritischen Stimmen begleitet worden, so zum Beispiel gleich zu Beginn der Entwicklung der sogenannten Hilfsschulen durch Vertreter*innen aus den eigenen Reihen. Die Argumente richteten sich vor allem gegen die Vorstellung, dass die klassifizierten und segregierten Schüler*innen eine andere Anthropologie oder Methodik im Unterricht bräuchten (Möckel, 2002), dass man ihnen durch die Aussonderung dem Einfluss der ›begabten und tüchtigen Schüler‹ entziehen würde (ebd.). Man befürchtete, dass die Volksschullehrer*innen sich künftig weniger um die schwächeren Schüler*innen bemühen würden (ebd.). Jedoch sind die Bemühungen die Hilfsschule zu vermeiden Anfang des 20. Jahrhunderts

> »primär nicht deswegen gescheitert, weil Schulorganisation, Didaktik usw. mit Mängeln behaftet waren, sondern weil die bildungs- und schulpolitischen Machtverhältnisse möglichen Alternativen keinerlei umfassendere Realisierungschancen boten« (Rohr & Weiser, 2002, S. 97).

Die Argumente gegen die Sonderschulen erstarkten auch im Rahmen der Integrationsbewegung Jahrzehnte später wieder, zum Beispiel in den 1980er Jahren. Ein Argument, neben den bereits dargelegten kritischen Haltungen gegenüber einer ›Sonderanthropologie‹ oder einer ›Sondermethodik‹ und den Gefahren der Ausgrenzung, wurde so durch Hans Wocken vorgebracht: Es gebe kein eindeutiges gemeinsames Merkmal der Schüler*innenschaft der Sonderschule für Lernbehinderte insbesondere im Vergleich zu leistungsschwachen Regelschüler*innen (Gebhardt, 2021). Mit diesem sehr kurzen Exkurs sollte aufgezeigt werden, dass die Fragen der Legitimität einer Sonderpädagogik als Disziplin, der Sonderschulen als eigenständige Organisationsform im Bildungswesen und der Sonderpädagogik als Profession einerseits sehr eng miteinander verzahnt sind, andererseits durchaus nicht erst durch den Impuls zur inklusiven Bildung infolge der UNCRPD (UN, 2006) aufgekommen sind.

6.6.2 Fach- und berufspolitische Interessen in der Sonderpädagogik

Im Folgenden sollen einige fach- und berufspolitisch motivierte Aktivitäten und Prozesse aufgezeigt werden, die sich ebenfalls als Barrieren für die Transformation zu einem inklusiven Bildungssystem und der Lehrer*innenbildung für Inklusion auswirken können. Nach Klemm (2021) haben Artikel der Weimarer Verfassung, des Reichsgesetzes (zu Grundschulen und der Aufhebung der Vorschulen) sowie die Beratungen der Schulkonferenz von 1920 eine sichernde Grundlage für eine eigenständige Entwicklung der Hilfsschulen geschaffen. Mit der Sicherung des Status einer eigenständigen Schulform begann gleichzeitig auch eine Expansion des Anteils von Schüler*innen an der Gesamtschüler*innenschaft, die diese Schulen besuchten (ebd.) und der Zahlen der Sonderschulklassen unter allen Schulklassen (Haeberlin, 2009). »Am Ende des 20. Jahrhunderts gab es in Deutschland etwa 30 % mehr SchülerInnen als 1950, jedoch etwa 200 % mehr SonderschülerInnen als 1950« (ebd., 2009, S. 121). Bis zur Unterzeichnung der UNCRPD (2009) hat sich diese Expansion der Sonderschüler*innenzahlen in fast allen Bundesländern kontinuierlich fortgesetzt, unter anderem auch durch die Einführung der ›Schulen für Geistigbehinderte‹ in den 1960er Jahren (für jene Schüler*innen, die bis dahin keiner Schulpflicht unterlagen). Die Zunahme der Segregationsquoten[109] – jener Schüler*innen, die anteilig an der Gesamtschüler*innenschaft in Sonderschulen unterrichtet werden – hat sich jedoch in einigen deutschen Bundesländern trotz der Ratifizierung der UNCRPD (2009) bis heute weitgehend ungebrochen fortgesetzt (so in Baden-Württemberg, Bayern und Rheinland-Pfalz; Klemm, 2021).

Die mit der Expansion der Sonderschulen erfolgte eigenständige Ausbildung von Lehrkräften für die Hilfs- und Sonderschulen geht insbesondere auf die Vorstellung zurück, dass es für diese besonderen Schultypen und Schüler*innengruppen eine umfassend andere Qualifizierung bedürfe als für die Volksschulen und die Regelschüler*innen. Mit der Entwicklung des Hilfsschulsystems und später der Sonderschulen entwickelte sich so parallel auch der Berufstand der schulischen Heilpädagogik, Hilfsschulpädagogik und/oder Sonderpädagogik.[110] Ein wesentlicher Impuls zur Schaffung eines eigenständigen Berufsbildes lässt sich zurückführen auf die Gründung des Verbandes der Hilfsschulen Deutschlands (1898), der eine »bis heute erfolgreiche berufspolitische Profilierung der deutschen Sonderschullehrerschaft geschaffen« habe (Haeberlin, 2009, S. 120).

> »Die Lehrer an allen diesen Anstalten haben eine Sonderaufgabe, die heilpädagogische, zu erfüllen. Es ergibt sich daraus, dass die Lehrer auch eine besondere Vorbildung haben müssen, die sich auf der allgemeinen Lehrerbildung aufbaut. Es ergeht die Bitte an die Reichsschulkonferenz, für die Sonderausbildung aller Lehrer an heilpädagogischen Anstalten Sorge tragen zu wollen« (Reichsministerium des Innern, 1921, S. 865).

---

109 Klemm verwendet den Begriff Exklusionsquote für den prozentualen Anteil der Schüler*innen, die nicht im Regelschulsystem unterrichtet werden. Der Begriff Segregationsquote erscheint angemessener, da es sich ja nicht um Schüler*innen handelt, die keinen Zugang zum Bildungssystem haben. Dies ist jedoch in einigen Ländern international noch der Fall, in denen insbesondere bei Schüler*innen mit sogenannten schweren Mehrfachbehinderungen das Bildungsrecht nicht anerkannt wird.

110 Die Termini unterscheiden sich in den drei deutschsprachigen Ländern (Deutschland, Österreich, Schweiz). Es gibt bis heute historisch gewachsene Unterschiede in den Fachbezeichnungen zwischen den Bundesländern, teilweise basierend auf differenten wissenschaftstheoretischen Grundlegungen (z. B. Behindertenpädagogik in Bremen; materialistisch), teilweise als Folge der bildungspolitischen Entscheidungen (z. B. der Umbenennung der Sonderschulen in Förderschulen; Förderpädagogik in Leipzig).

6.6 Die Rolle der Disziplin der Sonderpädagogik in der inklusiven Bildungsreform

Durch die berufspolitisch motivierte Abhebung des Lehrerberufs vom Erzieher*innen- und Fürsorger*innenberuf hat sich nach Haeberlin (2009) die Sonderpädagogik ihren hohen Status in der gesellschaftlichen Hierarchie gesichert und verteidigt diesen weiterhin. Dies zeige sich auch in der im Vergleich zu den Regelschullehrpersonen höheren Besoldung. Diese wiederum lässt sich vermeintlich nur durch eine *höherwertige* Spezialisierung legitimieren.

Haeberlin sah in der Bildungspolitik Ende der 1950er Jahre und den steigenden Finanzströmen in schulorganisatorische Bildungsreformen ein förderliches Klima für die auf homogene Lerngruppen abzielende Reform der Organisation des bis dahin bestehenden Hilfsschulwesens. Unter den Empfehlungen des Bildungsrates (1973) entwickelte sich ein Sonderschulsystem, das die Schüler*innen nach den bis heute geltenden sogenannten Förderschwerpunkten selektierte.

Auch Klemm (2021) sieht als eine Ursache für die Zunahme der Etikettierungsquote in den Bundesländern seit der UNCRPD (2009) die Tatsache, dass die Ressourcenzuweisung in zahlreichen Bundesländern an die Zahl der an den Regelschulen diagnostizierten Schüler*innen mit Förderbedarf gekoppelt ist.

Urs Haeberlin[111] hat bereits 2008 im Rahmen eines Plenumsvortrages auf der ›22. Jahrestagung der Integrations- und Inklusionsforscher*innen aus dem deutschsprachigen Raum‹ auf die gleichzeitige Notwendigkeit der Überwindung von fach- und berufspolitischen Interessen im Hinblick auf die Verankerung einer Integrationspädagogik an den Hochschulen hingewiesen (▶ Kap. 9.6). Er sah in der Akademisierung der Sonderpädagogik (dem Einzug der sonderpädagogischen Ausbildung in die Universitäten) und der Vollakademisierung des Abschlusses (als Staatexamen) den Einstieg in eine Exklusionskultur, dadurch würde ein nichtinklusiver Kultur- und Behinderungsbegriff sozusagen internalisiert. Die

> »in deren Mentalität verankerte[n] berufs-, standes- und hochschulpolitischen Interessen werden von DozentInnen und Lehrpersonen mit integrationspädagogischem Auftrag oft weiter reproduziert« (ebd., S. 119).

Die berufliche Identität liege unter anderem auch in den bestehenden sonderpädagogischen Fachrichtungen (später Förderschwerpunkte), die sich zu disziplinären Teilsystemen in den Hochschulen weiterentwickelt hätten und »ihr legitimierendes und absicherndes Über-Ich in universitären Lehrstühlen und Instituten« (ebd., S. 120) erhalten haben.

Die Sonderschulen haben – trotz der seit den 1970er Jahren in den Bundesländern in einem unterschiedlichen Maße sich entwickelnden Gesamt- und Gemeinschaftsschulen – durch ihre Existenz die generelle selektive Struktur des deutschen Bildungssystems gestützt sowie die entsprechend existierende gesonderte Lehrer*innenbildung für differente Schultypen legitimiert. Die Forderung nach einem Mehr an Sonderpädagog*innen wird aktuell durch bildungspolitische Akteure in allen Bundesländern mit Vehemenz vorgebracht (Merz-Atalik, 2017). So hat die Entwicklung eines inklusiven Bildungssystems entgegen den vielfach geäußerten Ängsten der Disziplin der Sonderpädagogik vor einem Verlust an Bedeutung oder Professionalisierung sogar zu einer Zunahme des Bedarfs an dem Berufsstand ge-

---

111 Emeritierter Professor für Heilpädagogik von der Universität Freiburg (Schweiz).

führt. Man könnte gar von einer ›Sonderpädagogisierung‹ (Biermann, 2019) der Inklusion sprechen. Die Zunahme ist gleichsam ein Effekt des ›Etikettierungs-Ressourcen-Dilemmas‹, da die Beschulung von Schüler*innen mit dem Etikett ›sonderpädagogischer Förderbedarf‹ an die Bereitstellung von zusätzlichen sonderpädagogischen Personalressourcen geknüpft wird. So könnte man auch von einem *Klassifikations-Professions-Junktim* sprechen. Die Grundlage für dieses Dilemma wurde schon früh beschrieben, der festgestellte sonderpädagogische Unterstützungsbedarf hat so »die Funktion eines Berechtigungsscheins für Lehrerstunden« (Wocken, 1996, S. 349) bzw. für Sonderpädagog*innen-Stunden. Die Sonderpädagogisierung der Inklusion ist zudem Ausdruck dessen, dass man sich im Hinblick auf inklusive Bildung vorrangig noch am Konzept der Integration orientiert: Es geht um Fragen der Bewältigung der Herausforderungen bei der Integration von benachteiligten, besonderen, marginalisierten Teilpopulationen der Schüler*innenschaft in die ansonsten vermeintlich homogene Gruppe an den Regelschulen (Merz-Atalik, 2017) und die Delegation dieser Herausforderungen an einen eigenen spezifischen Berufsstand.

Die Erstarkung des Etikettierungs-Ressourcen-Dilemmas sowie der nur bedingt erfolgende Ausstieg aus dem Klassifikations-Professions-Junktim im Rahmen der inklusiven Transformation im Bildungssystem sind folglich auch auf berufsständische, statusbezogene oder auch fach- bzw. disziplinbezogene Interessenlagen zurückzuführen. Diese wiederum führen auch zu mehr oder weniger expliziten und aktiven Widerständen beteiligter Akteure und Organisationen innerhalb der Sonderpädagogik.

6.6.3 Die Aneignung und »Sonderpädagogisierung«[112] der Inklusion

Bereits ein Jahr nach der Ratifizierung der UNCRPD (2009) veranstaltete der Verband Sonderpädagogik (vds) einen Fachkongress mit dem Titel ›Inklusion braucht Professionalität‹ (im Jahr 2010 in Weimar). Nach Wocken (2015) stand dahinter das berufsständische Anliegen zu versichern, dass es bei der inklusiven Bildung vor allem im Sinne eines Zwei-Pädagog*innen-Systems um die Erweiterung der Klassenlehrerschaft um sonderpädagogisch qualifizierte Lehrpersonen gehe. Die Betonung der ›hohen Qualität sonderpädagogischer Arbeit‹ und des ›hohen Standards der Sonderpädagogik‹, zusammen mit der Warnung vor einer ›Deprofessionalisierung‹ und der ›unzureichenden Förderung von Schüler*innen mit sogenanntem sonderpädagogischem Förderbedarf‹ ist bis heute in den Argumenten gegen inklusive Bildung präsent. Nach Wocken ist aufgrund

> »einer völlig unzureichenden bis fehlenden empirischen Evidenz […] der behauptete ›hohe Standard‹ eine durchaus legitime standespolitische Selbstbekräftigung, die mit gleichem Recht aber auch bezweifelt werden darf« (Wocken, 2011, S. 215; 2015).

---

112 Nach Biermann (2019).

Durch die bislang segregierte Professionsentwicklung und die damit zusammenhängenden Kompartments, in denen man sich in Forschung und Lehre mit Fragen der Bildung von Kindern mit abweichenden Bildungsverläufen befasst, hat sich die Gefahr einer »Monopolisierung sonderpädagogischen Wissens«[113] (Lindmeier, 2017, S. 96) verschärft. Daher wird seit einigen Jahren stärker gefordert die disziplinäre Selbstreflexion in der Sonderpädagogik wieder konsequenter zu praktizieren (Lindmeier, 2020).

Ein transintentionaler Effekt der aktuellen bildungspolitischen Steuerung der inklusiven Bildungsreform in Deutschland ist die öffentliche Wahrnehmung, dass inklusive Bildung vor allem eine erhöhte Anzahl an ausgebildeten Sonderschullehrer*innen erfordert. Dieses Argument stützt sich einerseits auf das problematische Modell des »Input-Funding« (European Parliament, 2017, S. 37; European Agency for Development in Special Needs Education, 2016; ▶ Abb. 7), in dem die Personalressourcen an Schulen nicht der Vielfalt der Entwicklungs- und Bildungsbedarfe einer heterogenen Schüler*innenschaft entsprechen (Stichwort: Etikettierungs-Ressourcen-Dilemma).

Im Gegensatz dazu wird in internationalen inklusiven Bildungssystemen das Modell des ›General Funding‹ angewendet. Hier erfolgt die Ressourcenzuweisung auf der Basis soziodemografischer Faktoren des Einzugsgebiets der Schule (systembezogene Ressourcenzuweisung und multiprofessionelle Teams) und passt sich flexibel an die individuellen Bedarfe der Lernenden an. Dies führt jedoch dazu, dass die Transformation des Bildungssystems in Richtung Inklusion von der Bereitschaft der Sonderpädagogik abhängig gemacht wird, sonderpädagogische Lehrkräfte angemessen für die inklusive Bildungsreform zu qualifizieren. Besonders die Förderschwerpunkte erweisen sich dabei als wenig geeignetes Strukturkonzept für inklusive Schulen.

Die schulische Sonderpädagogik in Deutschland (bzw. auch in den angrenzenden deutschsprachigen Ländern) hat jahrzehntelang einen einzigartigen europäischen Sonderweg beschritten (Lüdtke, 2017). Dieser Sonderweg wird insbesondere durch die Ausdifferenzierung in die neun Fachrichtungen (später Förderschwerpunkte) repräsentiert, die gleichsam eine Abbildung der organisatorischen Gliederungen in eigene Schultypen im Sonderschulwesen darstellen, welche im internationalen Vergleich ebenfalls einzigartig sind. Nach Lindmeier darf es kein Tabu sein,

> »die historisch belastete Fachbezeichnung (inklusive der Systematik der sonderpädagogischen Fachrichtungen) zu überdenken und die Spezifik ›sonderpädagogischen‹ Wissens im Hinblick auf eine differenztheoretische Reflexion des Umgangs mit Behinderung und Benachteiligung kritisch zu hinterfragen« (Lindmeier, 2017, S. 3).

Lindmeier fordert in diesem Zusammenhang eine Entmonopolisierung des sonderpädagogischen Wissens.

---

113 Leider werden in dem Beitrag entgegen dem vielversprechenden Titel wenig Gefahren der Monopolisierung von sonderpädagogischem Wissen diskutiert, sondern eher Fragen im Hinblick auf eine Monopolisierung von Methoden der wissenschaftlichen Forschung und Erkenntnisgewinnung angesprochen.

Auch vor dem Hintergrund einer diskursanalytischen Perspektive (z.B. Weisser, 2015; Trescher, 2017) auf unsere Disziplin, erscheint eine Auseinandersetzung mit dem Begriff der *Sonder*pädagogik dringend erforderlich.[114] Da »wir das, worüber wir sprechen, dadurch hervorbringen, dass wir in bestimmter Weise darüber sprechen« (Weisser, 2015, S. 188, in Anlehnung an Foucault). Das gilt für die Bezeichnung der Disziplin ebenso wie für die Klassifikationen der Personen und des Gegenstandes und damit für die sogenannten Förderschwerpunkte. Ausgehend von der Vorstellung von ›Behinderung als diskursive Praxis‹[115] (Trescher, 2017) führt das Monopol der Expertise in der Sonderpädagogik und ihren Förderbereichen zu einer Verstärkung der Pathologisierung des Klientels in der Gesellschaft und im Bildungssystem. Eine für Inklusion gestaltete inklusive Lehrer*innenbildung kann nur unter der Voraussetzung der »Überwindung der kategorialen Heil- und Sonderpädagogik« (Feuser, 2013, S. 49) neu konzipiert werden.

Nicht zuletzt können wir uns als Sonderpädagogik unter den aktuellen theoretischen und konzeptionellen Orientierungen in der Disziplin »nicht von einer Beteiligung an Selektions- und Ausschlussprozessen freisprechen« (Kuhl, 2020, S. 41). Ohne eine Transformation oder Integration des Faches in eine allgemeine, inklusive Pädagogik, stehen wir der Entwicklung zu einem inklusiven Bildungssystem sprichwörtlich ›im Weg‹. Eine innerdisziplinäre transformative Neuausrichtung zur Entwicklung einer umfassend inklusiven Pädagogik, die den Anforderungen eines inklusiven Bildungssystems gerecht wird, bleibt in den deutschsprachigen Ländern bisher weitgehend aus.

6.7 Der Erhalt grundständiger Lehrämter für Sonderpädagogik

Bedarf es in einem inklusiven Bildungssystem noch eines eigenständigen Lehramtes für Sonderpädagogik? Dieser Frage widmet sich das folgende Kapitel, indem zunächst verschiedene Argumentationslinien, die sich zugunsten oder gegen die Aufrechterhaltung aussprechen, gegenübergestellt und gegeneinander abgewogen werden. Bis heute gibt es in der Mehrheit der deutschsprachigen Länder

---

114 In 2023 hat sich die ehemalige ›Fakultät für Sonderpädagogik‹ an der Pädagogischen Hochschule Ludwigsburg (Baden-Württemberg) – als Ergebnis eines mehrjährigen Diskussionsprozesses um das Selbstverständnis und eine neue Ausrichtung – umbenannt in ›Fakultät für Teilhabewissenschaften‹. Im weiteren Prozess soll eine damit zusammenhängende Neuorientierung der Disziplin in Theorie und Forschung erfolgen.

115 Diskursive Praktiken über Phänomene erzeugen Wahrheiten als geltendes Wissen, Übereinkünfte und Selbstverständlichkeiten. Mit der Etikettierung als Mensch mit einer Behinderung werden einerseits Ansprüche gesichert, aber andererseits auch negative Wahrnehmungen in der Gesellschaft gefördert (z.B. als defizitäre Person).

»eigenständige Zertifizierungen und Akkreditierungen für Lehrer*innen, die darauf vorbereitet werden in der Sonderpädagogik zu arbeiten; in anderen Ländern gibt es nicht dieselben Erwartungen, teilweise weil man das Bestehen von getrennten Berufsständen von sonderpädagogischen Lehrkräften als eine Barriere für Inklusion sieht, weil es den Rest des Bildungssystems davon entbindet, Verantwortung für das Lernen aller Kinder zu übernehmen. Nichtsdestotrotz, das Nichtvorhandensein von separaten Studiengängen und Abschlüssen bedeutet nicht, dass Lehrpersonen, die für die Arbeit in regulären Schulen ausgebildet werden, gut darauf vorbereitet werden, alle Kinder zu unterrichten, denen sie in ihren Klassen begegnen« (Forlin, 2012, S. xvii; Übers. d. Verf.).

In zahlreichen Bundesländern werden aktuell die Zulassungszahlen für das Lehramt Sonderpädagogik erhöht (z. B. durch neue Standorte wie in Freiburg in Baden-Württemberg) und Aufbaustudiengänge zur Nachqualifizierung in der Sonderpädagogik für Regelschullehrer*innen angeboten (so etwa in Baden-Württemberg). Dabei wird auf der Basis der Beibehaltung des Konzeptes der ›speziell für die Behinderten‹ qualifizierten Lehrpersonen weithin davon ausgegangen, dass sich inklusive Bildung in Schulen nur mit einem Zwei-Pädagog*innen-System und der Trennung von differenten Professionen in allgemein- und sonderpädagogisch qualifizierte Lehrpersonen realisieren ließe. Hinter diesem Konzept verbirgt sich die systemimmanente Vorstellung eines *Delegationsverhältnisses* (›Für die nicht normgemäßen Schüler*innen ist die spezifisch qualifizierte Lehrkraft zuständig‹) sowie eines *Ergänzungsverhältnisses* (›Der Regelunterricht liegt in der Verantwortung der allgemeinen Lehrkraft und die Adaptionen, zusätzliche oder segregierte Förderung werden durch Sonderpädagog*innen verantwortet‹). Im Sinne einer Pfadabhängigkeit (▶ Kap. 5.1) ist dies auch darauf zurückzuführen, dass bis etwa 2010 fast alle allgemeinen Lehramtsstudiengänge in Deutschland keine curricularen Anteile aus der Sonderpädagogik oder der inklusiven Bildung aufwiesen und die Anforderung des Lehrens in heterogenen Lerngruppen bis dahin in den Lehramtsstudiengängen nur bedingt vermittelt wurden (Kruschel & Merz-Atalik, 2023). Das Ergebnis: Die Bildungs- und Wissenschaftspolitiker*innen in den Bundesländern versuchten die Ausbildungszahlen für Sonderschullehrer*innen zu erhöhen und mehr Lehrpersonen mit sonderpädagogischer Qualifikation zu rekrutieren. Darauf basierend wird inklusive Bildung aktuell vielerorts allein von der Verfügbarkeit von sonderpädagogischen Ressourcen in den Schulen abhängig gemacht. Sonderschullehrkräfte haben oftmals wertvolle Kompetenzen und Erfahrungen, die sie in diesen Prozess einbringen können. Von einer generell ausreichenden Professionalisierung für Inklusion im Berufsbild auszugehen, scheint angesichts der unterschiedlichen Tiefe und Qualität der Vermittlung an den Hochschulen in Deutschland nicht angemessen (vgl. CHE et al., 2022). Zusätzlich mit partiellem oder auch vollem Deputat eingestellte Sonderpädagog*innen an den ›regulären Schulen‹[116] können die Entwicklungsaufgabe im Zusammenhang mit »den Modifikationen in Inhalten, Handlungsweisen, Strukturen und Strategien« (UNESCO, 2005, S. 13) in einer inklusiven Schule und im inklusiven Unterricht nicht allein bewältigen.

---

116 Slee (2008) differenziert zwischen »regulären« (nicht-inklusiven), »speziellen« (Sonderschulen) und »irregulären« Schulen (inklusive Schulen).

> »Die Anerkennung der Diversität in unserer Gesellschaft erfordert die besonderen Dispositionen und Stärken aller Mitglieder, um jegliche Formen von Exklusion zu erkennen und zu bekämpfen, aktiv Exklusionsprozessen entgegenzuwirken und deren Ursachen kritisch zu hinterfragen. Es geht nicht um spezifische Bildungsangebote oder Institutionen für Einzelne, wie Inklusionsklassen oder inklusive Gruppen, sondern – so der Wortlaut in den Guidelines for Inclusion der UNESCO (2005) – um die Reform der gesamten formalen und non-formalen Bildung« (Merz-Atalik, 2017, S. 51).

Der tatsächlich bestehende Mangel an Sonderpädagog*innen (Lehrkräftemangel bundesweit; Klemm, 2022) führt so in einigen Regionen zu einem Rückgang der Entwicklung der inklusiven Bildung. Um dem Dilemma der Sonderpädagogisierung der Inklusion zu entgehen, bedarf es daher einer weitgehend neuen konzeptionellen Grundlegung, und mithin der Klärung der Fragen:

- Welche Personalressourcen benötigen inklusive Schulen?
- Wie werden diese Professionen (aus-)gebildet?

Dass es auch ohne diese eigenständige Profession geht, lässt sich anhand von Ländern mit einem ausgewiesenen inklusiven Bildungssystem aufzeigen, die keinen eigenständigen grundständigen Studiengang ›Lehramt Sonderpädagogik‹ vorsehen (z. B. Italien). In vielen Ländern wird die Sonderpädagogik zum Beispiel im Rahmen von ausgewiesenen Nachqualifizierungen (Aufbaumaster oder Zertifikatsstudiengänge) nach einem grundständigen, inklusionsorientierten Lehramtsstudiengang für alle Schüler*innen einer bestimmten Altersgruppe verortet oder es wird, so in Südtirol, ein Integrationslehrer*innen-Aufbaustudiengang mit laufbahnrechtlichen Konsequenzen angeboten. Zudem setzt man hier auf eine bedarfsgerechte Weiterqualifizierung im Rahmen der dritten Phase der Lehrer*innenfortbildung, Lehrpersonen erhalten diese Angebote zum Beispiel, wenn im folgenden Schuljahr an einer Schule erstmals ein Kind mit einer spezifischen Behinderung eingeschult wird und die Schule bislang keine Erfahrungen damit hatte. Die folgenden Ausführungen sollen sich dem Faktum nähern, dass ein inklusives Bildungssystem einerseits keinen eigenen Ausbildungslehrgang für ein ›Sonderschullehramt‹ mehr erfordert (Feyerer & Langner, 2014a), andererseits aber auch in einem vollständig inklusiven Bildungssystem noch der Bedarf an einer Professionalisierung für spezifische Lern- und Entwicklungsdispositionen und -bedingungen besteht.

Dazu sollen zunächst einige Einblicke in die eher jüngere Geschichte der Fachdisziplin der schulischen Sonderpädagogik in den deutschsprachigen Ländern im Zusammenhang mit der Frage nach der Aufrechterhaltung des sonderpädagogischen Lehramtsstudiums gegeben werden. Nach Wocken (2015) gab es, mit Ausnahme des Ansatzes von Hans Eberwein[117] (Anfang der 1990er Jahre in Berlin), im Zusammenhang mit der Entwicklung des gemeinsamen Unterrichts von Kin-

---

117 Die Förderschwerpunkte ›Lernen‹, ›Sprache‹ und ›Soziale und emotionale Entwicklung‹ seien in der ›Integrationspädagogik‹ dialektisch aufgehoben, somit sei sie eine höher entwickelte Qualitätsstufe der Pädagogik (ebd.).

dern und Jugendlichen mit und ohne Behinderungen[118] zunächst keine Ansätze, die Sonderpädagogik aus der integrativen pädagogischen Arbeit zu exkludieren oder in der neu entstehenden Disziplin der ›Integrationspädagogik‹ unberücksichtigt zu lassen. Dennoch wurde oft von einer Legitimationskrise der Sonderpädagogik[119] gesprochen, die unter anderem durch die modellhaften Integrationsprojekte in Deutschland und die fortgeschrittenen Entwicklungen des gemeinsamen Unterrichts von Kindern mit und ohne Behinderungen in anderen europäischen Ländern wie Italien und Schweden verstärkt wurde. Wittrock (2002) beschrieb diese Effekte der Integrationsdebatte auf die Profession und das Lehramt Sonderpädagogik sogar zeitlich vor der UNCRPD (UN, 2006) als

> »bedingt durch den bis heute nicht hinreichend geleisteten Nachweis einer gegenüber den Allgemeinen Schulen wirksameren Förderung von Kindern mit Behinderungen als auch durch die stark von Nordamerika (›full inclusion‹) beeinflusste Debatte um die Unteilbarkeit des Rechts auf ›Integration‹ für jeden Menschen« (ebd., S. 57).

Aus der Entwicklung integrativer Bildungsangebote seit den frühen 1980er Jahren ergäben sich neue Fragen an das Berufsbild ›Sonderpädagog*in‹:

> »Ist er vornehmlich unterrichtender Lehrer oder spezifisch förderdiagnostisch beratender und mit spezifischen Konzepten fördernder Pädagoge? Somit muss […] auch der Fragestellung nach gegangen werden, in welche Richtung sich das Berufs- bzw. Aufgabenfeld des Sonderschullehrers bzw. des schulischen Sonderpädagogen zu entwickeln scheint, welche Tätigkeitsmerkmale damit verbunden sind und welche (Handlungs-)Kompetenzen Sonderpädagogen und Sonderpädagoginnen bei ihrer persönlichen und fachlichen Aus- und Weiterbildung im Hinblick auf ihre Profession berücksichtigen und erwerben sollten« (ebd.).

Die erste Frage bewegt die Studierenden im Lehramt Sonderpädagogik bis heute. Viele hatten sich ihre eigene Rolle als Klassenlehrer*in in einer kleinen Klasse vorgestellt und befürchten, dass sich die Berufsrolle aufgrund der Inklusion in eine andere Richtung entwickelt, zum Beispiel zu einer Rolle als zweite Pädagog*in im Klassenzimmer oder als schulexterne, rein beratend tätige Sonderpädagog*in, etwa im sonderpädagogischen Dienst, oder dass es zu einer Zersplitterung der Deputatsstunden zwischen differenten Schulstandorten und in mehreren Klassenverbänden kommt. Dass die Vorstellung eine Sonderpädagog*in in inklusiven Bildungsangeboten zu werden nicht unbedingt unter den heutigen Lehramtsanwärter*innen in der Sonderpädagogik vertreten sein muss, zeigen zum Beispiel die Erfahrungen aus der inklusionsorientierten Schulentwicklung, etwa in Berlin.

> »Die Vorstellung, dass Förderschullehrkräfte per se natürliche Unterstützer*innen einer inklusiven Schule sind, musste schnell begraben werden. Sie hatten sich bewusst für die Förderschule ausbilden lassen und dort ihre berufliche Welt gebaut. Viele sind mit großer innerer Überzeugung in der Förderschule tätig und überzeugt, so für die Kinder die besten

---

118 Bereits seit Anfang der 1970er Jahre fanden in mehreren Bundesländern Modellversuche und wissenschaftliche Begleitforschung statt.
119 Wie die Fläming-Grundschule in Berlin, die im Jahr 1975 mit der gemeinsamen Beschulung von Kindern mit und ohne Behinderungen begonnen hat. Sie war zu dem Zeitpunkt die erste Schule in der Bundesrepublik, die offiziell auch Schüler*innen mit kognitiven Lernbeeinträchtigungen (sogenannte ›geistig Behinderte‹) in den Integrationsklassen aufgenommen hat.

Rahmenbedingungen zu schaffen und zugleich in einem Umfeld arbeiten zu können, das kleinere Klassen und weniger bis gar keinen Leistungsdruck kennt« (Dorgerloh, 2023, S. 105).

Die hierin erkennbare mangelnde Auseinandersetzung mit oder Akzeptanz der Konsequenzen der Umsetzung der UNCRPD für die eigene Berufsgruppe und -praxis macht deutlich, welchen Stellenwert konkrete, von der Vision eines inklusiven Bildungssystems geleitete kulturpolitische Transformationsstrategien und -impulse durch die Bildungs- und Hochschulpolitik im Rahmen der Lehrer*innenbildung haben. Es besteht der Eindruck, dass die Übertragung von Konsequenzen der inklusiven Bildungsreform für die Lehrer*innenbildung in bundeslandspezifische Vorgaben entweder vermisst wird (so z. B. auf der Ebene der Lehramtsrahmenverordnungen zahlreicher Bundesländer), eventuell auch weil diese bei den Akteuren nicht ausreichend bekannt sind (z. B. Vorgaben, Empfehlungen und Konzepte, wie umfassend in ▶ Kap. 2 dargelegt), oder nur in ausgewählten, explizit inklusionsbefürwortenden Akteurskreisen rezipiert und verfolgt werden. Die regionalen Akteure können so weitgehend interessengeleitet und häufig relativ unabhängig von diesen Vorgaben agieren, wie das folgende Beispiel im Vergleich zwischen Berlin und Baden-Württemberg deutlich macht (vgl. auch Merz-Atalik & Beck, 2022).

Infolge der Ratifizierung der UNCRPD wurden in Deutschland in verschiedenen Bundesländern Expertenkommissionen (oder -räte) eingesetzt, die sich mit der Frage befassten: Wie können die angehenden Lehrer*innen für die Herausforderungen im Zusammenhang mit Heterogenität und Inklusion besser qualifiziert werden? So auch in Berlin (Senatsverwaltung für Bildung, Jugend und Wissenschaft, 2012). Die Kommission kam zu der Erkenntnis, dass es keines eigenständigen Lehramtsstudiengangs für Sonderpädagogik bedarf.

»Empfehlungen der Kommission: Ein eigenständiger Studiengang ›Lehramt Sonderpädagogik‹ wird ersetzt durch die Einrichtung eines Studienschwerpunktes ›Sonderpädagogik/Rehabilitationswissenschaften‹ in den Studiengängen Lehramt an Grundschulen, Lehramt an ISS und Gymnasien sowie Lehramt an beruflichen Schulen. Die Kommission empfiehlt außerdem, dass für alle Lehrämter in den Bildungswissenschaften und in den Fachdidaktiken eine sonderpädagogische Grundqualifikation im Umfang von 12–15 LP aufgenommen wird« (Senatsverwaltung für Bildung, Jugend und Wissenschaft Berlin, 2012, S. 9).

Das Ziel solle es sein, Spezialist*innen für spezifische Lernbedürfnisse in allen Lehrämtern auszubilden und damit unter anderem den erheblichen Bedarf an Lehrkräften mit dem Schwerpunkt Sonderpädagogik – insbesondere in den allgemeinen Schulen im Zusammenhang mit der inklusiven Schulentwicklung – besser decken zu können (vgl. ebd.). Seit der daraufhin folgenden Lehrerbildungsreform (Lehrkräftebildungsgesetz – LBiG 2015) können in Berlin alle Lehramtsstudierenden anstelle eines zweiten allgemeinbildenden Faches das Studienfeld Sonderpädagogik mit zwei Förderschwerpunkten studieren. Alle werden im Hinblick auf den inklusiven Unterricht umfassend vorbereitet, so gab es bereits in den 1990er Jahren eine Pflichtveranstaltung zum ›Gemeinsamen Unterricht von Kindern mit und ohne Behinderungen‹. Zudem wurden die Lehrämter neu strukturiert und es gibt drei nunmehr stufenbezogene und nicht mehr schultypenspezifische Studiengänge: Lehramt Grundschule, Lehramt Sekundarschule (inkl. Gymnasium) und Lehramt berufliche Schulen.

Im gleichen Zeitraum wurde auch in Baden-Württemberg eine Expertenkommission zur Weiterentwicklung der Lehrkräftebildung eingesetzt (im Jahr 2012). Der politische Auftrag an die Kommission lautete, dass unabhängig von der Schulart alle Lehrer*innen zu individueller Förderung, Inklusion und aktiver Teilhabe an der Schulentwicklung befähigt werden sollten. Man sah insbesondere die Notwendigkeit grundlegende Kompetenzen seitens der Sonderpädagogik-Studierenden für die inklusive Bildung zu fördern. Dies war zu diesem Zeitpunkt bereits durch die Reform der Lehramtsstudienordnungen im Jahr 2011 umgesetzt und ein Pflichtmodul ›Handlungsfeld Sonderpädagogischer Dienst, Kooperation und inklusive Bildungsangebote‹ im Umfang von zehn ECTS-Punkten im Bachelorlehramtsstudiengang Sonderpädagogik eingeführt worden. Dieses Modul wurde so auch in die reformierte Studienordnung aus dem Jahr 2015, die bis heute Gültigkeit hat, übernommen.

Die in Baden-Württemberg eingesetzte fachliche Gutachterkommission kam zu einer fast deckungsgleichen Empfehlung bezüglich der Lehramtsausbildungsstrukturen wie in Berlin. Ihres Erachtens sollte es zukünftig in neu zu schaffenden stufenbezogenen Lehrämtern Primarstufe und Sekundarstufe I und II (statt den bis dahin bestehenden Lehrämtern für ›Grund- und Hauptschule‹, ›Realschule‹ und ›Gymnasium‹) möglich sein, jeweils einen Schwerpunkt Sonderpädagogik zu studieren (anstelle eines zweiten oder dritten Unterrichtsfaches). Statt eines eigenständigen Studiengangs Lehramt Sonderpädagogik sollten Studierende den Schwerpunkt Sonderpädagogik im Rahmen des Lehramts Primarstufe, Sekundarstufe I/II oder berufsbildende Schulen wählen können.

> »Wie auch im Falle des Lehramts an Grundschulen kann ein Fach durch das Studium der Sonderpädagogik bzw. der Rehabilitationswissenschaften ersetzt werden, dass [sic] im gleichen Umfang von etwa 100 Leistungspunkten studiert wird. Als sonderpädagogische Studienschwerpunkte können entweder die Förderschwerpunkte Lernen, sozial-emotionales Verhalten und Sprache oder zwei weitere sonderpädagogische Förderschwerpunkte gewählt werden« (Ministerium für Wissenschaft, Forschung und Kunst Baden-Württemberg, 2013, S. 53).

Statt den Empfehlungen der Lehrkräftebildungskommission von 2013 zu folgen, wird bis heute weiterhin in den tradierten sieben sonderpädagogischen Förderschwerpunkten in einem eigenständigen Lehramt Sonderpädagogik ausgebildet (Hudelmaier-Mätzke, 2015). Es lässt sich vermuten, dass sich insbesondere berufsständische Organisationen der Sonderpädagogik wie auch des Gymnasiums im Bundesland kritisch gegen die Umsetzung der Empfehlungen gestellt haben. Zudem könnte man auch annehmen, dass die Vermittlung der hinter der Aufhebung des grundständigen Lehramtsstudiums Sonderpädagogik stehenden Zielsetzungen an die politischen Vertreter*innen und Entscheidungsträger nicht umfassend erfolgte und die Argumentationslinien in ihrer Tiefe nicht bekannt waren. Fest steht: Die Empfehlungen führten zu keinen Konsequenzen.

Das Land Baden-Württemberg hat sich vielmehr mit der Lehramtsstudienreform im Jahr 2015 dagegen entschieden den Empfehlungen der KMK von 2011 zu folgen und lediglich ein Minimum an sechs Kreditpunkten zum Thema Inklusion in den Studienordnungen der nicht-sonderpädagogischen Lehramtsstudiengänge zu verankern. Zur Gestaltung dieser Studienordnung und des Moduls zur Inklusion wurde eine ›Steuergruppe zur Entwicklung eines Moduls zur Inklusion für Lehramtsstudiengänge in Baden-Württemberg (LLPA20)‹ durch das Ministerium für Kultus, Jugend und Sport eingesetzt. Die 18-köpfige Steuergruppe mit Vertreter*innen aus Regel- und Sonderpädagogik aller Schulstufen sowie Kolleg*innen aus den Studienseminaren und der Praxis entwarf ein umfassendes Modul für Inklusion. Dieses wurde jedoch am Ende nicht – wie durch die Steuergruppe empfohlen – zum obligatorischen Bestandteil der Lehramtsprüfungsordnungen aller Lehrämter, sondern lediglich zu einem Anhang der anderen Pflichtmodule ansonsten verbindlicher Studienbereiche (Merz-Atalik & Beck, 2022). Damit hat das Modul seinen durch die Kommissionsmitglieder avisierten verbindlichen Charakter für die Umsetzung in Studienangeboten an den Hochschulen eingebüßt. So blieb es letztendlich den Hochschulen überlassen, in welchem Umfang, in der Verantwortung welches Faches und mit welchen konkreten Inhalten und Kompetenzen das Thema inklusive Bildung in den hochschulinternen Studien- und Prüfungsordnungen der Lehramtsstudiengänge verankert wurde. Einerseits hatte dies Handlungsspielräume für die Hochschulen und Fächer zur Folge, die jedoch andererseits mit sehr divergenten Ergebnissen genutzt wurden. Eine Angleichung im Umfang und der Verankerung bzw. der Inhalte und Kompetenzen zur inklusiven Bildung zwischen den verschiedenen Hochschulstandorten im Lehramtsstudiengang in Baden-Württemberg kam so nicht zustande.

Ein weiteres Beispiel aus dem deutschsprachigen Raum: Österreich hat im Rahmen der letzten Lehramtsstudienreform die Empfehlungen der dortigen Fachkommission ›Lehrer*innenbildung NEU‹ umfassend und hochschulübergreifend umgesetzt. Die Kommission empfahl für die Entwicklungen in Österreich ebenfalls das Konzept der Lehrämter nach Altersstufen statt nach Schulformen und ging davon aus, dass »ein inklusives Schulsystem [...] keinen eigenen Ausbildungslehrgang für ein ›Sonderschullehramt‹ mehr« (zit. n. Feyerer & Langner, 2014a, S. 176) benötigt.

In Deutschland sollten sich ebenfalls bundesländerübergreifende Arbeitsgruppen mit der Frage auseinandersetzen, welche Angebotsformen von Lehrämtern im Sinne eines inklusiven Bildungssystems anzustreben sind. Bislang wird lediglich in kooperierenden Formaten gedacht und es werden Kombinationsstudiengänge aus Regel- und Sonderpädagogik angeboten (► Kap. 10).

6.8 Fehlende Lobby für Inklusion in der Lehrer*innenbildung

Die UNESCO forderte in einer Publikation zur Lehrer*innenbildung für Inklusion im Jahr 2013 dazu auf, das alle Akteure in der Lehrer*innenbildung eine advokatorische Rolle im Hinblick auf die inklusive Ausrichtung einzunehmen haben. Als ›Advocacy‹ definierte die Arbeitsgruppe

> »eine Reihe von organisierten Aktivitäten, die darauf abzielen, die Politik und das Handeln von Regierungen, internationalen Institutionen, dem Privatsektor und der Zivilgesellschaft zu beeinflussen, um positive Veränderungen für das Leben von Kindern zu erreichen« (UNESCO, 2013, S. 8; Übers. d. Verf.).

Weil Advocacy[120] Veränderungen anregen will, statt nur kritische Einwände gegen Bestehendes vorzubringen, sollte man mit jenen, welche die Macht haben die angestrebten Veränderungen auf den Weg zu bringen, eine konstruktive Beziehung haben. Sie basiert daher auf Diplomatie und Verhandlung und umfasst den Dialog und nicht nur Forderungen (ebd.). Die ›direkte Advocacy‹[121] für inklusive Lehrer*innenbildung würde auch Formen von Lobbyismus umfassen, zum Beispiel Aktivitäten, mit denen man versucht Einfluss auf Entscheidungsträger zu nehmen (ebd.).

Während die Sonderpädagogik

- als Disziplin (z. B. durch den Status von Organisationseinheiten wie Fakultäten und Instituten an Hochschulen, durch die Wissenschaftler*innen an den Hochschulen, die Fachschaften oder die Sektionen in den Hochschul- und Wissenschaftsverbänden),
- als Berufsgruppe der Sonderpädagog*innen (z. B. durch eigene Berufsverbände oder Gruppen innerhalb von solchen oder von Gewerkschaften),
- als Institutionen der Sonderschulen (z. B. durch Verbände der Sonderschulen wie den vds),
- als Organisationen (z. B. durch strukturell gesondert verankerte Referate für Sonderpädagogik in Ministerien)

historisch gewachsene und tradierte Selbstvertretungen im Sinne einer Lobby aufweist, gibt es auf den genannten Ebenen bislang noch wenige offensiv agierende Lobbyisten[122] mit einem ausschließlichen Fokus auf der inklusiven Bildung, zumindest nicht mit einer vergleichbar starken öffentlichen Reputation. Dies könnte einen erheblichen Mangel in der inklusiven Bildungsreform wie auch für die inklusive Lehrer*innenbildung in Deutschland darstellen. Dies verstärkt wiederum eine vorrangige Verantwortungszuweisung an die Sonderpädagogik.

Während auf Bundes- und Länderebene mittlerweile viele Organisationen bestehen, die sich neben anderen Zielen – mit unterschiedlichem Grad an Bekanntheit und Einfluss auf den bildungspolitischen Diskurs – auch für die Entwicklung eines inklusiven Bildungssystems einsetzen (z. B. Aktion Mensch, Politik gegen

---

120 Die deutschsprachige Übersetzung ›Interessenvertretung‹ erscheint nicht ausreichend kongruent, daher wird der englische Begriff Advocacy verwendet.
121 In derselben Publikation werden drei Formen unterschieden: die direkte, die indirekte und die Kapazitäten bildende Advocacy (UNESCO, 2013, S. 10).
122 Mit Ausnahme der durch Eltern gegründeten und bundesweit aktiven Bundesgemeinschaft ›Gemeinsam leben – Gemeinsam lernen‹, die jedoch deutlich weniger Mitglieder aufweisen dürfte als die zuvor genannten advokatorischen Verbünde seitens der Sonderpädagogik.

Aussonderung e. V., Grundschulverband e. V., Länger gemeinsam lernen e. V.), gibt es für die inklusive Lehrer*innenbildung keine vergleichbaren organisierten Stakeholder oder Lobbyisten. Dabei verhalten sich die genannten Organisationen und Vertretungen der Sonderpädagogik auch gegenüber der Lehramtsausbildung für Sonderpädagogik aktiv unterstützend. Weder auf der Ebene des Bundes noch in den Bundesländern, zwischen den Hochschulen eines Bundeslandes oder innerhalb dieser sind solche *gesellschaftlich anerkannten advokatorischen Gruppen oder Initiativen für die Entwicklung der Lehrer*innenbildung für Inklusion* bekannt. In einigen Bundesländern gab es Expertenkommissionen, welche die Bildungspolitik eingesetzt hatte, die sich zeitlich begrenzt mit der Weiterentwicklung der Lehrer*innenbildung generell und auch im Hinblick auf Inklusion befasst haben (so in Berlin und Baden-Württemberg 2012 bis 2013). Die Umsetzung der Empfehlungen solcher Expertenkommissionen ist jedoch abhängig vom politischen Willen und der Macht der Akteure, wie die zuvor dargestellten Beispiele zeigen.

Es scheint einerseits zum aktuellen Zeitpunkt sinnvoll innerhalb der Hochschulen unabhängige Handlungseinheiten aufzubauen, die einen Einfluss auf die Gestaltung der Studienangebote in den Lehramtsstudiengängen geltend machen, die Thematik der diversitätsorientierten Pädagogik und Didaktik (inklusive Bildung) verfolgen und sich in den offiziellen Gremien kompetent einbringen (z. B. in Studienkommissionen in Fakultäten oder für Studiengänge, Senate, fachbezogenen Arbeitsgruppen). An vielen Hochschulen gibt es diverse Ansätze das Thema nachhaltig und als Querschnittsthema über alle Studieninhalte zu verankern, wie zum Beispiel durch die Einrichtung von Prorektoraten für Diversität und Inklusion (z. B. an den Universitäten in Bochum und Dresden), von Arbeitsgruppen zur inklusiven Bildung (z. B. an der Universität Paderborn), von Forschungsverbünden und -gruppen (z. B. an der Universität Hildesheim zur ›Inklusiven Bildungsforschung der frühen Kindheit als multidisziplinäre Herausforderung‹). Einige Hochschulen haben gar einen eigenen Aktionsplan entwickelt (z. B. Universität Rostock, 2021–2025). Andere wiederum erwarten von Bewerber*innen auf Stellen in den lehramtsbezogenen Fächern im Bewerbungsverfahren eine explizite Stellungnahme zu der Berücksichtigung von inklusiver Bildung in deren Lehr- und Forschungsaufgaben (z. B. an der Universität Bozen, wo Bewerber*innen auf Stellen in Lehre und Forschung aufgefordert werden, sich für die Vorstellungsgespräche mit dem Profil der Lehrer*innenbildung für Inklusion der European Agency for Development in Special Needs Education von 2011 auseinanderzusetzen und Stellung dazu zu beziehen, wie sie dies in ihrer wissenschaftlichen Tätigkeit und Lehre berücksichtigen werden).

Auf Bundesebene wie auch in den Bundesländern sollte es institutionalisierte Steuerungsgruppen zur Lehrer*innenbildung für Inklusion geben, die sich forschungsbasiert, kontinuierlich und mit eigenen Verfügungsrechten versehen (z. B. im Hinblick auf die Evaluation der Studiengänge und Inhalte oder im Hinblick auf die Überarbeitungen der Studienordnungen an den Hochschulen) in einen transformativen statt adaptiven Prozess einbringen.

7 Aspekte einer transformativen Professionalität in der inklusiven Bildung

Die für ein inklusives Bildungssystem erforderliche ›transformative Professionalität‹ muss »als ein berufsbiographisches Entwicklungsproblem« (Terhart, 2011, S. 208) verstanden werden. Die Professionalisierung erfolgt in einem lebenslangen, »personengebundenen Prozess der (akademischen) Qualifizierung sowie der berufsbezogenen Wissens- und Erfahrensaneignung« (Schmidt-Lauff, 2023, S. 342). Er umfasst unter anderem die positiven Einstellungen zur Inklusion, ein transformatives Inklusionsverständnis (Koenig, 2022), konkrete Handlungskonzepte für die Praxis, umfassende Kenntnisse zum Forschungsstand zur inklusiven Bildung und die Bereitschaft, sich im eigenen Handeln (gegebenenfalls in Kooperation und in der Vernetzung mit anderen Akteuren) daran auszurichten. Die Lehrer*innenbildung sollte angehende Lehrpersonen auf ihre Rolle als aktive Akteure in der Transformation zu einem inklusiven Bildungssystem vorbereiten. Dazu werden einige Teilaspekte zur Förderung einer transformativen, inklusiven Professionalität in den folgenden Unterkapiteln diskutiert.

7.1 Überzeugungen und Einstellungen von Lehrpersonen und anderen Akteuren

Nach McGhie-Richmond und Haider (2020) stehen die Überzeugungen und Einstellungen von Lehrpersonen zur Inklusion in einem direkten Zusammenhang mit der Umsetzung inklusiver Unterrichtspraktiken in ihren Klassenzimmern. Diese Erkenntnisse aus dem internationalen Raum werden bestätigt durch Studien in Deutschland. Moser et al. (2012) bestätigen so beispielsweise, dass erfahrungsbasiertes Wissen und Überzeugungssysteme für die inklusive Bildung eine hochbedeutsame Rolle spielen, da »die Wahrnehmung von Anforderungssituationen in inklusiven Settings sowie die Verfügbarkeit und Nutzung von Kompetenzen von individuellen Einstellungen abhängig ist« (ebd., S. 228). Die Autor*innen untersuchten die ›Beliefs‹ von Studierenden der Lehrämter sowie von Kolleg*innen aus der Praxis.

> »Beliefs sind ein gegenstandsbezogenes, wertebasiertes individuelles, in Clustern verankertes Überzeugungssystem, das teils bewusst, teils unbewusst das eigene Handeln steuert. Beliefs können sowohl affektive wie kognitive Komponenten beinhalten, die über Erfah-

rungen, Erkenntnisse, Instruktionen und/oder Informationen erworben wurden und die über einen längeren Zeitraum konsistent und stabil, aber nicht über die Lebensspanne unveränderlich sind« (Kuhl et al., 2013, zit. n. Moser, 2014, S. 98).

Im Vergleich der Sonderpädagogikstudierenden mit den Grundschullehramtsstudierenden zeigte sich: »[B]ezüglich der Selektionsorientierung unterschieden sich die Studierenden der beiden Studiengänge nicht« (Moser et al., 2012, S. 232). Die Förderschullehrkräfte wiesen insgesamt stärker an der »individuell-förderbezogenen« (ebd.) Tätigkeit ausgerichtete Beliefs aus, im Verhältnis zu den Regelschullehramtsstudierenden. Dies verweist auf die unterschiedliche Berufswahlmotivation und die studiengangsbezogenen differenten Inhalte. Aber auch die gelebte schulische Praxis hatte Auswirkungen auf die Ergebnisse, so zeigte sich:

»Studierende des Lehramts an Förderschulen sind signifikant stärker psychiatrisch-therapeutisch orientiert und weniger selektionsorientiert[123] als Förderschullehrer*innen mit mehr als 10 Jahren Berufserfahrung« (ebd., S. 232).

Obwohl Fragen der Heterogenität und der Bildungsgerechtigkeit bereits seit den 1960er Jahren als Bedingung der Schule diskutiert werden (Bengel, 2021), hat sich die Vorstellung von Homogenität als bedeutsame Voraussetzung für die Gestaltung eines effektiven Unterrichtes in der Gesellschaft in weiten Teilen der Schulpädagogik bzw. der Sonderpädagogik gehalten.

Dabei wird die Heterogenität der Schüler*innen nicht per se als negativer Faktor für die berufliche Tätigkeit gewichtet. Miller und Kemena (2011) stellten die These auf, dass Lehrkräfte einer weiteren Erhöhung von Heterogenität tendenziell ablehnend gegenüberstehen, da bisher dem erhöhten Anspruch (80 % der befragten Lehrer*innen stellten eine Zunahme der Heterogenität in den Berufsjahren fest) nicht mit konkreter Unterstützung oder Entlastung begegnet wird. Inklusion wird als ›zusätzliche‹ Herausforderung und Belastung wahrgenommen, da die Schüler*innen mit einem sonderpädagogischen Förderbedarf bisher in getrennten Institutionen unterrichtet wurden. Vorhandene Diversitätsmerkmale wie Migrationshintergrund oder migrationsbedingte Zweisprachigkeit werden oft als Widerspruch zum schulischen Homogenitätsprinzip wahrgenommen. Lehrkräfte sollen diese Herausforderungen jedoch meist ohne zusätzliche Ressourcen wie Förderunterricht oder Co-Teaching, ohne individuelle Maßnahmen wie Unterricht in Deutsch als Zweitsprache (DAZ) und ohne entsprechende Professionalisierungsangebote bewältigen. Die Tradition der Homogenisierung von Lerngruppen durch schulische Selektion im Bildungssystem wird in den Vorstellungen der Lehrkräfte zur besseren Förderung systemimmanent rekonstruiert.

»Auf der anderen Seite betont Wischer (2007, 431) zu Recht, dass das Problem des Umgangs mit Heterogenität zumeist auf der Ebene des nur Wollens der Lehrkräfte abgehandelt werde, die des Könnens jedoch unangetastet bleibe. Außerdem müsse auch die Frage der Leistbarkeit und der Rahmenbedingungen ehrlich gestellt und beantwortet werden können. Hierzu gehört auch, die konkreten Arbeitsbedingungen, unter denen die Lehrkräfte arbeiten, sehr ernst zu nehmen, denn die täglichen Antinomien zwischen der Allokations- und Qualifizierungsfunktion von Schule (Fend 2006) – also zwischen Selektion

---

123 Favorisierung homogener Lerngruppen (Items).

und Förderung – müssen die Lehrkräfte für sich in der Regel allein aushandeln« (Miller & Kemena, 2011, S. 126).

Die Autorinnen zeigen mit ihrer Studie auf, dass die von Ihnen in Nordrhein-Westfalen befragten sonderpädagogischen Lehrpersonen von Förderschulen (N = 220) und Grundschullehrkräfte (N = 333) einigen bildungspolitischen Maßnahmen, die mit der Ausweitung von Heterogenität an den Schulen einhergehen, sehr kritisch gegenüberstehen. Sie interpretieren dies jedoch nicht als Ablehnung von Heterogenität im Allgemeinen, sondern als »Markierung von Grenzen, die vor allem durch die schlechteren Rahmenbedingungen und Ressourcenausstattung gesetzt werden« (ebd., 2011, S. 132). Daraus ergibt sich, dass zum einen positive Überzeugungen und Haltungen seitens der Lehrer*innenbildung gefördert werden müssen, zum anderen gleichzeitig die systembedingten Voraussetzungen zur Umsetzung inklusiver Bildung zu berücksichtigen sind. Gerade dies scheint aber auch eine der schwierigsten Aufgaben der Lehrer*innenbildung zu sein:

»Eine der schwierigsten Herausforderungen bei der Vorbereitung von Lehrer*innen auf die Arbeit in heterogenen Klassen ist es, sicherzustellen, dass sie eine positive Einstellung gegenüber Lernenden mit unterschiedlichem Hintergrund und sonderpädagogischem Förderbedarf (SEN) haben und bereit sind, an der Integrationsreform zu partizipieren« (Forlin, 2010b, S. 165; Übers. d. Verf.).

Eine Studie aus Österreich (Feyerer et al., 2014b) kam zu der Erkenntnis, dass

»konkrete Erfahrungen im Umgang mit beeinträchtigten Menschen […] somit jener Faktor zu sein [scheinen], der Einstellungen, Haltungen und Kompetenzen stark zu beeinflussen vermag. Je mehr Vor-Erfahrungen bzw. Handlungsmöglichkeiten desto positiver sind die Haltungen und die Selbstwirksamkeitseinschätzungen. Ängste und Bedenken verringern sich dadurch signifikant« (ebd., S. 57).

Dies galt für alle befragten Lehramtsstudierenden und in der Praxis tätigen Lehrer*innen. Dies zeigt auf, wie wichtig im Umgang mit Menschen mit Beeinträchtigungen bzw. Benachteiligungen für die Haltung zur Inklusion Kontakte und Handlungserfahrungen sind, ohne die eine Bereitschaft zur inklusiven Bildung und zur Transformation des Bildungssystems fast unmöglich erscheint. In diesem Sinne empfehlen Feyerer et al. ein »[M]ehr an Begegnungsräumen zu schaffen, auch in Seminaren und Vorlesungen« (Feyerer et al., 2014; ▶ Kap. 6.2) sowie die Möglichkeiten durch »viel praktische Erfahrungsräume im Umgang mit beeinträchtigten Menschen« (ebd.) Erfahrungen zu ermöglichen und damit Einfluss auf die Haltungen und Verhaltensweisen zu nehmen.

Die Ergebnisse einer aktuelleren Lehrkräftebefragung[124] von forsa (2020) zeigte, dass die generelle Zustimmung zum inklusiven Unterricht bei Lehrer*innen deutlich unter den Werten der Gesamtbevölkerung liegt: Nur 56% der befragten Lehrer*innen (und damit ein ähnlich hoher Anteil wie zu den Untersuchungszeitpunkten in den Jahren 2015 und 2017) halten die inklusive Beschulung grundsätzlich für sinnvoll. Dahingegen stimmten im Jahr 2019 immerhin 66% der Bevölkerung der Aussage zu, dass Kinder mit und ohne Behinderungen in der

---

124 Repräsentativbefragung in Form von computergestützten Telefoninterviews von 2.127 Lehrer*innen an allgemeinbildenden Schulen in Deutschland (11.9.–12.10.20).

Schule gemeinsam unterrichtet werden sollten.[125] Lehrpersonen, die selbst in inklusiven Lerngruppen unterrichten, bewerteten das gemeinsame Lernen mit 61 % deutlich positiver als Lehrpersonen, an deren Schulen es solche Lerngruppen nicht gab (mit 34 %) (ebd.), jedoch stimmten auch sie nicht generell zu. Nur 27 % von jenen, die einen gemeinsamen Unterricht von allen Kindern mit und ohne Behinderungen grundsätzlich für sinnvoll halten, erachten dies aufgrund der gegebenen Rahmenbedingungen auch als praktisch sinnvoll. 83 % der Befragten sprachen sich für den Erhalt der Sonderschulen aus (45 % sagten, sie seien mehrheitlich zu erhalten mit; 38 %, sie seien vollständig zu erhalten). Bei fast 80 % der Lehrpersonen, die befragt wurden, war die Thematik Inklusion noch nicht Teil der eigenen Lehrer*innenbildung gewesen.

Es zeigen sich also Abhängigkeiten der Einstellungen von den Vorerfahrungen, der Professionalisierung wie auch von den gegebenen kontextuellen Bedingungen im Bildungssystem. Es wäre dringend geboten vergleichende Studien zu den Einstellungen von Lehrer*innen zwischen Ländern mit einem tradierten, gut ausgestatteten und grundgelegten inklusiven Bildungssystem (z. B. Südtirol, Italien) und solchen mit einem weniger gut ausgestatteten durchzuführen. Zudem haben sich international deutliche Effekte der Erfahrungen mit Menschen mit Beeinträchtigungen als relevant gezeigt, insofern sie zu einem Perspektivwechsel beitragen können.

Unabhängig davon, welche Faktoren für die Ausbildung positiver ›Beliefs‹ herangezogen werden (Lehramt, Kontext, Praxiserfahrung, Kontakte etc.), scheint es weithin unbestritten, dass »eine erfolgreiche Professionalisierung [für inklusive Bildung] vor allem die Verknüpfung von Einstellung, Wissen und Handeln erfordert« (Döbert & Weishaupt, 2013, S. 8). Im Rahmen der Lehrer*innenbildung sollte folglich die »Übernahme inklusiver Werte und Grundhaltungen als normative Grundlage für Lehrer*innenhandeln und Unterrichtspraxis« (Hackbarth & Martens, 2018, S. 194) gelten.

Dies verweist wiederum auch auf die besondere Bedeutung der Integration von verbindlichen Praxisanteilen und Praktika in allen Lehramtsstudiengängen in inklusiven Schulen unter der bewussten Rekrutierung einer wertegeleiteten, hoch entwickelten inklusiven Schulpraxis.

7.2 Selbstwirksamkeitserwartungen

Für die Überzeugungen und Haltungen von (angehenden) Lehrer*innen zum inklusiven Unterricht sind zudem die Selbstwirksamkeitserwartungen von besonderer Bedeutung (u. a. Seifried, 2015; Görel, 2019; Woll, 2017; Heyl & Seifried, 2014). Daher sollte es ermöglicht werden, dass Lehramtsstudierende eine positive

---

125 Ergebnisse einer Repräsentativbefragung von Infas im Auftrag der Tageszeitung ›Die Zeit‹ und der Aktion Mensch.

Selbstwirksamkeitserwartung im Hinblick auf inklusive Bildung (z.B. in Praktika und Unterrichtsversuchen) erwerben können. Der Begriff der Selbstwirksamkeit umfasst die »subjektive Gewissheit, neue oder schwierige Anforderungssituationen aufgrund eigener Kompetenz bewältigen zu können« (Schwarzer & Warner, 2014, S. 662).

> »Ausgeprägte Selbstwirksamkeit gilt als grundsätzlich positiv. Sie prädiziert z.B. die produktive Aufnahme von Herausforderungen, das Setzen anspruchsvoller Ziele, Motivation, Ausdauer, effektives Arbeitszeitmanagement, die Suche nach Problemlösungen, Flexibilität, ein hohes Leistungsniveau sowie die Güte der Leistungen (Schwarzer und Warner 2014, S. 665f.)« (Cramer, 2016, S. 43).

Es liegen zahlreiche Studien zur Selbstwirksamkeitsüberzeugung im Hinblick auf Inklusion vor. Simon (2018) zählt mehr als 18 Studien aus dem deutschsprachigen Raum auf, im internationalen Raum dürfte die Zahl weit darüber hinausgehen. In der Umsetzung der inklusiven Bildung kommt dem Vertrauen der Lehrer*innen in die eigenen Fähigkeiten zum Umgang mit den Herausforderungen eine besondere Rolle zu (ebd.), insbesondere weil mit der inklusiven Reform zahlreiche neue Anforderungen an die organisatorische und didaktische Gestaltung von Unterricht und Lernangeboten einhergeht. Die Selbstwirksamkeitserwartungen gelten »daher als wichtiger Aspekt der Qualifizierung von Lehrkräften für den inklusiven Unterricht (vgl. z.B. Bosse & Spörer, 2014; Gresch & Piezunka 2015)« (ebd., o.S.).

International zeigte sich in Studien, dass Lehrpersonen sich oftmals für den Umgang mit besonderen Bedürfnissen von Schüler*innen mit Behinderungen oder dem Etikett ›sonderpädagogischer Förderbedarf‹ ungenügend vorbereitet sehen (z.B. in Irland: Anglim et al., 2018; Rodden et al., 2019; in Griechenland: Avramidis & Kalyava, 2007; in Österreich: Schwab, 2019). Die Einschätzung variiert zwischen den Schulstufen, den Lehrämtern und den besonderen Bedürfnissen von Schüler*innengruppen. Die Selbstwirksamkeit im Hinblick auf Schüler*innen im sogenannten Förderschwerpunkt ›Emotionale und soziale Entwicklung‹ fällt ebenfalls international übereinstimmend am geringsten aus (z.B. in Österreich: Schwab, 2019; in Holland: Zee et al., 2016).

Die vergleichsweise niedrigen Selbstwirksamkeitserwartungen seitens der angehenden Lehrkräfte dürften ihre Ursache auch in den erweiterten Aufgabenbereichen für Lehrer*innen durch die inklusive Bildung haben. Von Lehrer*innen in inklusiven Settings wird erwartet, dass sie neue Rollen und Verantwortlichkeiten übernehmen, die abseits von den von ihnen angestrebten Berufsrollen und professionellen Tätigkeiten liegen dürften, wie enge und dauerhafte Kooperationen mit anderen pädagogischen Fachkräften im Klassenzimmer und gegebenenfalls vertieftere Kooperationen mit Eltern (nach McGhie-Richmond & Haider, 2020). Zudem besteht bislang an der Mehrheit der Schulen noch kein Deputatsanrechnungsmodell für die erweiterten Aufgaben im Zusammenhang mit der Inklusion (z.B. Professionalisierung für inklusiven Unterricht oder Co-Teaching, für Kooperation, Netzwerkarbeit oder Absprachen mit therapeutischen Fachkräften).

Um eine positive Selbstwirksamkeitserwartung für inklusive Bildung zu entwickeln, bedarf es vor allem persönlicher Erfahrung und Erfolgserlebnisse. Zudem sollten die Studierenden in der Praxis selbstwirksamkeitsfördernde Rückmeldungen erhalten.

> »[D]ie Art und Weise, wie diese Unterweisung erteilt wird, kann wichtig sein, da einige Untersuchungen zeigen, dass ein Inklusionstraining Bereiche mit geringerer Kompetenz oder persönlichen Unzulänglichkeiten aufdecken kann, wodurch das Vertrauen der Lehrkräfte sinkt (Round et al., 2016)« (McGhie-Richmond & Haider, 2020, S. 36).

Lehramtsstudierende in Kanada, denen ein über den üblichen einmonatigen Zeitraum hinaus verlängertes Praktikum ermöglicht wurde, zeigten deutlich höhere Selbstwirksamkeitserwartungen für den Unterricht in inklusiven Klassen als die Vergleichsgruppe (Specht et al., 2015). In einer Folgestudie konnte zudem aufgezeigt werden, dass insbesondere eine hohe Qualität und eine längere Dauer eines Praktikums in inklusiven Settings während des Studiums einen positiven Einfluss auf die Entwicklung von kooperativen Lehrer*innenkompetenzen und die Formation von professionellen Partnerschaften (Specht & Metsala, 2018) in Lehrer*innenteams hatten.

Auch in Deutschland können angehende Lehrkräfte »– steuerungspolitisch bedingt – weiterhin nur selten auf gewachsene, explizit zugängliche Erfahrungen mit inklusiver Bildung in der eigenen Bildungs- oder Berufsbiografie zurückgreifen« (Seitz, 2020, S. 58). Veber et al. (2015) sprechen in diesem Zusammenhang von einem Gefühl der Dissonanz im Professionalisierungsprozess. Dieses könnte das zukünftige Handeln beeinflussen und die Bereitschaft der Lehrkräfte, sich aktiv an der Transformation des Bildungssystems zu beteiligen, negativ beeinflussen.

7.3 Fähigkeit zum Forschungstransfer in die Praxis

McGhie-Richmond und Haider konstatieren eine erhebliche »Forschung-zur-Praxis-Kluft«[126] (McGhie-Richmond & Haider, 2020, S. 33), da Schulen bei der Übernahme wissenschaftlich evidenter Ansätze und Strategien für inklusive Bildung häufig hinterherhinken würden. Sie machen dafür Ursachen auf drei Seiten verantwortlich:

1. *aufseiten der Lehrpersonen*, zum Beispiel bedingt durch eine generelle Theorie-Skepsis oder -Abstinenz in der schulischen Praxis
2. *aufseiten der Lehrer*innenbildung*, zum Beispiel durch ein nicht ausreichend konsistentes Theorie-Praxis-Verhältnis von Professionswissen in der Lehrer*innenbildung
3. *aufseiten kontextueller oder systembezogener Einflüsse*, die außerhalb der direkten Kontrolle der Lehrpersonen liegen (wie z.B. unflexible und zentralisierte

---

126 Research-to-practice gap (ebd., S. 33).

Schulsysteme, ungerecht verteilte Ressourcen oder gar unterausgestattete Schulen)

Insbesondere aus dem dritten Aspekt resultieren aus Sicht der beiden Forscherinnen Vorbehalte seitens der Lehrkräfte, dass sich die Forschungserkenntnisse in die real existierende Schulpraxis nicht implementieren ließen. Im Hinblick auf die inklusive Bildung kann man solchen Vorbehalten ebenfalls begegnen, insbesondere wenn die Forschungsergebnisse den eigenen Erfahrungen als Lehrer*in widersprechen. Um die Theorie-Praxis- bzw. Forschungs-Praxis-Kluft bei Lehrpersonen, aber auch seitens der Institutionen wie Schulen zu schließen, bedarf es zunächst der Eruierung der Faktoren, die zu derselben führen. Die Autorinnen heben zudem die Bedeutung der Kollaboration der innerschulischen Akteur*innen hervor: in den sich überschneidenden Rollen von Lehrer*innen, Lehrer*innenausbilder*innen und Schulleitungen bei der Umsetzung von inklusionsorientierter Forschung in die Praxis. Das Evozieren und Begleiten von Lern- und Bildungsprozessen ist nach Oldenburg (2021) eine zentrale Aufgabe von Universitäten, daher sei eine der wesentlichen Aufgaben für die Lehrer*innenbildung und damit für die Dozent*innen, es Studierenden zu ermöglichen die sozialen Praktiken des ›Befragens‹ und ›Infragestellens‹[127] zu erlernen, sie anzuwenden, weiterzuentwickeln und zu modifizieren. Dies erfordere wissenschaftliche Auseinandersetzungen und Diskussionen. Oldenburg widmet sich im Weiteren den Fragen: Wie konkretisieren sich Praktiken des Infragestellens und Befragens als Voraussetzungen für Lern- und Bildungsprozesse im Kontext inklusionsorientierter Schulen? Inwiefern können universitäre Lehr-Lern-Formate zu einer Anbahnung eben dieser Praktiken beitragen? (ebd.)

Lehrer*innen in allen Bildungsinstitutionen und -ebenen, ebenso wie Schulleiter*innen und andere Fachkräfte, die in der inklusiven Schule tätig sind,

> »sind gleichermaßen wichtige Glieder der Kette, und sie können inklusive Pädagogik umsetzen, wenn sie ethisch verpflichtet sind zur inklusiven Bildung und mit Strategien vertraut sind, die für alle Lernenden funktionieren. Daher sollte die Verankerung von Forschungsevidenzen in den Angeboten der professionellen Entwicklung von Lehrer*innen eine wichtige Priorität sein« (Kefallinou et al., 2020, S. 146, Übers. d. Verf.).

Nur so kann es erreicht werden, dass inklusive Lehrpersonen ihr Handeln in der Praxis stetig vor dem Hintergrund wissenschaftlicher Zugänge und von Forschungserkenntnissen reflektieren, also selbst eine forschende Haltung entwickeln. Dabei braucht es beides: die Vermittlung wissenschaftlicher Inhalte und die Anregung der Fähigkeit zum Praxistransfer.

> »Frühere Versuche, die Lehrerausbildung ›wissenschaftlicher‹ zu gestalten, haben oft dazu geführt, dass den Studierenden mehr ›wissenschaftliche Ergebnisse‹ vermittelt wurden,

---

127 Universitäten als ›privilegierter Ort‹, der durch Praktiken des Infragestellens und Befragens Voraussetzungen für Bildungsprozesse schafft (Oldenburg, 2021), sowie als »phantastischer Ort, an dem (Lehrende und) Studierende aufgefordert sind, jedes Wissen, auch das der Wissenschaft und Universität, in Frage zu stellen« (Machold & Mecheril, 2013, S. 46).

anstatt ihnen zu helfen, eine forschende Haltung gegenüber ihrer beruflichen Arbeit zu entwickeln« (Altrichter, 2015, S. 27).

Die Herausforderung für die Lehrer*innenbildung liegt nach McGhie-Richmond und Haider (2020) in der Vorbereitung von angehenden Lehrkräften nicht nur als ›informierte Konsumenten von Forschungsevidenzen‹, sondern in der Vermittlung von Fähigkeiten zur Transformation der Erkenntnisse in die eigene Praxis, diese entsprechend zu adaptieren und sie zum Beispiel im Hinblick auf ungenügende Kontextbedingungen kritisch zu reflektieren.

Breit angelegte bildungspolitisch angestoßene Qualifizierungsinitiativen zur Umsetzung von inklusiver Schulentwicklung sind in den Bundesländern eher unterrepräsentiert. Für die Qualität der inklusiven Bildung sind verschiedene Parameter bedeutsam wie zum Beispiel die Personalausstattung und Ressourcenzuweisung zu Lerngruppen, die schulische Organisation der Lernangebote und -räume (Bildung von Klassen und Lerngruppen, Formate für Lernangebote wie Ateliers, Zuweisung von Personalressourcen zu Klassen etc.) und die Gestaltung der Unterrichtspraxis. Die ungenügende Berücksichtigung von aktuellen einschlägigen Forschungserkenntnissen zur Gestaltung von inklusiver Bildung (insbesondere auch jene aus dem internationalen Raum) dürfte daneben eine nicht zu unterschätzende Bedeutung haben. Nicht nur die Lehramtsstudierenden, sondern auch viele Lehrer*innenbildner*innen – insbesondere in den Fachwissenschaften und -didaktiken – weisen einen ungenügenden Kenntnisstand auf. Die Hochschulen (erste Phase der Lehrer*innenbildung) sollten Studierende nicht nur als »informierte Konsumenten von Evidenzen [zur inklusiven Bildung], sondern als Übersetzer von diesen Evidenzen in die Praxis« (McGhie-Richmond & Haider, 2020, S. 36) bilden. Dies setzt jedoch voraus, dass die Dozent*innen an den Hochschulen selbst in einem gewissen Maße als Expert*innen gelten können und neben den Forschungserkenntnissen über Einblicke oder Erfahrungen in der inklusiven Praxis verfügen.

7.4 Kompetenzen für kooperatives und vernetztes Denken und Handeln

Aufgrund der vielfältigen Fachgruppen, die in den inklusiven Schulen interdisziplinär zusammenarbeiten sollten, sowie aufgrund der vertieften Kooperation der Schulen mit außerschulischen Partnern und Unterstützungssystemen, benötigen inklusive Lehrpersonen eine ausgewiesene Kompetenz im kooperativen und vernetzten Denken und Handeln.

Die Komplexität in der inklusiven Schule wird gesteigert durch die zunehmende Diversität der Schüler*innen, die Vielfalt der pädagogischen und didaktischen Ansätze, aber auch durch die zahlreicher werdenden Anforderungen durch die Zusammenarbeit in multiprofessionellen Teams. Insbesondere werden durch die

7.4 Kompetenzen für kooperatives und vernetztes Denken und Handeln

interdisziplinäre Kooperation Anforderungen an die jeweils eigene Professionalität gestellt, indem man sich im Team reflektieren und zu den eigenen Handlungskonzepten positionieren muss. Insbesondere drei Aspekte scheinen maßgebend zu sein:

»1) Lehrkräfte müssen in der Inklusion ihre eigenen Erfahrungen mit Schule aus ihrer Schulzeit ablegen und überwinden, weil sie überwiegend exklusive Praktiken erlebt haben. Sie müssen aktiv an einem neuen, inklusiven Welt- und Menschenbild arbeiten, das ihnen eine fördernde Haltung ermöglicht, die für alle Lernenden persönliche Exzellenz anstrebt, und für den gemeinsamen Unterricht ein hinreichendes Bewusstsein für Differenzierungen ermöglicht.

2) Lehrkräfte *verlieren ihren autonomen Status als Hauptbezugsperson in der Klasse und werden not-wendig zu Teammitgliedern.* Sie sind in der Lage, sich in multiprofessionellen Teams einzubringen und Unterricht gemeinsam mit anderen vorzubereiten, differenziert zu planen, durchzuführen und zu evaluieren. (…)

3) Lehrkräfte müssen Widersprüche zwischen Fachwissen mit hohem stofflichem Druck im Unterricht und pädagogischer Grundlegung des Handelns positiv bewältigen. Vom Fachwissen her scheinen alle Schülerinnen und Schüler gleich behandelt werden zu können, von ihren Voraussetzungen und Bedürfnissen her aber sind sie unterschiedlich. Nur Lehrkräfte, die umfassend gelernt haben, wie sie für eine heterogene Lerngruppe relevanten Stoff differenzierend und für alle Lernenden effektiv vermitteln können, werden in der Lage sein, inklusive Anforderungen wirksam und hinreichend gerecht zu bewältigen«
(Amrhein & Dziak-Mahler, 2014, S. 34f.).

Zahlreiche Forschungsarbeiten national und international haben die Bedeutung der kooperativen Zusammenarbeit »als ein besonderes Merkmal integrativer Beschulung herausgearbeitet« (Moser, 2014, S. 94) und grundlegende Kontextfaktoren, Handlungskonzepte und professionelle Kompetenzen als Gelingensbedingungen für die Kooperation und Teamarbeit formuliert. Eine inklusionsorientierte Lehrer*innenbildung sollte

»auf dem Verständnis gründen, dass Lehr-Umgebungen in modernen Schulen, die sich für Inklusion engagieren, Unterricht als ein fein ausgearbeitetes Gruppen-Unternehmen betrachten müssen« (Gerber, 2012, S. 77).

Im Hinblick auf die inklusive Schulentwicklung wie auch die Transformationsprozesse im gesamten Bildungssystem müssen zunehmend auch andere Akteure als Partner für die Kooperation und Vernetzung stärker beachtet werden. So sollten Aspekte der interdisziplinären Kooperation (z. B. für die Zusammenarbeit von inklusiven Lehrpersonen mit Psycholog*innen, therapeutischen Einrichtungen, Logopäd*innen etc.) und der interinstitutionellen Kooperation (z. B. im Hinblick auf Abstimmungsprozesse mit Sozial- oder Jugendämtern) in der Lehrer*innenbildung beachtet werden. Inklusive Bildungsprozesse sind nicht zuletzt von dem Erfolg der Koordination, Interaktion und Kooperation der vielfältigen Akteure im Netzwerk abhängig. Das kooperative und vernetzte Denken und Handeln kann nur gelingen, wenn die verschiedenen Berufsgruppen und Disziplinen sich der Transformationsaufgabe gemeinsam stellen (können). Daher sind die Kooperations- und Interaktionskompetenzen von Lehrpersonen im Rahmen der Lehrer*innenbildung grundzulegen, zum Beispiel indem alle Lehramtsstudierenden in gemeinsamen Lehrveranstaltungen auf die schul- und unterrichtsbezogenen Aufgaben im inklusiven Setting, wie etwa Co-Teaching oder Kooperation mit einem Unterstützungsnetzwerk (Sozialamt, Jugendamt, Sozialpsychiater etc.), vorbereitet werden. Sie sollten Formen und Möglichkeiten der professionellen Interaktion und Kommunikation in kollegialen oder interdisziplinären Arbeitszusammenhängen kennenlernen und Grundkompetenzen der Beratung zum Beispiel von Eltern und Schüler*innen erwerben. Zudem sollten im Rahmen des Studiums gemeinsame Studienangebote zur Inklusion in Schule und Gesellschaft für alle pädagogischen und (schul-)psychologischen Fachkräfte – die an Schulen oder mit ihnen arbeiten – angeboten werden für die vielfältigen Professionsgruppen, die in inklusiven Settings eingebunden sein können. Zum Beispiel Schulbegleiter*innen (für die man, wie später noch ausgeführt wird, dringend über die Einrichtung von akademischen Ausbildungen nachdenken sollte), Schulpsycholog*innen, Schulsozialarbeiter*innen und Erzieher*innen. Die Vermittlung von Aspekten inklusiver Bildung in kollektiven Formaten für interdisziplinäre Gruppen könnte sich nachhaltig positiv auf die Förderung eines gemeinschaftlich verantworteten transformativen Handelns in der zukünftigen Praxis im Bildungssystem auswirken.

8 Transformationsanregungen: Hochschulpolitik und Studiengangslogistik

8.1 Einrichtung von Akteursnetzwerken für (inklusive) Lehrer*innenbildung

Im Zusammenhang mit der inklusiven Bildungsreform und den damit einhergehenden Innovationen und Transformationsprozessen kommt den Lehrpersonen und ihrer Professionalität eine transformative Bedeutung zu. Um diese transformative Funktion in den nächsten Generationen von Lehrpersonen nachhaltig zu verankern und zu sichern, sollte »die Lehrkräftebildung in Deutschland von einem hohen Maß an Standards, Konsistenz und Innovation geprägt sein« (Rackles, 2020, S. 7), insbesondere auch im Hinblick auf Inklusion. Um zu gewährleisten, dass aktuelle Herausforderungen der Schulpraxis (wie Inklusion, Digitalisierung, aber auch Armutsverhältnisse, Flucht oder Pandemien) evidenzorientiert auf der Basis von Forschungserkenntnissen unmittelbar im Bildungssystem durch die Akteure aufgegriffen werden und zu effizienten Maßnahmen und Entwicklungen für die Professionalisierung führen, sollte die Zusammenarbeit im Akteursnetzwerk der Lehrer*innenbildung intensiviert werden. Dies kann zum Beispiel durch die Einrichtung von kontinuierlich arbeitenden, ebenen- und institutionsübergreifenden Lehrerbildungskommissionen erfolgen. Im Sinne einer wirksamen, durch möglichst viele Akteure verstandenen, akzeptierten und mitgetragenen Qualitätsentwicklung sollten auf Ebene der Bundesregierung sowie in allen Bundesländern dauerhaft agierende Expert*innenräte[128] für die Lehrer*innenbildung (ebenen- und phasenübergreifend) eingesetzt bzw. an vorhandenen zentralen Organisationen für Qualitätsentwicklung in der Bildung (z. B. Landeszentren für Schulentwicklung) eingerichtet werden. Diesen kämen unter anderem folgende Funktionen zu:

- Einholen und Sicherung von sektoren- und disziplinübergreifenden Expertisen und Perspektiven zur Professionalisierung von Lehrpersonen
- Vernetzung der zahlreichen Akteure der Lehrer*innenbildung (siehe Akteursnetzwerk für inklusive Bildung in ▶ Abb. 9)
- Erhebung von konkreten Bedarfen aus der Schulpraxis, von Schüler*innen und Eltern sowie Lehrpersonen und anderem Fachpersonal an Schulen
- Kompetenzaufbau und -vermittlung zu Fragen der Professionalität von Lehrpersonen, zum Beispiel durch Forschungsinitiativen, den Aufbau von digitalem

---

128 Im Sinne von Steuerungsgruppen für Lehrkräftebildungsqualität und -innovationen.

Material zur Professionalisierung[129], durch themenspezifische Schulungsangebote, Dozent*innendatenbanken zu spezifischen (Querschnitts-)Themen wie Inklusion
- Sicherung der grundlegenden Visionen von zielgerichteten Transformationsprozessen (z. B. Inklusion oder Digitalisierung) durch spezifische Expertisen und Interaktionsstrukturen mit der schulischen Praxis
- Herstellung größtmöglicher Transparenz in die Gesellschaft[130] durch kontinuierliche Informationen über die Medien und eine aktive Öffentlichkeitsarbeit
- Sicherung und Dokumentation der (Reform-)Prozesse im Sinne von öffentlich zugänglichen SWOT[131]-Analysen, Entwicklungsplänen und Zielvereinbarungen
- Aufbau von standardisierten Strukturen größerer Verbindlichkeit in Bezug auf Professionalisierungsthemen und -inhalte (z. B. durch die Erstellung und Bereitstellung von Rahmenrichtlinien oder (Selbst-)Reflexionsinstrumenten für die Institutionen oder die einzelnen Lehrpersonen)
- Vorbereitung und Durchführung von Feedback-Zirkeln und Konferenzen
- systematisches Monitoring und Evaluation (Forschung) von Effekten der Lehrerbildungsreformen

Diese Steuerungsgruppen sollten von jeweils aktuellen parteipolitischen Verhältnissen unabhängig sein, klare Verfügungsrechte in der Steuerung besitzen und transparente sowie partizipative Arbeitsprozesse für die (Fach-)Öffentlichkeit aufweisen.

In der folgenden Abbildung (▶ Abb. 9) wurden die in ▶ Kap. 5.1 eingeführten aktuell bestehenden und stark hierarchisch formierten Ebenen der Steuerung von Lehramtsstudienreformen aufgegriffen und im Hinblick auf ein nach demokratischen Prinzipien handlungsfähiges, partizipatives und inklusionskompetentes Netzwerk zur Transformation der Lehrer*innenbildung für ein inklusives Bildungssystem adaptiert und ergänzt. Folgende Grundgedanken waren dabei handlungsleitend:

1. Mit der eher in einem wechselseitigen Verhältnis stehenden Abbildung der Akteure soll ein nicht-hierarchisches (nicht an Machtverhältnissen in Top-down-Strukturen orientiertes) Verständnis der für den Transformationsprozess erfor-

---

129 Ein Beispiel: Das Maryland State Department of Education (USA) stellt auf der Homepage https://elevates.marylandpublicschools.org/ und in einem ›Training Hub‹ (interne Datenbank für registrierte Lehrer*innen) vielfältige Materialien für die Professionalisierung von Lehrpersonen bereit.
130 Zum Beispiel durch die digitale Übertragung von Sitzungen im Internet mit der Option von Zuschauerbeteiligung. So fanden im Mecklenburg-School-County CMS (North Carolina, USA) bereits im Jahr 2015 im Fernsehen öffentlich übertragene Sitzungen des School Boards statt, in denen in regelmäßigen Abständen Fragen der Lehrer*innenbildung adressiert wurden. Dazu waren dann unter anderem Vertreter*innen der Schulen sowie der lehrerbildenden Institutionen eingeladen und konnten im Vorfeld Eingaben machen sowie Stellungnahmen einreichen.
131 SWOT: englisches Akronym für *strengths* (Stärken), *weaknesses* (Schwächen), *opportunities* (Möglichkeiten) und *threats* (Herausforderungen, Risiken).

derlichen Aushandlungs- und Entwicklungsprozesse und Arbeitsbeziehungen im Akteursnetzwerk dargestellt werden.

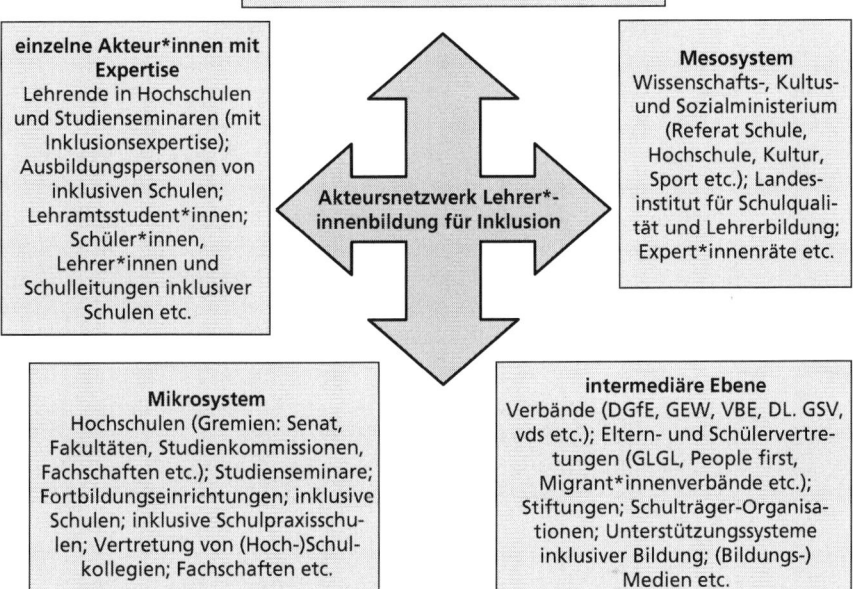

Abb. 9: Akteursnetzwerk für inklusive Bildung in der Lehrer*innenbildung (eigene Darstellung; Ebenen in Anlehnung an Altrichter, Durdel & Fischer-Münnich, 2020); Abkürzungen[132]; Beteiligung von Stiftungen[133]

---

132 Abkürzungen: UN – United Nations, UNESCO – United Nations Educational, Scientific and Cultural Organization, EU – Europäische Union, KMK – Kultusministerkonferenz, WR – Wissenschaftsrat, GWK – Gemeinsame Wissenschaftskonferenz der BL, HRK – Hochschulrektorenkonferenz, DGfE – Deutsche Gesellschaft für Erziehungswissenschaft, GEW – Gewerkschaft Erziehung und Wissenschaft, VBE – Verband Bildung und Erziehung, DL – Deutscher Lehrerverband, vds – Verband der Sonderpädagogik (vds), GLGL – Gemeinsam Leben – Gemeinsam Lernen e. V.

133 Stiftungen beteiligen sich beispielsweise über die Finanzierung von Gutachten, Studien und Publikationen (z. B. CHE et al., 2015) sowie Schulpreisen (z. B. dem ›Jakob-Muth-Preis für Inklusive Schulen‹, vergeben durch die Deutsche UNESCO-Kommission gemeinsam mit dem Beauftragten für die Belange von Menschen mit Behinderungen der Bundesregierung und finanzieller Unterstützung durch die Bertelsmann Stiftung, 2009–2019).

2. Im Sinne einer visionsgerechten Intervention sollten die offiziellen Akteure der Lehrer*innenbildung durch weitere Stakeholder bzw. Akteure ergänzt werden, denen im Sinne einer größeren Akzeptanz, Wirksamkeit und Nachhaltigkeit in der Transferlogik eine bedeutendere Rolle zuerkannt werden sollte (z. B. Repräsentant*innen der Schulpraxis, Träger, Eltern, Selbstvertreter*innen und Gewerkschaften etc.).
3. Angesichts der vermutlich hohen Zahl an nicht-inklusionserfahrenen bzw. -kompetenten Akteuren im offiziellen System der Lehrer*innenbildung erscheint eine gesicherte Partizipation von Inklusionsexpertisen im Akteursnetzwerk erforderlich. Daher sollten auf allen Ebenen der Lehrer*innenbildung jeweils Expert*innen für die inklusive Bildung (Wissenschaftler*innen, Praktiker*innen, Selbstvertreter*innen usw.) in die Steuerung und Entwicklung eingebunden werden.

Ebenso sollten auf den Bundesebenen der Länder Gremien eingerichtet werden, die handlungsleitende Empfehlungen für alle Bundesländer oder Regionen erarbeiten, jedoch parteipolitisch interfraktionell aufgestellt sind. Schuelka et al. (2019) haben auf der Basis international vergleichender Analysen insbesondere die herausragende Bedeutung einer ›nationalen Führungsrolle‹ für die Entwicklung inklusiver Bildungssysteme herausgestellt. Von der Bildungspolitik auf Bundesebene sollte daher ein transformatives Inklusionsverständnis (Koenig, 2022) entwickelt und veröffentlicht werden, das in einer konkreten Vision für den Steuerungsprozess ausformuliert und operationalisierbar gemacht wird (z. B. durch eine Timeline, Indikatoren, Berichtsprozesse aus den Bundesländern). Die Vision sollte sich in Regularien abbilden und über konkrete Handlungsempfehlungen bzw. Vorgaben an die Bundesländer und die Akteure vermittelt werden.

8.2 Inklusive (Lehrer*innen-)Bildung im Whole-University-Approach

Auch in Deutschland gewinnt die Diskussion um den Umgang mit Diversität und Inklusion an den Hochschulen seit mehr als einem Jahrzehnt an Kontur. Die Hochschulen befassen sich, über die Öffnung im Sinne einer Zielgruppenorientierung im Hinblick auf Studierende hinaus, mit Fragen der Implementierung von diversitätsorientierten Maßnahmen und Programmen in sämtlichen Bereichen der Hochschulen (Klein, 2016). Forlin (2010a) fordert, dass Hochschulen, die Lehramtsstudiengänge anbieten, ihre eigene Verfasstheit durchdenken und eine stärker strukturierte Repräsentation dessen, was Inklusion für die Entwicklung einer komplexen Institution der Hochschulbildung bedeuten würde, für ihre Mitglieder und die Studierenden darstellen sollten. Die Forscherin empfiehlt einen Whole-Faculty-Approach (WFA) zu verfolgen, der durch eine intercurriculare Kooperation in den Lehrer*innenbildungsinstitutionen ein Modell darstellt, das man auch in effektiven inklusiven Schulen vorfindet (ebd.). Daneben sollte in den Bereichen Forschung, Lehre und Verwaltung darauf hingewirkt werden, dass sich die Diversität der Gesellschaft in der Hochschulcommunity widerspiegelt (Migrations- und fluchtbedingte Vielfalt, soziale Gruppen etc.). Der Whole-Faculty-Approach (Personalbezug) sollte einen festen Stellenwert im Rahmen des Whole-University-Approaches haben.

Auferkorte-Michaelis und Linde (2018) vertreten die Auffassung, dass die Hinwendung zur Diversität für Hochschulen aus drei Richtungen motiviert sein sollte: einer rechtlichen, einer ökonomischen und einer ethischen. Aus den vorliegenden nationalen und internationalen (völker-)rechtlichen Vorgaben ergeben sich konkrete Verbindlichkeiten der Hochschulen, einerseits im Sinne der Inklusion *durch* die Bildung als auch im Sinne der Inklusion *in* der Bildung.

So wird in vielfältigen Dokumenten eine generelle Zugänglichkeit zur Hochschulbildung für alle gefordert, beispielweise in den menschenrechtlichen Dokumenten der UN. Das Recht auf Hochschulbildung für alle ist so bereits in der Allgemeinen Erklärung der Menschenrechte von 1948 verankert. In Artikel 26 (Recht auf Bildung) heißt es: »Jeder hat das Recht auf Bildung. […] [D]er Hochschulunterricht muss allen gleichermaßen entsprechend ihren Fähigkeiten offenstehen« (ebd.). Darauf rekurriert auch die Europäische Konvention zum Schutz der Menschenrechte und Grundfreiheiten (EMRK, im Prot. 12/2000). Diese ist ein völkerrechtlicher Vertrag zwischen den Mitgliedern des Europarats, der einen Katalog von Grundrechten und Menschenrechten enthält, und er steht damit nicht nur im Range einer Erklärung, es handelt sich um einen rechtlich verbindlichen Vertrag. Insbesondere das in Artikel 14 verankerte Diskriminierungsverbot stellt klar:

> »Der Genuss der in dieser Konvention anerkannten Rechte und Freiheiten ist ohne Diskriminierung insbesondere wegen des Geschlechts, der Rasse, der Hautfarbe, der Sprache, der Religion, der politischen oder sonstigen Anschauung, der nationalen oder sozialen Herkunft, der Zugehörigkeit zu einer nationalen Minderheit, des Vermögens, der Geburt oder eines sonstigen Status zu gewährleisten« (EMRK, Art. 14).

Die Unterzeichnerstaaten der Behindertenrechtskonvention (UN, 2006) haben zudem die Verpflichtung sicherzustellen, dass

> »allen Frauen und Männern mit Behinderungen gleichberechtigter Zugang zu erschwinglicher und qualitativ hochwertiger fachlicher, beruflicher und tertiärer Bildung, einschließlich an Universitäten [ermöglicht wird]« (UN-Fachausschuss zur UNCRPD, 2016, S. 11)

und

> »Menschen mit Behinderungen in der Lage sind, gleichberechtigt mit anderen, Zugang an öffentlichen, als auch an privaten akademischen Institutionen zu haben« (ebd.).

Dazu sollen die Vertragsstaaten sicherstellen, dass »auf allen Bildungsebenen angemessene Vorkehrungen bereitgestellt werden und auf dem Rechtsweg durchsetzbar und einklagbar sind« (UN, 2006; Übers. d. Verf.). Aus der UNCRPD (ebd.) resultieren zudem in einem umfangreichen Maße konkrete Anforderungen für die

Berücksichtigung der Inklusion als prinzipielle Grundlage in vielen Hochschulstudiengängen, nicht nur in den Lehrämtern (▶ Kap. 3.1.2).

Daraus ergibt sich, dass Hochschulen *inklusive* Bildungseinrichtungen sein müssen und den Zugang zu einer qualitativ hochwertigen Hochschulbildung zum Beispiel auch für Menschen mit Behinderungen gewährleisten müssen. Öffentliche wie auch private akademische Institutionen haben die dazu erforderlichen Vorkehrungen zu treffen. Nehmen die Hochschulen die Vorgaben zur inklusiven Bildung ernst, dann müssen sich

> »nicht die Einzelnen […] anpassen, sondern die Hochschule muss so gestaltet werden, dass die Mitglieder ihre Rechte auf Teilhabe unter der Prämisse der Selbstbestimmung umsetzen können. Dazu gehört, dass sich das Wissenschaftssystem – ähnlich wie das durch die Geschlechterforschung ausdekliniert wurde – selbstkritisch hinterfragt« (Klein, 2016, S. 13).

Ziel ist eine Auseinandersetzung und selbstkritische Perspektive auf Exklusionspraktiken und Barrieren im und durch das Wissenschaftssystem, sodass diese abgebaut und diversitätsbezogenen inklusiven Interventionen, Vorhaben und Praktiken ein Vorrang eingeräumt wird. Dazu zählen zum Beispiel:

- flexiblere Zugänge an der Hochschule durch individuelle studiengangsbezogene Aufnahmetests jenseits von schulischen und abschlussbezogenen Zugangszertifikaten (z. B. durch fach- oder studiengangsbezogene Aufnahmetests)
- flexiblere und einem weiteren Publikum geöffnete Studienangebote (über die üblichen Formen von Kinderuniversität, Studium Generale etc. hinausgehend), zum Beispiel durch über die Hochschulöffentlichkeit hinaus geöffnete Module (z. B. als Angebot zur Anrechnung in außerhochschulischen Zertifikatslehrgängen oder außeruniversitären Bildungsangeboten), öffentliche Vorträge und Veranstaltungen für die Community[134]
- ausgewiesene Transferbemühungen zwischen Theorie und Praxis, zum Beispiel durch Projektseminare, bei denen direkte Effekte für inklusive Entwicklungen in der Community oder in Institutionen gefördert werden können (z. B. Einbezug von Hochschulexpertisen bei der Planung von öffentlichen Räumen/Barrierefreiheit; Schulungen für Angehörige anderer Berufsgruppen zur Inklusion oder Barrierefreiheit)
- Kooperationen zur Entwicklung mit der Wirtschaft und anderen Bereichen des öffentlichen Lebens

Auch für das Feld der Hochschul- oder Wissenschaftspolitik werden konkrete Anregungen gegeben. So sollten die Hochschulen Kooperationen mit den Bildungsministerien und Studierendenverbänden (UN-Fachausschuss zur UNCRPD,

---

134 Als ein positiv zu bewertendes Beispiel kann das Lernfestival der PH Ludwigsburg gelten, zu dem alle Schulklassen, Eltern und einzelne Interessierte im Einzugsgebiet der Hochschule eingeladen werden. Die Hochschulcommunity, darunter Dozent*innen, Verwaltungsmitarbeiter*innen und Studierende, gestalten gemeinsam einen Lern- und Erlebnistag für die Besucher*innen. Das Lernfestival erreicht so eine deutlich größere Öffentlichkeit als die zielgruppenspezifischen Angebote (https://www.ph-ludwigsburg.de/hochschule/campusleben/lernfestival).

2016; Abs. 57) zur Umsetzung der Behindertenrechtskonvention eingehen. Sie sollten sich für die Gründung von eigenen und die Partizipation an bestehenden Studierendenorganisationen von Menschen mit Behinderungen engagieren.

> »Öffentliche Angelegenheiten umfassen auch die Gründung von und Partizipation in studentischen Organisationen wie Studierendengewerkschaften; […] die Vertragsstaaten sollten ein Klima fördern, in dem Menschen mit Behinderungen derartige Studierendenverbände gründen, ihnen beitreten und sich umfassend an derartigen Verbänden partizipieren können, und zwar mit Hilfe jeder Art der Kommunikation und in der Sprache ihrer Wahl« (ebd., Abs. 29).

Eine Unterstützung für die Reflexion inklusionsbezogener Interventionen an den Hochschulen kann das ›Higher Awareness for Diversity Wheel (HEAD)‹ darstellen (▶ Abb. 10). Durch die Arbeit mit dem HEAD Wheel kann die Aufmerksamkeit auf möglichst viele organisational, kollektiv und individuell bedingte Diversitätsdimensionen und -aspekte gelenkt werden. Ein adaptiertes Modell von Gaisch und Linde (2020) erweitert das sonst bekannte HEAD Wheel, das vorrangig demografische Aspekte von Diversität berücksichtigt. Es werden so auch Chancen der Diversität beschrieben, ebenso wie Diversitätsaspekte jenseits der demografischen Bestimmung von Studierenden und ihren Hintergründen, etwa Aspekte der Diversität, die entstehen durch

- *die institutionellen Gegebenheiten* (z.B. Studierende mehrerer Semester in einer Vorlesung),
- die *funktionale Diversität* (z.B. wie lange jemand bereits an der Hochschule arbeitet und wie vertraut er als Dozent*in mit Studienordnungen, Prüfungs- und Verwaltungsmodalitäten ist),
- die *fachliche Diversität* (die zu unterschiedlichen Perspektiven auf Lernangebote, Prüfungen etc. führt) und nicht zuletzt
- die *kognitive Diversität* (Welches Vorwissen bzw. welcher Wissenserwerb ist möglich? Mit welchen Motiven wird das Wissen angeeignet?).

All diese Aspekte beeinflussen die Entwicklung von Kompetenzen und das Lernen aller, die am Hochschulleben beteiligt sind. Sie stellen Diversitätsebenen dar, die wichtig für Teilhabe- und Bildungsprozesse sein können. Auch die möglichen Überschneidungen und Verstärkungen zwischen verschiedenen Dimensionen, wie etwa Geschlecht und Vorerfahrung oder Kompetenz, sollten berücksichtigt werden.

Nach Auferkorte-Michaelis und Linde

> »können Organisationen unterschiedlich auf diese Anforderungen [der Diversität] reagieren. Wie sie sich auch entscheiden, selbst wenn es eine Entscheidung gegen eine aktive Auseinandersetzung mit Diversität ist, ergeben sich daraus eine Strategie und ein Profil« (Auferkorte-Michaelis & Linde, 2018, S. 210).

Aus der Sicht der Autor*innen geht es im Hinblick auf das Studium unter anderem um folgende Fragestellungen:

8 Transformationsanregungen: Hochschulpolitik und Studiengangslogistik

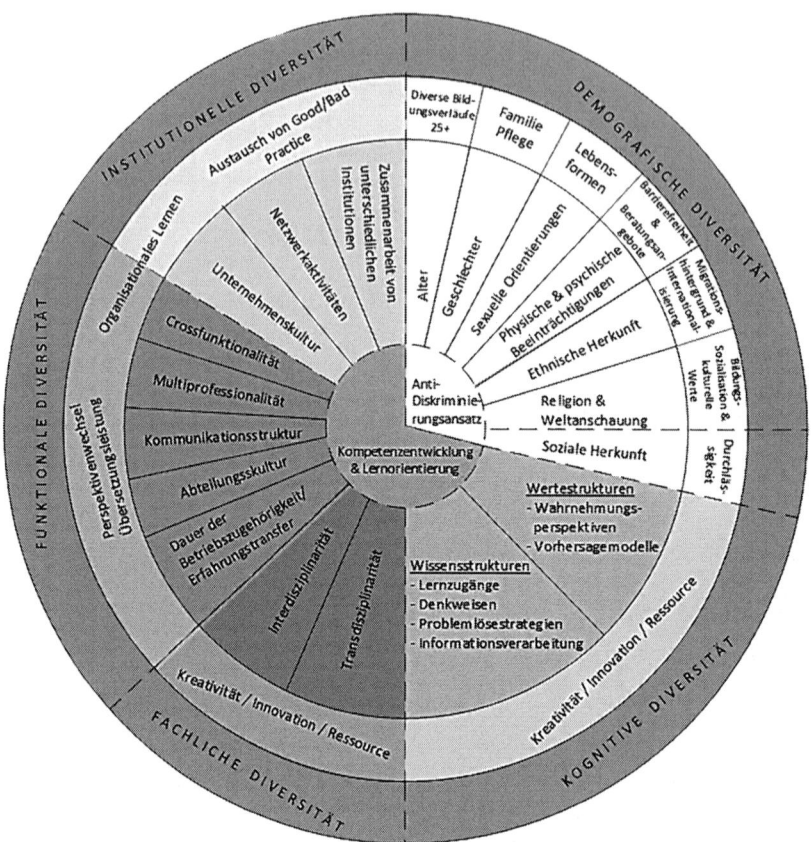

Abb. 10: HEAD Wheel – Higher Education Awareness for Diversity Wheel (Gaisch & Linde, 2020, S. 6)

- Wie diversitätssensibel ist die Studieneingangsphase mit Propädeutika, Orientierungsphasen und Beratungsangeboten gestaltet?
- Gibt es Teilzeitangebote für das Studium?
- Welche Wege der Internationalisierung sind vorgesehen?
- Wie werden dabei nicht traditionelle Studierende erreicht?
- Wie leicht können Fragen der Vereinbarkeit zwischen Studium und Job oder familiären Verpflichtungen geklärt werden?
- Wie barrierefrei sind IT und Gebäudeinfrastruktur (ebd.)?

Die Vielfalt der Hochschulmitglieder und das Konzept, diese Vielfalt als wertvolle Ressource aktiv zu nutzen, sollten in eine übergreifende Leitidee eingebettet sein. Diese Leitidee sollte alle Bereiche des Hochschulsystems durchdringen – von Bildungsverständnis, Lehre, Prüfungen und Bewertungen bis hin zu Verwaltung und Forschung. Als Beispiel für eine aktive Auseinandersetzung mit der diversitätsorientierten Gestaltung von Lehre geben Auferkorte-Michaelis und Linde (2021) in einer aktuelleren Publikation mit dem Titel »Diversität in der Hochschullehre – Didaktik für den Lehralltag« die Option an, anhand des Head Wheels einen ›Diversity Check‹ zu den Lehrangeboten in jeweils fünf Schritten durchzuführen. An dieser Stelle kann nur ein Beispiel für die Vorgehensweise angeführt werden: Im Rahmen der ›Learning Outcome orientierten Planung von Lehrangeboten‹ (LOOP) wird die Diversitätsorientierung reflektiert.

- *Schritt 1:* Wie will man die Lernergebnisse überprüfen? Wie erfolgt die Überprüfung? Und woran wird Erlerntes sichtbar?
- *Schritt 2:* Welche Diversitätsebenen könnten sich wie auf die Lernergebnisse und deren Präsentation in Prüfungen auswirken? Auf dieser Basis erfolgt eine Konkretisierung von Überlegungen, wie die wahrgenommenen Aspekte von Diversität bei der Planung berücksichtigt werden können.
- *Schritt 3:* Interaktionen abbilden; Wie wird was gelernt?
- *Schritt 4:* Planung der Inhalte
- *Schritt 5:* Evaluation und Feedback von Dozierenden und Studierenden. Angelehnt an die genannten fünf Schritte sollten alle weiteren Aspekte der Hochschulaktivitäten einem Diversity Check unterzogen werden (ebd.).

Aus der UNCRPD (UN, 2006) ergeben sich weitere Aufgaben der Hochschulen und der Wissenschaft für Forschung, Innovation und Wissensproduktion wie zum Beispiel:

- Forschung und Entwicklung von Gütern, Dienstleistungen, Geräten und Einrichtungen im Universal Design sowie technischen Hilfsmitteln, Technologien etc. (UN, 2006)
- Erhebung statistischer Daten und Forschungsdaten zur Förderung der Politik für Inklusion (ebd.)
- Forschungszusammenarbeit international, Aufbau und Austausch von wissenschaftlichen Erkenntnissen (ebd.)
- Unterstützung von anderen Bildungseinrichtungen (z. B. durch inklusive Lehre*innenbildung mit zielführenden Modulen für inklusive Bildung, praktischen und experimentellen Lernerfahrungen) (UN-Fachausschuss zur UNCRPD, 2016; UN, 2006)

Den Hochschulen kommt dabei im Hinblick auf eine transformative[135] Veränderung im Sinne der Neuorientierung von ›inklusiven Strukturen, Kulturen und Praktiken‹ (Booth & Ainscow, 2017) eine herausragende Bedeutung zu.

> »Hochschulbildung muss kritisches Denken, emotionale Intelligenz und kulturelles Bewusstsein einschließen und unbestritten ein Instrument für den Fortschritt in Richtung sozialer Gerechtigkeit sein. Sie ist ein Ort und ein Raum, um sowohl das Narrativ als auch die Aktualität von Inklusion und inklusiver Leitung zu stärken« (Stefani & Blessinger, 2019, S. xlv; Übers. d. Verf.).

---

135 Im Sinne von ›verändernd‹ oder ›verwandelnd‹.

Nach Feuser (2013) haben Hochschulen eine Pilotfunktion hinsichtlich der strukturellen, organisatorischen, curricularen, didaktischen und methodischen Veränderungen, die ein inklusives Bildungssystem ermöglichen, und können so als Modell für die inklusive Transformation dienen. Darunter fällt auch die kritische Reflexion von Strukturen und Inhalten der Lehramtsstudiengänge (Feyerer & Langner, 2014b). Bis zum heutigen Zeitpunkt wurde in den meisten Bundesländern weitgehend die »Faust'sche Gretchenfrage erst gar nicht gestellt […], die nach den Strukturfragen« (Feuser, 2013, S. 18). Dabei geht es nicht nur um die Organisationsstrukturen der Bildungsangebote. Feyerer und Langner (2014b) heben andere strukturelle Änderungen hervor, wie eine mögliche Verlängerung der Studienzeiten (zur Vertiefung inklusionspädagogischer Inhalte), eine stärkere inklusionsbezogene Theorie-Praxis-Verzahnung (z.B. durch kasuistische Seminarangebote), eine Aufwertung der Interdisziplinarität (z.B. durch gemeinsame Lehrangebote und einen forcierten interdisziplinären Dialog in den Fächern) sowie eine stärkere Personalisierung und Differenzierung der Hochschullehre im Hinblick auf die Diversität der Studierenden. Eine umfassend diversitäts- und inklusionsorientierte Pädagog*innenbildung (Bernhard et al., 2020) wirkt nicht nur auf die Studienordnungen, sie umfasst auch eine diversitätsorientierte Hochschulentwicklung, Hochschuldidaktik und Schulentwicklungsbegleitung. So müsse die Inklusion nicht nur als curricularer Inhalt, sondern als grundlegender Prozess der hochschulischen Entwicklung verstanden werden (ebd.).

In der Hochschulentwicklung sollten zusätzlich die Bereiche des Curriculums und der Forschung stärker berücksichtigt werden. Hochschulen entwickeln eigenständige Studienordnungen, anders als Schulen, die sich an staatlich vorgegebenen Bildungsplänen orientieren müssen. Zudem ist der Bereich der Forschung wichtig, da er die wissenschaftliche Wissensproduktion und den Wissenstransfer umfasst. Zudem sollten, entsprechend den Ausführungen der UNCRPD (UN, 2006), auch die schulpraktischen Studienanteile im Sinne von experimenteller Praxis Berücksichtigung erfahren. Legt man dem in dieser Hinsicht zu einem auf fünf Wege erweiterten Entwicklungsmodell noch die Dimensionen des Index für Inklusion (Booth & Ainscow, 2017) zugrunde, dann steigt die Aufmerksamkeit dafür, dass in allen diesen Bereichen jeweils Kulturen, Strukturen und Praktiken der Inklusion zu entwickeln sind (▶ Abb. 11).

8.2 Inklusive (Lehrer*innen-)Bildung im Whole-University-Approach

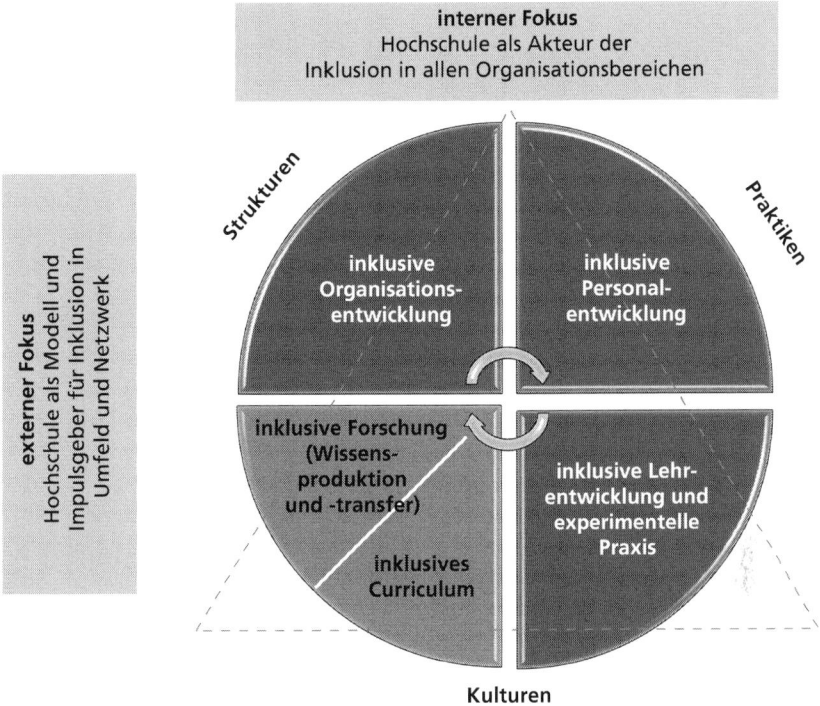

Abb. 11: Fünf-Wege-Modell der inklusiven Hochschulentwicklung (Merz-Atalik, 2021[136]); angelehnt an das Drei-Wege-Modell der Schulentwicklung von Rolff (2018), ergänzt durch Felder der inklusiven Schulentwicklung nach Booth und Ainscow (2017) und Governance-theoretische Steuerungsaspekte

1. Unter dem Begriff *Kulturen* geht es darum, Gemeinschaften zu bilden und inklusive Werte (z. B. positiver Umgang mit Diversität, Anerkennung von Vielfalt, Solidarität) zu verankern.
2. Unter dem Begriff *Strukturen* verbirgt sich die Zielsetzung, die Strukturen im Hinblick auf eine Vielfalt unterstützende Bildungseinrichtung für alle zu entwickeln und das Umfeld für inklusives Leben, Lernen und Handeln zu gestalten.
3. Bei den inklusiven *Praktiken* geht es darum, die geeigneten Lernarrangements und Ressourcen zu organisieren, zu entwickeln und durchzuführen, die allen möglichst diskriminierungs- und barrierefreie Zugänge zur Bildung ermöglichen (ebd.).

An Beispielen aus dem Bereich der Forschung soll dies kurz durchdekliniert werden:

---

136 Aus einem bislang unveröffentlichten Manuskript eines Online-Vortrages an der PH Luzern mit dem Titel: »Diversitätsgerechte Hochschullehre: Zum Umgang mit Heterogenität in Studium und Lehre« (29.04.2021).

1. *Inklusive Kulturen:* Im Sinne des Slogans der Selbstbestimmt-Leben-Bewegung (»Nicht über uns ohne uns«) sollten Formen der Partizipativen Forschung implementiert und die Rahmenbedingungen dafür geschaffen werden.
2. *Inklusive Strukturen:* Es sollten Optionen geschaffen werden, von Behinderung oder Exklusion betroffene Menschen als Expert*innen in eigener Sache in Forschungsvorhaben, die ihre Interessen verfolgen, zu beschäftigen (z. B. über Werkverträge).
3. *Inklusive Praktiken:* Es gilt Konzepte zu entwickeln (z. B. auf der Basis einfacher Sprache), die dazu beitragen, eine weitgehende Partizipation am Forschungsprozess und an der Erkenntnisgewinnung zu ermöglichen.

An den Beispielen zur Forschung wurde deutlich, wie die verschiedenen Bereiche der Hochschule in Interdependenzen zueinander stehen. Zwischen den Ebenen und Akteuren braucht es deshalb ein *Interdependenzmanagement*.

Das Thema Inklusion wird innerhalb der Hochschulen organisatorisch sehr unterschiedlich verortet, so gibt es eigene Positionen mit der Denomination in den Rektoraten, Stabsstellen, Inklusionsbeauftragte, Teams oder Kommissionen mit einem offiziellen Auftrag. Teilweise besteht dabei eine Fokussierung auf einzelne Diversity-Kategorien (z. B. Behinderung, Migration oder Geschlecht). Einige Hochschulen weisen auch eine hochschulweite, integrierte Personal- oder Organisationsentwicklungsstrategie mit Verbindung zu anderen Schwerpunkten wie Gendermainstreaming oder Internationalisierung auf. Entscheidungen und Interventionen in einem Teil des Systems, führen jedoch oftmals zu unintendierten oder transintentionalen Effekten in anderen Bereichen. So hat zum Beispiel die Beschäftigung von nichtakademisch qualifizierten Lehrbeauftragten (z. B. sogenannte Selbstvertreter*innen; ▶ Kap. 9.5.3) direkte Konsequenzen auf die Frage der Lehrauftragsentgelte (Wie können diese in den meist abschlussorientierten Systematiken eingeordnet werden?) oder für die Prüfungsorganisation in den Studienbereichen, wenn diesen Personen aufgrund von rechtlichen Vorgaben keine Prüfungsberechtigung erteilt werden kann (Voraussetzung für die Prüfungsberechtigung ist häufig ein mindestens gleichwertiger Abschluss). Ein weiteres Beispiel für solche Interdependenzen findet sich in der Option Nachteilsausgleiche für Personen oder Gruppen zu vergeben (z. B. für Studierende mit einer offiziell anerkannten Behinderung), ohne jedoch andere, in Prüfungssituationen ebenso benachteiligte Gruppen im Sinne eines Nachteilsausgleichs entsprechend zu berücksichtigen (z. B. Benachteiligungen aufgrund von Mehrsprachigkeit in Klausuren). Daher bedarf es innerhalb der Hochschulen in den inklusionsbezogenen Transformationsprozessen eines fundierten *Interdependenzmanagements*.

Steuerungsprozesse bedürfen generell der Einbindung aller individuellen und kollektiven Akteure der Organisation wie auch der verschiedenen Akteursebenen (systemische Perspektive) (Kruschel & Merz-Atalik, 2023). In die Entwicklung und Implementation einer Diversity- oder Inklusionsstrategie sollten daher alle Gremien aktiv eingebunden werden (HR, Senat, Fakultäten, Studienkommissionen etc.). Zudem sollten die grundlegenden Überlegungen, Zielsetzungen und Entwicklungen für die gesamte Hochschulgemeinde weitgehend transparent gestaltet werden, unter anderem um das Verständnis, die Akzeptanz und die Partizipation der Hochschulgemeinde zu sichern. Auch innovative Ideen lassen sich nur ungenügend vermitteln, wenn sie für die einzelnen Akteure oder Gruppen nicht unmittelbar anschlussfähig an ihre bisherigen Aktivitäten und Investitionen erscheinen. Das führt dazu, dass Organisationen und Institutionen sich vielfach als sehr änderungsresistent erweisen (ebd.). Im Neo-Institutionalismus wird dies unter dem Begriff der *Pfadabhängigkeiten* gefasst. Innerhalb des organisationssoziologischen Pfadkonzepts gedacht erscheint ein komplexer Pfadwechsel, also zum Beispiel die Transformation von Organisationsprinzipien der Selektion zu jenen der Inklusion an der Hochschule, besonders herausfordernd. So wird beobachtet, dass nach der Entscheidung für institutionelle Alternativen Prozesse dazu führen können, dass zunächst nachfolgende Entwicklungen in hohem Maße deterministisch verlaufen und zur Festigung des eingeschlagenen Pfades führen (Blanck et al., 2013) – wenn zum Beispiel inklusive Bildung nicht als Querschnittsthema in der Lehrer*innenbildung implementiert wird, da dies enorme Investitionen und das Engagement aller Fächer bedeuten würde, sondern als zusätzliches Format in einzelnen Lehrangeboten ausgebracht wird (▶ Kap. 5.2.1). So verblieb die Studienreform für die meisten Fächer unaufwändig und diese konnten den eingeschlagenen Pfad sozusagen unbeirrt weiter gehen. Institutionelle Wandlungsprozesse sind komplex und es zeigen sich vielfältige Mechanismen und Formen der institutionellen Reproduktion (Mahoney, 2000), die häufig scheinbar unvermeidbar ablaufen. Um erfolgreichen Wandel anzustoßen, ist es wichtig, nicht nur die Zieldimensionen festzulegen, sondern auch die Reproduktionsmechanismen und bestimmenden Faktoren zu identifizieren, die die hohe Stabilität einer Institution aufrechterhalten (Blasse et al., 2013). Wichtig für den nachhaltigen Erfolg der Transformation im Sinne eines Whole-University-Approaches wären ein zielgerichtetes Monitoring und eine indikatorengestützte Evaluation, deren Ergebnisse und Schlussfolgerungen wiederum über die Hochschulöffentlichkeit hinaus dokumentiert werden sollten.

Durch ihre inklusionsorientierten Initiativen gewinnt die Hochschule nicht nur innerhalb der eigenen Bildungsfunktionen an Bedeutung, sondern auch als Modell und Impulsgeber für eine inklusive Gesellschaft. Besonders durch inklusionsbezogene und Partizipative Forschung und Lehre kann sie einen wertvollen Wissens- und Kompetenztransfer fördern, der wesentliche Beiträge zur inklusiven Transformation des gesamten Bildungssystems leistet *(externe Aktivitäten)* (▶ Abb. 11).

8.3 Kollaboration und Transformation disziplinärer Arbeitsbereiche

Die vergangenen Jahre waren dadurch bestimmt, dass die Inklusion in Form von neuen Denominationen von Fächern, Arbeitsgebieten und Stellen in Hochschulen angekommen ist. Der Begriff der ›Inklusionspädagogik‹ hat beispielsweise an einigen Hochschulstandorten (Universitäten sowie Fachhochschulen) als Alternative für oder als Ergänzung zur Heilpädagogik, Sonderpädagogik etc. Einzug gehalten – zum Beispiel als Bezeichnung von grundständigen, weiterbildenden oder Fernstudiengängen, in der Regel mit einem mehr oder weniger starken Fokus auf die Differenzkategorie Behinderung bzw. sonderpädagogischen Förderbedarf. Einige ausgewählte Beispiele sollen kurz im Hinblick auf die Frage nach den Potenzialen für die Bildung von inklusiven Lehrpersonen hinterfragt werden. Dabei kann aufgrund des mangelnden Tiefeneinblicks in die sich dahinter verbergenden Konzepte nur eine Ableitung auf der Basis der Bezeichnungen vorgenommen werden.

- Universität Potsdam: Der Begriff der Inklusionspädagogik wird für eine spezifische fachliche Orientierung im grundständigen Lehramtsstudiengang verwendet, problematischerweise jedoch mit einer Untergliederung in die ehemaligen sonderpädagogischen Förderschwerpunkte. Dies könnte als Ausdruck einer systemerhaltenden Rekonstruktion gewertet werden, da die bestehenden Strukturen in Abteilungen so beibehalten werden konnten. Zudem wurden die klassischen sonderpädagogischen Klassifikationen übernommen und dadurch die disziplinär verankerten Differenzkategorien der Sonderpädagogik aufrechterhalten. Es könnte vermutet werden, dass dieses Konzept einer Inklusionspädagogik insbesondere wegen der sonderpädagogischen Orientierung eher einem engen Inklusionsbegriff verpflichtet ist.
- Universität Rostock: Der Begriff taucht im Zusammenhang mit einem Masterstudiengang auf: ›Sonder- und Inklusionspädagogik (M. Ed.)‹.

»Im Zentrum der Ausbildung stehen die praktischen Herausforderungen in der inklusiven Arbeit mit Schülerinnen und Schülern mit sonderpädagogischem Förderbedarf in den Förderschwerpunkten Lernen sowie emotionale und soziale Entwicklung« (Universität Rostock, o. J.).

Die Dualität der Begrifflichkeiten repräsentiert scheinbar die Vorstellung von zwei differenten disziplinären Zugängen, der Allgemeinen Pädagogik und der Sonderpädagogik, die im Rahmen des Studiums stärker verknüpft werden sollen. In der dualen Denomination steckt implizit eine disziplinäre Abgrenzung, die dem Generalisten-Spezialisten-Verhältnis (▶ Kap. 6.1.3) zuträglich bleibt. Auch bleibt die Bezeichnung des Studiengangs (zunächst sprachlich) einem eher engen Verständnis von Inklusion im Sinne der Integration von Schüler*innen mit sogenanntem sonderpädagogischem Förderbedarf verpflichtet. Ebenso verhält es sich bei dem folgenden Beispiel.
- Fachhochschule des Mittelstandes (in Bamberg oder Rostock): Der Studiengang ›Heil- und Inklusionspädagogik (B. A.)‹ versteht sich als Antwort auf die »erkennbare Nachfrage nach heil- und inklusionspädagogischen Fachkräften mit der Kompetenz, inklusive Bildungs-, Erziehungs- und Betreuungsaufgaben zu gestalten« (FHM, o. J.). Man könnte dies so lesen, dass es sich um eine inklusionsorientierte Auslegung der heilpädagogischen Professionalität handelt, aber auch eine Form von Ergänzungsverhältnis lässt sich darunter verstehen.

Diese Aneignung des Inklusionsbegriffs durch die Sonderpädagogik entspricht in vielen Bereichen der engen Auslegung (Hinz, 2002) und nicht dem weiten Verständnis von Inklusion der UN. Dagegen dürfte die folgende Bezeichnung eines Studiengangs eher eine generell diversitätsorientierte Perspektive aufweisen.

- Universität Koblenz-Landau: Für den Fernstudiengang ›Inklusion und Schule‹ (M. A.) werden ein berufsqualifizierender Abschluss sowie mindestens ein Jahr Berufserfahrung vorausgesetzt. Es besteht eine starke Ausrichtung an didaktischen Konzepten, Diagnostik und Schulentwicklung in inklusiven Schulen.

Viele Hochschulen versuchten die für sie neue Thematik durch Neuberufungen von Professuren zu bewältigen, die von Blasse et al. (2023) als Inselprofessuren bezeichnet werden. Gemäß den Autor*innen wird das Thema an diese neu geschaffenen Professuren delegiert und nicht im Sinne einer Querschnittskompetenz aufgebaut. Wenn damit auch zunächst eine gewisse Sichtbarkeit und die strukturelle Verortung des Themas in der Lehre und Forschung (insbesondere innerhalb der traditionellen Sonderpädagogik) an den Hochschulen gesichert scheinen, geht diese Strategie doch gleichsam mit den genannten Gefahren der Verinselung der Expertise einher. Daher sollte mindestens bei der Einrichtung solcher Stellen die Zielsetzung einer interdisziplinären Vernetzung und Verortung des Themas über die Aufgabenbeschreibungen wie auch über die möglichst breite Anbindung an Abteilungen, Institute und Fakultäten sichergestellt werden. Es zeigt sich zudem ein deutlicher Schwerpunkt der Verankerung in den Denominationen[137] in der Sonderpädagogik (25,7 %) und den Erziehungswissenschaften bzw. der Schulpädagogik (23,8 %), während es innerhalb der Fachdidaktiken nur bei 10,9 % der in den Jahren 2015 bis 2023 geschaffenen Professuren explizit die Denomination zur Inklusion gegeben hat (Blasse et al., 2023). Zudem bestehen an einigen Hochschulstandorten ausgewiesene Professuren für Inklusive Pädagogik (26,7 %), von denen wiederum ein großer Teil mit einem sonderpädagogischen Förderschwerpunkt kombiniert wurde.

Im Zusammenhang mit der Entwicklung eines inklusiven Bildungssystems sollten die disziplinären Arbeitsbereiche die Thematik nicht nur als Additivum zu den bestehenden Handlungs- und Forschungsfeldern betrachten, sondern vielmehr als Möglichkeit der Selbstreflexion der eigenen wissenschaftlichen Auseinandersetzungen und der Beiträge, die das eigene Fach bzw. die Disziplin im Zusammenhang mit der Querschnittsaufgabe der inklusiven Transformation im Bildungssystem leisten kann.

Um die vielschichtigen Situationen, in denen Bildung, Lernen und Entwicklung stattfinden, auch aus einer mehrperspektivischen und inter- bzw. gar transdisziplinären Sichtweise zu analysieren und dementsprechende Impulse zur Lösung von Problemlagen zu entwickeln, wäre es ratsam, dass sich die verschiedenen bildungs- und sozialwissenschaftlichen Disziplinen und andere Bezugswissenschaften, die

---

137 Ergebnisse einer Dokumentenanalyse der Stellenausschreibungen für Professuren mit expliziter Nennung von Inklusion in der Denomination der Wochenzeitung ›Zeit‹ (Anfang 2015 bis Mitte 2023) (Blasse et al., 2023).

aktuell bereits in der Lehrer*innenbildung involviert sind bzw. für eine inklusive Bildung von Bedeutung wären, im Sinne einer ganzheitlichen Perspektive auf Lebens- und Lernsituationen miteinander vernetzen. Das bisher bestehende Nebeneinander von disziplinären Studieninhalten sollte aufgebrochen werden. Die Fächer Psychologie, Soziologie, Erziehungswissenschaften, Medizin (in der Sonderpädagogik) und die Fachwissenschaften bzw. -didaktiken sollten im Rahmen von inter- und transdisziplinären Diskursen zu ausgewählten Schwerpunkten (Feyerer & Langner, 2014b) gemeinsam Studienangebote entwickeln. Mehrere Disziplinen könnten jeweils ihre spezifischen Perspektiven auf das Thema ›Mehrsprachigkeit und migrationsbedingte Vielfalt‹ einbringen. So könnte die Psychologie die Identitätsentwicklung beleuchten, während die Soziologie oder Politikwissenschaft Anerkennungsdiskurse zur Sprachenvielfalt behandelt und die Sprachwissenschaften sowie Deutsch als Zweitsprache (DAZ) sprachliche Aspekte beitragen. Diese Sichtweisen könnten in einem Lehrangebot oder einem umfassenden Modul zum Thema ›Migrationsbedingte Vielfalt in der Schule‹ vereint und gemeinsam vermittelt werden. Dadurch würden stärker die konkreten, sich in der schulischen Praxis stellenden Herausforderungen adressiert und es würden mehr Chancen für die disziplinäre Relativierung gewonnen (▶ Kap. 9.4).

Im Sinne der Schule als einer ganzheitlichen Bildungsinstitution sollten Sozialpädagog*innen, Schulsozialarbeiter*innen, Erzieher*innen etc., aber auch Ausübende von in Deutschland bislang noch nicht ausgebildeten Berufen wie denen der Schulbibliothekar*innen oder Gesundheitspfleger*innen in Lehrangeboten und Praktika im Studium nach Möglichkeit zusammen auf die gemeinsame inklusive Bildungsarbeit vorbereitet werden. Hierzu wären ebenfalls die interdisziplinären Sichtweisen durch Kollaborationen zwischen den verschiedenen Fachdisziplinen innerhalb einer Hochschule, aber gegebenenfalls auch durch Hochschulkooperationen anzustreben und nach Möglichkeit interdisziplinäre Studienangebote zu entwickeln. Insbesondere gilt es zu eruieren, inwiefern sich inter- oder transdisziplinäre Ansätze dafür anbieten, die Fragen der bestehenden Ausgrenzung, Segregation, Ungleichbehandlungen und Diskriminierungen in der Bildung und die multiplen bestehenden Barrieren für Teilhabe und Inklusion in den Systemen im Interesse der Entwicklung einer inklusiveren Gesellschaft abzubauen. Im Sinne des Whole-University-Approaches (▶ Kap. 8.2) sollten alle Disziplinen in einem kollaborativen Prozess Lehrangebote und Forschungsansätze zur inklusiven Bildung gemeinsam verantworten, anschlussfähig zueinander aufstellen und den Transformationsprozess zu einer inklusiven Lehrer*innenbildung kollaborativ gestalten. Nicht zuletzt in der Lehre im Lehramtsstudium sollte die Thematik nicht nur in den traditionellen sonderpädagogischen Kursangeboten verankert werden, denn »Inklusion kann nicht in Isolation gelehrt werden« (Forlin, 2010a, S. 9). Der Erwerb inklusiver Praktiken und Techniken kann nicht im isolierten Studium erfolgen, sondern »muss innerhalb und zwischen allen Disziplinbereichen infundiert werden« (ebd.). Die Studienprogramme und -angebote sollten durch korrespondierende Zusammenarbeit in und zwischen den Disziplinen, Fächern und Studienbereichen unterstützt werden (vgl. Empfehlung zur Einrichtung von Steuerungsgruppen; ▶ Kap. 8.1).

8.4 Professionalisierung von Hochschullehrenden für die inklusive Bildung

In einigen Ländern hat man, begleitend zur Implementation von Kompetenzen für inklusive Bildung in den Studienordnungen der Lehramtsstudiengänge, nationale Programme zur Weiterbildung und Vorbereitung der Lehramtsausbilder*innen gestartet (so z. B. in Vietnam; Forlin, 2012). In den Hochschulen sollten bei Initiativen zur inklusionsorientierten Reform alle Lehrenden in den Lehramtsstudiengängen sowie die anderen Akteure im Mehrebenensystem der Lehrer*innenbildung (▶ Kap. 5.1) in die Prozesse eingebunden werden sowie über die mit der inklusiven Bildungsreform einhergehenden Paradigmenwechsel informiert und gegebenenfalls in diesem Sinne professionalisiert werden, um einen umfassenden und nachhaltigen Transformationsprozess zu erreichen. Nach Forlin braucht es »[k]enntnisreiche, einfühlsame und effektive Lehrpersonen-Bildner*innen [...], um die Lehrer*innen zu unterstützen, inklusive Praktiker*innen zu werden« (Forlin, 2012, S. 181; Übers. d. Verf.).

Wie bereits in anderen Kapiteln ausgeführt, ist es erforderlich, für eine inklusive Schulentwicklung aus Governance-theoretischer Sicht alle innerschulischen Akteure in den Reformprozess einzubinden (vgl. so im Rahmen des Index für Inklusion; Booth & Ainscow, 2017), wie Eltern, Schüler*innen, Schulleitungen, nicht-pädagogisches Personal sowie die in der Meso-, intermediären und Makroebene eingebundenen Akteure (Merz-Atalik & Beck, 2020; 2022a; 2022b). Die Akteursvielfalt an den Hochschulen sollte ebenfalls berücksichtigt werden. Hochschulleitung, aber auch die Gremien, Prüfungsämter, Studienkommissionen und andere Organe, die an der Ausgestaltung einer inklusionsorientierten Studienreform beteiligt sind, wären im Idealfall aktiv an den Fragen und der Weiterentwicklung und Qualitätssicherung der Qualifizierung und Professionalisierung für inklusive Bildung beteiligt. Ebenso wie für die Gruppe der Lehramtsstudierenden kann auch bei den Lehrenden und den anderen genannten Hochschulakteuren angenommen werden, dass sie nicht über vertiefte Erfahrungen mit oder Wissensbestände zu inklusiven Bildungskonzepten verfügen. Fehlende berufsbiografische Erfahrungen, insbesondere solche aus

> »qualitativ gut entwickelten inklusiven schulischen Settings[,] erweisen sich [...] als eine zentrale Herausforderung (Lau et al., 2019), denn sie führen vielfach dazu, dass Prinzipien, Handlungsmuster, Werte und Denkweisen inklusiver Schulkulturen nicht unmittelbar anschlussfähig erscheinen an die eigenen, in einem separativen Schulsystem erworbenen berufsbiografischen Erfahrungen, Orientierungen und Handlungsroutinen« (Kaiser et al., 2020, o. S.).

Mangelnde Vorerfahrungen könnten bei den Lehrenden an den Hochschulen so zu einer eher inklusionsskeptischen Grundhaltung bzw. auch mangelhaft entwickelten Kompetenzen führen, die sich wiederum negativ darauf auswirken können, wie die Professionalität für Inklusion seitens ihrer Studierenden gefördert werden kann.

Die European Agency for Development in Special Needs Education betont die Modellrolle von Hochschuldozent*innen als Lehrende zweiter Ordnung, die durch eigene Diversitätserfahrungen in einen Diskurs über Lehren und Lernen eintreten (European Agency for Development in Special Needs Education, 2012). An der Lehrer*innenbildung der ersten Phase beteiligt sind vielfältige Berufsgruppen und Akteur*innen: Professor*innen in den Bildungswissenschaften und den Fächern, Nachwuchswissenschaftler*innen (z. B. auf Qualifikationsstellen oder als Juniorprofessor*in), abgeordnete Lehrer*innen aus der Schulpraxis, Expert*innen aus angrenzenden Berufsfeldern (z. B. Supervision oder Organisationsberatung), ebenso wie Schulpraxis-Mentor*innen (in den schulpraktischen Studien) oder Schulleitungen und Schulaufsichten (z. B. bei der Organisation von Praktika oder in Prüfungen) (Schrittesser, 2020). Das Wissen über die Qualifikation für die inklusive Bildung der vielfältigen Akteur*innen in der Lehrer*innenbildung scheint hingegen wenig robust (ebd.). So stellte die European Agency for Development in Special Needs Education bereits 2012 im Rahmen ihres Projektes zur Lehrer*innenbildung für Inklusion fest, dass viele Lehrende an den Hochschulen weder über eigene Praxiserfahrungen in einem inklusiven Bildungssystem verfügen, noch über die eigene Aus- oder Fortbildung Kompetenzen zur Thematik erworben haben, und daher das ›Wie, Was und Warum‹ des inklusiven Unterrichts für alle Lernenden kaum effektiv vermitteln können (European Agency for Development in Special Needs Education, 2012). Wenn die Lehrenden an den Hochschulen als Modelle gelten sollen, dann müssen

> »Die Grundwerte und Kompetenzbereiche […] von den Lehrerausbildenden in ihrer Arbeit mit den Studierenden konkret vorgelebt werden. Insbesondere müssen sie zeigen, wie Diversität wertgeschätzt, das Lernen der Schülerinnen und Schüler durch Nutzung unterschiedlicher Vermittlungs- und Bewertungskonzepte effektiv unterstützt und die Zusammenarbeit mit dem schulischen Personal sowie den Lehrerausbildenden anderer Disziplinen und/oder Fächer gefördert werden kann« (ebd., S. 25).

Die Entwicklung eines inklusiven Bildungssystems und die Ausbildung inklusiver Lehrer*innen bedürfen der Qualifikation der Lehrer*innenbildner*innen, sie »müssen also entsprechend geschult und qualifiziert sein, etwa durch Weiterbildungsmasterstudiengänge« (CHE et al., 2015, S. 12). Der Einfluss für die Vermittlung von inklusiver Bildung, den die Lehrenden »mit ihrer Vorstellung von Inklusion und ihren Kompetenzen auf die Ausbildung von Studierenden ausüben [, darf] dabei nicht außer Acht gelassen werden« (Greiten et al., 2017, S. 21). Da ihnen im Zusammenhang mit der Qualifizierung von angehenden Lehrer*innen unter anderem zwei Aufgabenfelder zukommen – einerseits als Expert*innen für Lehr- und Studieninhalte (curriculare Anteile des Studiums mit Wissenschafts-/Forschungsbezug) und andererseits als Expert*innen in der Lehre (Fragen der Erwachsenenbildung oder der Hochschuldidaktik) –, »fällt [ihnen] daher in besonderer Weise die Aufgabe zu, in dieser Verantwortung ihr eigenes Lernen und Lehren laufend und systematisch zu reflektieren […]« (Schrittesser, 2020, S. 844). Beide Anteile der Tätigkeit der Lehrpersonenbildner*innen scheinen, wie »in keiner anderen vergleichbaren Profession, zum Gegenstand des Professionalisierungsprozesses [für die Lehramtsstudierenden zu] werden« (ebd., S. 847). Zudem müssen sich die Lehrenden in beiden Bereichen im Hinblick auf die inklusive

Bildung weiterqualifizieren, einerseits in Bezug auf die wissensbezogene Komponente (Was ist inklusive Bildung? Wie kann sie umgesetzt werden?), andererseits im Hinblick auf die hochschuldidaktische Komponente (Anderson et al., 2022).

> »Um die genannten Herausforderungen einer inklusionsorientierten Lehrer*innenbildung zu adressieren, sind sie in hochschuldidaktischen Aus- und Weiterbildungsformaten ebenfalls in einer Doppelrolle; als Lehrende im Rahmen ihres Lehrauftrages und als Lernende hinsichtlich der Weiterentwicklung hochschuldidaktischer Formate, die den Anspruch von Inklusionsorientierung einzulösen haben« (ebd., S. 14).

Die Gestaltung der eigenen hochschulischen Lehrangebote im Hinblick auf die Diversität der Studierenden kann als Modell für das zukünftige Handeln der Studierenden als Lehrpersonen in Schulen gelten (Greiten et al., 2017; Schrittesser, 2020). Ansonsten besteht die Gefahr, dass sich die mangelnde Inklusionserfahrung und -kompetenz der Lehrenden oder auch »eine möglicherweise existierende negative Einstellung der Lehrerbildnerinnen und Lehrerbildner auf die Studierenden überträgt« (CHE et al., 2015, S. 10).

Wie bereits angeführt gilt es dabei zwei Ebenen zu unterscheiden:

> »*Kompetenzen erster Ordnung* betreffen die Wissensbasis über Schule und Unterricht, die Lehrerausbilder*innen den Lehramtsstudierenden vermitteln – in Bezug auf Fächer oder Disziplinen.
> *Kompetenzen zweiter Ordnung* betreffen die Wissensbasis darüber, wie Lehrer*innen lernen und wie sie kompetente Lehrpersonen werden. Sie konzentrieren sich auf Lehrer*innen als erwachsene Lernende, die damit verbundene Pädagogik und das organisatorische Wissen über die Arbeitsplätze von Schüler*innen und Lehrer*innen« (European Commission, 2013, S. 15; Übers. u. Hervorh. d. Verf.).

Die Weiterqualifikation von Hochschullehrenden wird entgegen der durchaus bestehenden Notwendigkeit bislang im Hochschulwesen nur wenig systematisch eingefordert, sondern liegt weitgehend im Ermessensspielraum der Dozent*innen selbst. Lediglich im Kontext einer (Neu-)Bewerbung an einer Hochschule, in der Bewerbung um hochschulinterne Zulagen oder Gratifikationen und für die Darstellung in der eigenen Vita haben diese eine Bedeutung. Jedoch sind sie zum Beispiel im Zusammenhang mit der Einwerbung von Drittmitteln in der Bewertung durch die Mittelgeber in der Regel den forschungsbezogenen Weiterqualifikationen nachgeordnet.

Da ministerielle oder hochschulinterne Steuerungsebenen nur begrenzt Einfluss auf die Weiterqualifizierung des bestehenden Lehrpersonals zur Inklusion nehmen können – etwa durch Einstellungsvorgaben, Appelle, Leitbilder, kostenlose und freiwillige Fortbildungen oder zusätzliche Mittel für die Weiterentwicklung der Lehrangebote –, forderte die European Agency for Development in Special Needs Education bereits 2012, verstärkt Lehrende in der Lehrer*innenbildung einzustellen, die bereits Kenntnisse und Erfahrungen in inklusiven Settings mitbringen. Alle Lehrenden in den Lehramtsstudiengängen sollten zudem die Möglichkeit einer Beteiligung an Forschungs- und Entwicklungsarbeiten zur inklusiven Bildung haben, um die Zusammenarbeit zwischen den Fachbereichen der Hochschulen zu fördern und so zu einem ganzheitlichen Inklusionsansatz der Hochschulen beizutragen (European Agency for Development in Special Needs Education, 2012).

Viele Hochschulen haben sich dem zugewandt und eigene Stellen mit der Denomination Inklusion geschaffen (▶ Kap. 8.2; ▶ Kap. 8.3). An einigen, ausgewählten Hochschulen versucht man zudem steuernd darauf einzuwirken, indem bei allen Bewerber*innen auf Stellen im lehrenden Bereich erwartet wird, dass sie im Rahmen der Bewerbung und der Vorstellungsgespräche ihre Inklusionskompetenz darstellen und darüber hinaus konkret ausführen, wie sie diese in der Lehre und Forschung zu berücksichtigen gedenken (so z. B. an der Universität Bozen, Südtirol). Vielfach wird insbesondere die noch ausstehende Qualifizierung von Lehrenden in den Fachdidaktiken für inklusive Bildung als Problem erkannt. So wird gefordert, dass »Inklusion als Querschnittsthema in fachdidaktische Veranstaltungen integriert und sinnstiftend mit fachlichen Inhalten verknüpft« wird (Patzer et al., 2020, S. 153) und die Lehrenden sich »mit dem theoretischen Diskurs zu Inklusion im eigenen Fach auseinandersetzen« (Eckert & Liebsch, 2020, S. 82). Diesen Handlungsbedarf sehen auch die Hochschulrektorenkonferenz und die Kultusministerkonferenz:

> »Für die kompetente Vermittlung inklusionsspezifischer Themen sind eine Stärkung der Forschung zum Umgang mit Heterogenität und Inklusion – z. B. in fachbezogener Diagnostik und inklusiver Fachdidaktik – sowie eine entsprechende Qualifikation des wissenschaftlichen Nachwuchses notwendig, um eine ausreichende Anzahl von Hochschullehrerinnen und Hochschullehrern zu erreichen. Hierzu sind bundesweite Forschungsprogramme erforderlich« (HRK & KMK, 2015, S. 4).

Im Rahmen von Qualitätsentwicklungsprozessen sollten die Hochschulen eruieren, welche Kompetenzen unter den Forscher*innen und Lehrenden vorhanden sind und wie diese im Interesse der Lehrer*innenbildung für Inklusion genutzt bzw. ausgeweitet werden können.

9 Transformationsanregungen: Curriculum und Hochschuldidaktik

Kaiser et al. (2020) analysieren die gängigen Professionalisierungsansätze in der Lehrer*innenbildung (kompetenztheoretisches Modell, berufsbiografisches Modell, strukturtheoretisches Modell) und problematisieren im Hinblick auf die weiterführenden Überlegungen zu einer inklusionsorientierten Lehramtsausbildung, dass für diese Thematik »ein übergreifendes Bezugsmodell zur Professionalisierung von Lehrpersonen weiterhin fehlt (u. a. Terhart, Bennewitz, & Rothland, 2014; Zlatkin-Troitschanskaia, Beck, Sembill, Nickolaus, & Mulder, 2009)« (ebd., o. S.). Sie arbeiten in ihrem Beitrag die Konzeptionalisierung von ›Expertise‹ in den drei genannten Professionalisierungsansätzen für Lehrer*innen heraus und beschreiben jeweils das dahinterstehende Expertise-Konstrukt wie folgt: im kompetenztheoretischen Ansatz ›als Grundlage der Wissensvermittlung und damit als technologisches Expertenwissen‹, im berufsbiografischen Ansatz als ›handlungsleitendes Erfahrungswissen‹ sowie im strukturtheoretischen Ansatz als ›kasuistisches Transformations- und Relationierungswissen‹. Kaiser et al. (2020) gehen davon aus, dass es in der schulischen Praxis und damit auch in der Professionalisierung von Lehrer*innen – insbesondere in der inklusiven Bildung – darum geht, diese verschiedenen Formen von Expertisen miteinander zu verbinden. Im Folgenden werden daher ausgewählte Professionalisierungsbereiche und Expertisen für die inklusive Bildung und deren besondere Relevanz für das Gelingen der inklusiven Transformation des Bildungssystems ausgeführt.

9.1 Werteorientierung im transformativen Inklusionsverständnis

Was sind inklusive Werte? Wie kann ein inklusives Werteverständnis definiert oder grundgelegt werden, das sich im Sinne der Professionalisierung für Inklusion als Leitidee eignet?

> »Stellen Sie sich vor, dass Sie ein Musiker sind, der sich entscheidet zu lernen Blues-Gitarre zu spielen. Um die emotionalen, intellektuellen und spirituellen Nuancen dieser Kunstform zu erfassen, um sich als Praktizierender zu bereichern an dieser Weise die Welt zu erleben sowie eine Reihe von menschlichen Emotionen auszudrücken, wären Sie gut beraten, voll und ganz einzutauchen in das kulturelle Erbe des Blues in Amerika. […] Wie kann man das Gleiche tun für eine Praxis der inklusiven Bildung? Wie können Sie sich das

Beste aus dieser Tradition des [inklusiven] Unterrichtens erschließen?« (Danforth, 2014, zit. n. Merz-Atalik, 2017, S. 61; Übers. d. Verf.).

Ausgehend davon, dass es sich bei dem Lehrer*innenberuf um eine Profession handelt und es für ein professionelles Lehrer*innenhandeln eines lebenslangen Professionalisierungsprozesses bedarf, kann es bei der Lehrer*innenbildung für Inklusion nicht nur um ein an den aktuellen Bedingungen orientiertes »Rezeptwissen zur Gestaltung von inklusivem Lernen in Schule« (Langner et al., 2019, S. 2) bzw. um ein technologisches Expertenwissen (Kaiser et al., 2020) gehen. Dies hat Danforth (2014) in dem ausgewählten Zitat eindrucksvoll sinnbildlich dargelegt. Vielmehr ist es notwendig, die vielfältigen Werte und Implikationen, die sich aus dem Recht auf Inklusion in und durch Bildung für das inklusionsbezogene Handeln in Schule und Unterricht ergeben, herauszuarbeiten und zu reflektieren. Die grundlegenden Prämissen und Prinzipien müssen als wesentliche Werte für die Professionalisierung aller am Prozess der inklusiven Bildungsreform beteiligten Akteure anerkannt werden (vgl. European Agency for Development in Special Needs Education, 2012).

Brüsemeister verweist mithin auf eine Leere im Hinblick auf die Auseinandersetzung mit jenen Normen, die zum Beispiel durch die Modernisierungsaufforderung wie Inklusion aus der Zivilgesellschaft formuliert werden, und auf die damit einhergehenden Frage, »welchen Typus von Lehrkraft [...] die Gesellschaft [benötigt]« (Brüsemeister, 2020, S. 315). Daher müsste nach Brüsemeister den existierenden normativen Vorstellungen und Werten etwas Normatives entgegengesetzt werden. Daraus ergibt sich, dass die inklusive Bildungsreform nicht ohne neue Werte auskommt. Lütje-Klose und Neumann (2018) rekurrieren bei ihren Überlegungen zur Lehrer*innenbildung für Inklusion zunächst auf zwei grundlegende Professionalisierungsansätze, den ›kompetenzorientierten‹ (z.B. Baumert & Kunter, 2006) und den ›strukturtheoretischen‹ (z.B. Oevermann, 1996; Helsper, 2002). Basierend auf dem kompetenztheoretischen Modell betrachten sie die motivationale, volitionale und soziale Bereitschaft als wichtige Grundlage, um den Herausforderungen der inklusiven Bildung in der Praxis zu begegnen. Sie verweisen dazu auf das ›Profil der Lehrerbildung für Inklusion‹ der European Agency for Development in Special Needs Education und seine Struktur. In diesem Profil werden die Kompetenzbereiche als ›vier für Unterricht und Lernen zentrale Werte‹ (European Agency for Development in Special Needs Education, 2012) bezeichnet. Jeder der Werte basiert auf den jeweiligen ›Einstellungen und Überzeugungen, die dem Kompetenzbereich zugrunde liegen‹. Die Einstellungen und Haltungen werden als grundlegend für die Gestaltung der Handlungen seitens der Lehrpersonen erachtet. Die ›zentralen Werte‹ sind:

1. Wertschätzung der Diversität der Lernenden – Unterschiede werden als Ressource und Bereicherung für die Bildung wahrgenommen.
2. Unterstützung aller Lernenden – Lehrkräfte haben hohe Erwartungen an die Leistungen aller Lernenden.
3. Mit anderen zusammenarbeiten – Zusammenarbeit und Teamarbeit sind wesentliche Ansätze für alle Lehrkräfte.

4. Kontinuierliche persönliche berufliche Weiterentwicklung – Unterrichten ist eine Lehrtätigkeit und Lehrkräfte übernehmen Verantwortung für ihr lebenslanges Lernen (ebd.).

In den Ausführungen wird deutlich, dass es ohne die Förderung der dahinter liegenden Werte nur bedingt zu einem professionellen Handeln im Sinne derselben kommen wird. Insbesondere besteht die Gefahr, dass nicht ausgewiesen entwickelte oder wenig bewusste Werte durch die real existierende Praxis schnell überlagert werden, was das transformative Handeln erschwert. Das Profil für die Lehrer*innenbildung erkennt den Einstellungen und Haltungen zu den inklusiven Werten eine herausragende Bedeutung zu, sie wurden in jedem Kompetenzbereich als grundlegend erachtet (▶ Kap. 7.1).

Gemäß einem Inklusionsverständnis, das die Wertebasierung und den Prozesscharakter von Inklusion betont (z. B. Booth & Ainscow, 2017), verlangt das inklusive Handeln von Lehrpersonen eine Auseinandersetzung mit sich selbst wie auch mit Werten und theoretischen Modellen, auf die sich im pädagogischen Handeln bezogen werden muss (Ainscow, 2020). Die Wertebasierung spielt folglich in allen drei Konstrukten von Expertisen (Kaiser et al., 2020), dem technologischen Expertenwissen, dem handlungsleitenden Erfahrungswissen sowie dem kasuistischen Transformations- und Relationierungswissen eine bedeutende Rolle.

Bei Inklusion handelt es sich um ein menschenrechtliches Konzept (Allgemeine Erklärung der Menschenrechte, 1948, Kinderrechtskonvention, 1989, UNCRPD, 2006), das auf den drei grundlegenden Werten basiert, die stark von der französischen Revolution beeinflusst sind: Freiheit, Gleichheit und Brüderlichkeit. Nach Wocken (2021a) bilden diese Werte das Fundament für die inklusive Grundhaltung, im Sinne der Wertschätzung von Verschiedenheit, Anerkennung von Gleichheit und Wertschätzung von Gemeinsamkeit. Diese inklusiven Werte sollten die Haltungen der Lehrpersonen bestimmen und ihren Ausdruck in deren Praktiken finden. Ausgehend von den Grundprämissen der Allgemeinen Menschenrechtserklärung (UN-Vollversammlung, 1948) hat Wocken (2021a) Werte, Haltungen und Praktiken für eine inklusive Bildung im Sinne einer diversitätsgerechten Bildung für alle abgeleitet. Diese können als Ausgangspunkt für die Reflexion von Werten gelten, die in inklusiven Bildungssystemen verhandelt werden sollten. Diese wertebasierten Haltungen und Praktiken könnten eine grundlegende Orientierung für eine kulturpolitische Transformation im Bildungssystem darstellen, wenn sie in den Organisationen, Institutionen und Handlungsfeldern von allen Akteuren sozusagen reflektiert, in ihrer Bedeutung für Bildung und Bildungsansprüche ›ausbuchstabiert‹ (also in konkrete Handlungsleitlinien übertragen) und gemeinsam gelebt bzw. gepflegt werden.

Die Orientierung an diesen Leitgedanken der Gleichstellung und der Menschenrechte stellt das aktuelle Bildungssystem insbesondere in den deutschen Ländern vor enorme Transformationsherausforderungen. Mit dem Versuch einer Konkretisierung sollen ausgehend von dieser von Wocken (2021a) vorgelegten Systematik anschlussfähige Prämissen für die Bildungsrechte aller Menschen, für die daraus resultierenden Organisations- und Angebotsformen von Bildung und konkrete Leitlinien für die Praktiken (von Lehrpersonen) gezogen werden.

9 Transformationsanregungen: Curriculum und Hochschuldidaktik

Abb. 12: Inklusion: Werte, Haltungen und Praktiken – konkretisierte Schlussfolgerungen für die inklusive Bildungspraxis (abgeleitet aus der Systematik von Wocken, 2021a, S. 8)

Neben der Vermittlung von Wissen und Handlungskonzepten für die inklusive Bildung (im Sinne des technologischen Expertenwissens) bedarf es der Fähigkeit von angehenden Lehrpersonen »ihre eigene Arbeit unter Berücksichtigung inklusiver Werte zu reflektieren und zu entwickeln« (Lakkala & Kyrö-Ämmälä, 2021, S. 242). Lütje-Klose und Neumann (2018) gehen davon aus, dass Lehrpersonen im inklusiven Unterricht oft mit widersprüchlichen Anforderungen konfrontiert sind, die produktiv bearbeitet werden müssen. Im Sinne eines strukturtheoretischen Ansatzes und als kasuistisches Transformations- und Relationierungswissen (Kaiser et al., 2020) beschreiben sie diese Anforderungen als »Antinomien« des Lehrerhandelns. Besonders relevant sind hierbei die Spannungen zwischen »Nähe und Distanz«, also die Balance zwischen sozialer Nähe zu Schüler*innen und professioneller Distanz, sowie die »Differenzierungs-Antinomie«, die das Spannungsfeld zwischen Individualisierung und Vereinheitlichung der Erwartungen und Anforderungen im Unterricht beschreibt. Lehramtsstudierende sollten zudem zu einer Ableismus-kritischen biografischen Reflexion von Denk- und Handlungsschemata (Buchner, 2022) in Referenz zu den inklusiven Werten angeleitet werden. Nur so werden sie in die Lage versetzt, auch die kulturellen und strukturellen Formen des Ableismus im Bildungssystem zu erkennen und in den entstehenden Antinomien in ihrer alltäglichen Praxis im Sinne der Inklusion handlungsfähig zu bleiben.

Auch die Lehrenden in der Hochschulbildung müssen sich mit den Antinomien ihres Handelns auseinandersetzen. Sie sind keine geschichtslosen Figuren. Die biografischen Erfahrungen der Dozierenden mit Fremdheit, Diskriminierung, Differenzen und Ableismus prägen die Gespräche über Differenzen fortlaufend auf subtile Weise. Die Bestimmung der*des jeweils Andere*n wird nur im Zusammenhang mit der jeweils eigenen Position analysierbar. Dies kann durch die Arbeit mit bestimmten Fällen sowie in der Auseinandersetzung mit der eigenen Biografie erfolgen:

> »In [...] kasuistischen Seminaren kann ausgehend vom fremden Fall, die implizit bleibende Arbeit am eigenen Fall im Sinne einer Resonanz des fremden Falles im Eigenen angestoßen werden« (Helsper, 2018, S. 38).

Eine fundierte, menschenrechtlich begründete Wertebasis sowie ein transformatives Inklusionsverständnis scheinen angesichts der vielfältigen zu bewältigenden Spannungsverhältnisse und Antinomien in der Praxis, welche die angehenden Lehrer*innen in dem weitgehend an Selektion orientierten Bildungssystem in den deutschsprachigen Ländern erwartet, unabdingbare Voraussetzungen für eine professionell reflektierte Berufsausübung im Sinne der inklusiven Bildung zu sein. Wocken (2015) sieht daher den Bedarf an der Förderung eines »inklusionspädagogischen Ethos« (ebd., S. 208) bei Lehrpersonen, das in drei grundlegenden Werten für die Haltungen und Einstellungen fuße: der Verschiedenheit, der Gleichwertigkeit und der Gemeinsamkeit. Aus seiner Sicht ist Inklusion eine Werteentscheidung und sie müsse allen angehenden Pädagog*innen abgefordert werden (ebd., S. 211). Um aus dieser Werteentscheidung nicht eine Gesinnungsprüfung zu machen, könnte man doch sicherlich einen Konsens herstellen, dass es zur Berufsethik gehört, als Pädagog*in die eigenen Werte im Kontext der Menschenrechte kritisch zu reflektieren.

9.2 Anerkennung von Diversität durch Fairness in Leistungsrückmeldungen

Inklusiver Unterricht ist schlechthin das nicht limitierte Maß der Heterogenität der Schüler*innen und damit »bejahte und gewollte Heterogenität«, stellten Wocken und Antor (1987, S. 70) bereits früh heraus. Die Umsetzung eines solchen Unterrichts erfordert von allen Lehrpersonen im inklusiven Bildungssystem einen anerkennenden Umgang mit Diversität und den verschiedenen Formen von Heterogenität. Die Grundlage für »inklusives Denken« und Handeln ist offenbar eine Offenheit gegenüber den vielfältigen individuellen und kollektiven Lebenslagen und Lebensentwürfen der Heranwachsenden. Diese Offenheit verzichtet auf Abwertungen und bemüht sich, die unterschiedlichen Leistungen der Schüler*innen, die den schulischen Anforderungen entsprechend erbracht werden, nicht mehr mit einer Bewertung im Sinne von Auf- oder Abwertung zu verbinden (Prengel, 2022). Daraus würde in der letztendlichen Konsequenz ein Umgang mit Leistungsdifferenz von Schüler*innen resultieren, der individualisierte Bewertungen der einzelnen Schüler*innen in Abhängigkeit von Dispositionen und Entwicklung (indivualnormorientiert) statt Ziffernzensuren im Klassenvergleich (sozialnormorientiert) bevorzugt.

Nach Auffassung von Prengel (2022) verbergen sich hinter dem Heterogenitätsbegriff fünf verschiedene Perspektiven (▶ Abb. 13):

- Heterogenität als Verschiedenheit (*interkategoriale* Perspektive)
- Heterogenität als Vielschichtigkeit (*intrakategoriale* Perspektive; *intrapersonelle* und *intrakollektive* Perspektive; *intersektionale* Perspektive)
- Heterogenität als Veränderlichkeit (*transkategoriale* Perspektive)
- Heterogenität als Vernetztheit (*relational* kategoriale Perspektive)

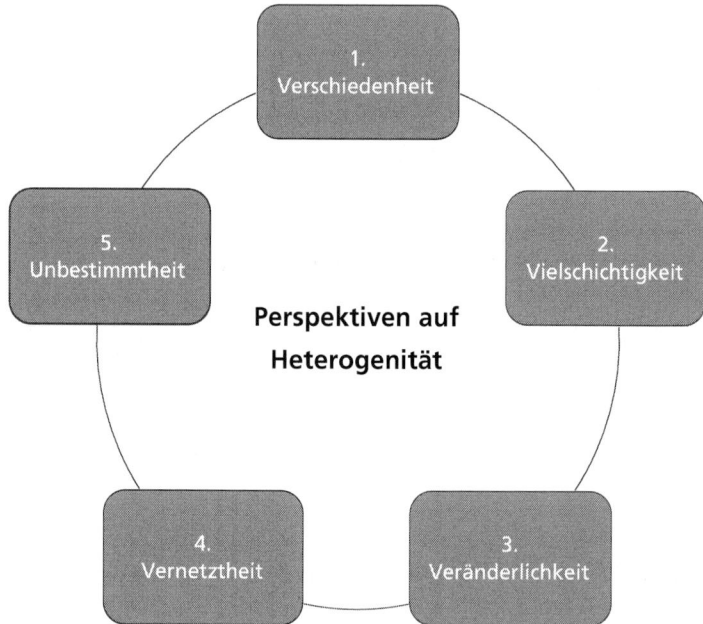

Abb. 13: Fünf Perspektiven der Heterogenität im Rahmen eines hierarchiekritischen und verschiedenheitsbezogenen Verständnisses, als Grundlage für die Thematisierung bzw. Dethematisierung von Heterogenität (eigene Darstellung; erstellt auf der Basis von Prengel, 2022)

Die im Bildungssystem vorrangig verwendeten Heterogenitätsdimensionen, die meist auf demografischen oder individuellen Perspektiven auf Heterogenität beruhen und Zwei-Gruppen-Theorien abbilden (z. B. mit oder ohne Migrationshintergrund, mit oder ohne Lernbeeinträchtigung), werden der Vielschichtigkeit der Individuen und Gruppen nicht gerecht. Sie bergen vielmehr das Risiko von Pauschalisierungen und Stigmatisierungen und stehen im Zusammenhang mit problematischen Normalitätssetzungen (ebd.). Diese wiederum führen zu oder verstärken ein erhöhtes Belastungserleben seitens der Lehrpersonen, das diese oftmals einseitig auf bestimmte Schüler*innenpopulationen oder eine erweiterte Heterogenität zurückführen – wenn zum Beispiel die Anzahl der Schüler*innen mit Migrationshintergrund zunimmt und automatisch angenommen wird, dass sich daraus Mehraufwand für die Lehrpersonen ergibt. Dieser entsteht jedoch aus der

Leistungsdifferenz (Differenzierung) oder aus der Mehrsprachigkeit (zusätzliche Sprachförderung), ist aber auch abhängig von der individuellen Bildungsbiografie und der Herkunft der Schüler*innen. Die Bedeutung der mangelhaften Rahmenbedingungen und fehlenden diversitätsangemessenen Konzepte im Bildungssystem werden von den Lehrpersonen erkannt; da sie jedoch weniger Einfluss darauf nehmen können, kommt es zur ablehnenden Haltung gegenüber der inklusiven Bildung. Damit wird zunächst in den fehlenden Rahmenbedingungen die Ursache gesehen und die eigenen Möglichkeiten der Adaption von Organisation der Lernangebote werden nicht ausreichend erkannt.

> »Neben dem allgemeinen beruflichen Stressempfinden spielen Alltagstheorien und Bewertungsgewohnheiten, geteilte Zuschreibungspraktiken und Diskurse über Migration, aber auch institutionelle Sortiermechanismen als Faktoren eine besondere Rolle dafür, dass anscheinend spezifische Schüler:innengruppen das eigene professionelle Wirksamkeitserleben und die professionellen Einstellungen, Werthaltungen und Selbstverortungen von Lehrpersonen beeinflussen können (s. für einen Überblick für die Lehrer:innenbildung: Emmerich & Moser 2020)« (Grannemann et al., 2022, S. 7).

Jegliche sich erschwerend auswirkenden Phänomene im Bildungsprozess, die unter dem Begriff von Heterogenität abgehandelt werden, haben jedoch allseitige, vielschichtige Ursachen und erfordern in der Regel einen ganzheitlichen, multiperspektivischen und interdisziplinären Zugang zu Lösungen (z. B. der Umgang mit problemauslösendem Verhalten von Schüler*innen in Schulklassen).

So verweist Prengel (2022) darauf, dass jede pädagogische oder diagnostische Aussage über einzelne Schüler*innen nur iterativ, also vorläufig sein kann. Unter dem Aspekt der Vernetztheit müssten dialogische und dynamische Prozesse berücksichtigt werden, die sich aus den unterschiedlichen Kontexten und Lebenswelten der Schüler*innen ergeben. Das verweist darauf, dass grundlegende Relationen und Zusammenhänge, also zum Beispiel die individuelle Passung zwischen Unterrichts- bzw. Lernangebot und dem Entwicklungsniveau bzw. Zugang von Schüler*innen, bei der inklusiven Bildung stärker beachtet werden müssen, um Unter- und Überforderung zu vermeiden. Unter der fünften Perspektive fasst Prengel so auch den Aspekt der Unbestimmtheit, weil die Diversität der Schüler*innen es weitgehend verunmöglicht langfristige Prognosen für die zukünftige Entwicklung aufzustellen. Es muss anerkannt werden, dass die Lernenden von einer Pluralität und Verschiedenheit gekennzeichnet sind, die sich *nicht* in hierarchischen Vorstellungen von fachbezogenen Leistungsstandards (interne Selektion) oder Schulform-Gliederungen (äußere Selektion) abbilden lassen (ebd.).

Die verschiedenen Perspektiven auf Heterogenität erfordern, dass Lehrkräfte unterschiedliche Leistungen der Schüler*innen in einem Lern- oder Leistungsbereich nicht pauschal auf- oder abwerten. Die Leistungen sollten weder hierarchisch gegeneinander geordnet noch ausschließlich in einem sozialnormorientierten Vergleich als besser oder schlechter eingestuft werden (ebd.). Die schulischen Leistungen und deren Bewertung, etwa in Form von Noten, sind an die standardisierten Leistungserwartungen eines selektionsorientierten Bildungssystems gebunden, wie sie beispielsweise durch jahrgangsbezogene Bildungspläne vorgegeben werden. Diese Standards werden der Vielfalt der Schüler*innen jedoch nicht gerecht. Als offizielle Vertreter*innen des Bildungssystems stehen Lehrkräfte unter gesetzlichen Vorgaben und Vorschriften, die Anforderungen an ihr Handeln stellen. Diese Vorgaben erschweren es oft, das Spannungsverhältnis zwischen den individuellen Lernentwicklungen und Bedürfnissen der Schüler*innen einerseits und den standardisierten Leistungsanforderungen andererseits im Sinne eines inklusiven Bildungsverständnisses zu gestalten. Dennoch haben sie als Akteur*innen Einflusspotenziale und Handlungsspielräume, die im Sinne der Bildungsverläufe der einzelnen Schüler*innen und der inklusiven Bildung genutzt bzw. ausgefüllt werden sollten.

> »In gesellschaftlichen Sphären, auch im Bildungswesen, haben beteiligte Akteure zu klären, welche Formen der Hierarchisierung als dysfunktional und undemokratisch einzuschätzen sind und vermindert werden sollten und welche Aspekte von Hierarchiebildungen vorläufig oder dauerhaft als akzeptabel gelten sollten. Dazu gehört, dass sich im Schulwesen die Überbetonung einer hierarchisierenden und selektierenden Leistungsbetonung als dysfunktional erweist, weil sie einen Teil der Lernenden systematisch entmutigt und so ihre Leistungsentwicklung beschädigt [...]« (ebd., S. 40).

Der immanente Widerspruch zwischen den standardisierten Leistungsanforderungen und Bewertungssystemen im Schulsystem und einer neutralen und fairen Beurteilungspraxis sollte in der Lehrer*innenbildung thematisiert werden. Die Notwendigkeit einer Berücksichtigung und Reflexion der Bewertungspraxis sehen auch Cerna et al. als erforderlich an:

> »[E]ine faire Beurteilung von Schüler*innen ist tendenziell ein wichtiger Bereich für die berufliche Entwicklung von Lehrer*innen, um inklusive Beurteilungspraktiken zu gewährleisten und Beurteilungsfehler zu vermeiden. Die Bewertung sollte auf die Bedürfnisse bestimmter Gruppen wie kultureller Minderheiten, Schüler*innen, deren Muttersprache nicht die Unterrichtssprache ist, und Schüler*innen mit besonderem pädagogischen Förderbedarf abgestimmt sein« (Cerna et al., 2021, S. 37; Übers. d. Verf.).

Die schulischen Bildungspläne legen selektive, meist fachbezogene Kompetenzen fest, die als formale Schulbildung durch politische Entscheidungen definiert sind. Sie berücksichtigen dabei nur unzureichend eine Vielzahl anderer Schlüsselkompetenzen und Entwicklungsbereiche wie soziale Kompetenzen (etwa Empathie und Fürsorglichkeit), Interaktionsfähigkeiten oder individuelle Begabungen im musischen oder künstlerischen Bereich. Dadurch werden Leistungen und Kompetenzen in bestimmten Fächern oder Lernbereichen im Sinne von Abschlüssen und Noten verwertbar, während andere Bereiche in der schulischen Bildung weniger Anerkennung finden. Dies zeigt sich beispielsweise bei mehrsprachigen Schüler*innen: Während der Erwerb einer Fremdsprache bei allen Schüler*innen positiv durch Noten bewertet wird, wird familiär bedingte Mehrsprachigkeit oft als Nachteil für den Erwerb der Zweitsprache Deutsch angesehen. In den wenigsten Schulen haben diese Kinder und Jugendlichen die Möglichkeiten ihr kulturelles Kapital der Erstsprache im Sinne von Bildungsabschlüssen zu verwerten (z. B. indem Russisch oder Türkisch als Unterrichtsfach angeboten wird).

Die Frage nach der Fairness von Leistungsbeurteilungen erfährt insbesondere in einem diversitätsgerechten Bildungssystem eine veränderte Gewichtung. Daher bedarf es in Lehrer*innenbildung und -fortbildung der Thematisierung von Alternativen zu der standardisierten, sozialnormorientierten Leistungsbewertung, die in diversitätsanerkennenden Perspektiven gründen (Portfolios, individuelle Lernentwicklungsberichte etc.). Zudem sollten den Lehramtsstudierenden Optionen aufgezeigt werden, um sie für die Diskrepanzen zwischen dem Anspruch auf ein inklusives Bildungssystem und der vielerorts noch gängigen unvollendeten Praxis zu sensibilisieren sowie auf das Handeln in diesen Antinomien vorzubereiten – insbesondere weil es, wie bereits an anderer Stelle ausgeführt, den meisten angehenden Lehrer*innen häufig an bildungsbiografischen Erfahrungen im Umgang mit inklusiver Bildung und den verschiedenen Diversitätsfacetten mangelt (Veber et al., 2015). Sie müssen sich als angehende Lehrpersonen zu Formen des Umgangs mit Heterogenität und Diversität positionieren und eine Haltung ausbilden (ebd.).

Aus menschenrechtsorientierter Perspektive »stehen Exklusionsprozesse und Leistungsselektion unter einer Begründungspflicht. Für wen wird warum welcher Bildungsweg festgeschrieben, angebahnt, verweigert?« (Danz & Sauter, 2020, S. 14). Angelehnt an diese Fragestellungen müssen die Selektionsmechanismen und mithin die Beurteilungspraktiken im Bildungssystem im Sinne demokratischer Werte reflektiert werden. Zudem sollten sie im Hinblick auf die langfristigen Effekte für die gesellschaftliche Teilhabe kritisch hinterfragt werden (ebd.). Die Lehrer*innenbildung muss hier experimentelle Felder schaffen und Wege aufzeigen, die es den angehenden Lehrpersonen ermöglicht, Prinzipien, Formen und Methoden diversitätssensibler und -gerechter, fairer Leistungsrückmeldungen an die Schüler*innen zu erlernen und zu praktizieren – selbst wenn dies im aktuellen Bildungssystem noch nicht allerorts von ihnen erwartet wird. Insbesondere indem die Hochschulen selbst eine stärker diversitätsorientierte Leistungserfassung und -bewertung im Studium und den Prüfungen praktizieren, könnten sie wiederum dem modellhaften Charakter eines Whole-University-Approaches entsprechen.

9.3 Eine Identität als transformative und inklusive Lehrkraft

Die berufliche Realität von Lehrer*innen ist mehr denn je in einem schnelllebigen und sich verändernden Kontext angesiedelt, wobei die Pandemie ein extremes Beispiel für die Unterbrechung des normalen Schulalltages war (Suarez & McGrath, 2022).

> »Eine gut entwickelte berufliche Identität der Lehrpersonen, die sich aus ihren Überzeugungen und Wahrnehmungen über sich selbst und ihrer Rolle als Lehrpersonen zusammensetzt, ist wichtig, um mit diesen vielfältigen Erwartungen und Veränderungen umzugehen (Alspup, 2004) und ein qualitativ hochwertiges Lehren zu gewährleisten (Trent, 2019; Özer et al., 2021; Korthagen, 2004). Daher ist es wichtig, die Entwicklung der beruflichen Identität der Lehrkräfte (Teacher Professional Identity TPI) wertzuschätzen und zu unterstützen« (ebd., S. 6).

Das Konzept der Berufsrollenidentität umfasst dabei nach Hanna et al. (2019) sechs Domänen. Diese wurden auf der Basis einer Sekundärerhebung von 20 internationalen Studien erfasst (ebd.; Übers. d. Verf.):

1. Selbstbild: wie der Einzelne sich als Lehrer*in sieht und fühlt
2. Motivation: der Antrieb, Lehrer*in zu sein oder zu werden
3. Engagement: die Hingabe an das Lehrer*in-Sein
4. Selbstwirksamkeit: der Glaube an die eigene Fähigkeit, die Lehrtätigkeit effektiv durchzuführen
5. Aufgabenwahrnehmung: die Überzeugungen eine Lehrer*in dazu, was guter Unterricht ist
6. Arbeitszufriedenheit: wie die Lehrperson über die Institution denkt, für die sie arbeitet

Alle diese Domänen lassen sich im Hinblick auf die inklusive Bildung ausformulieren. Laut einer Studie über Teacher Professional Identity (Karousiou et al., 2019) beeinflussen die Berufsrollenidentitäten von Lehrkräften nicht nur ihre Unterrichtspraktiken, sondern auch die Art und Weise, wie sie bildungspolitische Maßnahmen interpretieren und umsetzen. Die Studie zeigte, dass Lehrpersonen sich, wenn sie ihre berufliche Identität, ihre Werte und ihre Erfahrungen durch eine bestimmte Bildungspolitik bedroht sehen, gegen Veränderungen wehren und deren Umsetzung behindern werden (ebd.). Angesichts dieser Erkenntnisse kommt der Anbahnung einer inklusionsorientierten professionellen Berufsrollenidentität eine herausragende Bedeutung für die Transformationsprozesse zu einem inklusiven Bildungssystem zu – insbesondere in jenen Ländern und Regionen, in denen die angehenden Lehrer*innen nach ihrer (Aus-)Bildung auf ein weitgehend unverändert bestehendes, segregiertes und stratifiziertes Bildungssystem treffen.

Eine Studie aus Baden-Württemberg (Derscheid, 2019), in der Sonderpädagog*innen und Regelschullehrpersonen an Gemeinschaftsschulen befragt wurden, konnte aufzeigen, dass sich die Berufsrollen und -bilder trotz der weitgehenden Beibehaltung der professionsspezifischen Unterschiede im Aufgabenprofil von Sonder- und Regelpädagog*innen durch die veränderte Organisationsform und die Teamarbeit im inklusiven Unterricht verändert haben:

> »Sowohl das Berufsbild der sonderpädagogischen als auch der Gemeinschaftsschullehrkräfte erfährt im Zuge der Einführung der Gemeinschaftsschule als inklusive Schulart eine Transformation: Beide Berufsbilder verändern sich zu einem Lernbegleiter« (ebd., S. 356).

Ein kooperatives Aufgabenprofil wäre für beide Berufsgruppen wünschenswert, jedoch ist dies aufgrund der ungünstigen Arbeitsbedingungen für sonderpädagogische Lehrkräfte oft schwer umsetzbar. Dazu gehören interne Faktoren wie unzureichende Kooperationskompetenzen der Lehrkräfte sowie externe Faktoren wie die geringe Anwesenheit von sonderpädagogischen Lehrkräften im Unterricht (ebd.). Diese Beispiele verdeutlichen, dass sich die Bedingungen in der schulischen Praxis und in der Lehrer*innenbildung wechselseitig beeinflussen und die Berufsrollenidentität formen. Inklusive Praxis kann eine transformativ orientierte, inklusive berufliche Identität stärken, wenn die Rahmenbedingungen den Anfor-

9.3 Eine Identität als transformative und inklusive Lehrkraft

derungen und Aufgaben in der Praxis angemessen sind. Sind die Rahmenbedingungen jedoch problematisch, besteht die Gefahr, dass eine im Studium entwickelte inklusionsorientierte Berufsidentität unter den schwierigen Praxisbedingungen nur wenig nachhaltig bleibt. Angehende Lehrkräfte sollten sich daher mit den Voraussetzungen für gelingende inklusive Praxis auseinandersetzen und idealerweise Schulen mit qualitativ hochwertiger inklusiver Praxis kennenlernen.

Dabei sollten Lehrer*innen als autonom handelnde Professionelle gesehen werden und nicht nur als Exekutive von auferlegten Agenden (Suarez & McGrath, 2022). Die Verfasser eines Working Papers der OECD zur Berufsrollenidentität stellen heraus, dass es sich dabei um einen Prozess von kontinuierlicher Transformation und Rekonstruktion des Berufsrollenverständnisses handelt. In einem holistischen Modell (▶ Abb. 14) werden einige wesentliche Einflussfaktoren und unterschiedliche Dynamiken und Interaktionen dargestellt, welche die Entwicklung und das Entstehen einer Berufsrollenidentität beeinflussen.

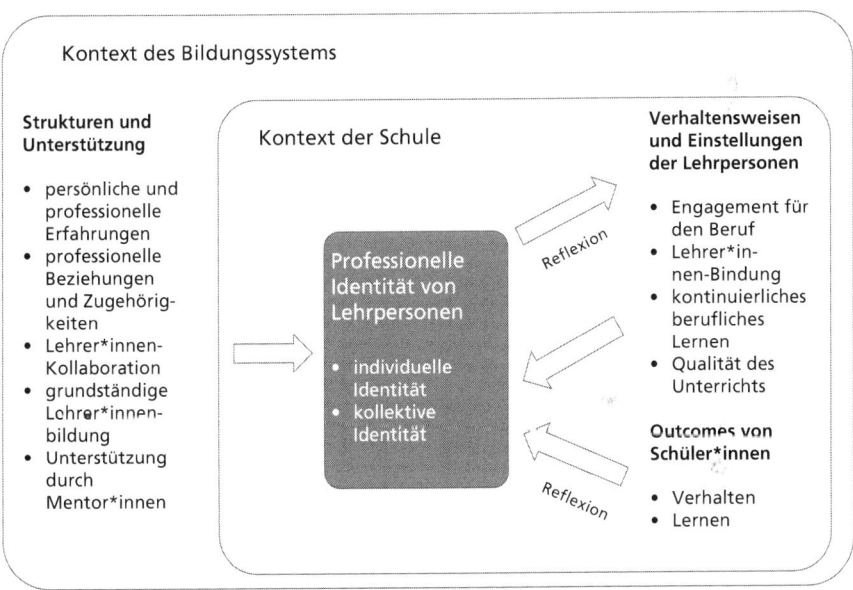

Abb. 14: Teacher Professional Identity (TPI) development and outcome model (Suarez & McGrath, 2022, S. 9; Übers. d. Verf.)

Das TPI-Modell zeigt, welche verschiedenen Sphären die kollektive und individuelle berufliche Identität beeinflussen. Dazu gehören die institutionelle Ebene, etwa die Schulform, an der man zukünftig arbeiten möchte, einschließlich ihrer Ausstattung. Ebenso wirkt der soziokulturelle Kontext, wie die Schülerschaft, für die man sich verantwortlich fühlt, oder deren gesellschaftlicher Status. Die Gruppenzugehörigkeit, wie die Zugehörigkeit zu einem bestimmten Lehramt (z. B. Gymnasial- oder Sonderpädagog*in), spielt ebenfalls eine Rolle. Hinzu kommen die persönlichen und professionellen Erfahrungen im Bildungssystem, sowohl als Schüler*in wie auch als Lehrperson. Schließlich beeinflusst auch die Unterstützung durch das Umfeld, etwa durch Kolleg*innen, die Schulleitung oder andere inner- und außerschulische Unterstützungssysteme und -partner*innen, die Entwicklung der beruflichen Identität. Die Entwicklung der Berufsrollenidentität ist als berufsbiografischer Prozess angelegt, verläuft über alle Phasen der Lehrer*innenbildung und wird in der schulischen Praxis fortgesetzt. Für die Entwicklung einer inklusiven professionellen Identität scheint es unabdingbar, dass in allen Referenzbereichen Identitätsangebote gemacht werden oder vorzufinden sind.

Die kollektive berufliche Identität wird als eine Subidentität der Berufsrollenidentität gesehen, die komplementär zur individuellen Berufsrollenidentität ist:

> »Verschiedene Autoren erwähnen neben anderen Teilidentitäten eine Identität, die sich aus gemeinsamen Erfahrungen mit Bezugsgruppen ergibt, denen man angehört (Graven und Lerman, 2003; Gee, 2000; Davey, 2013). Wenn Davey (2013) also von beruflicher Identität spricht, meint er, dass diese notwendigerweise ein Gefühl der Zugehörigkeit und Identifikation mit einer Gruppe impliziert, der gegenüber man sich verpflichtet fühlt, und nennt sie kollektive berufliche Identität« (Suarez & McGrath, 2022, S. 10; Übers. d. Verf.).

Die kollektive berufliche Identität kann sich an dem Zugehörigkeitsgefühl einer individuellen Lehrperson zu allen Lehrpersonen innerhalb der Gesellschaft ausrichten, an der Gruppe der Lehrer*innen mit einem spezifischen Fach oder an dem Kollegium einer bestimmten Schule in Abgrenzung zu dem Rest des Bildungssystems (ebd.) oder an anderen Gruppen. So hat der studierte Lehramtstyp ebenfalls einen Effekt auf die professionelle Identität. In diesem Sinne sollte die Struktur von differenten Lehramtstypen im Hinblick auf das Potenzial für eine transformative, inklusive Berufsrollenidentität hinterfragt werden. Zudem werden weitere Teilaspekte, die in dem Modell nicht abgebildet sind, als wesentlich für die Berufsrollenidentität beschrieben: zum Beispiel die Berufszufriedenheit und die Selbstwirksamkeitserwartung (ebd.), die wie bereits ausgeführt in der inklusiven Bildung ebenfalls eine Rolle spielen. Die Berufsrollenidentität wiederum beeinflusst die Entscheidungen bezüglich der Art des Unterrichtens und den Zugang zur Fort- und Weiterbildung.

An dieser Stelle soll daher erneut auf die Bedeutung von advokatorischen Gruppen im Sinne einer Lobby für die Inklusion hingewiesen werden (▶ Kap. 6.8). So könnten zum Beispiel Studierendengruppen zu der Thematik bereits an den Hochschulen wichtige Impulse für die inklusive Berufsrollenidentität geben. Zudem wäre zu überlegen, ob man in den Denominationen der Studiengänge nicht den Begriff der Inklusion oder den der Diversität (z. B. Lehramt für inklusive Pädagogik in der Primarstufe mit einer entsprechenden Vertiefungsoption) aufgreifen sollte, um so einen Beitrag zu einer kollektiven inklusiven professionellen Identität zu leisten. Studierende in den Lehramtsstudiengängen entwickeln während ihres Studiums bereits eine Vision von ihrer Berufsrollenidentität, sie entwickeln ihre Einstellungen, beliefs, und die Vorstellung von ihrer angehenden Rolle als Lehrperson.

Es wird ein erhebliches Defizit an Forschung dazu konstatiert, wie eine professionelle Identität bei Lehrpersonen entwickelt und gestärkt werden kann (ebd.). Insbesondere mangele es an international vergleichenden Studien, quantitativen Erhebungen und Forschung zur Relevanz und Entstehung von kollektiven Berufsrollenidentitäten (ebd.).

»Für eine gut entwickelte Identität ist die Reflexion der Lehramtsstudierenden über ihre Vorstellungen vom Beruf während der universitären Erstausbildung besonders wichtig und Lehrerausbilder*innen spielen dabei eine äußerst wichtige Rolle (Lim, 2011; Opfer, 2016; Rodrigues and Mogarro, 2019)« (Suarez & McGrath, 2022, S. 13; Übers. d. Verf.).

Was braucht es also für die Entwicklung eines inklusiven Berufsrollenverständnisses? An dieser Stelle muss es bei Spekulationen bleiben, denn das Feld ist aktuell noch nicht ausreichend erforscht. Dennoch scheint sich aus den vorliegenden Forschungserkenntnissen zu ergeben, dass in allen genannten Einflussbereichen Potenziale für eine inklusive professionelle Identität und damit für die inklusive Transformation des Bildungssystems stecken, die bei der Gestaltung der Lehramtsausbildung stärker berücksichtigt werden sollten – zum Beispiel indem man in den schulpraktischen Studien (im Rahmen des in ▶ Kap. 10 eingeführten Modells für die Lehrer*innenbildung) inklusive Profilbereiche zur Vertiefung von Expertisen ermöglicht. So könnten die Studierenden der stufenbezogenen Lehrämter durch eine Verknüpfung von zwei Entwicklungs-/Entfaltungsbereichen und der diesbezüglichen schulpraktischen Erfahrung in einem Schulpraxissemester ein ›inklusives‹ Lehramt abschließen (siehe ebd.). Die Optionen der Förderung eines inklusiven Berufsrollenverständnisses sollten geprüft, reflektiert und erforscht werden. So könnte das Berufsrollenverständnis zum Beispiel nach der Vollendung der Lehramtsstudiengänge erhoben werden (z. B. für die Sonderpädagogik oder das Gymnasium), um differente Effekte im Vergleich von unterschiedlichen Ausbildungsmodellen zu analysieren. Insbesondere ein Vergleich zwischen sogenannten ›merged models‹ (Pugach & Blanton, 2009) und Modellen mit getrennten Lehrkräftebildungsgängen für Regel- und Sonderpädagogik würde wichtige Erkenntnisse für die strukturelle Anlage des Lehramts liefern können. Außerdem erscheint es wichtig, die Effekte einer inklusionsorientierten Berufsrollenidentität im Hinblick auf ihre Praxisrelevanz (insbesondere in konträren, segregierenden und inklusiven Praxissettings) zu untersuchen.

Auf der Basis der ausgeführten theoretischen Annahmen zur Entstehung einer Berufsrollenidentität scheint es nur möglich, durch nicht selektiv organisierte und die relevanten Kompetenzen der inklusiven Bildung umfassend integrierende Lehramtstudiengänge (Stayton & McCollum, 2002; Pugach & Blanton, 2009; Merz-Atalik, 2017) das Ziel einer inklusiven professionellen Identität in einem Maße zu erreichen, das für die Transformation eines für alle Lernenden inklusiven Bildungssystems förderlich ist.

9.4 Inklusion: Querschnittsthema und Impuls für disziplinäre Relationierung

Die Erkenntnis, dass alle Pädagog*innen und Lehrpersonen an der Entwicklungsaufgabe eines inklusiven Bildungssystems und von inklusiven Lernumgebungen für alle Lernenden gleichwertig und mit gleicher Verantwortung eingebunden sein sollten, nimmt an den Hochschulen zu. In diesem Zusammenhang ergibt sich an einigen Hochschulen der Trend, den Entwicklungsstand der rein additiven und zudem im ECTS-Umfang limitierten Lehrangebote zum Thema Inklusion im Interesse eines stärker querschnittlich angelegten Themenfeldes in allen Studienbereichen zu verankern. Man muss jedoch konstatieren, dass

> »[n]icht nur studiengangslogistisch, sondern auch professionstheoretisch und hochschuldidaktisch [...] die Multiparadigmatik [der verschiedenen Studienfächer im Lehramtsstudium] für die standortbezogene Konzeptionalisierung des lehrer*innenbildenden Curriculums vielfache Herausforderungen [birgt] – insbesondere, wenn hier zudem noch der Inklusionsanspruch als Querstruktur mitgedacht werden soll (Heinrich & Streblow, 2019)« (Braksiek et al., 2022, S. 6).

Seit vielen Jahren wird die generelle starke Zersplitterung der Fächer im Lehramtsstudium kritisiert (Terhart, 2007) und eine stärkere Kohärenz der Studieninhalte, der Theorie- und Praxisanteile sowie der drei aufeinander folgenden Ausbildungsphasen (Studium, Referendariat, Fortbildung) gefordert. Cramer (2020) unterscheidet zwischen ›formell-institutioneller Kohärenz‹ (die durch graduelle Steuerung beeinflusst werden kann) und ›informell-individueller Kohärenz‹ (die sich weitgehend der Steuerung entzieht). Die Kritik an mangelnder Kohärenz fokussiert meist auf die formell-institutionelle Ebene. Sollen beide Aspekte berücksichtigt werden, stellt sich jedoch einerseits die Frage, wie die Hochschulen curriculare Kohärenz im Studium herstellen können, und andererseits, wie Studierende ihr Wissen und ihre Kompetenzen über die verschiedenen, teils widersprüchlichen Elemente hinweg verknüpfen können. In der inklusionsorientierten Lehrer*innenbildung wurde an einigen Hochschulstandorten lange Zeit – und teilweise bis heute – versucht, größere Kohärenz durch eine additive Verknüpfung bereits bestehender disziplinärer Ansätze wie Sonderpädagogik und Fachdidaktik zu erreichen – allerdings ohne dass die bestehenden Konfigurationen grundlegend verändert wurden.

Die organisationale Herstellung der Rahmenbedingungen im Sinne ›formell-institutioneller Kohärenz‹ kann nach Cramer (2020) das Herausbilden ›informell-individueller Kohärenz‹ zwar unterstützen, aber nicht ersetzen. Auch wenn beide Grundformen der Erreichung verschiedener Ziele zuträglich sein könnten, sei nur die ›informell-individuelle Kohärenz‹ als Aspekt von Meta-Reflexivität ein Merkmal individueller Professionalität. Hier kommt eine grundlegende professionelle Kompetenz ins Spiel, deren Erwerb ebenfalls im Studium angelegt werden sollte: die Fähigkeit zur Relationierung.

> »Relationierung wird zum zentralen Moment informell-individueller Kohärenzherstellung: Von einer dritten Ebene (third space) aus kann derselbe Gegenstand ohne Verletzung der Axiomatik der jeweiligen Perspektiven (z.B. Begrifflichkeiten, Geltungsansprüche) betrachtet werden. Relationierung ist der meta-reflexive Akt, denselben Gegenstand aus unterschiedlichen Perspektiven zu betrachten, (In-)Kongruenzen zu erkennen und sich der eingenommenen Perspektive bewusst zu sein (Cramer, Harant, Merk, Drahmann & Emmerich, 2019)« (ebd., S. 271).

9.4 Inklusion: Querschnittsthema und Impuls für disziplinäre Relationierung

Einige Autor*innen empfehlen eine stärkere Verankerung der Inklusion als Querschnittsthema. Studieninhalte zum Umgang mit Heterogenität und zur Inklusion sollten so

> »als Querschnittsthema angelegt und klar im Curriculum verortet sein. Die Bildungswissenschaften und Fachdidaktiken stellen für den Erwerb von inklusionsorientierten Kompetenzen die Schlüsseldisziplinen dar und daher sollte insbesondere in ihnen Inklusion als Querschnittsthema behandelt werden« (CHE et al., 2022, S. 3).

Nach Moser (2018) sollten die inklusionsbezogenen Inhalte nicht als abgekoppelte Lehrinhalte vermittelt werden, sonst seien sie gegebenenfalls kontraproduktiv. Sie empfiehlt daher

> »eine Integration dieser Themenstellungen in das komplette Lehrangebot der Bildungswissenschaften (Allgemeine Didaktik, Beratung, Diagnostik, Schulentwicklung, Teamarbeit), Fachwissenschaften (Bildungsstandards und Kompetenzniveaus) und Fachdidaktiken (heterogenitätssensible Aneignung von Bildungsgegenständen) zu favorisieren« (Moser, 2018, S. 289).

In vielen Bundesländern und Hochschulen weisen die Lehramtscurricula eher eine bruchstückhafte Vermittlung inklusionsbezogener Kompetenzen auf (Moser, 2018).

> »Erst wenn die oben angedeuteten Thematisierungen nicht ausschließlich in einem sogenannten Inklusionsmodul, sondern querschnitthaft in den erziehungs- und bildungswissenschaftlichen sowie fachdidaktischen Zugängen aufgegriffen werden, *erhalten die Studierenden die Möglichkeit, die komplexe und inhaltlich-curricular konsistente Perspektive kennen zu lernen.* Dies erfordert nicht nur eine intensive Zusammenarbeit innerhalb der Universitäten, sondern auch eine Konturierung sonderpädagogischer Fachinhalte in ihrer Relation zu den weiteren beteiligten Fachdisziplinen« (Hackbarth et al., 2019, S. 94; Hervorh. d. Verf.).

Über das Konzept der Querschnittskompetenz hinaus fordert die Entwicklung der Lehramtsstudiengänge im Sinne eines ›merged model‹ (▶ Kap. 5.2.1) zudem eine ausgewiesene Konsistenz des Inklusionszugangs und -verständnisses. Dies lässt sich nur im Zusammenhang mit umfassenden curricularen Reformen der Lehramtsstudiengänge gewährleisten,

> »in denen Leitideen wie der positive und kompetente professionelle Umgang mit Heterogenität oder einer inklusionsorientierten Gestaltung von Lernumgebungen und -angeboten als Ziel für alle Studienbereiche im Lehramt gefasst ist, [und dadurch] dass diese Leitidee als fächer- und disziplinübergreifende Querschnittsthemen im Sinne der Kohärenz des Studiums konzeptualisiert werden. Die Aufgabe muss als Herausforderung an alle beteiligten Disziplinen innerhalb der Lehrerinnen- und Lehrerbildung gesehen werden« (Merz-Atalik, 2018c, S. 8).

Ob eine »Konturierung der sonderpädagogischen Inhalte in den anderen Fachdisziplinen« unabhängig von einem engen Inklusionsbegriff möglich ist, bleibt fraglich. Dies gilt besonders dann, wenn der Diskurs nur als ko-konstruktiver Austausch zwischen den Disziplinen der Regel- und Sonderpädagogik angelegt ist und möglicherweise von Formen der institutionellen »Besitzstandswahrung« geprägt wird (▶ Kap. 6.7). Die gesamten am Lehramtsstudium beteiligten Fächer und Disziplinen, jene mit und ohne Erfahrungen in Forschung und Lehre zu Inklusionsthemen, sollten in einen Austausch treten,

»um zu erarbeiten, wie das jeweilige Fach auf inklusive Prämissen auszurichten ist. […] [Diese Kooperation] trägt zum Hinterfragen eigener fachlicher und fachdidaktischer Selbstverständlichkeiten bei und unterstützt somit sowohl den angestrebten Reflexionsprozess der Studierenden als auch der Dozierenden. Solche kooperativen Prozesse erscheinen als existenziell, um ein langfristiges Umdenken in den Fächern und Fachdidaktiken zu erreichen« (Patzer et al., 2020, S. 153).

9.5 Professionelles Lernen in inklusiven Kontexten

9.5.1 Inklusive Schulpraxis

»Die Qualität, Dauer und das Timing der Schulpraxis« (Darling-Hammond, 2012, S. 137) haben nachgewiesenermaßen einen großen Einfluss auf den Kompetenzerwerb von Lehramtsstudierenden. Die Autorin verweist in ihrem Artikel zur Qualitätssicherung in der Lehrer*innenbildung in den USA auf vielfältige Studien (vorwiegend aus den 1980er und -90er Jahren), die Evidenzen in Bezug auf den Kompetenzzuwachs für folgende *Organisationsmerkmale von Schulpraktika* aufzeigen konnten (ebd., S. 137):

1. Studienangebote, die mit direkten Praxiserfahrungen verknüpft waren, hatten einen größeren Kompetenzzuwachs zu verzeichnen, wenn die Studierenden ihre »Seminararbeit in Realzeit anbinden konnten an praktische Möglichkeiten in Klassen«.
2. Zeitlich direkt nach Schulpraxiserfahrungen einsetzende Studienangebote waren hervorstechender in Bezug auf den Kompetenzerwerb als jene, in denen die Theorie in vollkommener Abwesenheit von Praxis vermittelt wurde.
3. Frühe Praxiserfahrungen führten zu einer besseren Performance in Bezug auf die Unterrichtsmethodik innerhalb von Studienangeboten.
4. Die Begleitung bzw. das Monitoring während der Schulpraxisphasen hatte einen entscheidenden Einfluss auf den Kompetenzzuwachs.
5. Eine längere Dauer der Schulpraxisphasen beeinflusste die eigene Lehrpraxis der Studierenden sowie ihre Sicherheit in derselben positiv.
6. Die Praxisangebote sollten jedoch sorgfältig strukturiert und Praxisorte im Hinblick auf den Modellcharakter und die Qualität der Praxis gewählt werden (im Sinne der Professional Development Schools, die in enger Kooperation mit der Wissenschaft an ihrer Qualität arbeiten).

Von einer qualitativ hochwertig begleiteten inklusiven Schulpraxis im Studium können durch die Erfahrungen und das angeleitete Mentoring auch positive Effekte auf die Fähigkeit zum kollaborativen Problemlösen erwartet werden (Griffin et al., 2006, S. 44). Dies wiederum könnte sich nachhaltig positiv auf eine kooperativ verantwortete Lern- und Unterrichtsplanung auswirken, zum Beispiel im Kontext von Team- oder Co-Teaching.

Es besteht jedoch in den Praktika auch die Gefahr eines unkritischen »Imitationslernens« (Rothland & Boecker, 2014, S. 386), die sich gegebenenfalls besonders in inklusiven Settings zeigt, da die Studierenden über wenig oder gar keine Vergleichsmöglichkeiten oder Referenzbeispiele verfügen. Einschlägige nationale und internationale Studien belegen (u. a. Afshordel, 2014; Schwab, 2014; Dumke et al., 1989; forsa, 2017; 2020; Seifried, 2015; Feyerer et al., 2014), dass insbesondere Praxiserfahrungen aus der eigenen Schulzeit in inklusiven Settings die Einstellungen und Selbstwirksamkeitserwartungen deutlich zugunsten von Inklusion verändern.

> »Lehrpersonen können in Deutschland – mit bundeslandspezifischen Divergenzen – allerdings nur selten auf gewachsene bildungs- oder berufsbiografische Erfahrungen in inklusiven Handlungsfeldern zurückgreifen, insbesondere wenn sie im Sekundarstufenbereich tätig sind (Döbert & Weishaupt, 2013; Kaiser, 2019)« (Kaiser et al., 2020, o. S.).

Dies führt dazu, dass

> »Prinzipien, Handlungsmuster, Werte und Denkweisen inklusiver Schulkulturen nicht unmittelbar anschlussfähig erscheinen an die eigenen, in einem separativen Schulsystem erworbenen berufsbiografischen Erfahrungen, Orientierungen und Handlungsroutinen« (ebd., o. S.).

Allerdings werden schon seit Jahrzehnten positive Effekte der Schulpraxis in der inklusiven Bildung auf die Einstellungen und Haltungen der Lehrpersonen dokumentiert (▶ Kap. 7.1). Es konnte vielfach nachgewiesen werden, dass ein engerer Kontakt mit Menschen mit Behinderungen und die Beteiligung am Unterricht für Schüler*innen mit Behinderungen während der Lehrer*innen-Erstausbildung eine signifikante Auswirkung auf die Verbesserung der Einstellung zur Inklusion hat (z. B. Sharma et al., 2008; Forlin, 2010a; 2010b).

Es erscheint daher sinnvoll, Praktika in inklusiven Klassen oder Schulen für alle Lehramtsstudiengänge verpflichtend in den Studienverlauf zu integrieren. Dies könnte beispielsweise durch ein mehrwöchiges Praktikum in einer qualitativ hochwertigen, erfahrenen inklusiven Einrichtung (Schule, Freizeit, Sport etc.) in Verbindung mit einem Begleitseminar zur Reflexion der Erfahrungen umgesetzt werden. Sollte es keine Möglichkeit für reale Praxiserfahrungen geben (etwa aufgrund des Fehlens inklusiver Regelschulen oder Modellschulen in der Nähe der Hochschule), können auch alternative Ansätze genutzt werden. Dazu gehören stellvertretende Erfahrungen durch Dozierende und Lehrbeauftragte aus der inklusiven Praxis, die Arbeit mit Fall- oder Videobeispielen, fallorientierte Analysen und Materialgestaltungen (Alavi et al., 2017), projektorientierte Lernwerkstätten (Müller-Naendrup, 2017) oder eine intensive Auseinandersetzung mit dem Vielfaltstableau[138] (Backe-Neuwald et al., 2017), um inklusive Haltungen und Selbstwirksamkeitserwartungen zu fördern.

---

138 Das Vielfaltstableau ist ein an der Universität Paderborn entwickeltes Programm, mit dem dafür sensibilisiert werden soll, wie breit gefächert die inklusive Umsetzung der Kernidee der echten Teilhabe in Bildungseinrichtungen bedacht werden muss. Anhand

Nach Grannemann et al. (2022) wird innovativen Zugangsweisen (wie z.B. der fallbasierten Selbstreflexion und Authoethnografie in Form von Praxisberichten) im Rahmen der einschlägigen Aus- und Weiterbildungsformate zu wenig Raum gegeben. Eine Studie aus den USA, die Absolvent*innen zu den Effekten eines Zertifizierungsprozesses als Lehrer*in durch das National Board for Professional Teaching Standards befragt hat, konnte aufzeigen, dass die Lehrpersonen besonders die Methoden der ›Aufzeichnung des eigenen Unterrichts‹ und die ›Analyse von Arbeitsergebnissen von Schüler*innen‹ für ein Portfolio als effektiv für ihre eigene Professionalisierung eingeschätzt haben (Darling-Hammond, 2012). Die Aufgabenstellung war daran geknüpft, welche Interventionen und Änderungen am eigenen Unterricht daraus resultieren. Einige Bundesstaaten in den USA haben daraufhin solche Prozesse der Selbstreflexion von Professionalisierungsprozessen[139] in ihren eigenen Studiengängen methodisch fundiert und implementiert. Auf der Basis der eigenen Unterrichtsplanung werden Videosequenzen des durchgeführten Unterrichts nachträglich analysiert. Diese Dokumente werden als Portfolio über den Schulpraxiszeitraum gesammelt und jeweils die Effekte auf das Lernen der Schüler*innen evaluiert, reflektiert und dokumentiert. Diese Vorgehensweise entspricht einem forschenden Zugang zur eigenen professionellen Praxis.

Veber et al. (2015) nutzten im Rahmen der Hochschulbildung von Lehramtsstudierenden den Index für Inklusion als Reflexionsinstrument. Dieser ermögliche es,

> »aus dem Blickwinkel der aktuellen Anforderungen einer inklusiven Entwicklung auf bisherige professionelle Überzeugungen zu blicken, eigene Praktiken des Systems bzw. im System im Hinblick auf Inklusion zu analysieren und zu überdenken sowie damit die eigene professionelle Haltung weiterzuentwickeln« (ebd., S. 191).

Die Studierenden des Lehramtes in Münster bekamen so das Angebot (seit 2010/11), begleitend zu ihrem Praktikum in einem Theorieseminar den Index für Inklusion als Instrument der Schulentwicklung kennenzulernen. Das Ziel war es, auf der Basis eines ausgewählten Indikators zum Beispiel durch Beobachtungen, Fragebögen oder Interviews zu erforschen, wie inklusive Bildung in der konkreten erlebten Praxis umgesetzt wird. Die Ergebnisse wurden in einem Portfolio festgehalten. Das Projekt ›Praxisphasen in Inklusion (PinI)‹ wurde im Anschluss an die Modellphase ab dem WS 2014/15 im Praxissemester (in dem die Student*innen fünf Monate an Praktikumsschulen tätig waren, begleitet durch das Zentrum für schulpraktische Studien) für die Regelschullehrämter angeboten. Die Idee war es, dass die Studierenden das Praxisfeld gemeinsam mit ihren Mentor*innen reflektieren und weiterentwickeln. So konnte die Arbeit mit dem Index dazu beitragen, dass die Professionalisierung in, mit und für inklusive Bildung (ebd.) erfolgte. Das Projekt wurde dadurch unterstützt, dass das Ministerium für Schule und Bildung des Landes Nordrhein-Westfalen eine diesbezügliche Weiterbildung für Lehrkräfte

---

von Fallbeispielen gibt das Vielfaltstableau Anregungen dazu, Inklusion aus der Perspektive des Kindes zu betrachten und relevante Aspekte zu identifizieren, die bei der persönlichen und bildungsbiografischen Begleitung für die jeweiligen Kinder und Jugendlichen bedacht werden müssen.

139 Performance (self-)assessment.

angeboten hat. Allerdings wurde es nach dem Weggang des verantwortlichen Dozierenden nicht fortgesetzt. Die zeigt deutlich, wie wenig statussicher und nachhaltig solche Lehrangebote auf der Basis von persönlichem Engagement Einzelner sind, solange sie nicht nachhaltig fest im Curriculum oder in den Studienordnungen verankert werden.

Daher bedarf es Überlegungen, wie in den Lehrkräftebildungscurricula verpflichtend und verbindlich inklusive Schulpraxis verankert werden kann und wie sich dies im Rahmen der generellen schulpraktischen Studien organisieren lässt. So könnte man zum Beispiel vorgeben, dass ein bestimmter Anteil der schulpraktischen Studien in inklusiven Bildungsangeboten erfolgen muss (z. B. mindestens eines von vier Praktika; mindestens ein bestimmter Anteil von ECTS-Punkten).

> »Kompetenzen zur Inklusion sind eine notwendige, aber keine hinreichende Bedingung für die Umsetzung eines so umfassenden Wandels wie der Inklusion. Mindestens ebenso wichtig ist es, dieses Wissen bereits während des Lehramtsstudiums in der Praxis anwenden zu können, konkrete Erfahrungen zu sammeln und diese wieder mit der Theorie zu verzahnen. Praxiserfahrungen in inklusiven Settings können die Fähigkeiten zur Anwendung inklusiver Didaktik, die fach-didaktischen Kompetenzen und das Entwickeln eigener methodischer Ideen sowie eines professionellen Selbstverständnisses befördern« (CHE et al., 2015, S. 14).

Durch eine Verankerung verbindlicher Anteile von den schulpraktischen Studien in inklusiven Settings werden wiederum deutliche Impulse für die inklusionsbezogenen Einstellungen und die Selbstwirksamkeitserwartungen der Studierenden erwartet.

Generell wäre auch intensiver darüber nachzudenken, wie eine Transition von Lehramtsstudierenden über das Referendariat hinweg in die Schulpraxis gestaltet werden könnte. So fordern Cerna et al. eine »Unterstützung von Lehramtsstudenten beim Übergang in den Lehrerberuf (Einarbeitung und Mentoring) (Cerna et al., 2021, S. 37; Übers. d. Verf.). Diese sollte in Kooperation zwischen den Hochschulen und Studienseminaren angelegt sein. Solche Konzepte könnten sich auch positiv auf die Interaktion, die Kooperation und die Koordination der Lehrer*innenbildung zwischen den bislang weitgehend getrennt agierenden Institutionen der drei Lehrerbildungsphasen auswirken.

9.5.2 Inklusion in Hochschullehre und -forschung

Für das professionelle Lernen zur inklusiven Bildung sollte an den Hochschulstandorten und im Studium ein diversitätsbegrüßender Umgang für die Lehrenden und Studierenden erfahrbar gemacht werden. Ein umfassender Ansatz des Diversity Managements berücksichtigt neben einer ökonomischen Perspektive vor allem auch Aspekte der Gleichberechtigungsperspektive (equity), die Bildungsgerechtigkeit und Antidiskriminierung fokussiert (Bernhard et al., 2020). Beide Foki können im Hinblick auf unterschiedliche Ebenen der Hochschule gedacht werden (ebd.):

- einerseits auf der Ebene der Hochschulmitglieder (also Lehrende, Mitarbeiter*innen und Studierende) im Sinne einer Erweiterung der Bildungsgerechtigkeit und einer diskriminierungsfreien Hochschule
- andererseits auf der Ebene des Auftrages im Rahmen der Lehrerinnenbildung, der Qualifizierung für inklusive Bildung im Sinne des Transfers von Diversitätskompetenzen ins schulische Feld

Während der Aspekt der Diskriminierungsfreiheit dazu anregen sollte, Barrieren, Diskriminierungserfahrungen und -mechanismen innerhalb der Hochschule zu erkennen und abzubauen, geht es bei dem Aspekt des Auftrages der Lehrer*innenbildung um die zu vermittelnden Kompetenzen, aber auch um die Rolle der Hochschule als Modell für den inklusiven Umgang mit Differenz und Diversität. Nach Feyerer und Langner ist die Hochschule der beste Platz, »um Personalisierungs- und Differenzierungsmöglichkeiten zu erfahren« (Feyerer & Langner, 2014a, S. 184).

Die Autor*innen verstehen unter Personalisierung und Differenzierung in der Hochschullehre das Schaffen von Freiräumen, damit Studierende sich entsprechend ihren Interessen, Bedürfnissen und Fähigkeiten spezifische Handlungskompetenzen aneignen können (Feyerer & Langner, 2014a). Dazu gehört auch die Mitbestimmung der Studierenden, um eine aktive Auseinandersetzung mit lebensrelevanten Handlungsfeldern zu fördern. Weitere Aspekte sind die Vermittlung grundlegender Fähigkeiten für eine partnerschaftliche Zusammenarbeit (wie Offenheit, Kritikfähigkeit und Gleichwertigkeit) durch die organisatorische Gestaltung des Studiums sowie das Führen eines Lerntagebuches, um die eigenen Lernstrategien bewusster wahrzunehmen (Feyerer et al., 2006, zit. n. ebd.). Damit soll ein Bewusstsein für Inklusion geschärft und die Individualität von Entwicklungsfeldern erlebt werden. Dies kann zum Beispiel durch Projekte zum ›Gemeinsamen Lernen‹ bzw. ›Gemeinsamen Erleben‹ von Studierenden und von erwachsenen Menschen mit geistiger Behinderung, wie zum Beispiel am Institut für Sonderpädagogik der Universität Hannover durchgeführt, umgesetzt werden (Lindmeier et al., 2015), durch gemeinsame Lehrveranstaltungen wie mit den Bildungsfachkräften aus Heidelberg (am Annelie-Wellensiek-Zentrum der Pädagogischen Hochschule) oder an anderen Standorten, an denen Menschen mit Lernbeeinträchtigungen für die Hochschullehre qualifiziert werden (z. B. Kiel oder Dresden).

9.5.3 Inklusive Hochschuldidaktik

Damit Lehramtsstudierende Prämissen und Konzepte der inklusiven Bildung erwerben, scheint es naheliegend, dass sie bereits im Rahmen von Lehrangeboten an der Hochschule eine inklusive Didaktik erleben können. Die inklusive Hochschuldidaktik stellt so idealerweise bereits ein Modell für den inklusiven Unterricht dar. Die Studierenden in den Lehrämtern weisen selbst eine große Heterogenität auf, indem sie zum Beispiel unterschiedliche biografische Zugänge zu der Thematik und der Berufswahl haben. Sie bringen differente Kompetenzen und Vorwissen zu einzelnen Themen mit (z. B. indem sie Praktika in Berufsfeldern absolviert haben oder nicht). In den Seminaren kommen Studierende aus verschiedenen Semestern zusammen, die dementsprechend auf sehr unterschiedliches Vorwissen zurückgreifen oder aufbauen können. Daher muss sich eine »inklusive Lehrer*innenausbildung [...] selbst an den Prinzipien einer inklusiven Pädagogik orientieren und daran messen lassen« (Feyerer & Langner, 2014a, S. 185).

Bedarf es also einer Kompetenzerweiterung von Hochschullehrenden in der »inklusiven Hochschuldidaktik«? Im Hinblick auf die generellen hochschuldidaktischen Kompetenzen von Hochschullehrenden liegen nur wenig konkrete Vorgaben oder verlässliche Befunde vor, trotz der Empfehlung des Wissenschaftsrates im Jahr 2008, verbindliche, von den Hochschulen zu tragende Qualifizierungsprogramme für alle Lehrenden zu entwickeln (Hartz et al. 2022). Hartz et al. kommen auch zwei Dekaden nach den Empfehlungen zu der Erkenntnis, dass es sich in dem Feld der hochschuldidaktischen Kompetenzen um eine »optimierungsbedürftige Ausgangslage« (ebd., S. 3) handelt und

> »bis dato zwar modelltheoretische Überlegungen vorliegen, was Lehrende in Hochschulen wissen und können sollten, empirische Befunde zu dem tatsächlichen diesbezüglichen Wissen und Können allerdings ausstehen« (ebd., S. 261).

In der von Hartz et al. durchgeführten Studie zu den hochschuldidaktischen Kompetenzen von Lehrenden zeigten sich keine signifikanten Unterschiede zwischen den Studienfächern in Bezug auf Wissensvoraussetzungen, zentrale Variablen wie das Fähigkeitsselbstkonzept, die Selbstwirksamkeitserwartung, die Lehrmotivation und auch in Bezug auf die Einstellung zur Lehre oder die Wahrnehmung der Studierenden. Jedoch weisen die Fächergruppen der Sozial- und Erziehungswissenschaften, der Sportwissenschaft/-pädagogik und das Lehramt im Vergleich zu anderen Studienfächern, wie Ingenieurwissenschaften oder Medizin, in den Lehransätzen eine höhere Studierendenorientierung auf (z. B. durch einen größeren zeitlichen Anteil an studierendenorientierten Formaten in der Lehre). Der Autor kommt zu dem Schluss, dass es fachkulturelle Besonderheiten gibt, welche die Gestaltung der Lehre und die Hochschuldidaktik beeinflussen.

Im Hinblick auf die Frequenz und die Nutzung von Fortbildungsangeboten für eine inklusive Hochschuldidaktik seitens der Dozierenden an den Hochschulen liegen bislang keine empirischen Befunde vor.

> »Die Ausbildung von Kompetenzen, die situationsangemessenes Handeln erlauben, entsteht durch die Integration von Wissensbeständen, Handlungsroutinen und Reflexionsformen. Ein derartiges Seminarangebot fordert Studierende dazu heraus, sich in konkreten inklusiven Lernsituationen mit ihren Haltungen bezüglich inklusiven Lehrens und Lernens auseinanderzusetzen. Hochschuldidaktische Lehre muss sich diesem Anspruch stellen und damit Wege generieren, Inklusion auf vielfältige Weise in die universitäre Lehre der Ausbildung von zukünftigen Lehrkräften zu implementieren« (Lindmeier & Lütje-Klose, 2015, S. 114).

9.5.4 Selbstvertreter*innen in der Lehre

Nach Koenig wurden *Menschen mit Behinderung* »historisch primär betrachtet als Objekte von Forschung und nicht als Produzent*innen in der Generierung von Wissen über Behinderung gesehen« (Koenig, 2020, S. 97). In den vergangenen Jahren jedoch wurde zunehmend die Relevanz von Primärerfahrungen von Akteuren in der Lehre und Forschung erkannt. Dies gilt auch für Menschen die entsprechend den gängigen Heterogenitätsdimensionen zu den ›Anderen‹ gezählt werden. Dennoch scheinen bislang nur an wenigen Hochschulen explizite Konzepte entwickelt zu sein, die sogenannten Selbstvertreter*innen stärker in Lehre und Forschung einbinden.

> »Als nicht (zugangs-)fähig werden u. a. [...] Menschen mit Behinderungserfahrungen konstruiert, die ihrerseits oftmals eine gewachsene Expertise im Umgang mit exklusiven Bildungs- und Gesellschaftsstrukturen haben. Derartige Erfahrungen können somit bislang auch nicht authentisch [in den Hochschulen] vermittelt werden« (Schuppener et al., S. 109).

An den Konzepten einer Arbeitsgruppe an der Pädagogischen Hochschule Ludwigsburg sollen exemplarisch die Optionen der Einbindung von Menschen mit Behinderungen oder anderen Selbstvertreter*innen (wie z. B. Eltern) im Rahmen von Lehre dargestellt werden. Diese verfolgen die Zielsetzung »eine Inversion der Machtverhältnisse« (König, 2020, S. 98) zu bewirken, mit der Intention, Studierende zu befähigen »Menschen mit Beeinträchtigung als Expert*innen in eigener Sache zu sehen sowie existierende Macht- und Ungleichheitsverhältnisse zu reflektieren« (ebd.). Menschen mit Behinderungen haben persönliche Erfahrungsräume mit Inklusion und Exklusion, und diese sollten mit ihrer biografischen Expertise in die Hochschullehre und -forschung eingebunden werden. Insbesondere können diese Expert*innen in eigener Sache die Erfahrungen authentisch vermitteln, was Dozent*innen, die nicht von einer Behinderung betroffen sind, in der Regel nicht möglich ist. So können auch Machtverhältnisse (z. B. zwischen professionellen Helfer*innen und Klient*innen) situativ umgekehrt werden, was es eventuell eher ermöglicht, über Situationen zu reflektieren und zu lernen, die zu Diskriminierungen und Herabwürdigungen führen können.

Im Rahmen des Lehramtsstudiengangs Sonderpädagogik an der Fakultät für Teilhabewissenschaften (Abteilung für Pädagogik bei Behinderung und Benachteiligung) werden seit ca. fünf Jahren sogenannte Selbstvertreter*innen bzw. Erfahrungsexpert*innen aktiv in die Lehre des Mastermoduls ›Pädagogik bei Behinderung und Benachteiligung‹ (Masterstudiengang Lehramt Sonderpädagogik; Masterstudiengang Soziale Arbeit in sonderpädagogischen Handlungsfeldern) eingebunden. Die Modulstruktur wurde explizit dafür geändert und weist jetzt ein Grundlagenseminar (3 ECTS) mit einer stärkeren Theorieorientierung und ein Vertiefungsseminar (3 ECTS) mit einer stärkeren Praxis- oder Selbsterfahrungsdimension der Studienangebote auf. Die Prüfung im Modul kann absolviert werden, indem ein Portfolio erstellt wird, das verschiedene Formate des wissenschaftlichen Arbeitens enthält (Seminarpräsentation digital, Exzerpte, Protokolle, Selbstreflexionen, eine kleine wissenschaftliche Ausarbeitung zu einem spezifischen Thema) und sich über die beiden Seminare erstreckt. Dadurch soll eine Verknüpfung der

Seminarinhalte aus den beiden zu besuchenden Lehrveranstaltungen hergestellt werden. Ein weiters mögliches Prüfungsformat ist ein Gruppenkolloquium. Auch hier geht es darum, dass die Studierenden explizit zu vernetztem Denken im Hinblick auf unterschiedliche Studieninhalte angeregt werden. So haben die Studierenden gegebenenfalls verschiedene Seminarangebote im Rahmen des Moduls besucht und bearbeiten diese im Sinne von Querschnittsthematiken oder Wechselwirkungen (z. B. ›Bildungsgerechtigkeit‹ und ›Inklusive Fachdidaktik‹).

Antonio Florio (kaufmännischer Mitarbeiter bei Insel e. V. Ludwigsburg) ist nunmehr seit vielen Jahren als Lehrbeauftragter an der PH Ludwigsburg beschäftigt und bringt ein solches Seminar mit einer stärkeren Erfahrungsdimension aus. Darin bearbeitet er unter anderem die Themen Selbstbestimmung, Empowerment, persönliche Assistenz und das Bundesteilhabegesetz in Deutschland. Das Lehrangebot profitiert ungemein von seinen ganz persönlichen biografischen Erfahrungen (vgl. Auszüge aus Portfolios der Studierenden im Weiteren). So hatte er zum Beispiel vor vielen Jahren das Recht auf autonomes Wohnen sowie auf 24-Stunden-Assistenz eingeklagt. Er lädt zu den Seminaren auch Vertreter*innen aus Trägerorganisationen von Wohneinrichtungen ein (z. B. um über die Konstruktion und Deutungsmacht von Leitbildern der Institutionen zu sprechen) oder aus den Sozialämtern (z. B. um die Ansprüche von Menschen mit Behinderungen an Einzelfallbeispielen zu eruieren) und bereitet die Gastvorträge und die anschließenden Diskussionen mit den Studierenden gemeinsam vor und nach. Das besondere aus Sicht der Studierenden ist, dass Herr Florio für sein Lehrangebot einerseits Sprachassistenz einbindet und andere Formen der nicht-sprachlichen Gestaltung wählt.[140] Er sagt immer, dass er die Studierenden »aus ihrer Komfortzone holen« möchte (Untertitel eines Vortrages von Florio und Merz-Atalik zu einer Konferenz an der Pädagogischen Hochschule Heidelberg im Oktober 2023).

Folgende Barrieren galt es an der Hochschule im Hinblick auf die langfristige Beschäftigung von Antonio Florio zu überwinden:

- Die Honorare für Lehrbeauftragte (Stundenlohn) richten sich bei Lehraufträgen wie auch bei Gastvorträgen in ihrer Stufung an formalen Qualifikationen (Hoch-/Schulabschlüsse, Titel, Beschäftigung an einer Hochschule). Da Herr Florio formal nur einen Hauptschulabschluss hat, hätte er ein niedrigeres Honorar erhalten als jemand, der eine Professur aufweist. Nicht-akademische Abschlüsse sind in der Honorarsystematik nicht explizit vorgesehen. Die Expertise aus den einzigartigen biografischen Erfahrungen wird nicht gleichwertig entlohnt.
- Die Hochschule ist bedingt barrierefrei. So kommt es zu Problemen, wie zum Beispiel dass man einen Veranstaltungsort auswählen muss, der zugänglich ist, nahe an den wenigen barrierefreien Türen und Waschräumen.

---

140 Antonio Florio hat eine Spastik, eine Sprachbeeinträchtigung und nutzt einen Rollstuhl. Auf seiner Webseite https://www.antonio-florio.de finden sich Informationen zu seinem Aufwachsen und Leben wie auch zu seiner Bildungs- und Berufsbiografie als Inklusionsaktivist.

- Die Hochschule verfügt nur über eine sehr geringe Anzahl an Behindertenparkplätzen. Dies schränkt die Wahl der Räumlichkeiten auf bestimmte Gebäude ein.
- Die Hochschule verfügt nicht über ein Angebot an Assistenzen. Sie hat kein eigenständiges Budget für Assistenzmittel (z.B. Audiodeskription, Gebärdensprache). Die Mitarbeiter*innen der verschiedenen Abteilungen wie der Haustechnik und des Medienzentrums waren jedoch sehr engagiert darin, die erforderlichen Anschaffungen (besondere Mikrofone, transportable Rampen etc.) zu beschaffen. Sie haben dadurch auch einen Kompetenzzuwachs erfahren.
- Selbstvertreter*innen sind in der Regel nicht prüfungsberechtigt, da sie selbst die formale Qualifikation nicht haben. Daher müssen die offiziellen Dozierenden der Abteilung diese Prüfungen mit übernehmen oder sie in Kooperation mit den Selbstvertreter*innen gestalten.

Im Vorlesungsverzeichnis ist die Behinderung von Antonio Florio nicht erkennbar. Daher sind viele Studierende zunächst überrascht. Die Studien- und Prüfungsordnung für den Master ›Lehramt Sonderpädagogik‹ erläutert den Kompetenzbereich im Modul ›Pädagogik bei Behinderung und Benachteiligung‹, in dem das Lehrangebot angesiedelt ist, wie folgt:

»Die Studentinnen und Studenten verfügen über Kenntnisse zu pädagogisch relevanten ethischen, anthropologischen und wissenschaftstheoretischen Positionen zu Behinderung und Benachteiligung, erkennen deren Gestaltungsbereich und Begrenztheit, können diese für das eigene pädagogische Handeln reflektieren und für die Entwicklung eines Bildungs- und Berufsverständnisses nutzen. Sie können Forschungsergebnisse und Theorien zu Behinderung und Benachteiligung *sowie die lebensgeschichtliche Dynamik von Behinderungs- und Benachteiligungsprozessen erschließen und daraus Konsequenzen für ihr pädagogisches Handeln ableiten*« (Studien- und Prüfungsordnung Lehramt Sonderpädagogik der Pädagogischen Hochschule Ludwigsburg, 2015; Hervorh. d. Verf.).

Einige ausgewählte Zitate aus den entstandenen Portfolios zeigen eindrücklich auf, welche Potenziale diese Lehrangebote im Hinblick auf den Wissenszuwachs, die Selbstreflexion und die professionelle Rollenfindung für die Studierenden hatten:

»Rückblickend kann ich sagen, dass das Seminar bei Herrn Florio zu den besten Seminaren meines kompletten Studiums an der Pädagogischen Hochschule Ludwigsburg gehört. Hierbei meine ich nicht die Aneignung von neuem Wissen und ›Praxis-Skills‹ für die zukünftige Arbeit als Sonderpädagogin, sondern das Bewusstwerden und die Reflexion der eigenen Haltung und eigenen verinnerlichten Stigmatisierungen sowie das Umdenken, das Überdenken und kritische Hinterfragen von bestehenden Systemen« (Portfolio Student*in A; Sommersemester 2023).

»Im Rahmen des Vertiefungsseminars bei Antonio Florio habe ich live miterleben dürfen, wie persönliche Assistenz aussieht oder aussehen kann und was es den Menschen ermöglicht. Ich kannte diese Organisationsform davor nicht und wollte mich etwas näher mit dem Thema beschäftigen, weil es mir wichtig erscheint, dass mehr Menschen darüber informiert werden. Ich glaube auch, dass dadurch die Perspektive auf Behinderung verändert werden kann. Weg von der medizinischen Sichtweise, im Sinne von ›der Mensch ist behindert‹, hin zu einer interaktionistischen oder systemischen Sichtweise, im Sinne von ›der Mensch wird verhindert‹« (Portfolio Student*in B, Wintersemester 2022/23).

Im Hinblick auf die in der Modulkonstruktion und im Prüfungsformat des Portfolios angelegten Theorie-Erfahrungs-Bezüge äußerten sich Studierende folgendermaßen:

> »Unter dem Begriff ›Diskurs‹ wird in sozialwissenschaftlichen Zusammenhängen gemeinhin die Produktion sozialen Sinns gefasst, verstanden als die symbolisch-sprachliche Darstellung, Vermittlung und Konstitution sozialer Gegenstände in kommunikativen Prozessen (vgl. Trescher, 2017, S. 28). Der Diskurs beschreibt somit eine Form der thematischen Auseinandersetzung zu gesellschaftlich relevanten Themen, über die ein Konsens über die Thematiken ausgehandelt wird. […] Das Bild, das in die Gesellschaft transportiert wird, äußert sich nicht nur darin[,] wie über Menschen mit Behinderung gesprochen wird, sondern auch mit ihnen und welcher Umgang sich daraus, mit ihnen als Personengruppe, ergibt. Wenn man dabei das Phänomen der Self-Fullfilling-Prophecy betrachtet, wird die Relevanz und auch die Macht bewusst, die ein solcher Diskurs auf eine Menschengruppe hat« (Portfolio Student*in C, Wintersemester 2021/22).

> »Die Grundhaltung wurde in diesem Rahmen als die Werte, Denkweisen, Einstellungen und Betrachtungsweisen einer Person verstanden, die sich in ihrem Handeln widerspiegeln. Diese Thematik im Seminar von Herr Florio zu bearbeiten war für mich besonders wertvoll. Herr Florio zeigte als Experte in eigener Sache, aus seiner eigenen Erfahrung heraus, In- und Exklusionsmechanismen auf, die sich aus den Grundhaltungen und den damit verbundenen Handlungen von Menschen ergeben. Mit Erzählungen eigener Erlebnisse, konnte er sehr eindrücklich schildern, wie zum Teil gut gemeinte Handlungsweisen[,] die rücksichtsvoll gegenüber einer Person mit Behinderung gemeint sind, diese ungewollt exkludieren können« (Portfolio Student*in C; Wintersemester 2021/22).

Diese Aussagen der Studierenden sprechen für sich selbst.

Ein weiteres Lehrangebot wurde im vergangenen Sommersemester erstmals ausgebracht, soll aber zukünftig regelmäßig angeboten werden. Es handelt sich um einen dreitägigen Kompaktkurs, den eine Forschungsgruppe aus Basel gestaltet. Der Titel des Seminars war ›Partizipative Forschung von Menschen mit und ohne Behinderungen‹. Die Forschungsgruppe Kreativwerkstatt (Basel) setzt sich für das Mitwirken von beeinträchtigten Personen in der Inklusionsforschung ein. Trotz vieler Hürden erweitern die Mitglieder den Blick auf Inklusion und machen gesellschaftliche Barrieren sichtbar. Irina Bühler bietet den Kompaktkurs zusammen mit den Mitgliedern der Forschungsgruppe (mit Beeinträchtigungen) an, die dazu auch als Gruppe nach Ludwigsburg anreisen.

> »Unsere Gesellschaft strebt nach Inklusion und Vielfalt. Wir wollen alle Menschen gleich behandeln, um ein gemeinsames Zusammenleben zu ermöglichen. Es braucht die Stimmen der Menschen, die wirklich davon betroffen sind«,

so die Seminarankündigung im Vorlesungsverzeichnis. Diese Perspektive werde in der Inklusionsforschung viel zu oft vernachlässigt. Denn was wissen die meisten Forscher*innen schon über das Leben mit einer Beeinträchtigung? Um diese Forschungslücke zu schließen, arbeiten die Forscher*innen seit zehn Jahren aktiv im Verein Forschungsgruppe Kreativwerkstatt mit. »Wir sind eine Gruppe von unterschiedlichen Menschen, mit und ohne Beeinträchtigung, die zusammen Forschung betreiben«, erklärt Irina Bühler den Studierenden. Dabei konzentrieren sie sich auf Themen, die für Personen mit Beeinträchtigungen auch wirklich relevant sind. Das Projekt hat seinen Anfang an der Uni Zürich genommen, wo man sich damals das Ziel setzte, Inklusionsforschung tatsächlich inklusiv umzusetzen (vgl.

Bühler, 2023). Für die Lehramtsstudierenden eröffnet sich so eine neue Perspektive, indem sie Einblicke in die authentischen Forschungsfragen und -erkenntnisse der Gruppe erhalten können.

Bei beiden Konzepten geht es darum, »Inklusion ermöglichende Lernräume an Hochschulen« (König, 2020a, Buchtitel) zu gestalten. Hierzu ließen sich viele weitere Beispiele anführen.

9.6 Professionalisierung für Inklusion als berufsbiografische Aufgabe

In diesem Kapitel wird der Frage nachgegangen, was daraus resultiert, wenn die Lehrer*innenprofession als eine berufsbiografische Aufgabe verstanden wird. Wie bereits ausgeführt, stellt der inklusive Unterricht für viele Lehrpersonen in der aktuellen Schulpraxis eine neue Herausforderung dar. Zudem muss davon ausgegangen werden, dass sich immer wieder neue Herausforderungen stellen werden, die im Vorhinein nur bedingt absehbar sind, zum Beispiel durch die ständige Entwicklung von neuen digitalen Lernprogrammen, die sich für die Adaption von Lerninhalten oder die individuelle Förderung eignen. Forlin (2012) machte schon früh auf eine Mangelsituation im Bildungssystem aufmerksam, indem sie auf die Problematik verwies, dass Reformen oder neue Bildungskonzepte im Schulsystem häufig nur ungenügend durch eine entsprechende Professionalisierung der Lehrpersonen und anderer Akteure gesichert werden. Sie tat dies mit einem leicht provokativen Vergleich:

> »In der Geschäftswelt würden wenige Arbeitgeber*innen von ihren Mitarbeitenden erwarten, ohne ein vorausgehendes Basistraining in Bezug auf die Entwicklung und Implementation einen neuen Prozess zu initiieren. Bisher werden in der Lehrer*innentätigkeit konstant neue Prozesse in einer Top-down-Entscheidung initiiert ohne angemessene Qualifizierung für jene, die diese umsetzen [sollen]« (ebd., S. 180; Übers. d. Verf.).

In zahlreichen Ländern und Bundesländern gibt es bis heute keine Fortbildungspflicht für die Lehrpersonen in der schulischen Praxis, während in anderen eine fortwährende Professionalisierung zum Beispiel durch befristete Lizenzvergaben an Lehrpersonen erwartet wird (in einigen Bundesstaaten in den USA). Die ungenügende Steuerung einer praxisbegleitenden Fort- und Weiterbildung steht im Widerspruch zu der Konstatierung der Lehrer*innentätigkeit als Profession, im Gegensatz zu einem einmal abgeschlossenen Berufsbild. So sollten Systeme installiert werden, die es für die Lehrpersonen attraktiv machen, sich kontinuierlich weiterzubilden.

Nicht nur in Bezug auf die Frage, in welcher Phase und wie die inklusionsbezogenen Kompetenzen verankert sein sollten, sondern auch in Bezug auf ihre Ausrichtung gibt es weithin differente Vorstellungen. Feyerer und Langner gehen davon aus, dass in einer ›inklusiven Pädagogik als Lehr- und Forschungsgebiet‹

9.6 Professionalisierung für Inklusion als berufsbiografische Aufgabe

»Erkenntnisse der bisher getrennt vermittelten Fachgebiete Sonderpädagogik, Integrationspädagogik, interkulturelle Pädagogik, gendergerechte Pädagogik und Hochbegabtenförderung zur Absicherung der Heterogenität in einem inklusiven Bildungssystem *vereint, transferiert und entwickelt* [werden müssen und] sich Ausbildungsinhalte für alle Lehramtsabschlüsse verändern [sollten]« (Feyerer & Langner, 2014a, S. 176; Hervorh. d. Verf.).

Moser hingegen ging zum gleichen Zeitpunkt noch davon aus, dass

»sonderpädagogisches Handeln in inklusiven settings präzise beschrieben werden kann – im Kontrast zur bisherigen Integrationsforschung, die befürchtete, eine apriorische Festlegung von Rollen würde die Lebendigkeit des Unterrichtsgeschehens beeinträchtigen« (Moser, 2014, S. 97).

Moser et al. (2010) haben so zum damaligen Zeitpunkt als Basis für ein Forschungsprojekt folgende Kompetenzen von Sonderpädagog*innen für die Arbeit in inklusiven Settings beschrieben: Lernstands- und Entwicklungsdiagnostik, Beratung, Organisationskompetenz, Lern- und Entwicklungsförderung, Binnendifferenzierte Unterrichtung, Bedarfsspezifische Kommunikation, Interdisziplinäre Kooperation, Förderung des sozialen Lernens.

Diese Kompetenzen sollten jedoch aus heutiger Sicht nicht nur bei den Sonderpädagog*innen geschärft, sondern vielmehr bei allen Lehrpersonen grundgelegt werden. Nur so lassen sich die Delegationsverhältnisse im Zusammenhang mit dem Generalisten-Spezialisten-Verhältnis und die negativen Effekte auf die Einstellungen, Haltungen und Selbstwirksamkeitserwartungen bei allen Lehrpersonen im Sinne einer inklusiven Bildung auflösen. Nehmen wir zum Beispiel die Kompetenz zur ›interdisziplinären Kooperation‹: Diese erscheint gleichwertig erforderlich bei allen Fachkräften und Lehrpersonen, die im inklusiven Setting arbeiten. Ebenso verhält es sich bei allen anderen genannten Kompetenzen. Es wäre vielmehr erforderlich diese ›Schlüsselkompetenzen‹ für eine multiprofessionelle Zusammenarbeit bei allen in Bildungseinrichtungen arbeitenden Fachkräften in der Erstausbildung zu fördern und für eine fortgesetzte Professionalisierung in der Alltagspraxis die entsprechenden erforderlichen Fortbildungen zu gewährleisten.

Das EU-Parlament erkennt einen generellen Trend in der europaweiten Umsetzung inklusiver Bildung, indem die Schulen mit multidisziplinären Personalressourcen und flexiblen Lernangeboten ausgestattet werden (European Parliament, 2017). Die Ausstattung der Schulen mit ›multidisziplinären Teams‹ bedeutet aber nicht gleichzeitig, dass wir an den differenten Lehramtsstudiengängen für unterschiedliche Schüler*innengruppen festhalten müssen. Alle Kinder brauchen gut (aus-)gebildete Lehrpersonen, das gilt unabhängig von ihrem Hintergrund und ihrer schulbildungsbezogenen Leistungsfähigkeit. Auch wenn sich der internationale Trend bis heute nur in einzelnen Bundesländern in Deutschland mit einer konsequenten Inklusionspolitik abzeichnet und dort an den Schulen unterschiedliche Disziplinen beschäftigt werden (inkl. Pflegekräften, Therapeut*innen, psychologischen Fachkräften etc.), scheint es doch außer Frage zu stehen, dass er langfristig im Sinne der Erfüllung des Menschenrechts auf inklusive Bildung auch in den deutschsprachigen Ländern umfassend zu verfolgen wäre. Die Vor- und Nachteile von getrennten Lehramtsstudiengängen im Hinblick auf ein inklusives Bildungssystem wurden in den vorhergehenden Kapiteln diskutiert. Im Folgenden soll nunmehr aufgezeigt werden, wie ›Spezialisierungen für Diversitätsdimensionen‹ auch im Rahmen von gemeinsamen, stufenbezogenen Lehramtsstudiengängen für alle möglich erscheinen.

10 Ein Strukturmodell für eine inklusive Lehrer*innenbildung (ILB)

Dieses abschließende Kapitel stellt einen Versuch dar, die in den vorhergehenden Kapiteln skizzierten rechtlichen und theoretischen Überlegungen sowie die breit rezipierten empirischen Befunde in ein neues Strukturmodell für eine inklusive Lehrer*innenbildung zu überführen. In den vorhergehenden Kapiteln wurden die bestehenden Strukturen in den Institutionen und Studiengängen, zum Beispiel die nach Schul- bzw. Schüler*innentypen segregierten Lehramtstypen, die eher additiven Konzepte der Berücksichtigung der inklusiven Bildung im Curriculum und die spezialisierenden Konstellationen[141] in der Lehrer*innenbildung im Hinblick auf ihre Effekte auf die Professionalisierung für ein inklusives Bildungssystem kritisch diskutiert. Mit den folgenden Überlegungen wird nun ein Versuch unternommen, explizit über den aktuellen Status quo an den lehrer*innenbildenden Hochschulen im deutschsprachigen Raum (teilweise auch im internationalen Raum) hinauszugehen und ein stärker aus der inklusiven Praxis und einem inklusiven Bildungssystem heraus gedachtes Modell für die Lehramtsstudiengänge zu entwerfen. Ausgangspunkt ist die Überlegung, was es für Lehrpersonen in einem inklusiven Bildungssystem braucht, das ein Konzept von inklusiver Bildung verkörpert, in dem

> »Praktiken, Vergleiche, Einstufungen oder Etikettierungen und der Glaube an feste Fähigkeiten (Swann, Peacock, Hart und Drummond 2012) [vermieden werden]. […] [D]ie Inklusive Bildung verfolgt einen ›personalisierten‹ Ansatz für das Lehren und Lernen, *bei dem die Lehrpersonen ihre Ansätze und Ressourcen an die Bedürfnisse jedes einzelnen Lernenden anpassen* (Rowe, Wilkin und Wilson 2012)« (Kefallinou et al., 2020, S. 9; Übers. u. Hervorh. d. Verf.).

Auch international werden bislang vielerorts nur Strukturmodelle der Lehrer*innenbildung für Inklusion umgesetzt, die auf der Koordination oder Kooperation von weiterhin getrennt bestehenden Fachdisziplinen, wie der Sonderpädagogik und der Allgemeinen Pädagogik, beruhen (▶ Kap. 3.2). Mit der vorliegenden Publikation sollen daher konkrete Anregungen gegeben werden, für einen kulturpolitischen Transformationsprozess (▶ Kap. 2.3), der über die Ansätze von kleineren Modifikationen oder Adaptionen der bestehenden Angebotsformen und Strukturen in der Lehrer*innenbildung von heute hinausgeht. Die Überlegungen in ▶ Kap. 7 und ▶ Kap. 8 zu möglichen Transformationen auf den Ebenen der Hochschulpolitik, der Studiengangslogistik, der Hochschullehre und -didaktik

---

141 Wie die Sonderpädagogik in der Verantwortlichkeit für Schüler*innen mit Behinderungen und Beeinträchtigungen, die Migrationspädagogik in der Verantwortlichkeit für Schüler*innen mit Migrationshintergrund etc.

sollen nunmehr durch den Entwurf eines Strukturmodells erweitert werden. Mit diesem wird angestrebt, dass ausnahmslos alle Lehramtsstudierenden in den Rahmenbedingungen an den Hochschulen die für die inklusive Bildung erforderlichen Studienangebote erhalten (im Sinne der von Kefallinou et al., 2020, betonten Ansätze für das Lehren und Lernen). Mit einem merged model (Pugach & Blanton, 2009; ▶ Kap. 5.2.1; ▶ Abb. 4) ließen sich einige der zuvor ausgearbeiteten Barrieren für die Transformation (z. B. Probleme, die sich aus dem Generalisten-Spezialisten-Verhältnis oder dem Etikettierungs-Ressourcen-Dilemma ergeben; ▶ Kap. 6) überwinden.

So soll im Folgenden ein Konzept für *eine ›Lehrer*innenbildung für ein inklusives Bildungssystem‹* angedacht werden, das im Hinblick auf den Transformationsprozess vielversprechender erscheint. Eine in einem umfassenden Sinne inklusive Lehrer*innenbildung sollte dabei auf den folgenden Prämissen beruhen:

»1. einer non-kategorialen Spezialisierung aller Lehrkräfte in ausgewiesenen Entwicklungsfeldern aller Lernenden (mit Diversitäts- statt Defizitperspektive) […],
2. einer stärkeren Berücksichtigung der von den Lehramtsstudierenden biografisch entwickelten Fähigkeiten, Kompetenzen und Interessen im Hinblick auf einzelne Diversitätsdimensionen […]
3. sowie einem Ausbau von Erfahrungsräumen für und mit inklusiver Bildung und Diversität an Hochschulen […]« (Merz-Atalik, 2017, S. 60).

Auch in einem weitgehend inklusiven Bildungssystem werden Lehrpersonen mit differenten Professionalitätsprofilen benötigt, die jedoch weder in gesonderten Lehrämtern oder Professionen noch in defizitorientierten Spezialisierungen münden müssen. Die inklusiven Schulen benötigen vielmehr neben dem lehrenden Personal weitere Fachkräfte, die eher andere professionelle Perspektiven auf die Gestaltung von Lernentwicklungen, -angeboten und -umgebungen einnehmen können und alle Schüler*innen individuell oder im Kollektiv unterstützen können (z. B. Sozialpädagog*innen, Assistent*innen für Lehrende oder Lernende, schulpsychologisch geschultes Personal, medizinische Fachkräfte). Es ist dringend geboten an den Schulen angemessene Vorkehrungen (UN, 2006) zum Beispiel über zusätzliches Personal zur Unterstützung von Lehrpersonen bereitzustellen (z. B. wie im Modell der ›teacher assistants‹ in Island oder der ›resource teachers‹ in Kanada). Eine interdisziplinäre Personalausstattung an Schulen ist in vielen Ländern bereits gängige Praxis (z. B. in Island, Kanada oder Finnland). Angesichts der Vielfalt an Lernenden braucht es auch eine Vielfalt an Pädagog*innen (Wocken, 2015). Diese sollte auch auf der Ebene der Lehrer*innen (mit unterschiedlichen Kompetenzen) bei gleichsam angestrebter Responsivität[142] aller Lehrpersonen gegenüber allen Schüler*innen gewährleistet werden. Dies lässt sich meines Erachtens nur durch strukturelle Transformationen der Lehramtsstudiengänge erreichen (wie sie z. B. unter anderem in Österreich bereits im Jahr 2015 ansatzweise umgesetzt wurden, indem man das grundständige Lehramt Sonderpädagogik in das Primarstufen- und Sekundarstufenlehramt integriert hat). Aus den Vorüberlegungen ergeben sich die folgenden Konsequenzen für die Lehrämter.

---

142 Im Sinne von Antwortlichkeit und Antwortverhalten – sich auf alle Lernenden abstimmen.

1. Die *Lehramtsstudiengänge wären rein stufenbezogen* zu gliedern. Es wäre eine Strukturierung in ein Primarstufenlehramt (mit Überschneidungsbereichen zur Elementarbildung und zur Sekundarstufenbildung, gegebenenfalls bis zur Klassenstufe 6; Altersgruppen vier bis zwölf) und ein Sekundarstufenlehramt (ohne Gliederung nach niveauselektiven Schultypen; Altersgruppen zehn bis 18; mit integrierter Option der Vertiefung für Sekundarstufe II) zu erwägen. Nur so kann erreicht werden, dass angehende Lehrpersonen grundsätzlich eine Berufswahlmotivation und ein Berufsrollenverständnis entwickeln sowie eine Befähigung erfahren, die sich nicht an spezifischen ausgewählten Schülerpopulationen orientiert (und damit andere ausschließt).
2. Das grundständige Lehramt Sonderpädagogik sollte zugunsten von *verpflichtend zu studierenden, integrierten Fachkompetenzen im Zusammenhang mit Diversität in den beiden stufenbezogenen Lehramtsstudiengängen* eingestellt werden. Dies ermöglicht es, alle angehenden Lehrpersonen für die Herausforderungen und Chancen der Diversität in den Schulen zu sensibilisieren und zu qualifizieren. So kann zudem langfristig eine multiprofessionelle Handlungsfähigkeit (unabhängig von differenten Lehrämtern) innerhalb des lehrenden Personals an den inklusiven Schulen gefördert werden. Spezialisierungen sind diversitätsorientiert anzulegen (vgl. Punkt 6).
3. Alle Lehrämter (Primarstufen-, Sekundarstufenlehramt und Berufsschullehramt) sollten stärker gemeinsam angelegt sein, damit die *erziehungswissenschaftlichen, fachlichen und allgemeinbildenden Inhalte auf einem weitgehend vergleichbaren Niveau* gelehrt werden. Zudem sollten Kompetenzen für die interdisziplinäre Kooperation und die Teamarbeit in Schulen in allen Lehramtsstudiengängen verpflichtend angeboten werden.
4. Das Berufsschullehramt sollte stärker mit dem bestehenden Sekundarstufenlehramt und den Studiengängen der Erwachsenenbildung verschränkt werden, damit die *erziehungswissenschaftlichen, fachlichen und allgemeinbildenden Inhalte auf einem weitgehend vergleichbaren Niveau* gelehrt werden.
5. Es sollte eine *grundlegende Diversitätsorientierung aller Studienbereiche im Lehramtsstudium* (Fachwissenschaft, Fachdidaktik, Erziehungswissenschaft, Psychologie etc.) im Hinblick auf eine ›Pädagogik und Didaktik der Vielfalt‹ (Prengel, 2019) gesichert werden. Dabei soll in allen Studienbereichen der Umgang mit der generellen Diversität von Lernenden gefördert werden. Die Diversität der Lernenden wie auch der Lehrenden sollte der Ausgangspunkt für die Planung und Organisation von Lernangeboten, die Schulentwicklung, die multiprofessionelle Kooperation und das transformative Handeln von Lehrpersonen im Bildungssystem sein.
6. Lehramtsstudierende sollten eine *nonkategoriale Spezialisierung in ausgewiesenen Entwicklungs-/Entfaltungsfeldern aller Lernenden (mit Diversitäts- statt Defizitperspektive)* erhalten. Diese als Studienmodule für alle Lehrämter anzubietenden Bereiche sollten den Fokus auf die generelle Diversität der Entwicklung (im Gegensatz zu den defizitorientierten Förderschwerpunkten in der Sonderpädagogik) in dem jeweiligen Entwicklungs-/Entfaltungsbereich legen. Alle Lehramtsstudierenden sollten mindestens einen dieser Bereiche verbindlich und

umfassend studieren (in einem Minimalumfang von 30 ECTS-Punkten). Sie können auch mehrere Bereiche studieren.
7. Der sogenannte ›Entwicklungs-/Entfaltungsbereich Lernen und kognitive Entwicklung‹ sollte für alle Lehramtsstudierenden verpflichtend angeboten werden und jeweils Bezüge zu den anderen Entwicklungsfeldern aufweisen. Es ginge um grundlegende lerntheoretische Erkenntnisse und gleichzeitig um die möglichen Barrieren (im Sinne von individuumsbezogenen Lerndispositionen, Lernverhalten und -voraussetzungen, aber auch von Kontextfaktoren von Bildungs- und Lernangeboten). Dieser Bereich sollte ebenfalls – wie alle anderen Entwicklungsfelder (1–6) – mit einer diversitätsorientierten Ausrichtung angeboten werden. Er könnte auch bereits wesentliche Grundlagen der Förderung bei spezifischen Lernbeeinträchtigungen bzw. bei sogenannten Hochbegabungen enthalten (im Sinne der Diversitätsorientierung).

Folgende Entwicklungs-/Entfaltungsbereiche wären zu konzeptionieren:

1. ›*Entwicklungs-/Entfaltungsbereich Sprache und Kommunikation*‹: Aspekte des Lernens bei Mehrsprachigkeit, des Erst-/Zweitspracherwerbs, der Diversität der Sprachentwicklung, individueller Formen der Sprachförderung, Sprachentwicklungsdispositionen und -barrieren, sprachlicher Begabungen, Sprache und Lernen etc.
2. ›*Entwicklungs-/Entfaltungsbereich Körper und Motorik*‹: Gesundheitsförderung, Ernährung, bewegtes Lernen, Diversität der motorischen Entwicklung, Entwicklungsdispositionen und -barrieren, Köper/Motorik und Lernen, Begabungen etc.
3. ›*Entwicklungs-/Entfaltungsbereich Emotionen und Soziales*‹: Grundkenntnisse zur psychosozialen Entwicklung, sozialen Beziehungen, Familienbeziehungen, Faktoren der sozialen Benachteiligung in der Gesellschaft, Dispositionen der psychosozialen Entwicklung, Emotionen und Lernen, Förderung sozialer und emotionaler Entwicklung etc.
4. ›*Entwicklungs-/Entfaltungsbereich Sinne*‹: medizinische und soziale Faktoren für das Sehen, Hören und andere Sinne, Aspekte des Lernens mit allen Sinnen (Montessori etc.), Wahrnehmungsdispositionen und Barrieren, assistive Technologien etc.
5. *weitere Bereiche*

In Abbildung 15 werden die grundlegenden Überlegungen für die Strukturen in diesem Lehramtsmodell dargestellt.

Die Wahl eines (als Minimalmodell; Mindestanforderung) oder zwei ›Entwicklungs-/Entfaltungsbereiche‹ könnte im Zusammenhang mit der Wahl der studierten Unterrichtsfächer stehen (z.B. der ›Entwicklungs-/Entfaltungsbereich Körper und Motorik‹ im Zusammenhang mit dem Fach Sport; oder der ›Entwicklungs-/Entfaltungsbereich Sprache und Kommunikation‹ im Zusammenhang mit dem Fach Deutsch). Das Wahlverhalten der Studierenden sollte jedoch nicht auf bestimmte Fächerkombinationen eingeschränkt werden. Vielmehr wäre es das Ziel im Sinne einer breiten Professionalisierung für die inklusive Schulpraxis, dass

10 Ein Strukturmodell für eine inklusive Lehrer*innenbildung (ILB)

Abb. 15: Modellhafte Abbildung der Strukturen und Studieninhalte einer Lehrer*innenbildung für ein inklusives Bildungssystem (eigene Darstellung)

eine möglichst breite und relativ gleichgewichtige Verteilung auf alle Entwicklungsbereiche erfolgt.

Im Sinne der lebenslangen Professionalisierung könnten die weiteren, im Studium nicht gewählten Entwicklungs-/Entfaltungsbereiche später von den Lehrpersonen auch im Rahmen von Fort- und Weiterbildung berufsbegleitend studiert werden. Generell wären wissenschaftliche und forschungsbasierte Lehrangebote der Hochschulen als Fort- und Weiterbildungsangebote für Lehrer*innen in der Praxis zu öffnen bzw. mit diesen gemeinsam zu konzipieren. Dies könnte einen entscheidenden Beitrag dazu leisten, dem beschriebenen mangelnden Forschungstransfer in die Praxis entgegenzuwirken (▶ Kap. 7.3).

Angesichts der Tatsache, dass es sich bei der inklusiven Bildung um einen kulturpolitischen Transformationsprozess handelt, erscheint es unerlässlich, dass die individuellen Einstellungen, Fähigkeiten und Motive der Studierenden für das Lehramtsstudium sowie ihre bildungsbiografischen Erfahrungen stärker im Sinne einer reflexiven Professionalität im Studium aufgegriffen werden. Beispielsweise könnten die von den Lehramtsstudierenden biografisch entwickelten Fähigkeiten, Kompetenzen und Interessen[143] auch genutzt werden, um sie im Hinblick auf die

---

143 Diese sollten auch beim Zugang ins Studium stärker berücksichtigt werden, zum Beispiel als mögliche Auswahlkriterien bei der Bewerbung in die verschiedenen Studienbereiche oder Entwicklungs-/Entfaltungsbereiche.

Wahl der Entwicklungs-/Entfaltungsbereiche zu beraten. So haben beispielsweise Studierende, die mehrsprachig aufgewachsen sind, gegebenenfalls besondere Ausgangskompetenzen für die Professionalisierung im ›Entwicklungsbereich Sprache und Kommunikation‹. Andere Studierende könnten durch berufliche oder andere Vorerfahrungen in sozialpädagogischen Handlungsfeldern (u.a. im Rahmen von Praktika) bereits Vorerfahrungen und Kompetenzen für den Entwicklungsbereich ›Soziale und emotionale Entwicklung‹ aller Kinder mitbringen, die sie ausbauen wollen. Um diese Vorkompetenzen und Affinitäten zu erfassen, könnten gegebenenfalls auch die Zulassungs- und Auswahlverfahren von Studierenden in dieser Hinsicht ausgeweitet werden und die Entwicklungs-/Entfaltungsbereiche abbilden. Diese Verfahren sind oftmals vorwiegend an den schulischen Leistungen und Abschlüssen orientiert.

Nicht nur im Zusammenhang mit den Entwicklungs-/Entfaltungsbereichen sollte es den Lehramtsstudierenden deutlich stärker als aktuell vorgesehen ermöglicht werden, ihren Studienverlauf im Zusammenhang mit den eigenen Interessen und Kompetenzen zu personalisieren. Die Entwicklungs-/Entfaltungsbereiche könnten zudem im Rahmen der fortgesetzten Professionalisierung (in den Phasen 2 und 3 der Lehrer*innenbildung) weiter vertieft oder ergänzt werden. Insbesondere in Regionen mit einer höheren Schulautonomie im Hinblick auf die Unterrichtsorganisation, die Didaktik oder sogar die Personalauswahl könnte sich diese Flexibilisierung von Lehramtsstudiengängen bewähren.

Darüber hinaus sollte ein deutlicher Ausbau von Erfahrungsräumen für und mit inklusiver Bildung und Diversität an den Hochschulen stattfinden, zum Beispiel durch eine inklusive Hochschuldidaktik in den Lehrangeboten, durch Exkursionen und Schulhospitationen an inklusiven Schulen, durch Gastvorträge von erfahrenen inklusiven Lehrpersonen oder durch die verbindliche Einbindung von inklusiver Praxis in den schulpraktischen Anteilen des Studiums aller Lehrämter. Ein Minimum an Einblicken in inspirierende Praxis inklusiven Unterrichts könnte auch innerhalb der Lehrangebote erfolgen, durch die Einbindung videografischer Beispiele (z.B. durch das im Rahmen des Comenius-Projektes ›TdiverS – Teaching diverse learners in (school-)subjects‹ auf einem USB-Stick für die Lehrerbildung bereitgestellten Material mit Einblicken in inspirierende Beispiele inklusiver Schul- und Unterrichtspraxis aus sechs europäischen Ländern[144]) oder durch Erfahrungsberichte und Praxiseinblicke durch Kolleg*innen von inklusiven Schulen.

Angesichts der Neigung zu Pfadabhängigkeiten und Beharrungsvermögen von Strukturen und Institutionen wäre es bedeutsam, dass solche neuen Modelle der Lehrer*innenbildung innerhalb der Hochschulen und Wissenschaftsstrukturen zu einer Reflexion bestehender disziplinärer Fakultäts-, Instituts- und Abteilungsstrukturen führen. Einerseits könnte man an den bestehenden tradierten Hochschulgliederungen festhalten und diese zum Beispiel im Sinne der Stärkung von Forschungsverbünden innerhalb bestehender Fachdisziplinen (wie Psychologie, Soziologie etc.) fortbestehen lassen. Die bisherige Organisationsform der Diszplin

---

144 Mehr Informationen über das ErasmusPlus-Projekt ›Teaching diverse learners in (school) subjects – Tdivers‹ und das entstandene Material sind unter https://www.tdivers.eu zu finden.

der Sonderpädagogik sollte angesichts der menschenrechtlichen Forderung nach Inklusion im Hinblick auf die gesonderte Verortung als Disziplin innerhalb der Hochschulen sowie auf die interne Segregation in die neun sonderpädagogischen Förderschwerpunkte hinterfragt werden, zugunsten einer eher diversitäts- statt defizitbezogenen Fokussierung (in Forschung und Lehre). In einer Auseinandersetzung mit möglichen Formen der Neuausrichtungen oder -strukturierungen könnten neue Fach- und Forschungsstrukturen (interdisziplinäre Verbünde) entstehen, die weder mit den Lehrgebieten und den Strukturen in den Lehrämtern gleichgeschaltet sein müssten noch mit den disziplinären Grenzziehungen (also z. B. ein Forschungsinstitut für ›Sprachförderung in Schule und Unterricht‹). Vielmehr könnte in der strukturellen Neuausrichtung eine bislang weitgehend unbeachtete Chance zur Entwicklung einer *interdisziplinären, inklusiven Bildungswissenschaft* stecken.

Die Transformation zu einem inklusiven Bildungssystem erfordert die Interaktion und Kooperation im Akteursnetzwerk aller beteiligten Personen und Gruppen. Um die nationale Führungsrolle im Hinblick auf die inklusionsorientierte Transformation des Bildungssystems und der Lehrer*innenbildung zu stärken, soll noch einmal auf die Notwendigkeit der Einrichtung einer Lehrer*innenbildungskommission auf Bundesebene hingewiesen werden, die sich dauerhaft mit den Anforderungen und Implikationen von Bildungsreformen (wie der Inklusion oder der Digitalisierung) für die Lehrer*innenbildung befassen sollte. Eine solche Kommission könnte die diversen Expertisen aus Wissenschaft, Forschung, Steuerung und Praxis zur inklusiven Bildung und Schulentwicklung aktiv rekrutieren (dauerhaft gewählte Kommissionsmitglieder; themenspezifisch punktuell geworbene Mitglieder). Eine der Schwerpunktaufgaben einer solchen Arbeitsgruppe müsste es sein, die inklusionsorientierte Lehrer*innenbildung in allen Bundesländern, unter Berücksichtigung des Zieles der Herstellung und Sicherung der gleichen Bildungschancen für alle Mitglieder in unserer Gesellschaft in allen Bundesländern, anzuregen und zu begleiten. Zudem sollte die Kommission mit ihrer Arbeit und dem Wirken in die Öffentlichkeit Beiträge zur Sicherung von Rahmenbedingungen und Ausstattungsmerkmalen des Bildungssystems (z. B. multiprofessionelle Teams, Lehrer- und Schülerassistent*innen, Klassenfrequenzen) leisten. Die Strukturen und Ressourcen stellen einen entscheidenden Faktor für die erfolgreiche professionelle Arbeit von Lehrpersonen dar. Nicht zuletzt könnte die Kommission auch in Krisensituationen innerhalb des Bildungssystems (z. B. Pandemien, Folgen von Kriegen wie die Zunahme von Schüler*innen mit Fluchterfahrung, enormer Lehrpersonenmangel) auf der Basis von forschungsbasierten Empfehlungen Lösungen und Handlungskonzepte diskutieren und in die Fläche bringen sowie die entsprechenden Unterstützungs- und Rahmenbedingungen durch die Politik einfordern. Die bereits bestehende Unterkommission der Kultusministerkonferenz zur Lehrer*innenbildung erscheint aufgrund der engen Bindung an die bildungspolitischen Akteure ungenügend frei von finanz- und bildungspolitischen Zwängen sowie von bundeslandspezifischen Interessen. Die Kommission sollte neben den bildungspolitischen Vertreter*innen als Repräsentant*innen der Bundes- und Länderebenen und solchen aus Wissenschaft und

Praxis jeweils auch Mitglieder aus Berufsverbänden sowie schulischen Interessenvertretungen (z. B. Schüler*innen, Eltern) abdecken.[145]

Die in diesem Buch zusammengetragenen Informationen, wissenschaftlichen Erkenntnisse und Leitgedanken werden hoffentlich durch die Leser*innen und die vielfältigen Akteure als wertvolle Anregung und Impuls für ihre Arbeit und Aktivitäten in der Lehrer*innenbildung wahrgenommen. Die Verantwortung für das Gelingen der inklusiven Bildungsreform liegt (neben den Rahmenbedingungen, die durch die Bildungspolitik geschaffen werden müssen) auch in einer angemessenen Professionalisierung von *inklusiven Lehrpersonen*. Lehrpersonen und alle anderen Akteure im Bildungssystem können eine transformative Kraft entwickeln und diese im Sinne des Wandels zum Besseren für die Bildung aller einsetzen. Auf ihrem Weg in ein solches Professionsverständnis sollten wir sie bestärken und ihnen aufzeigen, wo sie sich in ihrem professionellen Alltag immer wieder stärken können.

---

145 Siehe: Akteure im Rahmen einer ›Advocacy for Inclusive Teacher Education‹ (UNESCO 2013, Kap. 2.3.3).

Literatur

Adl-Amini, K., Burgwald, C., Haas, S., Beck, M., Chihab, L., Fetzer, M., Lorenzen, M., Niesen, H., Sührig, L. & Hardy, I. (2020). Fachdidaktische Perspektiven auf Inklusion. Entwicklung und Evaluation einer digitalen Lerneinheit zur Inklusion als Querschnittsaufgabe im Lehramtsstudium. *k:ON – Kölner Online Journal für Lehrer*innenbildung, 2*, 108–133. https://doi.org/10.18716/ojs/kON/2020.2.06

Afshordel, L. (2014). Werteverschiebung in inklusiven Settings. In U. Horsch & S. Bischoff (Hrsg.), *Inklusion konkret. Wissen aus Forschung und Praxis* (S. 189–200). Heidelberg: Median-Verlag von Killisch-Horn.

Ainscow, M. (2020). Inclusion and equity in education: Making sense of global challenges. *Prospects, 49*(3–4), 123–134. https://link.springer.com/article/10.1007/s11125-020-09506-w

Ainscow, M., Booth, T., Dyson, A., Farrell, P., Frankham, J. & Gallannaugh, F. (2006). *Improving schools, developing inclusion*. London: Routledge.

Alavi, B., Sansour, T. & Terfloth, K. (2017). Inklusionsorientierte Lernsettings in der Lehrerbildung. In S. Greiten, G. Geber, A. Gruhn & M. Köninger (Hrsg.), *Lehrerausbildung für Inklusion. Fragen und Konzepte zur Hochschulentwicklung* (S. 93–107). Münster u. New York: Waxmann.

Altrichter, H. (2011). Wie steuert sich ein Schulsystem? Annäherungen an einen Begriff mit Konjunktur. In A. Knoke & A. Durdel (Hrsg.), *Steuerung im Bildungswesen. Zur Zusammenarbeit von Ministerien, Schulaufsicht und Schulleitungen* (S. 121–132). Wiesbaden: Springer VS.

Altrichter, H. (2015). Governance in education: Conceptualization, methodology, and research strategies for analysing contemporary transformations of teacher education. In D. Kuhlee, J. van Buer & C. Winch (Hrsg.), *Governance in der Lehrerausbildung: Analysen aus England und Deutschland/Governance in Initial Teacher Education: Perspectives on England and Germany* (S. 9–30). Wiesbaden: Springer VS.

Altrichter, H., Durdel, A. & Fischer-Münnich, C. (2020). Weitere Akteure in der Lehrerinnen- und Lehrerbildung. In C. Cramer, J. König, M. Rothland & S. Blömele (Hrsg.), *Handbuch Lehrerinnen- und Lehrerbildung* (S. 857–866). Bad Heilbrunn: Verlag Julius Klinkhardt.

Altrichter, H. & Feyerer, E. (2012). Auf dem Weg zu einem inklusiven Schulsystem? *Zeitschrift für Inklusion, 4*. https://www.inklusion-online.net/index.php/inklusion-online/article/view/73

Altrichter, H. & Feyerer, E. (2017). Schulentwicklung und Inklusion in Österreich. In B. Lütje-Klose, S. Miller, S. Schwab & B. Streese (Hrsg.), *Inklusion: Profile für die Schul- und Unterrichtsentwicklung in Deutschland, Österreich und der Schweiz. Theoretische Grundlagen – Empirische Befunden – Praxisbeispiele* (S. 31–42). Münster: Waxmann.

Altrichter, H. & Maag Merki, K. (2010). Steuerung der Entwicklung des Schulwesens. In H. Altrichter & K. Maag Merki (Hrsg.), *Handbuch Neue Steuerung im Schulsystem* (S. 15–39). Wiesbaden: Verlag für Sozialwissenschaften.

Amrhein, B. & Dziak-Mahler, M. (Hrsg.). (2014). *Fachdidaktik inklusiv. Auf der Suche nach didaktischen Leitlinien für den Umgang mit Vielfalt in der Schule*. Münster: Waxmann.

Anderson, S., Kortmann, M., Seebach, L. & Pferdekämper-Schmidt, A. (2022). Von Lehrgegenständen und ihrer Erschließung bis zur Schaffung von Zugängen – Das »Was« und »Wie« inklusionsorientierter Lehrer*innenbildung. In A. Schröter, M. Kortmann, S. Schulze, K. Kempfer, S. Anderson, G. Sevdiren, J. Bartz & C. Kreutchen (Hrsg.), *Inklusion*

in der Lehramtsausbildung – Lerngegenstände, Interaktionen und Prozesse (S. 13–27). Münster: Waxmann.
Anglim, J., Prendeville, P. & Kinsella, W. (2018). The self-efficacy of primary teachers in supporting the inclusion of children with autism spectrum disorder. *Educational Psychology in Practice, 34*(1), 73–88.
Asbrand, B. (2014). Die dokumentarische Methode in der Governance-Forschung. In K. Maag Merki, R. Langer & H. Altrichter (Hrsg.), *Educational Governance als Forschungsperspektive: Strategien, Methoden, Ansätze* (S. 177–198). Wiesbaden: Springer VS.
Auferkorte-Michaelis, N. & Linde, F. (Hrsg.). (2018). *Diversität lernen und lehren – ein Hochschulbuch*. Opladen, Berlin u. Toronto: Verlag Barbara Budrich. https://doi.org/10.3224/84742046
Auferkorte-Michaelis, N. & Linde, F. (2021). *Diversität in der Hochschullehre – Didaktik für den Lehralltag*. Opladen u. Toronto: Verlag Barbara Budrich.
Autorengruppe Bildungsberichterstattung (2016). *Bildung in Deutschland 2016. Ein indikatorengestützter Bericht mit einer Analyse zu Bildung und Migration.* Unterstützt durch: Deutsches Institut für Internationale Pädagogische Forschung (DIPF), Deutsches Jugendinstitut (DJI), Deutsches Zentrum für Hochschul- und Wissenschaftsforschung (DZHW), Soziologisches Forschungsinstitut an der Universität Göttingen (SOFI) sowie die Statistischen Ämter des Bundes und der Länder (Destatis, StaLä). Bielefeld: Bertelsmann Verlag GmbH & Co. KG.
Autorengruppe Bildungsberichterstattung (2018). *Bildung in Deutschland 2018. Ein indikatorengestützter Bericht mit einer Analyse zu Wirkungen und Erträgen von Bildung.* Unter Federführung des Deutschen Instituts für Internationale Pädagogische Forschung (DIPF). https://www.bildungsbericht.de/de/bildungsberichte-seit-2006/bildungsbericht-2018/pdf-bildungsbericht-2018/bildungsbericht-2018.pdf
Autorengruppe Bildungsberichterstattung (2020). *Bildung in Deutschland. Ein indikatorengestützter Bericht mit einer Analyse zu Bildung in einer digitalisierten Welt.* https://www.bildungsbericht.de/de/bildungsberichte-seit-2006/bildungsbericht-2020/pdf-dateien-2020/bildungsbericht-2020-barrierefrei.pdf
Autor:innengruppe Bildungsberichterstattung (2022). *Bildung in Deutschland. Ein indikatorengestützter Bericht mit einer Analyse zum Bildungspersonal.* https://www.bildungsbericht.de/de/bildungsberichte-seit-2006/bildungsbericht-2022/pdf-dateien-2022/bildungsbericht-2022.pdf
Avramidis, E. & Kalyva, E. (2007). The influence of teaching experience and professional development on Greek teachers' attitudes towards inclusion. *European Journal of Special Needs Education, 22*, 367–389.
Bach, H. (1975). *Geistigbehindertenpädagogik*. Berlin: Marhold.
Backe-Neuwald, D., Berkemeier, M. & Büker, P. (2017). Inklusion vom Kind aus denken. Einsatzmöglichkeiten des Vielfaltstableaus im bildungswissenschaftlichen und fachdidaktischen Lehramtsstudium. In S. Greiten, G. Geber, A. Gruhn & M. Köninger (Hrsg.), *Lehrerausbildung für Inklusion. Fragen und Konzepte zur Hochschulentwicklung* (S. 186–195). Münster u. New York: Waxmann.
Badstieber, B. (2021). *Inklusion als Transformation?! Eine empirische Analyse der Rekontextualisierungsstrategien von Schulleitenden im Kontext schulischer Inklusion*. Bad Heilbrunn: Verlag Julius Klinkhardt.
Baitinger, O. & Doerfel-Baasen, D. (2007). *Vorstellungen von Sonderpädagogik-Studierenden der HU über ihren idealen Beruf: Spielt Arbeit mit Behinderten dabei eine Rolle?* Kongressvortrag, »Pädagogische Professionalität und sonderpädagogische Kompetenz vor neuen Herausforderungen«, 15.–17.11.2007, Berlin: Humboldt-Universität.
Baumert, J. & Kunter, M. (2006). Stichwort: Professionelle Kompetenz von Lehrkräften. *Zeitschrift für Erziehungswissenschaft, 9*(4), 469–520.
Baumgardt, I. (2018). Partizipation im inklusiven Sachunterricht – ein Beitrag für die demokratische Schul- und Unterrichtsentwicklung? In D. Pech, C. Schomaker & T. Simon (Hrsg.), *Sachunterrichtsdidaktik & Inklusion – Ein Beitrag zur Entwicklung* (S. 26–28). Baltmannsweiler: Schneider Verlag Hohengehren GmbH.

Bellenberg, G., Demski, D. & Reintjes, C. (2023). Lehrkräfteversorgung steuerungstheoretisch diskutiert. Ein Systematisierungsvorschlag in Anlehnung an den Governance-Equalizer. In D. Behrens, M. Forell, T. Idel & S. Pauling (Hrsg.), *Lehrkräftebildung in der Bedarfskrise. Programme – Positionierungen – Empirie* (S. 97–114). Bad Heilbrunn: Verlag Julius Klinkhardt.

Bello, B., Leiss, D. & Ehmke, T. (2017). Diversitätsbezogene Einstellungen von Lehramtsstudierenden mit und ohne Migrationsgeschichte. *Beiträge zur Lehrerinnen- und Lehrerbildung. 35*(1), 165–181.

Bengel, A. (2021). *Schulentwicklung Inklusion. Empirische Einzelfallstudie eines Schulentwicklungsprozesses.* Bad Heilbrunn: Verlag Julius Klinkhardt.

Bernhard, I., Braunsteiner, M. L., Kaluza, C. & Schimek, B. (2020). Diversitätsorientierte Pädagog*innenbildung – Handlungsfelder und Entwicklungsperspektiven. In R. Schneider-Reisinger & M. Oberlechner (Hrsg.), *Diversitätssensible PädagogInnenbildung in Forschung und Praxis. Utopien, Ansprüche und Herausforderungen* (S. 172–182). Opladen, Berlin u. Toronto: Verlag Barbara Budrich.

Bešić, E. (2020). Intersectionality: A pathway towards inclusive education? *Prospects, 49*, 111–122. https://doi.org/10.1007/s11125-020-09461-6

Biermann, J. (2019). Sonderpädagogisierung der Inklusion. Artikel 24 UN-BRK und die Diskurse über die Entwicklung inklusiver Schulsysteme in Nigeria und Deutschland. *Aus Politik und Zeitgeschichte, 69*(6–7), 19–23.

Biermann, J. & Pfahl, L. (2015). Menschenrechtliche Zugänge und inklusive Bildung. In I. Hedderich, G. Biewer, J. Hollenweger & R. Markowetz (Hrsg.), *Handbuch Inklusion und Sonderpädagogik* (S. 199–207). Bad Heilbrunn: Verlag Julius Klinkhardt.

Biermann, J., Pfahl, L. & Powell, J. (2020). Mehrebenenanalyse schulischer Inklusion: Zwischen globaler Diffusion der Inklusionsrhetorik, behinderten Bildungskarrieren und institutionellen Pfadabhängigkeiten in Deutschland. In T. Dietze, D. Gloystein, V. Moser, A. Piezunka, L. Röbenack, L. Schäfer, G. Wachtel & M. Walm (Hrsg.), *Inklusion – Partizipation – Menschenrechte: Transformationen in die Teilhabegesellschaft?* (S. 195–202). Bad Heilbrunn: Verlag Julius Klinkhardt.

Biermann, J. & Powell, J. W. (2014). Institutionelle Dimensionen inklusiver Schulbildung – Herausforderungen der UN-Behindertenrechtskonvention für Deutschland, Island und Schweden im Vergleich. *Zeitschrift für Erziehungswissenschaft, 17*(4), 679–700.

Blanck, J. M. (2014). *Organisationsformen schulischer Integration und Inklusion. Eine vergleichende Betrachtung der 16 Bundesländer.* Discussion Paper SP I 2014–501. Wissenschaftszentrum Berlin für Sozialforschung. https://bibliothek.wzb.eu/pdf/2014/i14-501.pdf

Blanck, J. M., Edelstein, B. & Powell, J. W. (2013). Persistente schulische Segregation oder Wandel zur inklusiven Bildung? Die Bedeutung der UN-Behindertenrechtskonvention für Reformprozesse in den deutschen Bundesländern. *Schweizerische Zeitschrift für Soziologie 39*(2), 267–292.

Blasse, N., Budde, J., Köpfer, A., Rosen, L. & Schneider, E. (2023). Verankerung von Inklusion in der Lehrkräftebildung. *Erziehungswissenschaft, 34*(67), 63–71. https://doi.org/10.25656/01:28295; 10.3224/ezw.v34i2.07

Bleidick, U. (Hrsg.). (1985). *Theorie der Behindertenpädagogik. Handbuch der Sonderpädagogik, Band 1.* Berlin: Marhold.

Bleidick, U. (1999). *Allgemeine Behindertenpädagogik.* Neuwied u.a.: Luchterhand.

Bleidick, U., Rath, W. & Schuck, K. D. (1995). Die Empfehlungen der Kultusministerkonferenz zur sonderpädagogischen Förderung in den Schulen der Bundesrepublik Deutschland. *Zeitschrift für Pädagogik 41*(2), 247–264. https://www.pedocs.de/volltexte/2015/10452/pdf/ZfPaed19952BleidickRathSchuckEmpfehlungenderKMK.pdf

BMAS – Bundesministerium für Arbeit und Soziales (2010). *Unser Weg in eine inklusive Gesellschaft. Der Nationale Aktionsplan der Bundesregierung zur Umsetzung der UN-Behindertenrechtskonvention.* https://www.bmas.de/SharedDocs/Downloads/DE/Publikationen/a740-nationaler-aktionsplan-barrierefrei.pdf;jsessionid=B1E9101E4A6F4FAF2B31B8C8177805D4.delivery1-replication?blob=publicationFile&v=1

BMAS – Bundesministerium für Arbeit und Soziales (2016). *Nationaler Aktionsplan 2.0 der Bundesregierung zur UN-Behindertenrechtskonvention (UN-BRK). Mehr Inklusion. Weniger be-*

hindern. https://www.bmas.de/SharedDocs/Downloads/DE/Publikationen/a750-nationaler-aktionsplan-2-0.pdf;jsessionid=DC88E8D372250E71B5E8748FEED7F1CE.delivery1-replication?blob=publicationFile&v=1

BMBF – Bundesministerium für Bildung und Forschung (o. J.). *Qualitätsoffensive Lehrerbildung.* *https://www.qualitaetsoffensive*-lehrerbildung.de/SiteGlobals/Forms/lehrerbildung/projektkarte/projektkarte_formular.html?nn=297658&cl2LanguageEnts_Schlagwort=heterogenitaet-inklusion

BMBF – Bundesministerium für Bildung und Forschung (2014). *Bekanntmachung des Bundesministeriums für Bildung und Forschung von Richtlinien zur Förderung der »Qualitätsoffensive Lehrerbildung«.* 10.07.2014. https://www.bmbf.de/SharedDocs/Bekanntmachungen/DE/2014/07/951_bekanntmachung.html

BMBWF – Bundesministerium für Bildung, Wissenschaft und Forschung Österreich (o.J.). *PädagogInnenbildung NEU.* https://www.bmbwf.gv.at/Themen/schule/fpp/ausb/pbneu.html

Boeger, A. (2016). Risikomerkmale und Erfolgsprädiktoren des Lehramtsstudiums: Ergebnisse einer Erstsemesterbefragung. In A. Boeger (Hrsg.), *Eignung für den Lehrerberuf. Auswahl und Förderung* (S. 59–89). Wiesbaden: Springer VS.

Bohl, T. & Beck, N. (2020). Aktuelle Entwicklungen in der institutionalisierten Lehrerinnen- und Lehrerbildung. In C. Cramer, J. König, M. Rothland & S. Blömeke (Hrsg.), *Handbuch Lehrerinnen- und Lehrerbildung* (S. 280–290). Bad Heilbrunn: Verlag Julius Klinkhardt.

Booth, T. (2021). Online-Vortrag auf einer Konferenz im November 2021, veranstaltet durch ALLFIE, The Alliance for Inclusive Education. https://www.youtube.com/watch?v=qAe1-BAHnVc

Booth, T. & Ainscow, M. (2017). *Index für Inklusion. Ein Leitfaden für Schulentwicklung.* Mit Online-Materialien. In der deutschsprachigen Fassung hrsg. v. B. Achermann, D. Amirpur, M.-L. Braunsteiner, H. Demo, E. Plate u. A. Platte. Weinheim: Beltz.

Braksiek, M., Golus, K., Gröben, B., Heinrich, M., Schildhauer, P. & Streblow, L. (2022). *Schulische Inklusion als Phänomen – Phänomene schulischer Inklusion.* Wiesbaden: Springer VS.

Brand, U. (2016). »Transformation« as a new critical orthodoxy: the strategic use ft he term »transformation« does not prevent multiple crises. *GAIA, 25*(1), 23–27.

Breidenstein, G. (2020). Ungleiche Grundschulen und die meritokratische Fiktion im deutschen Schulsystem. *Zeitschrift für Grundschulforschung, 13,* 295–307. https://doi.org/10.1007/s42278-020-00078-4

Bronfenbrenner, U. (1981). *Die Ökologie der menschlichen Entwicklung.* Stuttgart: Klett-Cotta.

Browne, J. & Dorris, E. (2022). What can we learn from a human-rights based approach to disability for public and patient involvement in research? *Rehabilitation Science, 3*:878231. https://doi.org/10.3389/fresc.2022.878231

Brüsemeister, T. (2020). Bildungsadministration und Governance der Lehrerinnen- und Lehrerbildung. In C. Cramer, J. König, M. Rothland & S. Blömele (Hrsg.), *Handbuch Lehrerinnen- und Lehrerbildung* (S. 312–320). Bad Heilbrunn: Verlag Julius Klinkhardt.

Buchner, T. (2022). Ableism-kritische Professionalisierung als Beitrag für Transformationsprozesse in Zielperspektive Inklusiver Bildung. In O. Koenig (Hrsg.), *Inklusion und Transformation in Organisationen* (S. 65–76). Bad Heilbrunn: Verlag Julius Klinkhardt.

Budde, J., Dlugosch, A., Herzmann, P., Rosen, L., Panagiotopoulou, A., Sturm, T. & Wagner-Willi, M. (2019). *Inklusionsforschung im Spannungsfeld von Erziehungswissenschaft und Bildungspolitik.* Leverkusen: Verlag Barbara Budrich.

Bühler, I. (2023). *Als Forschende in der Partizipativen Forschung. Rollenperformanz und Rollenkonflikt.* Gießen: Psychosozial-Verlag.

Bürli, A. (2016). Inklusion. In M. Dederich, I. Beck, U. Bleidick & G. Antor (Hrsg.), *Handlexikon der Behindertenpädagogik. Schlüsselbegriffe aus Theorie und Praxis* (3. Aufl., S. 126–132). Stuttgart: Kohlhammer.

Campbell, J. L. (2004). *Institutional change and globalization.* Princeton: Princeton University Press.

Cerna, L., Mezanotte, C., Rutigliano, A., Brussiono, O., Santiago, P., Borgonovi, F. & Guthrie, C. (2021). *Promoting inclusive education for diverse societies: A conceptual framework.* OECD Education Working Papers No. 260. https://dx.doi.org/10.1787/94ab68c6-en

CHE Centrum für Hochschulentwicklung, Bertelsmann Stiftung, Deutsche Telekom Stiftung & Stifterverband für die Deutsche Wissenschaft (2015). *Inklusionsorientierte Lehrer*innen*innenbildung – vom Schlagwort zur Realität?!* https://www.che.de/download/monitor_lehrerbildung_inklusion_04_2015-pdf/

CHE Centrum für Hochschulentwicklung, Bertelsmann Stiftung, Robert Bosch Stiftung & Stifterverband (2022). *Policy Brief September 2022. Inklusiv lehren lernen – Alle angehenden Lehrkräfte müssen auf Inklusion vorbereitet werden.* https://www.che.de/download/inklusiv-lehren-lernen-alle-angehenden-lehrkraefte-muessen-auf-inklusion-vorbereitet-werden-policy-brief-september-2022/

Cochran-Smith, M. & Dudley-Marling, C. (2012). Diversity in teacher education and special education: The issues that divide. *Journal of Teacher Education, 63*(4), 237–244. https://doi.org/10.1177/0022487112446512

Cologon, K. (2019). *Towards inclusive education: A necessary process of transformation.* Report with funding from the Australian Government. Collingwood VIC: Macquarie University for Children and Young People with Disability Australia (CYDA).

Cramer, C. (2012). *Entwicklung von Professionalität in der Lehrerbildung. Empirische Befunde zu Eingangsbedingungen, Prozessmerkmalen und Ausbildungserfahrungen Lehramtsstudierender.* Bad Heilbrunn: Verlag Julius Klinkhardt.

Cramer, C. (2016). Personale Merkmale Lehramtsstudierender als Ausgangslage der professionellen Entwicklung. Dimensionen, Befunde und deren Implikationen für die Lehrerbildung. In A. Boeger (Hrsg.), *Eignung für den Lehrerberuf. Auswahl und Förderung* (S. 31–56). Wiesbaden: Springer VS.

Cramer, C. (2020). Kohärenz und Relationierung in der Lehrerinnen- und Lehrerbildung. In C. Cramer, J. König, M. Rothland & S. Blömele (Hrsg.), *Handbuch Lehrerinnen- und Lehrerbildung* (S. 269–278). Bad Heilbrunn: Verlag Julius Klinkhardt.

Cramer, C., König, J., Rothland, M. & Blömele, S. (Hrsg.). (2020). *Handbuch Lehrerinnen- und Lehrerbildung.* Bad Heilbrunn: Verlag Julius Klinkhardt.

Cuban, L. (1990). Reforming again, again, and again. *Educational Researcher, 19*(1), 3–13. https://doi.org/10.2307/1176529

Cuban, L. (1993). *How teachers taught. Constancy and change in American classrooms 1890–1990* (2. Aufl.). New York & London: Teachers College Press.

Cuban, L. (2002). What have researchers and policy makers learned about converting curriculum and instructional policies into classroom practices? Invited contribution on the international conference. In *Current issues in Classroom Research: Praises, perspectives and practices.* University of Oslo.

Danforth, S. (2014). *Becoming a great inclusive educator.* New York: Peter Lang.

Dannenbeck, C. & Dorrance, C. (2016). Über die Bedeutung des Menschenrechtsbezugs für ein Inklusionsverständnis mit kritischem Anspruch. In A. Köpfer & U. Böing (Hrsg.), *Be-Hinderung der Teilhabe. Soziale, politische und institutionelle Herausforderungen inklusiver Bildungsräume* (S. 15–25). Bad Heilbrunn: Verlag Julius Klinkhardt.

Danz, S. & Sauter, S. (2020). (Hrsg.). *Inklusion, Menschenrechte, Gerechtigkeit. Professionstheoretische Perspektiven.* Stuttgart: Evangelischer Verlag.

Darling-Hammond, L. (2012). *Powerful teacher education: Lessons from exemplary programs.* San Francisco: John Wiley & Sons.

Davey, R. (2013). *The professional identity of teacher educators: Career on the cusp?* London: Routledge.

Dederich, M. & Felder, F. (2016). Funktionen von Theorie in der Heil- und Sonderpädagogik. *Vierteljahresschrift für Heilpädagogik und ihre Nachbargebiete, 85*, 196–209. https://doi.org/10.2378/vhn2016.art23d

Demmer-Dieckmann, I. (2007). »Aus Zwang wurde Interesse«. Eine Studie zur Wirksamkeit von Seminaren zum Gemeinsamen Unterricht in Berlin. In I. Demmer-Dieckmann & A. Textor (Hrsg.), *Integrationsforschung und Bildungspolitik im Dialog* (S. 153–162). Bad Heilbrunn: Verlag Julius Klinkhardt.

Demmer-Dieckmann, I. (2008). Einstellungen von Lehramtsstudierenden zum Gemeinsamen Unterricht von behinderten und nichtbehinderten Schülern: Eine Studie zur Wirksamkeit von Integrationsseminaren. In J. Ramseger & M. Wagener (Hrsg.), *Chancenungleichheit in der Grundschule* (S. 259–262). Wiesbaden: VS Verlag für Sozialwissenschaften.

Derscheid, S. (2019). *Transformationsprozess schulische Inklusion. Eine qualitative vergleichende Einzelfallanalyse.* Münster u. New York: Waxmann.

Dessemontet, R. S., Benoit, V. & Bless, G. (2011). Schulische Integration von Kindern mit einer geistigen Behinderung – Untersuchung der Entwicklung der Schulleistungen und der adaptiven Fähigkeiten, der Wirkung auf die Lernentwicklung der Mitschüler sowie der Lehrereinstellungen zur Integration. *Empirische Sonderpädagogik, 3*(4), 291–307.

Deutsche UNESCO-Kommission e. V. (2014). *Inklusion: Leitlinien für die Bildungspolitik. Deutschsprachige Übersetzung* (3., erw. Aufl.). Bonn: Deutsche UNESCO-Kommission. https://www.unesco.de/sites/default/files/2018-05/2014_Leitlinien_inklusive_Bildung.pdf

Deutsche UNESCO-Kommission e. V. (2019). *Expertenkreis Inklusive Bildung der Deutschen UNESCO Kommission: Empfehlungen – Programm zur Förderung der inklusiven Bildung.* Bonn: Deutsche UNESCO Kommission. https://www.unesco.de/sites/default/files/2019-07/DUK-Empfehlung%20Inklusive%20Bildung.pdf

Deutsche UNESCO-Kommission e. V. (2025). Bildung für alle. Was bedeutet inklusive Bildung im Sinne der UNESCO? https://www.unesco.de/themen/bildung/bildung-fuer-alle/

Dietze, T. (2011). Sonderpädagogische Förderung in Zahlen – Ergebnisse der Schulstatistik 2009/10 mit einem Schwerpunkt auf der Analyse regionaler Disparitäten. *Zeitschrift für Inklusion, 6*(2). https://www.inklusion-online.net/index.php/inklusion-online/article/view/88

DIMR – Deutsches Institut für Menschenrechte (2022). *Kurzfassung. Entwicklung der Menschenrechtssituation in Deutschland, Juli 2021 – Juni 2022. Bericht an den Deutschen Bundestag gemäß § 2, Absatz 5 DIMRG.* https://www.institut-fuer-menschenrechte.de/fileadmin/Redaktion/Publikationen/Menschenrechtsbericht/Menschenrechtsbericht_2022_Kurzfassung.pdf

DIMR – Deutsches Institut für Menschenrechte (2023). *Parallelbericht an den UN-Ausschuss für die Rechte von Menschen mit Behinderungen zum 2./3. Staatenprüfverfahren Deutschlands.* https://www.institut-fuer-menschenrechte.de/publikationen/detail/parallelbericht-an-den-un-ausschuss-fuer-die-rechte-von-menschen-mit-behinderungen-zum-23-staatspruefverfahren-deutschlands

Dlugosch, A. (2018). Zum Prozessieren inklusiver Bildungssysteme: Akteure, Strukturen, Netzwerke. In E. Feyerer, W. Prammer, E. Prammer-Semmler, C. Kladnik, M. Leibetseder & R. Wimberger (Hrsg.), *Wandel. Entwicklung. Akteurinnen und Akteure inklusiver Prozesse im Spannungsfeld von Institution, Profession und Person* (S. 55–73). Bad Heilbrunn: Verlag Julius Klinkhardt.

Dlugosch, A. & Langner, A. (2016). Koordination von »Inklusion«. Erste Ergebnisse einer explorativen Studie im Bundesland Tirol. Schulische Inklusion. *Zeitschrift für Pädagogik. Beiheft, 62.* Weinheim u. Basel: Beltz Juventa. https://doi.org/10.25656/01:17176

Döbert, H. & Weishaupt, H. (Hrsg.). (2013). *Inklusive Bildung professionell gestalten. Situationsanalyse und Handlungsempfehlungen.* Münster: Waxmann.

Dorgerloh, S. (2023). Inklusion braucht politische Klarheit und Transformationskonzepte. In R. Kruschel & K. Merz-Atalik (Hrsg.), *Steuerung von Inklusion!? Perspektiven auf Governanceprozesse im Schulsystem ändern?* (S. 99–109). Wiesbaden: Springer VS.

Dorrance, D. & Dannenbeck, C. (2013). Doing Inclusion. Zur Einführung in den Band. In C. Dorrance & C. Dannenbeck (Hrsg.), *Doing Inclusion. Inklusion in einer nicht inklusiven Gesellschaft* (S. 9–12). Bad Heilbrunn: Verlag Julius Klinkhardt.

Dumke, D., Krieger, G. & Schäfer, G. (1989). *Schulische Integration in der Beurteilung von Eltern und Lehrern.* Weinheim: Deutscher Studien-Verlag.

Dyson, A. (2007). Sonderpädagogische Theoriebildung im Wandel – ein Beitrag aus englischer Sicht. In C. Liesen, U. Hoyningen-Suess & K. Bernath (Hrsg.), *Inclusive Education: Modell für die Schweiz? Internationale und nationale Perspektiven* (S. 93–121). Bern u. a.: Haupt.

Ebersold, S. & Meijer, C. (2016). Implementing inclusive education: Issues in bridging the policy-practice gap. *International Perspectives on Inclusive Education, 8.* https://doi.org/10.1108/S1479-363620168

Eberwein, H. (1970). Die Sonderschule als Integrationsfaktor der Gesamtschule – ein pädagogisch-soziologisches Problem. *Zeitschrift für Heilpädagogik, 21*(6), 311–327.

Eberwein, H. & Müller, F. J. (2018). Interview mit Hans Eberwein. In F. J. Müller (Hrsg.), *Blick zurück nach vorn – WegbereiterInnen der Inklusion* (S. 35–65). Gießen: Psychosozial-Verlag.

Eckert, F. & Liebsch, A.-C. (2020). Der Baustein Adaptive didaktische Kompetenz: inklusive (Fach-)Didaktik und adaptive didaktische Kompetenz. In E. Brodesser, J. Frohn, N. Welskop, A.-C. Liebsch, V. Moser & D. Pech (Hrsg.), *Inklusionsorientierte Lehr-Lern-Bausteine für die Hochschullehre. Ein Konzept zur Professionalisierung zukünftiger Lehrkräfte* (S. 76–87). Bad Heilbrunn: Verlag Julius Klinkhardt.

Edelmann, D. (2013). Lehrkräfte mit Migrationshintergrund – ein Potential pädagogischer Professionalität im Umgang mit migrationsbedingter Heterogenität. In K. Bräu, V. B. Georgi, Y. Karakasoglu & C. Rotter (Hrsg.), *Lehrerinnen und Lehrer mit Migrationshintergrund. Zur Relevanz eines Merkmals in Theorie, Empirie und Praxis* (S. 197–208). Münster: Waxmann.

Edelstein, B. (2016). Stabilität und Wandel der Schulstruktur aus neoinstitutionalistischer Perspektive. In B. Hermstein, N. Berkemeyer & V. Manitius (Hrsg.), *Institutioneller Wandel des Bildungswesens* (S. 47–70). Weinheim: Beltz.

Ehrhardt, K. (2015). *Henri. Ein kleiner Junge verändert die Welt.* München: Heyne Verlag.

Europäische Kommission (2023). *Struktur der europäischen Bildungssysteme 2022/2023: Schematische Diagramme. Eurydice – Fakten und Zahlen.* Luxemburg: Amt für Veröffentlichungen der Europäischen Union.

European Agency for Development in Special Needs Education (2010) *Teacher Education for Inclusion – International Literature Review.* Odense, Denmark. https://www.european-agency.org/sites/default/files/TE4I-Literature-Review.pdf

European Agency for Development in Special Needs Education (2012). *Profile of Inclusive Teachers.* Odense, Denmark. https://www.european-agency.org/sites/default/files/Profile-of-Inclusive-Teachers.pdf

European Agency for Special Needs and Inclusive Education, Financing of Inclusive Education (2016). *Mapping Country Systems for Inclusive Education.* Odense, Denmark. www.europeanagency.org/publications/ereports/financing

European Agency for Special Needs and Inclusive Education (2020). *European Agency Statistics on Inclusive Education. 2018 Dataset Cross-Country Report.* Odense, Denmark. https://www.european-agency.org/activities/data/cross-country-reports

European Agency for Special Needs and Inclusive Education (2024). *European Agency Statistics on Inclusive Education: 2020/2021 School Year Dataset Cross-Country Report.* Hrsg. v. P. Drál', A. Lenárt u. A. Lecheval. Odense, Denmark. https://www.european-agency.org/activities/data/cross-country-reports

European Commission (2013). *Supporting teacher educators: for better learning outcomes.* https://www.id-e-berlin.de/files/2017/09/TWG-Text-on-Teacher-Educators.pdf

European Commission (2018). *European ideas for better learning: The governance of school education systems.* Produced by the ET 2020 Working Group Schools. https://www.schooleducationgateway.eu/downloads/Governance/2018-wgs6-Full-Final-Output.pdf

European Parliament, Directorate General for Internal Policies (2017). *Inclusive education for learners with disabilities.* Study commissioned by the Policy department for Citizens' Rights and Constitutional Affairs at the request ft he Committee on Petitions. http://www.europarl.europa.eu/supporting-analyses

Fend, H. (2008). *Schule gestalten. Systemsteuerung, Schulentwicklung und Unterrichtsqualität.* Wiesbaden: VS Verlag für Sozialwissenschaften.

Feola, G. (2015). Societal transformation in response to global environmental change: a review of emerging concepts. *Ambio, 44*(5), S. 376–390.

Feuser, G. (2007). *Lernen am »Gemeinsamen Gegenstand«.* https://www.georg-feuser.com/wp-content/uploads/2019/06/Feuser-Lernen-am-Gem-Geg.pdf

Feuser, G. (2010). Die UN-Konvention und deren Relevanz für die Integration und Inklusion. *Zeitschrift für Behindertenpädagogik, 49*(1), 53–69.

Feuser, G. (2013). Grundlegende Dimensionen einer LehrerInnen-Bildung für die Realisierung einer inklusionskompetenten Allgemeinen Pädagogik. In G. Feuser & T. Maschke (Hrsg.), *Lehrerbildung auf dem Prüfstand. Welche Qualifikationen braucht die inklusive Schule?* (S. 11–66). Gießen: Psychosozial-Verlag.

Feuser, G. (2017a). Vorwort. »Inklusion ist die Antwort – was war noch mal die Frage?«. In G. Feuser (Hrsg.), *Inklusion – ein leeres Versprechen? Zum Verkommen eines Gesellschaftsprojektes* (S. 9–12). Gießen: Psychosozial-Verlag.

Feuser, G. (2017b). *Inklusion – ein leeres Versprechen? Zum Verkommen eines Gesellschaftsprojektes.* Gießen: Psychosozial-Verlag.

Feuser, G. (2018). *Wider die Integration der Inklusion in die Segregation. Zur Grundlegung einer Allgemeinen Pädagogik und entwicklungslogischen Didaktik.* Berlin u.a.: Peter Lang.

Feuser, G. & Maschke, T. (2013). *Lehrerbildung auf dem Prüfstand. Welche Qualifikationen braucht die inklusive Schule?* Gießen: Psychosozial-Verlag.

Feyerer, E., Dlugosch, A., Prammer-Semmler, E., Reibnegger, H., Niedermair, C. & Hecht, P. (2014). *Einstellungen und Kompetenzen von LehramtsstudentInnen und LehrerInnen für die Umsetzung inklusiver Bildung. Forschungsprojekt BMUKK – 20.040/0011–1/7/2011. Endbericht.* https://bib.phwien.ac.at/wp-content/uploads/2014/09/Sammelmappe1-1.pdf

Feyerer, E. & Langner, A. (2014a). Lehrer/innenbildung. In E. Feyerer & A. Langner (Hrsg.), *Umgang mit Vielfalt. Lehrbuch für inklusive Bildung* (S. 174–194). Linz: Trauner.

Feyerer, E. & Langner, A. (2014b). *Umgang mit Vielfalt. Lehrbuch für inklusive Bildung.* Linz: Trauner.

Feyerer, E., Niedermair, C. & Tuschel, S. (2006). *Berufsfeld Sonder- und Integrationspädagogik. Positionspapier zur Aus- und Weiterbildung an den zukünftigen Pädagogischen Hochschulen.* Wien: Bm:bwk, Abteilung I/8, 10.6.2006.

Florian, L. (2019). On the necessary co-existence of special and inclusive education. *International Journal of Inclusive Education, 23*(7–8), 691–704. https://doi.org/10.1080/13603116.2019.1622801

FHM – Fachhochschule des Mittelstands (o.J.). *Heilpädagogik & inklusive Bildung (B.A.).* https://www.fh-mittelstand.de/studiengang/heilpaedagogik-inklusive-bildung/berufsbegleitendes-studium/

Florian, L. (2021). The universal value of teacher education for inclusive education. In A. Köpfer, J. W. W. Powell & R. Zahnd (Hrsg.), *Handbuch Inklusion international: Globale, nationale und lokale Perspektiven auf Inklusive Bildung* (S. 89–105). Berlin: Verlag Barbara Budrich. https://doi.org/10.2307/j.ctv1f70kvj.8

Florian, L. & Camedda, D. (2020). Enhancing teacher education for inclusion. *European Journal of Teacher Education, 43*(1), 4–8. https://doi.org/10.1080/02619768.2020.1707579

Florian, L. & Pantic, N. (2017). *Teacher Education for the changing demographics of schooling. issues for research and practice.* Cham: Springer.

Foitzik, A., Holland-Cunz, M. & Riecke, C. (2019). *Praxisbuch Diskriminierungskritische Schule.* Weinheim u. Basel: Beltz.

Forlin, C. (2008). Education reform for inclusion in Asia: What about teacher education? In C. Forlin & M.-G. J. Lian (Hrsg.), *Reform, inclusion & teacher education: Towards a new era of special education in the Asia-Pacific region* (S. 74–82). Abingdon: Routledge.

Forlin, C. (2010a). Reframing teacher education for inclusion. In C. Forlin (Hrsg.), *Teacher education for inclusion: Changing paradigms and innovative approaches* (S. 3–12). London: Routledge.

Forlin, C. (2010b). Teacher education for inclusion. Chapter 11. In R. Rose (Hrsg.), *Confronting obstacles to inclusion: international responses to developing inclusive education* (S. 155–169). New York: Routledge.

Forlin, C. (Hrsg.). (2012). *Future directions for inclusive teacher education: An international perspective.* London u. New York: Routledge.

Forlin, C., Chambers, D. (2011). Teacher preparation for inclusive education: Increasing knowledge but raising concerns. *Asia-Pacific Journal of Teacher Education, 39*(1), 17–32. https://doi.org/10.1080/1359866X.2010.540850

forsa (2017). *Inklusion an Schulen aus Sicht der Lehrkräfte in Deutschland – Meinungen, Einstellungen und Erfahrungen. Ergebnisse einer repräsentativen Lehrerbefragung*. Berlin: Politik- und Sozialforschung GmbH. https://www.vbe.de/fileadmin/user_upload/VBE/Service/Meinungsumfragen/2020-11-04_forsa-Inklusion_Text_Bund.pdf

forsa (2020). *Inklusion an Schulen aus Sicht der Lehrkräfte in Deutschland. Meinungen, Einstellungen und Erfahrungen. Ergebnisse einer repräsentativen Befragung von Lehrerinnen und Lehrern*. Berlin: Politik- und Sozialforschung GmbH. https://www.vbe.de/fileadmin/user_upload/VBE/Service/Meinungsumfragen/2020-11-04_forsa-Inklusion_Text_Bund.pdf

Fraser, N. (2003). Rethinking recognition. Overcoming displacement and reification in cultural politics. In B. Hobson (Hrsg.), *Recognition struggles and social movements. Contested identities, agency and power* (S. 21–32). Cambridge: Cambridge University Press.

Gaisch, M. & Linde, F. (2020). Der Head CD Frame: Ein ganzheitlicher Zugang zu einem inklusiven Curriculum-Design auf Basis des Head Wheels. *Diversität konkret, 01/2020*. https://doi.org/10.17185/duepublico/71251

Galkienė, A. & Monkevičienė, O. (2021). *Improving Inclusive Education through Universal Design for Learning*. https://link.springer.com/book/10.1007/978-3-030-80658-3

Gasterstädt, J. (2019). *Der Komplexität begegnen und Inklusion steuern. Eine Situationsanalyse zur Umsetzung von Artikel 24 der UN-BRK in Deutschland*. Wiesbaden: Springer VS. https://link.springer.com/book/10.1007/978-3-658-27838-0

Gebhardt, M. (2021). *Inklusiv- und sonderpädagogische Pädagogik im Schwerpunkt Lernen. Eine Einführung (Version 0.2)*. Universität Regensburg. https://doi.org/10.5283/epub.45609

Geiling, U. & Prengel, A. (2017). Schubladisierung? Notizen zum Nachteil und Nutzen sonderpädagogischer Kategorien und fachdidaktischer Kompetenzstufen. In R. Kruschel (Hrsg.), *Menschenrechtsbasierte Bildung. Inklusive und Demokratische Lern- und Erfahrungswelten im Fokus* (S. 81–91). Bad Heilbrunn: Julius Klinkhardt.

General Teaching Council for Scotland (2022). *National framework for inclusion* (3. Aufl.). https://www.gtcs.org.uk/documents/national-framework-3rd-edition-2022

Gerber, M. (2012). Emerging issues in teacher education for inclusion in the United States. In C. Forlin (Hrsg.), *Future directions for inclusive teacher education: An international perspective* (S. 71–79). New York: Routledge.

Gerspach, M. (2022). Die Bedeutung des tiefenhermeneutischen Verstehens für die Inklusion. *Zeitschrift Menschen, 45*(2), 23–29.

Gertenbach, L. & Laux, H. (2019). Die Akteur-Netzwerk-Theorie als Entwurf einer neuen Soziologie. In L. Gertenbach & H. Laux (Hrsg.), *Zur Aktualität von Bruno Latour. Aktuelle und klassische Sozial- und KulturwissenschaftlerInnen* (S. 87–142). Wiesbaden: Springer VS. https://doi.org/10.1007/978-3-531-18895-9_5

Geyer, C. (2014). Eine unglaubliche Gleichmacherei. *Die Zeit*, 21.07.2014. https://www.faz.net/aktuell/feuilleton/inklusionsdebatte-unglaubliche-gleichmacherei-13057236.html

Goldfriedrich, M. (2023). Inklusionspädagogische Qualifizierung in der universitären Ausbildung von Grundschullehrkräften. Eine Querschnittsanalyse von Modulhandbüchern an deutschen Hochschulstandorten. *Zeitschrift für Pädagogik, 69*(4), 1–30. https://www.beltz.de/fachmedien/erziehungswissenschaft/zeitschriften/zeitschrift_fuer_paedagogik/artikel/50081-inklusionspaedagogische-qualifizierung-in-der-universitaeren-ausbildung-von-grundschullehrkraeften.html

Goldfriedrich, M., Bilz, L. & Fischer, S. M. (2020). Inklusionspädagogische Kompetenzen in der universitären Ausbildung von Grundschullehrkräften: Eine qualitative Inhaltsanalyse von Modulhandbüchern ausgewählter deutscher Studiengänge mit inklusionspädagogischem Profil. *QfI – Qualifizierung für Inklusion, 2*(3). https://doi.org/10.21248/QfI.35

Gomolla, M. (2008). Schulqualität und Schulentwicklung im sprachlich-kulturell heterogenen Umfeld – welche Konzepte sind erfolgversprechend? In Landesarbeitsgemeinschaft der Jugendsozialarbeit in Niedersachsen (LAG/JAW) (Hrsg.), *Newsletter Nr. 10: Jugendliche Migrantinnen und Migranten in der Jugendsozialarbeit/Jugendberufshilfe*, Juni, 5–16.

Görel, G. (2019). *Inklusiver Unterricht aus Sicht von Grundschullehrkräften. Die Bedeutung von persönlichen Ressourcen* (1. Aufl.). Wiesbaden: Springer VS. https://doi.org/10.1007/978-3-658-26175-7

Grannemann, S., Oleschko, K. & Szukala, A. (Hrsg.). (2022). *Diversitätssensible Lehrer*innenbildung. Theoretische und praktische Erkundungen*. Münster u. New York: Waxmann.

Greiten, S., Geber, G., Gruhn, A. & Köninger, M. (Hrsg.). (2017). *Lehrerausbildung für Inklusion. Fragen und Konzepte zur Hochschulentwicklung*. Münster u. New York: Waxmann.

Griffin, C. C., Jones, H. A. & Kilgore, K. L. (2006). A qualitative study of student teachers' experiences with collaborative problem solving. *Teacher Education and Special Education, 29*(1), 44–55.

Grosche, M. (2015). Was ist Inklusion? In P. Kuhl, P. Stanat, B. Lütje-Klose, C. Gresch, H. Pant & M. Prenzel (Hrsg.), *Inklusion von Schülerinnen und Schülern mit sonderpädagogischem Förderbedarf in Schulleistungserhebungen* (S. 17–39). Wiesbaden: Springer VS. https://doi.org/10.1007/978-3-658-06604-8_1

Haataja, E. S. H., Tolvanen, A., Vilppu, H., Kallio, M., Peltonen, J. & Metsäpelto, R. L. (2023). Measuring higher-order cognitive skills with multiple choice questions – potentials and pitfalls of Finnish teacher education entrance. *Teaching and Teacher Education, 122*, 1–13. https://doi.org/10.1016/j.tate.2022.103943

Hackbarth, A., Köpfer, A., Korff, N. & Sturm, T. (2019). Reflexion von Inklusion und Exklusion in der Lehrkräftebildung: Herausforderungen und hochschuldidaktische Überlegungen. In G. Ricken & S. Degenhardt (Hrsg.), *Vernetzung, Kooperation, Sozialer Raum. Inklusion als Querschnittaufgabe* (S. 87–95). Bad Heilbrunn: Verlag Julius Klinkhardt.

Hackbarth, A. & Martens, M. (2018). Inklusiver (Fach-)Unterricht: Befunde – Konzeptionen – Herausforderungen. In T. Sturm & M. Wagner-Willi (Hrsg.), *Handbuch schulische Inklusion* (S. 191–206). Opladen u. Toronto: Verlag Barbara Budrich.

Haeberlin, U. (2009). Entgrenzung als Überwindung von fach- und berufspolitischen Interessen. In J. Jerg, K. Merz-Atalik, R. Thümmler & H. Tiemann (Hrsg.), *Perspektiven auf Entgrenzung. Erfahrungen und Entwicklungsprozesse im Kontext von Inklusion und Integration* (S. 119–132). Bad Heilbrunn: Verlag Julius Klinkhardt.

Hakala, J. T. (2009). Die Ausbildung der Klassenlehrer für die neunjährige Grundschule. In A.-L. Matthies, E. Skiera & M. Sorvakko-Spratte (Hrsg.), *Das Bildungswesen in Finnland. Geschichte, Struktur, Institutionen und pädagogisch-didaktische Konzeptionen, bildungs- und sozialpolitische Perspektiven* (S. 193–202). Bad Heilbrunn: Verlag Julius Klinkhardt.

Hanna, F., Oostdam, R., Severiens, S. E. & Zijlstra, B. J. H. (2019). Domains of teacher identity: A review of quantitative measurement instruments. *Educational Research Review, 27*, 15–27. https://doi.org/10.1016/j.edurev.2019.01.003

Hänsel, D. (2003). Die Sonderschule – ein blinder Fleck in der Schulsystemforschung. *Zeitschrift für Pädagogik, 49*(4), 591–609.

Hänsel, D. (2005). Die Historiographie der Sonderschule. Eine kritische Analyse. *Zeitschrift für Pädagogik, 51*(1), 101–115. https://www.pedocs.de/volltexte/2011/4743/pdf/ZfPaed_2005_1_Haensel_Historiographie_Sonderschule_D_A.pdf

Hartz, S., Aust, K., Gottfried, L. M. & Kurtz, C. (2022). *Kompetenzentwicklung und Lerntransfer in der Hochschullehre*. Wiesbaden: Springer VS. https://doi.org/10.1007/978-3-658-31062-2_5

Hazibar, K. & Mecheril, P. (2013). Es gibt keine richtige Pädagogik in falschen gesellschaftlichen Verhältnissen. Widerspruch als Grundkategorie einer Behinderungspädagogik. *Zeitschrift Inklusion Online, 1*. https://www.inklusion-online.net/index.php/inklusion-online/article/download/23/23/23?inline=1

Hehir, T., Grindal, T., Freeman, B., Lamoreau, R., Borquaye, Y. & Burke, S. (2016). *A summary ft he evidence on inclusive education*. https://alana.org.br/wp-content/uploads/2016/12/A_Summary_of_the_evidence_on_inclusive_education.pdf

Heimlich, U., Kahlert, J. & Strauß, A. (2019). Inklusionsdidaktische Lehrbausteine (!DL). In Bundesministerium für Bildung und Forschung (Hrsg.), *Verzahnung von Theorie und Praxis im Lehramtstudium. Erkenntnisse aus Projekten der »Qualitätsoffensive Lehrerbildung«* (S. 74–81). Berlin. https://www.qualitaetsoffensive-lehrerbildung.de/lehrerbildung/shareddocs/downloads/files/bmbf-verzahnung_von_theorie_un-m_lehramtsstudium_barrierefrei.pdf?__blob=publicationFile&v=1

Heinrich, M., Urban, M. & Werning, R. (2013). Grundlagen, Handlungsstrategien und Forschungsperspektiven für die Ausbildung und Professionalisierung von Fachkräften für inklusive Schule. In H. Döbert & H. Weishaupt (Hrsg.), *Inklusive Bildung professionell gestalten* (S. 69–133). Münster u. a.: Waxmann.

Helbig, M. & Steinmetz, S. (2021). Keine Meritokratie im Förderschulsystem? Zum Zusammenhang von demografischer Entwicklung, lokalen Förderschulstrukturen und der Wahrscheinlichkeit, eine Förderschule zu besuchen. *Zeitschrift für Soziologie, 50*(3–4), 241–258.

Helsper, W. (2002). Lehrerprofessionalität als antinomische Handlungsstruktur. In M. Kraul, W. Marotzki & C. Schwepp (Hrsg.), *Biographie und Profession* (S. 64–102). Bad Heilbrunn: Verlag Julius Klinkhardt.

Helsper, W. (2018). Lehrerhabitus. Lehrer zwischen Herkunft, Milieu und Profession. In A. Paseka, M. Keller-Schneider & A. Combe (Hrsg.), *Ungewissheit als Herausforderung für pädagogisches Handeln* (S. 105–140). Wiesbaden: Springer VS.

Heyl, V. & Seifried, S. (2014). »Inklusion? Da ist ja sowieso jeder dafür!?«. Einstellungsforschung zu Inklusion. In S. Trumpa, S. Seifried, E. Franz & T. Klauß (Hrsg.), *Inklusive Bildung: Erkenntnisse und Konzepte aus Fachdidaktik und Sonderpädagogik* (S. 47–60). Weinheim u. Basel: Beltz Juventa.

Hilligus, A. H. (2015). Structural features and particularities of initial teacher education in Germany: The specific role of universities. In D. Kuhlee, J. van Buer & C. Winch (Hrsg.), *Governance in der Lehrerausbildung: Analysen aus England und Deutschland. Governance in Initial Teacher Education: Perspectives on England and Germany* (S. 113–130). Wiesbaden: Springer VS.

Hinsken, A. (2018). *Qualitätssicherung und Governance in der Lehrerbildung. Eine Bestandsaufnahme nach der Reform in Baden-Württemberg*. Bielefeld: UniversitätsVerlag Webler.

Hinz, A. (1993). *Heterogenität in der Schule. Integration – interkulturelle Erziehung – Koedukation*. Hamburg: Curio.

Hinz, A. (2002). Von der Integration zur Inklusion – terminologisches Spiel oder konzeptionelle Weiterentwicklung? *Zeitschrift für Heilpädagogik, 53*(9), 354–361.

Hinz, A. (2003). Die Debatte um Inklusion und Integration – Grundlage für aktuelle Kontroversen in Behindertenpolitik und Sonderpädagogik. *Sonderpädagogische Förderung, 48*, 330–347.

Hinz, A. (2004). Vom sonderpädagogischen Verständnis der Integration zum integrationspädagogischen Verständnis der Inklusion? In I. Schnell & A. Sander (Hrsg.), *Inklusive Pädagogik* (S. 41–74). Bad Heilbrunn: Verlag Julius Klinkhardt.

Hinz, A. (2006). Inklusion. In G. Antor & U. Bleidick (Hrsg.), *Handlexikon der Behindertenpädagogik. Schlüsselbegriffe aus Theorie und Praxis* (2., überarb. u. erw. Aufl., S. 97–99). Stuttgart: Kohlhammer.

Hinz, A. (2009). Inklusive Pädagogik in der Schule – veränderter Orientierungsrahmen für die schulische Sonderpädagogik? Oder doch deren Ende? *Zeitschrift für Heilpädagogik, 60*(5), 171–180.

Hinz, A. (2011). Entwicklungswege zu einer Schule für alle mit Hilfe des Index für Inklusion. *Zeitschrift für Heilpädagogik, 62*(5), 245–251.

Hinz, A. (2013). Inklusion – von der Unkenntnis zur Unkenntlichkeit!? Kritische Anmerkungen zu einem Jahrzehnt Diskurs über schulische Inklusion in Deutschland. *Zeitschrift für Inklusion, 1*. https://www.inklusion-online.net/index.php/inklusion-online/article/view/26/26

Hinz, A. & Köpfer, A. (2016). Unterstützung trotz Dekategorisierung? Beispiele für Unterstützung durch Dekategorisierung. *Vierteljahrsschrift für Heilpädagogik und ihre Nachbargebiete, 85*(1), 36–47. https://www.reinhardt-journals.de/index.php/vhn/article/view/2551

Hinz, A. & Kruschel, R. (2012). Educational Governance als »Diagnose-Instrument« für die Analyse eines Projekts zur Etablierung inklusiver Entwicklungen. *Zeitschrift für Inklusion, 3*. https://www.inklusion-online.net/index.php/inklusion-online/article/view/55/55

Hinz, A. & Kruschel, R. (2017). *Entwicklung schulischer Inklusion auf Landesebene. Eine Untersuchung am Beispiel eines Unterstützungssystems in Schleswig-Holstein*. Bad Heilbrunn: Verlag Julius Klinkhardt.

Hölscher, K., Wittmayer, J. M. & Loorbach, D. (2018). Transition versus transformation: What's the difference? *Environmental Innovation and Societal Transitions, 27*, 1–3.

Hömberg, N. & Müller, F. J. (2009). Schonraum Sonderschule – Berufswahlmotiv für Studierende und Lehramtsanwärter/-innen. In J. Jerg, K. Merz-Atalik, R. Thümmler & H. Tiemann (Hrsg.), *Perspektiven auf Entgrenzung: Erfahrungen und Entwicklungsprozesse im Kontext von Inklusion und Integration* (S. 141–148). Bad Heilbrunn: Verlag Julius Klinkhardt.

HRK & KMK – Hochschulrektorenkonferenz & Kultusministerkonferenz (2015). *Lehrerbildung für eine Schule der Vielfalt. Gemeinsame Empfehlung.* https://www.kmk.org/fileadmin/veroeffentlichungen_beschluesse/2015/2015_03_12-Schule-der-Vielfalt.pdf

Hudelmaier-Mätzke, P. (2015). Baden-Württemberg: »Wir können alles« – auch Inklusion. *Gemeinsam Leben, 23*(2), 119–126.

Jantzen, G. (1987). *Allgemeine Behindertenpädagogik. Band 1: Sozialwissenschaftliche und psychologische Grundlagen.* Weinheim: Beltz.

Kaiser, M., Seitz, S. & Slodczyk, N. (2020). Expertise als übergreifendes Paradigma der Professionalisierungsforschung zur inklusionsbezogenen Fortbildung von Lehrpersonen. *QfI – Qualifizierung für Inklusion, 2*(1). https://doi.org/10.25656/01:20917

Karousiou, C., Hajisoteriou, P. & Angelides. P. (2019). »Teachers' professional identity in super-diverse school settings: Teachers as agents of intercultural education«. *Teachers and Teaching, 25*(2), 240–258.

Katzenbach, D. (2015). Zu den Theoriefundamenten der Inklusion. Eine Einladung zum Diskurs aus der Perspektive der kritischen Theorie. In I. Schnell (Hrsg.), *Herausforderung Inklusion. Theoriebildung und Praxis* (S. 19–33). Bad Heilbrunn: Verlag Julius Klinkhardt.

Katzenbach, D. & Schroeder, J. (2007). »Ohne Angst verschieden sein können«. Über Inklusion und ihre Machbarkeit. *Zeitschrift für Inklusion, 2*(1). https://www.inklusion-online.net/index.php/inklusion-online/article/view/176

Kefallinou, A., Symeonidou, S. & Meijer, C. J. W. (2020). Understanding the value of inclusive education and ist implementation: A review of the literature. *Prospects, 49*, 135–152. https://doi.org/10.1007/s11125-020-09500-2

Kiel, E., Heimlich, U., Markowetz, R. & Weiß, S. (2015). Gemeinsam und doch unterschiedlich – Ein Vergleich der Berufswahlmotive von Studierenden der verschiedenen sonderpädagogischen Fachrichtungen und der Regelschularten. *Empirische Sonderpädagogik, 7*(4), 300–319.

Klauß, T. (2013). LehrerInnenbildung und Inklusion in Baden-Württemberg. In G. Feuser & T. Maschke (Hrsg.), *Lehrerbildung auf dem Prüfstand. Welche Qualifikationen braucht die inklusive Schule?* (S. 213–228). Gießen: Psychosozial-Verlag.

Klein, U. (Hrsg.). (2016). *Inklusive Hochschule. Neue Perspektiven für Praxis und Forschung.* Weinheim u. Basel: Beltz.

Klemm, K. (2015). *Inklusion in Deutschland – Daten und Fakten. Gutachten im Auftrag der Bertelsmann Stiftung.* Gütersloh: Bertelsmann Stiftung.

Klemm, K. (2021). *Inklusion in Deutschlands Schulen. Entwicklungen – Erfahrungen – Erwartungen.* Weinheim: Beltz Juventa.

Klemm, K. (2022). *Entwicklung von Lehrkräftebedarf und -angebot in Deutschland bis 2030. Eine Expertise im Auftrag des Verbandes Bildung und Erziehung (VBE).* https://www.vbe.de/fileadmin/user_upload/VBE/Service/Meinungsumfragen/22-02-02_Expertise-Lehrkraeftebedarf-Klemm_-_final.pdf

KMK – Kultusministerkonferenz (1994). *Empfehlungen zur sonderpädagogischen Förderung in den Schulen der Bundesrepublik Deutschland. Beschluß der Kultusministerkonferenz vom 06.05.1994.* https://www.kmk.org/fileadmin/veroeffentlichungen_beschluesse/1994/1994_05_06-Empfehlung-sonderpaed-Foerderung.pdf

KMK – Kultusministerkonferenz (2011a). *Inklusive Bildung von Kindern und Jugendlichen mit Behinderungen in Schulen. Beschluss der Kultusministerkonferenz vom 20.10.2011.* Bonn. https://www.kmk.org/fileadmin/veroeffentlichungen_beschluesse/2011/2011_10_20-Inklusive-Bildung.pdf

KMK – Kultusministerkonferenz (2011b). *Beschluss »Empfehlungen zur sonderpädagogischen Förderung in den Schulen in der Bundesrepublik Deutschland«. Beschluss der Kultusministerkonferenz vom 06.05.1994.* Bonn. https://www.kmk.org/fileadmin/veroeffentlichungen_beschluesse/1994/1994_05_06-Empfehlung-sonderpaed-Foerderung.pdf

KMK – Kultusministerkonferenz (2013). *Rahmenvereinbarung über die Ausbildung und Prüfung für ein sonderpädagogisches Lehramt (Lehramtstyp 6): Beschluss der Kultusministerkonferenz vom 28.02.1997* (i.d.F. vom 13.09.2018). Bonn. https://www.kmk.org/fileadmin/veroeffentli chungen_beschluesse/1994/1994_05_06-RV_Lehramtstyp_6.pdf

KMK – Kultusministerkonferenz (2014a). *Standards für die Lehrerbildung: Bildungswissenschaften. Beschluss der Kultusministerkonferenz vom 16.2.2004* (i.d.F. vom 12.6.2014). Berlin. https://www.kmk.org/fileadmin/veroeffentlichungen_beschluesse/2004/2004_12_16-Standards-Lehrerbildung-Bildungswissenschaften.pdf

KMK – Kultusministerkonferenz (2014b). *Ländergemeinsame inhaltliche Anforderungen für die Fachwissenschaften und Fachdidaktiken in der Lehrerbildung. Beschluss der Kultusministerkonferenz vom 16.10.2008* (i.d.F. vom 12.6.2014). Berlin. https://www.kmk.org/fileadmin/ veroeffentlichungen_beschluesse/2008/2008_10_16-Fachprofile-Lehrerbildung.pdf

KMK – Kultusministerkonferenz (2014c). *Inklusion: KMK aktualisiert Standards für die Lehrerbildung.* 13.06.2014. https://www.kmk.org/aktuelles/artikelansicht/inklusion-kmk-ak tualisiert-standards-fuer-die-lehrerbildung.html

KMK – Kultusministerkonferenz (2018). *Rahmenvereinbarung über die Ausbildung und Prüfung für ein sonderpädagogisches Lehramt (Lehramtstyp 6). Beschluss der Kultusministerkonferenz vom 28.02.1997* (i.d.F. vom 13.09.2018). Berlin. https://www.kmk.org/fileadmin/Dateien/vero effentlichungen_beschluesse/1994/1994_05_06-RV_Lehramtstyp_6.pdf

Kocaj, A., Kuhl, P., Kroth, A. J., Pant, H. A. & Stanat, P. (2014). Wo lernen Kinder mit sonderpädagogischem Förderbedarf besser? Ein Vergleich schulischer Kompetenzen zwischen Regel- und Förderschulen in der Primarstufe. *Kölner Zeitschrift für Soziologie und Sozialpsychologie, 66*(2), 165–191.

Koenig, O. (2020). From learning to authoring Inclusion: co-creating inclusive spaces of emergence. In R. Schneider-Reisinger & M. Oberlechner (Hrsg.), *Diversitätssensible PädagogInnenbildung in Forschung und Praxis. Utopien, Ansprüche und Herausforderungen* (S. 95–107). Opladen, Berlin u. Toronto: Verlag Barbara Budrich.

Koenig, O. (2022). *Inklusion und Transformation in Organisationen*. Bad Heilbrunn: Verlag Julius Klinkhardt.

König, O. (2020). Inklusion ermöglichende Lernräume an Hochschulen gestalten. *Gemeinsam leben, 2*, 97–104.

Köpfer, A., Powell, J. W. & Zahnd, R. (2021). Entwicklungslinien internationaler und komparativer Inklusionsforschung. In A. Köpfer, J. W. Powell & R. Zahnd (Hrsg.), *Handbuch Inklusion international. International Handbook of Inclusive Education* (S. 11–41). Opladen, Berlin u. Toronto: Verlag Barbara Budrich.

Köpfer, A., Powell, J. W. & Zahnd, R. (2021). *Handbuch Inklusion International. International Handbook of Inclusive Education*. Opladen, Berlin u. Toronto: Verlag Barbara Budrich.

Kruschel, R. (2020). Zwischen Aufbruch und Abbruch – Eine historische Rekonstruktion der Handlungskoordination im Mehrebenensystem des Schulsystems Schleswig-Holsteins nach Inkrafttreten der UN-BRK. In T. Dietze, D. Gloystein, V. Moser, A. Piezunka, L. Röbenack, L. Schäfer, G. Wachtel & M. Walm (Hrsg.), *Inklusion – Partizipation – Menschenrechte. Transformation in die Teilhabegesellschaft* (S. 202–209). Bad Heilbrunn: Verlag Julius Klinkhardt.

Kruschel, R. & Merz-Atalik, K. (2023). Einleitung. In R. Kruschel & K. Merz-Atalik (Hrsg.), *Steuerung von Inklusion!? Perspektiven auf Governance Prozesse im Schulsystem* (S. 1–18). Wiesbaden: Springer VS.

Kuhl, J. (2020). Das Pädagogische der Sonderpädagogik? Ein Kommentar zum Artikel von Andreas Kuhn. In M. Grosche, C. Gottwald & H. Trescher (Hrsg.), *Diskurs in der Sonderpädagogik. Widerstreitende Positionen* (S. 36–41). München: Ernst Reinhardt Verlag.

Kuhl, J., Moser, V., Schäfer, L. & Redlich, H. (2013). Zur empirischen Erfassung von Beliefs von Förderschullehrerinnen und -lehrern. *Empirische Sonderpädagogik, 1*, 3–24. https://doi.org/10.25656/01:8907

Kuhlee, D., van Buer, J. & Winch, C. (Hrsg.). (2015). *Governance in der Lehrerausbildung: Analysen aus England und Deutschland. Governance in Initial Teacher Education: Perspectives on England and Germany*. Wiesbaden: Springer VS.

Kunze, A. B. & Sauter, S. (2019). Educational Governance im Kontext von Heterogenität und Inklusion. In R. Langer & T. Brüsemeister (Hrsg.), *Handbuch Educational Governance Theorien* (S. 573–614). Wiesbaden: Springer.

Kussau, J. & Brüsemeister, T. (2007). *Governance, Schule und Politik: Zwischen Antagonismus und Kooperation.* Wiesbaden: Springer VS.

Lakkala, S. & Kyrö-Ämmälä, O. (2021). Chapter 10. Teaching for Diversity with UDL: Analysing Teacher Competence. In A. Galkienė & O. Monkevičienė (Hrsg.), *Improving Inclusive Education through Universal Design for Learning* (S. 241–276). Cham: Springer Nature. https://doi.org/10.1007/978-3-030-80658-3_10

Langer, R. & Brüsemeister, T. (2019). Einleitung: Zum Verhältnis von Educational Governance und Theorien bzw. Theoriebildung. In R. Langer & T. Brüsemeister (Hrsg.), *Handbuch Educational Governance Theorien* (S. 1–12). Wiesbaden: Springer VS.

Langner, A., Ritter, M. Steffens, J. & Jugel, D. (2019). (Hrsg.). *Inklusive Bildung forschend entdecken. Das Konzept der kooperativen Lehrer*innenbildung.* Wiesbaden: Springer VS.

Lanwer, W. (2017). Wenn Inklusion zur Phrase wird … Anmerkungen zur Trivialisierung eines gesellschaftlichen Schlüsselproblems. In G. Feuser (Hrsg.), *Inklusion – ein leeres Versprechen? Zum Verkommen eines Gesellschaftsprojektes* (S. 13–30). Gießen: Psychosozial-Verlag.

Lawson, A. (2005). The EU rights based approach to disability: Strategies for shaping an inclusive society. *International Journal of Discrimination and the Law, 6*(4), 269–287.

Lindmeier, B. (2011). *Bildung und Inklusion. Teilhabe, Die Fachzeitschrift der Lebenshilfe, 50*(2), 50–51.

Lindmeier, B. & Schomaker, C. (2015). »Ich hätte nicht gedacht, dass hier Diskussionen auf diesem Niveau möglich sind!« – Einblicke in ein inklusives Studienprojekt aus einer hochschuldidaktischen Perspektive. In D. Blömer, M. Lichtblau, A. K. Jüttner, K. Koch, M. Krüger & R. Werning (Hrsg.), *Perspektiven auf inklusive Bildung. Gemeinsam anders lehren und lernen. Jahrbuch Grundschulforschung, Bd. 18* (S. 114–119). Wiesbaden: Springer VS.

Lindmeier, C. (1993). *Behinderung – Phänomen oder Faktum? Versuch einer Klärung.* Bad Heilbrunn: Verlag Julius Klinkhardt.

Lindmeier, C. (2015). Inklusion für alle Lehrämter?! Die Kultusministerkonferenz beschließt eine überarbeitete Fassung der »Standards für die Lehrerbildung: Bildungswissenschaften«. *Gemeinsam leben, 21*(1), 19–34.

Lindmeier, C. (2017). Wider die Monopolisierung sonderpädagogischen Wissens. Ein Plädoyer für die Stärkung der bildungsphilosophischen und -theoretischen Reflexion in der Sonderpädagogik. *VHN, Vierteljahreszeitschrift für Heilpädagogik und ihre Nachbargebiete. Das provokative Essay, 86*(2), 96–101.

Lindmeier, C. (2022). Disziplin und Profession in Entwicklung – von der Sonder- oder Rehabilitationspädagogik zur differenztheoretisch reflektierten, diversitätsbewussten Pädagogik der Nicht/Behinderung. In I. Budnik, M. Grummt & S. Sallat (Hrsg.), *Sonderpädagogik – Rehabilitationspädagogik – Inklusionspädagogik. Hallesche Impulse für Disziplin und Profession. 5. Beiheft Sonderpädagogische Förderung heute* (S. 20–39). Weinheim: Beltz Juventa.

Lindmeier, C. & Lindmeier, B. (2012). *Pädagogik bei Behinderung und Benachteiligung Band I: Grundlagen.* Stuttgart: Kohlhammer.

Lindmeier, C. & Lütje-Klose, B. (2015). Inklusion als Querschnittsaufgabe in der Erziehungswissenschaft. *Erziehungswissenschaft, 26*(51), 7–16.

Loreman, T., Forlin, C., Chambers, D., Sharma, U. & Deppeler, J. (2014). Conceptualising and measuring inclusive education. In C. Forlin & T. Loreman (Hrsg.), *Measuring inclusive education* (S. 3–17). Bingley: Emerald Group Publishing Limited.

Luig, C. (2023). *Unterstützung datenbasierter Schulentwicklung. Eine multiperspektivische Governancestudie zu Koordinationsprozessen bei der Schulinspektion.* Wiesbaden: Springer VS.

Lüdtke, U. (2017). Behinderung, Teilhabe, Inklusion. Professioneller Umgang mit Vielfalt in der Lebensspanne. In P. Genkova & T. Ringeisen (Hrsg.), *Handbuch Diversity Kompetenz, Band 2: Gegenstandsbereiche* (S. 463–482). Wiesbaden: Springer.

Lütje-Klose, B., Miller, S. & Ziegler, H. (2014). Professionalisierung für die Inklusive Schule als Herausforderung für die LehrerInnenbildung. *Soziale Passagen, 6*(1), 69–84. https://doi.org/10.1007/s12592-014-0165-7

Lütje-Klose, B. & Neumann, P. (2018). Professionalisierung für eine inklusive Schule. In B. Lütje-Klose & P. Neumann (Hrsg.), *Basiswissen Lehrerbildung: Inklusion in Schule und Unterricht. Grundlagen in der Sonderpädagogik* (S. 129–151). Seelze: Kallmeyer, Klett.

Lyra, O. (2012). *Führungskräfte und Gestaltungsverantwortung. Inklusive Bildungslandschaften und die Theorie U*. Bad Heilbrunn: Verlag Julius Klinkhardt.

Maag Merki, K., Langer, R. & Altrichter, H. (2008). *Educational Governance als Forschungsperspektive*. Wiesbaden: Springer Fachmedien.

Maag Merki, K., Langer, R. & Altrichter, H. (2014). Educational Governance als Forschungspersektive. Strategien, Methoden und Forschungsansätze in interdisziplinärer Perspektive. In K. Maag Merki., R. Langer. & H. Altrichter (Hrsg.), *Educational Governance als Forschungsperspektive. Strategien. Methoden. Ansätze* (S. 11–23). https://doi.org/10.1007/978-3-658-06443-3_1

Machold, C. & Mecheril, P. (2013). Wahres Wissen? Der Widerspruch von Wirkung und Anspruch universitären Wissens. In P. Mecheril., S. Arens, S. Fegter, B. Hoffarth., B. Klingler, C. Machold, M. Menz, M. Plößer & N. Rose (Hrsg.), *Differenz unter Bedingungen von Differenz. Zu Spannungsverhältnissen universitärer Lehre* (S. 29–50). Wiesbaden: Springer VS.

Magnus, C. D. (2016). *Hochschulprojektmanagement. Individuelle Akteure gestalten Educational Governance und Management*. Wiesbaden: Springer VS.

Maguire, M. (2015). Reforming teachers and teacher education: Fire fighting, improved governance or something else? In D. Kuhlee, J. van Buer & C. Winch (Hrsg.), *Governance in der Lehrerausbildung: Analysen aus England und Deutschland. Governance in initial teacher education: Perspectives on England and Germany* (S. 31–43). Wiesbaden: Springer VS.

Mahoney, J. (2000). Path dependence in historical sociology. *Theory and Society, 29*(4), 507–548.

Mannewitz, K. (2019). Normative Vorstellungen und deren Auswirkungen in der Institution Schule. In A. Langner, M. Ritter, J. Steffens & D. Jugel (Hrsg.), *Inklusive Bildung forschend entdecken. Das Konzept der kooperativen Lehrer*innenbildung* (S. 113–131). Wiesbaden: Springer VS.

Mannewitz, K. & Steffens, J. (2014). Behinderung: ein soziales Konstrukt. In E. Feyerer & A. Langner (Hrsg.), *Umgang mit Vielfalt. Lehrbuch für inklusive Bildung* (S. 39–51). Linz: Trauner.

McGhie-Richmond, D. & Haider, F. (2020). Collaborating for inclusion: The intersecting roles of teachers, teacher education, and school leaders in translating research into practice. *Exceptionality Education International, 30*(2), 32–50.

Mecheril, P. & Rangger, M. (2022a). *Handeln in Organisationen der Migrationsgesellschaft. Differenz- und Machttheoretische Reflexionen einer praxisorientierten Fortbildungsreihe*. Wiesbaden: Springer VS.

Mecheril, P. & Rangger, M. (2022b). Handeln in Organisationen der Migrationsgesellschaft – Einleitung. In P. Mecheril & M. Rangger (Hrsg.), *Handeln in Organisationen der Migrationsgesellschaft. Differenz- und Machttheoretische Reflexionen einer praxisorientierten Fortbildungsreihe* (S. 1–12). Wiesbaden: Springer VS.

Merz-Atalik, K. (2010). Anerkennung menschlicher Vielfalt als Normalität. Inklusion: Einige Thesen zu hartnäckigen Missverständnissen oder Fehldeutungen im Umgang mit den Forderungen nach »Inklusion« im Bildungssystem. Replik auf Hiller, Gotthilf (Heft 7/8 2019). *Bildung & Wissenschaft, 10*, 22–24.

Merz-Atalik, K. (2013). Der Forschungsauftrag aus der UN-Behindertenrechtskonvention – Probleme, Erkenntnisse und Perspektiven einer Inklusionsforschung im schulischen Feld. In S. Trumpa, S. Seifried, E. Franz & T. Klauß (Hrsg.), *Inklusive Bildung: Erkenntnisse und Konzepte aus Fachdidaktik und Sonderpädagogik* (S. 24–46). Weinheim u. Basel: Beltz Juventa.

Merz-Atalik, K. (2013). Inklusion/Inklusiver Unterricht an der Gemeinschaftsschule. In T. Bohl & S. Meissner (Hrsg.), *Expertise Gemeinschaftsschule: Forschungsergebnisse und Handlungsempfehlungen für Baden-Württemberg* (S. 61–76). Weinheim u. Basel: Beltz.

Merz-Atalik, K. (2014). Lehrer*innenbildung für Inklusion – »Ein Thesenanschlag«. In S. Schuppener, N. Bernhardt, M. Hauser & F. Poppe (Hrsg.), *Inklusion und Chancengleichheit. Diversity im Spiegel von Bildung und Didaktik* (S. 266–277). Bad Heilbrunn: Verlag Julius Klinkhardt.

Merz-Atalik, K. (2017). Inklusive Lehrerbildung oder Inklusionsorientierung in der Lehrerbildung?! Einblicke in internationale Erfahrungen und Konzepte. In S. Gleiten, G. Geber, A. Grahn & M. Köninger (Hrsg.), *Lehrerausbildung für Inklusion Fragen und Konzepte zur Hochschulentwicklung* (S. 48–63). Münster: Waxmann.

Merz-Atalik, K. (2018a). Kontroverse Perspektiven zur Theoriebildung schulischer Inklusion zwischen Kerstin Merz-Atalik, Dieter Katzenbach und Bernd Ahrbeck. In S. Gingelmaier & K. Müller (Hrsg.), *Inklusion aus schulpädagogischer Sicht* (S. 127–143). Weinheim u. Basel: Beltz Juventa.

Merz-Atalik, K. (2018b). Von einem Versuch »der Integration der Inklusion in die Segregation«?! *Zeitschrift für Inklusion, 4.* https://www.inklusion-online.net/index.php/inklusion-online/article/view/508

Merz-Atalik, K. (2018c). Vorwort. Lehrerinnen- und Lehrerbildung für den Umgang mit Heterogenität und Inklusion – Das persönliche Zwischenresümee eines »(critical) friend«. In Bundesministerium für Bildung und Forschung (Hrsg.), *Perspektiven für eine gelingende Inklusion. Beiträge der »Qualitätsoffensive Lehrerbildung« für Forschung und Praxis. Fachinformation des BMBF.* https://www.qualitaetsoffensive-lehrerbildung.de/lehrerbildung/shareddocs/downloads/files/perspektiven_fuer_eine_gelingende_inklusion.pdf?__blob=publicationFile&v=1

Merz-Atalik, K. (2020). Diversität, Inklusion und Chancengerechtigkeit. Auf dem Weg zu einer inklusiven Grundschulpädagogik? In U. Hecker, M. Lassek & J. Ramseger (Hrsg.), *Kinder lernen Zukunft: Über die Fächer hinaus – Prinzipien und Perspektiven* (S. 248–260). Frankfurt a. M.: Grundschulverband.

Merz-Atalik, K. (2021a). International vergleichende Perspektiven auf Konzepte und didaktisch-methodische Ansätze einer inklusiven Bildung in der Primarstufe. In A. Holzinger, S. Kopp-Sixt, S. Luttenberger & D. Wohlhart (Hrsg.), *Fokus Grundschule, Band 2: Qualität von Schule und Unterricht* (S. 31–44). Münster: Waxmann.

Merz-Atalik, K. (2021b). Chancengerechtigkeit für Schulkinder mit Migrationshintergrund. Was hat Lehrer*innenbildung damit zu tun? *Grundschule aktuell, 154,* 29–32.

Merz-Atalik, K. (2022). Canada as a »driving force« for inclusion activists in European countries? In T. M. Christou, R. Kruschel, K. Merz-Atalik & I. A. Matheson (Hrsg.), *European perspectives on inclusive education in Canada: Critical comparative insights* (S. 9–34). New York u. London: Routledge.

Merz-Atalik, K. & Beck, K. (2020). Governance inklusiver Bildung: Modelle, Strukturen und Netzwerke der inklusiven Bildungsreform im internationalen Vergleich (Südtirol/Italien und Baden-Württemberg/Deutschland). In T. Dietze, D. Gloystein, A. Piezunka, L. Röbenack, G. Schäfer & M. Walm (Hrsg.), *Inklusion – Partizipation – Menschenrechte: Transformationen in der Teilhabegesellschaft? 10 Jahre UN-Behindertenrechtskonvention – Eine interdisziplinäre Zwischenbilanz* (S. 210–218). Bad Heilbrunn: Verlag Julius Klinkhardt.

Merz-Atalik, K. & Beck, K. (2022a). (Dis-)Kontinuitäten in der inklusiven Schulreformentwicklung – Entwicklungslinien in Baden-Württemberg (Deutschland) und Südtirol (Italien) im Vergleich. In O. Koenig (Hrsg.), *Inklusion und Transformation in Organisationen* (S. 148–165). Bad Heilbrunn: Verlag Julius Klinkhardt.

Merz-Atalik, K. & Beck, K. (2022b). Partizipative Mehrebenen-Netzwerk-Analysen von Governancestrukturen und Akteurskonstellationen der inklusiven Bildungsreform. Vergleichende Betrachtungen zu Südtirol (Italien) und Baden-Württemberg (Deutschland). In R. Kruschel & K. Merz-Atalik (Hrsg.), *Steuerung von Inklusion!? Governance Prozesse auf den Ebenen des Schulsystems* (S. 111–129). Wiesbaden: Springer VS.

Merz-Atalik, K. & Hudelmaier-Mätzke, P. (2016). Vergangenheits-, Gegenwarts- und Zukunftsorientierung als »Behinderungen« auf dem Weg zu einem inklusiven Bildungssystem – mit exemplarischen Bezügen zu einer Studie im Land Luxemburg. In U. Böing & A. Köpfer (Hrsg.), *Be-Hinderung der Teilhabe. Soziale, politische und institutionelle Herausforderungen inklusiver Bildungsräume?* (S. 128–144). Bad Heilbrunn: Verlag Julius Klinkhardt.

Merz-Atalik, K. & Schluchter, J. R. (2021). Interdependenzen zwischen Digitalisierung, Medienbildung und Inklusion: Inklusive Bildung in der (Hoch)Schulentwicklung. In M. Jungwirth, N. Harsch, Y. Noltensmeier, M. Stein & N. Willenberg (Hrsg.), *Diversität Digital Denken – The Wider View. Eine Tagung des Zentrums für Lehrerbildung der Westfälischen Wilhelms-Universität Münster vom 08. bis 10. 09. 2021* (S. 65–74). Münster: WTM Verlag für wissenschaftliche Texte und Medien.

Merz-Atalik, K., Schüler, M. & Unterfrauner, H. (2023). Inklusionsbezogene Steuerungsprozesse auf der Ebene der unteren Schulverwaltung – Ein internationaler Vergleich (Tübingen/Baden-Württemberg und Bozen/Südtirol). In R. Kruschel & K. Merz-Atalik (Hrsg.), *Steuerung von Inklusion!? Governance Prozesse auf den Ebenen des Schulsystems* (S. 147–166). Wiesbaden: Springer Verlag VS.

Mihajlovic, C. (2021). *Lernen von Finnland. Leitlinien für die Entwicklung inklusiver Schulen.* Wiesbaden: Springer Verlag VS.

Miller, S. & Kemena, P. (2011). Die Sicht von Grundschullehrkräften und Sonderpädagogen auf Heterogenität – Ergebnisse einer quantitativen Erhebung. In B. Lütje-Klose, M.-T. Langer, B. Serke & M. Urban (Hrsg.), *Inklusion in Bildungsinstitutionen. Eine Herausforderung an die Heil- und Sonderpädagogik* (S. 124–134). Bad Heilbrunn: Verlag Julius Klinkhardt.

Ministerium für Kultus, Jugend und Sport Baden-Württemberg (2015). *FAQ zur Inklusion.* https://km-bw.de/,Lde/startseite/schule/FAQ_Inklusion

Ministerium für Wissenschaft, Forschung und Kunst Baden-Württemberg (2013). *Expertenkommission zur Weiterentwicklung der Lehrerbildung in Baden-Württemberg. Empfehlungen.* https://www.baden-wuerttemberg.de/fileadmin/redaktion/dateien/PDF/weiterentwicklung_lehrerbildung.pdf

Moberg, S. & Savolainen, H. (2003). Struggling for inclusive education in the North and the South: Educators' perceptions on inclusive education in Finland and Zambia. *International Journal of Rehabilitation Research, 26*(1), 21–31.

Möckel, A. (2002). Die Funktion der Sonderschulen und die Forderung der Integration. In H. Eberwein & S. Knauer (Hrsg.), *Integrationspädagogik* (6. Aufl., S. 80–90). Weinheim u. Basel: Beltz.

Moser, V. (2018). Lehrerinnen- und Lehrerbildung. In T. Sturm & M. Wagner-Willi (Hrsg.), *Handbuch Schulische Inklusion* (S. 283–298). Opladen: Verlag Barbara Budrich.

Moser, V. (2014). Forschungserkenntnisse zur sonderpädagogischen Professionalität in inklusiven Settings. In S. Trumpa, S. Seifried & T. Klauß (Hrsg.), *Inklusive Bildung: Erkenntnisse und Konzepte aus Fachdidaktik und Sonderpädagogik* (S. 92–106). Weinheim: Beltz Juventa.

Moser, V. (2022). Professionsforschung. In I. Hedderich, G. Biewer, J. Hollenweger & R. Markowetz (Hrsg.), *Handbuch Inklusion und Sonderpädagogik: Eine Einführung* (2., aktualis. u. erw. Aufl., S. 686–690). Bad Heilbrunn: Verlag Julius Klinkhardt.

Moser, V., Kuhl, J., Redlich, H. & Schäfer, L. (2014). Beliefs von Studierenden sonder- und grundschulpädagogischer Studiengänge. *Zeitschrift für Erziehungswissenschaften, 17*, 661–678. https://doi.org/10.1007/s11618-014-0587-1

Moser, V., Kuhl, J., Schäfer, L. & Redlich, H. (2012). Lehrerbeliefs im Kontext sonder-/inklusionspädagogischer Förderung – Vorläufige Ergebnisse einer empirischen Studie. In S. Seitz (Hrsg.), *Inklusiv gleich gerecht? Inklusion und Bildungsgerechtigkeit* (S. 228–234). Bad Heilbrunn: Verlag Julius Klinkhardt.

Moser, V., Schäfer, L. & Jakob, S. (2010). Sonderpädagogische Kompetenzen, »beliefs« und Anforderungssituationen in integrativen Settings. In A. Stein, I. Niedick & S. Krach (Hrsg.), *Integration und Inklusion auf dem Weg ins Gemeinwesen* (S. 235–244). Bad Heilbrunn: Verlag Julius Klinkhardt.

Müller, F. J. (2018). *Blick zurück nach vorn – WegbereiterInnen der Inklusion. Band 1: Alfred Sander, Hans Eberwein, Helmut Reiser, Jutta Schöler, Rainer Maikowski, Reimer Kornmann, Ulf Preuss-Lausitz, Ulrike Schildmann und Wolfgang Jantzen.* Gießen: Psychosozial-Verlag.

Müller, G. (2021). *(Multi-)professionelles Handeln in Kindertageseinrichtungen. Zur Herstellung von Differenz unter dem Anspruch von Inklusion.* Weinheim u. Basel: Beltz Juventa.

Müller, K. (2016). *»Der bunte Hund im Haus« Perspektiven auf Gelingensbedingungen und Hemmfaktoren für inklusive Bildung in Baden-Württemberg.* Weinheim u. Basel: Beltz; Juventa.

Müller-Naendrup, B. (2017). Lernwerkstätten an Hochschulen als Orte einer inklusionsorientierten Lehrerbildung. Vorstellung und Analyse von Seminar- und Praxisformaten am Beispiel der OASE-Lernwerkstatt (Uni Siegen). In S. Greiten, G. Geber, A. Gruhn & M. Köninger (Hrsg.), *Lehrerausbildung für Inklusion. Fragen und Konzepte zur Hochschulentwicklung* (S. 155–165). Münster u. New York: Waxmann.

Musil, R. (1978 [1930–1943]). *Der Mann ohne Eigenschaften.* Hrsg. v. A. Friesé. Reinbek bei Hamburg: Rowohlt.

O'Brien, J. (2022). Transformative Inclusion Management. In O. Koenig (Hrsg.), *Inklusion und Transformation in Organisationen* (S. 11–16). Bad Heilbrunn: Verlag Julius Klinkhardt.

OECD – Organisation for Economic Co-operation and Development. (2019). *Reviews of School Resources Working and Learning Together: Rethinking Human Resource Policies for Schools.* Frankreich: OECD Publishing.

Oevermann, U. (1996). Theoretische Skizze der revidierten Theorie professionalisierten Handelns. In A. Combe & W. Helsper (Hrsg.), *Pädagogische Professionalität. Untersuchungen zum Typus pädagogischen Handelns* (S. 70–183). Frankfurt a. M.: Suhrkamp.

Oldenburg, M. (2021). *Schüler*innen – Studierende – Inklusion. Orientierungen auf dem Weg zu differenzsensibler Lehrer*innenbildung?* Bad Heilbrunn: Verlag Julius Klinkhardt.

Opertti, R., Walker, Z. & Zhang, Y. (2014). Inclusive education: From targeting groups and schools to achieving quality education as the core of EFA. In L. Florian (Hrsg.), *The SAGE handbook of special education* (2. Aufl., Bd. 1, S. 149–169). London: Sage.

Patzer, Y., Frohn, J. & Pinkwart, N. (2020). Potentiale inklusionsorientierter Lehr-Lern-Bausteine für die Übertragung auf verschiedene Fachdidaktiken und für MINT-Fächer. In E. Brodesser, J. Frohn, N. Welskop, A.-C. Liebsch, V. Moser & D. Pech (Hrsg.), *Inklusionsorientierte Lehr-Lern-Bausteine für die Hochschullehre. Ein Konzept zur Professionalisierung zukünftiger Lehrkräfte* (S. 151–161). Kempten: Verlag Julius Klinkhardt.

Phillips, D. (2015). Foreword. In D. Kuhlee, J. van Buer & C. Winch, C. (Hrsg.), *Governance in der Lehrerausbildung: Analysen aus England und Deutschland. Governance in Initial Teacher Education: Perspectives on England and Germany* (S. V–VIII). Wiesbaden: Springer VSPowell, J. (2009). Von schulischer Exklusion zur Inklusion? Eine neo-institutionalistische Analyse sonderpädagogischer Fördersysteme in Deutschland und den USA. In S. Koch & M. Schemann (Hrsg.), *Neoinstitutionalismus in der Erziehungswissenschaft. Grundlegende Texte und empirische Studien* (S. 213–232). Wiesbaden: Springer VS.

Powell, J. W. (2015). Neo-Institutionalismus. In I. Hedderich, G. Biewer, J. Hollenweger & R. Markowetz (Hrsg.), *Handbuch Inklusion und Sonderpädagogik* (S. 680–684). Bad Heilbrunn: Verlag Julius Klinkhardt.

Powell, J. W. (2016). *Barriers to inclusion: Special education in the United States and Germany.* Abingdon: Routledge.

Powell, J. W. (2018). Chancen und Barrieren inklusiver Bildung im Vergleich: Lernen von Anderen. *Schriftenreihe Eine für alle – Die inklusive Schule für Demokratie, Heft 3.*

Powell, J. W. & Merz-Atalik, K. (2020). Die Notwendigkeit inklusiver Bildung für die Erneuerung der Governancekonzepte: Deutschland und Luxemburg im Vergleich. In J. Budde, A. Dlugosch, P. Herzmann, L. Rosen, J. Panagiotopoulou, T. Sturm & M. Wagner-Willi (Hrsg.), *Inklusionsforschung im Spannungsfeld von Erziehungswissenschaft und Bildungspolitik* (S. 71–98). Leverkusen: Verlag Barbara Budrich.

Prammer-Semmler, E. (2014). Stimmen von Lehramtsstudierenden einer pädagogischen Hochschule zu »Heterogenität« und »Inklusion«. In E. Feyerer & A. Langner (Hrsg.), *Umgang mit Vielfalt. Lehrbuch für inklusive Bildung* (S. 27–38). Linz: Trauner.

Prengel, A. (1993). *Pädagogik der Vielfalt. Verschiedenheit und Gleichberechtigung in Interkultureller, Feministischer und Integrativer Pädagogik.* Opladen: Leske + Budrich.

Prengel, A. (2001). Egalitäre Differenz in der Bildung. In H. Lutz & N. Wenning (Hrsg.), *Unterschiedlich verschieden. Differenz in der Erziehungswissenschaft* (S. 93–107). Opladen: Leske + Budrich.
Prengel, A. (2019). *Pädagogik der Vielfalt. Verschiedenheit und Gleichberechtigung in Interkultureller, Feministischer und Integrativer Pädagogik* (4. Aufl.). Wiesbaden: Springer VS.
Prengel, A. (2022). Schulen inklusiv gestalten. Eine Einführung in Gründe und Handlungsmöglichkeiten. Opladen, Berlin u. Toronto: Verlag Barbara Budrich.
Pretis, M., Kopp-Sixt, S. & Mechtl, R. (Hrsg.). (2019). *ICF-basiertes Arbeiten in der inklusiven Schule.* München: Ernst Reinhardt Verlag.
Preuß, B. (2018). *Inklusive Bildung im schulischen Mehrebenensystem Behinderung, Flüchtlinge, Migration und Begabung.* Wiesbaden: Springer VS.
Pugach, M. & Blanton, L. (2009). A framework for conducting research on collaborative teacher education. *Teaching and teacher education, 25*(4), 575–582.
Rackles, M. (2020). *Lehrkräftebildung 2021. Wege aus der föderalen Sackgasse.* Norderstedt: Books on Demand.
Rackles, M. (2021). *Inklusive Bildung in Deutschland. Beharrungskräfte der Exklusion und notwendige Transformationsimpulse.* Norderstedt: Books on Demand.
Reichsministerium des Inneren (1921). *Die Reichsschulkonferenz 1920. Ihre Vorgeschichte und Vorbereitung und ihre Verhandlungen.* Leipzig: Quelle und Meyer.
Riecke-Baulecke, T. & Rix, A. (2018). Qualität und Planung inklusiven Unterrichts. In B. Lütje-Klose, T. Riecke-Baulecke & R. Werning (Hrsg.), *Basiswissen Lehrerbildung. Inklusion in Schule und Unterricht. Grundlagen in der Sonderpädagogik* (S. 102–128). Seelze: Klett, Kallmeyer.
Rodden, B., Prendeville, P., Burke, S. & Kinsella, W. (2019). Framing secondary teachers' perspectives on the inclusion of students with autism spectrum disorder using critical discourse analysis. *Cambridge Journal of Education, 49*(2), 235–253.
Rogers, E. (1995). *Diffusion of innovations.* New York: Free Press.
Rohr, E. & Weiser, M. (2002). Historische Kritik der Aussonderung – Kritik der Sonderpädagogik. Zur Frage der historischen (Irr)Wege und (Fehl)Entscheidungen. In H. Eberwein & S. Knauer (Hrsg.), *Handbuch Integrationspädagogik* (6. Aufl., S. 91–98). Weinheim u. a.: Beltz.
Rolff, H.G. (2013). *Schulentwicklung kompakt. Modelle, Instrumente, Perspektiven.* Weinheim u. Basel: Beltz.
Rothland, M. & Boecker, S. K. (2014). Wider das Imitationslernen in verlängerten Praxisphasen. Potenzial und Bedingungen des Forschenden Lernens im Praxissemester. *DDS – Die Deutsche Schule, 106*(4), 386–397.
Rouse, M. (2010). Reforming initial teacher education: A necessary but not sufficient condition for developing inclusive practice. In C. Forlin (Hrsg.), *Teacher education for inclusion. Changing paradigms and innovative approaches* (S. 47–55). London: Routledge.
Rürup, M. (2012). Inklusive Bildung als Reformherausforderung. Zur Perspektive der Educational Governance Forschung. *Zeitschrift für Inklusion, 4.* https://www.inklusion-online.net/index.php/inklusion-online/article/view/74
Saldern, M. v. (2011). *Schulleistung 2.0. Von der Note zum Kompetenzraster.* Norderstedt: Books on Demand.
Sander, A. (2002). Von der integrativen zur inklusiven Bildung. Internationaler Stand und Konsequenzen für die sonderpädagogische Förderung in Deutschland. In A. Hausotter, W. Boppel & H. Meschenmoser (Hrsg.), *Perspektiven Sonderpädagogischer Förderung in Deutschland. Dokumentation der Nationalen Fachtagung vom 14.–16. November 2001 in Schwerin* (S. 103–118). Middelfart: European Agency for Development in Special Needs Education.
Scharfenberg, J. (2020). *Warum Lehrerin, warum Lehrer werden? Motive und Selbstkonzept von Lehramtsstudierenden im internationalen Vergleich.* Bad Heilbrunn: Verlag Julius Klinkhardt.
Scharfenberg, J., Weiß, S., Hellstén, M., Keller-Schneider, M., Sava, S. & Kiel, E. (2022). Die Studien- und Berufswahlmotive von Grundschullehramtsstudierenden im internationalen Vergleich. *ZfG – Zeitschrift für Grundschulforschung, 15*(2), 251–272. https://doi.org/10.1007/s42278-022-00150-1

Schmidt-Lauff, S. (2023). Professionalisierung. In R. Arnold, E. Nuissl & J. Schrader (Hrsg.), *Wörterbuch Erwachsenen- und Weiterbildung* (2. überarb. Aufl., S. 342–343) Bad Heilbrunn: Verlag Julius Klinkhardt.

Schneider-Reisinger, R. & Oberlechner, M. (2020). *Diversitätssensible PädagogInnenbildung in Forschung und Praxis. Utopien, Ansprüche und Herausforderungen.* Opladen, Berlin u. Toronto: Verlag Barbara Budrich.

Schöler, J., Merz-Atalik, K. & Dorrance, C. (2010). *Auf dem Weg zur Schule für alle? Die Umsetzung der UN-Behindertenrechtskonvention im Bildungsbereich: Vergleich ausgewählter europäischer Länder und Empfehlungen für die inklusive Bildung in Bayern.* München: BayernForum der Friedrich-Ebert-Stiftung. https://library.fes.de/pdf-files/akademie/bayern/07824.pdf

Schrittesser, I. (2020). Qualifikationswege Dozierender in der Lehrerinnen- und Lehrerbildung. In C. Cramer, J. König, M. Rothland & S. Blömeke (Hrsg.), *Handbuch Lehrerinnen- und Lehrerbildung* (S. 843–850). Bad Heilbrunn: Verlag Julius Klinkhardt.

Schrittesser, I. & Hofer, M. (2012). Lehrerbildung als kulturelle Praxis? Wie Pierre Bourdieus Habitusbegriff die Kulturen der Lehrerbildung und der Schulpraxis einander näher bringen könnte… In C. Kraler, H. Schnabel-Schüle, M. Schratz & B. Weyand (Hrsg.), *Kulturen der Lehrerbildung. Professionalisierung eines Berufsstands im Wandel* (S. 141–154). Münster: Waxmann.

Schuelka, M., Johnstone, C. J, Thomas, G. & Artiles, A. J. (2019). *The SAGE handbook of inclusion and diversity in education.* Los Angeles u. a.: Sage.

Schuppener, S., Goldbach, A., Leonhardt, N., Langner, A. & Mannewitz, K. (2020). Inklusion inklusiv vermitteln: Menschen mit Behinderungserfahrungen als Lehrende an der Hochschule. In R. Schneider-Reisinger & M. Oberlechner (Hrsg.), *Diversitätssensible PädagogInnenbildung in Forschung und Praxis: Utopien, Ansprüche und Herausforderungen* (S. 108–117). Opladen, Berlin u. Toronto: Verlag Barbara Budrich.

Schwab, S. (2014). Integration für alle? Die Einstellung von österreichischen LehrerInnen zu integrativem Unterricht. In S. Trumpa, S. Seifried, E. Franz & T. Klauß (Hrsg.), *Inklusive Bildung: Erkenntnisse und Konzepte aus Fachdidaktik und Sonderpädagogik* (S. 79–90). Weinheim u. Basel: Beltz Juventa.

Schwab, S. (2019). Teachers' student-specific self-efficacy in relation to teacher and student variables. *Educational Psychology, 39*(2), 4–18.

Schwager, M. (2004). Die Überwindung der »Zwei-Gruppen-Theorie« als Indikator für Inklusion. Erfahrungen der Gesamtschule Köln-Holweide. In Arbeitskreis Dialoge zwischen Regel- und Sonderpädagogik an der Martin-Luther-Universität Halle-Wittenberg (Hrsg.), *INTEGRATION den GANZen TAG – das ganze LEBEN. Reader zum 7. Integrationsstag Sachsen-Anhalt* (S. 19–31). Halle-Wittenberg: Martin-Luther-Universität.

Schwarzer, N.-H. & Gingelmaier, S. (2021). Berufliches Selbstkonzept von angehenden Lehrkräften für Sonderpädagogik im Förderschwerpunkt Emotionale und Soziale Entwicklung. Psychometrische Evaluation eines Diagnostikums und erste empirische Daten. *Vierteljahresschrift für Heilpädagogik und ihre Nachbargebiete, 93*(1), 35–51.

Schwarzer, R. & Warner, L. M. (2014). Forschung zur Selbstwirksamkeit bei Lehrerinnen und Lehrern. In E. Terhart, H. Bennewitz & M. Rothland (Hrsg.), *Handbuch der Forschung zum Lehrerberuf* (S. 662–678). Münster u. New York: Waxmann.

Scott, W. R. (2008). *Institutions and organizations.* Thousand Oaks: Sage.

Sharma, U., Forlin, C. & Loreman, T. (2008). Impact of training on pre-service teachers' attitudes and concerns about inclusive education and sentiments about persons with disabilities. *Disability & Society, 23*(7), 773–85.

Sharpe, B., Hodgson, A., Leicester, G., Lyon, A. & Fazey, I. (2016). Three horizons. A pathways practice for transformation. *Ecology and Society, 21*(2), 47.

Slee, R. (1996). Inclusive schooling in Australia? Not yet. *Cambridge Journal of Education, 26*(1), 19–32.

Slee, R. (2008). Beyond special and regular schooling? An inclusive education reform agenda. *International Studies in Sociology of Education, 18*(2), 99–116.

Slee, R. (2010). Political Economy, inclusive education and teacher education. In C. Forlin (Hrsg.), *Teacher education for inclusion. Changing paradigms and innovative approaches* (S. 13–22). London: Routledge.

Slee, R. (2012). How do we make inclusive education happen when exclusion is a political predisposition? *International Journal of Inclusive Education, 17*(8), 895–907.

Slee, R. (2017). »*Inclusive education isn't dead ... it just smells funny!*« [Antrittsvorlesung als Professor an der University of South Australia, School of Education]. https://www.you tube.com/watch?v=fHgzDao6eGg

Slee, R. & Weiner, G. (2001). Education reform and reconstruction as a challenge to research genres. Reconsidering school effectiveness research and inclusive schooling. *School Effectiveness and School Improvement, 12*(1), 83–98.

Seifried, S. (2015). *Einstellungen von Lehrkräften zu Inklusion und deren Bedeutung für den schulischen Implementierungsprozess – Entwicklung, Validierung und strukturgleichungs-analytische Modellierung der Skala EFI-L*. Dissertation, Pädagogische Hochschule Heidelberg. https://opus.ph-heidelberg.de/frontdoor/deliver/index/docId/140/file/Dissertation_Sei fried_Stefanie.pdf

Seitz, S. (2011). Was Inklusion für die Qualifizierung von Lehrkräften bedeutet. Gewinn für LehrerInnen und SchülerInnen. *Journal für LehrerInnenbildung, 11*(4), 50–54.

Seitz, S. (2020). Über Fortbildung Anschlüsse schaffen. Wie kommt Inklusion in die Grundschule? Journal für LehrerInnenbildung, 20(3), 54–62. https://doi.org/10.35468/jlb-03-202005

Senatsverwaltung für Bildung, Jugend und Wissenschaft Berlin (2012). *Ausbildung von Lehrkräften in Berlin. Empfehlungen der Expertenkommission Lehrerbildung*. Berlin: Senatsverwaltung für Bildung, Jugend und Wissenschaft.

Simon, T. (2018). Selbstwirksamkeitsüberzeugungen (SWÜ) und schulische Inklusion. In J. Frohn (Hrsg.), *FDQI-HU-Glossar*. Berlin: Humboldt Universität zu Berlin.

Specht, J., McGhie-Richmond, D., Loreman, T., Mirenda, P., Bennett, S., Gallagher, T. & Cloutier, S. (2015). Teaching in inclusive classrooms: efficacy and beliefs of Canadian preservice teachers. *International Journal of Inclusive Education, 20*(1), 1–15. https://doi.org/1 0.1080/13603116.2015.1059501

Specht, J. A. & Metsala, J. L. (2018). Predictors of teacher efficacy for inclusive practice in preservice teachers. *Exceptionality Education International, 28*(3), 67–82.

Staub-Bernasconi, S. (2019). *Menschenwürde – Menschenrechte – Soziale Arbeit. Die Menschenrechte vom Kopf auf die Füße stellen*. Opladen, Berlin u. Toronto: Verlag Barbara Budrich.

Stayton, V. D. & McCollum, J. (2002). Unifying general and special education: what does the research tell us? *Teacher Education and Special Education, 25*(3), 211–218.

Stefani, L. & Blessinger, P. (Hrsg.). (2019). *Inclusive leadership in higher education. International perspectives and approaches*. New York: Routledge.

Steinmetz, S., Wrase, M., Helbig, M. & Döttinger, I. (2021). *Die Umsetzung schulischer Inklusion nach der UN-Behindertenrechtskonvention in den deutschen Bundesländern*. Baden-Baden: Nomos E-Library.

Strasser, R. & Koenig, O. (2022). Entwicklung halten und begleiten beim Gestalten inklusiver Zukünfte. In O. Koenig (Hrsg.), *Inklusion und Transformation in Organisationen* (S. 96–115). Bad Heilbrunn: Verlag Julius Klinkhardt.

Suarez, V. & McGrath, J. (2022). Teacher professional identity: How to develop and support it in times of change, *OECD Education Working Papers, No. 267*. Paris: OECD Publishing. https://dx.doi.org/10.1787/b19f5af7-en

Terhart, E. (2007). Was wissen wir über gute Lehrer? In G. Becker, A. Feindt, H. Meyer, M. Rothland, L. Stäudel & Terhart, E. (Hrsg.), *Guter Unterricht. Maßstäbe und Merkmale – Wege und Werkzeuge* (S. 20–24). Seelze: Friedrich-Verlag.

Terhart, E. (2011). Lehrerberuf und Professionalität: Gewandeltes Begriffsverständnis – neue Herausforderungen. *Zeitschrift für Pädagogik, Beiheft 57*, 202–224.

Terhart, E., Czerwenka, K., Ehrich, K., Jordan, F. & Schmidt, H. J. (1994). *Berufsbiographien von Lehrern und Lehrerinnen*. Frankfurt a. M.: Peter Lang.

Thoms, S. & Werning, R. (2018). Inklusive Bildung und Sonderpädagogik – eine Einführung. In B. Lütje-Klose, T. Riecke-Baulecke & R. Werning (Hrsg.), *Basiswissen Lehrerbildung:*

Inklusion in Schule und Unterricht. Grundlagen in der Sonderpädagogik (S. 9–58). Seelze: Kallmeyer, Klett.

Trescher, H. (2017). *Behinderung als Praxis. Biographische Zugänge zu Lebensentwürfen von Menschen mit geistiger Behinderung.* Bielefeld: transcript.

Trescher, H. & Hauck, T. (2020). *Inklusion im kommunalen Raum. Sozialraumentwicklung im Kontext von Behinderung, Flucht und Demenz.* Bielefeld: transcript.

Ulich, K. (1998). Berufswahlmotive angehender LehrerInnen. Eine Studie über Unterschiede nach Geschlecht und Lehramt. *Die Deutsche Schule, 90*(1), 64–78.

UN – United Nations (1989). *Convention on the Righft hethe Children (UNCRC)*. https://www.ohchr.org/en/instruments-mechanisms/instruments/convention-rights-child; deutsche Übersetzung: Übereinkommen über die Rechte des Kindes. VN-Kinderrechtskonvention im Wortlaut mit Materialien. https://www.bmfsfj.de/resource/blob/93140/fe59de84a8fc3a6ffc61e8a5559cac9d/uebereinkommen-ueber-die-rechte-des-kindes-data.pdf

UN – United Nations (2006). *Convention on the Rights of Persons with Disabilities (UNCRPD).* https://www.ohchr.org/en/instruments-mechanisms/instruments/convention-rights-persons-disabilities

UN – United Nations (2009). *Die UN-Behindertenrechtskonvention. Übereinkommen über die Rechte von Menschen mit Behinderungen. Die amtliche, gemeinsame Übersetzung von Deutschland, Österreich, Schweiz und Lichtenstein.* https://www.institut-fuer-menschenrechte.de/fileadmin/Redaktion/PDF/DB_Menschenrechtsschutz/CRPD/CRPD_Konvention_und_Fakultativprotokoll.pdf

UN – United Nations (2015). *Transformation unserer Welt: die Agenda 2030 für nachhaltige Entwicklung.* UN, SDG Sustainable Development Goals (2016). www.un.org/Depts/german/gv-70/band1/ar70001.pdf

UN – United Nations, Committee on the Rights of the Child (2014). *Concluding Observations on the combined third and fourth periodic reports of Germany.* CRC/C/DEU/CO/3–4. https://www.bmfsfj.de/resource/blob/89152/03e88ebde5534f4b17359ddfdd255082/14-kinderrechteausschuss-englisch-data.pdf

UN – United Nations, Committee on the Rights of the Child (2021). *List of issues in relation to the combined fifth and sixth periodic reports of Germany.* CRC/C/DEU/Q/5–6. https://www.kinderrechte.de/fileadmin/Redaktion-Kinderrechte/1_Kinderrechte/1.7_Staatenberichte/List_of_Issues_UNCRC_aktuell.pdf

UN-BRK – UN-Behindertenrechtskonvention (2008). *Übereinkommen über die Rechte von Menschen mit Behinderung.* www.behindertenbeauftragter.de/SharedDocs/Downloads/DE/AS/PublikationenErklaerungen/Broschuere_UNKonvention_KK.pdf;jsessionid=

UNESCO (1994). *The salamanca statement and framework for action on special needs education.* Adopted by the World Conference on Special Needs Education: Access and Quality. Salamanca, Spain 7–10 June 1994. http://unesdoc.unesco.org/images/0009/000984/098427eo.pdf

UNESCO (2005). *Policy guidelines for inclusion.* https://unesdoc.unesco.org/ark:/48223/pf0000140224

UNESCO (2008). *International Conference on Education. 48. Session, International Conference Centre (ICE) Geneva, 25.–28. November 2008. Inclusive Education: The way of the future. Conclusions and Recommendations.* https://unesdoc.unesco.org/ark:/48223/pf0000182999

UNESCO (2013). *Promoting inclusive teacher education. A series of 5 advocacy guides.* 1: Introduction; 2: Policy; 3: Curriculum; 4: Materials; 5 Methodology. https://unesdoc.unesco.org/ark:/48223/pf0000221033?posInSet=1&queryId=bf14a911-2349-4e19-995a-33ab756bd9cc

UNESCO (2014). *Inklusion. Leitlinien für die Bildungspolitik.* https://www.unesco.de/sites/default/files/2018-05/2014_Leitlinien_inklusive_Bildung.pdf

UNESCO (2017). *A guide for ensuring inclusion and equity in education.* https://unesdoc.unesco.org/ark:/48223/pf0000248254

UNESCO (2020). *Global education monitoring report, 2020: Inclusion and education: all means all.* https://unesdoc.unesco.org/ark:/48223/pf0000373718/PDF/373718eng.pdf.multi

UN-Fachausschuss zur CRC (2014). *Abschließende Bemerkungen des VN-Ausschusses für die Rechte des Kindes vom 31. Januar 2014. Zum gemeinsamen dritten und vierten periodischen Staatenbericht Deutschlands. Deutsche Arbeitsübersetzung.* https://www.bmfsfj.de/resource/

blob/89150/f592976f6987286205aa8fd7544044a4/14-kinderrechteausschus-arbeitsuebersetzung-deutsch-data.pdf

UN-Fachausschuss zur UNCRPD (2015). *Abschließende Bemerkungen zum Staatenbericht Deutschlands (von 2011)*. https://www.institut-fuer-menschenrechte.de/publikationen/detail/crpd-abschliessende-bemerkungen-ueber-den-ersten-staatenbericht-deutschlands

UN-Fachausschuss zur UNCRPD (2016). *Allgemeine Bemerkung Nr. 4 zum Recht auf inklusive Bildung.* https://www.gemeinsam-einfach-machen.de/SharedDocs/Downloads/DE/AS/UN_BRK/AllgBemerkNr4.pdf?__blob=publicationFile&v=4

UN-Fachausschuss zur UNCRPD (2022). *Abschließende Bemerkungen zum kombinierten fünften und sechsten Staatenbericht Deutschlands.* https://www.bmfsfj.de/resource/blob/203220/dbb39ecff4cbb27f2569247c72332955/abschliessende-bemerkungen-zum-kombinierten-fuenften-und-sechsten-staatenbericht-deutschlands-data.pdf

UN-Fachausschuss zur UNCRPD (2023). *Concluding observations on the combined second and third periodic reports of Germany-Advance.* Unedited Edition. https://tbinternet.ohchr.org/_layouts/15/TreatyBodyExternal/TBSearch.aspx?Lang=en&TreatyID=4&DocTypeID=5

Universität Rostock (o. J.). *Weiterbildungs-Master Sonder- und Inklusionspädagogik.* https://www.phf.uni-rostock.de/studium/studiengaenge/weiterbildungs-master/sonder-und-inklusionspaedagogik/

UN-Vollversammlung (1948). *Allgemeine Erklärung der Menschenrechte (217 [III] A)*. Paris.

Veber, M., Dexel, T., Rott, D. & Fischer, C. (2015). Der Index für Inklusion als Instrument einer inklusionsorientierten Lehrer*innenbildung – theoretische Grundlagen und praktische Anwendung. *Sonderpädagogische Förderung in NRW, 53*(4), 14–23.

Wagner, C. & Kuhlee, D. (2015). Performance Management, Quality Management and Leadership within German State School Administration? The Changing Agenda of Governance in Vocational Schools and its Effects on Teachers. In D. Kuhlee, J. van Buer & C. Winch (Hrsg.), *Governance in der Lehrerausbildung: Analysen aus England und Deutschland. Governance in Initial Teacher Education: Perspectives on England and Germany* (S. 245–265). Wiesbaden: Springer VS.

Waldschmidt, A. (2005). Disability Studies: individuelles, soziales und/oder kulturelles Modell von Behinderung? *Psychologie und Gesellschaftskritik, 29*(1), 9–31. https://nbn-resolving.org/urn:nbn:de:0168-ssoar-18770

Weinbach, H. (2020). Inklusion. In P. Bollweg, J. Buchna, T. Coelen & H. U. Otto (Hrsg.), *Handbuch Ganztagsbildung* (2. Aufl., S. 127–139). Wiesbaden: Springer Fachmedien.

Weisser, J. (2015). *Behinderung, Ungleichheit und Bildung. Eine Theorie der Behinderung.* Bielefeld: transcript.

Wellensiek, A. (2014). Vorwort. In S. Trumpa, S. Seifried, E. Franz & T. Klauß (Hrsg.), *Inklusive Bildung: Erkenntnisse und Konzepte aus Fachdidaktik und Sonderpädagogik* (S. 5–6). Weinheim u. Basel: Beltz Juventa.

Wendt, H. & Hußmann, A. (2020). Leistungsstark und gerecht? Entwicklungen von Grundschulsystemen im europäischen Vergleich. *Tertium Comparationis, 25*(1), 1–24.

Werning, R. & Avci-Werning, M. (2016). *Herausforderung Inklusion in Schule und Unterricht: Grundlagen, Erfahrungen, Handlungsperspektiven* (2. Aufl.). Seelze: Klett, Kallmeyer.

Wevelsiep, C. (2000). Überwindung der Zwei-Gruppen-Theorie? Pädagogische Professionalität und Inklusive Pädagogik. *Zeitschrift für Pädagogik, 61*(4), 565–579.

WHO – World Health Organisation (2001). *International Classification of Functioning, Disability and Health (ICF)*. https://www.who.int/standards/classifications/international-classification-of-functioning-disability-and-health

Winn, J. & Blanton, L. (2005). The call for collaboration in teacher education. *Focus on the Exceptional Children, 38*(2), 1–10.

Wittrock, M. (2002). Das Lehramt für Sonderpädagogik. In H. U. Otto, T. Rauschenbach & P. Vogel (Hrsg.), *Erziehungswissenschaft: Lehre und Studium* (S. 57–70). Wiesbaden: VS Verlag für Sozialwissenschaften.

Wocken, H. (1988). Kooperation von Pädagogen in integrativen Grundschulen. In H. Wocken, G. Antor & A. Hinz (Hrsg.), *Integrationsklassen in Hamburger Grundschulen* (S. 199–274). Hamburg: Hamburger Buchgesellschaft.

Wocken, H. & Antor, G. (Hrsg.). (1987). *Integrationsklassen in Hamburg. Erfahrungen – Untersuchungen – Anregungen*. Solms-Oberbiel: Jarick.
Wocken, H. (1996). Sonderpädagogischer Förderbedarf als systemischer Begriff. *Sonderpädagogik, 26*(1), 34–38.
Wocken, H. (2011). Fördert Förderschule? Eine empirische Rundreise durch Schulen für »optimale Förderung«. In I. Schnell, A. Sander & C. Federolf (Hrsg.), *Zur Effizienz von Schulen für Lernbehinderte. Forschungsergebnisse aus vier Jahrzehnten* (S. 214–240). Bad Heilbrunn: Verlag Julius Klinkhardt.
Wocken, H. (2015). *Das Haus der inklusiven Schule: Baustellen – Baupläne – Bausteine* (6. Aufl.). Hamburg: Feldhaus Verlag.
Wocken, H. (2016). *Am Haus der inklusiven Schule. Anbauten – Anlagen – Haltestellen* (1. Aufl.). Hamburg: Feldhaus.
Wocken, H. (2019). Inklusive Bildung – Annäherungen an den Begriff der Inklusion und Forderungen an die Inklusionsforschung. *Magazin Auswege*, 22.09.2019, 1–14. https://www.magazin-auswege.de/2019/09/inklusive-bildung
Wocken, H. (2021a). Inklusion: Werte – Haltungen – Praktiken. *Grundschule aktuell. Zeitschrift des Grundschulverbandes, 153*, 8–11.
Wocken, H. (2021b). Inklusive Momente in Bildungsprozessen: Kritik einer bildungstheoretischen Grundlegung der schulischen Inklusion. *Zeitschrift für Inklusion, 4*. https://www.inklusion-online.net/index.php/inklusion-online/article/view/588
Woll, A. (2017). *Kontaktbedingungen zwischen Menschen mit und ohne Behinderung als Prädiktoren von Einstellungen zu Inklusion*. Dissertation. Pädagogische Hochschule Heidelberg, Heidelberg. https://opus.ph-heidelberg.de/frontdoor/deliver/index/docId/230/file/DissertationWoll21Juni2017.pdf
Yamada, M. (1999). Allgemeinheit, Besonderheit und Individualität in der Pädagogik. *Behinderte in Familie, Schule und Gesellschaft, 3*, 59–63.
Young, K. (2008): »I don't think I'm the right person for that«: theoretical and institutional questions about a combined credential program. *Disability Studies Quarterly, 28*(4), 1–16. https://doi.org/10.18061/dsq.v28i4.132

Fritz Wepper | Susanne Kellermann
Nur mit Hund bin ich ein Mensch

FRITZ WEPPER
SUSANNE KELLERMANN

Nur mit Hund bin ich ein Mensch

Vom wunderbaren Leben mit Tieren, die unser Herz erobert haben

Umschlaggestaltung: Kathrin Steigerwald, Hamburg unter Verwendung eines Motivs von Getty Images/Peter Bischoff
Rechte Autorenfoto: Peter Bischoff
Erstentwurf Text: Anna Butterbrod

Alle Rechte, insbesondere das Recht der Vervielfältigung und Verbreitung sowie der Übersetzung, vorbehalten. Kein Teil des Werks darf in irgendeiner Form (durch Fotokopie, Mikrofilm oder ein anderes Verfahren) ohne schriftliche Genehmigung des Verlags reproduziert werden oder unter Verwendung elektronischer Systeme gespeichert, verarbeitet, vervielfältigt oder verbreitet werden.

Die Autor:innen und der Verlag haben dieses Werk mit höchster Sorgfalt erstellt. Dennoch ist eine Haftung des Verlags oder der Autor:innen ausgeschlossen. Die im Buch wiedergegebenen Aussagen spiegeln die Meinung der Autor:innen wider und müssen nicht zwingend mit den Ansichten des Verlags übereinstimmen.

Der Verlag und seine Autor:innen sind für Reaktionen, Hinweise oder Meinungen dankbar. Bitte wenden Sie sich diesbezüglich an verlag@goldegg-verlag.com.

Der Goldegg Verlag achtet bei seinen Büchern und Magazinen auf nachhaltiges Produzieren. Goldegg-Bücher sind umweltfreundlich produziert und orientieren sich in Materialien, Herstellungsorten, Arbeitsbedingungen und Produktionsformen an den Bedürfnissen von Gesellschaft und Umwelt.

ISBN: 978-3-99060-361-1

© 2023 Goldegg Verlag GmbH
Unter den Linden 21 • D-10117 Berlin
Telefon: +49 800 505 43 76-0

Goldegg Verlag GmbH, Österreich
Mommsengasse 4/2 • A-1040 Wien
Telefon: +43 1 505 43 76-0

E-Mail: office@goldegg-verlag.com
www.goldegg-verlag.com

Layout, Satz und Herstellung: Goldegg Verlag GmbH, Wien
Printed in the EU

INHALTSVERZEICHNIS

Vorwort	9
Nur mit Hund bin ich ein Mensch	11
Darf ich vorstellen? Meine fellige Familie	12
Jimmy – unsere erste Liebe	12
Benny – ein treuer Gefährte	17
Ero – der Jäger und Wächter	19
Andy – ein Löwe mit Herz	21
Aron – mein bester Freund	23
Warum ich kein Katzenmensch bin	26
Warum ich ein Katzenmensch bin	28
Meine ersten Reitstunden auf dem »Dicken«	30
Vorleben statt vorschreiben	34
Die Sätze meines Großvaters hallen heute noch nach	39
Ein tierisch guter Anfang	41
Es geht um Leben und Tod!	44
Shit happens!	46
Fünf Uhr! Aufstehen! Rennbahn!	48
Heilende Hände, heilende Pfoten	50
Warum ich mir eine Elefantenherde im Schlafzimmer halte ...	53
Freundschaftspfote mit Folgen	56
Die Botschaft der Wölfe	58
Eine längst vergessene Verbindung	60
Manchmal erzieht der Hund den Menschen	62
Kann man Tierliebe erben? Meine Familie ist der beste Beweis!	64
Wo die Milch herkommt …	70
Seelenretter und Therapeuten	72
Wer hat hier die Zügel (und die Leine) in der Hand?	74
No Woman, No Dog	76
Wüstenschiff mit Superkräften	79

Wie ich versuchte, ein Hundemensch zu werden	81
Große Gefühle auf den ersten Blick	84
»Gebt Aron einen Kuss von mir«	86
Ein Date mit Herrn Disney	88
Verliebt im Paradies	91
Dreamteam mit acht Pfoten	93
Der Kreis der Liebe	96
Nicht ohne meinen Ero?!	98
Der Silvester-Knaller	102
Wieso Angeln alles andere als ein Witz ist	104
Liesl Karlstadt machte es vor …	109
Liebenswerter Lümmel	111
Wie ich als Cowboy durch Kanada und Nordamerika ritt	113
Vorsicht! Der Schnitzeldieb geht um!	119
Wann ich vor Wut kochte	122
Hundeleben mit fünf Sternen (und Privatjet)	124
Die fünf Säulen einer glücklichen Hund-Mensch-Beziehung	127
Die erste Säule: Verantwortung	127
Die zweite Säule: Vertrauen	130
Die dritte Säule: Verständigung	132
Die vierte Säule: Augenhöhe	134
Die fünfte Säule: Körperkontakt	136
Eine Glückskatze nimmt das Schicksal in die Pfoten	137
Ein Kampf bis aufs Blut	139
Ben Hur, mit dem Herz in der Hand	141
Mein musikalischer Kraftort	145
Das Mercedes-Massaker	148
Glück verdoppelt sich, wenn man es teilt	151
Wundertraber mit Pferdefuß	155
Tierisch schöne Traditionen	158
Schneehunde vor dem Kachelofen: unsere Hüttenabenteuer	160
Wenn der König der Tiere zur Schmusekatze wird	163
Zwei in einem Boot	167
Balsam für die Seele	170
Ein quälender Gedanke	173

Ein Abschied in Würde 176
Ich habe einen (Hunde-)Traum 179
Zu spät für eine Versöhnung 181
Es ist nicht »nur ein Hund« 183
   Fritz: 183
   Susanne: 183
   Susanne & Fritz: 184
   Schlusswort – und ein neuer Anfang 187
   Fritz: 187
   Susanne: 187
   Susanne & Fritz: 188

Bildrechte 190

Vorwort

Liebe Leserinnen und Leser,
das Buch, das Sie nun in Händen halten, ist mehr als ein Buch über Hunde, obwohl diese natürlich eine tragende Rolle spielen.

Wir alle haben in unserem Leben wunderbare Wesen – menschliche, aber auch tierische. Tiere begleiten uns eine Zeit lang und wir bauen oft tiefe Beziehungen zu ihnen auf. Das Herz von mir, Fritz, haben die Hunde für immer erobert. Ich finde sie einfach fabelhaft. Hunde können unsere besten Freunde sein, sie sind verlässlich an unserer Seite, manche sind richtige Seelenpartner. Wortlos verstehen wir uns und erleben Momente inniger Verbundenheit.

Wenn man Leute fragt, so können viele sich eindeutig als »Katzenmensch« oder »Hundemensch« verorten. Bei mir, Susanne, sind es die Katzen, deren Wesensart meiner Vorstellung von Sein und Sein-Lassen nahesteht. Ich mag ihre Unabhängigkeit und ihren Stolz. Im gemeinsamen Leben mit Fritz und den Hunden habe ich viel über Hunde erfahren. Neue und teils überraschende Erkenntnisse über mich selbst und unsere Beziehung zueinander habe ich aber nochmals aus den intensiven gemeinsamen Arbeiten für dieses Buch gezogen.

Und so ist aus diesem Buch gemeinsam so viel mehr entstanden als eben einfach nur ein Buch über Hunde. Es ist Erinnerung, es sind Lebensweisheiten, die wir ziehen durften, Einsichten und Ansichten von Wegbegleitern und einfach wertvolle Momente, für die wir sehr dankbar sind.

Wir laden Sie ein, uns bei dieser sehr persönlichen Rückschau zu begleiten. Die Fotos, die Sie in diesem Buch sehen, symbolisieren kostbare Augenblicke mit Menschen, Hunden und anderen Tieren, die für uns eine besondere Bedeutung haben.

Fritz Wepper   *Susanne Kellermann*

Nur mit Hund bin ich ein Mensch

Ich mag Hunde einfach, um nicht zu sagen, ich liebe sie. Warum genau, weiß ich nicht. Ich glaube, es liegt in der Familie. Als Kind habe ich Fotos meines Vaters gesehen, als er ein kleiner Junge war und neben seinem Schäferhund Lux steht. Lux ging ihm fast bis zur Schulter. Er strahlte so eine Ruhe aus, etwas Beschützendes. Die beiden sahen aus wie ein eingeschworenes Gespann. Sie gehörten ganz selbstverständlich zusammen. Das hat mich fasziniert und ich habe mir so einen Begleiter auch in meinem Leben gewünscht. Ich kann mich noch heute an das Glücksgefühl erinnern, das ich empfand, wenn ich mit meinem ersten Hund Jimmy durch den Hirschgarten spazierte. Er drehte seine Runden, suchte immer wieder den Blickkontakt zu mir. Dann lief er mit seinen wehenden Ohren zu mir zurück und drückte seinen Körper an meine Beine. Mit bebendem Brustkorb und wedelndem Schwanz, ganz nah bei mir und schon wieder auf der Suche nach einem weiteren kleinen Abenteuer, das er hinter dem nächsten Baum erleben konnte, um sich sodann bald wieder an mich zu schmiegen. Ich spüre das noch heute. Diese wechselseitige Zuneigung, der Körperkontakt und die Wärme haben mich immer glücklich gemacht. Für mich gehört ein Hund zur Familie, oder anders gesagt, für mich gehört zu einer Familie auch ein Hund.

Darf ich vorstellen? Meine fellige Familie

Ich möchte Ihnen zuallererst meine Familie vorstellen, besser gesagt den felligen Teil davon. Denn so habe ich meine Hunde immer gesehen: als vollwertige Familienmitglieder.

Mein erster Hund brachte mir bei, was es heißt, Verantwortung für ein anderes Lebewesen zu übernehmen. Er zeigte mir, wie schön es ist, eine innige Beziehung zu einem Tier aufzubauen. Danach wollte ich nie mehr ohne diese bedingungslose Liebe sein, die Hunde und ihre Halter miteinander verbinden kann. Meine Vierbeiner haben mich immer wieder zum Lachen gebracht. Zum Beispiel versuchte ich einmal, das Heulen eines Wolfes zu imitieren. Jimmy sah mich mit großen Augen an und stimmte in das Geheul ein. Das war zu komisch, weil ich nicht damit gerechnet hatte, dass er mir gleich so wölfisch antworten würde.

Ich litt mit ihnen, wenn es ihnen nicht gut ging. Sie standen mir bei und ich ihnen. Bis zum letzten Atemzug und weit darüber hinaus. Denn wirklich verlassen hat mich keiner von ihnen. Ich trage sie in meinem Herzen und umgebe mich in meinem Haus am Tegernsee mit möglichst vielen Erinnerungen und Fotos von ihnen. Ich besitze sogar noch den ledernen Anhänger von Jimmys Halsband. So etwas könnte ich nie wegwerfen! Jimmy war mein erster Hund.

Jimmy – unsere erste Liebe

Als ich 13 Jahre alt war und mein Bruder Elmar zehn, wünschten wir uns unbedingt einen Hund. Unsere Mutti war sofort einverstanden und schaute, was sie machen konnte. Sie fand einen sehr guten Züchter für Cocker Spaniels in Oberschleißheim. So hatten wir bald ein neues Familienmitglied: Welpe Jimmy. Er war genauso rothaarig wie wir, das passte gut. Pippi Langstrumpf war ja blond im Vergleich zu uns!

Elmar und ich wetteiferten darum, wer mit Jimmy spazieren gehen durfte. In der Nähe unserer Münchner Wohnung befand sich der Königliche Hirschgarten, wo wir ausgelassen mit ihm herumlaufen konnten und Jimmy reichlich Begegnungen mit anderen Artgenossen hatte. Der Hirschgarten war und ist ein riesiger Park mit wunderschönem altem Baumbestand. Unser Ururgroßvater Andreas Weber war dort Königlich Bayerischer Revierjäger. Wir bewegten uns sozusagen auf seinen Spuren.

Andreas Weber war einer der wenigen, die 1814 lebend aus dem Feldzug Napoleons gegen Russland zurückkamen. Zurück in München wurde ihm die goldene Tapferkeitsmedaille verliehen. Wäre er Offizier gewesen, wäre er geadelt worden. So aber hatte er einen Wunsch frei. Er bat darum, dass der Name Weber in Wepper umgewandelt würde, um sich von der Masse abzuheben. Denn von der Zunft der Weber gab es damals jede Menge.

Im Hirschgarten kam übrigens nicht nur Jimmy auf seine Kosten. Es gab dort Ende der 1950er-Jahre infolge des Zweiten Weltkriegs immer noch riesige Bombentrichter, also kraterähnliche Löcher im Erdboden. An deren Steilwänden haben wir mit unseren Fahrrädern unsere Runden gedreht. Ein Gasthaus gab es natürlich auch. Dort wurden, sehr zu unserer Freude, auch Spiele für Kinder angeboten, Sackhüpfen, Eierlauf und vieles mehr. Hier konnten sich Elmar und ich unser erstes Zubrot verdienen: Für 50 Pfennige schoben wir das Kinderkarussell an.

Aber unsere Lieblingsbeschäftigung war es, mit Jimmy zu spielen und zu kuscheln. Er war so süß und unendlich gutmütig, er ließ alles mit sich machen. Ich musste immer lachen, wenn er auf mich zugelaufen kam und seine großen Hängeohren wie Segel auf- und abflogen. Jimmy lehrte uns, was es heißt, Verantwortung für einen Hund zu übernehmen. Drei Jahre später erfuhren wir auf tragische Weise, dass diese Verantwortung auch mit Schmerz verbunden sein kann.

Ich zeltete mit Freunden im Paradieswinkel am Starnberger See, das ist eine zauberhafte Bucht zwischen Starnberg und Possenhofen. Wir waren gerade im Zelt, als uns ein Mädchen fragte, ob sie mit Jimmy spazieren gehen dürfe. Ich nickte und sie lief mit Jimmy an der Leine über eine sehr befahrene Straße zum Parkplatz auf der anderen Seite. Dort angekommen, löste sich Jimmy aus der Halsung, weil er unbedingt zu mir zurückwollte. Ich hörte nur einen lauten Schrei, aber da hatte ihn der dreirädrige Messerschmidt Kabinenroller bereits erfasst. Jimmy lag verletzt auf der Straße und als ich ihn aufnehmen wollte, biss er mich vor Schmerz in die Hand. Wir legten Jimmy auf eine Luftmatratze und ließen uns von einem Erwachsenen in die Tierklinik nach München fahren. Am nächsten Tag kam ein Anruf, dass Jimmy die Nacht nicht überlebt hatte und jetzt im Hundeparadies sei. Wenn ich ehrlich bin, steckt mir dieses traumatische Erlebnis noch heute in den Knochen. Ich hätte es wissen müssen, dass Jimmy sich nicht einfach von jemand anderen ausführen lässt.

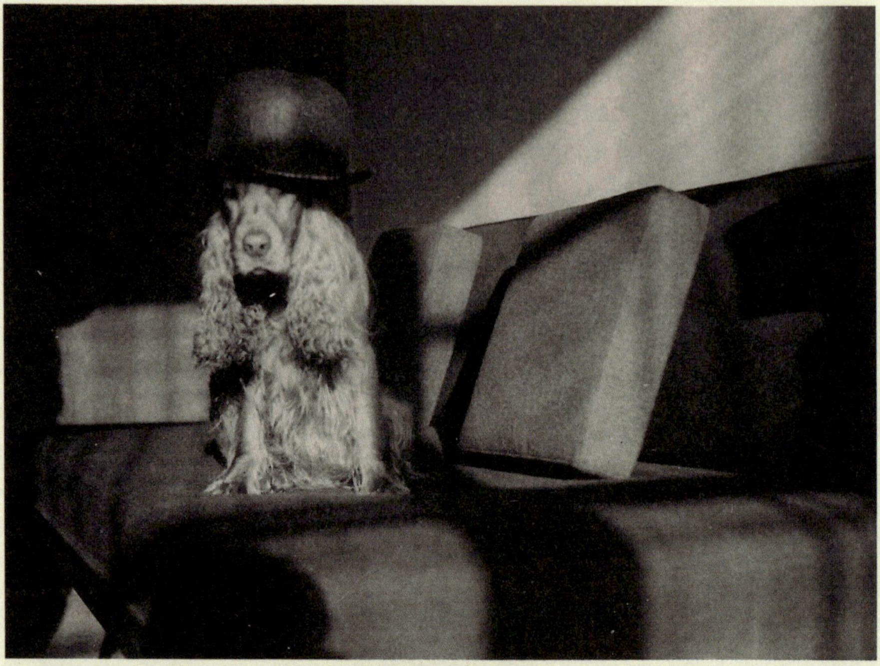

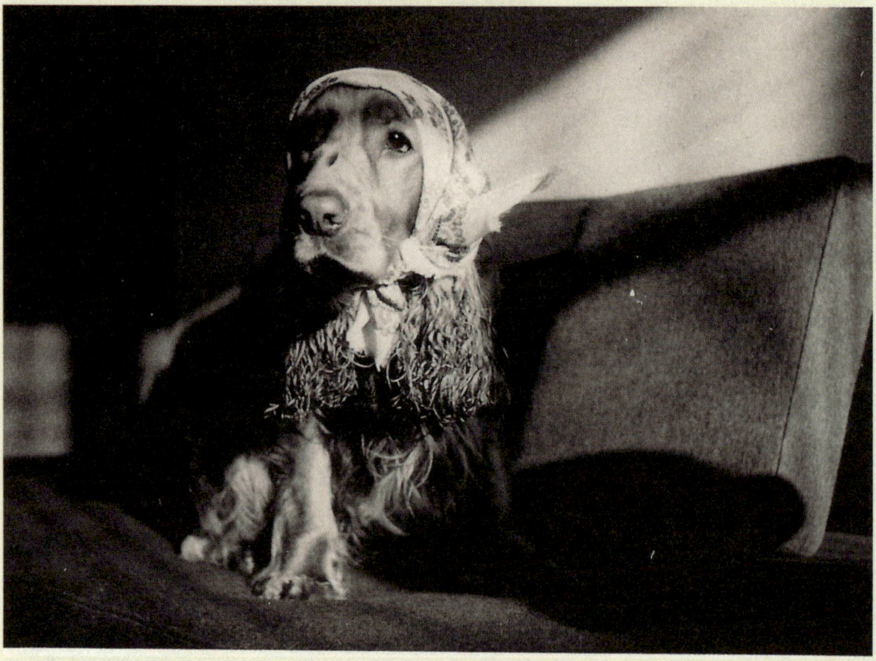

Benny – ein treuer Gefährte

Wir hielten es nicht lange ohne vierbeinigen Freund aus, dazu hatten wir uns einfach viel zu sehr an das abwechslungsreiche Leben mit einem Hund gewöhnt. So kam 1957 Benny zu uns. Ebenfalls ein Cocker Spaniel aus Oberschleißheim, mit wunderschönem Behang, also den typischen hängenden, lockigen Ohren.

Genau wie schon bei Jimmy stand auch sein Körbchen in unserem Kinderzimmer. Wir schliefen am allerbesten, wenn er in unserer Nähe war. Und er auch. Benny blieb uns zum Glück länger erhalten. Wir konnten 15 Jahre mit ihm verbringen. Auch als er schon alt war, gingen wir mit ihm noch im Hirschgarten spazieren. Das muss sehr komisch ausgesehen haben. Denn Benny konnte nichts mehr hören und wir mussten ihm mit ausladenden Gesten zu verstehen geben, was wir von ihm wollten. Benny starb im Winter 1973. Elmar und ich fuhren mit ihm nach Straßlach, südlich von München. Außerhalb des Golfplatzes gab es dort einen kleinen Hügel mit einer riesigen alten Eiche. Ausgerüstet mit zwei Spaten wollten wir hier eine Grube ausheben. Aber es lag Schnee und der Boden war steinhart gefroren. Nach stundenlanger Schwerstarbeit konnten wir unseren geliebten Benny in einem kleinen Holzsarg, den wir extra für ihn hatten anfertigen lassen, beerdigen. Später dachte ich bei jeder Golfrunde an ihn. Er ging mir furchtbar ab.

„Mein Herzenswunsch!
Ich möchte wieder zurück,
falls ich einmal verloren
gehe. Man macht sich sonst
große Sorgen um mich.
Telefongeld ist beigefügt.
Im Voraus besten Dank
Getreuer Vierbeiner"

Ero – der Jäger und Wächter

1979 machte ich meinen Jagdschein und fand: Ein Jäger ohne Hund ist wie ein Tanz ohne Frau. Der Vater eines Freundes hatte einen Deutsch Drahthaar, mit dem er sehr zufrieden war, und er gab mir die Adresse eines Züchters im Saarland. Ich fuhr dorthin und der Züchter stellte mir einen Rüden namens Ero vor. Er war eineinhalb Jahre alt und ich war gleich hin und weg, als ich ihn sah. Als ich ihn mit nach Hause brachte, hatte er bereits die sogenannte Jugendsuche für Jagdhunde hinter sich, die offiziell Verbandsjugendprüfung (VJP) heißt, und auch die Herbstzuchtprüfung (HZP). Diese Prüfungen müssen alle Jagdhunde ablegen, um sicherzustellen, dass sie in der Praxis den Anforderungen im Revier entsprechen.

Ero war ein Vorstehhund. Das heißt: In dem Moment, in dem er bei der Jagd Witterung aufnahm, unterbrach er sein Suchen und blieb ruckartig stehen. Er hob seinen Vorderlauf an und zeigte in die Richtung des gewitterten Wildes. Ero war ein vorbildlicher und sehr verlässlicher Jagdbegleiter, sodass ich die Meisterprüfung eines Vorstehhundes, die Verbandsgebrauchsprüfung (VGP), selbst mit ihm absolvieren wollte. Ich begann den dafür notwendigen Hundeführer-Lehrgang, der ein halbes Jahr dauerte. Und was soll ich sagen, die Prüfung wurde für uns beide ein voller Erfolg.

Als meine Tochter Sophie 1981 auf die Welt kam, lag sie im Garten auf einer Decke, um die wir ein Laufstallgitter aufgestellt hatten, und Ero bewachte sie – dieses Bild habe ich noch genau vor Augen. Ganz nebenbei war er nämlich auch ein geborener Wachhund, dem ich jederzeit das Leben meiner mir liebsten Menschen anvertraut hätte.

Seine guten Gene sollten unbedingt weitergegeben werden: Da Ero ein Zuchtrüde war, hatte sich sein Züchter aus dem Saarland bei uns zu einem Besuch mit einer seiner Hündinnen angemeldet. Ero und sie sahen sich und es kam zum Zeugungsakt, der ungefähr 20 Minuten dauerte. Für danach hatte ich zwei kalte Weißwürschtel vorbereitet, zur Stärkung. Ich gab eine der Hündin und eine dem Ero. Noch heute muss ich lachen, wenn ich daran denke, wie beide dastanden, jeder die Weißwurst quer im Maul, und mich mit großen Augen ansahen. Weder er noch sie hatten nach diesem Liebesakt Appetit auf eine Weißwurst. Aber nach gut zwei Monaten warf die Hündin und Ero wurde mehrfacher Vater – auch ohne Weißwurst.

Andy – ein Löwe mit Herz

Aus diesem Wurf durfte ich mir einen Sohn oder eine Tochter von Ero aussuchen. Wobei ich immer das Gefühl habe, dass sich meine Hunde stets mich ausgesucht haben und nicht umgekehrt. So war es auch bei Andy. Er kam auf mich zugelaufen – oder besser gesagt zugetapst. Denn er war ja erst acht Wochen alt. Mir fielen seine starken Pfoten auf, wie kleine Löwenpranken. Es war absehbar, dass er einen starken Körperbau haben würde. Das gefiel mir.

Doch es kam anders: Andy hatte keinen leichten Start ins Leben. Natürlich hatte ich wie üblich jegliche Vorsorge wie Impfungen und Wurmkur durchführen lassen. Trotzdem war er eher schwächlich und wuchs nicht so schnell, wie er es eigentlich hätte tun sollen. Als Andy etwa ein dreiviertel Jahr alt war, sah ich plötzlich eine etwa briefmarkengroße »Finne« in seiner Losung, also seinem Kot. Es stellte sich heraus, dass man bei der Wurmkur offensichtlich das Mittel gegen Bandwürmer vergessen hatte. Und damit war auch klar, warum Andy in seinem Wachstum zurückgeblieben war: Der Bandwurm hatte ihm alles weggefressen, was er für die Entwicklung seines Körperbaus gebraucht hätte. Das war sehr tragisch. Aber seelisch und von seinem Charakter her war Andy dafür umso stärker aufgestellt. Für mich sah er immer aus wie ein Weiser aus dem Morgenland.

Als Andy schon ein älterer Herr war, kam die Jack-Russell-Hündin Honey meiner Tochter Sophie in die Familie. Obwohl Andy seine Hinterläufe beim Gehen schon nicht mehr richtig anheben konnte und seine Krallen den Boden streiften, spielte er noch den großen Rüden, um Honey beim Spazierengehen zu begleiten. Er war eben ein echter Gentleman. Wir genossen die Zeit, die wir miteinander hatten: Ero mit seinem Sohn Andy und Honey, die beste Freundin der beiden. Ero wurde zwölf Jahre alt, Andy fast 15 und Honey 17. Es scheint fast so, als hätte sich die Verbundenheit, die wir alle miteinander spürten, positiv auf das Lebensalter der Hunde ausgewirkt.

Aron – mein bester Freund

Auf einer Drückjagd 2009 fiel mir ein junger Deutsch Drahthaar auf, der entweder seine Nase am Boden hatte oder in der Luft witterte. Ein Verhalten, das nicht jeder Jagdhund so ausgeprägt zeigt. Neugierig wie ein kleiner Junge fragte ich seine Besitzerin und Züchterin Ute Jochims, ob ich ein paar Schritte mit ihm gehen dürfe. Sie sagte Ja. Und noch etwas erlaubte sie mir, nämlich Aron zu schnallen, d. h. ihn von der Leine zu lassen. Ich setzte mich auf eine Holzbank, und plötzlich sprang Aron mir zur Seite. So, als wollte er sagen: »Na, wie wär's mit uns beiden?« Danach ging ich voller Überzeugung zu Ute und bekundete mein herzliches Interesse an Aron. Ich freute mich wahnsinnig, als sie schließlich zusagte.

Aron war damals erst elf Monate alt und noch nicht ausgebildet. Er blieb noch ein Jahr bei Ute, um mit ihr alle gängigen Prüfungen abzulegen – denn das hätte ich neben meiner Arbeit nicht geschafft. Zuerst kam die VJP, die Verbandsjugendprüfung. Dann die Wasservorentscheidung für die Internationale Hegewald. Aron hat überall seine SG »Sehr gut« bekommen, auch Form- und Haarprüfung war erfolgreich. Damit kam er für die »Internationale Hegewaldprüfung« infrage, an der die vielversprechendsten Deutsch-Drahthaar-Junghunde teilnehmen. Das ist zu vergleichen mit einer echten Weltmeisterschaft! Aron absolvierte alle Aufgaben mit Bravour. Die Prüfung besteht aus mehreren Teilbereichen: Eine davon ist die sogenannte »Wasserarbeit«. Zunächst muss der Hund seine Schussfestigkeit unter Beweis stellen. Dazu wird eine tote Ente ins Wasser gelegt, der Hund nimmt das Wasser an, und wenn er unmittelbar vor der Ente ist, wird ins Wasser geschossen. Der Hund muss ruhig bleiben und darf keine Angst vor dem Schuss zeigen. Anschließend muss er die Ente korrekt apportieren, das heißt, er bringt sie dem Führer ohne weiteres Kommando, setzt sich vor ihn und erst nach dem Befehl »Aus« nimmt der Führer die Ente. Der zweite Teil ist das »Verlorenbringen«. Eine tote Ente wird in einem Schilfgürtel in 40 Meter Entfernung abgelegt, ohne dass der Hund dies sieht. Nach dem Bringbefehl muss er selbstständig durchs Wasser schwimmen und solange suchen, bis er sie gefunden hat. Beim »Lebend-Verlorenbringen« hat Aron die Höchstpunktzahl 12 bekommen. Eine sehr seltene Ausnahmeleistung!

Nach der Prüfung meinte ich zu Ute: »Sag mal, das war aber knapp! Nur einen halben Punkt am ersten Platz vorbei!« Da antwortete sie: »Weißt du, Fritz, wir hätten den halben Punkt schon machen können, aber dann hätte ich vor 400 Leuten eine Rede auf Deutsch und Englisch halten müssen. Das wollte ich dann doch nicht.«

Nach der Hegewaldprüfung absolvierte Aron auch die Verbandsgebrauchsprüfung VGP. Er erreichte sagenhafte 336 Punkte und belegte damit den ersten Platz.

Als Aron endlich zu mir kam, wurde er sofort zu meinem allerbesten Freund. Zum lebendigen Schatten, der mir nicht mehr von der Seite wich. Aron begleitete mich, wenn möglich, zum Drehen, legte seine Schnauze in meinen Schoß, während ich aß. Sein Hundebett steht noch heute gleich neben meinem. Wenn er sich zu mir auf die Matratze legen wollte, war das für mich in Ordnung. Bat er mit einem sehnsüchtigen Blick um ein Stück meiner Butterbrezel, bekam er es. Mein Herz war Wachs in seinen Pfoten. Ich hatte oft Freunde, Familie oder Kollegen um mich. Aber wäre Aron nicht bei mir gewesen, hätte ich mich trotzdem manchmal einsam gefühlt. Wir verstanden uns auch ohne Worte.

Sein herausragender Instinkt hat mich stets fasziniert. Hunde spüren Dinge zwischen Himmel und Erde, die uns Menschen oft verborgen bleiben. Aron wusste zum Beispiel als Erster, dass meine zweite Tochter Filippa an genau dem Tag auf die Welt kommen würde, an dem sie es tatsächlich auch tat. Sanne hatte, wie schon die Tage zuvor, wieder einmal Wehen. Aber diesmal legte Aron plötzlich seinen Kopf auf ihren Bauch. Dann fing er an zu juchzen – es hörte sich wirklich genau so an. Da war klar: Heute ist etwas anders. Heute kommt Filippa!

Ich bin so froh, dass ich zahlreiche besondere Momente in meinem Leben – gute und schlechte – mit Aron teilen durfte. Geteiltes

Leid ist halbes Leid, geteilte Freude ist doppelte Freude. Wir waren immer füreinander da. Und wenn wir zusammen waren, war das allein für uns schon ein Grund zur Freude.

Wie sehr ich mit Aron seelisch verbunden war, wurde mir nach dem Tod meiner Frau Angela bewusst. Ich konnte aus seinem Verhalten ablesen, dass er Anteil nahm und spürte, was los war. Nach diesem Schicksalsschlag wedelte seine Rute nicht wie gewohnt und er sah mir tief in die Augen. Er drückte sich fest an mich, was für mich soviel hieß wie: »Ich gebe dir Halt, ich stehe dir bei.« Wenn ich ihn streichelte, kam ein tiefer Seufzer aus ihm heraus. Es hätte auch meiner sein können.

Hunde spüren Dinge zwischen Himmel und Erde, die uns Menschen oft verborgen bleiben.

Warum ich kein Katzenmensch bin

Ich habe mal einen Cartoon gesehen, der mir auf einen Schlag klar machte, warum ich mich nicht gerade als Katzenmensch bezeichnen würde. Ein Hund und eine Katze plaudern über die Menschen.

Sagt der Hund: »Sie lieben mich, sie füttern mich, sie kümmern sich um mich. Sie müssen Götter sein!«

Sagt die Katze: »Sie lieben mich, sie füttern mich, sie kümmern sich um mich. ICH muss eine Göttin sein!«

Und ich glaube, genauso ist es auch. Katzen sind sehr eigenständige Tiere. Ihre Besitzer müssen bereit sein, sich ihnen unterzuordnen – und nicht umgekehrt. Eine Katze macht, was sie will. Nicht unbedingt mein Modell. Zumindest auf Augenhöhe sollte die Beziehung schon sein.

Nur einmal gelang es einer Katze, meinen Ehrgeiz zu wecken. So sehr, dass ich sie unbedingt in meinen vier Wänden haben wollte. Und das kam so: Anfang der 1970er-Jahre lernte ich Bernd »Bernie« Herzsprung kennen, und wir verstanden uns so gut, dass wir recht zügig in dasselbe Haus zogen. Ich hatte in Pullach einen Neubau entdeckt, der wirkte wie ein modernes Schloss aus Sichtbeton. Ich mietete darin eine Maisonettewohnung, Bernie das Appartement nebenan.

Eines Tages stand eine Tigerkatze vor unserer Tür. Es stellte sich heraus, dass sie kein Gastspiel gab, sondern Mitglied des Ensembles werden wollte. Da die Katzendame zwischen meiner Wohnung und Bernies Appartement hin- und herwanderte, tauften wir sie »Strawanzi« und buhlten fortan um ihre Gunst. Daraus wurde ein regelrechter Wettbewerb zwischen Bernie und mir:

Wer hat das schönere Katzenkörbchen?

Wer hat die lustigeren Spielsachen?

Wer gibt ihr das bessere Futter?

Als Bernie mitbekam, dass ich eine Mark fünfzig mehr für die Dosenmahlzeit ausgegeben hatte, kaufte er feines Hühnerfleisch vom Metzger für Strawanzi und setzte ihr eigens gekochtes Essen vor. Trotzdem siegte ich und Strawanzi zog auf Dauer bei mir ein. Womöglich lag es am Kaviar, den ich servierte …

Als ich 1979 zu meiner frisch angetrauten Frau Angela zog und mir meinen ersten Deutsch Drahthaar, Ero, zulegte, stellte ich mir natürlich die Frage: Strawanzi und Ero unter einem Dach? Würde das auf Dauer gutgehen? Leider war dem nicht so. Ero bekam Strawanzis Krallen auf seiner Schnauze zu spüren und bellte lauthals, wenn er sie sah. Daher musste ich eine Entscheidung treffen, die mir schwerfiel, die sich aber für beide Tiere als beste Lösung herausstellte.

Ich fand für Strawanzi einen Bauernhof, auf dem sie in Ruhe leben konnte – ohne Angst vor bellenden Kontrahenten. Wie ich später von ihren neuen Besitzern hörte, fühlte sie sich ausgesprochen wohl (auch ohne Kaviar) und hatte als selbsterkorene Land-Göttin alle anderen Tiere unter sich. Typisch Katze. Ich war mir sicher, die richtige Wahl getroffen zu haben.

Warum ich ein Katzenmensch bin

SUSANNE KELLERMANN

Es gibt einen Cartoon, der auf einen Blick verdeutlicht, warum ich mich als Katzenmensch bezeichnen würde. In dem Cartoon unterhalten sich ein Hund und eine Katze über die Menschen.
Sagt der Hund: »Sie lieben mich, sie füttern mich, sie kümmern sich um mich. Sie müssen Götter sein!«
Sagt die Katze: »Sie lieben mich, sie füttern mich, sie kümmern sich um mich. ICH muss eine Göttin sein!«
Für mich ziemlich zutreffend. Schließlich wurden Katzen im alten Ägypten als Göttinnen verehrt. Sie schützten ihre Besitzer erfolgreich vor Mäusen und Ratten, die sonst die lebensnotwendigen Getreidevorräte geplündert hätten. So machten sich die Stubentiger schon vor Tausenden von Jahren zum unentbehrlichen Haustier. Eine Katze zu töten, war damals ein schweres Verbrechen!
Ich vergöttere Katzen nicht, aber sie sind mir sympathisch. Was ich besonders an ihnen mag, ist ihre Selbstständigkeit. Im Vergleich zu Hunden sind Katzen viel unabhängiger. Sie betteln nicht um Streicheleinheiten oder Leckerlis, kommen und gehen, wann sie wollen. Sie haben ihren eigenen Kopf und hören nicht auf jeden Befehl.
Katzenbesitzer müssen sich meiner Meinung nach nicht unterordnen. Aber sie müssen loslassen können – und das Urvertrauen haben, dass ihr Tier doch immer wieder zu ihnen zurückkehrt, obwohl es sich gern frei nach Schnauze durch die Welt und den gemeinsamen Alltag bewegt. Für mich sieht so ähnlich auch die ideale Basis für jede Beziehung zwischen Mensch und Mensch aus: Man

lebt zwar miteinander, gesteht sich aber gegenseitig genug Freiraum für eigene Ideen und Träume zu.

Treue ist mir trotz aller Freiheit wichtig. Und die können einem auch Katzen schenken. Aber sie klammern und sie fordern nicht. Sie signalisieren auf ihre Weise, dass sie dich lieben, geben dir aber ebenso zu verstehen, dass sie auch ohne dich lebensfähig sind. Und trotzdem: Auch zwischen Katze und Mensch können sich innige Beziehungen entwickeln.

Ich kann mir vorstellen, warum Fritz mit diesen Charaktereigenschaften nicht wirklich viel anfangen kann. Um ehrlich zu sein, lässt er sich schon gern anhimmeln. Und er mag es einfach, gebraucht zu werden. Vielleicht macht ihn gerade das wiederum zu einem idealen Hundemenschen.

Meine ersten Reitstunden auf dem »Dicken«

Der »Dicke« machte seinem Namen alle Ehre. Ich war neun Jahre alt und musste meine Beine ziemlich weit spreizen, als ich zum ersten Mal auf seinem breiten Rücken Platz nahm. Meine Füße baumelten in den Steigbügeln rechts und links von seinem kugelrunden Bauch. Der »Dicke«, das war ein schokobrauner Wallach mit cremefarbener Blesse von der Stirn bis zum Maul. Er zeichnete sich nicht nur durch seinen Körperumfang aus, sondern auch durch Gutmütigkeit – zumindest anfangs …

Er war nicht das erste Pferd, auf dem ich saß. Mutti hatte meinen Bruder Elmar und mich schon auf dem Oktoberfest reiten lassen. Unterhalb der Bavaria wurden Ponys im Kreis geführt. Eine Attraktion, bei der Eltern mit ihren Kindern Schlange standen. Als ich endlich auf einem weißen Tier umhertrottete, fühlte ich mich wie der Held meiner Kindheit: »Hopalong Cassidy«. Jeden Sonntag wurden im Kino seine Wildwestabenteuer gezeigt, das war für Elmar und mich das Highlight der Woche! »Hopalong Cassidy« war ein tugendhafter Cowboy, der auf seinem Schimmel »Topper« unermüdlich Bösewichte bekämpfte.

Wir aßen immer um Punkt zwölf zu Mittag, um 14 Uhr ging die Filmvorstellung los. Wenn wir Buben frech waren, durften wir nicht hingehen. Dann gaben wir alles, um das Herz unserer Mutter doch noch zu erweichen. Meistens klappte es. Einmal malten Elmar und ich uns als winzige Männchen oben auf ein weißes Blatt Papier. Unter uns erstreckte sich eine riesige Blase über den Rest des Blattes. Das sei ein See aus Tränen, erklärten wir. Mutti musste lachen – und ließ uns gehen. Wenn Elmar und ich nach unseren Kino-Abenteuern zurückkamen, erschufen wir uns zu Hause unsere eigene Wildwestwelt. Wir brauten sogar aus Essig, Wasser, Salz und Pfeffer unser eigenes Feuerwasser zusammen. Diese Mischung war ungenießbar, aber keiner durfte beim Trinken mit der Wimper zucken. Wir spülten es tapfer hinunter wie unsere Helden auf der Leinwand. Beim Spielen war Elmar immer der Indianer und ich der Cowboy. Dank Mutti, die meine Reitstunden bezahlte, durfte ich mich nun einmal pro Woche wirklich wie einer fühlen, wenn ich auf dem »Dicken« saß. Ich freute mich jedes Mal so sehr darauf!

Die Reitstunden fanden nahe des Westfriedhofs auf einer Wiese neben einem Stall statt. Wenn es einmal regnete, wurde ich eben nass, damals gab keine schützende Halle. Aber das machte mir nichts aus. Ich war ja ein Cowboy! Und die können einiges vertragen.

Meine Reitlehrerin, Fräulein Schuster, war äußerst streng: Ihren Stall durften wir nur mit blitzblank geputzten Reitstiefeln betreten. Nach jeder Stunde habe ich sie mit Lederseife sauber gemacht, meinen Sattel und das Zaumzeug gewachst. Das gehörte alles dazu. Fräulein Schuster lehrte mich, wie man auf Pferde zugeht: Hand ausstrecken, schnuppern lassen, mit den Augen Kontakt aufnehmen. Streicheln und abklopfen – das mögen Pferde genauso gern wie Hunde. Ein Würfel Zucker zwischendurch hilft natürlich auch bei der Kommunikation! Ich lernte jeden Tag dazu, und manchmal auch durch unschöne Erlebnisse.

Einmal trabte ich recht zügig auf Fräulein Schuster zu, als der sonst so sanfte »Dicke« plötzlich ohne Vorwarnung ruckartig stehen blieb. Er stemmte alle viere in den Wiesenboden und ich machte einen Salto über seinen Kopf hinweg. Mir gelang es ganz gut, mich auf dem schlammigen Boden abzurollen. Aber als ich noch völlig verdattert aufstand, tat mein rechter Arm höllisch weh. Ich musste zum Arzt und der verpasste mir einen dicken Verband. Gebrochen war wohl nichts, aber ich musste meinen Arm in einer Schlinge vor dem Bauch tragen. Das war insofern ungünstig, als meine Klasse zwei Tage später ins Schullandheim Endlhausen südlich von München aufbrechen wollte. Immerhin durfte ich trotz meiner Verletzung mit. Die hielt mich dann auch nicht davon ab, mit den anderen Jungs unerlaubterweise mitten in der Nacht durchs Fenster nach draußen zu klettern und um das denkmalgeschützte Bauernhaus zu schleichen. An den Fenstern der Mädchen klopfend – Jungen und Mädchen waren natürlich getrennt untergebracht – nahmen wir Kontakt mit den Mädchen auf, ohne dass unsere mitgereisten Lehrer es bemerkten.

Eine Woche nach meinem Sturz schlug ich wieder bei Fräulein Schuster auf, und sie half mir dabei, mit bandagiertem Arm den Pferderücken zu erklimmen. Ein bisschen zittrig war ich innerlich schon, aber das wollte ich mir äußerlich nicht anmerken lassen. Möglichst souverän und mit festem Schenkeldruck lenkte ich den »Dicken« über das Gelände. Dieses Mal folgte er mir aufs Wort, es gab keinen weiteren Zwischenfall. Und Fräulein Schuster lobte mich am Ende der Stunde für meinen Mumm.

Noch heute ist mein rechter Ellenbogen durch die Verletzung von damals spitzer als der linke. Das erinnert mich an meine wohl wichtigste Reitlektion: Nach einem Sturz sollte man möglichst schnell wieder rauf in den Sattel. Sonst besteht die Gefahr, dass man gar nicht mehr aufsteigt. Man muss seine Angst überwinden! Das gilt natürlich nicht nur auf dem Reitplatz. Aufstehen, weitermachen, nach vorne schauen. Das ist seitdem meine Devise. Egal, was kommt. Da halte ich es wie Winston Churchill:

»Erfolg ist einmal mehr aufstehen als hinfallen.«

Vorleben statt vorschreiben

Eine der wichtigsten Regeln bei der Kindererziehung lautet für mich: Vorleben funktioniert besser als vorschreiben. Daher habe ich meine Kinder und Enkelkinder nie dazu überredet, mit in den Wald oder zum Fischen zu kommen. Ich habe, wenn es um Tiere ging, nie aktiv Überzeugungsarbeit geleistet. Ich habe nur von meinen Erlebnissen berichtet und dann gefragt: »Willst du mal mitkommen?« Da antworteten alle mit: »Jaaa!«

Ich liebe es, im Wald aufzuwachen. Ich war früher gut ausgerüstet durch meine Camping-Trips nach Amerika, hatte Kochplatten mit Propangas, Sturmlampen und alles, was man sonst noch so braucht. Mit meinen Töchtern saß ich an lauen Abenden manchmal bis elf Uhr draußen vor der Jagdhütte im Wald im hessischen Schlitz. Geschlafen wurde im Schlafsack auf Feldbetten, und zum Frühstück gab es selbst gesammelte Waldbeeren mit Milch.

Die Natur so hautnah zu erleben, war ein Traum – für die Kinder und für mich. Ich hatte eine Abmachung mit ihnen: Ich schieße nicht, wir beobachten die Tiere nur. Stundenlang saßen wir auf dem Hochsitz, tranken Tee aus einer Thermoskanne und aßen Brote mit Teewurst.

Meinen Enkel Kil nahm ich im Alter von vier Jahren erstmals mit auf den Hochsitz. Nach einer Weile sagte er: »Ocka, wollen wir nicht gehen? Ich bin so müde.« Da zeigte ich auf meinen Rucksack und meinte: »Da kannst du deinen Kopf drauflegen und schlafen.« Als wir heruntersteigen, wurde es schon dunkel. Ich hatte eine Taschenlampe dabei und leuchtete uns den Weg, da war er ganz begeistert. Daraufhin schenkte ich ihm eine eigene Lampe, die er ab sofort in Ehren hielt.

Kil fing seinen ersten Fisch mit vier, meine Tochter Filippa mit sechs. Sie nahm an einem privaten Gewässer in Bayern wie selbstverständlich meine Fliegenrute in die Hand und legte los. Als sie tatsächlich wenig später eine stattliche Forelle von 50 Zentimetern Länge an der Angel hatte, meinte sie allerdings: »Papa, der Fisch tut mir irrsinnig leid.« Ich konterte: »Aber wir müssen ja auch was essen.« »Da hast du auch wieder recht«, meinte sie. Filippa hat es gleich verstanden.

Wie stolz sie war, als wir ihre Forelle noch am selben Tag in einem Gasthof zubereiten ließen – nach »Müllerin Art«, mit köstlicher Mandelkruste. Susanne, Filippa, ich – wir wurden alle davon satt. Das Foto von diesem Schmaus hängt heute noch in meiner Küche. Filippa schaut es sich ab und zu an und sagt: »Weißt du noch, Papa?«

Den Geschmack dieses ersten selbst gefangenen Fisches wird sie nie vergessen. Genau wie der längst erwachsene Kil sich heute noch an unsere gemeinsamen Stunden im Wald erinnert. So entsteht Wissen aus erster Hand. Und eine Erinnerung fürs Leben. So entwickelt sich Wertschätzung für alles, was uns die Natur zu bieten hat.

So lebt das, was ich erfahren habe, in meinen Kindern und Enkelkindern weiter.

Die Sätze meines Großvaters hallen heute noch nach

ENKEL KIL

Man sagt, dass kurz vor dem Tod im Kopf noch einmal die wichtigsten Momente des Lebens an einem vorbeiziehen. Die Szene auf diesem Foto wird ganz sicher dabei sein, wenn es bei mir einmal so weit sein sollte. Ich habe den Tag mit »Ocka« – das ist mein Spitzname für meinen Großvater Fritz – auch nach über 20 Jahren noch genau im Gedächtnis. Unser gemeinsames Erlebnis draußen in der Natur zählt zu meinen ersten Kindheitserinnerungen.

Ich war vier oder fünf Jahre alt, als mich Ocka erstmals mit zum Fischen nahm. Der Boden war morastig und die Grashalme auf dem Weg zum Fluss fast größer als ich. Auf Ockas Rat hin hielt ich meine Hände hoch, um nicht von Brennnesseln gestochen zu werden. Das war eine ganz andere Welt für mich! Schon Ockas Fischereiweste, die er mir geliehen hatte, roch nach Adventure.

Ocka ist ein irrsinniger Rhetoriker, das ist sicher seinem Beruf als Schauspieler geschuldet. Er erklärte mir bildhaft, wie man fischt und mit welcher Hingabe die Fliegen gebunden werden, die er als Köder benutzte. Ocka brachte mir bei, dass Tiere seit Jahrtausenden einen hohen Stellenwert für den Menschen haben. Dass der respektvolle Umgang mit ihnen das Höchste und Wichtigste ist – selbst beim Töten und Zerlegen. Seine Sätze von damals hallen heute noch in mir nach. Wenn ich koche, gibt es für mich eine wahre Todsünde: Lebensmittel wegzuwerfen, insbesondere Fleisch. Ein Tier hat sein Leben für mich gegeben. Dieses Bewusstsein und die dazugehörige Ehrfurcht vermittelte Ocka mir wie kein anderer. Er stellte die Weichen dafür, wie ich heute mit Tieren umgehe. Ob beim Fischen, auf dem Hochsitz im Wald oder durch den Umgang mit seinen Hunden – Ocka lehrte mich, dass man mit Tieren nicht tun und lassen kann, was man will.

Es gibt Menschen, die kaufen sich Hunde wie Handtaschen, erziehen sie dann aber nicht richtig. Das ist so, als würde man Kinder in die Welt setzen und sich nicht um ihr Wohlergehen und ihre Ausbildung kümmern. Wenn ich Ocka besuchte, spielte ich mit seinem Deutsch Drahthaar Andy, der sehr kinderlieb war. Ich erlebte aber auch, dass Ocka streng zu ihm sein konnte – so wie ein Vater zu seinem Sohn. »Ja« zu sagen, ist immer einfach, aber jemandem Grenzen aufzuzeigen und das Beste aus ihm herauszuholen, ist das A und O in der Erziehung. Auch da ging Ocka sehr respektvoll vor.

Vielleicht hat er deswegen auf seinen Reisen so schnell eine enge Verbindung zu naturnahen Völkern aufbauen können. Mit den Native Americans oder den Tuareg in Nordafrika teilte er zwei wichtige Erkenntnisse: einerseits den ehrfürchtigen Umgang mit Tieren, aber gleichzeitig das Verständnis dafür, dass es eine klare Rollenverteilung gibt.

Für viele Werte, nach denen ich heute lebe, ist Ocka mitverantwortlich. Ich sehe uns nicht nur als Enkel und Großvater, sondern als Seelenverwandte. Wäre ich ein bisschen früher geboren und er ein bisschen später, wären wir sicher als sehr gute Freunde durchs Leben gegangen. Seine Fischereiweste trage ich heute zwar nicht mehr, dafür aber andere alte Klamotten von ihm, die ich mir unter den Nagel gerissen habe. Ocka ist und bleibt eine coole Socke, von der man sich auch in puncto Stil viel abschauen kann.

Ocka brachte mir bei, dass Tiere seit Jahrtausenden einen hohen Stellenwert für den Menschen haben.

Ein tierisch guter Anfang

Den Begriff »Tierwelt« mag ich nicht. Denn das hört sich so an, als hausten Tiere in einer Art Paralleluniversum. In einem nur für sie bestimmten Bereich. So, als wäre ihr Leben nicht unabdingbar mit dem der Menschen verwoben. Ich habe schon als kleiner Junge gespürt, dass Tiere und Menschen nicht parallel existieren, sondern einander bedingen. Und zwar in einer gemeinsamen Welt. Wir lernen voneinander, miteinander, füreinander.

Das Schlüsselerlebnis für diese Erkenntnis – auch, wenn es mir damals natürlich noch nicht als solches bewusst war – hatte ich 1952 im Alter von elf Jahren. Da wurde ich zu meinem allerersten Casting für ein Kindertheaterstück eingeladen. Es ging um eine Rolle in »Peter Pan«, und das Vorsprechen fand im Brunnenhof-Theater in der Münchner Residenz statt. Ich konkurrierte mit 200 anderen Kindern, und dass ich letztendlich einen der »verlorenen Jungs« spielen durfte, verdanke ich nicht nur meinem schauspielerischen Talent, sondern auch meinen gefiederten Freunden.

Als ich an der Reihe war, fragte mich nämlich der Regisseur Bruno Hübner: »Was würdest du tun, wenn jetzt ein kleiner Vogel hereingeflogen käme?« Mir diese Situation vorzustellen, fiel mir leicht. Wir hatten nämlich vor unserem Küchenfenster ein Vogelhäuserl hängen, an dem immer mächtig was los war. Täglich fütterte ich die Tauben und die anderen Piepmätze, die uns aufgeregt flatternd besuchten, mit Sonnenblumenkernen. Oft saß ich am Fenster und beobachtete ihr Treiben. Daher wusste ich genau, wie ich mich beim Vorsprechen verhalten sollte. Meine Fantasie wurde von einer praktischen Erfahrung unterstützt. Ich tat vor Hübner so, als würde ich den Vogel voller Überraschung wahrnehmen, ihm mit den Augen folgen und mich langsam nähern. Ich ließ das imaginäre

Tier auf meinen zur Schale geformten Händen landen und brachte es zum nicht vorhandenen Fenster. Dort entließ ich den Vogel mit einer schwungvollen Aufwärtsbewegung in die Freiheit. Nach einem zweiten Vorsprechen bekam ich die Rolle, die zum Grundstein meiner Karriere als Schauspieler wurde. Ein tierisch guter Anfang, würde ich sagen!

Den Vögeln im Garten meines Hauses am Tegernsee schaue ich heute noch gern bei ihren wilden Flugmanövern oder dem Putzen ihres Gefieders zu. Spatzen, Rotkehlchen, Amseln und Spechte, die es zu mir führt, füttere ich ab Oktober den ganzen Winter über wie früher mit Sonnenblumenkernen. Ich lade sie in ein extragroßes Vogelhaus ein, das gleich vor meinem Wohnzimmer steht.

Wenn ich beim Blick durchs Fenster mal keine Besucher entdecke, schaue ich mir meine gefiederten Freunde aus Porzellan an. Auf meinem Kaminsims stehen drei kleine Porzellanvögel, die ich beim Dreh von »Um Himmels Willen« in einem Antiquitätenladen in Landshut entdeckt habe. Sie erinnern mich immer daran: Tierliebe ist kein Hobby, sondern eine Lebensphilosophie.

Tierliebe formt den Menschen und lässt ihn wachsen.
Oft sogar über sich selbst hinaus.

Es geht um Leben und Tod!

SUSANNE KELLERMANN

Vor meinem Wohnzimmerfenster habe ich im Sommer eine Blumenwiese für Wildbienen gesät, die Halme wuchsen teilweise über einen Meter in die Höhe. Und nicht nur den Bienen schien das zu gefallen: Filippa und mir bereitete es einen Riesenspaß, zuzusehen, wie Spatzen dort landeten und auf Stängeln und Blättern förmlich im Wind »surften«.

Genau wie Fritz füttern wir die Vögel das ganze Jahr hindurch und freuen uns täglich über regen Besuch. Bevor nun einige Leserinnen und Leser unruhig werden: Der Landesbund für Vogelschutz in Bayern betont, dass eine ganzjährige Fütterung nicht schadet, sofern bestimmte Regeln zur Hygiene und zum Futterangebot beachtet werden. Und das tun wir. Denn Fakt ist: Das Vogelsterben in Deutschland nimmt immer größere Ausmaße an. Laut Bundesamt für Naturschutz ging die Population vieler Vogelarten in Deutschland zwischen 1980 und 2016 erschreckend zurück: bei Kiebitzen um 93 Prozent, bei Rebhühnern um 91 Prozent, bei Turteltauben um 89 Prozent und so weiter … Ursachen dafür sind unter anderem das Insektensterben und die intensive Verwendung von Düngemitteln sowie Pestiziden. Weil den Vögeln immer mehr Lebensraum genommen wird und sie nicht mehr genug Nahrung finden, werden weniger Jungvögel aufgezogen. Aber natürlich tragen auch Hauskatzen und vor allem streunende Katzen einen Teil zum Verschwinden der Vögel bei.

Ich finde: Wer sich ein Haustier zulegt, sollte alle Konsequenzen durchdenken. Ich bin von ganzem Herzen ein Katzenmensch und hätte, genau wie Filippa, gern eine eigene. Wir haben auch schon ein paarmal darüber gesprochen. Aber im Hinblick auf die surfenden Spatzen vor unserem Fenster fiel unsere Entscheidung bisher gegen ein Samtpfötchen aus. Denn wenn man den samtigen Vierbeinern die Vögel – wie bei uns – genau vor die Nase setzt, darf man sich nicht wundern, wenn sie sich mal einen schnappen, sofern sie flink genug sind. Trotzdem: Der größte Feind unserer Vögel ist und bleibt immer noch der Mensch, der die Natur zerstört, vor allem durchintensive Landwirtschaft.

Shit happens!

Für seinen Hund erntet man gern bewundernde Blicke. »Was für ein schönes Tier!«, hörte ich schon im Biergarten, in Hotels oder wo auch immer ich mit einem meiner Vierbeiner auftauchte. Ich nehme meine Hunde überall mit, da kenne ich nichts. Mein Deutsch Drahthaar Ero begleitete mich zum Beispiel nicht nur auf die Jagd, sondern auch auf Theatertournee. Das funktionierte meist alles wunderbar.

Nur einmal gab es ein peinliches Erlebnis, das mir in all seinen Details sehr eindrücklich in Erinnerung geblieben ist. Meine verstorbene Frau Angela entstammte einer adligen Familie: Ihre Großmutter war eine Prinzessin von Thurn und Taxis, ihre Mutter eine Gräfin von Görtz, ihr Vater entstammte dem Adelsgeschlecht der von Morgens. Angela wuchs in der Grafschaft Schlitz zwischen Frankfurt und Kassel auf, wo ihre Familie mehrere Burgen und Höfe besaß.

In den 1980er-Jahren war ich mit Ero bei einer von Angelas Verwandten zu Besuch, einer Gräfin mit prunkvollem Wohnsitz. Ero und ich durften in einem feudalen Gästezimmer übernachten, in dem auch ein Hundekörbchen auf dem edlen Parkettboden stand. Doch Ero begeisterte sich viel mehr für das übergroße cremefarbene Polsterbett, das fast eine ganze Wandbreite einnahm. Kaum hereinspaziert, nahm er Anlauf, sprang sofort hinauf und rollte sich genüsslich hin und her. Ich ließ ihn gewähren, denn meine Hunde dürfen ruhig mal mit ins Bett. Da bin ich nicht so, schließlich muss man auch gönnen können, lautet meine Devise. Außerdem ging es Ero sichtlich gut dabei.

Anfangs zumindest. Am nächsten Tag leider nicht mehr. Gerade als er es sich wieder im Polsterbett gemütlich machen wollte, hatte er einen bösen Dünnpfiff-Anfall. Ich erspare uns allen an dieser Stelle die unschönen Details und sage nur so viel: Als ich aus dem Badezimmer kam, war das Bett alles andere als cremeweiß.

Shit happens! Das sage ich mir stets in solchen Situationen. Ich hätte vor Scham im Boden versinken oder ewig darüber grübeln können, wie ich dieses Malheur hätte verhindern können. Stattdessen ging ich zur Gastgeberin, erklärte ihr geradeheraus die Lage, entschuldigte mich überschwänglich und bestellte ihr so schnell wie möglich ein komplett neues Bett. So etwas passiert eben. Das ist tierisch. Das ist menschlich.

Statt sich für etwas zu schämen, das sowieso nicht mehr zu ändern ist, setze ich auf möglichst schnelle Schadensbekämpfung. Und dann: Schwamm drüber!

Fünf Uhr! Aufstehen! Rennbahn!

Der Fahrtwind pfiff mir eisig um die Ohren, die Straßen waren noch ganz leer. Als 16-Jähriger stand ich zweimal pro Woche bereits um fünf Uhr morgens auf, um mit meinem Moped zur Trabrennbahn nach Daglfing zu düsen.

Zu diesem Zeitpunkt hatte ich bereits Theaterengagements hinter mir, außerdem arbeitete ich beim Kinderfunk und drehte meine ersten Fernsehfilme. Ein Mann, den man heute als Casting-Agenten bezeichnen würde, hatte mich ja schon mit elf Jahren auf dem Flur des Wittelsbacher Gymnasiums entdeckt. Die Welt der Schauspielerei gefiel mir, doch es gab noch eine zweite Leidenschaft in meinem Leben: das Reiten.

Ein Filmproduzent, den ich kennengelernt hatte, bekam das mit. Weil er mir offensichtlich vertraute, fragte er mich, ob ich nicht Lust hätte, seine Rennpferde zu bewegen. Denn denen reichte die Teilnahme an Wettrennen und das Training dafür nicht. Pferde haben ein Grundbedürfnis nach Bewegung, das ein guter Halter stillen muss. Für mich war diese Anfrage eine große Ehre! Natürlich sagte ich »Ja«. Ein junger Kerl wie ich, der bisher nur auf dem »Dicken« geritten war, durfte auf einmal mit echten Rennpferden über eine echte Rennbahn galoppieren. Irrsinnig aufregend!

Mein erstes Pferd hieß Christopher. Der war so hitzig, dass er kaum Schritt gehen konnte. Er tippelte, sobald er aus der Box kam. Ein starkes Pferd, das mich forderte und mich so zu einem stärkeren Reiter mache. Auf der Bahn verschmolzen Christopher und ich. Unsere Augenblicke im Morgengrauen wurden gefühlt zur Ewigkeit. Wenn ich wieder auf mein Moped stieg, war ich unglaublich aufgekratzt und stolz.

Beziehungen zu Menschen sind wichtig. Aber auch die Gesellschaft von Tieren lässt uns Kraft tanken und wachsen. Daher habe ich in meinem Leben immer dafür Platz geschaffen, auch wenn mein Kalender noch so voll war.

Die Welt der Schauspielerei gefiel mir, doch es gab noch eine zweite Leidenschaft in meinem Leben: das Reiten.

Heilende Hände, heilende Pfoten

Aron und ich waren ein Gespann, eine Einheit. Wir suchten und brauchten die Nähe des anderen. Aron hatte so seine Gepflogenheiten: Wenn ich am Tisch saß, legte er seine Schnauze in meinen Schoß, wurde ich am Set geschminkt, entspannte er zu meinen Füßen. Sah ich zu Hause im Wohnzimmer fern, die Füße hochgelegt, dann kam er an und legte seinen Kopf auf meine Beine. Dabei seufzte er zufrieden aus seinem tiefsten Inneren heraus.

In einem Hunderatgeber las ich einmal, man solle seinen Vierbeiner nicht zu intensiv anstarren, denn das sei eine Form der Provokation und für das Tier höchst unangenehm. Das habe ich nie verstanden. Denn ein Großteil der Zeit, die Aron und ich miteinander verbrachten, war davon bestimmt, dass wir uns anschauten. Wir sahen uns in die Augen, das war unser Reden. Unsere Form des Glücks und der Liebe zueinander.

Japanische Wissenschaftler der Azabu University in Sagamihara haben nachgewiesen, dass Blicke zwischen Mensch und Hund eine ähnliche Wirkung haben wie die zwischen Mutter und Kind. Bei allen Beteiligten wird Oxytocin, das auch Bindungshormon genannt wird, ausgeschüttet.

Zwischen uns hätte die Verbindung nicht enger sein können. Ich herzte und streichelte Aron, umarmte ihn oft mit beiden Armen, um ihm zu zeigen, wie gern ich ihn hatte. Darum liebe ich das Foto auf dem Titel dieses Buches. Es zeigt genau einen dieser wunderbaren Momente zwischen Aron und mir. Besonders gefallen hat es ihm, wenn ich ihn am ganzen Körper abklopfte.

Ich bin nicht esoterisch veranlagt, aber als ich einen Artikel über Chakren bei Hunden las, wurde ich hellhörig. Chakren sind laut indischer Heilkunde und Traditioneller Chinesischer Medizin

Energiezentren, die sich durch unseren gesamten Körper erstrecken. Menschen haben sieben Hauptchakren, Hunde noch eines mehr: das sogenannte Schlüsselchakra. Es befindet sich beidseitig im Bereich der Schulter – also genau dort, wo man als Hundebesitzer intuitiv hinklopft, wenn man sein Tier zwischendurch belohnen oder wertschätzen will.

Dieses achte Chakra wurde von der berühmten Tierheilerin Margrit Coates entdeckt, die schon einige Bücher darüber geschrieben hat, wie man Hunde, Katzen oder Pferde mithilfe der Hände therapieren kann. Nach Aussagen der Britin ist das Schlüsselchakra mit allen anderen Chakren im Körper verbunden, jeder Heilungsprozess sollte hier eingeleitet werden. Im besten Fall fließt die Energie ungehindert durch alle Chakren hindurch. Doch Ängste, Stress oder Schmerzen können für Blockaden sorgen, und das führt zu weiteren körperlichen oder seelischen Beschwerden.

Ob ich nun blockierte Chakren geöffnet habe, oder Aron es einfach mochte, wenn ich ihn abklopfte, streichelte und meine Hand auflegte – dadurch, dass er es so genoss, wurde mir noch klarer, wie wichtig Berührungen und Blicke sind, die von Herzen kommen. An manche erinnern wir uns das ganze Leben lang! Wir sollten also nicht damit geizen.

Ich kann heute noch nachfühlen, wie es war, als ich 1989 Sammy Davis jr. begegnete. Wir lernten uns kennen, als er zusammen mit Frank Sinatra und meiner Freundin Liza Minnelli in München auftrat. Auf dem Fensterbrett in meinem Esszimmer steht ein Schwarz-Weiß-Foto von diesem Abend, darauf bin ich mit Sammy Davis jr. zu sehen. Wir sind Schulter an Schulter tief im Gespräch versunken. Seine Hand liegt auf meiner. Wir verstanden uns augenblicklich! Wenn ich dieses Bild anschaue, ist das für mich jedes Mal wie eine seelische Umarmung.

Meiner Mutti hielt ich bis zur letzten Sekunde die Hand, als sie 2009 an den Folgen eines Krankenhauskeims starb. Das heißt, richtig festgehalten habe ich sie in diesem Fall nicht: Man legt seine Hand nicht auf die eines Sterbenden, man schiebt sie darunter. Damit derjenige loslassen kann. Und das hat meine Mutter dann auch getan. Da war sie 89 Jahre alt. Das letzte, was sie spürte, war eine liebende Berührung.

Die schenkte mir auch Aron, wenn er spürte, dass ich sie dringend brauchte: Nach dem Tod meiner Frau Angela Anfang 2019 konnte ich aus Arons Verhalten ablesen, dass er Anteil nahm und spürte, was los war.

Zwischen uns hätte die Bindung nicht enger sein können.

Warum ich mir eine Elefantenherde im Schlafzimmer halte

Mein Schlafzimmer am Tegernsee ist wie ein heiliger Lebensschrein. Dort stehen und hängen neben zahlreichen Familienfotos auch Souvenirs aus aller Welt: zum Beispiel indianische Kachina-Puppen, die ich aus Amerika mitgebracht habe, eine marokkanische Messinglampe oder Tusche-Zeichnungen aus China.

Ein niedriger Holztisch mit kräftigen Beinen ist die Heimat meiner Elefantenherde. Über 70 kleine und größere Tiere habe ich auf meinen Reisen zusammengetragen. Aus Holz, Onyx, Bernstein und Glas, es ist sogar ein afrikanisches Exemplar dabei, das aus einer Blechdose gefertigt wurde. Meine Tochter Filippa hat in der Schule einen Elefanten aus Ton geformt und mir ganz stolz überreicht. Leider ist ihm schon ein Bein abhandengekommen, daher kippelt er leicht, aber seine Artgenossen drumherum beschützen ihn.

Elefanten faszinieren mich, weil wir viel gemeinsam haben: Sie sind dickhäutig, aber dennoch sensibel. Dank feinfühliger Druckrezeptoren an ihren Fußsohlen und der Rüsselspitze können sie mit Artgenossen innerhalb eines Radius von bis zu 50 Kilometern kommunizieren. Elefanten erzeugen Infraschalllaute, das sind Töne, die so tief sind, dass Menschenohren sie nicht wahrnehmen können. Forscher haben allerdings mithilfe von Spezialgeräten herausgefunden, dass diese Signale bis zu 103 Dezibel erreichen, also lauter sind als ein Presslufthammer. Zwar beherrsche ich nicht eine solche »Geheimsprache«, doch spüre ich schnell, wenn Freunde oder Verwandte meine Hilfe brauchen. Unsere Herzen sind in Kontakt – egal, wo ich bin.

Elefanten sind außerdem Familientiere. Sie leben in Herden von manchmal mehr als 100 Tieren zusammen: Innerhalb der

Herde gibt man aufeinander acht, Zusammenhalt steht an erster Stelle. Und genauso ist es auch in meiner Familie: Droht von außen irgendeine Gefahr, gibt es einen unerschütterlichen Schulterschluss. Wir sind füreinander da, was immer auch geschehen möge. Da halten wir es wie die Elefanten.

Was meine Dickhäuter alle gemeinsam haben: den Richtung Himmel zeigenden Rüssel. Das soll Glück bringen, hat mir jemand erzählt. Ich würde sagen, bei mir hat es funktioniert. Ich bin am 17. August 1941 um 7.50 Uhr geboren. Ein wahrhaftiges Sonntagskind! Und ich habe mich auch immer als ein solches gefühlt. Trotzdem sammle ich weiter fleißig Elefanten. Denn Glück kann man schließlich nie genug haben.

Ich bin nicht abergläubisch, aber ich glaube. Das hängt wohl mit meinem Beruf zusammen. Im Theater spielt der Aberglaube eine große Rolle: Man darf zum Beispiel auf keinen Fall pfeifen – denn das könnte dazu führen, dass man auf der Bühne ausgepfiffen wird. Auch unerwünscht: mit eigenem Hut über die Bühne zu gehen. Denn das Credo lautet: Hut ab vor dem, was dort die Schauspieler leisten! Natürlich wünscht man sich vor der Vorstellung auch nicht »Viel Glück«, sondern sagt »toi, toi, toi« und spuckt sich dabei gegenseitig über die linke Schulter. Das kommt von »Teufel, Teufel, Teufel« und ist quasi eine Formel gegen böse Geister. An diese Regeln halte ich mich, seit ich mit elf Jahren zum ersten Mal im Kinderstück »Peter Pan« auf der Bühne stand. Die einen nennen es Aberglauben, für mich sind es Rituale, an die ich glaube. Rituale, die mir ein Gefühl der Beständigkeit geben. Sie stärken, machen Mut. Und da wären wir wieder bei den Elefanten.

Denn auch sie kennen Rituale: Stirbt ein Familienmitglied, halten die anderen Tiere aus der Herde Totenwache. Sie marschieren, wenn es sein muss, sogar kilometerweit, um dies zu tun. Kein Weg ist ihnen zu weit. Sie stehen da, auch in der größten Hitze, um ihrem Artgenossen ein letztes Mal Respekt und Liebe zu zollen. Ist das nicht (be-)rührend?

Meine Elefantenherde erinnert mich Tag für Tag an das, was zwischen Menschen und Tieren zählt: Liebe, Feingefühl und Respekt.

Freundschaftspfote mit Folgen

Gehe ich in meiner Tierliebe zu weit? Ich glaube nicht. Doch ab und zu hätte ich durchaus ein bisschen vorsichtiger sein können. Das lernte ich im Mai 2011, als mir eine »Freundschaftspfote« von Aron beinahe zum Verhängnis geworden wäre.

Wir waren wie so oft gemeinsam im Auto unterwegs und ich ließ es zu, dass Aron seinen Kopf auf der Armlehne neben mir platzierte. Als wir an einer roten Ampel standen und ich gerade woanders hinschaute, streckte er freundschaftlich eine Pfote nach vorne und ich erschrak. Ohne zu überlegen, zog ich meinen Arm weg, und so verpasste mir Aron aus Versehen einen Kratzer am rechten Unterarm. Hätte ich die kleine Wunde gleich desinfiziert, wäre es damit auch erledigt gewesen. Aber ich habe das bisschen Blut nur mit einem Taschentuch abgetupft und nicht mehr weiter über die ganze Sache nachgedacht.

Zu der Zeit wohnte ich zusammen mit Sanne in München. In der Nacht vor dem ersten Drehtag zu einer neuen Staffel »Um Himmels Willen« tat die Stelle am Arm auf einmal merklich weh. Sanne stellte fest, dass ich erhöhte Temperatur hatte und sagte: »Fritz, das musst du morgen früh gleich anschauen lassen. Vielleicht hast du Fieber, weil sich der Kratzer entzündet hat.« Gerade am ersten Drehtag nach einer längeren Pause will man natürlich topfit sein und auf gar keinen Fall den Drehfluss durch Sonderaktionen stören. Dennoch bat ich einen Arzt, in die Bavaria Filmstudios zu kommen und mich kurz zu untersuchen. Er verband meinen Arm.

Irgendwie überstand ich den Drehtag, obwohl ich mich nicht gut fühlte. Nach Drehschluss ließ ich mich in eine chirurgische Klinik fahren und wurde dort mit einer Packung Antibiotika und der Empfehlung, mich auszuruhen, nach Hause geschickt. Dort angekommen, sagte Sanne: »Fritz, du gefällst mir gar nicht.« Aber ich legte mich aufs Bett und wollte einfach nur schlafen. Sannes Alarmglocken mussten sehr stark geläutet haben, denn sie sagte: »Fritz, ich kann nicht die Verantwortung dafür tragen, dass du ohne weitere Untersuchung heute Nacht hier bist.« Sie bestand trotz meines Widerstands vehement darauf, dass wir noch mal in eine andere Klinik fahren sollten oder mich ein befreundeter Arzt bei uns zu Hause untersuchte.« Er stand wenige Minuten später vor meinem Bett und ließ mich wegen des Verdachts auf Blutvergiftung sofort ins Krankenhaus einweisen. Am nächsten Morgen machte ein Arzt Sanne gegenüber die Lage noch einmal deutlich: »Wenn Fritz nicht in die Klinik gekommen wäre, hätte er die Nacht nicht überlebt.«

Aufgrund der Schwere der Sepsis kämpften die Ärzte die folgenden 14 Tage um mein Leben. Mein Arm war zum Teil schon nekrotisch, also abgestorben. Nur durch eine Operation konnte er überhaupt gerettet werden. So hat Sanne mir durch ihre Aufmerksamkeit und Beharrlichkeit das Leben gerettet.

Aron gab ich für das Geschehene keine Schuld. Ich war eher sauer auf mich, weil ich die anfängliche Verletzung nicht ernst genug genommen hatte.

Aber durch dieses lebensbedrohliche Ereignis machte es dennoch »Klick« in meinem Kopf. Mir wurde klar: Auch, wenn Mensch und Tier sich noch so vertraut sind, sollte man gewisse Risiken nicht aus den Augen verlieren. Bestimmte Grenzen muss man einfach setzen. In meinem Fall sah das so aus, dass ich Aron ab sofort hinten mit einem Spezialgurt anschnallte, sodass er auf Autofahrten nicht mehr nah an mich herankommen konnte.

Seine Freundschaftspfote durfte er mir natürlich weiterhin geben – aber erst, nachdem wir angekommen waren und der Motor nicht mehr lief.

Auch wenn Mensch und Tier sich noch so vertraut sind, sollte man gewisse Risiken nicht aus den Augen verlieren.

Die Botschaft der Wölfe

Fast vier Wochen lang war sie durch die Regenwälder und die unberührte Wildnis an der Westküste Kanadas gestreift, die ich selbst von vielen Reisen durch dieses Gebiet gut kenne. Sie war durch Flüsse gewatet, über Felsen geklettert und hatte schließlich Stunden um Stunden auf einer Wiese liegend zwischen hohen Gräsern ausgeharrt, um eine Wolfsart zu finden, die bislang noch keinerlei Berührung mit dem Menschen gehabt hatte. Dann war das Rudel endlich da. Ein grauweißer Wolf nach dem anderen trabte auf die Wiese, umkreiste und beschnupperte die Biologin Gudrun Pflüger. Kein Knurren, keine Aggression, nur ein Beäugen und Umtänzeln. Eine friedliche Kontaktaufnahme.

»Auf der Spur der Küstenwölfe« heißt die TV-Doku, aus der diese Szene stammt. Man kann sie noch online schauen und das empfehle ich jedem, der sich für Tiere interessiert. Denn in dem Material, das die Österreicherin aus Kanada mitbrachte, ist eine Beziehung im Urzustand zu sehen: rührende Sequenzen voller Unschuld, in denen Wölfe den Menschen noch nicht als natürlichen Feind wahrnehmen.

Ein absoluter Gänsehautmoment! Aber nicht der einzige. Wenige Wochen nach ihrer Rückkehr erhielt Gudrun Pflüger eine erschütternde Diagnose: Ärzte fanden in ihrem Kopf einen bösartigen Tumor. In dem Film, der mich sehr rührte, zitiert sie ein indianisches Sprichwort: »Ein Wolf zeigt sich dir nur, wenn er dir etwas mitteilen will.«

Sie deutete es so, dass ihr die Wölfe Kraft und Ausdauer mitgeben wollten für die harte Zeit, die ihr noch bevorstand, ohne dass sie zum damaligen Zeitpunkt schon davon wusste oder etwas ahnte. Drei Jahre lang kämpfte Gudrun Pflüger gegen den Krebs.

Und siegte. Die Wolfskraft war mit ihr! Der Glaube daran machte sie stärker als je zuvor.

Der Wolf ist der Urvater aller Hunde. Und ich bin fest davon überzeugt, dass auch Aron immer versucht hat, seine Kraft mit mir zu teilen, wenn ich sie brauchte. Mit jedem Blick, mit jeder Freundschaftspfote.

Mit Susanne und Filippa besuchte ich oft die Hafner Alm hoch über dem Tegernsee, die leider mittlerweile geschlossen ist. Die Wirtsleute bewiesen ihre Tierliebe, indem sie Katzen, Ponys, Hängebauchschweine, Ziegen und andere Tiere in einem Mini-Alpenzoo beherbergten. Auch verletzte Eichhörnchen oder Raben pflegten sie wieder gesund. Die größte Attraktion auf der Hafner Alm aber waren zwei Wolfshunde namens »Orca« und »Barney«. Ich streichelte sie und musste dabei unwillkürlich an Gudrun Pflüger denken.

Das Treffen zwischen den Alm-Wölfen und mir war gewiss nicht so außergewöhnlich wie ihre Wolfsbegegnung in Kanada, daher bin ich nicht sicher, ob die Tiere eine spezielle Botschaft für mich hatten. Aber ich nahm in ihren Augen eine Urkraft wahr, die mich bis tief ins Herz berührte. Wir Menschen sollten alles tun, um diese Urkraft zu bewahren und lebendig zu halten. Denn das kommt nicht nur den Tieren zugute, sondern letztendlich auch uns:

Die Natur ist eine große Heilerin.

Eine längst vergessene Verbindung

SUSANNE KELLERMANN

Filippa und Fritz auf der Hafner Alm im Umgang mit den Wolfshunden zu beobachten, war schon etwas Besonderes. Menschen und Wölfe haben einfach einen faszinierenden Draht zueinander. Und das ist kein Wunder, denn Wölfe waren schließlich die ersten Haustiere der Menschen.

Wann sie domestiziert wurden, darüber streiten sich die Forscher: Die einen gehen davon aus, dass es schon vor 40 000 Jahren geschah, andere meinen, es sei erst vor 15 000 Jahren soweit gewesen. Klar ist, dass der Wolf und der Mensch Partner wurden. Warum? Weil beide hochsoziale Wesen sind – die perfekte Basis für gegenseitiges Verständnis.

Dass dieses Band bis heute besteht, konnte auch ich spüren, an jenem Tag am Tegernsee, den ich mit einem Freund verbrachte. Bei ihm leben zwei Wölfe, die bereits als Welpen zu ihm gekommen sind und die er großgezogen hat. Zusammen mit den Tieren wanderten wir zu einem Berggasthof hinauf, durch dichten Wald und über weichen Erdboden hinweg. Es war das erste Mal in meinem Leben, dass ich Wölfen so nahekam und sie sogar streicheln durfte. Sie waren unglaublich kräftig, ihr Fell ganz dick und dicht. Und unglaublich zahm. Sie blieben immer eng an unserer Seite.

Zwischendurch kniete ich mich hin, um einen großen Pilz zu begutachten. Plötzlich streifte etwas Weiches meine Wange und ich spürte den warmen Atem eines der Tiere. Ich schaute nach links – direkt in ein Wolfsauge hinein. Und dachte mir: Jetzt müsste ich doch Angst haben! Aber der Wolf strahlte eine derartige Ruhe und Erhabenheit aus, dass ich mich überhaupt nicht fürchtete.

Später hörten wir ein Geräusch, ein Knacken von Ästen, und blieben alle vier gefühlt eine Ewigkeit lang stehen. Es war mucksmäuschenstill und wir lauschten gebannt den Geräuschen des Waldes. Aber da war noch etwas anderes: Ich fühlte, dass irgendwo in meinem Gehirn ein Areal aktiviert wurde, das lange stillgelegt war. Ein Areal, das für die Kommunikation mit Wildtieren zuständig ist – oder überhaupt mit der Natur. Es kam mir so vor, als würden wir uns auf einer plötzlich freigeschalteten Ebene alle miteinander unterhalten, ohne dass auch nur ein einziges menschliches Wort gefallen wäre.

Ich glaube, dass es in unseren Köpfen noch irgendetwas gibt, das Mensch und Wolf vor sehr langer Zeit eng verbunden hat. Etwas Archaisches. Gut möglich, dass später genau daraus das ganz besondere Verhältnis zwischen Menschen und Hunden entstand.

Aber der Wolf strahlte eine derartige Ruhe und Erhabenheit aus, dass ich mich überhaupt nicht fürchtete.

Manchmal erzieht der Hund den Menschen

Bin ich ein Perfektionist? Oder besonders ehrgeizig? Nicht mehr als andere, würde ich sagen. Aber es ist mir schon wichtig, die Aufgaben, die mir das Leben stellt, möglichst gut zu bewältigen.

1980 machte ich einen Hundeführerlehrgang, um mit meinem Deutsch Drahthaar Ero die Meisterprüfung eines Vorstehhundes (Verbandsgebrauchsprüfung) selbst durchführen zu können. Dieser Grundkurs dauerte ein halbes Jahr, man lernt in dieser Zeit unter anderem, dem Hund wichtige Kommandos beizubringen und ihn mit Schweißfährten für die Jagd zu trainieren. Die Prüfung, bei der besonders auf den Gehorsam des Tieres geachtet wird, bestand ich. Aber nicht summa cum laude, das war für mich gefühlt eine Katastrophe! Ich hatte mich von einem der Prüfer buchstäblich auf eine falsche Fährte locken lassen und nicht auf meinen Bauch gehört, sonst hätte ich besser abgeschnitten. Das ärgerte mich maßlos.

Eros Verbandsgebrauchsprüfung legten wir danach immerhin mit vollem Erfolg ab, und ich war stolz, mit ihm an Jagden teilzunehmen – jetzt, wo er offiziell seine Brauchbarkeit dafür unter Beweis gestellt hatte. Hubert Burda lud mich ein und ich trat erwartungsvoll mit Ero an. Doch kaum waren wir in einen wundervollen Wald abgetaucht, lief alles anders, als ich es mir vorgestellt hatte. Denn nicht ich führte Ero an der Leine, sondern er mich. Ich schrie aus Leibeskräften die Kommandos, die wir monatelang zusammen einstudiert hatten:

»Halt!« – sofort hinsetzen

»Down!« – hinlegen und den Kopf auf dem Boden zwischen die Vorderläufe platzieren

»Fuß!« – auf Schulterhöhe an meiner Seite gehen

Aber was auch immer ich für einen Befehl zwischen den in den Himmel ragenden Baumstämmen hindurchschmetterte, Ero hörte nicht auf mich. Ich konnte machen, was ich wollte! Er gab das Tempo auf dem mit Laub bedecktem Waldboden vor, ich hechelte verschwitzt und verschämt hinterher. Ich muss wohl nicht dazusagen, dass ich an diesem Tag zum großen Gespött der anderen Jagdteilnehmer wurde. »Wer ist denn hier der Hund?«, frotzelte einer, während mir schon die Zunge heraushing. Ich fühlte mich in diesem Moment nicht wie ein Hund, sondern wie ein Schüler. Und Ero war mein Lehrer. Die Rollen hatten sich vertauscht, wie das eben manchmal ist im Leben. Auf einmal erziehen nicht wir unsere Hunde, sondern sie uns.

Ero wollte mir anscheinend eine Lehreinheit in Gelassenheit verpassen. Sein Unterrichtsthema lautete: Wie gehe ich möglichst entspannt mit unerwarteten Situationen um? An diesem Tag habe ich Eros Test nicht bestanden. Aber seine Lektion trug langsam Früchte und ich wurde immer besser darin, mit Situationen umzugehen, in denen es erstens anders kommt und zweitens als man denkt.

Die Rollen hatten sich vertauscht, wie das eben manchmal ist im Leben.

Kann man Tierliebe erben?
Meine Familie ist der beste Beweis!

Meine Liebe zu Tieren ist genetisch bedingt. Bei meiner Vorgeschichte konnte es gar nicht anders kommen. Denn in meiner Familie zählte die Tierliebe immer schon zu den willkommen geheißenen Werten, die einen Menschen zu einem besseren machen.

Mein Großvater väterlicherseits war gut betucht. Ihm gehörten zwei kleine Kaufhäuser in München, und er konnte sich ein stattliches Jugendstilhaus mit Speiseaufzug in der Tizianstraße im Stadtteil Gern leisten. Seinem Sohn, also meinem Vati, schenkte er die »Kleine Stadt«, eine Ansammlung liebevoll bemalter Häuschen, Türme und Mauern aus Holz, die ich noch heute besitze – genau wie einen hölzernen Bauernhof meines Vaters, mit rotem Dach, sonnengelbem Giebel und weißen Wänden. In den Stallboxen wohnen winzige Kühe, Hühner, Pferde, Schweine, ein Hund und eine Katze. Auch meine Tochter Filippa hat im Kindergartenalter sehr gern damit gespielt. Es war ihr erster Schritt in die Welt der Tiere.

Einen besonderen Schatz habe ich meiner Großmutter väterlicherseits zu verdanken, die wir »Oma München« nannten – analog zu »Oma Mering«, die im gleichnamigen Dorf nordwestlich von München lebte. Oma München hatte ein Familienalbum mit anthrazitfarbenem Einband und Seiten aus dickem Kartonpapier angelegt. Mit viel Hingabe befüllte und be-

schriftete sie alles. Auf einer Seite ist mein Vati an Weihnachten 1918 im Alter von etwa zweieinhalb Jahren zu sehen. Und im Arm hält er nicht etwa seine Geschenke, sondern seinen Schäferhundmischling Lux! Dieses Foto treibt mir Tränen in die Augen, denn vielleicht empfand Vati ja vor über 100 Jahren seinem Lux gegenüber eine ebenso große Liebe wie ich für meinen Aron. Ich wünsche mir, dass es so war. Denn wenig auf der Welt fühlt sich besser an als eine solch innige Verbindung. Wir hätten über dieses Thema sicher viele intensive Gespräche führen können, wäre er aus dem Krieg je wieder zurückgekommen.

Mein Vati scheint viele Jahre mit Lux verbracht zu haben, denn auf einem anderen Foto ist er schon viel älter und überragt seinen Hund fast um zwei Kopflängen. Wie schön, dass er so einen treuen Begleiter hatte. Es scheint außerdem nicht sein einziger gewesen zu sein: Während ich erst mit neun Jahren zum ersten Mal im Sattel saß, war es Vati schon mit knapp drei Jahren vergönnt. Mein Großvater, selbst ein begeisterter Reiter und Pferdebesitzer, unterstützte ihn bei seinen ersten Ausritten entlang der Mauer, die um den Park von Schloss Nymphenburg herumführt. »Das Glück der Erde liegt auf dem Rücken der Pferde«, lautet ein bekanntes Sprichwort. Mein Vater macht auf dem Foto ein Gesicht, als würde er genau so empfinden. Wie schade, dass er nicht miterleben konnte, wie viel Spaß auch mir das Reiten später bereitet hat.

Jetzt gibt es natürlich Menschen, die sich fragen: Wenn der Wepper so ein Tierfreund ist, wie kann er dann gleichzeitig ein Jäger sein? Aber für mich schließt das eine das andere nicht aus. Denn als ich mit 38 Jahren meinen Jagdschein machte, lernte ich dabei auch unglaublich viel über Anatomie und Lebensweise von Tieren, Natur- und Artenschutz.

Ich war nie ein Schießer, sondern vielmehr ein Heger. Ich tötete Tiere nur dann, wenn es nötig war. Im hessischen Jagdrevier beispielsweise, das der Familie meiner Frau Angela gehörte, musste regelmäßig Rehwild erlegt werden. Denn der Tisch in der Natur ist nur für eine begrenzte Zahl von Tieren gedeckt. Wächst der Wildbestand unkontrolliert, ist nicht mehr genug Nahrung für alle da.

In Namibia machte ich während der Dreharbeiten für eine Folge von »Um Himmels Willen« mit einem Berufsjäger Jagd auf Impalas, eine afrikanischen Antilopenart. Auch bei diesem Ausflug gingen wir mit Sorgfalt und Bedacht vor. Mein Begleiter suchte gezielt Tiere aus, um wiederum insgesamt einen gesunden Wildbestand zu sichern. Die Jagd auf die «Big Five« – das sind Elefant, Nashorn, Büffel, Löwe und Leopard – lehne ich dagegen entschieden ab. Diese Tiere beobachte ich nur gern aus der Ferne, voll tiefer Demut vor ihrer Schönheit, die es zu schützen gilt. Und diese Demut habe ich auch immer meinen Kindern vermittelt.

Meine Tochter Valerie war zwölf, als ich mit ihr auf einem Hochsitz saß, und etwas Tolles passierte: Von links kam eine Waschbärin herangezuckelt, gefolgt von vier Babys. Wir kamen uns vor wie in einem Walt-Disney-Film! Mucksmäuschenstill verfolgten wir, wie die Waschbärenfamilie über Stock und Stein krabbelte und schließlich im Unterholz verschwand. Meine Schwiegermutter, Margarethe Gräfin von Schlitz, saß neben mir und stieß empört hervor: »Aber Fritz, warum hast du nicht geschossen?« Ich antwortete: »Mami, erstens schieße ich in Gegenwart meiner Kinder nicht. Und dann schießt man auch kein Muttertier mit seinen Kleinen.« Die Gräfin war pikiert, aber ich bestand auf meinen Prinzipien.

Valerie hat kürzlich ihren Jagdschein gemacht und mich jede Woche angerufen. Wir haben ein bisschen gefachsimpelt. Sie sagte, ich habe ihr alles, was sie für die Prüfung lernen müsse, schon in der Kindheit und Jugend nähergebracht. Wir sind eben eine richtige Tierfamilie: Alle meine Töchter reiten, Sophie spielte 2013 sogar einmal bei den Karl-May-Festspielen in Bad Segeberg mit, als Schwester von Winnetou. Alle Kinder, und auch mein Bruder Elmar, leben heute mit Hunden.

Und ich? Ich bin sowieso ganz auf Vierbeiner eingestellt. Die Hausnummer meiner Wohnung in München lautet hundertzwölf. Bei mir heißt sie aber Hundezwölf. Ich fahre in die Hundezwölf, ich übernachte in der Hundezwölf. Das klingt doch gleich viel einladender, oder nicht?

Ich war nie ein Schießer, sondern vielmehr ein Heger.

2 Jahre 7 Monate — Weihnachten 1918.

-68-

Fritzi und sein Lux.

Wo die Milch herkommt …

Tiere sind wertvoll und halten uns am Leben – das wurde mir als Zehnjährigem auf dem Bauernhof meines Onkels Ludwig in Althengstett im Schwabenländle erstmals bewusst. Dort half ich während der Sommerferien bei der Getreideernte: Ich stapfte barfuß hinter einem wuchtigen Karren her, den ich allein nie hätte ziehen können. Diese Arbeit übernahm eine kräftige Kuh scheinbar mühelos. Während sie zog, sammelte ich auf dem Feld die Garbenbüschel ein, die die Schnitter vorher fein säuberlich zusammengebunden hatten. Eine schweißtreibende Arbeit. Einmal ratterte der Wagen zu schnell über eine Bodenwelle und wackelte dabei so, dass etliche Garbenbüschel herunterfielen. Das gab vielleicht ein Donnerwetter von Onkel Ludwig!

Nach getaner Arbeit freute ich mich auf die Brotzeit. Sie bestand aus groben Brotwürfeln, zu denen wir dicke Scheiben Presssack verspeisten. Köstlich! Genau wie der Zwiebelkuchen, den ich mit Tante Hedwig backte. »Fritzle, mir tun a Zwiebelblooz backe«, sagte sie und ich folgte ihr zu einem Backhaus mit riesigem Ofen, das man mieten konnte. Der Zwiebelkuchen war etwas ganz Besonderes, er kam glühend heiß aus dem Ofen und duftete herrlich. Es fiel mir unglaublich schwer zu warten, bis er so weit abgekühlt war, dass ich hineinbeißen konnte.

Tante Hedwig und Onkel Ludwig brachten mir auch das Melken bei, das mir unglaublich viel Spaß machte. Heute haben viele Kinder ja leider keine Ahnung mehr, wo die Milch wirklich herkommt. Sie kennen sie nur aus dem Karton oder der Flasche und denken, dass Kühe lila sind. Ich lebte damals den ganzen Alltag eines Landwirts mit und empfinde seitdem eine andere Dankbarkeit für Natur und Tiere. Besonders bei jedem Schluck Milch, den ich trinke. Gut gekühlt mag ich sie am liebsten, dazu eine Butterbrezn, das ist eine unschlagbare Kombination!

Ich empfinde eine große Dankbarkeit für Natur und Tiere.

Seelenretter und Therapeuten

An meinen ersten Kuss mit 16 kann ich mich leider nicht mehr recht erinnern. An meinen ersten Delfinkuss dagegen schon! Die ganze Sache fühlte sich zwar eher an wie ein Tête-à-Tête mit einem nassen Gummistiefel – aber ich war trotzdem hin und weg.

Während verschiedener Segeltörns hatte ich Delfine immer wieder gern beobachtet. Wenn die pfeilschnellen Meeressäuger direkt vor dem Schiffsbug tollkühne Sprünge vollbrachten, sprang mein Herz vor Freude gleich mit. Für Seeleute sind Delfine ein Symbol der Hoffnung und des Trostes, manche bezeichnen sie sogar als Seelenretter.

Genau als solche werden sie an einigen Orten auf der Welt auch eingesetzt, nämlich überall dort, wo Delfintherapien angeboten werden. Wissenschaftlich ist dieses Vorgehen umstritten, es gibt keine Studien, die erzielte Heilungserfolge belegen. Doch als ich 2007 in der Dominikanischen Republik das erste Mal einem dieser Tiere ganz nahekommen durfte, hatte das einen einzigartigen Effekt auf mich. Delfine strahlen so viel Sanftmut und Liebe aus. Ich konnte mir gut vorstellen, dass sie – gerade bei der Behandlung kranker Kinder – wirkungsvolle Therapeuten sein können.

Es gibt Tiere, die unsere Seele heilen, das habe ich selbst miterleben dürfen. Der halbwüchsige Sohn eines befreundeten Fernsehproduzenten war unglaublich in sich gekehrt und unsicher. Erst als er anfing zu reiten, hat sich das gegeben. Der Junge bekam immer mehr Selbstbewusstsein und ging nachher richtig aus sich raus. Alles durchs Streicheln und Reiten, durch die besondere Kommunikation mit einem Pferd.

Darum war es mir auch so wichtig, dass meine Töchter reiten lernen – oder zumindest früh Kontakt zu Pferden bekommen. Filippa habe ich im Alter von drei Jahren auf ein Pony gesetzt. Ich hielt die Zügel, während sie im Schritttempo die ersten Meter zurücklegte. Ich will mich nicht in die Erziehung anderer Menschen einmischen, aber ich kann die Nähe zu Tieren nur allen Eltern empfehlen. Durch solche Begegnungen entwickelt man Vertrauen in andere Lebewesen – und in sich selbst.

Meine besondere Liebe und Wertschätzung für Tiere zeichnete sich übrigens schon im Kleinkindalter ab, als ich noch ein Bub in Lederhose war: Während beim Kasperletheater alle für den Kasper mitfieberten, war ich »Team Krokodil«. Mir tat der vermeintliche Bösewicht leid, weil er immer so viele Schläge vom Polizisten einstecken musste. Inszenierte ich mit meinem Bruder Elmar später selbst ein Stück, ging ich sehr respektvoll mit dem Krokodil um. Es bekam höchstens einen leichten Klaps von mir.

Es gibt Tiere, die unsere Seele heilen.

Wer hat hier die Zügel (und die Leine) in der Hand?

SUSANNE KELLERMANN

»Komm Filippa, nimm die Leine«, das ist so ein typischer Satz von Fritz. Er hat unserer Tochter von klein auf beigebracht, dass sie keine Angst vor Tieren haben muss. Sein erstes Geschenk für sie als Baby war ein überdimensionaler Plüschhund, mit dem Filippa noch heute gern kuschelt.

Bei einem gemeinsamen Bozen-Besuch drückte er ihr dann plötzlich Arons Leine in die Hand, obwohl sie damals gerade erst drei Jahre alt war und der Hund fast genauso groß wie sie. Für ein Foto signalisierte Fritz: »Daumen hoch – alles in Ordnung!« Doch mir rutschte ehrlich gesagt das Herz in die Hose. Ich hatte Angst, Aron könnte losrennen und Filippa hinter sich herziehen. Lieber war es mir, wenn die beiden zusammen Gassi gingen, Fritz aber dabei die Leine hielt. Dann konnte ich gar nicht genug Fotos von diesem niedlichen Trio schießen.

Wenn wir Fritz besuchten und die Klingel drückten, kam Aron als Erster die Treppe heruntergestürmt und schaute uns sehnsüchtig durch ein großes Fenster an. Der Schwanz wedelte förmlich mit dem Hund, so sehr hat er sich gefreut. Aron bellte, juchzte und war so aufgekratzt, dass Filippa sicherheitshalber auf meinen Arm flüchtete, sobald die Haustür aufging und er heraussprang. Arons Begrüßung war für ein so zierliches Mädchen wie sie ein bisschen zu stürmisch. Aber egal, wie wild Aron war, Filippa hat ihn geliebt. Sie schlang immer beide Arme um seinen Hals und drückte ihren Körper fest gegen sein Fell.

Sogar Kunststückchen wollte sie ihm beibringen. Dafür hielt Filippa eine Gerte von Fritz etwa kniehoch in einen Türrahmen und wies Aron an, darüberzuspringen. Auf der anderen Seite legte sie als Lockmittel ein Leckerli hin. Ein- oder zweimal sprang er auch über das Hindernis, bis er merkte, dass er genauso gut unten durchlaufen konnte. »Spring Aron, spring!«, rief Filippa. Er guckte sie an, duckte sich und flitzte zum Hundekeks. Auch wenn nicht jeder bekam, was er wollte, hatten doch beide riesigen Spaß an diesem Spiel. Aron war ein toller Gefährte für Filippa, besonders, als sie größer wurde.

Fritz stellte meine eher vorsichtige Art der Erziehung regelmäßig auf harte Proben: Wann immer sich die Gelegenheit bot, setzte er Filippa aufs Pferd, selbst wenn sie in meinen Augen dafür noch viel zu jung war. Aber das ist eben der Fritz. Er macht, was er will, auch wenn es anderen tierisch gegen den Strich geht. Gott sei Dank ist Filippa bisher nie etwas passiert. Aber das liegt meines Erachtens auch daran, dass es mir oft genug gelang, die Zügel doch wieder in die Hand zu nehmen.

Fritz macht, was er will, auch, wenn es anderen tierisch gegen den Strich geht.

No Woman, No Dog

»Es kommt mir kein Hund ins Haus!« So lautete 1979 die Ansage meiner Frau Angela. Da waren wir frisch verheiratet und lebten in Solln. Unser Haus stand in der Fröhlichstraße, doch die Stimmung war alles andere als das, nachdem ich das Thema »Hund« angeschnitten hatte. »Auf gar keinen Fall kommt mir ein Hund ins Haus«, betonte Angela.

Aber es ist meine Spezialität, Aussagen wie diese doch noch in ein »Na gut« umzuwandeln. Was blieb mir in diesem Fall auch anderes übrig? Ich musste Ero zu mir holen! Als ich ihn bei einem Züchter im Saarland entdeckte, habe ich mich gleich Hals über Kopf in ihn verguckt. Bei Angela hat es zugegebenermaßen ein bisschen gedauert mit der Hundeliebe. Ich sage es mal so: Über die Liebe zu mir hat sie am Ende auch zu Ero gefunden.

Ich bin den Frauen in meinem Leben unsagbar dankbar für ihre Unterstützung, was meine Hunde anbetrifft. Sie versorgten sie, gingen Gassi mit ihnen und waren immer für meine Tiere da, wenn ich es aus beruflichen Gründen nicht sein konnte. Ich war so viel auf Achse, dass ich einem Hund zeitlich allein nie hätte gerecht werden können. Ohne die richtigen Frauen an meiner Seite wäre dieser Traum nie in Erfüllung gegangen. Frei nach Bob Marley: No Woman, No Dog.

Zuerst nennen muss ich die Mutti. Sie kümmerte sich um unseren Cocker Spaniel Benny, als ich 1958 im Alter von 17 Jahren drei Monate lang im oberbayerischen Örtchen Cham am Dreh des Antikriegsfilm »Die Brücke« spielte. Am Set dröhnten echte Panzer durch Ruinen, und es wurde teilweise sogar mit richtiger Munition geschossen. Es war eine traumatisierende Welt aus Schutt und Asche. In die hätte ich Benny niemals mitgenommen – auch, wenn ich ihn abends sehr vermisst habe, weil ich mich einsam fühlte. An den Wochenenden fuhr ich nach Hause und holte alle verpassten Streicheleinheiten nach.

Mit 23 Jahren zog ich von zu Hause aus und hatte erstmals einen eigenen Haushalt. Ich wohnte in Grünwald auf 100 Quadratmetern. Mein neues Zuhause richtete ich hauptsächlich mit Antiquitäten ein, die mochte ich schon als junger Mann. Ich erstand unter anderem ein Bauernbett mit handgeschnitztem Kopfteil, einen Mahagoni-Couchtisch aus England und ein Tabakschränkchen mit Intarsien, in dem meine zwölf Pfeifen und sechs verschiedene Tabaksorten Platz hatten. Die rauchte ich dann vor dem lodernden Kamin, wenn ich überhaupt einmal zu Hause war. In meiner ersten eigenen Wohnung wäre zwar genug Platz für einen Hund gewesen, aber zu der Zeit drehte ich ein Fernsehspiel nach dem anderen, war erstmals für drei Monate unterwegs auf Theatertournee und erhielt 1964 den Bundesfilmpreis als bester Nachwuchsschauspieler im Kriegsdrama »Kennwort Reiher«. Es war so viel los in meinem Leben, und es gingen zeitgleich so viele Karriereträume in Erfüllung, dass ich den vom Hund erst einmal zurückstellen musste. Nach meiner Hochzeit mit Angela witterte ich meine Chance – und war danach ja auch fast zwei Jahrzehnte nie mehr ohne Hund.

Als Sanne und ich 2009 ein Paar wurden, beichtete ich ihr, wie gern ich noch einmal einen eigenen Vierbeiner besitzen würde. Bei diesem Geständnis sprang auch sie nicht gerade jubelnd an die Decke, doch ich konnte sie relativ zügig als Hundeverbündete gewinnen. Sanne kümmerte sich gerade anfangs viel um Aron, doch mit der Zeit steckte in der Beziehung zwischen ihr und Aron leider zusehends der Wurm drin. Ich weiß nicht genau, woran es lag. Aber ich glaube, sie war ein bisschen enttäuscht darüber, dass Aron sie nicht so heiß und innig liebte wie mich. Das hat dann wohl dazu geführt, dass sie sich von ihm abwandte.

Ich habe etwas Spannendes zu diesem Thema gelesen, das mich sehr beschäftigte: In einer Studie der Universität Bonn gaben 35 Prozent der 6000 befragten Hundebesitzer an, eine engere Beziehung zu ihrem Vierbeiner als zu einem Menschen zu haben. Eine an diesem Forschungsergebnis beteiligte Psychologin meinte, dass Eifersucht wegen eines Haustiers keine Seltenheit sei. Beim Hund sei sie sogar am wahrscheinlichsten, da sich kein anderes Tier seinem Besitzer so extrem anpasse und so intensiv mit ihm kommuniziere. Dass es sich bei Aron und mir genauso verhalten hat, belegen viele Kapitel in diesem Buch einwandfrei.

Umso mehr rechne ich es Sanne an, dass das für sie kein Trennungsgrund war und sie mich 2019 sogar geheiratet hat. No woman? No dog? Für mich beides unvorstellbar.

An den Wochenenden fuhr ich nach Hause und holte alle verpassten Streicheleinheiten nach.

Wüstenschiff mit Superkräften

Ich musste diese Szene einfach fotografieren. Dass ein Ägypter vor den Pyramiden von Gizeh sein Kamel auf den Mund küsst, war für mich Tierliebe pur! So ein Kuss steht ja auch für Wertschätzung. Und davon erhalten diese Tiere bei Weitem nicht genug. Hat jemand einen Fehler gemacht oder sich tollpatschig verhalten, heißt es im Volksmund gern mal »Du Kamel!« oder »Du Trampeltier!«. Dabei sollte man das eigentlich als Auszeichnung verstehen. Denn diese besonderen Tiere haben mehr auf dem Kasten, als viele denken. Sie sind wahre Überlebenskünstler!

Kamele können locker zehn Tage und mehr ohne Wasser auskommen und dann 200 Liter in nur 15 Minuten »auftanken«. Ihre Organe sind so ausgestattet, dass sie im Notfall sogar fähig sind, Salzwasser in brauchbare Flüssigkeit zu verwandeln. Bis zu 50 Kilometer können diese Tiere pro Tag auch in der größten Hitze zurücklegen und dabei ein Tempo von mehr als 60 km/h erreichen. Ich bin schon mehrfach auf Kamelen geritten, mal in Marokko, mal im Oman. Und jede dieser Touren war unvergesslich. Das Dahingleiten auf einem meditativ schwankenden Tier – so stark, so stolz – lässt einen ultimativ runterkommen. Du fühlst und begreifst, welche Wunder die Natur geschaffen hat.

Es gibt Völker, die diese Wunder wesentlich mehr zu schätzen wissen als andere. Mit diesen Menschen fühle ich mich besonders verbunden. In arabischen Ländern haben zum Beispiel auch Falken ein hohes Ansehen. Sie werden seit Tausenden von Jahren bei der Jagd eingesetzt. Oft ist das Verhältnis zwischen dem Besitzer und seinen Vögeln ungewöhnlich innig. Ich las kürzlich, dass ein saudischer Prinz 80 Tickets für seine Zuchtfalken kaufte, weil er nicht wollte, dass sie im Frachtraum transportiert werden. In den Arabischen Emiraten keine Seltenheit.

Liebhaber zahlen für wertvolle Falken bis zu 100 000 Euro. Auch diese Tiere haben Superkräfte: Wanderfalken erreichen im Sturzflug konkurrenzlose 340 km/h. Haben sie eine Beute im Blick, machen sie kurzen Prozess. Sie sind fliegende Jagdhunde! Allein deswegen faszinieren sie mich.

In Anbetracht solch unglaublicher Fähigkeiten frage ich mich schon, warum manche Menschen fest davon überzeugt sind, wir seien den Tieren überlegen. Der Ägypter, den ich in Gizeh traf, würde über diese kurzsichtige Einstellung sicher nur müde lächeln.

Das Dahingleiten auf einem meditativ schwankenden Tier – so stark, so stolz – lässt einen ultimativ runterkommen.

Wie ich versuchte, ein Hundemensch zu werden

SUSANNE KELLERMANN

Für die Liebe trifft man manchmal Entscheidungen, die man allein so nie fällen würde. Darum sagte ich Ende 2009 laut und deutlich »Ja« zu einem Hund. Fritz, mit dem ich damals seit wenigen Monaten zusammen war, erklärte, dass er nach langen Jahren ohne Hund unheimlich gern noch einmal einen Vierbeiner zu sich holen würde. Er hatte auch schon einen speziellen im Auge: den jungen Aron, dem er auf einer Jagd in Begleitung seiner Züchterin begegnet war.

Mein Ja zu Fritz war in diesem Fall ein Nein zu meinen eigenen Überzeugungen. Denn ich hatte bis dahin noch nie ein Haustier besessen. Ich liebe Tiere zwar, aber es widerstrebt mir, sie von mir abhängig zu machen und ihnen Befehle zu erteilen. Ich bewundere sie lieber in der freien Natur. »Sitz und Platz! Mach dies, mach das!«, das liegt mir nicht. Aber genau das braucht ein Hund, um sich wohlzufühlen. Wenn er weiß, was er darf und wo sein Platz ist, gibt ihm das ein Gefühl von Sicherheit. Das ist der geschützte Rahmen, in dem er sich entspannt bewegen kann. So erklärte man mir das jedenfalls.

Fritz war so begeistert von Aron und dermaßen euphorisiert, dass ich dachte: Gemeinsam kriegen wir das schon hin! Wir fuhren in Arons Heimat Schleswig-Holstein, um das Züchterpaar, bei dem er zu Hause war, zu überzeugen. Es stellte sich heraus, dass Aron ihr Star-Hund war und sie ihn eigentlich gern für sich behalten hätten. Daher zog mich Arons »Ziehvater« beiseite und stellte mir ein paar kritische Fragen: Wo genau würde Aron denn leben? Würde er auch genug Auslauf haben? Der Hund braucht Aufgaben!

Wer würde sich um ihn kümmern? Und bliebe Fritz trotz Dreharbeiten überhaupt genug Zeit für das Tier?

Hätte ich in dem Moment gesagt: »Unseren Alltag kann ich für Aron nicht empfehlen«, dann wäre er in Schleswig-Holstein geblieben. Aber ich tat alles, um Fritz seinen sehnlichen Wunsch zu erfüllen und betonte, dass wir das alles schaffen würden und Aron ein tolles Leben führen könnte bei uns. Da ahnte ich noch nicht, dass es durchaus Stunden geben sollte, in denen ich diese Sätze bereuen würde …

Als Aron 2010 zu uns kam, nachdem er erfolgreich alle seine Prüfungen als Jagdhund abgelegt hatte, war es so, als sei ein Kumpel von Fritz in unsere Münchner Wohnung eingezogen! Aron war ein sehr dominanter Rüde. Diese zwei starken Männer auf einem Haufen waren mir manchmal echt too much. Ich fühlte mich plötzlich wie in einer WG: Aron hing ständig mit Fritz zusammen und ich war nie mehr allein mit ihm. Wenn Fritz und ich doch mal nebeneinandersaßen oder Händchen hielten, zwängte Aron sich gleich dazwischen. Ein eindeutiger Fall von schwerer Eifersucht!

Dabei habe ich mich gerade anfangs viel um Aron gekümmert und bin stundenlang mit ihm spazieren gegangen. Ich sehe mich noch mit einem schicken Wollmantel durch Bogenhausen ziehen, Aron an der Leine. In einem Park ließ ich ihn frei laufen und stand mit den anderen Hundebesitzern am Rand. Es war ein ganz neues Gefühl für mich, bewundernde Blicke und Lob für »meinen« Hund zu ernten. Das hatte ich noch nie vorher erlebt. Einerseits gefiel es mir, andererseits wusste ich, dass ich nicht wirklich dazugehörte. Ich kam mir vor wie eine Spionin auf Undercover-Mission.

Ich habe versucht, das strenge Regiment beizubehalten, das Aron von seinen Züchtern her kannte. Ich verwendete ihre Handzeichen und Befehle, ließ Aron zum Beispiel auch nie zuerst in den Fahrstuhl einsteigen, sondern machte ihm klar, dass er mir zu folgen hatte. Aber Fritz weichte die Regeln, die die Züchter uns ans Herz gelegt hatten, immer weiter auf. Er fütterte Aron sogar am Esstisch, wovon ich schon aus rein hygienischer Sicht nicht wirklich begeistert war. Meine Großeltern machten das mit ihren Boxer-Hunden genauso: Ihnen wurden Leberwurstbrote vom Tisch gereicht. Das fand ich ehrlicherweise schon als junges Mädchen eklig! Dieses Erlebnis muss mich wohl nachhaltig geprägt haben. Wie dem auch sei, das Verhalten von Fritz führte bei uns schon mal zu Diskussionen, doch trotzdem lief alles so weiter. Auf diese Weise wurde Aron vom perfekt ausgebildeten Jagdhund zum Schoßhund.

Fritz betont gern, dass er einen Hundeführerlehrgang absolviert hat. Aber er verhält sich nicht entsprechend. Er sieht die Seele eines Hundes als Persönlichkeit und bezeichnete Aron daher auch als seinen »besten Freund«. Fritz vermenschlicht Tiere. Das konnte ich nie und werde es wohl auch nie können.

Vielleicht unterscheidet das Hundemenschen von Nicht-Hundemenschen. Für mich sind es zwei Welten. Zwischen ihnen konnten Fritz und ich zwar einige Brücken bauen, aber so richtig verschmolzen sind sie nie. Mit der Zeit lernte ich allerdings, ganz gut damit umzugehen. In einem gemeinsamen Leben können eben auch zwei Welten nebeneinander Platz haben. Man muss nur laut und deutlich »Ja« sagen.

Große Gefühle auf den ersten Blick

UTE JOCHIMS

Wir züchten seit Jahrzehnten Deutsch-Drahthaar-Hunde und wollten Aron ursprünglich für uns behalten. Mein Mann hatte schon begeistert mit ihm gejagt und entschieden, dass er ihn auch in Zukunft als seinen Begleiter dabeihaben wollte. Aber als Aron neun Monate alt war, traf er bei einer Drückjagd auf Fritz. Und danach blieb uns gar nichts anderes übrig, als ihm den Hund zu versprechen.

Die beiden waren gleich wie ein verliebtes Paar! Die Chemie zwischen ihnen stimmte von Anfang an, das war unglaublich. So etwas vergisst man nicht. Wir verkaufen unsere Hunde an Liebhaber aus aller Welt. Allerdings verlässt nicht jeder auch mit einem Tier unseren Zwinger. Ich habe schon Interessenten wieder weggeschickt, obwohl sie extra mit dem Flieger angereist waren. Wenn ich jemandem einen Hund mitgebe, muss ich überzeugt davon sein, dass der Halter einen gutmütigen Charakter besitzt. Dass er eine Verbindung zum Tier aufbauen kann. Wie reagieren potenzielle Käufer beim ersten Treffen mit einem fremden Hund? Sind sie verhalten, herzlich – oder vielleicht aufbrausend, wenn etwas nicht so läuft, wie sie es sich vorstellen? Das beobachte ich alles ganz genau. Bei Fritz musste ich mir diese Fragen gar nicht stellen. Das passte einfach sofort.

Wir haben uns regelmäßig mit Fritz getroffen, auch bei Jagden. Und Aron hatte bei ihm ein Leben wie Gott in Frankreich! Wenn wir zusammen Kuchen aßen, bekam Aron von Fritz immer die Hälfte ab. Fritz tat alles für ihn.

Ein bekannter Unternehmer, der uns gemeinsam zur Jagd eingeladen hatte, bettelte Fritz förmlich an: »Bitte verkauf mir diesen

Hund!« Er bot ihm ein Heidengeld, weil Aron ein wirklich guter Jagdhund war. Aber Fritz meinte nur: »Du kannst mir so viel bieten, wie du willst, den verkaufe ich nie!«

Wo Fritz war, war auch Aron.
Die beiden waren ein Herz und eine Seele.

»Gebt Aron einen Kuss von mir«

DIETER JOCHIMS

Wenn Fritz länger im Urlaub war oder gerade bei Dreharbeiten und Aron nicht mitnehmen konnte, brachte er ihn zu uns ins Liether Moor nach Schleswig-Holstein. Aron war einst in unserem Zwinger zur Welt gekommen, wir waren sozusagen sein erstes Zuhause. Und ein Stück davon ist immer geblieben. Arons Vater war »Waldmann vom Liether Moor« – eine Legende in der Welt der Drahthaar-Zucht! Er hat viele tolle Hunde gezeugt, über 240 Welpen in ganz Deutschland, um genau zu sein. Ohne Zweifel war Waldmann ein ganz besonderer und berühmter Hund, und Aron sah aus wie sein Klon. Aron ist selbst übrigens auch sechsmal Vater geworden, bevor er zu Fritz kam. Sein Sohn »Lennox vom Schaar« wurde später ein begehrter Deckrüde.

Fritz wusste, dass Aron sich bei uns wohlfühlt. Trotzdem hat er ihn nicht einfach bei uns abgegeben und sich dann nicht mehr gemeldet. Mindestens zwei- bis dreimal pro Woche rief Fritz an und fragte: »Was macht der Aron?« Meine Frau schickte ihm per Handy Videos, wie Aron beim Fahrradfahren nebenherlief oder bei uns auf der Wiese mit den anderen Hunden herumtollte. Da hat Fritz sich immer riesig gefreut. Er schrieb: »Gebt Aron einen Kuss von mir.«

In der Zeit, in der Aron hier war, war er der bravste Hund. Aber sobald Fritz ihn abholte, ließ er sich nicht mehr halten. Fritz fährt einen Audi mit 700 PS und wenn er mit dröhnendem Motor bei uns im Dorf einfuhr, fing Aron sofort an zu jaulen. Der wusste dann genau: Sein Herrchen ist auf dem Weg zu ihm! Das war unglaublich. Kaum war Fritz ausgestiegen, haben sich die beiden ausgiebig geknuddelt.

Das war wirklich eine sehr innige Liebe.

Ein Date mit Herrn Disney

Walt Disney zählt zu den legendärsten Tierfreunden der Geschichte. Mit Filmen wie »Bambi« oder »Dschungelbuch« sorgte er dafür, dass ganze Generationen die Tierwelt aus seinem von Liebe geprägtem Blickwinkel betrachteten. Alles fing auf einem Bauernhof im US-Bundesstaat Missouri an: Denn dorthin zog Disney als Fünfjähriger mit seinen Eltern. Und genau dort fertigte der spätere Erfinder von »Micky Maus« auch seine ersten Tierzeichnungen an.

Im Alter von 20 Jahren durfte ich 1962 im Disney-Film »Flucht der weißen Hengste« mitwirken – und bin dem großen Meister sogar selbst begegnet! Der Film handelt von den Lipizzanerhengsten der Spanischen Hofreitschule, die im Zweiten Weltkrieg evakuiert werden mussten, um sie vor den anrückenden sowjetischen Truppen zu retten. Gedreht wurde nicht in irgendwelchen Kulissen, sondern in der echten Hofreitschule in Wien. Dort hatte auch das Casting stattgefunden, bei dem ich Trab, Galopp und andere Bewegungen mit einem Pferd hatte vorführen müssen. Ich bestand den Test, durfte einen der Bereiter spielen und dafür auf den Rücken eines der berühmten Pferde der Hofreitschule steigen! 1969 wurde Prinzessin Anne, der Schwester der Königin von England, diese Ehre zuteil. Aber als Normalsterblicher hatte man normalerweise keine Chance. Umso mehr kostete ich diese Gelegenheit aus.

Also besuchte ich mein Pferd namens Wanda jeden Tag, und das sehr zum Argwohn des Stallmeisters. Er mochte es gar nicht, wenn Fremde seinen Stall betraten. Aber ich sollte mich ja mit meiner Kollegin auf vier Hufen anfreunden. Wanda zeigte mir die »Hohe Schule« der klassischen Reitkunst. Sie konnte nicht einfach nur traben oder galoppieren, sondern beherrschte auch Kunststücke wie »Piaffe« (eine Art Tänzeln auf der Stelle) oder »Levade«, eine Übung, bei der das Pferd sein Gewicht auf die gebeugten Hinterbeine verlagert und die vorderen in die Luft hebt. Die Lipizzanerhengste werden an der Spanischen Hofreitschule täglich trainiert und es dauert etwa sechs Jahre, bis sie ihre Ausbildung beendet haben. Diese Tiere sind sehr ehrgeizig und ausdauernd, dafür werden sie später, wenn sie bei Vorstellungen zeigen dürfen, was sie gelernt haben, auch mit tosendem Applaus belohnt.

Beim Dreh trug ich maßgeschneiderte Stulpenstiefel, dazu eine weiße Hirschlederne und einen braunen Gehrock. Ich war so stolz! Irgendwo hatte ich mal ein Foto von damals, das mich in voller Montur zeigt. Aber das finde ich nicht mehr, sehr schade. Walt Disney besuchte irgendwann höchstpersönlich das Set. Das ganze Team sang ein Lied für ihn aus dem Film. Er hörte lächelnd zu und wirkte überhaupt sehr entspannt. Auch für ihn war dieser Dreh wohl etwas ganz Besonderes, schließlich reiste er extra aus Kalifornien dafür an.

Während meiner Zeit in Wien lernte ich zwei Mädchen kennen. Sie waren große Fans der Spanischen Hofreitschule und luden mich auf ihren Reiterhof außerhalb der Stadt ein. Dort saß ich an meinen drehfreien Wochenenden im Sattel. Die beiden liehen mir eines ihrer Pferde. Einen Schönheitspreis hätte dieser Hengst nie bekommen. Denn er war ramsköpfig, hatte also einen nach außen gewölbten Kopf. Aber das machte mir gar nichts, denn seine hübschen Besitzerinnen waren alles andere als »ramsköpfig«.

Tierliebe verbindet. Steht mir ein Tierfreund gegenüber, weiß ich gleich, was für ein Schlag Mensch er prinzipiell ist. Allzu schlecht kann er zumindest nicht sein. Durch die ähnliche Gesinnung knüpft man schneller Kontakt und daraus ergeben sich oft richtig enge Bande. Nicht umsonst bin ich unter anderem mit einem Falkner, einer Hühnerbäuerin und Hundezüchtern befreundet. Wir verstehen uns intuitiv!

Tierliebe verbindet. Steht mir ein Tierfreund gegenüber, weiß ich gleich, was für ein Schlag Mensch er prinzipiell ist.

Verliebt im Paradies

SUSANNE KELLERMANN

Es ist ja nicht so, dass ich Hunde überhaupt nicht mag. Es gibt sogar einen, an den ich mich äußerst gern erinnere –einen Golden Retriever namens Kayla. Kayla und ich begegneten uns auf Hawaii. Ich war damals 21 und arbeitete mit einem Freund an dem Dokumentarfilm »Tinnitus – auf der Suche nach der verlorenen Stille«.

Zehn wunderbare Wochen durfte ich im Inselparadies verbringen. Und Kayla gehörte der Familie, bei der ich während dieser Zeit unterkam. Um weniger Miete für mein Zimmer im Haus zu zahlen, passte ich hin und wieder auf die drei Kinder auf oder ging stundenlang mit Kayla am nahegelegenen Strand spazieren. Sie und ich tollten gemeinsam in der Brandung herum – das waren Momente, die sich tief in mein Gedächtnis eingruben. Weil ich pure Lebensfreude dabei empfand! Wir hatten so viel Spaß miteinander. Immer wieder wurde Kayla von den Wellen überspült, aber es machte ihr überhaupt nichts aus. Im Gegenteil: Sie liebte das Wasser! Und ich liebte Kayla. Wir hatten eine tolle Beziehung und haben viel geschmust.

Wenn Kayla aus den Wellen kam, hat sie sich erst einmal ausgiebig im Sand gewälzt und sah dann natürlich aus wie ein paniertes Schnitzel. »So können wir jetzt aber nicht nach Hause zurück!«, mahnte ich und schickte sie noch einmal ins Meer zurück. Danach wiederholte sie ihr Sandbad. Letztendlich musste ich die klatschnasse Kayla vom Wasser aus bis zur Straße tragen, damit sie sauber blieb. Ich glaube ja, das ganze Schauspiel war nur ein Trick von ihr, denn in meinen Armen fühlte sie sich sichtlich wohl.

2009 flog ich mit Fritz nach Hawaii und wollte ihm unbedingt zeigen, wo ich damals gewohnt hatte. Ich mietete für uns ein Gartenstudio bei meiner alten Gastfamilie. Die erste Frage, die ich ihnen stellte, lautete: »Lebt Kayla noch?« Das war natürlich völlig absurd! Schließlich waren seit meinem letzten Besuch bei ihnen fast 20 Jahre vergangen. »Nein, schon lange nicht mehr«, lautete deshalb logischerweise die Antwort. Was hatte ich anderes erwartet?

Diese ausgesprochene Realität machte mich todtraurig. Denn jedes Mal, wenn ich mich in mein Inselparadies zurückgeträumt hatte, war Kayla ein Teil davon gewesen. Und nun saß ich ohne sie hier.

Ich hoffe, sie hat ein neues Paradies gefunden.
Eines, in dem das Meer bis in alle Ewigkeit rauscht.

Dreamteam mit acht Pfoten

ANDRÉ BÄUCH

Ich arbeite als Fahrer bei TV-Produktionen und nehme meine Terrier-Mischlingsdame Lika dabei so oft es geht mit. Viele Menschen aus der Branche kennen mich gar nicht ohne Hund, und ich habe sogar schon einmal einen Job abgesagt, weil Lika nicht hätte dabei sein dürfen. Ich habe sie vor elf Jahren während eines Urlaubs aus einer Tötungsstation in Portugal gerettet. Zwei Tage, bevor man sie eingeschläfert hätte, weil niemand sie haben wollte, entdeckte ich sie dort durch Zufall. Seitdem sind wir ein eingeschworenes Team. Lika war schon in zwei, drei Serien zu sehen, weil sie sich so oft an verschiedensten Drehsets aufhält.

2012 nahm ich den Auftrag an, Fritz für die Serie »Um Himmels Willen« von A nach B zu chauffieren. Damals ließ die Produktionsfirma verlauten, er habe seinen Hund dabei, daher wäre es nicht so passend, wenn auch meiner mit im Auto säße. Weil meine damalige Freundin Lika mit zur Arbeit nehmen konnte, willigte ich ein. Als ich Fritz das erste Mal abholte, saß ich also solo im Wagen, höchst ungewöhnlich für mich. Nach den darauffolgenden Fahrten wurde es langsam persönlicher zwischen uns beiden, und wir begannen, uns über unser Leben auszutauschen. Da erwähnte ich, dass ich ebenfalls Hundebesitzer bin. Das war gleich eine gute Basis und hat uns extrem verbunden. Ich fragte Fritz, ob ich Lika einmal mitbringen könne. »Ja selbstverständlich«, erklärte er sofort. »Aron liebt kleine Hunde, dann hat er gleich eine Kameradin am Set. Das ist doch toll!«

Zwischen Aron und Lika war es wie bei ihren Herrchen: Sie waren sich sofort sympathisch und beste Freunde, die ganzen neun

Jahre lang, die ich mit Fritz für »Um Himmels Willen« unterwegs war. Wenn Fritz in Landshut drehte, bin ich mit den Hunden zu einem Naturschutzgebiet in der Nähe gefahren. Gegenüber anderen Vierbeinern markierte meine kleine Lika in Begleitung des großen Aron dann plötzlich den Dicken. Weil sie wusste, dass sie Rückendeckung hatte.

Ich wiederum gab Fritz Rückendeckung. Auch wir wurden von Kollegen zu echten Freunden. Und als solcher nahm ich mir schrittweise auch mehr heraus. Während ich mich anfangs in puncto Hundeerziehung noch komplett herausgehalten habe, ließ ich im Laufe der Jahre Fritz gegenüber schon einmal verlauten, wenn ich etwas nicht richtig fand. Zum Beispiel beim gemeinsamen Eisessen, was ziemlich häufig vorkam. Denn Fritz liebt Eis genauso wie Hunde. Er überließ Aron immer die Hälfte seines Waffelhörnchens, selbst wenn Schokoladeneis darin war. Schokolade aber vertragen Hunde ja nun gar nicht. Da haben wir uns in die Haare gekriegt. Ich sagte: »Lass das, das tut ihm doch nicht gut!« Ich brachte Fritz sogar artgerechte Süßigkeiten extra für Hunde mit. Seine guten Vorsätze hielten höchstens einen Tag, dann sah ich wieder, wie er mit Aron etwas Leckeres teilte, das bei Vierbeinern zu Bauchschmerzen führen kann: frisches Brot, Bratwurst oder völlig überwürztes Zeug. Fritz war das relativ egal. Sein schlechtes Gewissen wäre noch größer gewesen, wenn er Aron nichts abgegeben hätte. Dieser Hund ging ihm über alles!

Manchmal passten meine Freundin Kathi und ich abends oder übers Wochenende auf Aron auf, wenn Fritz eine Verpflichtung hatte. War Aron allein bei uns, hat er super gehört, weil er wusste, dass ich es überhaupt nicht mag, wenn er sich danebenbenimmt. Er kam nie zum Betteln an den Esstisch, sondern hat nur aus respektvoller Entfernung herübergelinst. Sobald Fritz allerdings den Raum betrat, hat es ihn überhaupt nicht mehr interessiert, was ich sage. Weil er genau wusste, dass er bei Fritz Narrenfreiheit hatte.

Es war wahnsinnig traurig, als Fritz mich anrief und mir erzählte, dass Aron eingeschläfert worden war. Wir haben nur dieses eine Mal darüber gesprochen und dann nie wieder. Weil es Fritz zu sehr weh tut. Ich habe auch Lika in seiner Gegenwart nicht mehr erwähnt, denn ihr Name würde ihn unweigerlich an Aron erinnern. Auch zur Feier seines 80. Geburtstags brachte ich sie nicht mit. Das war eine ganz bewusste Entscheidung. Eine, die ein Hundeliebhaber für den anderen gefällt hat. Denn ich kann gut nachempfinden, wie es ihm geht.

*Zwischen Aron und Lika war es wie bei ihren Herrchen:
Sie waren sich sofort sympathisch.*

Der Kreis der Liebe

Um ein Tier großzuziehen, um es zu pflegen und es glücklich zu machen, muss man kein Experte sein. Was man braucht, ist Liebe. Das brachte uns, also meinem Bruder Elmar und mir, Mutti bei. Sie selbst war nicht mit Hunden aufgewachsen. Aber sie machte schon mit unserem ersten Hund, dem Cocker Spaniel Jimmy, intuitiv alles richtig. Sie war die perfekte Hundemutter! Ihr Geheimrezept: Mutti gab einfach ihre Liebe weiter – und sie trug viel davon im Herzen. Ihr Mann, unser Vater, galt seit Januar 1945 als vermisst. Er folgte seiner Einheit als Soldat nach Polen und kehrte nie wieder zurück. Daher lag Muttis ganzer Fokus auf Elmar, Jimmy und mir. Wir waren wie ein geschlossener Kreis, hielten fest zusammen.

Elmar und ich wurden mit Wärme und Fürsorge großgezogen. Mutti hat uns nie Steine in den Weg gelegt, sondern sie, wenn welche da waren, aus dem Weg geräumt. Wir wurden nicht durch Verbote gesteuert, sondern durch Freude an die Dinge herangeführt. Das war die Grundhaltung meiner Mutter. Und die machte nicht nur uns, sondern auch sie selbst glücklich.

Ich weiß noch, dass auf Muttis Nachttisch ein Foto stand, auf dem eine Arzneimittelflasche zu sehen war. Diese trug ein Etikett mit der Aufschrift: »Dreimal Liebe täglich!« Das war durch und durch wepperisch. Mutti gab uns ständig seelische Umarmungen. So viele, dass wir sie manchmal fast abwehren wollten. Aber Liebe schadet nicht, das lernten wir früh von ihr. Auch für Jimmy gab es ständig Streicheleinheiten. Und selbst Kommandos gab Mutti liebevoll und herzlich. Als Jimmy noch ein tapsiger Welpe war, markierte sie ihm den Weg zum Futternapf mit kleinen Häppchen. So machte sie ihm die Eingliederung in unseren Alltag schmackhaft.

Wir hatten keine festen Regeln, wer sich wann, wie und wo

um Jimmy zu kümmern hatte. Streicheln, bürsten, füttern, Gassigehen – wir taten es alle gern und wechselten uns ab. Morgens waren Elmar und ich gefragt: In unserem Wohnhaus in der Arnulfstraße befand sich ein Milchladen. Und während Mutti dort Milch holte, machten wir uns für die Schule fertig und versorgten Jimmy. Es war immer ein Erlebnis, wenn es ihm schmeckte!

Anfangs hatten wir nicht viel. In einer Wand unseres Zimmers klaffte ein riesiges Loch, das noch von einem Bombeneinschlag herrührte. Aber ich empfand diese Zeit damals trotzdem nie als Zeit des Mangels. Ganz im Gegenteil: Das, was wir miteinander hatten, war mehr als genug. Mehr, als man sich jemals wünschen konnte. Ich habe mich bei Mutti so zu Hause gefühlt, dass ich erst mit 23 ausgezogen bin, Elmar war sogar noch länger daheim.

»Wer Liebe sät, wird Liebe ernten«, heißt es so schön. Dass das nicht nur ein hohles Sprichwort ist, spürten wir jeden Tag im Familienverbund. Wie Mutti geben wir seitdem unsere Liebe weiter. An Menschen, an Tiere. So können immer wieder neue Verbindungen entstehen und gemeinsame Kreise sich im wechselseitigen Geben und Nehmen schließen.

»Dreimal Liebe täglich!«

Nicht ohne meinen Ero?!

Meine Hunde sind, wenn möglich, überall mit dabei. Nur in einer Situation hätte ich alles darum gegeben, wenn mein geliebter Ero nicht an meiner Seite gewesen wäre. Im September 1986 hatte ich einen schweren Autounfall, den wir beide nur mit großem Glück überlebten.

Ich kam abends von einer Reise zurück, sollte am nächsten Morgen wieder für »Derrick« drehen. Mein Zielflughafen war aber nicht München, sondern Frankfurt, weil dort ein Freund lebte, der in meiner Abwesenheit auf meinen Hund Ero aufgepasst hatte. Am Airport wartete schon mein Leihwagen, ein metallic-blauer Mercedes 300 E. Im Gegensatz zu den ansonsten von mir geliebten Sportwagen hatte er einen ausladenden Kofferraum. Ich holte Ero ab und nahm Kurs auf München.

Gegen Mitternacht war ich auf der Höhe von Nürnberg mit rund 200 Sachen unterwegs, als ich plötzlich in der Ferne erkannte, dass etwas die Fahrbahn versperrte. Ich stieg in die Eisen, aber es war zu spät. Ein Wagen hatte einen Unfall gehabt und stand quer auf der dreispurigen Autobahn. Ein anderer Autofahrer hatte versucht, dem Verunglückten zu helfen, aber dabei seinen Golf links neben dem Unfallwagen geparkt. Genau in diesen Golf rauschte ich geradewegs hinein. Er wurde 50 Meter nach vorn geschleudert, es knallte und mein Airbag öffnete sich. Tausend schreckliche Dinge passierten in einer Sekunde.

Mir ging dabei aber nur ein Gedanke durch den Kopf: Ich muss Ero retten! Mein Hund saß im Fußraum des Beifahrersitzes, doch als ich mich zu ihm hinunterbeugen wollte, sah ich im Rückspiegel zwei Scheinwerfer, die geradewegs auf mich zugeschossen kamen. Dieses Fahrzeug rammte mich mit 70 Stundenkilometern.

Meine Rettung war mein Kofferraum, der Mietwagen hörte nach diesem Auffahrunfall an der Heckscheibe auf. Der Notarzt sagte: »Herr Wepper, wenn Sie in einem anderen Fahrzeug unterwegs gewesen wären, hätten wir Sie wahrscheinlich tot hier herausgeholt.« Die Knautschzone hatte uns beiden das Leben gerettet.

Ich habe es noch heute in den Ohren: Im Moment des Aufpralls herrschte tosender Lärm. Metall krachte, Glas splitterte, Reifen quietschten auf dem Asphalt – und aus Eros Kehle kam ein elendiger Ton, der sich für mich anfühlte wie ein Stich mitten ins Herz. Doch als das Auto endlich stand, wurde alles um mich herum auch ganz still. Zu still. In der Dunkelheit der Nacht hörte ich nur den schnellen Schlag meines Herzens und beugte mich angstvoll zur rechten Seite. »Ero!«, rief ich. »Lebst du noch?« Ich hatte panische Angst, ihn für immer verloren zu haben.

Mein Hund lag reglos im Fußraum, doch langsam kam Bewegung in seine Glieder. Er drehte seinen Kopf zu mir und schaute mich matt an. »Na komm«, sagte ich, öffnete meine Arme und ließ ihn vorsichtig auf meinen Schoß krabbeln. Gemeinsam stiegen wir aus dem völlig zerbeulten Autowrack. Ich hielt Ero in meinen Armen wie ein verletztes Kind, doch Gott sei Dank schien bei ihm alles in Ordnung zu sein. Ich wollte ihn unbedingt ins Krankenhaus mitnehmen. Nicht ohne meinen Ero! Erst sagten die Sanitäter, das gehe nicht. Doch ich blieb hartnäckig und auf mein mehrfaches Bitten hin ging es dann doch. Ich umklammerte Ero auch dermaßen fest, dass es gar nicht möglich gewesen wäre, mich ohne ihn zu transportieren. Erst im Rettungswagen ließ ich los, damit ich mich auf die vorbereitete Trage legen konnte. Meine Hand ruhte auf Eros Kopf, der neben mir Wache hielt.

Am nächsten Tag kam ich um fünf Uhr in der Früh nach Hause und saß um acht Uhr in der »Derrick«-Maske. Der Drehort war nur 150 Meter von meinem Haus in Harlaching entfernt. Ein Pflaster zierte meine Stirn, darunter hatte man meine Wunde getackert. Rücken, Arme und Beine schmerzten. Aber: Ich hatte überlebt! Und darum drehte ich. Erst Jahre und Jahrzehnte später bekam ich die Spätfolgen des starken Aufpralls zu spüren. Ich hatte den Stoß mit Füßen und Armen aufgefangen, das war das Problem. Ich schrumpfte mit einem Schlag um vier Zentimeter, weil mein ganzer Körper zusammengestaucht worden war. Das zog schließlich Hüft- und Bandscheiben-OPs nach sich, sowie Einschränkungen beim Gehen.

Ero war nach unserem nächtlichen Unglück körperlich unversehrt. Aber seelisch stand er monatelang unter Schock, war extrem schreckhaft und verängstigt. Ich musste mit viel Liebe dagegen anarbeiten: Ich streichelte Ero noch öfter als gewöhnlich, war noch milder zu ihm, noch liebevoller. Ero war anschmiegsamer als je zuvor. Mit der Zeit verbesserte sich sein Zustand, und irgendwann war er wieder ganz der Alte. Liebe ist ein Medikament, für das man kein Rezept braucht. Sie kann nicht alle Wunden heilen, aber sie ist dasjenige Hausmittel, zu dem ich trotzdem immer greife. Und in diesem Fall funktionierte es auch.

Ich nehme meine Rolle als Oberhaupt meiner Familie sehr ernst. Ich möchte, dass es allen gut geht – den Menschen und den Tieren, die dazugehören. Um dieses Ziel zu erreichen, tue ich auch alles, was in meiner Macht steht. Ich kann nicht anders. Familie ist alles, was zählt. Und alles, was bleibt.

Liebe ist ein Medikament, für das man kein Rezept braucht.

Der Silvester-Knaller

SUSANNE KELLERMANN

Unsere Tochter Filippa kam am 30. Dezember 2011 auf die Welt. Ein großer Glückstag – und auch eine Art Neubeginn für mich: Seit Jahren hatte ich Silvester nicht mehr mit einem Partner verbracht. Ich stand immer allein zwischen Paaren, die sich um Mitternacht küssend um den Hals fielen. Daher war Silvester nicht gerade mein Lieblingstag.

Dieses Jahr würde das alles anders werden, freute ich mich. Denn am 31. Dezember würden Fritz und ich in dem Münchner Krankenhaus, in dem ich lag, den ersten vollen Lebenstag unseres Kindes als Familie ausklingen lassen. So lautete zumindest mein Plan.

Umso überraschter war ich, als Fritz schon vor Mitternacht Anstalten machte zu gehen. »Was hast du denn vor?«, fragte ich. »Na, ich fahre in die Wohnung«, sagte Fritz. »Ich muss dort sein, bevor das Feuerwerk losgeht, damit Aron nicht allein ist.«

Ja klar, Hunde haben Angst vor dem Lärm. Ich verstand prinzipiell schon, dass er da bei Aron sein wollte. Aber wirklich in diesem Moment? An diesem für uns drei so besonderen Tag?

Immerhin lag ich um Mitternacht nicht solo da, sondern hielt meine schlummernde Filippa fest im Arm. Und Fritz? Der berichtete mir nachher: »Ach, Aron hat geschlafen, als ich ankam. Der hat überhaupt nichts vom Feuerwerk mitgekriegt«.

Ein großer Glückstag ...

Wieso Angeln alles andere als ein Witz ist

Es gibt einen Witz, der das Hobby des Angelns perfekt umschreibt. Hier kommt er: Treffen sich zwei Angler am See. Zwei Stunden später schlafen dem einen die Zehen ein, er tritt von einem Bein aufs andere. Sein Mitangler wirft ihm einen bösen Blick zu und schimpft: »Angeln oder steppen wir?«

Zugegeben, Angeln ist kein Actionsport. Zumindest dann nicht, wenn man ganz entspannt seinen Köder ins Wasser baumeln lässt, um Friedfische zu fangen. Die heißen so, weil sie andere Fische in Frieden lassen. Sie ernähren sich ausschließlich von Insektenlarven, Schnecken und Würmern, statt wie Raubfische Artgenossen zu jagen. Zu dieser Gattung zählen zum Beispiel Karpfen, Brassen und Äschen.

Als Teenager sah ich Angler an der Isar und am Starnberger See stehen. Die Spannung, ob einer anbeißt und der Moment, in dem es so weit war – das wollte ich unbedingt auch erleben. Darum machte ich mit 14 Jahren meinen Jugendfischereischein, denn nur damit durfte ich offiziell meine Angel auswerfen. Dafür muss man wahnsinnig viel auswendig lernen und bei der Prüfung seitenweise Multiple-Choice-Fragen beantworten. Wir saßen alle in einem Raum. Einer aber stand nach nur 20 Minuten auf, als ich noch mittendrin feststeckte. Der Kerl hatte die Bögen so zügig ausgefüllt wie einen Lottoschein! Entweder er war ein Genie oder schon mal durchgefallen und dadurch in Übung. Auf jeden Fall schien er mehr zu wissen als ich.

Zwischen den Tischen liefen Kontrolleure hin und her, die genau beobachteten, ob jemand schummelte. Als das vermeintliche »Genie« an mir vorbeilief, zischte ich so leise und unauffällig wie möglich: »Frage 13 – B oder C?« Er schielte zu mir rüber und murmelte: »E!« Kurz nach der Prüfung wurde eine Liste mit den Namen all derjenigen aufgehängt, die nicht bestanden hatten. Der Rest konnte sich seinen Jugendfischereischein abholen. Später freute ich mich immer, den Namen »Wepper« auf Plakaten oder in Programmheften zu lesen, doch dass er dieses Mal NICHT aufgeführt war, machte mich glücklich!

Stolz wie Oskar fuhr ich mit der Bahn zum Starnberger See, um meinen ersten Fang zu machen. Ich hatte Kartoffeln und Käse in kleine Würfel geschnitten, denn das sind ausgezeichnete Köder für Friedfische. Doch trotz dieser köstlichen Lockmittel wollte einfach kein Fisch anbeißen. Voller Frust aß ich nach einigen Stunden den Rest der Käsewürfel selbst auf.

Seit 1972 habe ich mich dem Fliegenfischen verschrieben, manche nennen es auch die Königin aller Angeltechniken. Denn dafür braucht man unermüdliche Ausdauer, Kraft und Präzision. Beim normalen Angeln benutzt man einen Köder, der ein bestimmtes Gewicht hat, und hängt ihn an einer relativ beliebigen Stelle ins Wasser. Beim Fliegenfischen ist der Köder federleicht und das Gewicht liegt in der Schnur. Diese ist dicker und schwerer als andere Sorten. Durch Vor- und Zurückwerfen hält man die künstliche Fliege in der Luft, wofür man eine besondere Technik braucht. Die Fliege muss genau an der Stelle landen, wo sich im Wasser Ringe bilden – denn dort sitzen die Fische. Wir Fliegenfischer angeln nicht auf Verdacht, sondern gezielt, wie Jäger.

Ich stehe Ewigkeiten mit einer wasserdichten Wathose, die bis unter meine Achseln reicht, im Wasser und warte auf den perfekten Moment. Dabei muss ich ständig die Wasseroberfläche beobachten und im Ernstfall schnell reagieren. Sobald die Fliege das Wasser berührt, ziehe ich die Schnur an, um den Verfolgungsreflex der Beute auszulösen. Dann muss ich hoffen, dass der Fisch anbeißt und dafür sorgen, dass er am Haken bleibt, indem ich die Schnur ständig unter Spannung halte. Sonst entwischt er wieder. Dieser Vorgang ist so kompliziert, dass ich alles um mich herum vergesse. Die ideale Beschäftigung, um abzuschalten.

Etwas Besonderes war die Jagd auf Stahlkopfforellen in der Wildnis Kanadas. Die »Steelheads« sind unglaublich hartgesotten, was mir imponiert. Sie sind Kämpfer wie ich. Steelheads zählen zur Familie der Salmoniden und wandern wie Lachse flussaufwärts zum Laichen. Wir beobachteten vor Ort, wie sie sich sogar Wasserfälle hinaufarbeiteten, um zu den allerbesten Laichplätzen zu gelangen.

Steelheads gelten als wahre Akrobaten unter Wasser und haben einige Tricks auf Lager, um Fliegenfischern zu entkommen. Man kann sie nicht mit Futter ködern, sondern muss sie fordern, zum Beispiel mit einem kleinen Propellerköder, den man an die Angel hängt. Damit spielen die Steelheads dann und schnappen irgendwann zu. Wenn man es schafft, nach stundenlangem Taktieren, Auswerfen und Kurbeln einen der bis zu fünf Kilogramm schweren Fische aus dem Wasser zu holen, ist das schon ein herausragendes Ereignis. Ich ließ es mir nicht nehmen, die Stahlkopfforellen, die wir fingen – am Tag durfte es pro Person nur eine sein – höchstpersönlich zuzubereiten. Und das geht so: Die Fische werden ausgenommen, dann kommt Petersilie in ihren Bauch, dazu vier bis fünf Zitronenscheiben und dicke Butterflocken. Das Ganze in Alufolie wickeln und auf einem Gitter über dem Feuer garen. Köstlich!

Für ein Top-Angelerlebnis muss ich mich allerdings nicht in den Flieger nach Kanada setzen. Mein Bruder Elmar und ich haben seit über 30 Jahren ein Fischereirecht an der Traun östlich des Chiemsees. Die Traun müsste eigentlich Traum heißen. Denn dort steht kein Haus weit und breit und der Wald am Ufer ist dicht wie in Kanada. Elmar und ich kamen uns im Leben nie in die Quere und tun es auch beim Fliegenfischen nicht. Elmar ist Linkshänder, ich Rechtshänder. Wir müssen gut 20 Meter auseinanderstehen, damit sich unsere Schnüre bei Wind nicht verheddern.

Eine Regel gibt es: Wir entnehmen jeder nur einen Fisch, der kommt am Ende in einen tragbaren roten Räucherofen aus Schweden, den ich immer mithabe. Nach 15 Minuten nehmen wir den Deckel ab und dann wabert uns ein traumhafter Duft entgegen. Wir stoßen mit einem guten Wein an und es wird nicht viel geredet.

Unser »Dialog« geht ungefähr so: Mmmh ... aaah ... mmmh ... aaaah ... Prost!

1999 haben Elmar und ich zusammen mit einigen anderen die »Royal Fishing Kinderhilfe« gegründet, den Vorsitz des Vereins übernahm die Hamburger Verlegerin Alexandra Jahr. Wir organisieren Angelsafaris, Fischerei-Lehrgänge oder Feriencamps. Einmal haben wir 600 Kinder auf 19 Fischtrawler verteilt, in der Ostsee ging es dann auf Dorschfang. Ich sorgte dafür, dass nachher jedes Kind einen Pokal bekam. Ich habe selbst zahlreiche zu Hause stehen und weiß, dass die nicht nur eine schöne Erinnerung an einen Erfolg sind, sondern auch ein Ansporn für die Zukunft.

Wir möchten sozial benachteiligten Kindern und Jugendlichen eine sinnvolle und spannende Freizeitbeschäftigung ermöglichen. Und was wäre sinnvoller als Angeln? Die jungen Angler erfahren mit der Rute in der Hand, wie wichtig es ist, das eigene Ziel nicht aus den Augen zu lassen. Und nebenbei lernen sie einen respektvollen Umgang mit der Natur und ihren Ressourcen.

Ich habe ein Ritual: Den ersten Fisch, den ich in einer Saison fange, entlasse ich wieder in die Freiheit. Zuvor mache ich meine Hand nass. Denn die Schleimhaut eines Fisches nimmt Schaden, wenn man sie mit trockener Hand berührt. Dann können sich Parasiten einnisten und das wiederum könnte das Tier sein Leben kosten. Ich werfe den Fisch auch nicht einfach zurück ins Wasser, sondern setze ihn behutsam wieder hinein. Es geht mir dabei nicht darum, Herr über Leben und Tod zu spielen. Ich möchte dem Fisch Respekt zollen. Deshalb hole ich auch nicht möglichst viele aus dem Fluss, sondern immer nur bedarfsgerechte Mengen. Einmal passierte es mir aus Versehen doch, dass ich einen Fisch mit trockener Hand packte. Er flutschte mir aus den Fingern und ich schwöre, in dem Moment hat er mich noch ein letztes Mal traurig angesehen. Aber es war zu spät, er war schon wieder im Wasser untergetaucht. Danach habe ich bestimmt drei, vier Wochen alle Fische zurückgesetzt, die bei mir angebissen haben. Erst danach fing ich an, sie wieder mit gutem Gewissen zu verzehren. Wir sollten die Natur und ihre Schätze nicht als gegeben hinnehmen.

*Wenn ein Tier sein Leben für uns lässt,
ist das ein Geschenk von unschätzbarem Wert.
Und als solches muss man es auch behandeln.*

Liesl Karlstadt machte es vor ...

Nachdem ich als Teenager meine ersten Theatererfahrungen gesammelt hatte, durfte ich auch Kinderfunk machen. Meine Sendungen beim Bayerischen Rundfunk hießen »Trudl und Schorschi« und »Die Ahornstraße«. Dabei lernte ich die legendäre Liesl Karlstadt kennen, die manche als »ersten weiblichen Medienstar Bayerns« bezeichnen. An der Seite des Komikers Karl Valentin wurde sie berühmt und schließlich zur Ikone der bayerischen Unterhaltungsgeschichte.

Was mir aber damals, so Mitte der 1950er-Jahre, besonders an ihr gefiel: Sie brachte ihren Hund mit zur Arbeit. Ihr Bühnen- und lange auch Lebenspartner Karl Valentin, der 1948 gestorben war, hatte einen Foxterrier namens »Bobsi« besessen, um den die beiden sich gemeinsam kümmerten. Bobsi erlangte große Berühmtheit, als er laut bellend Valentins Aufnahme von »Das Lied am Sonntag« störte (wer diese nicht zu Hause hat, kann sich online die reizende Gesangseinlage anhören).

Ins Studio des Bayerischen Rundfunks kam Liesl Karlstadt, wenn ich mich recht erinnere, allerdings mit einem Dackel. Den band sie am Stuhlbein fest und im Gegensatz zu Bobsi schwieg er, sobald die Aufnahme lief.

Daran muss ich oft zurückdenken, weil ich Aron ja auch mit an den Drehort nahm, wann immer es möglich war. Liesl Karlstadt war mein großes Vorbild, ganz ohne Witz: Sie demonstrierte schon damals, dass viele Mauern nur in Köpfen existieren. Als Hundebesitzer muss man sich nicht so sehr einschränken, wie manche es gern hätten. Man sollte ruhig mal alte Denkmuster aufweichen und – solange man damit niemandem schadet – nach seinen eigenen Regeln leben.

»Das geht doch nicht!« Wie oft habe ich diesen Satz schon gehört. Und ihn höchstpersönlich widerlegt.

Reisen mit Hund, Skifahren mit Hund, Arbeiten mit Hund: Das alles habe ich gemacht und es funktionierte ganz wunderbar. Liesl sei Dank.

Liebenswerter Lümmel

JANINA HARTWIG

Aron war ein echter Lümmel, ein bisschen frech, aber voller Leben. Genau wie Fritz! Aron hat mein Herz berührt. Ein wuscheliger, kuschliger graubrauner Deutsch Drahthaar mit einer guten Seele. Mir erschien er gar nicht wie ein Hund, sondern eher wie ein Kind. Und er tat uns gut: Denn während des Drehs ist man am Set recht abgeschottet vom Rest der Welt. Aron aber brachte das echte Leben in unsere »Blase«. Fritz nahm Aron regelmäßig mit zum Dreh von »Um Himmels Willen«. Die beiden waren schier unzertrennlich.

Für uns Schauspieler gab es einen mobilen Masken- und Garderobentrailer, ziemlich beengt. In der einen Hälfte kümmerten sich zwei Garderobieren um die Kostüme, in der anderen arbeiteten die beiden Maskenbildnerinnen. Aron kümmerte das herzlich wenig, er sprang mitten in diese Enge hinein. Es kam vor, dass die Maskenbildnerin mir gerade sehr vorsichtig die Augen schminkte, schließlich dürfen Pinsel und Eyeliner nicht direkt im Auge landen, da kam Aron vorbei, scharwenzelte um sie herum und wollte partout nicht »Sitz« machen. So konnte die Maskenbildnerin nicht in Ruhe arbeiten und navigierte ihn schließlich zurück in die Garderobe nebenan. Aber auch da war kein Platz, weil Fritz sich gerade umziehen musste. Also wurde Aron wieder zurückgeschickt.

Manchmal passierte es auch, dass Aron in dem engen Mobil leise vor sich hin pupste. Alle schrien: »Nein Aron, bitte nicht!« und rissen verzweifelt Fenster und Türen auf. Natürlich gab es Situationen, die man vielleicht im selben Moment nicht so toll fand. Aber so ist das eben, wenn man einen Hund hat. Textproben mussten schon einmal unterbrochen werden, weil der Hund am Set auf

Entdeckungstour ging und Fritz ihn suchen musste. Zudem gab es in dem Kloster, wo wir drehten, Hühner. Und man musste höllisch aufpassen, dass Aron nicht mit einem davon im Maul zurückkam.

Nur wenn die Kamera lief, durfte Aron nicht dabei sein. Ein Tier ist ein Tier. Befehle wie »Ruhe bitte, wir drehen!«, versteht es nicht. André, der Fahrer von Fritz, hat sich dann um ihn gekümmert oder er kam in Fritz' Wohnmobil. Das war ihm dann oft zu langweilig und er jaulte. Aber irgendwer hat sich immer gefunden, der sich mit Aron beschäftigte. Wir haben alle aufeinander geachtet und uns gegenseitig geholfen. Es ist schon merkwürdig: Seit meiner Kindheit habe ich Angst vor Hunden. Nicht bei Aron, kein bisschen.

Irgendwie gehörte er immer mit dazu, das echte Leben eben. Im Nachhinein betrachtet, fehlt er mir sehr.

Wie ich als Cowboy durch Kanada und Nordamerika ritt

Als kleiner Junge spielte ich an der Seite meines Bruders Elmar Cowboy. Den Western »Vera Cruz« mit Gary Cooper und Burt Lancaster in den Hauptrollen sah ich ganze 37-mal, weil Cowboys mich so faszinierten. In den 1970er-Jahren, als ich Nordamerika und Kanada für mich entdeckte, konnte ich endlich wirklich einer sein! Mit Stetson, Boots und dicker Gürtelschnalle.

Relevant war für mich aber nicht das Outfit, sondern das Gefühl, auf dem Rücken eines Pferdes eins zu werden mit der Natur. Wenn ich durch die Steppe ritt und meine Augen durch die endlose Weite wanderten, war ich so weit weg vom roten Teppich, wie es überhaupt nur ging. Aber auch von allen anderen Dingen, die man im Alltag sonst für essenziell hält, die es aber nicht sind, wenn man einmal ganz ehrlich zu sich selbst ist. Beim Schlafen unter freiem Himmel wurde mein Kopf wieder so richtig frei. Das ging nur da und nur so.

Bevor ich meine erste Reise nach Kanada plante, las ich in einem Werbeprospekt über British Columbia, der westlichsten Provinz des Landes: »Die Wildnis zu entdecken, heißt, sich selbst zu entdecken.« Das gefiel mir, und es ist bis heute ein Satz, den ich zweihundertprozentig unterschreiben kann. Ich würde jedem empfehlen, der die Möglichkeit hat, einmal in die Wälder von British Columbia abzutauchen. Als Stadtmensch verliert man mit den Jahren seine Instinkte. Aber dort, im Schatten uralter Kiefern, Tannen oder Fichten, in der Heimat von Elchen, Wapiti-Hirschen und Karibus, erwachen die Sinne zu neuem Leben: Du riechst, hörst, siehst und fühlst wieder mehr. Selbst der Rücken wird zur Radarfläche, alle körpereigenen Sensoren sind aktiviert.

Das muss man nicht trainieren, das haben wir in uns! Es wird uns im Alltag nur nicht abverlangt, dadurch verkümmert unser Wahrnehmungsvermögen. Doch die starken Empfindungen in der Natur verleihen uns einen körperlichen und seelischen Schub. Das ist das große und eigentliche Ereignis auf einer solchen Reise. Wenn man das einmal erfahren hat, will man es immer wieder erleben, so ging es mir zumindest. Derart intensive Emotionen hatte ich vorher weder beim Heli-Skiing noch auf der Rennstrecke kennengelernt. Unterwegs zu sein im wilden Kanada, war das Höchstmaß an Erlebnis. Dort verbrachte ich meine spannendsten Urlaube.

Waren nur wir Männer unterwegs, schliefen wir über Wochen hinweg in Zelten und standen mit Anglerhut und -weste stundenlang bis zu den Oberschenkeln in eiskalten Gebirgsbächen. Wir brauchten nicht mehr. Ein typischer Tag sah so aus: früh aufstehen, gemeinsames Frühstück, fischen, fischen, fischen. Zwischendurch ein Bierchen aus unserem Depot im Fluss und ein Nickerchen im Schatten. Abends dann gegrillten Fisch am Lagerfeuer, von mir zubereitet. Diesen Outdoor-Luxus zog ich jedem Fünfsternehotel vor.

Mein Bruder Elmar und ich stiegen auch gern in der »Chilko Lake Lodge« ab. Diese Unterkunft in British Columbia, die es heute noch gibt, bestand damals noch aus recht einfachen Holzhäusern. Die standen am Ufer des 80 Kilometer langen Chilko Lake, in dem sich Berggipfel spiegeln, die bis in die Gletscherregion reichen. Von dort aus unternahm ich einmal einen Elfstundenritt. Ich war ja ein geübter Reiter, aber so lang am Stück hatte ich vorher auch noch nicht im Sattel gesessen. Ich versuchte, so entspannt wie möglich zu bleiben, aber das war nach einer Weile angesichts meiner Schmerzen im Hintern und im Kreuz unmöglich. Ich wusste nicht mehr, wie ich sitzen sollte. Mal nahm ich die Füße aus den Steigbügeln und kreuzte sie abwechselnd über dem Sattel, mal ging ich ein Stück zu Fuß. Die Pferde tränkten wir aus unseren Cowboyhüten.

Als wir am Ziel ankamen, glitt ich kraftlos aus dem Sattel. Ich habe gerade noch ein Bier getrunken, ein «Old Heidelberg», und bin dann am Lagerfeuer sofort eingeschlafen. Die anderen haben mich zugedeckt, und ich wachte am nächsten Morgen an genau derselben Stelle wieder auf. Ziemlich gerädert, aber mit einer tollen neuen Erfahrung im Kopf.

Doch auch die USA standen Kanada an unvergesslichen Erlebnissen in nichts nach. Einen besonderen Moment erlebte ich 1990 am Canyon de Chelly, den man ganz anders ausspricht, als man ihn schreibt, nämlich »de schäi«. Der Canyon de Chelly liegt einige Autostunden östlich vom Grand Canyon und ist eine etwa 40 Kilometer lange Schlucht mit irren Formationen aus rotem Sandstein. Ich stand auf einer Anhöhe: Vor meinen Füßen fiel die Felswand geschätzt 50 Meter steil ab. Unten im Canyon säumten lindgrüne Sträucher einen schmalen Flusslauf, drumherum waren nur Schotter und Staub. Von dort oben konnte ich beobachten, wie eine ganze Herde von Pferden angaloppiert kam. Ich dachte, es handele sich um Wildpferde und beobachtete das Schauspiel eine ganze Weile. In der Staubwolke, die die Pferde aufgewirbelt hatten, zeichnete sich schließlich in der Ferne die Silhouette eines Reiters ab. Als er näherkam, konnte ich ausmachen, dass seine langen schwarzen Haare über seine Schultern wehten. Die vermeintlichen Wildpferde waren gar keine. Sie ließen sich bei ihrem Besitzer, einem Native, für Ausritte mieten, wie ich herausfand. Und das brachte mich auf eine Idee: Ich war gerade 49 geworden. Was wäre, wenn ich meinen 50. Geburtstag mit Familie und Freunden im Canyon de Chelly feiern würde? Diejenigen, die nicht selbst aufs Pferd steigen wollten, könnten sich in einen Planwagen setzen.

Genauso machte ich es und organisierte alles für meine 20 Gäste. An meinem Ehrentag hatte man mir zunächst eine träge Mähre zugedacht. Ich fragte, ob es kein flotteres Pferd gäbe, und man brachte mir ein anderes. Sobald dieser Wallach gesattelt war, wollte er los. Wir ritten zu mehreren in einem ausgetrockneten Flussbett und ich startete im gestreckten Galopp. Damit mir nicht der Cowboyhut vom Kopf flog, hielt ich ihn mit einer Hand gut fest. Plötzlich kam von rechts hinten meine kleine Tochter Sophie angeritten und schrie strahlend: »Hey Papi, ist das nicht toll?« Mit zehn Jahren, die kleine Maus! Das war mein bestes Geburtstagsgeschenk. Diese Szene zeigt, wie nah und ähnlich Sophie und ich uns sind.

Wenn ich heute auf mein Leben zurückblicke, fallen mir viele großartige Erfahrungen ein, aber nur wenige davon spielen in irgendeiner Stadt. Auf der Maximilianstraße passiert dir sowas nicht. Richtige Abenteuer, die habe ich nur in der Natur mit Tieren erlebt. Schließe ich die Augen, sehe ich alles noch ganz genau vor mir. Ich rieche die harzige Waldluft, sehe, wie 200 Meter entfernt von uns ein Grizzlybär im See badet und schmecke den selbst gefangenen Fisch, den wir am Lagerfeuer aßen. Diese Momente haben mich so beeindruckt, dass sie auch jetzt noch ganz präsent sind. Ich muss im Geiste nur auf »Play« drücken.

Die Wildnis zu entdecken, heißt, sich selbst zu entdecken.

Vorsicht! Der Schnitzeldieb geht um!

Ich koche gern. Ich lasse mich gern bekochen. Ich bin ein Genießer. Und was das angeht, standen mir meine Hunde in nichts nach. Sie waren fellige Feinschmecker. Bisweilen allerdings kamen wir uns bei der Nahrungssuche in die Quere – so wie an einem verhängnisvollen Sonntag in den 1980er-Jahren. Da kochte ich, aber leider nur vor Wut!

Ich hatte ein Festmahl geplant, wollte für die ganze Familie Wiener Schnitzel zubereiten. Dafür hatte ich beim Metzger besonders feines Kalbfleisch bestellt. Sechs riesige Stücke aus der Keule, extradünn und bereits sanft geklopft. Schon beim Gedanken an den ersten Bissen packte mich die Fleischeslust! Ich kam also vom Metzger und platzierte die Tüte mit dem Kalbfleisch darin auf dem Küchentresen. Hängte noch kurz meine Jacke an die Garderobe und wollte anschließend mit dem Kochen beginnen. Doch als ich die Küche wieder betrat, war die Schnitzeltüte verschwunden! »Hat jemand mein Fleisch gesehen?« Fragend ging ich durchs ganze Haus, doch meine Familie zuckte nur unschuldig mit den Achseln. »Das kann doch nicht sein! Wo sind meine Schnitzel?«, fragte ich schon merklich wütender. In dem Moment war mit mir gar nicht gut Kirschen essen.

Ich suchte überall und hörte plötzlich auf der Terrasse ein verdächtiges Knistern. Ich fand Ero, zwischen meiner Plastiktüte und Bergen von Einschlagpapier. Vom Fleisch keine Spur mehr! Dafür schmatzte Ero hochzufrieden. Während er sechs Schnitzel in Rekordzeit verspeist hatte, blieb uns nur noch der Kartoffelsalat, den ich in den Kühlschrank gestellt hatte. Mir war allerdings der Appetit gründlich vergangen. Meine Tochter Valerie und Stephanie malten daraufhin ein Schild, das sie an die Küchentür hängten. Auf dem stand: »Vorsicht, der Schnitzeldieb geht um!« Leider konnte Ero ja nicht lesen.

Aron wiederum hat mir immer die Weihnachtsplätzchen geklaut – und das tütenweise! Ich dachte: Was guckt der mich jetzt so verdächtig an? Und schon wieder entdeckte ich eine leere Tüte auf dem Küchenfußboden. Sein Blick strotzte nur so vor schlechtem Gewissen. Da konnte ich ihm wirklich nicht lange böse sein.

Ansonsten habe ich Aron kulinarisch allerdings erst einmal umerziehen müssen. Er hatte in Schleswig-Holstein auf dem flachen Land das Licht der Welt erblickt. Ich brachte ihm also die bayerische Küche näher, dazu gehören selbstverständlich Brezn und Weißwürschtel. Wenn ich Letztere bei mir zu Hause servierte, bestellte ich immer ein paar für Aron mit. Ich hatte aus der Geschichte mit Ero dazugelernt. Ich »zuzel« ja, das heißt, ich sauge die Weißwurst aus der Haut heraus, wie es in Bayern üblich ist. War ich irgendwo außer Haus zum »Zuzeln«, brachte ich Aron die übrig gebliebenen Wurstpellen mit. Mit einem einzigen Schnapper waren sie weg. Und ich hatte wieder ein paar Pluspunkte gesammelt! Liebe geht eben auch durch den Hundemagen. Für meine Vierbeiner gab es nur das Beste: Häufig besorgte ich Kopffleisch vom Rind, das ich wie Gulasch schnitt und portionsweise zubereitete. Das haben alle meine Hunde wahnsinnig gern gegessen. Gleichzeitig handelt es sich um einen Snack mit Benefit: Kopffleisch ist hochwertig und eiweißreich, sorgt für einen gesunden Knochenbau und glänzendes Fell.

Weihnachten war natürlich der kulinarische Höhepunkt des Jahres. Dieses Fest zelebrierten wir im Hause Wepper immer auf besondere Art: Am Heiligen Abend trugen meine Hunde eine schwarze Smoking-Schleife und ich beschenkte sie mit bestem Steakfleisch. Eine wahrlich gesegnete Mahlzeit!

Alles in allem lernte ich: Bei fleißigen Mit-Essern wie meinen sollte man besonders auf die Ernährung achten – und im Zweifelsfall alles doppelt kaufen.

*Während er sechs Schnitzel in Rekordzeit verspeist hatte,
blieb uns nur noch der Kartoffelsalat.*

Wann ich vor Wut kochte

SUSANNE KELLERMANN

Das größte Konfliktpotenzial hatten bei uns die gemeinsamen Mahlzeiten. Ich koche sehr gern für Fritz, Filippa und mich. Aber der Spaß daran ist mir in Arons Anwesenheit oft vergangen. Mehrfach passierte es, dass er sich richtig teure Steaks aus der Küche mopste oder zumindest gierig an ihnen schleckte, wenn sie auf der Arbeitsfläche zum Anbraten bereitlagen. Mich hat das zur Weißglut getrieben, es war schlichtweg unhygienisch. Ich fand nicht, dass Aron unbedingt dabei sein musste, wenn ich im Haus von Fritz das Essen zubereitete. Doch er meinte nur: »Aron wohnt hier, der darf überall hin!«

Wir aßen meist zusammen in der Küche, da ist es am gemütlichsten. Kaum füllte ich die Teller und bat Filippa, sich hinzusetzen, machte Fritz für Aron eine Dose mit Hundefutter auf. Der Geruch war furchtbar! Aber Fritz ließ sich nicht davon abbringen. Er betonte: »Aron soll mit uns essen!« Hatte Aron seinen Napf leer geschleckt, wartete er gierig darauf, ob auf einem unserer Teller noch leckere Reste für ihn übrig bleiben würden. Hechelnd stand er neben uns und verfolgte gebannt jeden Bissen, den wir mit der Gabel zum Mund führten – auch das empfand ich als höchst unangenehm. Aber Fritz wiegelte ab: »Er schaut doch nur. Lass ihn doch!«

Um für mich unerträglichen Szenen wie diesen ein Ende zu setzen, schlug ich Fritz vor, er könne ja Aron schon füttern, bevor wir kämen. So wären das Gestank- und das Bettel-Problem auf einen Schlag gelöst gewesen. Aber das kam für ihn nicht infrage. Auch meine Idee, Aron könne ja eine Viertelstunde im Schlafzimmer warten, damit wir ungestört essen könnten, lehnte Fritz rigoros ab. In diesem Punkt verweigerte er einfach jegliche Diskussion.

»Die Vernunft beginnt bereits in der Küche«, schrieb Friedrich Nietzsche einmal. Diesen Satz würde es sicher nicht geben, wenn er mit Aron und uns in der Küche gesessen hätte.

Hundeleben mit fünf Sternen (und Privatjet)

Liza Minnelli und ich lernten uns 1972 beim Dreh von »Cabaret« kennen, dem legendären Film-Musical, das mit acht Oscars geehrt wurde. Das war der Auftakt einer wunderbaren, lebenslangen Freundschaft. Dass Liza wie ich eine Hundefreundin ist, stellte ich erst viel später fest. Denn sie hatte bei »Cabaret« ihre Hunde nicht dabei, genauso wenig wie ich unseren Cocker Spaniel Benny. Der blieb zu Hause bei Mutti. Und so hatten Liza und ich beim Dreh ganz andere Themen, über die wir uns näherkamen. Wir besitzen den gleichen Humor, das hat uns auf jeden Fall gleich verbunden.

An einer Szene, die im Film vielleicht fünf Minuten dauert, haben wir drei Tage lang gedreht. Es handelte sich um eine einfache Unterhaltung, wir sitzen darin zu viert um einen Tisch: Liza, Michael York, Marisa Berenson und ich. Als Gigolo Fritz Wendel trug ich einen handgeknüpften schmalen Schnurrbart. Marisa Berenson musste vor laufender Kamera ein dürftiges Witzlein machen und ich sollte übertrieben reagieren. »Most amusing!«, rief ich laut Drehbuch aus. Wann immer es danach etwas zu lachen gab, platzierte Liza ihren rechten Zeigefinger waagerecht zwischen Mund und Nase und flötete: »Most amusing!«

In den Jahren danach trafen wir uns immer, wenn sie nach Deutschland kam oder in erreichbarer Nähe ein Konzert gab. Im April 1989 fand in München ein Ereignis statt, das die Presse als »Jahrhundertkonzert« feierte – was es definitiv auch war. Liza trat zusammen mit Frank Sinatra und Sammy Davis jr. im Rahmen ihrer »The Ultimate Event«-Welttournee in der Olympiahalle auf die Bühne. Bevor das Konzert begann, spazierte ich durch die unterirdischen Gänge der Anlage zu Lizas Garderobe, als mir Frank

Sinatra höchstpersönlich entgegenkam – mit Lizas kleinem Scottish Terrier an der Leine. Hinter Sinatra ging eine Tür auf und Liza schaute heraus. Sie strahlte mich an und sagte: »Uncle Frank, darf ich dir einen lieben Freund vorstellen?« Plötzlich tauchte auch noch Sammy Davis jr. auf, mit einer extralangen Zigarette zwischen den Lippen. Als Liza ihm erzählte, wer ich war, nahm er sie aus dem Mund und umarmte mich herzlich. Ganz nach dem Motto: »A friend of a friend is a friend.«

Erst da merkte ich, dass Liza anscheinend noch verrückter nach Hunden war als ich. Ihr Vierbeiner Ocho, ein Streuner aus Puerto Rico, durfte sogar mit aufs Foto für ihre Autogrammkarten! Mit schwungvoller Handschrift unterschrieb Liza gleich für ihn mit. »In Liebe, Ocho«, war unter dem Bild zu lesen. Wegen ihres Scottish Terriers Lilly hatte es auf der Tournee 1989 allerdings richtig Ärger gegeben: Liza hatte Lilly auf eine Autofähre nach Schweden geschmuggelt. Eigentlich hätte der Hund nach hiesiger Gesetzeslage vier Monate in Quarantäne verbringen müssen, das wollte Liza natürlich umgehen. Die Zollbeamten bemerkten nicht, dass Liza ein Tier im Auto versteckt hatte – leider aber die Hotelangestellten in Stockholm, die das Kläffen in ihrer Suite vernahmen.

Zwei Zollbeamte wurden in das Fünfsternehotel geschickt mit der Aufgabe, Lizas Hund in Gewahrsam zu nehmen. Sie aber wehrte sich lautstark und drohte, das abendliche Konzert platzen zu lassen, wenn man ihr den Hund wegnähme. Die Beamten gaben nach, verbrachten aber die Nacht vor der Hotelsuite, um sicherzustellen, dass die kleine Lilly das Hotel nicht verließ. Für die nächsten Tage waren mehrere Konzerte in Skandinavien angesetzt, daher ließ Liza ihre geliebte Lilly in Begleitung eines Bodyguards im Privatjet nach Paris ausfliegen. Dort wartete Lilly in einer eigenen Suite auf ihr Frauchen. Ein Hundeleben, das neidisch macht!

»A friend of a friend is a friend.«

Die fünf Säulen einer glücklichen Hund-Mensch-Beziehung

Über das Thema Hundeerziehung wurden und werden endlos viele Ratgeber verfasst. Entsprechend groß ist das Angebot für Lernwillige: Man kann Bootcamps und Seminare buchen, sich DVDs zu diesem Thema ansehen – oder Fernsehserien, in denen Profis zwischen Hund und Herrchen vermitteln, wenn es zwischen den beiden knirscht. Ich selbst habe vor vielen Jahren einen Hundeführerlehrgang absolviert, um meine Jagdhunde ausbilden zu können und um mehr über ihre Psyche zu lernen. Auch Züchter, mit denen ich Kontakt hatte, teilten ihr wertvolles Wissen mit mir.

Letztendlich haben sich für mich aus dem Gelernten und den Erfahrungen, die ich im Umgang mit meinen eigenen Vierbeinern machte, fünf tragende Säulen herauskristallisiert, auf denen mein persönliches Konzept der Hundeerziehung basiert. Und das hat bisher immer beide Seiten glücklich gemacht. Eine Win-Win-Situation, sozusagen. Hier kommen fünf Schlagwörter – wenn man diese im Hinterkopf behält, kann aus meiner Sicht kaum etwas schiefgehen.

Die erste Säule: Verantwortung

Ein Hund ist kein Spielzeug, das man weggibt, wenn man keinen Spaß mehr an ihm hat. Diese Tiere haben für mich einen ähnlich hohen Stellenwert wie meine Kinder. Beide brauchen intensive Betreuung, um kräftig und zufrieden heranzuwachsen. Bei den Hunden dauert es immerhin nicht so lange wie bei Menschen, die meisten Exemplare sind innerhalb eines Jahres ausgewachsen. Doch die Verantwortung geht danach ja weiter. Man trägt sie ein ganzes (Hunde-)Leben lang. Ich glaube, dass sich das leider viele Menschen nicht bewusst machen, ehe sie sich für einen felligen Mitbewohner entscheiden.

Dem Tierschutzbund zufolge werden in Deutschland jedes Jahr allein in der Sommerferienzeit rund 70 000 Tiere ausgesetzt. Weil ihre Halter nicht wissen, wohin mit ihnen, wenn sie sich in Richtung Strand oder Berge aufmachen. Vielleicht ist manchen Menschen auch die Ersatzbetreuung zu teuer. Was auch immer der Beweggrund jedes Einzelnen für diese Straftat sein mag – für mich ist sie das Schlimmste überhaupt. Einfach nur feige und abscheulich!

Denn wer sich für einen Hund entscheidet, muss auch bereit sein, die volle Verantwortung für dieses Lebewesen zu übernehmen. Mit allen Konsequenzen, die das mit sich bringt. Wenn ich länger im Urlaub war, auf Theatertournee ging oder wochenlang irgendwo drehte und meine Hunde nicht mitnehmen konnte, habe ich sie in vertrauensvolle Hände gegeben. Aber auch da gilt es, genau hinzuschauen: Einmal fiel ich auf eine Tierpflegerin herein, die auf den ersten Blick einen sehr kompetenten Eindruck machte. Doch als ich meinen Hund einige Tage später wieder abholte, war sein kuscheliges Bettchen, das ich von zu Hause mitgebracht hatte, von Urin durchtränkt. Das nenne ich das Gegenteil von fürsorglich! Da fiel mir nichts mehr ein.

Ja, ein Hund kann fordernd sein. Aron hat mich zwei- bis dreimal pro Nacht angestupst, wenn er sein Geschäft verrichten musste. Ich stand klaglos auf, ging die Treppe meines Hauses am Tegernsee hinunter und machte Aron die Tür zum Garten auf. Während er nach draußen in die Dunkelheit hechelte, setzte ich mich in meinen weißen Sessel in der Ecke des Wohnzimmers und wartete. Solche Dinge gehören eben dazu!

Die Verantwortung für einen Hund verlangt einem viel ab. Aber weil ich alles gab, durfte ich erfahren, wie meine Tiere es mir nachmachten. Auch sie übernahmen, soweit es ihnen möglich war, Verantwortung für mich. Sie beschützten mich, waren in allen Lebenslagen für mich da, als Begleiter und als Trost. Wie du mir, so ich dir – hier ganz im positiven Sinne.

Die zweite Säule: Vertrauen

»Money makes the world go 'round«, sang meine liebe Freundin Liza Minnelli im Film-Musical »Cabaret«, das wir gemeinsam drehten. Geld regiert die Welt – das stimmt bedingt. Es öffnet dir bestimmt viele Türen. Aber es ist nie der Schlüssel zu einem Herzen, das du für dich gewinnen willst. Das hielten mir meine Hunde vor Augen. Denn einen Hund kann man zwar kaufen – nicht aber sein Vertrauen. Das muss man sich verdienen, durch Kümmern, Kümmern und nochmals Kümmern.

Wissenschaftler waren sich lange uneinig, ob Hunde dazu fähig sind, Gefühle zu empfinden. Doch der Psychologe Gregory Berns, Professor für Psychiatrie und Verhaltensforschung an der Emory-Universität in Atlanta, untersuchte zwei Jahre lang die Hirnaktivitäten dieser Vierbeiner. Daraufhin schrieb er ein Essay mit dem Titel »Hunde sind auch nur Menschen«. Berns fand heraus, dass sich die Gehirne von Hunden und Menschen stark ähneln und sie daher ähnliche Gefühle empfinden. Wut, Trauer, Angst, Freude, Liebe – zu dieser ganzen Bandbreite sind sie fähig.

Die Erfolgsformel ist ganz einfach: Wer in seinem Hund möglichst oft Freude und Liebe hervorruft, gewinnt sein Vertrauen. Futter und Pflege sind dabei die großen Basics. Aber das Vertrauen wächst auch durch Kleinigkeiten: So sorgte ich zum Beispiel dafür, dass sich Aron in meinem Haus am Tegernsee wohlfühlte, indem ich es ihm dort besonders gemütlich machte. Neben meinem Bett, nahe meiner Couch im Wohnzimmer und im Garten richtete ich ihm in Form von gut gepolsterten Bettchen eigene Kuschelinseln ein, auf denen er nachts oder zwischendurch friedlich schlummerte. Draußen allerdings bevorzugte er immer die von Sonnenstrahlen angewärmte Wiese.

Machte Aron einmal Fehler, schrie ich nicht »pfui« oder »böser Hund«, sondern streichelte ihn und erklärte ihm, was schiefgelaufen war und wie er es beim nächsten Mal besser machen konnte. War es dann wirklich so, lobte ich ihn überschwänglich dafür. Das nennt man positive Verstärkung. Ein pädagogisches Konzept, das in der Kindererziehung Berühmtheit erlangte. Auch bei vierbeinigen »Kindern« funktioniert es bestens. Arons Vertrauen wuchs mit jeder Minute, die ich mir mit ihm und für ihn Mühe gab. So entstand ein unbezahlbares Gefühl der Geborgenheit.

Die dritte Säule: Verständigung

Wie kann man miteinander kommunizieren, wenn man völlig unterschiedliche Sprachen spricht? Bei meinen ersten Reisen nach Monte-Carlo mit Anfang 20 fand ich immer einen Weg, mit bildhübschen Französinnen zu flirten, auch wenn ich nur wenige Brocken ihrer Muttersprache beherrschte. Ein nach seinem Besitzer »Oscar« benanntes Restaurant hatte es meinen Freunden und mir damals besonders angetan, denn der Chef hatte eine engelsgleiche Tochter. Wir zwei blickten einander tief in die Augen – und damit war alles Wichtige gesagt. Die Augen sind das Tor zur Seele, sagt man ja immer. Und die lässt sich auch ohne große Worte erfassen. Das funktioniert bei Menschen genauso wie bei Hunden. Genau wie Zweibeiner sehnen sie sich nach seelischer Nähe. Ich gab ihnen »unlimited access«.

Meine Hunde konnten mich allerdings sowieso schnell »lesen«. Das liegt wohl daran, dass ich immer geradeheraus bin. What you see is what you get. Da gibt es keine Maskerade. Der Fritz ist der Fritz. Vielleicht war die nonverbale Kommunikation zwischen mir und meinen Jagdhunden sogar noch intensiver als mit anderen Rassen. Denn auf der Jagd nutzten wir eine eigene Sprache: Aron pirschte immer weit vor mir durch Wiesen und Felder. Blieb er stehen und zog seine Vorderpfote an, wusste ich, er hatte ein Wildtier erspäht. Machte er seine Aufgabe gut, belohnte ich Aron nicht ständig durch Leckerlis. Wir waren uns so nah, dass er das nicht brauchte. Augen- und Körperkontakt waren ihm lieber.

Auch Pfötchengeben habe ich ihm nie antrainiert. Wenn er mir seine Pfote reichte, kam das aus ihm heraus. Es passierte in Momenten, in denen er mir vermitteln wollte: »Nimm's nicht so schwer, es wird auch wieder besser.« Dieses Mitgefühl und den ein oder anderen gut gemeinten Ratschlag konnte ich an seinem Augenspiel und an seiner Körperhaltung ablesen.

Ein spannender Nebeneffekt: Dadurch, dass ich meine Beobachtungsgabe im Umgang mit meinen Hunden schulte, gelang es mir, auch Menschen schneller einschätzen zu können. Meine Wahrnehmungsgabe in Bezug auf andere Lebewesen erweiterte sich automatisch. Hunde fordern einen dazu auf, die kleinsten körperlichen Signale zu registrieren und zu interpretieren. Eine Fähigkeit, von der ich mein ganzes Leben lang profitiert habe. Mit meiner Einschätzung lag ich nur selten daneben.

Die vierte Säule: Augenhöhe

Ich war in meinem Leben nie Untertan, habe mich nie von anderen wie Knetmasse formen lassen. Und das wollte ich auch von meinen Hunden nicht verlangen. In Ratgebern lässt sich nachlesen, dass Hunde einen Rudelführer brauchen. Dass sie genau wissen wollen, wo sie in der Rangordnung stehen.

Aber bei mir gibt es keine Rangordnung, die von oben nach unten funktioniert. Bei mir herrscht die flachste Hierarchie der Welt. Aron und ich standen auf einer Stufe, wir haben einander geliebt. Er folgte meinen Ansagen, weil er mir vertrauen konnte und wusste, dass ich bereit war, bis ans Ende seiner Tage die volle Verantwortung für ihn zu tragen. Unser Zusammenleben funktionierte auf Augenhöhe, auch wenn ich ihn überragte.

Die fünfte Säule: Körperkontakt

Streicheleinheiten sind für Hunde unheimlich wichtig. Dadurch erfahren sie Freundschaft, Sympathie und Liebe. Davon konnte Aron gar nicht genug bekommen! Wenn ich im Wohnzimmer auf meinem Liegesessel lag, sprang er mit Inbrunst auf mich und legte seinen Kopf auf meine Brust. So, dass er mir tief in die Augen schauen konnte. In seinen Augen las ich wiederum die unmissverständliche Aufforderung: »Nun streichle mich gefälligst!« Ich kam seinem Wunsch nur allzu gern nach und ließ meine Finger über den immer ruhiger atmenden Hundekörper gleiten, der mich wärmte wie eine lebendige Thermodecke.

Ich habe Aron, wie allen meinen Hunden, so viel Körperkontakt geboten wie nur irgend möglich. Das ist mir bei Menschen, die ich liebe, natürlich ebenso wichtig. Während des Corona-Lockdowns fehlten mir unsere Umarmungen, die körperliche Nähe. Die typische Corona-Begrüßung per Ellenbogen lag mir nicht.

Aron war am glücklichsten, wenn meine Frau Sanne, meine Tochter Filippa und ich beisammen waren. Er begrüßte die beiden mit einem schleswig-holsteinischen »Freuden-Jodler«, den ich sonst nie von ihm zu hören bekam. Und er liebte es, mit Filippa zu schmusen. Sie gewöhnte sich von klein auf an seine Art und wusste, dass sie keine Angst vor ihm haben musste. Er rannte eben stürmisch auf sie zu, weil er sie so stürmisch liebte. Das ist einfach wepperisch.

What you see is what you get. Da gibt es keine Maskerade.

Eine Glückskatze nimmt das Schicksal in die Pfoten

SUSANNE KELLERMANN

Fritz sagt immer, seine Hunde hätten sich ihn ausgesucht – nicht umgekehrt. Auch ich glaube, dass Tiere von Zeit zu Zeit unser Schicksal in ihre Pfoten nehmen. Auch mir ist das schon passiert.

Meine Eltern hatten einen wunderbaren Kater namens Amadeus. Er war als Baby zu ihnen gekommen, als winziges Fellknäuel, das genau in eine Hand passte. Anfangs gab er sich verschmust, später entwickelte er sich zu einem stolzen Herrn, der wie eine weise Eminenz alles überwachte. Amadeus war sehr präsent, strahlte Stärke aus. Leider wurde er im Alter schwer krank und meine Eltern litten sehr, als sich herauskristallisierte, dass bald der Tag kommen würde, an dem ihr geliebter Kater eingeschläfert werden müsste.

Zu dieser Zeit war ich einige Wochen als Kamerafrau in Wiesbaden im Einsatz. Wir drehten gerade eine Filmszene im Park, als ein klägliches Maunzen ertönte. Fragend schauten meine Kollegen und ich in alle Richtungen. Wo kam das bloß her? Da entdeckten wir hoch oben in einem der umstehenden Bäume ein kleines Kätzchen. Wie war es nur dort hinaufgelangt? Egal. Auf jeden Fall kam es allein nicht mehr hinunter, daher miaute es auch lautstark.

Mit Räuberleiter und vollem Körpereinsatz schafften wir es schließlich, das Tier herunterzuholen. Am Boden angekommen, wiegte ich das Kätzchen in meinen Armen wie ein Baby und schaute es mir genauer an. Es war tatsächlich eine Glückskatze! Ihr Fell hatte drei Farben: Weiß, Karamell und Schwarz. Eine unglaubliche Seltenheit! Nun hielt ich also diese Portion Glück in meinen Händen. Aber wohin damit? Das Team schaute mich grinsend an und damit war für alle die Entscheidung klar.

Ich nahm die Katze mit in mein für den Dreh gemietetes Appartement und taufte meine neue Mitbewohnerin »Chica«, auf Spanisch: »Mädchen«. Schließlich waren wir ja eine echte Mädel-WG! Am nächsten Tag hängten wir in der näheren Umgebung des Parks Zettel mit einem Foto von Chica auf. Aber es meldete sich nie jemand. Fast war ich ein wenig froh darüber. Ich hatte es Chica in der Zwischenzeit richtig gemütlich gemacht, ein Katzenklo besorgt, Spielzeug und alles, was man so braucht. Sie wuchs mir ans Herz: Wenn ich ging, weinte Chica, und ich brachte es kaum fertig, sie allein zu lassen. Kam ich zurück, freute sie sich so sehr, dass sie wie wild durch die ganze Wohnung flitzte. Sie war eine richtige Persönlichkeit: schlau, witzig, lieb und hübsch wie ein Mannequin mit ihren irre langen Hinterbeinen.

Ich selbst war zu viel unterwegs, um einem Haustier ausreichend Gesellschaft leisten zu können. Aber mir kam eine Idee, bei wem Chica gut aufgehoben sein könnte. Als der Film abgedreht war, nahm ich sie mit zu meinen Eltern! Als ich nachmittags bei ihnen ankam, begrüßten sie mich mit einer traurigen Nachricht: Amadeus war wenige Stunden zuvor eingeschläfert worden. Meine trauernden Eltern waren natürlich etwas überrumpelt, als ich ihnen Chica vorstellte. Aus Respekt vor Amadeus hätten sie sich nie so schnell Gedanken über eine neue Katze gemacht. Aber wie es das Schicksal so wollte, war Chica nun da – und blieb als geliebtes und allseits respektiertes Familienmitglied.

*So wurde sie gleich im doppelten Sinn
zu einer echten Glückskatze.*

Ein Kampf bis aufs Blut

Ich liebe Sylt. Ab Ende der 1960er-Jahre war Deutschlands nördlichste Insel mein Standard-Sommerziel. Damals konnte ich noch für 22 Mark in einer Pension übernachten und lag tagsüber nackt an der »Buhne 16«, dem FKK-Strand von Kampen.

Aber eigentlich ist Sylt mehr für Hunde gemacht als für Menschen. Ob Ero, Andy, Honey oder Aron – sie durften alle mitkommen und sich Seeluft um ihre feuchten Nasen wehen lassen. So schnell konnte ich gar nicht gucken, wie die losliefen, sobald wir den Strand erreicht hatten. Sie jagten über den für Hunde bestimmten Abschnitt, flitzten durch die Dünen und hechteten dort dem ein oder anderen Kaninchen hinterher. Statt eines Halsbandes hatte ich Honey ein großes rotes Taschentuch umgebunden, damit tänzelte sie stolz zwischen ihren Artgenossen umher. Die rote Farbe hatte außerdem den positiven Nebeneffekt, dass ich sie auch aus großer Entfernung noch gut erkennen konnte. Unsere gemeinsamen Auszeiten auf Sylt verliefen immer friedlich. Ich konnte beobachten, wie die Tiere auftankten und die endlose Weite am Strand voll auskosteten.

Aber eines Tages kam es zu einem Vorfall, der mir bis heute in den Knochen sitzt. Es war ein wolkenfreier, windiger Tag und ich steuerte gerade mit beiden Händen meinen großen Lenkdrachen am Himmel. Da ging auf einmal lautes Gebell und Gejaule los. Ich drehte mich um und sah, wie Ero und Andy übereinander herfielen.

Vater und Sohn! Bisher waren die zwei stets ein harmonisches Gespann gewesen, daher war ich völlig erschrocken über ihr Verhalten. Im Nachhinein wurde mir klar, dass es sich wohl um einen Hierarchiekampf gehandelt haben muss. Der heranwachsende Andy wollte seinem Vater klarmachen, wer der Stärkere war.

Rufen half nichts, die beiden hatten sich ineinander verbissen – einer in die Lefze, der andere in die Pfote seines Kampfgegners. Ich weiß, dass man als Hundehalter nicht dazwischengehen sollte, wenn es sich um einen handfesten Kampf handelt. Auch um eigene Verletzungen zu vermeiden. Doch damals konnte ich nicht anders, ich wollte unbedingt Frieden zwischen den beiden stiften. Ich griff ein und konnte Ero und Andy tatsächlich voneinander trennen. Dabei kam ich mit einem Kratzer davon. Aber die beiden bluteten stark und mein T-Shirt war schnell von roten Flecken übersät. Meine Hunde waren immer noch so aggressiv, dass ich sie getrennt voneinander zum Tierarzt fahren musste. So ein Ringen um Macht kam zwischen Ero und Andy danach, Gott sei Dank, nie wieder vor. Zwischen ihnen war die Sache wohl geklärt, selbst wenn ich mich heute noch frage, warum es gerade zu diesem Zeitpunkt zum Kampf kam.

Wir Menschen wollen alles begreifen und verstehen. Aber die Natur hat ihre eigenen Gesetze, das führte mir diese Episode vor Augen. Menschen und Tiere leben zwar in ein und derselben Welt. Dennoch besitzen wir je eigene Bewegungsapparate, haben eine unterschiedliche Gesinnung. Daher lautet das Schlüsselwort auch: Toleranz.

Das gilt nicht nur für Beziehungen zwischen Hund und Herrchen, sondern auch für die zwischen Mensch und Mensch. Man muss Fremdes akzeptieren können und sollte nicht ständig versuchen, sein Gegenüber auch noch bis ins letzte Seelen-Eck zu domestizieren. Das ist ein Kampf, den man nur verlieren kann.

Leben und leben lassen, das ist zumindest mein Motto.

Ben Hur, mit dem Herz in der Hand

Auf dem Rücken eines Pferdes zu sitzen, hat mir schon immer großes Vergnügen bereitet. Aber einfach nur nett durch die Landschaft zu reiten, war mir irgendwann nicht mehr genug. Ein ehemaliger Klassenkamerad, den ich noch vom Wittelsbacher Gymnasium kannte, besaß eine Pferderennbahn in Pfaffenhofen und meinte zu mir: »Wäre das kein Sport für dich?« Kurz darauf saß ich das erste Mal im Sulky, einer Art einachsigen Kutsche, und donnerte hinter einem Pferd mit 60 Stundenkilometern über die Rennstrecke.

Wenn man sich ein Trabrennen im Fernsehen oder vom Rande der Rennstrecke aus ansieht, macht das Ganze erst einmal einen recht gemütlichen Eindruck auf den Betrachter. Aber der Wettbewerb im Feld ist unheimlich stark, es wird gekämpft bis aufs Blut und das maximale Risiko eingegangen, um zu gewinnen. Ich kam mir oft vor wie Ben Hur bei seinen legendären Leinwand-Wagenrennen! Ein paarmal bin ich übel gestürzt, auch, weil mich Mitstreiter bedrängten. Zweimal fiel ich zu Boden und die Pferde der anderen trampelten haarscharf an mir vorüber. Da dachte ich schon, mein letztes Stündlein habe geschlagen. Dass ich mich damals nie ernsthaft verletzt habe, ist fast schon ein Sechser im Lotto.

Und obwohl dieser Sport ziemlich brachial sein kann, verlangt er den Fahrern viel Feingefühl und Einfühlungsvermögen ab. Das hatte ich dank Fräulein Schuster, meiner ersten Reitlehrerin, parat. So fuhr ich immer mit dem Herz in der Hand. Denn die Hand hält die über die Zügel Trense und über diese kommuniziert man mit seinem Pferd. Nur so kann man mit ihm »sprechen«. Und das muss auf eine Weise geschehen, die das Tier gern mitmacht. Denn zwingen kann man es in diesem Sport nicht. Dann verlieren beide, Pferd und Reiter.

Mein Freund aus Pfaffenhofen nahm mich unter seine Fittiche, ich trainierte anfangs jeden freien Tag. Er feuerte mich an: »Fritz, du musst draufsitzen wie der Leibhaftige!« Er hat mich so getriezt, dass ich 1987 gleich mein erstes Prominenten-Trabrennen in München-Daglfing gewann. Meine Tochter Sophie war sechs, kam bei der Siegerehrung zu mir gerannt und gratulierte mir mit einem Blumensträußchen. Dieser Charity-Wettkampf war von TV-Moderator Frederic Meisner organisiert worden, und ich hatte daraufhin die Idee, dass man das doch auf jeder deutschen Rennbahn stattfinden lassen könnte.

Ich ging in der Folge unter anderem in Hamburg, Berlin und Mönchengladbach an den Start. Um den Sieg kämpften mein Bruder Elmar, mein Freund Bernie Herzsprung, Jürgen Drews, Raimund Harmstorf, Günther Jauch und viele weitere Kollegen aus der Showbranche. Der Erlös kam der UNICEF-Kinderhilfe zugute, deren Ehrenbotschafter Joachim Fuchsberger damals war. Ihm konnten wir nach einem Jahr einen dicken Scheck überreichen.

Ich begeisterte mich mehr und mehr fürs Trabrennen, züchtete sogar selbst Pferde. Aber die fressen einem sprichwörtlich die Haare vom Kopf: Futter und Training für meine acht Tiere kosteten über 10 000 Mark im Monat, ein stattlicher Betrag, den man versuchen musste, über Siegerprämien wieder reinzuholen. Einmal gewann ich mit meinem schnellsten Traber, Kentucky Island, 36 000 Mark, das war natürlich toll. Allerdings habe ich aus gutem Grund nie Einnahmen und Ausgaben gegeneinander gerechnet, das wäre zu deprimierend gewesen.

Bei den Charity-Rennen für Prominente wurde ich meinen Freunden mit der Zeit zu gut. Sie schimpften: »Fritz, jetzt reicht's, geh zu den Amateuren.« Ich legte die nötige Prüfung ab und gewann 1991 mein erstes Rennen in Gelsenkirchen – und zwar mit einem Pferd, das mir Heinz Wewering geliehen hatte. Wewering war sozusagen der Franz Beckenbauer des Trabrennsports, ein Gott! Zu dem Zeitpunkt hatte er schon vier Europameister-Titel geholt, später wurde er zweimal Weltmeister. Wir kannten uns aus dem Renngeschehen und verstanden uns gut.

Nach meinem Sieg kam ein Rennbahn-Mitarbeiter zu mir und forderte mich auf: »Herr Wepper, bitte zur Rennleitung!« Ich dachte schon, ich hätte einen Fehler gemacht, falsch überholt oder jemanden behindert. Zur Rennleitung gebeten zu werden, bedeutete selten etwas Gutes. In meinem Fall schon. Als ich das Büro betrat, begrüßte man mich mit den Worten: »Wir haben eine freudige Überraschung. Herr Wewering ist für Sie am Telefon.« Ich nahm den Hörer in die Hand und Wewering sagte: »Herzlichen Glückwunsch zu Ihrem ersten Amateur-Sieg. Ich freue mich so, als hätte ich die Deutsche Meisterschaft gewonnen.« Wewering schenkte mir eine blau-weiße Peitsche, die er selbst bei Rennen benutzt hatte. Die steht seither bei mir vor dem Haus – als Zeichen für meine damalige Lektion:

Auch als Anfänger kann man es aufs Siegertreppchen schaffen, wenn man sich nur wirklich dahinterklemmt!

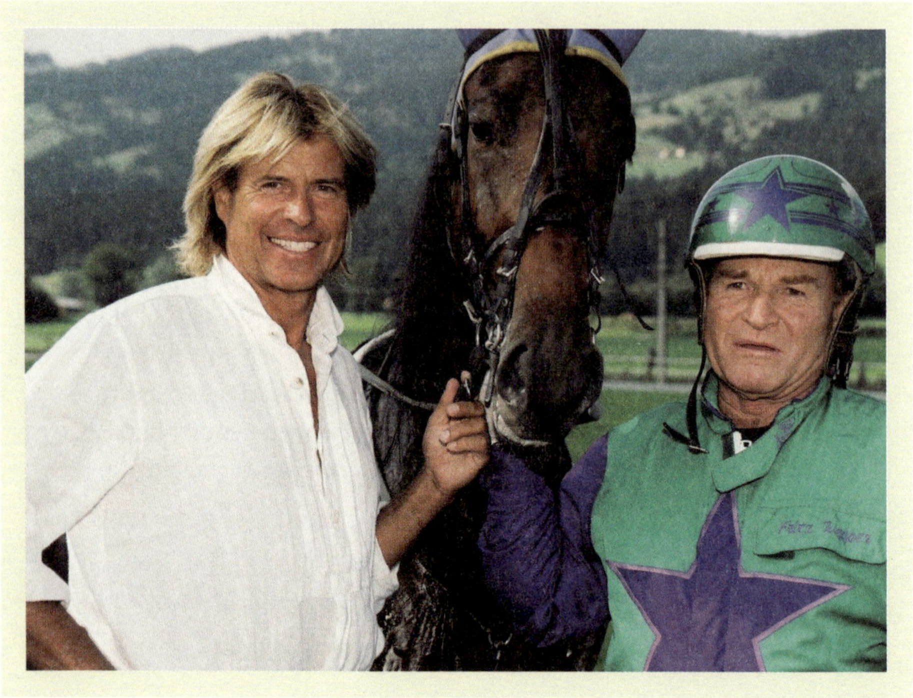

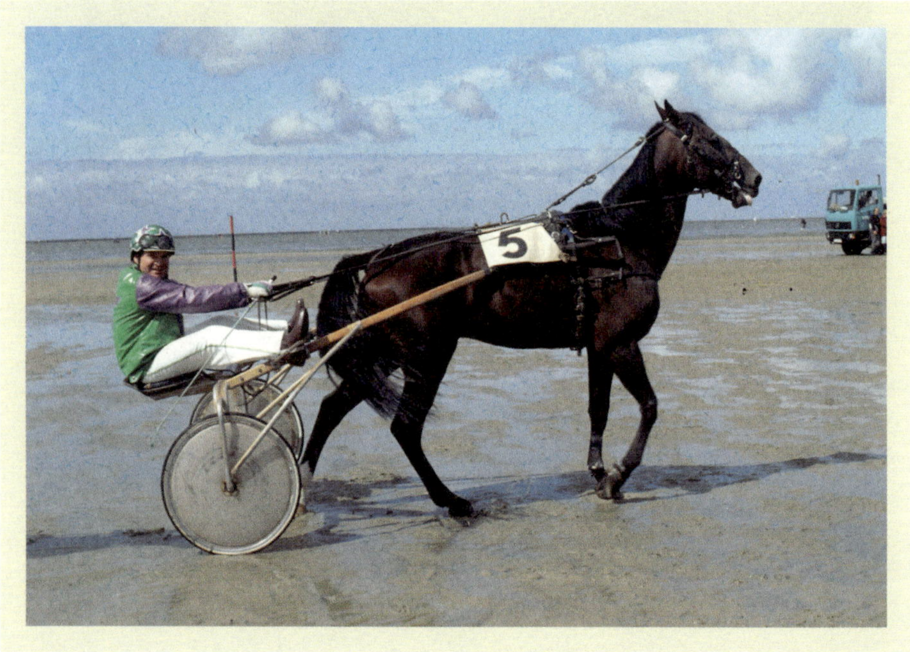
5

Mein musikalischer Kraftort

Es war ein Sonntagsritual zwischen Aron und mir. Vormittags hörten wir oft zusammen klassische Musik, denn die mochte er am liebsten. Ich sehe ihn noch vor mir, wie er dann in seinem kuscheligen Bett lag, alle viere von sich gestreckt, die Augen geschlossen. Ganz ruhig. Ich würde sogar sagen, beseelt.

»Ohne Musik wäre das Leben ein Irrtum«, hat Friedrich Nietzsche einmal gesagt. Ich sehe das ähnlich. Musik begleitet mich seit jeher und ist ein fester Bestandteil meines Alltags: Meine Mutter liebte die Oper und das Ballett, auf ihrem Grammophon hörten mein Bruder Elmar und ich als kleine Jungs Mario Lanza, der in den 1950er-Jahren einer der bekanntesten Opernsänger der Welt war, und den österreichischen Tenor Richard Tauber. Mittwochabends war das Wunschkonzert mit Moderator Fred Rauch im Bayerischen Rundfunk Pflicht. Mutti schickte uns auch zum Klavierunterricht. Leider entpuppte sich die Lehrerin nicht gerade als pädagogische Leitfigur. Wenn wir falsch spielten, ließ sie den Klavierdeckel auf unsere kleinen Finger heruntersausen. Schrecklich! Als sie uns dann noch vorwarf, wir hätten Seiten aus ihrem Notenheft entwendet, meldete meine Mutter uns ab. Diese Unterstellung wollte Mutti nicht auf uns sitzen lassen. Einerseits war ich froh darüber, andererseits bedauere ich es bis heute, dass ich dadurch aufgehört habe, dieses Instrument zu spielen. Heute lausche ich gern Sanne, wenn sie am Klavier sitzt. Meine Frau ist eine konzertreife Pianistin, was auch Aron zu schätzen wusste.

Ich besitze 700 Schallplatten, von Klassik über Blues bis hin zu Rock. Die lebensbejahenden Rhythmen der »Gipsy Kings« begeistern mich seit den 1970er-Jahren, die samtige Stimme von Elvis Presley noch länger. Den Song »Willkommen, Bienvenue, Welcome

...« aus dem Film »Cabaret«, den ich 1971 drehte, könnte ich den ganzen Tag hören. Aron schaute gern mit mir »The Voice of Germany« und hätte einen prima Juror bei den »Blind Auditions« abgegeben. Schließlich hören Hunde mehr als doppelt so gut wie wir Menschen, nehmen sehr tiefe und sehr hohe Tonfrequenzen, die unseren Ohren verborgen bleiben, wahr. Zu seinem Wohle drehte ich Musik in meinem Haus oder im Auto nie so laut auf, wie ich es manchmal gern getan hätte. Schließlich sollte sie auch für Aron ein Genuss und keine Qual sein. Man muss als Hundebesitzer schon Rücksicht walten lassen.

Arons Liebe für Klassik bemerkte ich erstmals in einer Heilbronner Hotelsuite: Wir bezogen sie gemeinsam und Aron schnüffelte sich erst neugierig durchs Schlafzimmer, dann durchs holzgetäfelte Bad und schließlich durch das Wohnzimmer. Als ich dort den Fernseher anmachte, war zufällig ein Konzertmitschnitt zu sehen: Ein Pianist spielte eine Klaviersonate von Beethoven. Aron blieb wie versteinert stehen, bewegte sich keinen Millimeter vom Fleck und starrte Richtung Bildschirm. So verharrte er, bis der letzte Ton verklungen war. Da wurde mir bewusst, was für einen feinfühligen Hund ich habe. Und dass ich ihm – genau wie mir selbst – mit Musik eine Freude machen kann.

Wissenschaftler der Universität Glasgow haben herausgefunden, dass auch Hunde einen eigenen Musikgeschmack besitzen. Die schottischen Forscher spielten Vierbeinern in Tierheimen unterschiedliche Genres vor und erlebten, wie dabei der Herzschlag der felligen Zuhörer merklich ruhiger wurde. Reggae und Soft Rock waren bei den meisten am wirkungsvollsten, aber eben nicht bei allen. Genau wie wir Menschen lassen sich auch Hunde nicht über einen Kamm scheren. Aber Herrchen oder Frauchen finden durch genaues Hinhören und Hinschauen schnell heraus, für welche Klänge ihr Vierbeiner ein Faible hat.

Sogar Haie sind gierig nach Musik, das zeigte die TV-Doku »Bride of Jaws« von 2015. Das australische Filmteam lockte damals einen knapp fünf Meter langen und 1,6 Tonnen schweren weißen Hai über Unterwasserlautsprecher mit Heavy-Metal-Klängen an. Der Koloss liebte AC/DC-Hits wie »You Shook Me All Night Long« und »If You Want Blood (You Got It)«. Haie spüren die Vibrationen von Klangwellen dank ihres sogenannten Seitenlinienorgans, das vom Kopf bis zur Schwanzflosse verläuft. Es hilft ihnen dabei, im endlos großen Ozean Beute aufzuspüren. Die tiefen, rumpelnden Heavy-Metal-Töne fühlen sich für Haie an wie zappelnde Fische und sind daher besonders aufregend.

Musik kann im Körper die unterschiedlichsten Reaktionen auslösen, das gilt für Tiere genauso wie für Menschen. Sie kann beruhigen, trösten und Glückshormone produzieren – so wie bei mir, als ich während des Drehs der letzten Staffel von »Um Himmels Willen« vor laufender Kamera »The Time Of My Life« schmettern durfte.

Hier kommen meine Top Five der Hunde-Entspannungsmusik, von Aron getestet und für gut befunden:

1) Gefangenenchor aus »Nabucco«

2) 1. Klavierkonzert op. 23 in b-Moll von Tschaikowsky

3) Nessun dorma aus »Turandot«, gesungen von Luciano Pavarotti

4) 21. Klavierkonzert in C-Dur von Mozart

5) 2. Violinromanze von Beethoven

Unsere gemeinsamen Klassik-Auszeiten waren für mich mindestens so wichtig wie für Aron. So wie er sich fallen ließ, von einem auf den anderen Moment abschaltete und vollkommen entspannte – davon können wir Menschen ganz schön was lernen. Ich mache es jetzt wie Aron: Erklingen die ersten Takte, schließe ich meine Augen und bin in einer anderen Welt. Ohne Sorgen, ohne Stress.

*Musik ist mein Kraftort,
den ich aufsuchen kann,
wo immer ich bin.*

Das Mercedes-Massaker

LEOPOLD PRINZ VON BAYERN

Ero und Fritz waren unzertrennlich. Den einen gab's nicht ohne den anderen. Der Hund durfte überall hin mit – egal, ob Fritz in die Kirche ging oder in eine Bar. Ero begleitete ihn zum Drehen und nahm beim Abendessen stets neben ihm auf dem Boden Platz. Man muss wissen: Fritz ist ein extremer Hundeliebhaber. Wenn er sich solch ein Tier anschafft, dann nimmt er das sehr ernst.

Einmal wurde ich in Alzey bei Mainz auf eine Fasanenjagd eingeladen und durfte einige Freunde mitbringen. Natürlich lud ich Fritz ein, der anbot zu fahren. Aber wir passten nicht alle in sein Auto. Um auch Ero und die Ausrüstung unterbringen zu können, lieh Fritz sich kurzerhand von unserem guten Freund Karli Dersch einen Wagen aus. Karli war Chef der Daimler-Benz-Niederlassung in München und überreichte Fritz großzügig die Schlüssel für einen nigelnagelneuen Kombi.

Als wir in Alzey ankamen, stellte sich heraus, dass Ero leider nicht auf die Jagd mitkommen durfte. Der Gastgeber wollte aus irgendeinem Grund nicht, dass Hunde dabei waren. Fritz lenkte gleich ein: »Kein Problem! Ich lasse den Ero einfach im Mercedes.« Er stellte ihm eine Schale Wasser und etwas Futter ins Auto, streichelte ihn nochmal ausgiebig und wir brachen gut gelaunt auf. »Das passt schon«, erklärte Fritz locker. Die Jagd, die teilweise in Weinbergen stattfand, war ein großartiges Erlebnis. Ganz euphorisch kamen wir zurück.

Doch beim Blick auf den Mercedes blieb uns allen fast das Herz stehen. So etwas hatten wir noch nie gesehen! Ungläubig schritt ich um den Wagen herum und starrte mit großen Augen durch die Fenster. Ero war anscheinend stinksauer darüber gewesen, dass sein Herrchen ihn zurückgelassen hatte. Denn er hatte in unserer Abwesenheit das Auto komplett auseinandergenommen! Die Innenverkleidung hing rundherum in Fetzen herunter und auch über die Polster hatte Ero sich mit seinen scharfen Zähnen hergemacht. Sogar das Armaturenbrett war angenagt! Ein großes Donnerwetter gab es für ihn nicht, zumindest kann ich mich daran nicht erinnern. Fritz hat seinem Hund so gut wie alles verziehen.

Wie ich später hörte, belief sich der Schaden auf 20 000 Mark. Nachdem Fritz das Auto zurückgebracht hatte, rief der Karli mich an und sagte: »Ich habe ja schon vielen VIPs ein Auto geliehen. Aber noch nie kam eines so zurück wie dieses!« Dem Fritz war das unheimlich peinlich. Nur Ero triumphierte. Er hätte Fritz nicht eindrücklicher klarmachen können:

*Wenn du mich noch einmal einsperrst,
dann weißt du, was dir blüht ...*

Glück verdoppelt sich, wenn man es teilt

Geben ist seliger als Nehmen, so steht es im Neuen Testament. Diese Zeile kennt wohl fast jede und jeder, ob nun bibelfest oder nicht. Aber wirklich verstanden habe ich sie erst durch die Tiere in meinem Leben.

Ein Tier zu hegen, zu pflegen und dafür zu sorgen, dass es ihm gut geht, erfüllte mich schon als 13-Jähriger mit einem unvorstellbaren Glücksgefühl. Da spürte ich mit Kopf und Herz, dass Geben sich weitaus besser anfühlt als Nehmen. Ein echter Aha-Moment und eine Erkenntnis, die so eindrücklich auf mich wirkte, dass sie ein Leben lang fest in mir verankert blieb. Natürlich freute ich mich über die vielen Chancen, die ich erhielt und erfolgreich ergriff. Ich freute mich über jede Auszeichnung, jede Einladung und jeden Scheck. Aber noch zufriedener macht es mich, ein anderes Lebewesen, hat es nun vier oder zwei Beine, zu beschenken. Manche Menschen sagen, ich sei manchmal zu großherzig, könne niemandem eine Bitte abschlagen. Aber das liegt daran, dass es mir eine ungemeine Freude bereitet, wenn ich etwas zum Glück anderer beitragen kann. Glück verdoppelt sich, wenn man es teilt.

So war es auch zwischen mir und Aron. Ich konnte ihn nicht nur artgerecht versorgen, sondern ihm als Jagdhund auch etwas ganz Besonderes bieten: Der Familie meiner verstorbenen Frau Angela gehörte bis vor Kurzem eines der schönsten Jagdreviere, das ich kenne. In der Grafschaft Schlitz, die zwischen Frankfurt und Kassel liegt, verteilten sich auf 1500 Hektar drei märchenhafte Täler, in denen gewaltige Eichen, Kiefern und Douglasien stehen. Zu Zeiten von Wilhelm II. war dieses Revier berühmt für sein Auerwild. Der Kaiser war mit dem damaligen Grafen von Schlitz befreundet. Als seine Majestät ihn mit dem Zug besuchen wollte, wurde eine schmale Bahntrasse verlegt, damit Wilhelm II. sein Ziel auch problemlos vom letzten Bahnhof aus erreichen konnte.

In der Willina, einem wunderschönen steinernen Forsthaus mit roten Dachziegeln, dunkelgrünen Fensterläden und wuchtigen Fachwerkbalken, steht bis heute auf einer kleinen Kommode ein altes Foto des Kaisers. Das habe ich immer vorsichtig beiseitegestellt, wenn ich meinen Jagdkoffer auf diesem Möbelstück platzierte. »Gestatten, Majestät«, sagte ich dann – und hob Wilhelm II. hinüber auf den Fenstersims. Vor meiner Abreise kam er natürlich immer wieder zurück an seinen alten Platz.

Ich war oft mit Aron in Schlitz, zur Jagd oder auch nur, um ein Auge aufs Revier zu haben. Es war wunderbar, Aron beim Wittern, Anschleichen und Herumtollen in freier Wildbahn zu beobachten. Er brauchte die Natur, schließlich war er ein Jagd- und kein Schoßhund. Je nach Wind und Wetterlage saßen wir zwischen zwei und vier Stunden an – so heißt es im Fachjargon, wenn man sich auf einen Hochsitz begibt. Aron machte ich unten mit der Leine fest, denn ich wollte gefährliche Situationen vermeiden.

Einmal ergab sich aber eine ebensolche: An dem Tag hatte ich die Leine vergessen und beschwor Aron, zwei Meter unter mir ruhig im Gras liegen zu bleiben. Das funktionierte anfangs auch gut. Doch plötzlich hörte ich ein Rascheln und Aron sprang auf. Wenige Meter von uns entfernt kamen zwei Bachen, also weibliche Wildscheine, mit 13 Frischlingen in Sicht. Aron bellte und ein Muttertier drehte sich gleich zu uns, senkte seinen Kopf und fing wütend an zu stampfen. Ich rief: »Aron, down – leg dich hin!« Doch Aron hörte nicht und ich rief noch einmal, schon viel nervöser: »Aron, down!« Die Bache schnaubte und ich wusste: Wenn Aron auch nur wenige Schritte auf sie zugehen würde, könnte es zu einem ungleichen Kampf kommen. Wildschweine können bis zu 200 Kilogramm schwer werden und ein Tempo von 50 km/h erreichen. Ihre Zähne sind messerscharf und tödliche Waffen. Normalerweise stuft man Wildschweine als ungefährlich ein, doch wenn sie Angst um ihren Nachwuchs haben, machen sie kurzen Prozess. Also ich noch mal: »Aron, down!« Endlich hörte er und legte seine

Schnauze wieder ins Gras. Die Bache beruhigte sich, drehte ab und zog mit ihrer Sippe von hinnen. Vor lauter Erleichterung stieg ich hinunter zu Aron und nahm in fest in den Arm. Wer weiß, wie ein Gefecht zwischen ihm und den Wildschweinen ausgegangen wäre. Das mag ich mir gar nicht ausmalen.

Ich bin dankbar für unsere gemeinsamen Abenteuer und dankbar dafür, dass ich Aron so ein tolles Leben schenken konnte. Wer mit dem Herzen gibt, ohne im Gegenzug etwas zu erwarten, schafft positive Energie, heißt es bei den Buddhisten. Und ich bin ja schon seit Ende der 1970er-Jahre Anhänger des Zen-Buddhismus. Zen ist eine Lebensanschauung, die mich dazu gebracht hat, im Augenblick zu leben. Das, was ist, zu trennen von dem, was sein könnte oder in der Vergangenheit gewesen ist. Jetzt ist jetzt, hier ist hier. Und für alles, was hier ist, sollten wir dankbar sein. Je mehr wir so empfinden, umso mehr wird uns bewusst, was wir alles haben.

Meine erste Begegnung mit dem Buddhismus fand 1978 statt: Ich nahm auf Schloss Ellmau bei Garmisch an einem »Sesshin« teil, was übersetzt »Berühren des Geistes« heißt. Eine Bekannte hatte mich eingeladen, mich drei Tage in intensiver buddhistischer Zen-Meditation zu üben. In der kleinen Pagode auf Schloss Ellmau wurden wir von Zen-Meister Taisen Deshimaru im Zazen, der »Sitzmeditation«, angeleitet. Als Taisen den Raum betrat, war ich sofort von seiner beeindruckenden Erscheinung fasziniert, noch mehr aber von seiner Ruhe und seiner erhabenen Ausstrahlung. Ich folgte seinen Anleitungen, so gut ich konnte: Diese Meditationsübung wird im Lotussitz oder im Knien ausgeführt, was anfangs sowohl körperlich als auch psychisch schwer auszuhalten ist. Aber genau das ist das Ziel: nur sich selbst beobachten, seine Gefühle wahrnehmen. Dadurch lernt man Achtsamkeit und verbindet sich mit dem gegenwärtigen Ort und Moment.

Francis Bacon sagte einmal ganz treffend: »Nicht die Glücklichen sind dankbar, es sind die Dankbaren, die glücklich sind.« Zufriedenheit macht glücklich, so einfach ist das eigentlich.

Wem es im Leben schwer fällt, dankbar zu sein, der sollte sich vielleicht ein Tier zulegen. Dann stellt sich dieses Gefühl von selbst ein. Ich spreche da aus jahrzehntelanger Erfahrung.

Wundertraber mit Pferdefuß

Es schien, als könnte Sea Cove alles erreichen! Er war riesengroß, selbst für einen Hengst. Und unglaublich kraftvoll. Sein Fell strahlte in warmem Braun, wenn die Sonne darauf schien. Seine Mähne leuchtete pechschwarz. Sea Cove zählte in den 1990er-Jahren zu den besten Trabern Europas. Über zwei Millionen Euro an Preisgeldern lief er bis zu seinem Tod 2012 ein.

Ich war ein glühender Fan dieses prachtvollen Pferdes und folgte ihm zu vielen Wettkämpfen: Ich flog nach Norwegen und Italien und sah es 1994 beim bedeutendsten Trabrennen der Welt siegen, dem »Prix d'Amerique« in Paris. Als »Wundertraber« bezeichnete die Pferdeszene Sea Cove damals. Dem konnte keiner das Wasser reichen. Was für ein Kämpfer! Das begeisterte mich. Denn auch ich würde mich als Kämpfer bezeichnen.

Sea Cove gehörte einem Freund von mir: Charles Grendel, der ein Gestüt in der Lüneburger Heide betrieb. 600 000 Mark hatte er für Sea Cove gezahlt. Er plante, ihn irgendwann aus dem Rennen zu nehmen und für die Zucht zu verwenden. Damit wären weitere Millionen drin gewesen! Doch leider platzte dieser Traum. Denn es stellte sich heraus, dass Sea Cove unfruchtbar war. Der große Sieger hatte zu kleine Hoden!

Das veranschaulicht wieder einmal sehr schön: Du kannst dir noch so viel Mühe geben, noch so hart kämpfen oder dich durchboxen – manchmal setzt die Natur dir Grenzen. Die lassen sich weder mit Schweiß noch mit Geld überwinden. Und damit musst du dann klarkommen. Das ist nicht immer so einfach. Mir fällt es bis heute schwer, bestimmte Tatsachen als gegeben hinzunehmen. Aber ich übe mich in solchen Fällen weiter in Gelassenheit. Auch das ist ein Training, welches die eigene innere Stärke immens schult. Und davon kann man bekanntlich nie genug haben.

*Was für ein Kämpfer! Das begeisterte mich.
Denn auch ich würde mich als Kämpfer bezeichnen.*

Tierisch schöne Traditionen

SUSANNE KELLERMANN

Für Fritz sind Rituale sehr wichtig – das zieht sich durch alle Lebensbereiche: Er entspannt am liebsten in denselben Hotels und isst in denselben Restaurants. Zu seinem kulinarischen Standardprogramm zählen Spargel im April, frischer Matjes im Mai, und darauf folgt der Sommertrüffel. Diese Köstlichkeiten lässt er sich auf keinen Fall entgehen, sobald die jeweilige Saison beginnt!

Besonders ernst aber nimmt er Traditionen, die wir als Familie pflegen: Das Osterfest steht in jedem Fall ganz weit vorn. Als unsere Tochter Filippa gerade laufen konnte, versteckte Fritz für sie die ersten bunten Eier in seinem Garten und hatte eine spitzbübische Freude daran zu beobachten, wie sie eines nach dem anderen zwischen den Grasbüscheln herausfischte.

Diese Momente lassen ihn wahrscheinlich an seine eigene Kindheit zurückdenken. Es gibt ein altes Schwarz-Weiß-Foto von Fritz aus dem Jahr 1944, auf dem ist er noch keine drei Jahre alt. Darauf hält er lachend zwei Ostereier in seinen Händen. Es war das letzte Osterfest, das er mit seinem Vater verbrachte, bevor dieser zurück an die Front musste und im Jahr darauf vermisst blieb. Erinnerungen an das gemeinsame Fest hat Fritz leider nicht, aber das Foto bedeutet ihm sehr viel. Ich denke, durch unsere Traditionen möchte Fritz dafür sorgen, dass Filippa möglichst viele schöne Erinnerungen an ihre Kindheit und an ihren Papa hat.

Tiere gehören für Fritz unweigerlich dazu und das gilt beinahe für alles, was er tut. So wurde Filippa bei ihrer Suche jedes Jahr fleißig von Aron unterstützt. Sie kannte es gar nicht anders. Er tigerte wie sie durch den Garten, die Schnüffelnase dicht am Boden.

Nahm Aron Witterung auf, bellte er laut und machte Filippa auf diese Weise deutlich, dass sie schnell zu ihm herüberkommen solle. Ihre süße Beute, schließlich war ein Großteil davon aus Schokolade, teilten die beiden einträchtig miteinander. Denn auch Aron liebte Schokolade, obwohl er sie nicht vertrug.

Weihnachten läuft bei Fritz genauso schwer ritualisiert ab. Am ersten Weihnachtstag isst er seit seiner Kindheit Gans mit Kartoffelknödeln und Vogerlsalat, und an den Baum hängt er Ornamente, die er seine Mutter mal gekauft hat. Filippa hat einmal mit Filzstiften ein Bild von unserer Bescherung gemalt: Mama, Papa, Filippa, Aron. Ihre kleine Familie mit zwei und vier Beinen, um eine große Tanne versammelt. Wir gehörten für sie alle zusammen.

Auf dem Bild ist neben Aron ein Knochen zu sehen, denn das war Filippas erste eigene Tradition: Sie brachte ihm am Heiligen Abend immer einen großen Kauknochen mit, um den sie eine dicke Schleife band. Generell hat sie darauf bestanden, stets eine Überraschung für Aron in petto zu haben. Mal einen Ball, ein quietschendes Spielzeug oder ein Kuscheltier. Es hat ihr unglaublich viel Spaß gemacht, kleine Geschenke für ihn auszusuchen. Ich bin gespannt, welche Traditionen sie in Zukunft noch so einführt. Denn daran hat sie größte Freude, genau wie ihr Papa.

*Tiere gehören für Fritz unweigerlich dazu –
und das gilt beinahe für alles, was er tut.*

Schneehunde vor dem Kachelofen: unsere Hüttenabenteuer

In den 1980er-Jahren pachteten Elmar und ich einige Jahre zusammen eine rustikale Berghütte in Söll am Wilden Kaiser. Dort fuhren wir über Fasching immer mit der ganzen Familie hin. Und wenn ich »ganze Familie« sage, meine ich die ganze Familie, also auch meine Hunde. Erst war Ero allein dabei, ab 1982 auch sein Sohn Andy.

Wir liebten dieses urige Selbstversorger-Bergabenteuer ganz ohne Luxus. Denn unsere Unterkunft verfügte über keinerlei Schnickschnack. Es war eine einfache Hütte mit drei Schlafzimmern, rot-weiß karierten Vorhängen an den Fenstern und Wachstischdecke auf einer großen Holztafel. Dort servierte ich die von mir gekochten Spaghetti.

Bevor es losgehen konnte, galt es aber eine knifflige Aufgabe zu lösen: Denn neben Menschen, Hunden und Proviant mussten auch Klamotten, Skier und Schlitten in die Autos geladen werden. Ein echtes Strategie-Puzzle und Tetris-Spiel der Sonderklasse, in dem ich mit jedem Mal besser wurde. War alles verstaut, ging die nicht weniger anstrengende Anreise los: Mit Schneeketten auf den Reifen knirschten wir in Tirol den Berg hinauf, parkten dann an immer derselben Stelle und luden alles aus. Die Kinder behaupten steif und fest, wir wären immer nachts dort angekommen, weil alles so lange gedauert hätte. Aber das habe ich anders in Erinnerung. Von meiner Seite aus war alles perfekt geplant!

Nächster Schritt: Sämtliches Gepäck raus aus dem Auto und rauf auf die Schlitten. Denn um zu unserer Hütte zu gelangen, mussten wir alles hangabwärts durch den frischen Tiefschnee ziehen. Das war gleich das erste Abenteuer – und ein gutes Workout zugleich. Die Hütte gehörte einem Bauern, der vor unserer Ankunft einheizen sollte, aber das klappte nur selten. Wenn wir ankamen, war es meist bitterkalt. Daher warf ich gleich große Holzscheite in den dunkelgrünen Kachelofen, der mit einer breiten Bank versehen war. War das Feuer erst mal im Gang, war dort ein heiß begehrter Platz! Auch die Hunde fühlten sich in der Stube irrsinnig wohl, ihre Bettchen standen natürlich nahe beim Ofen.

Ero und Andy liebten Söll, das merkte man ihnen bei jedem fröhlich gemachten Schritt an. Sie begleiteten uns auf langen Spaziergängen und wälzten sich dabei vor lauter Freude im Schnee. Wenn die beiden zurück in die Hütte trabten, hingen in ihrem Fell teils dicke Eisklumpen, die ich auch aus ihren Pfoten herausarbeiten musste. Doch ehe ich überhaupt dazu kam, schüttelten sie sich bereits einmal kräftig, dass die Tropfen nur so durch die Hütte flogen. Wir alle mussten über diese Dusche herzlich lachen. Es war immer eine so schöne Zeit, die wir dort oben miteinander verbrachten! Mutti war auch oft dabei und freute sich, mit uns allen und den Hunden zusammen zu sein.

Traditionen wie diese sind mir wichtig. Ich habe sie immer aufrechterhalten, auch wenn es anstrengend war. Aber genau solche gemeinsamen Momente – das Lachen, das Schwitzen, das Genießen der Natur – halten die Familie zusammen. Es entstehen Erlebnisse, die alles überdauern, und die von Generation zu Generation weitergegeben werden.

Die Hütte in Söll haben wir schon lange nicht mehr. Aber die Erinnerungen daran werden uns immer bleiben: an Augenblicke, in denen man sich wünscht, die Zeit bliebe stehen, und an wunderschöne Tage mit unseren »Schneehunden«.

Es war immer eine so schöne Zeit,
die wir dort oben miteinander verbrachten!

Wenn der König der Tiere
zur Schmusekatze wird

In München gibt es ein »Bermuda-Dreieck« – zumindest nannte ich es so, weil ich regelmäßig darin verschwand. Mein persönliches Bermuda-Dreieck lag in unmittelbarer Nähe des Wittelsbacher Gymnasiums und bestand aus dem Bayerischen Rundfunk, wo ich als Teenager Radiosendungen aufnahm, dem Augustiner Keller, in dessen Biergarten ich während der Pausen mit meinen Klassenkameraden schnell eine Maß runterstürzte, und dem Circus Krone, dem ich schon als kleiner Junge verfallen war.

Mutti, mein Bruder Elmar und ich besuchten jedes neue Programm im Stammhaus an der Marsstraße 43. Immer im Oktober zogen die Wagen der Schausteller nach langer Tournee dorthin zurück. Von unserem Klassenzimmer aus konnten wir durch die weit geöffneten Fenster beobachten, wie die Elefanten die Straße entlangmarschierten. Was für ein Spektakel! Die Zirkuswelt beeindruckte mich sehr und ich weiß noch, dass ich nach der Schule oft zu den Gehegen spazierte, um mir die Tiere aus der Nähe anzusehen. Mit 14 Jahren drehte ich im Circus Krone den Film »Toxi, der dunkle Stern«. Dabei lernte ich die ganze Familie Sembach-Krone kennen, denen der Zirkus gehörte.

Ein Traum wurde wahr, als ich 1969 für die Wohltätigkeitsveranstaltung »Stars in der Manege« erstmals selbst im Zirkuszelt auftreten durfte. In dem Jahr fungierten meine Kollegen aus »Der Kommissar« und ich als Manegendiener. Bei meinem nächsten »Engagement« durchbohrte ich Uschi Glas, die in einem großen Kasten lag, mit Schwertern. Jutta Speidel und ich machten Späße als Clowns, und mit Elmar führte ich eine ganz heiße Nummer vor:

Sie hieß »Kampf ums Pferd«. Ein Kaltblüter lief im Kreis, und wir versuchten beide, auf das Pferd zu springen. Wir liefen so schnell wir konnten neben dem Pferd her, dabei rutschten plötzlich unsere Stoffhosen runter und wir fielen hin. Ich schaffte es schließlich in den Sattel und griff nach Elmars Arm, um ihn ebenfalls hinaufzuziehen. Die Menge jubelte! Unsere Stürze und das Herunterrutschen der Hosen gehörten natürlich genauso zu dieser Nummer, die wir über Tage hinweg einstudiert hatten.

Mein persönliches Highlight aber war, dass ich 2008 bei der letzten Show von »Stars in der Manege« als Zirkusdirektor acht Friesenhengste vorführen durfte. Dazu waren einige Proben angesetzt. Jana Mandana Lacey-Krone wies mich in die hohen Weihen der Pferdedressur ein. Sie wurde von Christl Sembach-Krone zur Reiterin und Tiertrainerin ausgebildet und später von ihr adoptiert. Jetzt ist sie nicht nur Zirkusdirektorin, sondern auch verantwortlich für den Marstall mit 60 Pferden. Daneben arbeitet sie aber auch mit Kamelen, Zebras, Lamas und Elefanten. Oberstes Gebot bei meiner Nummer war, dass ich mich in der Mitte der Manege um die eigene Achse drehen musste, ohne auch nur einen Schritt von dieser Position abzuweichen. Sonst würde die Nummer zusammenbrechen, schärfte Jana mir ein. Es beeindruckte mich sehr, mit welcher Eleganz und Genauigkeit die acht Friesenhengste zunächst nebeneinander aufgereiht durch die Manege trabten, dann »par quatre« (zu viert), »par deux« (zu zweit) und zuletzt hintereinander. Ich bekam es genauso hin, wie wir es geprobt hatten – und verdiente mir damit den Respekt der gesamten Zirkusfamilie. Es gibt Menschen, die den Circus Krone kritisch sehen. Aber Tierschützern und Skeptikern würde ich ans Herz legen, sich selbst davon zu überzeugen, wie gut die Tiere untergebracht sind und gepflegt werden. Sie bekommen die beste tierärztliche Betreuung, die man sich wünschen kann, und werden mit großer Achtsamkeit behandelt.

Jana Mandana Lacey-Krone erzählte mir von einer Elefantendame, die aufgrund ihres hohen Alters »in Rente« geschickt werden sollte. Diese Tiere ziehen dann auf die Circus-Krone-Farm in Weßling außerhalb von München. Elefanten, Tiger und Pferde genießen dort auf dem Land ihr Altenteil. Doch besagter Elefantin schmeckte das überhaupt nicht. Sie stellte das Essen ein und gab ihren Pflegern damit zunächst ein Rätsel auf. Warum nur ging es dem Tier, das vorher topfit gewesen war, nach dem Umzug so schlecht? Dann dämmerte es dem Team und die Elefantendame wurde zurück in ihr altes Zuhause gebracht, dem Stammhaus samt Zirkuszelt. Dort durfte sie wieder in die Manege und blühte in Windeseile auf! Das Tier hatte seine Auftritte vor Publikum vermisst – was keiner besser nachvollziehen kann als ich.

Janas Ehemann, der Brite Martin Lacey jr., ist einer der bedeutendsten Dompteure der Welt. Er hat mir bei meinen Besuchen bewusst gemacht, was für die Beziehung, den Umgang und das Zusammenleben zwischen Mensch und Tier von entscheidender Bedeutung ist. Genau wie bei der Beziehung zwischen Eltern und Kind geht es immer um Liebe und Respekt. Wenn man Liebe und Respekt zugrunde legt, geschieht automatisch etwas ganz Wunderbares: ein wirkliches Zusammenleben auf Augenhöhe. Ein gemeinsames Aushandeln, ein Wegweisen, ein Wachsen. Ich hatte ja das Glück, auf diese Weise groß werden zu dürfen. Mutti hat Elmar und mich genauso behandelt. Deshalb fiel es mir leicht, diese Haltung weiterzutragen und sie meinen Kindern, meinen Hunden und im Prinzip allen Mitmenschen und Lebewesen gegenüber beizubehalten. Wenn also Liebe und Respekt die Basis sind, braucht es kein Erziehen (dieser Begriff hat für mich etwas Negatives, Übergriffiges), kein Dressieren, kein Dominieren, kein Erpressen, Drohen und schon gar kein Bestrafen.

Deshalb trifft auch die Bezeichnung »Dompteur« auf Martin Lacey jr. im Grunde genommen nicht zu. Der Begriff ist dem französischen »dompter« entlehnt und bedeutet s viel wie »zähmen«, »bezwingen«. Martin praktiziert das Gegenteil davon. Nichts läge ihm ferner, als ein Tier zu zähmen. In speziellen Vorstellungen zeigt Martin, wie er mit seinen Löwen und Tigern arbeitet. Dabei erklärt er auch, wie man sogar Raubtiere mit Liebe an verschiedene Aufgaben heranführen kann. Wenn ein Tier etwas nicht machen möchte, gibt es dafür einen Grund – zum Beispiel Angst oder Unsicherheit.

Diese Gefühle lassen sich nur mit Vertrauen, Liebe, Respekt und Verständnis auflösen.

Seit 2014 bin ich Pate eines Löwen im Circus Krone. Als ich ihn zum ersten Mal sah, wirkte das noch recht kleine Kätzchen schon wie ein echter »King«, da fiel mir die Namensgebung leicht. Mit fünf Monaten wog Elvis 20 Kilogramm, inzwischen sind es mehrere Hundert. Martin sagte zu mir: »Du wirst in der ersten Sekunde merken, ob er dich mag oder nicht.« Und patsch, hatte ich Elvis' Pfote auf meinem Arm. Da war unsere Freundschaft besiegelt. Bei diesem ersten Besuch hatte ich auch meine kleine Tochter Filippa dabei. Ich hielt sie auf dem Arm und Filippa schaute skeptisch drein. Wilde Tiere waren ihr da noch deutlich lieber, wenn sie einen Knopf im Ohr hatten. Und auch ich fragte mich, ob es schlau

gewesen war, Filippa zum Treffen mit einem lebendigen Löwen mitzunehmen. Doch Elvis blickte mich an, und in seinen Augen las ich eine beruhigende Botschaft: »Keine Sorge, keine Sorge.« Und tatsächlich: Alles lief friedlich ab und schließlich konnte Elvis auch Filippa ein Lächeln entlocken. Mir war es gelungen, mein Vertrauen auf sie zu übertragen.

Elvis ist inzwischen lange ausgewachsen. Besuche ich ihn, kuschelt er sich ans engmaschige Gitter, das uns aus Sicherheitsgründen trennt. Ich gehe ganz nah ran und seine toffeefarbene Mähne streicht über meine Wange. Elvis erkennt mich immer sofort wieder, auch wenn unser letztes Treffen schon ein Jahr zurückliegt.

In meiner Gegenwart wird der König der Tiere zur Schmusekatze. Ein Beweis dafür, dass auch diese beindruckenden und gefährlich erscheinenden Tiere sich oft nur nach einem sehnen: ein bisschen Liebe.

Zwei in einem Boot

Im Nachhinein weiß ich gar nicht genau, was schlimmer war: Der Moment, als ich erfuhr, dass Aron schwarzen Hautkrebs hat – oder der Tag, an dem ich selbst nur wenige Monate später die gleiche Diagnose erhielt.

Das ist doch verrückt, oder? Krebs ist eine Seuche, welche die ganze Welt befällt. Sie macht vor niemandem Halt, auch nicht vor Tieren. Dass Aron und ich gleichzeitig gegen diese heimtückische Krankheit ankämpfen mussten, war für mich schwer zu begreifen. Aber als Anhänger des Zen-Buddhismus halte ich mich nicht lange mit Fragen auf wie: Warum nur? Warum gerade ich? Warum Aron, mein bester Freund? Ich malte mir auch nicht gleich das schlimmste Schicksal für uns beide aus. Was mir half, war, möglichst achtsam eine Hürde nach der nächsten zu nehmen. Mich ganz auf die einzelnen Schritte zu konzentrieren, Teilsiege zu feiern. Und dann zum nächsten Sprung anzusetzen. Diese Taktik spart Kraft – und die brauchte ich bei solch einem ernst zu nehmenden Gegner wie dem Krebs.

Nachdem der Arzt mir Arons Befund mitgeteilt hatte, fand ich heraus: Krebs ist eine der häufigsten Todesursachen bei Hunden! Angeblich entwickelt eines von vier Tieren im Laufe seines Lebens einen Tumor. Jeder zweite Hund mit einem Alter von mehr als zehn Jahren stirbt daran. Das las ich online, als ich mehr über das Thema wissen wollte. Dabei sollte man bei Krebs genau eines nicht machen: googeln. Das weltweite Netz zieht uns hinab in einen nicht enden wollenden Strudel aus falscher Hoffnung, falschem Halbwissen und falschen Prognosen. Rasch klug geworden, ließ ich die Finger von meinem Laptop und hörte nur mehr darauf, was mir die Ärzte mitteilten.

Arons Ausgangszustand war furchtbar. Gegen Ende 2019 fraß er nicht mehr wie gewohnt und wurde immer schlapper. Ein Tierarzt fand ein tischtennisballgroßes schwarzes Geschwür in seinem Mund. Eine Krebserkrankung verändert das Erbgut der Zellen. Normale Zellen werden zu Tumorzellen und vermehren sich unkontrolliert, oft über viele Jahre, bis es auffällt. So entsteht eine Geschwulst. In Arons Fall wurde sie wegoperiert, danach bekam er eine Chemotherapie. Ich war bei den Sitzungen, in denen Aron die Infusionen verabreicht wurden, immer an seiner Seite. Wir standen das gemeinsam durch. Anfang 2020 hieß es dann: »Alles gut, Ihr Hund ist geheilt!« Aron war es scheinbar gelungen, so wie mir schon viele Male zuvor in meinem Leben, dem Tod von der Schippe zu springen. Wie erleichtert war ich da!

Im Herbst 2020 ging der Wahnsinn dann bei mir los. Nachdem ich mitten in der Nacht mit Verdacht auf Herzinfarkt in eine Klinik eingeliefert wurde, ließen die Röntgenbilder meiner Lunge einen ganz anderen Verdacht entstehen. Nach wochenlangen Untersuchungen erhärtete sich schließlich die Diagnose: Auch in meinem Körper hatte sich der Krebs eingenistet. In Lunge, Leber, Magen und Gehirn wucherten Metastasen. Eine recht neuartige Immuntherapie sollte helfen: Dafür musste ich alle drei Wochen in die Universitätsklinik Innsbruck, um mir – ähnlich wie Aron – Infusionen verpassen zu lassen. Es folgten Monate, in denen mir nicht einmal mehr meine Zen-Einstellung weiterhalf. Ich war mit meiner Kraft und mit meiner Fähigkeit zu hoffen, am Ende. Besonders grau ist mir der Tag in Erinnerung, an dem mir der Tierarzt verkündete, dass der Krebs bei Aron zurückgekehrt sei und es keine Chance auf Heilung gebe. »Machen Sie sich noch eine schöne Zeit mit ihm«, war alles, was der Mediziner mir raten konnte. Das brach mir das Herz. Ich schaute Aron in die Augen und war unfähig, ihm etwas vorzumachen. Mir strömten die Tränen wie Bäche die Wangen herunter. Sie versickerten in Arons Fell, als ich ihn so fest ich nur konnte, an mich drückte.

Ich tat alles, was in meiner Macht stand, um Aron seine verbleibende Zeit so angenehm wie möglich zu machen. In Absprache mit seinem Arzt justierten wir an seinem Futter. Denn auf diese Weise lässt sich das Immunsystem zumindest ein bisschen stärken. Da ich nicht mehr mobil genug war, um ihm genügend Auslauf zu bieten, gab ich Aron vermehrt zu einer lieben Hundepflegerin, die er schon kannte. Dort war er in Gesellschaft anderer Vierbeiner und viel unterwegs an der frischen Luft. »Manchmal hüpft er herum wie ein junger Spund«, berichtete mir seine Betreuerin. Das zu hören, tat mir gut.

War Aron zu Hause, kuschelten wir noch mehr als sonst üblich. Aron muss gespürt haben, dass wir im selben Boot aßen. Unsere stille Abmachung lautete:

So lange es geht, hört hier keiner auf zu rudern!

Balsam für die Seele

EMANUELA VON FRANKENBERG

Er ist ungefähr fünf Zentimeter groß. So, dass er genau in eine Hand passt. Ein Mini-Aron aus grauer, brauner und weißer Wolle. Stundenlang habe ich gefilzt und geformt, bis er seinem großen Ebenbild zum Verwechseln ähnlich sah. Ich stickte ihm eine schwarze Nase auf, verpasste ihm dunkle Knopfaugen. Dann habe ich Fritz den kleinen Hund auf seinen Garderobentisch gestellt. Das ist jetzt schon ein paar Jahre her. Ich wollte, dass er einen Aron hat, den er immer und überall bei sich tragen kann. Er hat sich so gefreut, dass ihm die Tränen gekommen sind.

Zwischen Fritz und mir gab es von Anfang an dieses Urvertrauen. 20 Jahre lang standen wir gemeinsam für die Serie »Um Himmels Willen« vor der Kamera. Er als Bürgermeister Wöller, ich als Schwester Agnes. In den Drehpausen mussten wir nicht unbedingt viel reden, um uns zu verstehen. Fritz ist ein Hundemensch, genau wie ich. Wer ein Hundemensch ist, erkenne ich instinktiv. Hundemenschen sind besonders empfindsam und können gut mit Blicken kommunizieren – darin ist Fritz Meister.

Meine Hunde-Sehnsucht würde ich als gigantisch einstufen. Ich hätte so gern selbst einen. Aber das ist kompliziert, da ich beruflich viel unterwegs bin und Tiere in Hotels und Mietwohnungen nicht unbedingt erwünscht sind. Das war der Auslöser, warum ich anfing, mir in meiner Freizeit Hunde und andere kuschelige Mitbewohner aus Wolle zu filzen. Das Zusammenleben mit Tieren fehlt mir so sehr!

Daher freute ich mich unglaublich, als Fritz auf einmal zu zweit war. Irgendwann tauchte er am Set mit Aron auf, einem wilden, jungen Deutsch Drahthaar mit treuem Bernsteinblick, der mich an meinen ersten und einzigen Hund erinnerte: Ajax. Er war eine Mischung aus Pudel und Schnauzer, hatte schwarzes Fell, ein weißes »Kreuz« auf der Brust und genau solche Schlappohren wie Aron. Meine vier Geschwister und ich erlebten Ajax nicht nur als Spielgefährten, sondern als Familienmitglied. Ich bin in der Schweiz aufgewachsen und unternahm als junges Mädchen ausgedehnte Wanderungen mit Ajax. Ganze Tage streiften wir zusammen durch den Wald und die Berge, übernachteten manchmal sogar in Höhlen. Wenn ich nicht schlafen konnte, kuschelte ich mich an sein warmes Fell. Ajax wurde 18 Jahre alt und der Gedanke an seinen Tod tut heute noch weh.

Als Kind fühlte ich mich oft einsam. Ajax beschützte mich und schenkte mir Geborgenheit. Mit ihm hatte ich immer einen Freund an meiner Seite. Und ich denke, Fritz ging es ähnlich. Die Beziehung zwischen ihm und Aron war sehr innig. Er hat ihn geliebt, das war offensichtlich. Aron folgte Fritz am Set in den engen Wohnwagen, der Garderobe und Maske in einem war. Auch bei Leseproben saß er neben seinem Herrchen. Fritz nahm Aron sogar mit auf den großen Jahresempfang unserer Produktionsfirma. Es waren unglaublich viele Leute da, wie Sardinen in einer Dose drängten sie sich in dem Raum. Als Fritz und Aron ankamen, stürmten die Fotografen und Journalisten auf sie zu. Fritz war freundlich, professionell, aber bestimmt. »Jetzt lasst uns mal durch«, sagte er ruhig und bahnte sich einen Weg durch die Menge. Man könnte natürlich fragen: Warum nahm er Aron überhaupt mit an diesen Ort? Was hat ein Hund auf so einem Event zu suchen? Ich glaube, auch der große Fritz braucht einen Schutz für die Seele. Einen Freund an seiner Seite, der ihn durch dick und dünn begleitet, so wie Ajax mich damals. Wenn Aron am Set nicht dabei war, weil zum Beispiel nachts gedreht wurde, hat Fritz unheimlich gelitten.

Als er 2021 wegen einer Tumor-OP ins Krankenhaus musste, durfte Aron ihn natürlich nicht begleiten. Im Frühjahr schickte mir Fritz ein Foto von sich im Krankenhausbett. Neben seinem Gesicht lag mein kleiner Aron, der ihn stellvertretend für den echten beschützte. Das hat mich sehr berührt.

Fritz bat mich, ob ich ihm noch ein paar Mini-Arons machen könne. Denn die wollte er seinen Kindern und Enkelkindern schenken. Pünktlich zu seinem 80. Geburtstag waren sie fertig, da hatte der echte Aron diese Welt schon verlassen. Er fehle ihm wahnsinnig, sagte Fritz. Meine kleine Hundefamilie, die ich ihm in einem mit Blumen und Herzen geschmückten Pappkarton ins Krankenhaus schickte, ließ er dann doch erst mal auf seinem Zimmer stehen, statt sie wegzugeben. Er hatte sie vom Bett aus genau im Blick. Kein Ersatz für seinen großen Aron, aber ein bisschen Balsam für die Seele.

Ich glaube, auch der große Fritz braucht einen Schutz für die Seele. Einen Freund an seiner Seite, der ihn durch dick und dünn begleitet.

Ein quälender Gedanke

Eigentlich müsste diese Seite komplett weiß bleiben. Denn für das, was im Mai 2021 passierte, fehlen mir die Worte. Ich habe das Geschehene noch nicht verdaut, und es tut extrem weh, darüber zu sprechen. Ich schaffe es nicht, ohne dass mir die Tränen kommen. Ein dicker Kloß im Hals hält meine Worte zurück.

Ich hoffe, man verzeiht es mir, dass ich hier nicht in epischer Breite über Arons Tod berichte, denn das kann ich nicht. Dafür bin ich emotional zu nah dran, ich muss erst noch einiges seelisch verarbeiten. Das Schlimmste ist, dass ich mich nicht von ihm verabschieden konnte. Anfang Februar musste ich von heute auf morgen in die Universitätsklinik Innsbruck. Ich wurde wegen eines Tumors operiert und mein Leben hing am seidenen Faden. Wochenlang, monatelang. Aron kam in dieser Zeit zu seiner geliebten Betreuerin. Allerdings hatte er keine Ahnung, was mit mir passiert war und wann ich wiederkommen würde. Das wusste ich ja selbst nicht. Ich lag zeitweise im Koma und meine Familie dachte schon: Das war's jetzt!

Wie gern hätte ich Aron gesehen, doch in Deutschland und Österreich sind Hunde in Krankenhäusern streng verboten. Andere Länder machen hier durchaus Ausnahmen: In den USA und Kanada gibt es spezielle Programme und Stiftungen, die es schwer kranken Herrchen und Frauchen nach Rücksprache mit den Medizinern ermöglichen, auch im Krankenhaus Besuch von ihren Haustieren zu erhalten. Hunde, Katzen, manchmal auch Kaninchen. Eine Wissenschaftlerin der Universität Houston untersuchte über Jahre hinweg die Wirkung solcher Treffen und schrieb in ihrer Conclusio von »heilenden Beziehungen«. Die Tiere würden dabei helfen, psychologische Barrieren zu lösen und die Kommunikation mit den Patienten zu verbessern.

Ich hätte alles dafür gegeben, Aron auch nur einmal bei mir zu haben! Dass er gestorben war, erfuhr ich von meiner Tochter Sophie, kurz nachdem ich aus dem Koma erwachte. Richtig wahrgenommen habe ich diese Nachricht da noch nicht. Ich glaube, ich wollte ihren Inhalt nicht verstehen. Erst nach und nach ließ ich es zu. Und dann setzte die Trauer ein. Ich leide noch immer unter dem Gedanken, meinen Freund bitter enttäuscht zu haben. Denn Aron wusste ja nicht, wo ich war. In seinen Augen bin ich ohne ein Wort des Abschieds abgetaucht. Für immer. Natürlich nahm ihn das mit, seelisch und gesundheitlich. Ich muss ihm so gefehlt haben – und bekam selbst nichts davon mit! Wie grausam.

Ero und Andy habe ich nach ihrem Tod im Wald in Schlitz begraben. Ich ließ Särge anfertigen und hob unter einer mächtigen Eiche ein Loch für sie aus. Auf einen Grabstein ließ ich ihre Namen meißeln. Und jedes Mal, wenn ich in Hessen auf die Jagd ging, schaute ich vorher bei Ero und Andy vorbei. Aron wurde eingeäschert. Ob er auch seine letzte Ruhe in Schlitz finden wird, weiß ich noch nicht. Ich bin noch nicht bereit dazu, ihn für immer gehen zu lassen.

Ich leide noch immer unter dem Gedanken,
meinen Freund bitter enttäuscht zu haben.
Denn Aron wusste ja nicht, wo ich war.

Ein Abschied in Würde

SOPHIE MEISTER

Aron war schon lange krank, und Papi hat alles unternommen, um ihm noch ein möglichst langes und schönes Leben zu bereiten. Als Papi 2021 plötzlich in die Klinik musste, kam Aron zu einer sehr lieben Betreuerin, bei der er auch vorher schon oft gewesen war und die Aron gut kannte. Eine unglaublich liebe Frau, bei der es Aron sehr gut ging. Wir wussten da noch nicht, wie lange Papi wirklich weg sein würde, aber wir wussten, dass es ihm sehr wichtig war, dass Aron liebevoll betreut wird.

Aron hat viele Wochen durchgehalten und auf den Papi gewartet. Ich habe ihn einige Male besucht und gesehen, wie seine Kräfte langsam nachließen. Seine Beine konnten ihn nicht mehr tragen. Irgendwann rief mich Arons Betreuerin an und sagte, dass er nicht mehr aufstehen könne. Die Würde des Hundes stand für uns an erster Stelle, und die war in diesem Augenblick nicht mehr gegeben. Daher haben wir zusammen mit einem Tierarzt, der Aron auch schon länger begleitet hatte, entschieden, dass es nun an der Zeit war, ihn gehen zu lassen. Mir war es wichtig, dabei zu sein, weil Papi es nicht konnte. Er lag zu diesem Zeitpunkt auf der Intensivstation.

Der Tag im Mai, an dem Aron für immer einschlief, war einer der ersten Sommertage des Jahres, es war sonnig und warm, es wehte ein leichter Wind durch die Bäume ... Wir hatten ihm ein gemütliches Plätzchen im Schatten eines Apfelbaums gesucht. Seine Betreuerin und ich saßen lange bei ihm und haben ihn gestreichelt. Als der Tierarzt kam, hielten wir unsere Tränen zurück, damit Aron unseren Schmerz nicht bemerkte. Wir wollten ihn nicht unnötig aufregen. Aron schloss schließlich die Augen und es lag ein unglaublicher Friede über diesem Moment. Er machte seine letzten Atemzüge nicht in einer Klinik oder auf einem kalten OP-Tisch, sondern auf der warmen Erde, umgeben von Menschen, die ihn liebten. Es ist immer furchtbar schmerzhaft, ein Tier gehen zu lassen, aber ich kann sagen, dass wir Arons Ende so friedlich, liebevoll und würdevoll gestaltet haben, wie es nur ging.

Ich war natürlich sehr zögerlich, als es darum ging, meinem Vater die Nachricht von Arons Tod zu überbringen. Denn er hatte kurz vorher selbst im Koma gelegen, war immer noch nicht wieder ganz da. Papis Arzt auf der Intensivstation riet mir dazu, es ihm dennoch zu sagen, weil das Patienten in so einer Situation helfe, wieder ins Leben und in die Realität zurückzufinden. Er war mit im Raum, als ich Papi von Arons Abschied berichtete. Papi hat mich danach noch oft gebeten, ihm davon zu erzählen. Es hat ihn zwar jedes Mal unendlich traurig gemacht, aber ich glaube, er hat Trost daraus gezogen, wie friedlich und »schön« es abgelaufen ist. Er hätte vor allem auch niemals gewollt, dass Aron leidet. Einerseits tut es mir weh und leid, dass Papi Aron nicht auf seinem letzten Weg begleiten und sich generell nicht von ihm verabschieden konnte. Auf der anderen Seite bin ich manchmal auch froh, dass es so war. Weil ich weiß, wie sehr ihn das mitgenommen hätte. Wie schmerzhaft es für ihn gewesen wäre. Ich habe Aron einäschern lassen und Papi vorgeschlagen, dass wir eine schöne Verabschiedungszeremonie gestalten, sobald er wieder auf den Beinen ist. Vielleicht verstreuen wir dann die Asche an einem Ort, den Aron liebte, oder wir begraben seine Urne bei unserem Forsthaus in Hessen, wo er oft mit Papi auf der Jagd war.

Aron hatte schwarzen Hautkrebs, genau wie Papi, bei dem die Krankheit ein Jahr später entdeckt wurde. Ich habe irgendwann einmal gelesen, dass es vorkommt, dass Tiere ihren Menschen Krankheiten eine Zeitlang abnehmen. Ich weiß nicht, ob das stimmt, aber die beiden hatten so eine enge Verbindung, dass ich es durchaus für möglich halte.

Ich habe einen (Hunde-)Traum

Ich möchte von einem Traum erzählen.

*In diesem Traum bin ich geflogen,
an einem sonnigen Sommertag.
Ich trug ein weißes Nachthemd,
das hatte vorne eine Tasche und darin steckte ein Hund.
Ein kleiner Jack Russell, um genau zu sein.
Mit weit ausgebreiteten Armen glitt ich durch die Wolken –
bis unter mir eine strahlend grüne Wiese auftauchte.
Daneben glitzerte ein See im Sonnenlicht.
Auf dem landete ich mit rudernden Armen, wie eine Ente.
Das Wasser stob nach rechts und links, ich dümpelte auf der Oberfläche. Meinen Jack Russell im Arm.*

Das ist keine aufregende Geschichte. Kein großes Abenteuer. Aber manchmal sind es die kleinen Dinge, die einen glücklich machen. Diesen Traum habe ich schon oft geträumt. Immer genau so. Jedes Mal wache ich danach mit einem breiten Grinsen auf. Manchmal suche ich noch kurz nach dem Hund in meinem Arm, bis ich feststelle, dass das alles nur im Schlaf passiert ist. So echt fühlt es sich an! Diese Leichtigkeit, der Wind zwischen meinen Fingern ... Ich lasse alles los und fliege, darf mitten in der Natur landen, die ich so liebe. Und habe einen Hund dabei. Was könnte es Besseres geben? Für mich ist das der schönste Traum, den ich mir vorstellen kann!

In letzter Zeit allerdings träume ich häufig von Aron. Es sind verschiedene Szenen, die ich da vor meinen Augen sehe: Aron und ich sitzen zusammen im Wohnzimmer und hören Musik. Er läuft mir im Garten in die Arme. Oder wir streifen durch den Wald, beide glücklich und ohne Schmerzen. In der Phase zwischen Schlaf und Aufwachen denke ich: Ist der Aron jetzt wirklich da? Lebt er noch? Ich streichle ihn ein letztes Mal und fühle mich wohlig durch und durch.

Jetzt könnte man meinen, dass es mich traurig stimmt, wenn ich auch in diesem Fall irgendwann realisiere, dass alles nur ein Traum war. Aber dem ist nicht so. Denn dass ich Aron nach wie vor spüren und umarmen kann, macht mich unglaublich glücklich. Er ist wieder da, mein bester Freund. Ich lasse ihn immer wieder vor meinem geistigen Auge auferstehen. So realistisch, dass ich unser Zusammensein spüren kann.

So geht es mir auch mit meiner Mutti und meiner Frau Angela, die beide verstorben sind. Einmal träumte ich, Angela läge neben mir. »Schnürchen«, rief ich, das war einer unserer Kosenamen füreinander. Sie versprach mir: »Ich bin immer bei dir.« Ich bin immer bei dir. Tröstendere Worte gibt es nicht. Diese Begegnungen im Traum lassen mich fest daran glauben, dass der Tod kein Abschied für immer ist. Niemals geht man so ganz.

Ob es Aron ähnlich geht? Vielleicht träumt er im Hundehimmel von mir. Wissenschaftler der Universität Harvard haben nachgewiesen, dass Hunde auch träumen – und zwar meist von ihren Herrchen. Denn sie leben nachts keine Fantasien aus. Hunde träumen von Dingen, die ihnen wirklich passiert sind. Ich stelle mir vor, dass der schlafende Aron gerade irgendwo rücklings auf einer Wolke liegt. Seine Vorder- und Hinterläufe bewegen sich aufgeregt, das war wirklich oft so. Aron war anscheinend auch nachts fleißig unterwegs mit mir. Vielleicht sieht er mein Gesicht vor sich, nimmt meinen vertrauten Geruch wahr. Niemand geht so ganz. Weder Hund noch Herrchen. Im Traum und im Herzen sind wir auf ewig vereint.

Diese Begegnungen im Traum lassen mich fest daran glauben, dass der Tod kein Abschied für immer ist. Niemals geht man so ganz.

Zu spät für eine Versöhnung

SUSANNE KELLERMANN

Vielleicht hört sich das nach einigen Sätzen, die ich in diesem Buch geschrieben habe, widersprüchlich an. Aber ich vermisse Aron. Wirklich.

Sein Tod rief in mir Emotionen wach, die ich so nicht erwartet hatte. Es fühlte sich auf einmal so an, als hätte ich ein enges Familienmitglied verloren. Jemanden, mit dem ich mich gestritten und nicht mehr hatte aussöhnen können. Mir wurde bewusst, wie gern ich mit Aron Frieden geschlossen hätte. Jetzt ist es nicht mehr möglich, und das bereue ich. Manchmal schaute Aron mich mit einem Blick an, der zu fragen schien: »Was ist denn eigentlich los? Wieso kannst du mich nicht einfach liebhaben?«

Aber das fiel mir schwer, weil er sich immer so hartnäckig zwischen Fritz und mich drängte. Ich habe es Aron bestimmt spüren lassen, dass er mich in gewissen Momenten störte. Im Nachhinein tut mir das leid. Schließlich ist es bei Tieren nicht anders als bei Kindern: Sie sind ein Spiegel ihrer Eltern beziehungsweise Herrchen und Frauchen. So war es im tiefsten Inneren nicht Aron, auf den ich sauer war, sondern Fritz. Weil er sich in Anwesenheit seines Hundes nicht oft genug auf meine Seite stellte.

Warum das für einen Menschen schier unmöglich ist, der so gepolt ist wie Fritz, wurde mir erst klar, als er während der Arbeit an diesem Buch wirklich alle Erinnerungen, Anekdoten und Gefühle vor mir ausbreitete, die Hunde in ihm wachrufen. Mit dem Wissen, das ich jetzt habe, würde ich mich viel toleranter verhalten. Ich kann besser verstehen, warum Fritz manches tat und anderes unterließ.

*Unser Dialog hat mir die Augen geöffnet.
Ich wünschte, wir hätten ihn früher geführt.*

Es ist nicht »nur ein Hund« ...

Fritz:

Dieses Buch ist auch ein Abschied. Ein Abschied von Aron. Aber zugleich ist es eine Erinnerung und ein Erkennen. Oft verstehe ich Dinge besser, wenn ich sie zu Papier bringe. Dass Aron nicht mehr unter uns weilt, kann ich immer noch nicht fassen. Er war nicht nur mein Hund, er war viel mehr für mich: mein Freund, mein treuer Begleiter, mein Zuhörer, mein Tröster, mein Glücksbringer, mein Vertrauter in allen Lebenslagen – bis zu seinem Tod im Mai 2021.

Es gibt Menschen, die in so einer Situation sagen: »So schlimm kann es ja nun nicht sein. Es ist doch NUR ein Hund!« Aber diese Menschen haben höchstwahrscheinlich noch nie die Magie gespürt, die entsteht, wenn Hund und Herrchen sich so lieben und vertrauen, wie es bei Aron und mir der Fall war. Nicht alle haben dafür vollstes Verständnis. Und manchmal war es auch für mich nicht leicht, die Menschen, die ich liebe, und die Tiere, die ich liebe, unter einen Hut zu bringen. Aber ich habe es immer wieder aufs Neue versucht. Denn für mich gehören alle zusammen.

Susanne:

Ich mag Tiere. Ich bewundere Tiere. Einige, denen ich näherkommen durfte, habe ich sogar geliebt und vermisse sie manchmal.

Doch ehrlicherweise fiel es mir immer schwer, die extreme Liebe, die Fritz für seinen Hund Aron empfand, wirklich nachzuvollziehen. Was genau fühlt und denkt er, wenn er mit seinen Hunden zusammen ist? Was geht in seinem Kopf und in seinem Herzen vor? Kann ich als »Außenstehende« diese enge Bindung überhaupt verstehen? Oder sogar etwas darüber lernen?

Susanne & Fritz:

Zusammen haben wir versucht, diese Magie zwischen zwei Buchdeckel zu bannen, die Seiten mit eindrucksvollen Tiererlebnissen gefüllt. In unseren Gesprächen kam alles ans Licht: die guten Zeiten, die fordernden, die traurigen. Aber auch Konflikte, die durch Aron in unserer Beziehung entstanden.

Mit diesen Konflikten möchten wir ganz offen umgehen. Denn mit großer Sicherheit gibt es andere Paare, denen es ähnlich geht. Bei denen es auch mal »tierisch« Stress gibt.

Worauf wir uns beim Start dieses Projektes einigen konnten: dass Tiere uns im Kopf und im Herzen auf einer ganz speziellen Ebene berühren können. Von diesen Erlebnissen berichten wir, aber auch Verwandte, Freunde und Kollegen von Fritz. Dieses Buch ist nicht nur ein Abschied, sondern auch eine Aufforderung, sich für andere Sichtweisen zu öffnen.

Denn wenn uns die Natur eines lehrt, dann ist es, den Kreislauf des Lebens als solchen anzunehmen. Jedes Ende ist ein Anfang – wenn man es zulässt.

Schlusswort – und ein neuer Anfang

Fritz:

Schlusswort ist eigentlich der falsche Begriff für das, was ich noch sagen möchte. Denn diese Formulierung würde bedeuten, dass man etwas abschließend betrachtet. Aber meine Liebe zu Hunden – und speziell zu Aron – ist nicht beendet, sie wird es niemals sein.

Auch wenn ich meiner Vierbeiner wegen mal wütend war oder wie jetzt unheimlich unter ihrem Fehlen leide, so würde ich doch nie den Zeiger der Zeit zurückdrehen wollen und mich anders entscheiden. Ich bin ein Hundemensch durch und durch und kann mir ein Leben ohne sie nicht vorstellen. Wie viel haben Hunde mir schon gegeben und wie viel habe ich gelernt: über sie, die Menschen in meinem Leben und vor allem über mich selbst. Auch das ist Teil der besonderen Magie. Manchmal ist sie schon längst da und man muss nur noch seine Augen dafür öffnen.

Susanne:

Die besondere Beziehung, die Fritz zu Hunden hat, verstehe ich nun viel besser. Ich sehe diese Magie in all ihren Facetten und mir wurde bewusst, dass ich sie bei meinen Katzen und der Hündin, um die ich mich auf Hawaii kümmern durfte, selbst erlebt hatte.

Wenn ich die Zeit zurückdrehen könnte, würde ich mit meinem jetzigen Wissen vieles anders machen. Ich würde nicht mehr versuchen, mich gegen die extreme Nähe zwischen Fritz und Aron zu wehren. Denn ich habe begriffen, dass das keinen Sinn macht.

Aron und ich haben uns letztendlich sehr ähnlich verhalten: Ich konnte nicht akzeptieren, dass es Fritz nur noch im Doppelpack gab. Aron konnte nicht akzeptieren, dass ich Fritz ab und zu ganz für mich allein haben wollte. Trotzig kämpften wir beide um ihn – ein permanenter Wettstreit, der nur zu Ärger führte und zu sonst nichts. Ich hoffte inständig, dass Fritz den Konflikt auflöst, indem er zu mir hält und Aron auch mal in die Schranken weist.

Inzwischen weiß ich, dass Fritz das nicht konnte, weil Aron eben sein persönlicher Schutzengel war – und Schutzengel schickt man nicht weg! Und für Aron war Fritz »sein Mensch«, an dessen Seite er immer sein musste und es auf ewig sein wird.

Susanne & Fritz:

Was wir während der Arbeit an diesem Buch erkannt haben: Wie bei allen Konflikten, die beim Zusammenleben entstehen, sollte man immer versuchen, den anderen wirklich aufrichtig zu verstehen. Zusätzlich zu diesem Verständnis füreinander braucht es klare Regeln und Kompromisse – und zwar auf allen Seiten. Zumindest in den Punkten, die einen von beiden besonders stören.

Für uns gäbe es diese Chance, noch einmal alles anders zu machen. Denn bei Arons Züchterin lebt eine Deutsch-Drahthaar-Hündin namens Xena, die sie uns gerne anvertrauen würde. Fritz, Susanne, Filippa und Xena – das klingt doch eigentlich ganz gut.

Vielleicht wagen wir ihn tatsächlich, den Neuanfang zu viert.

Bildrechte

Bildrechte
Privatarchiv Fritz Wepper: Seiten 10, 11, 14, 15, 16, 17, 18, 20, 21, 22, 27,
    33, 35, 38 (rechts oben, unten), 38 (?), 42, 43, 47, 49, 52 (2x), 55 (unten),
    63, 67, 68 (2x), 69, 71, 73, 78, 80, 82, 92, 97, 100, 101, 110, 116, 117
    (2x), 118 (oben), 121, 129, 134, 135, 139, 149, 150 (2x), 154, 156, 157,
    159, 162, 175, 178
Privatarchiv Susanne Kellermann: Seiten 25, 37 (2x), 45, 55 (oben), 59, 61,
    64, 75 (2x), 95, 108 (2x), 123, 131, 133, 136, 138, 143, 166, 169, 172,
    174, 186
Bildrechte Marlene Kellermann: Seite 29
Foto Paul Schirnhofer/Roba Images: Seite 185
Foto Gisela Schober: 112
Foto Bernhard Kühmstedt: 102
Fotos Ute Jochims/Privatarchiv: Seiten 85, 87
Sammy Hart/Privatarchiv Susanne Kellermann: Foto S. 182
Foto Rudi Napholtz/Privatarchiv Susanne Kellermann: Seiten 83, 189 (2x)
Foto Josef Süß/Privatarchiv Susanne Kellermann: Seite 92
Bildrechte Björn Bischoff: Seiten 38 (oben links), 118 (unten), 144 (2x)
Bildrechte Seite 90: Lippizaner (1963, Robert Taylor/Arthur Hiller, Moviestore
    Collection Ltd./Alamy Stock Photo)
Bildrechte Seite 126: Liza Minelli by Nancy Barr (Mediapunch Inc/Alamy
    Stock Photo)